D1719290

François-René de Chateaubriand
Erinnerungen
von jenseits des Grabes

François-René de Chateaubriand

Erinnerungen
von jenseits des Grabes

Meine Jugend
Mein Leben als Soldat und als Reisender (1768-1800)

Neu bearbeitet, herausgegeben und mit einem Nachwort versehen

von Brigitte Sändig

ars una

Die Deutsche Bibliothek – CIP-Einheitsaufnahme

Chateaubriand, François-René de:
Erinnerungen von jenseits des Grabes: meine Jugend; mein
Leben als Soldat und als Reisender (1768-1800)/François-
René de Chateaubriand. Neu bearb., hrsg. und mit einem
Nachw. vers. von Brigitte Sändig. – München: ars una, 1994
   Einheitssacht.: Mémoires d'outre-tombe <dt.>
   ISBN 3–89391–354–8
NE: Sändig, Brigitte [Bearb.]

© 1994 by ars una Verlagsgesellschaft mbH, Heimgartenweg 7, 82061 Neuried

Druck und Verarbeitung: WB-Druck GmbH Buchproduktions KG, Rieden b. Füssen
Printed in Germany

INHALT

EDITORISCHE NOTIZ

Dieser erste Teil der Memoiren Chateaubriands, „Meine Jugend. Mein Leben als Soldat und als Reisender (1768-1800)", ist etwa ein Viertel der gewaltigen, an die 2.000 Seiten umfassenden Lebensdarstellung, an der der große Frühromantiker ein halbes Jahrhundert lang arbeitete und die er unter dem Titel *Mémoires d'outre-tombe* (Erinnerungen von jenseits des Grabes) hinterließ. Das Werk wurde nach dem Tode Chateaubriands in Frankreich zur literarischen Entdeckung und fand ein ständig zunehmendes Publikum.

Für eine deutsche Edition zur Auswahl gezwungen, entschied sich die Herausgeberin für diesen belangvollsten Teil des Werkes, der für das Verständnis von Chateaubriands Persönlichkeitsentwicklung entscheidend ist und der seine Darstellung des fundamentalen historischen Ereignisses der Französischen Revolution enthält; zudem ist dieser Teil nach zutreffender Aussage Chateaubriands der lebendigste und mithin nachvollziehbarste.

Die hier vorliegende deutsche Fassung beruht auf der einzigen vollständigen deutschen Übersetzung von L. Meyer (Von Jenseits des Grabes. Denkwürdigkeiten, T.1-16, Leipzig: Costenoble 1849-1850), die dem veränderten Sprachgebrauch entsprechend überarbeitet wurde.

Als originalsprachliche Basis dienten die *Pléiade*-Ausgabe von Maurice Levaillant und Georges Moulinier (Paris: Gallimard 1946, 1983[2]) sowie die von Maurice Levaillant besorgte *Edition du Centenaire* (Paris: Flammarion 1948, 1964[2]).

Zugunsten der Fasslichkeit des Textes wurden geringe Kürzungen vorgenommen; es handelt sich dabei um frei erfundene Zitate, willkürlich eingestreute Bildungsreminiszenzen, lange Namensaufzählungen und heute vergessene Zeitgenossen Chateaubriands. Substantielles wurde von diesen Kürzungen in keinem Fall berührt. Ein Register der im Text angeführten authentischen Gestalten befindet sich im Anhang.

B.S.

Sicut nubes ... quasi naves ... velut umbra.[1]
Hiob

1. Buch

1

La Vallée-aux-Loups bei Aulnay am 4. Okt. 1811.

La Vallée-aux-Loups. - Meine Familie: Die Chateaubriands.
Mein Vater, seine Mutter und seine Brüder. - Meine Mutter.

Vor vier Jahren, nach meiner Rückkehr aus dem Heiligen Land, kaufte ich
bei dem Dorf Aulnay in der Nähe von Sceaux und Châtenay ein Gärtnerhaus,
das zwischen bewaldeten Hügeln verborgen lag. Das unebene, sandige Land,
das zu diesem Haus gehörte, war nichts als ein verwilderter Obstgarten, an
dessen Ende ein kleiner Bach floß und ein Dickicht von Kastanienbäumen
stand. Dieser begrenzte Raum schien mit geeignet, meine langgehegten Hoffnungen in sich einzuschließen; *spatio brevi spem longam reseces* [Schneide dem
kurzen Raum lange Hoffnungen ab].[2] Die Bäume, die ich hier gepflanzt habe,
gedeihen; noch sind sie so klein, daß ich ihnen Schatten spende, wenn ich
mich zwischen sie und die Sonne stelle. Später werden sie mir diesen Schatten
zurückgeben und meine alten Tage beschützen, wie ich ihre Jugend beschützt
habe. Ich habe sie sorgsam ausgewählt unter den verschiedenen Himmels-
strichen, unter denen ich umhergeirrt bin; sie erinnern mich an meine Reisen
und nähren weitere Träume in der Tiefe meines Herzens.

Sollten die Bourbonen jemals wieder den Thron besteigen, so werde ich
als Lohn für meine Treue nichts weiter von ihnen erbitten, als mich reich genug zu machen, daß ich meiner Besitzung den Waldessaum, der sie umgibt,
hinzufügen kann. Ich bin anspruchsvoll geworden; ich möchte meine Spaziergänge um einige Morgen Land ausdehnen. So sehr ich ein irrender Ritter bin,
so finde ich doch auch wieder wie ein Mönch Geschmack an der Seßhaftig-
keit. Seit ich diese Zufluchtsstätte bewohne, glaube ich den Fuß nicht dreimal
über die Grenze meines Gebietes gesetzt zu haben. Wenn meine Fichten,
meine Tannen, meine Lärchen und meine Zedern halten, was sie versprechen,
so wird Vallée-aux-Loups eine richtige Klause werden. Dieser Hügel bei
Châtenay, wohin sich der Verfasser des *Génie du Christianisme* im Jahre 1807
zurückziehen mußte - wie sah er aus, als Voltaire dort am 20. Februar 1694[3]
zur Welt kam?

Dieser Platz gefällt mir, er hat mir die heimatlichen Gefilde ersetzt; ich habe ihn mit dem Erlös meiner Träume und meiner durchwachten Nächte erkauft; der großen Einöde von Atala verdanke ich die kleine von Aulnay; und
um mir diesen Zufluchtsort zu schaffen, habe ich nicht die Indianer in Florida
beraubt, wie es der amerikanische Siedler tat. Ich liebe meine Bäume; ich habe
Elegien, Sonette und Oden auf sie gemacht. Es gibt nicht einen unter ihnen,

13

den ich nicht mit eigenen Händen gepflegt, dem ich nicht den Wurm von der Wurzel, die Raupe vom Blatt abgesucht hätte; ich kenne sie alle mit Namen wie meine Kinder: Sie sind meine Familie, ich habe keine andere, und ich hoffe in ihrer Mitte zu sterben.

Hier habe ich *Die Märtyrer, Der Letzte der Abencerragen, Reise von Paris nach Jerusalem* und *Moses* geschrieben; was werde ich dieses Jahr an den Herbstabenden tun? Der heutige 4. Oktober 1811, mein Namenstag und der Jahrestag meiner Ankunft in Jerusalem, bringt mich auf den Gedanken, mit der Geschichte meines Lebens zu beginnen. Der Mann, der heute Frankreich die Herrschaft über die Welt verschafft, um es mit Füßen zu treten, dieser Mann, dessen Genie ich bewundere und dessen Despotismus ich verabscheue, dieser Mann umschließt mich mit seiner Tyrannei wie mit einer zweiten Einsamkeit; aber wenn er auch die Gegenwart erdrückt, so trotzt ihm doch die Vergangenheit, und ich bleibe frei in allem, was vor seiner Glanzzeit geschah.

Die meisten meiner Gefühle sind in der Tiefe meiner Seele verborgen geblieben oder haben sich in meinen Werken nur als Eigenschaften imaginärer Wesen gezeigt. Heute, da ich mich nach meinen Phantasiegestalten zurücksehne, sie aber nicht weiter verfolge, will ich wieder emporsteigen zu den Höhen meiner schönen Jahre: Diese Memoiren werden ein Tempel des Todes sein, errichtet im Lichte meiner Erinnerungen.

Beginnen wir also und sprechen wir zuerst von meiner Familie. Das ist wichtig, denn durch die Herkunft meines Vaters und durch frühe Heimsuchungen bildete sich bei ihm einer der düstersten Charaktere aus, die es je gegeben hat. Nun, dieser Charakter hat meine Ideenwelt geprägt, da er mich in der Kindheit erschreckte, in der Jugend traurig stimmte und da er über die Art meiner Erziehung entschieden hat.

Ich bin Edelmann von Geburt. Der Zufall meiner Herkunft ist mir, wie ich glaube, günstig gewesen: Ich habe diese unerschütterliche Liebe zur Freiheit bewahrt, die die Aristokratie auszeichnet, deren letzte Stunde geschlagen hat. Die Aristokratie hat drei aufeinanderfolgende Zeitalter erlebt: das Zeitalter der Überlegenheit, das Zeitalter der Privilegien und das Zeitalter der eitlen Selbstgefälligkeit. Nachdem sie das erste verlassen hat, verfällt sie im zweiten und erlischt im letzten.

Mein Name wurde anfangs Brien geschrieben, dann Briant und Briand infolge der Neuerungen in der französischen Rechtschreibung. Die Brien gaben ihren Namen zu Beginn des 11. Jahrhunderts einem stattlichen Schloß in der Bretagne, und dieses Schloß wurde der Stammsitz der Baronie Chateaubriand. Das Wappen der Chateaubriand zeigte anfangs Tannenzapfen und den Wahlspruch: Ich säe Gold. Geoffroy, Baron de Chateaubriand, zog mit dem Heiligen Ludwig ins Heilige Land. Er geriet in der Schlacht bei Mansura[4] in Gefangenschaft, kehrte aber nach Hause zurück, und seine Frau starb vor Freude und Überraschung, als sie ihn wiedersah. Zur Belohnung für seine Dienste gab der Heilige Ludwig Geoffroy und seinen Erben anstelle des früheren Wappens einen roten, mit goldenen Lilien besetzten Schild.

14

Von Anbeginn teilten sich die Chateaubriand in drei Linien: aus der ersten, der der Barone von Chateaubriand, gingen die beiden anderen hervor. Sie entstand im Jahre 1000 mit de Thiern, Sohn von Brien, Enkel von Alain III., Graf oder Herr der Bretagne; die zweite erhielt den Beinamen der Seigneurs des Roches Baritaut oder Du Lion d'Angers; die dritte trägt diesen Titel der Sires de Beaufort.

Als die Linie der Sires de Beaufort erlosch, erhielt ein Christophe II. von einem Seitenzweig dieser Linie als Erbteil die Besitzung La Guérande im Morbihan. Zu dieser Zeit, um die Mitte des 17. Jahrhunderts, herrschte große Verwirrung im Adelsstande; man hatte sich Titel und Namen unrechtmäßig angeeignet. Ludwig XIV. ordnete eine Untersuchung an, um einen jeden wieder in seine Rechte einzusetzen. Die Kammer in Rennes zur Reformierung des bretonischen Adels bestätigte Christophe, nachdem er seine altadelige Abkunft bewiesen hatte, in seinem Titel und im Besitz seines Wappens. Dieser Schiedsspruch fiel am 16. September 1669; hier sein Wortlaut:

„Urteil der vom König (Ludwig XIV.) für die Reformierung des Adels in der Provinz Bretagne ernannten Kammer, erlassen am 16. September 1669: Zwischen dem Generalprokurator des Königs und Monsieur Christophe de Chateaubriand, Herrn von La Guérande: Er erklärt, daß der obengenannt Christophe altadeligem Geschlecht entsprossen ist, erlaubt ihm, den Titel Chevalier zu führen und bestätigt ihn in diesem Recht, als Wappen die rote, mit goldenen Lilien in unbegrenzter Zahl besetzte Farbe zu führen, und dieses, nachdem derselbe seine rechtsgültigen Urkunden vorgelegt hat, aus denen hervorgeht, etc.; das Urteil ist unterzeichnet: Malescot."

Nach meiner Vorstellung bei Ludwig XVI. plante mein Bruder, das geringe Vermögen, das mir als jüngerem Sohn zufiel, um einige jener Pfründen zu vermehren, welche *bénéfices simples* heißen. Da ich kein Priester, wohl aber Soldat war, gab es dafür nur ein einziges Mittel: daß ich nämlich in den Malteserorden aufgenommen wurde. Mein Bruder schickte meine Adelsurkunden nach Malta, und bald darauf reichte er in meinem Namen bei dem Stift der Großpriorei von Aquitanien in Poitiers das Gesuch ein, daß man Bevollmächtigte für den dringlichen Schiedsspruch ernennen möge. Das Gesuch wurde am 9., 10. und 11. September 1789 angenommen. In dem Zulassungsdekret des Memorials heißt es, daß ich aus mehr als einem Grunde die Gunst verdiene, um die ich nachgesucht hatte, und daß sehr gewichtige Beweggründe mich ihrer würdig machten.

Und dies alles geschah nach der Zerstörung der Bastille, am Vorabend der Ereignisse des 6. Oktober 1789⁵ und der Übersiedlung der königlichen Familie nach Paris! Und in der Sitzung vom 7. August des gleichen Jahres hatte die Nationalversammlung die Adelstitel abgeschafft! Wie konnten die mit der Prüfung meiner Adelsurkunden beauftragten Ritter befinden, daß ich *aus mehr als einem Grunde die Gunst verdiene, um die ich bat,* ich, der ich nichts war als ein armseliger Unterleutnant der Infanterie, unbekannt, ohne Kredit, ohne Begünstigung und ohne Vermögen?

Der älteste Sohn meines Bruders (ich füge dies im Jahre 1831 meinem im Jahre 1811 geschriebenen Text hinzu), der Comte Louis de Chateaubriand, heiratete Mademoiselle d'Orglandes, die ihm fünf Töchter und einen Sohn, Geoffroy, gebar. Christian, der jüngere Bruder von Louis, Urenkel und Patenkind von Malesherbes, mit dem er eine auffallende Ähnlichkeit hatte, diente 1823 in Spanien[6] mit Bravour als Rittmeister bei den Gardedragonern. Er ist in Rom Jesuit geworden. Die Jesuiten ersetzen die Einsamkeit in dem Maße, wie diese von der Erde verschwindet. Christian ist in Chieri bei Turin gestorben; alt und krank, hätte ich ihm vorausgehen sollen, aber seine Tugenden riefen ihn vor mir, der ich noch viele Sünden zu beweinen habe, in den Himmel.

Bei der Verteilung des Familienvermögens hatte Christian das Gut Malesherbes und Louis das Gut Combourg erhalten. Da Christian die Erbschaft zu gleichen Teilen nicht für rechtmäßig hielt, wollte er sich, als er von der Welt schied, der Güter entäußern, und gab sie seinem älteren Bruder zurück.

Nach den mir vorliegenden Urkunden hinge es nur von mir ab, mich - wenn ich den Dünkel meines Vaters und meines Bruders geerbt hätte - für einen Abkömmling der Herzöge der Bretagne zu halten, da ich von Thiern, dem Enkel Alains III., abstamme.

Heute indessen geht man in anderer Richtung ein wenig zu weit: Es wird üblich zu erklären, daß man von Fronbauern abstamme und daß man die Ehre habe, der Sohn eines Leibeigenen zu sein. Solche Erklärungen mögen vielleicht philosophisch sein - sind sie aber würdevoll? Schließt man sich damit nicht der Partei des Stärkeren an? Können heute Marquis, Grafen und Barone, die weder Privilegien noch Land besitzen, von denen viele Hungers sterben, die sich gegenseitig herabsetzen, einander die Anerkennung verweigern und die Herkunft streitig machen, können diese Adligen, denen man den eigenen Namen nicht oder nur *sub beneficio inventarii* [7] zugesteht, noch Furcht einflößen? Übrigens verzeihe man es mir, daß ich mich gezwungen sah, mich zu diesen kleinlichen Aufzählungen herabzulassen, um der Hauptleidenschaft meines Vaters Rechnung zu tragen, einer Leidenschaft, die das Drama meiner Jugend darstellte. Was mich anlangt, so bin ich weder auf die alte, noch auf die neue Gesellschaft stolz, noch beklage ich mich darüber; wenn ich in der früheren der Chevalier oder Vicomte de Chateaubriand war, so bin ich in der jetzigen François de Chateaubriand; wichtiger als mein Titel ist mir mein Name.

Mein Vater hätte am liebsten, gleich einem mächtigen Grundherrn des Mittelalters, Gott den „Edelmann da oben" und den Nikodemus aus dem Evangelium einen „heiligen Edelmann" genannt. Ich übergehe jetzt meinen Erzeuger, und komme von Christophe, Lehnsherr von La Guérande und direkter Nachkomme der Barone de Chateaubriand, zu mir selbst, dem Herrn ohne Vasallen und ohne Geld von La Vallée-aux-Loups.

Verfolgt man die aus drei Linien bestehende Ahnenreihe der Chateaubriand, so sind die ersten beiden ausgestorben. Die dritte, die der Sires de Beaufort, fortgesetzt durch den Zweig der Chateaubriand de La Guérande, verarmte - unvermeidliche Folge der Gesetze des Landes: Die älteren Söhne der Adligen erbten nach bretonischem Recht zwei Drittel der Güter; die jüngeren teilten das letzte Drittel der väterlichen Erbschaft unter sich auf. Der Verfall des spärlichen Besitzes der Jüngeren wurde noch beschleunigt, wenn sie heirateten; da auch für ihre Kinder die gleiche Teilung von zwei Dritteln und einem Drittel galt, gelangten die jüngeren Söhne der jüngeren Brüder bald dahin, sich nur noch eine Taube, ein Kaninchen, einen Ententeich oder einen Jagdhund zu teilen, wobei sie noch immer „hohe Ritter und mächtige Herren" eines Taubenschlags, eines Krötensumpfs oder eines Kaninchengeheges waren. Man findet in den alten Adelsfamilien eine Menge jüngerer Söhne, die man durch zwei oder drei Generationen verfolgen kann; dann verschwinden sie, steigen allmählich zum Pfluge herab oder verlieren sich in den arbeitenden Klassen, ohne daß man wüßte, was aus ihnen geworden ist.

Zu Beginn des 18. Jahrhunderts war Alexis de Chateaubriand, Seigneur de la Guérande, Oberhaupt des Namens und Wappens meiner Familie. Er war der Sohn Michels, der einen Bruder, Amaury, hatte. Michel war der Sohn jenes Christophe, der durch den oben erwähnten Schiedsspruch als echter Sohn der Sires de Beaufort und der Barone von Chateaubriand bestätigt worden war. Alexis de la Guérande war Witwer; er war ein Trinker, verbrachte seine Zeit mit Gelagen, führte ein unordentliches Leben mit seinen Mägden und verwendete die schönsten Familienurkunden dazu, Buttertöpfe abzudecken.

Dieses Oberhaupt des Namens und Wappens der Familie hatte einen Cousin, François, Sohn Amaurys, des jüngeren Bruders von Michel. François, geboren am 19. Februar 1683, besaß die kleinen Güter von Touches und Villeneuve. Er hatte am 27. August 1713 Pétronille-Claude Lamour, Herrin von Lanjégu, geheiratet, die ihm vier Söhne gebar: François-Henri, René (meinen Vater), Pierre, Seigneur du Plessis, und Joseph, Seigneur du Parc. Mein Großvater François starb am 28.März 1729; meine Großmutter, die ich als Kind noch gekannt habe, hatte einen schönen Blick, lächelnd im Schatten ihrer vielen Jahre. Als ihr Gatte starb, bewohnte sie das Schloß von Villeneuve in der Nähe von Dinan. Das ganze Vermögen meiner Großmutter betrug nicht mehr als 5000 Livres an Renten, wovon ihr ältester Sohn zwei Drittel, 3333 Livres erhielt; für die drei jüngeren Brüder blieben also 1666 Livres, wobei der ältere noch den Vorausteil[8] beanspruchte.

Um das Unglück voll zu machen, wurde meine Großmutter durch den Charakter ihrer Söhne an der Ausführung ihrer Absichten gehindert; der älteste, François-Henri, dem die prächtige Erbschaft des Herrensitzes von Villeneuve zugefallen war, weigerte sich zu heiraten und wurde Priester; anstatt nun aber Anspruch auf die Pfründen zu erheben, zu denen ihn sein Name berechtigte und mit denen er seine Brüder hätte unterstützen können, verlangte er aus Stolz und aus Sorglosigkeit nichts. Er vergrub sich in einer Landpfarre und wurde zunächst Rektor von Saint-Launeuc und dann von Merdrignac in der Diözese von Saint-Malo. Seine Leidenschaft galt der Poesie; ich habe viele seiner Verse gesehen. Der fröhliche Charakter dieses adligen Rabelais, die Verehrung, die dieser christliche Priester in seinem Pfarrhaus den Musen darbrachte, erregten Neugier. Er gab alles weg, was er besaß, und starb verschuldet.

Der vierte Bruder meines Vaters, Joseph, ging nach Paris und zog sich in eine Bibliothek zurück; man schickte ihm alljährlich seinen kleinen Erbschaftsanteil vou 416 Livres. Als Unbekannter verbrachte er sein Leben inmitten von Büchern; er beschäftigte sich mit historischen Forschungen. In seinem kurzen Dasein schrieb er jeden 1. Januar an seine Mutter - das einzige Lebenszeichen, das er jemals von sich gegeben hat. Sonderbares Geschick! Das also sind meine beiden Onkel, der eine ein Gelehrter, der andere ein Poet. Mein älterer Bruder machte recht hübsche Verse; eine meiner Schwestern, Madame de Farcy, besaß ein wirkliches poetisches Talent; eine andere Schwester, die Comtesse Lucile, Stiftsdame, könnte für einige bewundernswerte Seiten berühmt sein; und ich selbst habe eine Menge Papier vollgekritzelt. Mein Bruder starb auf dem Schafott, meine beiden Schwestern schieden aus einem Leben voller Schmerzen, nachdem sie in Gefängnissen geschmachtet hatten; meine beiden Onkel hinterließen nicht so viel, daß man die vier Bretter ihres Sarges bezahlen konnte. Die Literatur ist die Quelle meiner Freuden und Leiden gewesen, und ich gebe die Hoffnung nicht auf, mit Gottes Hilfe im Hospital zu sterben.

Nachdem sich meine Großmutter völlig verausgabt hatte, um aus ihrem ältesten und ihrem jüngsten Sohne etwas zu machen, konnte sie für die beiden anderen, meinen Vater René und meinen Onkel Pierre, nichts mehr tun. Diese Familie, die nach ihrem Wappenspruch Gold gesät hatte, sah nun von ihrem Stammsitz aus die reichen Abteien, die sie gegründet hatte und in denen ihre Ahnen begraben lagen. Als Inhaber einer der neuen Baronien hatte sie den Vorsitz in der bretonischen Ständeversammlung geführt; sie hatte die Verträge der Fürsten unterzeichnet, hatte Clisson als Bürge gedient, und heute besaß sie nicht einmal so viel Kredit, um dem Erben ihres Namens eine Unterleutnantsstelle zu verschaffen.

Doch ein Ausweg blieb dem verarmten bretonischen Adel: die königliche Marine. Man versuchte, daraus Nutzen für meinen Vater zu ziehen. Zunächst aber mußte man nach Brest reisen, dort leben, Lehrmeister bezahlen, die Uniform, Waffen, Bücher und mathematische Instrumente kaufen - wie sollte man für das alles aufkommen? Weil man keinen Gönner hatte, der die Beförderung unterstützte, traf die vom Marineminister erbetene Ernennungsurkunde nicht ein, und die Schloßherrin von Villeneuve wurde vor Kummer darüber krank.

Da lieferte mein Vater den ersten Beweis der Entschlossenheit, die ich an ihm gekannt habe. Er war ungefähr fünfzehn Jahre alt. Da er die Besorgtheit seiner Mutter bemerkt hatte, trat er an ihr Bett und sagte zu ihr: „Ich will Ihnen nicht länger zur Last fallen." Da fing meine Großmutter an zu weinen (diese Szene habe ich meinen Vater zwanzigmal erzählen hören). „René", erwiderte sie, „was willst Du tun? Bestelle Du Dein Feld." - „Davon können wir uns nicht ernähren; lassen Sie mich ziehen." - „Nun denn", sagte die Mutter, „geh, wohin Gott Dich führt." Schluchzend umarmte sie das Kind. Noch am gleichen Abend verließ mein Vater das mütterliche Anwesen und kam nach Dinan, wo einer unserer Verwandten ihm ein Empfehlungsschreiben an einen Einwohner von Saint-Malo gab. Der vaterlose Abenteurer ging als Freiwilliger an Bord eines bewaffneten Schoners, der einige Tage darauf in See stach.

Die kleine Republik von Saint-Malo hielt damals allein die Ehre der französischen Flagge auf dem Meere aufrecht. Der Schoner schloß sich der Flotte an, die der Kardinal de Fleury dem in Danzig von den Russen belagerten König Stanislaus zu Hilfe schickte.[9] Mein Vater ging an Land und befand sich sogleich in der denkwürdigen Schlacht, die 1500 Franzosen unter dem Befehl des tapferen Bretonen Bréhan, Comte de Plélo am 29. Mai 1734 den 40 000 Russen lieferten. De Bréhan, Diplomat, Krieger und Dichter, wurde getötet, mein Vater zweimal verwundet. Er kam nach Frankreich zurück und schiffte sich erneut ein. An der spanischen Küste erlitt er Schiffbruch und wurde in Galizien von Räubern angegriffen und ausgeplündert; in Bayonne ging er auf ein Schiff und kehrte wieder ins Vaterhaus zurück. Sein Mut und sein Sinn für Gesetz und Ordnung hatten ihn bekanntgemacht. Nun begab er sich auf die Inseln; in den Kolonien wurde er reich und legte den Grund für das neue Familienvermögen.

Ihrem Sohne René vertraute meine Großmutter ihren Sohn Pierre an, Monsieur de Chateaubriand du Plessis; dessen Sohn, Armand de Chateaubriand wurde am Karfreitag des Jahres 1810 auf Befehl Bonapartes erschossen. Das war einer der letzten französischen Edelleute, die für die Monarchie gestorben sind. Mein Vater sorgte für seinen Bruder, obwohl er durch seine Gewöhnung ans Leiden eine Charakterstrenge angenommen hatte, die er sein ganzes Leban hindurch bewahrte; das *Non ignara mali* [Eigenes Unglück lehrt mich, Bedrängten Hilfe zu leisten.][10] trifft nicht immer zu: Unglück kann zu Härte wie zu Weichheit führen.

Monsieur de Chateaubriand war groß und hager; er hatte eine Adlernase, dünne bleiche Lippen, kleine, tiefliegende, dunkelblaue oder meergrüne Augen wie die der Löwen oder der alten Barbaren. Ich habe nie wieder einen solchen Blick gesehen; wenn Zorn in ihm aufstieg, schien der funkelnde Augapfel aus der Höhle zu treten und wie eine Kugel auf einen zuzufliegen.

Eine einzige Leidenschaft beherrschte meinen Vater - der Stolz auf seinen Namen. Sein gewöhnlicher Zustand war der tiefer Melancholie, die mit dem Alter noch zunahm, und eines Stillschweigens, aus dem er nur heraustrat, wenn ihn Zorn erfaßte. Er war geizig, in der Hoffnung, seiner Familie ihren alten Glanz zurückzugeben, hochmütig den Edelleuten der bretonischen Stände gegenüber, hart gegen seine Vasallen in Combourg, schweigsam, despotisch und drohend im Familienkreis. Was man bei seinem Anblick empfand, war Furcht. Hätte er bis zur Revolution gelebt und wäre er jünger gewesen, so hätte er eine bedeutende Rolle gespielt oder sich in seinem Schlosse um~ bringen lassen. Sicher besaß er große Fähigkeiten, und ich bezweifle nicht, daß er an der Spitze der Verwaltung oder der Armee ein außerordentlicher Mann geworden wäre.

Nach seiner Rückkehr aus Amerika beschloß er zu heiraten. Am 23. September 1718 geboren, vermählte er sich am 3. Juli 1753, im Alter von fünfunddreißig Jahren, mit Apolline-Jeanne-Suzanne de Bedée, geboren am 7. April 1726, Tochter von Messire Ange-Annibal, Comte de Bedée, Chevalier, Seigneur de la Bouëtardais. Er ließ sich mit ihr in Saint-Malo nieder, und da sie beide nur sieben bis acht Meilen von dieser Stadt entfernt geboren waren, konnten sie von ihrer neuen Heimstatt aus den Himmel sehen, unter dem sie das Licht der Welt erblickt hatten. Meine Großmutter mütterlicherseits, Marie-Anne de Ravenel de Boisteilleul, Herrin von Bedée, war am 16. Oktober 1698 in Rennes geboren und in den letzten Lebensjahren von Madame de Maintenon in Saint-Cyr[11] erzogen worden; diese Erziehung war auf ihre Töchter übergegangen.

Meine Mutter, mit viel Geist und außerordentlicher Phantasie begabt, war durch die Lektüre Fénelons, Racines und Madame de Sévignés gebildet und mit Anekdoten vom Hofe Ludwigs XIV., genährt worden; sie kannte den ganzen Cyrus[12] auswendig. Apolline de Bedée hatte starke Gesichtszüge, war dunkel, klein und häßlich; ihr elegantes Auftreten und ihr lebhaftes Wesen standen in krassem Gegensatz zur Schroffheit und Schweigsamkeit meines Vaters. Da sie die Gesellschaft so sehr liebte wie er die Einsamkeit, da sie so ausgelassen und lebhaft war wie er unbeweglich und kalt, gab es bei ihr keine einzige Neigung, die nicht den Neigungen ihres Gatten völlig entgegengesetzt war. Dieser Gegensatz, den sie verspürte, machte sie melancholisch, so leicht und heiter sie einst gewesen. Dafür, daß sie schweigen mußte, wenn sie sprechen wollte, hielt sie sich durch eine Art geräuschvoller, von Seufzern begleiteter Traurigkeit schadlos; diese Seufzer waren der einzige Laut, der die stumme Trübsal meines Vaters unterbrach. Was Frömmigkeit anbetrifft, war meine Mutter ein Engel.

2

La Vallée-aux-Loups, den 31, Dezember 1811.

Die Geburt meiner Brüder und Schwestern. - Ich komme zur Welt.

In Saint-Malo gebar meine Mutter einen ersten Sohn, der, wie fast alle ältesten Söhne in meiner Familie, Geoffroy genannt wurde und der schon in der Wiege starb. Diesem Sohn folgte ein zweiter und dann zwei Töchter, die alle nur einige Monate lebten.

Diese vier Kinder starben an einem Bluterguß im Gehirn. Endlich brachte meine Mutter einen dritten Sohn zur Welt, den man Jean-Baptiste nannte; er wurde später der Schwiegerenkel von Monsieur de Malesherbes. Nach Jean-Baptiste kamen vier Töchter zur Welt: Marie-Anne, Bénigne, Julie und Lucile, alle vier von seltener Schönheit; von ihnen haben nur die beiden älteren die Stürme der Revolution überstanden. Die Schönheit, diese ernsthafte Frivolität, bleibt, wenn alle anderen bereits vergangen sind. Ich war das letzte dieser zehn Kinder. Wahrscheinlich verdankten meine vier Schwestern ihr Dasein dem Wunsch meines Vaters, den Bestand seines Namens durch einen zweiten Sohn zu sichern; ich aber widersetzte mich, denn ich empfand Abscheu vor dem Leben.

Das Haus, das meine Eltern damals bewohnten, liegt in einer dunklen, engen Straße von Saint-Malo, der Judenstraße; jetzt ist es ein Gasthof. Die Kammer, in der meine Mutter niederkam, geht auf einen einsamen Teil der Stadtmauer hinaus, und durch ihre Fenster sieht man, so weit das Auge reicht, das Meer, das sich an den Klippen bricht. Meine Taufpaten waren mein Bruder und die Comtesse de Plouër, Tochter des Maréchal de Contades. Ich war fast leblos, als ich zur Welt kam. Die Wogen waren von einem Sturm aufgewühlt, der die herbstliche Tagundnachtgleiche ankündigte; mit ihrem Brausen übertönten sie meinen ersten Schrei. Diese Einzelheiten hat man mir oft erzählt, und das Traurige daran ist mir nie aus dem Gedächtnis gewichen. Es vergeht kein Tag, an dem ich nicht, meiner Vergangenheit nachsinnend, im Geiste den Felsen wiedersehe, auf dem ich geboren wurde, die Kammer, in der mir meine Mutter das Leben auferlegte, den Sturm höre, dessen Tosen mich in meinen ersten Schlummer wiegte, den unglückseligen Bruder sehe, der mir einen Namen gab, den ich durch fast unaufhörliches Unglück geschleppt habe. Der Himmel schien diese Vorzeichen zu vereinigen, um mir ein Bild meines Geschicks in die Wiege zu legen.

3

Vallée-aux-Loups, Januar 1812.

Plancouët. - Ein Gelübde. - Combourg. - Der Plan meines Vaters für meine Erziehung. - La Villeneuve. - Lucile. - Mesdemoiselles Couppart. - Ich bin ein schlechter Schüler.

Kaum hatte ich mich dem mütterlichen Schoße entwunden, da traf mich mein erstes Exil; man brachte mich nach Plancouët, einem hübschen Dorf zwischen Dinan, Saint-Malo und Lamballe. Der einzige Bruder meiner Mutter, der Comte de Bedée, hatte in der Nähe dieses Dorfes das Schloß Monchoix erbaut. In der Umgebung erstreckten sich die Güter meiner Großmutter mütterlicherseits. Meine seit langem verwitwete Großmutter bewohnte mit ihrer Schwester, Mademoiselle de Boisteilleul, einen Weiler, der durch eine Brücke von Plancouët getrennt war und den man nach einer Unserer Lieben Frau von Nazareth geweihten Benediktinerabtei „die Abtei" nannte

Meine Amme hatte keine Milch; eine andere arme Christin nahm mich an ihre Brust. Sie empfahl mich der Schutzheiligen des Weilers, Unserer Lieben Frau von Nazareth, und gelobte ihr, daß ich ihr zu Ehren bis zu meinem siebenten Jahr Blau und Weiß tragen solle. Ich lebte erst einige Stunden, und schon war mir die Last der Zeit auf die Stirn geschrieben. Warum ließ man mich nicht sterben? Es lag im Ratschluß Gottes, dem schlichten und unschuldigen Wunsche stattzugeben und ein Leben zu erhalten, das von eitlem Ruhm bedroht werden sollte.

Dieses Gelübde einer bretonischen Bäuerin gehört nicht mehr unserem Jahrhundert an; diese Vermittlung zwischen dem Kinde und dem Himmel durch eine göttliche Mutter, die die Sorgen der irdischen Mutter teilt, hat etwas Rührendes.

Nach drei Jahren brachte man mich nach Saint-Malo zurück. Seit sieben Jahren schon war das Gut Combourg wieder im Besitz meines Vaters. Er wollte die Güter zurückerlangen, auf denen seine Vorfahren gelebt hatten. Ich wurde für die königliche Marine bestimmt; die Abneigung dem Hof gegenüber war für jeden Bretonen, und ganz besonders für meinen Vater, selbstverständlich. Die Aristokratie unserer Stände bestärkte ihn in diesem Gefühl.

Als ich nach Saint-Malo zurückgebracht wurde, war mein Vater in Combourg, mein Bruder im Gymnasium von Saint-Brieuc; meine vier Schwestern lebten bei meiner Mutter.

Die ganze Liebe meiner Mutter war auf den ältesten Sohn gerichtet; nicht daß sie ihre anderen Kinder nicht geliebt hätte, aber für den jungen Grafen von Combourg zeigte sie eine blinde Vorliebe. Ich genoß zwar als Junge und als Letztgeborener, als der Chevalier, wie man mich nannte, meinen Schwestern gegenüber einige Vorrechte; aber eigentlich war ich der Obhut der Dienstboten überlassen. Im übrigen war meine Mutter, eine Frau voll Geist und Tugend, durch die Anforderungen der Gesellschaft und die Pflichten der Religion in Anspruch genommen. Die Comtesse de Plouër, meine Patin, war ihre intime Freundin; auch sah sie die Verwandten von Maupertuis und des Abbé Trublet bei sich. Sie liebte die Politik, das Getümmel, die Welt: denn man trieb Politik in Saint-Malo. Im Familienkreis war sie mürrisch, zerstreut und von übertriebener Sparsamkeit; das hinderte uns anfangs daran, ihre bewundernswerten Eigenschaften wahrzunehmen. Bei all ihrer Ordnungsliebe wuchsen ihre Kinder ohne Ordnung auf; bei aller Großzügigkeit schien sie geizig zu sein; obwohl von sanftem Wesen, murrte sie ständig. Mein Vater war der Schrecken der Dienstboten, meine Mutter ihre Geißel.

Aus diesen Wesenszügen meiner Eltern sind die ersten Empfindungen meines Lebens erwachsen. Ich hing an der Frau, die für mich sorgte, einem vortrefflichen Geschöpf, La Villeneuve genannt, deren Namen ich von Dankbarkeit bewegt und mit Tränen in den Augen niederschreibe. La Villeneuve war eine Art Oberaufseherin im Hause; sie trug mich auf dem Arm, gab mir heimlich alles, was sie finden konnte, trocknete meine Tränen, küßte mich, warf mich in einen Winkel, zog mich dann wieder an sich und murmelte dabei ständig: „Der hier wird nicht stolz werden, der hat ein gutes Herz, der stößt die armen Leute nicht zurück! Da nimm, mein Söhnchen!" und sie stopfte mich mit Wein und Zucker.

Schwerer als meine kindliche Anhänglichkeit an La Villeneuve wog bald eine würdigere Zuneigung,

Lucile, die vierte meiner Schwestern, war zwei Jahre älter als ich. Als vernachlässigte Jüngste konnte sie sich nur mit dem putzen, was ihre älteren Schwestern ablegten. Man denke sich ein hageres, für sein Alter zu großes Mädchen, mit ungelenken Armen und schüchterner Miene, ein Wesen, dem das Sprechen schwerfiel und das nichts zu lernen vermochte; man stecke sie in ein Kleid, das für andere gemacht wurde; man schnüre ihre Brust in ein Korsett ein, dessen Stäbe ihr die Seiten wundscheuern, man stütze ihr den Hals mit einem eisernen, braunsamtenen Halsband; man binde ihr das Haar auf dem Scheitel zusammen und befestige es mit einer Kappe aus schwarzem Stoff; dann wird man das unglückselige Geschöpf vor sich haben, das mir bei meiner Rückkehr unter das väterliche Dach ins Auge fiel. Niemand hätte in der armen Lucile die Begabung und die Schönheit vermutet, mit denen sie eines Tages glänzen sollte

Man überließ sie mir wie ein Spielzeug; ich mißbrauchte meine Macht indes nicht; statt ihr meinen Willen aufzuzwingen, wurde ich ihr Verteidiger. Jeden Morgen führte man uns beide zu den Schwestern Couppart, zwei buckligen, schwarzgekleideten Alten, die Kindern das Lesen beibrachten. Lucile las sehr schlecht, ich noch schlechter. Man schalt sie aus, ich kratzte die Schwestern, und bei meiner Mutter wurden schwere Klagen erhoben. So wurde ich allmählich als Taugenichts, als Aufsässiger, als Faulpelz und schließlich als Esel angesehen. Diese Vorstellungen setzten sich in den Köpfen meiner Eltern fest. Mein Vater sagte, die Chevaliers de Chateaubriand seien allesamt Tagediebe, Trunkenbolde und Streithähne gewesen. Meine Mutter seufzte und murrte, als sie sah, wie unordentlich ich meine Jacke trug. So klein ich noch war, der Ausspruch meines Vaters empörte mich; wenn meine Mutter dann ihre Ermahnungen mit Lobsprüchen auf meinen Bruder krönte, den sie einen Cato, einen Helden nannte, bekam ich Lust, all das Böse zu tun, das man von mir zu erwarten schien.

Mein Schreiblehrer, Monsieur Després, mit einer Matrosenperücke, war mit mir nicht zufriedener als meine Eltern; er ließ mich endlos nach einem von ihm gewählten Muster zwei Verse von Boileau abschreiben, die ich abscheulich fand.

Saint-Malo ist nur ein Felsen. Früher stand er in der Mitte eines salzhaltigen Sumpfes; durch den Einbruch des Meeres, das im Jahre 709 den Meerbusen aushöhlte und den Berg Saint-Michel mit Wasser umgab, wurde er eine Insel. Jetzt hängt der Felsen von Saint Malo mit dem Festland nur durch einen Wall zusammen, der den poetischen Namen „die Furche" trägt. Gegen diesen Wall stürmt auf der einen Seite das offene Meer an, auf der anderen wird er von der Flut ausgewaschen, die sich dreht, um in den Hafen zu strömen. 1730 wurde er von einem Sturm fast völlig zerstört. Bei Ebbe bleibt der Hafen trokken, und am östlichen und nördlichen Meeresufer entsteht ein Strand von feinstem Sande. Dann kann man einen Rundgang um mein heimatliches Nest machen. In der Nähe und weiter entfernt liegen Felsen, Festungen, unbewohnte Inselchen: Fort Royal, Conchée, Cézembre und Grand Bé, wo mein Grab sein wird.[15] Ich habe, ohne es zu wissen, eine gute Wahl getroffen, denn *bé* heißt im Bretonischen „Grab".

Am Ende der „Furche" liegt am Ufer des weiten Meeres ein Sandhügel, auf dem ein Kalvarienberg entstanden ist. Dieser Hügel heißt *La Hougette*; er wird von einem alten Galgen überragt, an dessen Balken wir Kämmerchenvermieten spielten und sie so den Seevögeln streitig machten. Indessen hielten wir uns doch nicht ohne ein gewisses Gruseln an dieser Stelle auf.

4

Das Leben meiner Großmutter mütterlicherseits und ihrer Schwester zu Plancouët. - Mein Onkel, der Comte de Bedée in Monchoix. - Aufhebung des Gelübdes meiner Amme.

Ich ging auf mein siebentes Jahr zu; meine Mutter nahm mich nach Plancouët mit, damit ich von dem Gelübde meiner Amme entbunden würde. Wir stiegen bei meiner Großmutter ab. Wenn ich je das Glück kennengelernt habe, so war es gewiß in diesem Hause.

Meine Großmutter bewohnte ein Haus mit Gärten, die sich terrassenförmig auf ein kleines Tal herabsenkten, in dem eine von Weiden umstandene Quelle sprudelte. Madame de Bedée konnte nicht mehr laufen, ansonsten aber litt sie an keinerlei Altersbeschwerden; sie war eine liebenswürdige alte Dame, korpulent, von bleicher Hautfarbe, sauber, mit vornehmer Miene und schönen, edlen Manieren, die Faltenkleider nach altem Schnitt und eine schwarze, unter dem Kinn verknotete Spitzenhaube trug. Sie war von gebildetem Geist, würdevoll im Gespräch und von ernsthaftem Charakter. Sie wurde von ihrer Schwester, Mademoiselle de Boisteilleul, gepflegt, die ihr in nichts ähnelte außer in ihrer Herzensgüte. Dies nun war eine kleine, hagere, muntere, gesprächige, zum Scherzen aufgelegte Person. Sie hatte einen Comte de Trémignon geliebt, der sie heiraten wollte, dann aber sein Wort brach. Meine Tante hatte sich getröstet, indem sie ihre Liebe besang, denn sie war eine Dichterin. Ich erinnere mich an sie, wie sie mit näselnder Stimme, die Brille auf der Nase und Manschetten für ihre Schwester stickend, ein lehrreiches Liedchen sang, das so begann:

> Zur Grasmücke ein Sperber seine Liebe fand
> Und wurde auch, so sagte man, von ihr geliebt...,

was mir immer sehr sonderbar für einen Sperber vorkam. Das Lied schloß mit dem Refrain:

Ah! Trémignon, bleibt da der Sinn obskür?
Türlür, Türlür.[14]

Wie viele Dinge in der Welt enden, wie die Liebe meiner Tante, mit „Türlür, türlür"!

Meine Großmutter verließ sich darauf, daß ihre Schwester das Haus versorgte. Sie speiste um elf Uhr und hielt dann Mittagsruhe; um ein Uhr erwachte sie; man trug sie die Gartenterrassen herab unter die Weiden an der Quelle, wo sie, umgeben von ihrer Schwester, ihren Kindern und Enkeln, strickte. In jener Zeit war das Alter eine Bürde: heute ist es eine Last. Um vier trug man die Großmutter wieder in den Salon; Pierre, der Bedienstete, machte den Spieltisch zurecht; Mademoiselle de Boisteilleul klopfte mit der Feuerzange an die Kaminplatte, und wenig später sah man drei andere alte Jungfern eintreten, die auf den Ruf meiner Tante hin aus dem Nachbarhause kamen. Diese drei Schwestern waren Töchter eines armen Edelmannes; statt dessen geringe Hinterlassenschaft unter sich aufzuteilen, erfreuten sie sich ihrer gemeinsam, hatten sich nie getrennt und nie das väterliche Dorf verlassen. Seit ihrer Kindheit waren sie mit meiner Großmutter befreundet, wohnten mit ihr Tür an Tür und kamen jeden Tag, auf das verabredete Zeichen im Kamin hin, um mit ihrer Freundin eine Partie Quadrille[15] zu spielen. Das Spiel begann, die guten Damen gerieten in Streit; das war das einzige Ereignis in ihrem Leben, der einzige Augenblick, wo ihr Gleichmut gestört wurde. Um acht Uhr kehrte mit dem Abendessen die Heiterkeit zurück. Oft nahm mein Onkel de Bedée mit seinem Sohn und seinen drei Töchtern am Abendessen der Großmutter teil. Diese erzählte tausend Geschichten aus der alten Zeit; mein Onkel schilderte dafür die Schlacht von Fontenoy, an der er teilgenommen hatte, und krönte seine Prahlereien mit ziemlich gewagten Geschichten, über welche sich die ehrbaren Fräulein totlachen wollten. Um neun Uhr war das Souper zu Ende, und die Bediensteten kamen hinzu; man kniete nieder, und Mademoiselle de Boisteilleul sprach mit lauter Stimme das Gebet. Um zehn Uhr schlief alles im Hause außer meiner Großmutter, die sich bis ein Uhr morgens von ihrer Kammerfrau vorlesen ließ.

Diese Gemeinschaft, die erste, die ich in meinem Leben erlebt habe, ist auch die erste, die meinen Augen entschwunden ist. Ich habe gesehen, wie der Tod unter dieses Dach des Friedens und des Segens einzog, wie er es nach und nach verwaisen ließ, wie er ein Zimmer nach dem anderen schloß, das sich nicht mehr öffnen sollte. Ich habe gesehen, daß meine Großmutter ihre Quadrille aufgeben mußte, weil ihr die gewohnten Mitspielerinnen fehlten; ich habe gesehen, wie sich die Zahl ihrer getreuen Freundinnen verringerte, bis schließlich meine Großmutter als Letzte umsank. Sie und ihre Schwester hatten einander das Versprechen gegeben, sobald eine von ihnen vorausgegangen sein würde, die andere nachzurufen; sie hielten Wort und Madame de Bedée überlebte Mademoiselle de Boisteilleul nur um wenige Monate. Ich bin vielleicht der einzige Mensch auf der Welt, der weiß, daß diese Menschen gelebt haben. Zwanzigmal habe ich seitdem das gleiche beobachtet, zwanzigmal haben sich in meinem Umkreis Gemeinschaften gebildet und sind wieder zerfallen. Diese Unmöglichkeit der Dauer in den menschlichen Verbindungen, dieses tiefe Vergessen, welches uns folgt, dieses unüberwindliche Schweigen, das sich unseres Grabes bemächtigt und sich von dort über unser Haus breitet, erinnern mich immer wieder daran, daß man allein leben soll. Jede Hand ist gut genug, um uns das Glas Wasser zu reichen, das wir im tödlichen Fieber brauchen. Ach, möge sie uns nicht zu teuer sein! Denn wie kann man ohne Verzweiflung die Hand loslassen, die man mit Küssen bedeckt hat und die man ewig an sein Herz drücken möchte?

Das Schloß des Comte de Bedée lag eine Meile von Plancouët entfernt, erhöht in einer freundlichen Gegend. Alles atmete hier Freude; die Heiterkeit meines Onkels war unerschöpflich. Er hatte drei Töchter und einen Sohn, den Gerichtsrat Comte de La Bouëtardais, die alle seine herzliche Freude teilten. Monchoix war voller Verwandter aus der Nachbarschaft; man musizierte, tanzte, jagte, war lustig vom Morgen bis zum Abend. Meine Tante, Madame de Bedée, die zusehen mußte, wie mein Onkel fröhlich seine Güter und seine Einkünfte verzehrte, ärgerte sich zu Recht; aber man hörte nicht auf sie, und ihre üble Laune steigerte nur die heitere Stimmung in der Familie, und dies um so mehr, als meine Tante selbst viele Eigenheiten hatte: So lag ständig ein großer, bissiger Jagdhund auf ihrem Schoß, und auf Schritt und Tritt folgte ihr ein gezähmtes Wildschwein, das das ganze Schloß mit seinem Grunzen erfüllte. Wenn ich aus dem finsteren, schweigsamen väterlichen Anwesen in dieses lärmende, festfreudige Haus kam, fühlte ich mich in einem wahren Paradies. Dieser Kontrast wurde noch stärker, als sich meine Familie auf dem Lande niederließ. Von Combourg nach Monchoix zu gehen, das war ein Gang aus der Wüste in die Welt, aus der Burg eines mittelalterlichen Barons in die Villa eines römischen Fürsten.

Am Himmelfahrtstage des Jahres 1775 wallfahrte ich vom Hause meiner Großmutter aus mit meiner Mutter, meiner Tante de Boisteilleul, meinem Onkel de Bedée und seinen Kindern, meiner Amme und meinem Milchbruder zu Unserer Lieben Frau von Nazareth. Ich trug einen langen weißen Gehrock, Schuhe, Handschuhe, einen weißen Hut und einen Gürtel aus blauer Seide. Um zehn Uhr vormittags erreichten wir die Abtei. Dem Kloster, an der Straße gelegen, gaben fünf Ulmen aus der Zeit Jeans V., des Herzogs der Bretagne, das Ansehen hohen Alters. Von dem Ulmenplatz aus kam man auf den Gottesacker; der Kirchgänger gelangte nur über den Friedhof in die Kirche; es ist der Tod, der uns vor Gottes Angesicht führt.

Schon hatten die Mönche ihre Plätze eingenommen. Der Altar wurde durch Kerzen in großer Zahl erleuchtet, und von den verschiedenen Gewölben hingen Lampen herab; in den gotischen Bauwerken gibt es Tiefen und scheinbar aufeinander folgende Horizonte. Die Türhüter nahmen mich an der Pforte in Empfang und führten mich feierlich in den Chorraum. Hier standen drei Sessel bereit; ich nahm auf dem mittleren Platz, meine Amme zu meiner

Linken und mein Milchbruder zu meiner Rechten.

Die Messe begann; als der Priester dem Herrn Brot und Wein darbot, wendete er sich zu mir um und las die Gebete; dann wurden mir die weißen Kleider ausgezogen und als Exvoto[16] unter einem Bildnis der heiligen Jungfrau aufgehängt. Man zog mir nun ein Gewand von violetter Farbe an. Der Prior hielt eine Predigt über die Wirksamkeit der Gelübde; er erinnerte an die Geschichte des Barons de Chateaubriand, der mit dem Heiligen Ludwig ins Morgenland gezogen war. Er sagte mir, daß ich vielleicht auch einst in Palästina diese heilige Jungfrau von Nazareth aufsuchen würde, ich, der ich der Fürbitte einer Armen, die bei Gott so viel vermag, mein Leben verdankte.

Seit dieser Ermahnung des Benediktiners habe ich immer an eine Wallfahrt nach Jerusalem gedacht, und endlich habe ich sie ausgeführt.

Man hat mich der Frömmigkeit geweiht, das Kleid meiner Unschuld wurde auf ihren Altären niedergelegt; heute wären es nicht meine Kleider, die man in ihren Tempeln aufhängen müßte, sondern meine Leiden.

Man brachte mich nach Saint-Malo zurück. Von außen gleicht diese Inselstadt einer Zitadelle aus Granit. Am Strand des offenen Meeres zwischen dem Schloß und dem Fort Royal versammelten sich die Kinder; hier bin ich als Gefährte der Wellen und der Stürme aufgewachsen. Eine der ersten Freuden, die ich genoß, war die, gegen den Sturm zu kämpfen und mit den Wellen zu spielen, die sich vor mir zurückzogen oder mich am Strand verfolgten. Ein weiteres Vergnügen bestand darin, aus dem Ufersand Bauwerke zu errichten, die meine Spielkameraden Backöfen nannten. Seither habe ich oft geglaubt, Schlösser für die Ewigkeit zu errichten; sie fielen viel schneller zusammen als meine Sandburgen.

Da meine Zukunft unwiderruflich festgelegt war, überließ man mich in der Kindheit dem Müßiggang. Ein wenig Unterricht im Zeichnen, in der englischen Sprache, in der Hydrographie und Mathematik erschienen als Unterricht für einen Jungen, der von vornherein für das rauhe Seemannsleben bestimmt war, mehr als ausreichend.

Ohne zu lernen, wuchs ich im Kreise der Familie auf; wir bewohnten nicht mehr das Haus, in dem ich geboren wurde. Meine Mutter hatte ein Stadthaus am Platz Saint-Vincent bezogen, fast dem Tor gegenüber, das zum Wall führte. Die Straßenjungen der Stadt waren meine besten Freunde geworden, und sie lungerten auf dem Hof und den Treppen des Hauses herum. Ich glich ihnen ganz und gar; ich sprach ihre Sprache, hatte ihr Benehmen angenommen, war gekleidet wie sie, nachlässig und abgerissen; meine Hemden waren kaputt, all meine Strümpfe hatten große Löcher, ich ging in schlechten, ausgetretenen Schuhen, die mir bei jedem Schritt von den Füßen fielen, und oft kam mir mein Hut, zuweilen sogar mein Rock abhanden. Mein Gesicht war schmutzig, zerkratzt und zerschlagen, meine Hände waren schwarz. Mein Aussehen war so seltsam, daß sich meine Mutter, mitten in ihren Zornesausbrüchen, nicht enthalten konnte zu lachen und auszurufen: „Wie häßlich er ist!"

Dennoch habe ich die Reinlichkeit, sogar die Eleganz immer geliebt. In der

Nacht versuchte ich, meine Lumpen auszubessern; die gute Villeneuve und meine Lucile halfen mir, meine Kleider in Ordnung zu bringen, um mir Schelte und Strafen zu ersparen; aber ihr Flickwerk machte meinen Aufzug nur noch lächerlicher. Ich war besonders verzweifelt, wenn ich so zerlumpt unter Kindern erscheinen mußte, die auf ihre neuen Kleider und ihren Putz stolz waren.

Meine Landsleute hatten etwas Fremdartiges an sich, das an Spanien erinnerte. Familien aus Saint-Malo hatten sich in Cadix niedergelassen und Familien aus Cadix lebten in Saint-Malo. Die Insellage, der Deich, die Architektur, die Häuser, die Zisternen, die Granitmauern von Saint-Malo gaben dem Ort eine gewisse Ähnlichkeit mit Cadix; als ich jene Stadt sah, fühlte ich mich an Saint-Malo erinnert.

Die Bewohner von Saint-Malo, die am Abend alle zusammen in ihrer Stadt eingeschlossen wurden, bildeten eine einzige große Familie. Die Sitten waren so bieder, daß junge Frauen, die sich Bänder und Schleier aus Paris kommen ließen, als mondäne Geschöpfe galten, von denen sich ihre Freundinnen ängstlich zurückzogen. Ein Fehltritt war etwas ganz Unerhörtes. Auf eine Gräfin von Abbeville, die in einen solchen Verdacht geriet, wurde ein Lied gemacht, bei dessen Gesang man sich bekreuzigte. Indessen blieb der Schöpfer des Liedes, entgegen seinen Absichten, den Traditionen der Troubadours treu und nahm gegen den Ehemann Partei, indem er ihn ein „barbarisches Ungeheuer" nannte.

An bestimmten Tagen des Jahres trafen sich die Bewohner der Stadt und des umliegenden Landes zu Jahrmärkten, die auf den Inseln und Festungen um Saint-Malo abgehalten wurden. Bei Ebbe machte man den Weg zu Fuß, bei Flut in Kähnen. Das Gewimmel von Matrosen und Bauern, die Planwagen, die Pferde-, Esel- und Maultierkarawanen, die am Ufer aufgeschlagenen Zelte, die Prozessionen der Mönche und Brüderschaften, die sich mit ihren Fahnen und Kreuzen durch das Gewühl drängten, die hin und herkreuzenden Ruder- und Segelboote, die Schiffe, die in den Hafen einliefen oder ankerten, die Geschützsalven, das Glockengeläut: all das brachte Lärm, Bewegung und Abwechslung in die Menge. Ich war bei diesen Festen der einzige, der an der allgemeinen Freude nicht teilhaben konnte. Ich hatte kein Geld, um mir Spielzeug und Kuchen zu kaufen. Um der Verachtung zu entgehen, die der Armut zuteil wird, setzte ich mich fern von der Menge an die Wassertümpel, die das Meer in den Vertiefungen der Felsen zurückläßt und immer wieder auffüllt. Hier vergnügte ich mich, indem ich dem Flug der Seevögel und Möwen zuschaute, in die blaue Ferne blickte, Muscheln sammelte und dem Plätschern der Wellen in den Klippen lauschte. Am Abend, zuhause, war ich auch nicht glücklicher; bestimmte Speisen mochte ich nicht, aber man zwang mich, sie zu essen. Ich warf dem Diener La France einen flehenden Blick zu, und der nahm mir, wenn mein Vater das Gesicht abwandte, geschickt den Teller weg. Gleich streng hielt man es mit dem Feuer: Ich durfte mich dem Kamin nicht nähern. Welch ein Unterschied zwischen diesen strengen Eltern und den Kindesverhätschlern von heute!

Doch wenn ich Leiden erduldete, von denen die Kinder der jetzigen Zeit nichts wissen, wurden mir auch Freuden zuteil, die ihnen unbekannt sind.

Heute weiß man nicht mehr, was diese religiösen und Familienfeste waren, bei denen sich das ganze Land und mit ihm der Gott dieses Landes zu freuen schienen; Weihnachten, Neujahr, der Dreikönigstag, Ostern, Pfingsten, das Johannisfest waren für mich Tage des Glücks. Vielleicht hat sich der Einfluß meines heimatlichen Felsens in meinen Gefühlen und in meinen Studien bemerkbar gemacht. Im Jahre 1015 legten die Bewohner von Saint-Malo das Gelübde ab, mit ihren Händen und mit ihren Mitteln die Türme der Kathedrale von Chartres erbauen zu helfen; habe nicht auch ich mit meinen Händen daran gearbeitet, die geschleifte Turmspitze der alten christlichen Basilika wieder aufzurichten? „Die Sonne", sagt Pater Maunoir, „hat nie einen Landstrich beschienen, in dem die Treue zum wahren Glauben beharrlicher und unwandelbarer gewesen wäre als in der Bretagne. Seit dreizehn Jahrhunderten hat kein ungläubiges Wort die Sprache befleckt, in der die Lehre Christi gepredigt wird, und der muß noch geboren werden, dem je ein Bretone in bretonischer Sprache eine andere Religion als die katholische gepriesen hätte."

An den erwähnten Festtagen wallfahrte ich mit meinen Schwestern zu den verschiedenen Gotteshäusern der Stadt. Die sanften Stimmen unsichtbarer Frauen schmeichelten meinem Ohr; die Harmonie ihres Gesangs vermischte sich mit dem Brausen der Wogen. Wenn sich im Winter die Kathedrale zur Abendandacht mit Menschen füllte; wenn alte Matrosen, auf den Knien liegend, junge Frauen und Kinder, mit kleinen Kerzen in den Händen, in ihren Gebetbüchern lasen; wenn die Menge bei der Erteilung des Segens im Chor das *Tantum ergo*[17] wiederholte; wenn in den Pausen zwischen den Gesängen die Weihnachtsstürme die Scheiben der Basilika klirren machten und die Gewölbe des Schiffs erschütterten, dann wurde ich von einem außergewöhnlichen religiösen Gefühl erfaßt. La Villeneuve brauchte mich nicht daran zu erinnern, die Hände zu falten und Gott mit all den Namen anzurufen, die meine Mutter mich gelehrt hatte; ich sah den Himmel offen, sah die Engel, die unseren Weihrauch und unsere Gelübde darbrachten, und ich beugte meine Stirn. Sie war noch nicht mit dem Leid belastet, das uns so schrecklich niederdrückt, daß man versucht ist, den Kopf nicht wieder zu erheben, nachdem man ihn am Fuße des Altars niedergebeugt hat.

Manch ein Seemann ging nach dieser Feierlichkeit gestärkt gegen die Stürme der Nacht an Bord, während manch anderer, auf die beleuchtete Kuppel der Kirche zusteuernd, in den Hafen einlief: So waren der Glauben und die Gefahren immer gegenwärtig, und in meinem Geist waren ihre Abbilder untrennbar miteinander verbunden. Ich war kaum geboren, da hörte ich schon vom Sterben sprechen; des Abends ging ein Mann mit einem Glöckchen durch die Straßen und ermahnte die Christen, für ihre verstorbenen Brüder zu beten. Fast jedes Jahr sanken vor meinen Augen Schiffe, und wenn ich mich am Strand tummelte, schwemmte das Meer mir die Leichen fremder, fern von ihrem Vaterland verstorbener Männer vor die Füße. Wie bei Augustinus die heiliga Monika zu ihrem Sohn, sagte Madame de Chateaubriand zu mir: *"Nihil longe est a Deo"* [Gott ist nichts fern]. Man hatte meine Erziehung der Vorsehung anheimgegeben: Sie ersparte mir keine ihrer Lehren.

Der heiligen Jungfrau war ich geweiht; ich kannte und liebte meine Beschützerin und hielt sie mit meinen Schutzengel. Ihr Bild, für das die gute Villeneuve einen halben Sou bezahlt hatte, war mit vier Stecknadeln zu Häupten meines Bettes an der Wand befestigt.

Das erste, was ich auswendig konnte, war ein Matrosenlied, das etwa so begann:

Ich setze mein Vertrauen,
Jungfrau, auf Deinen Schutz;
Laß mich auf Dich nur bauen
In jeglicher Gefahr;
Und naht die letzte Stunde
Für meine Lebenszeit
Dann gib mir nur ein Ende
Voll Himmelsseligkeit.[18]

Ich habe dieses Lied später bei einem Schiffbruch singen hören. Noch heute wiederhole ich diese holprigen Verse mit dem gleichen Vergnügen wie die Verse Homers; eine Madonna mit einer mittelalterlichen Krone auf dem Haupt, in einem Kleid von blauer Seide mit silbernen Fransen, erfüllt mich mit tieferer Frömmigkeit als die heilige Jungfrau von Raffael.

Hätte doch dieser friedliche „Stern des Meeres"[19] die Stürme meines Lebens besänftigen können! Aber schon in meiner Kindheit sollte ich geschüttelt werden wie die Dattelpalme Arabiens; kaum war mein Lebensbaum dem felsigen Boden entsprossen, so wurde er schon vom Winde gepeitscht.

5

La Vallée-aux-Loups, Juni 1812.

Gesril. - Hervine Magon. - Der Kampf mit den beiden Schiffsjungen

Ich erwähnte schon, daß meine frühzeitige Auflehnung gegen Luciles Lehrerinnen meinen schlimmen Ruf begründete; ein Kamerad vollendete ihn.

Mein Onkel, Monsieur de Chateaubriand du Plessis, wohnte wie sein Bruder in Saint-Malo und hatte wie dieser vier Töchter und zwei Söhne. Meine beiden Cousins, Pierre und Armand, waren meine ersten Spielkameraden. Pierre wurde Page der Königin, Armand aber, da er für den geistlichen Stand bestimmt war, aufs Gymnasium geschickt. Nach seiner Pagenzeit ging Pierre zur Marine und ertrank an der Küste Afrikas. Armand blieb lange im Gymnasium, verließ Frankreich im Jahre 1790, diente während der ganzen Emigrationszeit, machte auf einer Schaluppe zwanzig verwegene Reisen zur bretonischen Küste und starb schließlich am Karfreitag des Jahres 1810 auf der Ebene von Grenelle für den König.

Des Umgangs mit meinen beiden Vettern beraubt, ersetzte ich ihn durch eine neue Bekanntschaft. In der zweiten Etage des Hauses, in dem wir wohnten, lebte ein Edelmann namens Gesril; er hatte einen Sohn und zwei Töchter. Dieser Sohn wurde ganz anders erzogen als ich. Er war ein verzogener Junge; was immer er tat, man fand es allerliebst; er fühlte sich erst richtig wohl, wenn es zu Schlägereien kam und besonders, wenn er Streitigkeiten anzetteln konnte, bei denen er sich zum Richter aufwarf. Den Dienstmädchen, die die Kinder spazierenführten, spielte er heimtückische Streiche; so war von nichts als seinen Schelmenstreichen, die man zu finsteren Verbrechen aufbauschte, die Rede. Der Vater lachte über all das, und der Sohn wurde nur noch mehr gehätschelt. Gesril wurde mein vertrauter Freund und gewann einen unglaublichen Einfluß auf mich; ich machte bei einem solchen Lehrmeister rasche Fortschritte, obgleich mein Charakter dem seinigen völlig entgegengesetzt war. Ich liebte die einsamen Spiele und suchte mit niemandem Streit; Gesril war ganz versessen auf Tumult und jubelte inmitten der Prügeleien. Wenn ein Straßenjunge mich ansprach, sagte Gesril zu mir: „Das läßt Du Dir gefallen?" Da glaubte ich mich in meiner Ehre angegriffen und fuhr dem dreisten Kerl ins Gesicht, ohne mich um seine Größe und sein Alter zu kümmern. Mein Freund sah dem Kampf zu, spendete meinem Mut auch Beifall, tat aber nichts zu meiner Unterstützung. Zuweilen stellte er aus allen Herumtreibern, die ihm über den Weg liefen, eine Armee auf, teilte sie in zwei feindliche Fronten, und wir lieferten einander am Strand Schlachten mit Steinwürfen.

Ein anderes von Gesril erfundenes Spiel schien noch gefährlicher: Bei Flut und Sturm schlugen die Wellen am Fuße des Schlosses auf der Strandseite bis zu den großen Türmen empor. Zwanzig Fuß über dem Fundament eines dieser Türme führte ein schmaler, glitschiger, geneigter Gang aus Granit entlang, auf dem man die Plattform zur Verteidigung des Grabens erreichen konnte; es kam nun darauf an, den Augenblick zwischen zwei Wellen zu nutzen, um über die gefährliche Stelle hinwegzukommen, ehe die Woge sich brach und den Turm bedeckte. Da brauste ein Wasserberg heran, der einen, wenn man nur eine Minute zögerte, mit fortreißen oder an der Mauer zerschmettern konnte. Jeder von uns nahm die Mutprobe auf sich, aber ich habe die Kinder davor erbleichen sehen.

Gesrils Hang, andere zu Mutproben anzustacheln, bei denen er Zuschauer blieb, könnte zu der Vermutung führen, daß er sich später nicht besonders mutig zeigte; jedoch hat er vielleicht - wenn auch auf einem kleineren Schauplatz - den Heldenmut des Regulus in den Schatten gestellt, und zu seinem Ruhm fehlte ihm nichts als Rom und Titus Livius. Als Marineoffizier wurde er in dem Gefecht von Quiberon[20] gefangengenommen; als die Schlacht vorüber war und die Engländer fortfuhren, die republikanische Armee zu beschießen,

sprang Gesril ins Meer, schwamm zu den Schiffen hinüber, forderte die Engländer auf, das Feuer einzustellen, und kündigte ihnen das Elend und die
Kapitulation der Emigrantenarmee an. Man wollte ihn retten, warf ihm ein Tau
zu und beschwor ihn, an Bord zu kommen: „Ich bin Gefangener auf Ehren-
wort!" rief er inmitten der Wogen und kehrte schwimmend an Land zurück. Er
wurde mit Sombreuil und seinen Gefährten erschossen.

Gesril war mein erster Freund. Beide wurden wir in unserer Kindheit
falsch beurteilt, und so schlossen wir uns im Vorgefühl dessen, was später aus
uns werden sollte, aneinander an.

Zwei Abenteuer setzten diesem ersten Teil meiner Geschichte ein Ende
und hatten eine bedeutsame Veränderung im System meiner Erziehung zur
Folge.

Eines Sonntags waren wir zur Stunde der Flut am Strande nahe beim
Sankt-Thomas-Tor. Starke, in den Sand gerammte Pfähle schützten die Mauern
am Fuße des Schlosses und längs des Deiches vor dem Wellenschlag. Wir
kletterten gewöhnlich auf diese Pfähle, um die ersten Flutwellen unter uns
herankommen zu sehen. Jeder war auf seinem angestammten Platz; mehrere
kleine Mädchen hatten sich unter die Jungen gemischt. Ich saß am weitesten
vorn und hatte nur ein hübsches kleines Mädchen vor mir, Hervine Magon,
die vor Vergnügen lachte und vor Angst weinte. Gesril war am anderen Ende,
dem Land zu. Die Flut kam, Sturm setzte ein; schon riefen die Kindermädchen
und Diener: „Kommt herunter, Kinder!" Gesril wartete eine große Woge ab; als
die sich zwischen den Pfählen heranwälzt, stößt er das neben ihm sitzende
Kind an: Dieses fällt auf das nächste, dieses wiederum auf ein drittes, die ganze Reihe fällt um wie ein Kartenhaus, aber jeder wird von seinem Nachbarn
gehalten; nur das kleine Mädchen am äußersten Ende der Reihe, auf das ich
fiel, purzelte hinab, da es von niemandem gestützt wurde. Der Strom riß es
fort. Sogleich ertönten tausend Schreie, alle Kindermädchen schürzten ihre
Röcke, stürzten ins Meer, ergriffen ihre Schützlinge und gaben ihnen einen
Klaps. Hervine wurde aufgefischt; sie erklärte, François habe sie herunterge-
stoßen. Die Kindermädchen fallen über mich her, ich entkomme ihnen, ver-
barrikadiere mich im Keller unseres Hauses - und die ganze weibliche Armee
verfolgt mich. Glücklicherweise waren meine Eltern ausgegangen. La Villeneuve verteidigt standhaft die Tür und ohrfeigt die feindliche Vorhut. Der
wirkliche Urheber des Unglücks, Gesril, kommt mir zu Hilfe; er geht in seine
Wohnung hinauf und schüttet im Verein mit seinen Schwestern Eimer voll
Wasser und Bratäpfel auf die Anstürmenden herab. Bei Einbruch der Dunkelheit hoben diese die Belagerung auf; aber die Neuigkeit verbreitete sich in der
ganzen Stadt, und der neunjährige Chevalier de Chateaubriand galt nun als
Scheusal, als Nachkomme jener Seeräuber, von denen der heilige Aaron seinen Felsen gesäubert hatte.

Und das andere Abenteuer:

Ich ging mit Gesril nach Saint-Servan, eine Vorstadt, die durch den Han-
delshafen von Saint-Malo getrennt ist. Wollte man sie bei Ebbe erreichen,

überquerte man die Wasserläufe auf schmalen Brücken von platten Steinen, die die Flut dann wieder überspülte. Die Bediensteten, die uns begleiteten, waren weit hinter uns zurückgeblieben. Am anderen Ende einer dieser Brükken bemerkten wir zwei Schiffsjungen, die auf uns zukamen. „Wollen wir dieses Gesindel vorbeilassen?" sagte Gesril zu mir, und schon rief er ihnen zu: „Ins Wasser, ihr Enten!" Die aber verstehen als echte Schiffsjungen keinen Spaß und kommen auf uns zu; Gesril weicht zurück; wir nehmen am Ende der Brücke Aufstellung, klauben Steine zusammen und werfen sie den Schiffsjungen an den Kopf. Die stürzen sich auf uns, zwingen uns zurückzuweichen, bewaffnen sich ihrerseits mit Steinen und drängen uns kämpfend zurück bis zu unserem Reservekorps, unseren Bediensteten. Ich wurde nicht, wie Horatius, am Auge verwundet, sondern am Ohr: Ein Stein traf mich so hart, daß mein linkes Ohr, zur Hälfte abgerissen, auf meine Schulter herabhing.

Ich dachte überhaupt nicht an meine Wunde, wohl aber an meine Rückkehr nach Hause. Wenn mein Freund von seinen Ausflügen ein blaues Auge oder einen zerrissenen Rock heimbrachte, so wurde er bedauert, gehätschelt und neu gekleidet; mir hingegen drohte in einem solchen Fall schwere Strafe. Meine Verletzung war gefährlich, aber La France konnte mich nicht bewegen, nach Hause zu gehen, denn meine Furcht war zu groß. Ich verbarg mich im zweiten Stock des Hauses, bei Gesril, der mir den Kopf mit einem Handtuch umwickelte. Dieses Handtuch erheiterte ihn sehr, denn es stellte für ihn eine Mitra dar; er ernannte mich zum Bischof und hieß mich mit ihm und seinen Schwestern die große Messe singen, bis es Zeit zum Abendessen war. Jetzt war der Würdenträger gezwungen hinabzusteigen, wobei mir das Herz nicht wenig klopfte. Mein Vater, erschreckt durch mein entstelltes, blutverschmiertes Gesicht, sagte kein Wort; meine Mutter stieß einen Schrei aus. - La France erzählte von dem traurigen Vorfall und entschuldigte mich; ich wurde darum nicht weniger hart zurechtgewiesen. Man verband mein Ohr, und Monsieur und Madame de Chateaubriand beschlossen, mich so bald wie möglich von Gesril zu trennen.

Dies ist das Bild meiner frühen Kindheit. Ich weiß nicht, ob die strenge Erziehung, die mir zuteil wurde, im Prinzip gut ist; die Meinigen ließen sie mir ohne böse Absicht, als den natürlichen Ausdruck ihrer Wesensart angedeihen. Sicher ist, daß sie meine Vorstellungen in ungewöhnliche Richtungen gedrängt hat, und noch sicherer ist es, daß durch sie meine Gefühle einen melancholischen Zug bekamen, der aus der Gewohnheit entstanden ist, schon im Alter der Schwäche, der Unbesonnenheit und der Freude leiden zu müssen.

Meint man etwa, daß diese Art der Erziehung in mir Haß meinen Eltern gegenüber geweckt habe? Keineswegs; die Erinnerung an ihre Strenge ist mir beinahe angenehm, und ich achte und ehre ihre großen Vorzüge. Als mein Vater starb, waren meine Regimentskameraden Zeugen meiner Trauer. Meiner Mutter verdanke ich den Trost meines Lebens, denn von ihr rührt meine Frömmigkeit her. Die christlichen Wahrheiten, die aus ihrem Munde kamen, nahm ich in mich auf. Wäre mein Verstand besser entwickelt worden, wenn man mich früher zum Studieren angehalten hätte? Ich bezweifle es; diese Wellen, diese Stürme, diese Einsamkeit, die meine ersten Lehrmeister waren, entsprachen vielleicht besser meinen natürlichen Anlagen; vielleicht verdanke ich diesen rauhen Erziehern einige Tugenden, die mir sonst fremd geblieben wären. Die Wahrheit ist, daß kein Erziehungssystem an sich einem andern vorzuziehen ist; lieben die Kinder ihre Eltern heute, da sie sie mit Du anreden und sie nicht mehr fürchten, etwa mehr? In dem gleichen Hause, in dem man mich ausschalt, wurde Gesril verhätschelt; beide sind wir rechtschaffene Männer und zärtliche, ehrerbietige Söhne geworden. Gerade das, was wir für schlecht halten, stärkt womöglich die Fähigkeiten unseres Kindes; anderes, das uns als gut erscheint, erstickt vielleicht diese Fähigkeiten. Was Gott tut, das ist wohlgetan; die Vorsehung leitet uns, wenn sie uns dazu bestimmt hat, eine Rolle auf dem Welttheater zu spielen.

6

Dieppe, September 1812.

Ein Billet von Monsieur Pasquier. - Dieppe. - Eine Veränderug in meiner Erziehung. - Frühling in der Bretagne. - Ein historischer Wald. - Der Strand. - Monduntergang über dem Meer.

Am 4. September 1812 erhielt ich von Monsieur Pasquier, dem Polizeipräfekten, folgendes Schreiben:
Kabinett des Präfekten.
„Der Polizeipräfekt ersucht Monsieur de Chateaubriand, sich entweder diesen Nachmittag gegen vier Uhr oder morgen früh um neun Uhr in sein Kabinett zu bemühen."
Es war ein Befehl, mich aus Paris zu entfernen, den der Herr Polizeipräfekt mir übermitteln wollte. Ich habe mich nach Dieppe zurückgezogen. Im Jahre 1788 lag ich hier mit dem 2. Bataillon meines Regiments in Garnison; in dieser Stadt mit ihren Backsteinhäusern, ihren Läden voller Elfenbein, mit den reinlichen, hellen Straßen zu wohnen, bedeutete für mich die Rückkehr in meine Jugendzeit. Ging ich spazieren, stieß ich auf die Ruinen des Schlosses von Arques. Blieb ich zuhause, genoß ich das Schauspiel der See; von dem Tisch aus, an dem ich saß, konnte ich das Meer betrachten, an dem ich zur Welt gekommen war, und das die Küsten Großbritanniens umspült, wo ich ein so langes Exil erduldet habe. Meine Blicke schweiften über die Wogen, die mich nach Amerika getragen haben, mich dann wieder nach Europa warfen und mich zu den Küsten Afrikas und Asiens führten. Sei gegrüßt, o Meer, du meine Wiege und mein Ebenbild! Ich will dir den Fortgang meiner Geschichte erzählen; wenn ich lüge, werden mich deine Wogen, die mit all meinen Tagen verbunden sind, bei der Nachwelt des Betrugs bezichtigen.

34

Meine Mutter hatte stets gewünscht, daß ich eine humanistische Ausbildung erhalten sollte. Der Seemannsstand, zu dem ich bestimmt war „würde vielleicht nicht nach meinem Geschmack sein", sagte sie; es schien ihr für jeden Fall ratsam, mich zu befähigen, auch eine andere Laufbahn einzuschlagen. Ihre Frömmigkeit ließ sie hoffen, daß ich mich der Kirche weihen würde. Sie schlug daher vor, mich auf ein Gymnasium zu schicken, wo ich Unterricht in Mathematik, Zeichnen, Fechten und der englischen Sprache erhielte. Von Latein und Griechisch sprach sie nicht, um meinen Vater nicht aufzubringen; aber sie nahm sich vor, mich darin ebenfalls unterrichten zu lassen, heimlich, und später, wenn ich Fortschritte gemacht hätte, unverhohlen. Mein Vater ging auf den Vorschlag ein, und es wurde beschlossen, mich auf das Gymnasium in Dol zu schicken. Diese Stadt wählte man, weil sie an der Straße von Saint-Malo nach Combourg lag.

In dem sehr kalten Winter, vor meinem Eintritt ins Gymnasium, brach in dem Haus, in dem wir wohnten, ein Feuer aus. Ich wurde von meiner ältesten Schwester gerettet, die mich durch die Flammen trug. Monsieur de Chateaubriand, der sich auf sein Schloß zurückgezogen hatte, rief seine Gattin zu sich; im Frühjahr mußten wir folgen.

Der Frühling ist in der Bretagne milder als in der Umgebung von Paris, es blüht dort alles schon drei Wochen früher. Die Vögel, die ihn ankündigen, die Schwalbe, der Pirol, der Kuckuck, die Wachtel und die Nachtigall, stellen sich zusammen mit den Winden ein, die in den Buchten der armorikanischen Halbinsel[21] zu Hause sind. Die Erde bedeckt sich mit Margeriten, Stiefmütterchen, gelben und weißen Narzissen, Hyazinthen, Hahnenfuß und Anemonen wie die einsamen Gefilde um San Giovanni di Laterano und Santa Croce di Gerusalemme in Rom. Die Waldwiesen schmücken sich mit hohen schlanken Farnkräutern; der Ginster prangt in solcher Blütenpracht, daß man an goldene Schmetterlinge denkt. Die Hecken, von einer Fülle von Erdbeeren, Himbeeren und Veilchen umwachsen, sind mit Weißdorn, Geißblatt und Brombeersträuchern geziert, an deren braunen, gebogenen Schößlingen Blätter und herrliche Früchte sprießen. Alles wimmelt von Bienen und Vögeln; ihre Schwärme und Nester bringen die Kinder auf Schritt und Tritt zum Stehenbleiben. Wie in Griechenland wachsen Myrten und Oleander auf freiem Feld; die Feige reift wie in der Provence; mit seinen karmesinroten Blüten gleicht jeder Apfelbaum einem großen ländlichen Brautstrauß.

Noch heute bewahrt das Land Merkmale seiner früheren Gestalt; von baumbestandenen Gräben durchzogen, gleicht es aus der Ferne einem Wald und erinnert an England. Hier waren die Feen zu Hause, und man wird sehen, daß ich hier in der Tat meiner Sylphide begegnet bin. Enge Täler werden von kleinen, nicht schiffbaren Flüssen bewässert. Diese Täler sind durch Heideland und Stechpalmengebüsch voneinander getrennt. An den Küsten reihen sich Leucht- und Wachtürme, Hünengräber, Bauwerke aus der Römerzeit, mittelalterliche Schloßruinen und Kirchtürme aus der Renaissance, und all das ist vom Meer umschlossen. Plinius nennt die Bretagne eine Halbinsel, die den Ozean betrachtet.

Zwischen dem Meer und dem Land erstrecken sich Dünen, die verschwimmende Grenze zwischen den beiden Elementen. Die Feldlerche fliegt hier neben der Meerschnepfe her; und nur einen Steinwurf voneinander entfernt durchfurchen der Pflug und das Boot Land und Wasser. Der Seemann und der Hirte leihen einander ihre Sprache: „Die Wellen bilden Schäfchen", sagt der Seemann, und der Hirt spricht von den „Fluten von Schafen". Unterschiedlich gefärbter Sand, verschiedenartige Muschelbänke, Seetang und silbriger Schaum zeichnen den gelben oder grünen Saum der Getreidefelder nach. Ich weiß nicht mehr, auf welcher Mittelmeerinsel ich ein Basrelief gesehen habe, auf dem Meernymphen das Gewand der Ceres, der Göttin des Ackerbaus, mit Girlanden schmücken.

Aber das Wunderbarste in der Bretagne ist der Mond, wenn er über dem Lande aufgeht oder im Meer versinkt. Von Gott zum Beherrscher des Dunkels bestimmt, hat der Mond gleich der Sonne seine Wolken, seine Nebel, seine Strahlen und seine Schatten. Aber er geht nicht, wie diese, einsam unter, sondern begleitet von einem Schwarm von Sternen. Je tiefer er an meiner heimatlichen Küste am Horizont herabsinkt, desto größer wird das Schweigen, das er dem Meere mitteilt; bald berührt er den Horizont, durchschneidet ihn, zeigt nur noch die Hälfte seines Antlitzes, entschläft, neigt sich und verschwindet endlich in der weichen Schwellung der Wogen. Die Sterne, die ihrem Herrscher am nächsten sind, scheinen einen Augenblick auf dem Kamm der Wellen stillzustehen, ehe sie ihm nachsinken. Kaum aber ist der Mond untergegangen, zerreißt ein vom Meer herkommender Windstoß die Sternbilder, so wie man nach einem Fest die Lichter löscht.

7

Abreise nach Combourg. - Beschreibung des Schlosses.

Ich mußte meine Schwestern nach Combourg begleiten; in der ersten Maihälfte traten wir die Reise an. Wir, meine Mutter, meine vier Schwestern und ich, verließen Saint-Malo bei Sonnenaufgang in einer riesigen altväterischen Kutsche mit vergoldeter Türfüllung, Trittbrettern außerhalb der Türen und purpurroten Eicheln an den vier Ecken der Wagendecke. Acht Pferde zogen uns, geschmückt wie spanische Maulesel, mit Glocken am Hals, Schellen an den Zügeln, Satteldecken und Fransen aus verschiedenfarbiger Wolle. Während meine Mutter seufzte und meine Schwestern unaufhörlich schwatzten, war ich ganz Auge und Ohr und verfiel bei jeder Umdrehung der Räder in neues Staunen; es war der erste Schritt des Ewigen Juden, der von nun an keine Ruhe mehr finden sollte. Wenn der Mensch wenigstens nur die Orte wechseln würde! Aber auch sein Leben und sein Herz verändern sich.

Unsere Pferde machten in einem Fischerdorf am Strand von Cancale halt.

Dann fuhren wir durch Sumpflandschaften und durch die vom Fieber heimgesuchte Stadt Dol, vorbei am Tor der Schule, in die ich bald eintreten sollte; darauf ging es ins Innere das Landes.

Über vier tödliche Meilen hinweg sahen wir nichts als von Gehölz umschlossene Heidelandschaften, Brachfelder, niedrige dürftige Buchweizenaussaaten und ärmliche Haferfelder. Kohlenbrenner führten ganze Reihen kleiner Pferde mit herabhängender verfilzter Mähne; langhaarige Bauern in Röcken aus Ziegenfell trieben mit lautem Geschrei ihre mageren Ochsen an und gingen als ackernde Faune hinter dem schwerfälligen Pflug. Endlich entdeckten wir ein Tal, in dessen Grund, nicht weit von einem Teich, die Spitze eines Dorfkirchturms emporragte. Am westlichen Ende dieses Dorfes erhoben sich zwischen hohen, von der untergehenden Sonne beleuchteten Bäumen die Türme eines Schlosses.

Eben war ich gezwungen innezuhalten; mein Herz klopfte so heftig, daß es den Tisch erschütterte, an dem ich schrieb. Die Erinnerungen, die in meinem Gedächtnis aufsteigen, drücken mich nieder durch ihre Gewalt und ihre Fülle; und doch, was bedeuten sie für die übrige Welt?

Von der Anhöhe herabkommand, überquerten wir einen Bach. Nach halbstündiger Fahrt verließen wir die große Straße, und der Wagen rollte durch eine Allee von Hagebuchen, deren Wipfel sich über unseren Köpfen vereinigten. Ich erinnere mich noch an den Augenblick, da ich in diesen Schatten eintrat, und an den freudigen Schrecken, den ich empfand.

Als wir aus dem Waldesdunkel herauskamen, fuhren wir über einen mit Nußbäumen bepflanzten Vorhof, der an den Garten und das Haus des Verwalters grenzte; von da gelangten wir durch ein gemauertes Tor in einen rasenbedeckten Hof, der „grüne Hof" genannt. Zur Rechten befanden sich ausgedehnte Stallungen und ein Kastanienwäldchen; ein gleiches Wäldchen stand auch zur Linken. Am Ende des Hofes, der unmerklich anstieg, zeigte sich zwischen den beiden Baumgruppen das Schloß. Seine traurige und strenge Fassade wies einen Mittelwall auf, der eine durchbrochene, überdachte Galerie mit Pechnasen trug. Dieser Mittelwall verband zwei nach Alter, Baumaterial, Höhe und Dicke ungleiche Türme; sie endeten in Zinnen mit spitzen Dächern, die wie Nachtmützen auf gotischen Kronen aussahen.

Einige vergitterte Fenster unterbrachen hier und da die kahlen Mauern. Eine gerade, steile Freitreppe mit zweiundzwanzig Stufen ohne Geländer ersetzte die frühere Zugbrücke über die mit Schutt gefüllten Gräben; sie führte zum Schloßtor in der Mitte des Walls. Über diesem Tor sah man das Wappen der Herren von Combourg und die Öffnungen, aus denen früher die Hebearme und Ketten der Zugbrücke herausragten.

Der Wagen hielt am Fuße der Freitreppe an. Mein Vater kam uns entgegen. Das Wiedersehen mit der Familie stimmte ihn in diesem Moment so sanft, daß er uns die freundlichste Miene zeigte. Wir stiegen die Freitreppe empor, traten in einen hallenden Vorraum mit Spitzbögen und von da in einen kleinen Innenhof.

Von diesem Hof gelangten wir in das südlich nach dem Teich hin gelegene Gebäude, das an die beiden kleinen Türme stieß. Das ganze Schloß hatte
die Gestalt eines vierrädrigen Wagens. Wir befanden uns in einem Saal im
Erdgeschoß, der früher der Gardesaal hieß. An jedem Ende des Saales war ein
Fenster; zwei andere durchbrachen die Querwand. Um diese vier Fenster zu
vergrößern, hatte man die acht bis zehn Fuß dicken Mauern ausbrechen müssen. Von den zwei äußeren Ecken des Saales führten zwei geneigte Gänge
gleich dem Gang in der großen Pyramide zu den kleinen Türmen. Eine Wendeltreppe in einem dieser Türme verband den Gardesaal mit dem oberen
Stockwerk. So war diese Behausung angelegt.

Der Teil, der nach Norden, nach dem grünen Hof zu lag und die Fassade
zwischen dem großen und dem dicken Turm bildete, bestand aus einer Art
viereckigem, dunklem Schlafsaal, der als Küche benutzt wurde; er dehnte sich
nach der Vorhalle, der Freitreppe und einer Kapelle aus. Über diesen Räumen
befand sich der Archiv-, Wappen-, Vögel- oder Rittersaal, so genannt nach der
Decke, die mit bunten Wappen und Vogelbildnissen übersät war. Die schmalen Fenster lagen so tief in der Mauer, daß ihre Nischen kleine Kämmerchen
mit Granitwänden bildeten. Dazu kamen in den verschiedenen Teilen des
Gebäudes geheime Gänge und Treppen, Verliese und Dachtürme, ein Labyrinth von überdachten und offenen Galerien und unterirdischen Gewölben,
deren Verzweigungen man nicht kannte. Überall Schweigen, Dunkelheit und
Stein - das war das Schloß Combourg.

Ein Nachtmahl im Gardesaal, das ich ohne Zwang verzehrte, beendete den
für mich ersten glücklichen Tag meines Lebens. Das wahre Glück kostet wenig; ist es teuer, so ist es nicht von der rechten Art.

Kaum war ich am nächsten Morgen erwacht, ging ich hinab, um mir das
Schloß von außen anzusehen und meine Ankunft in der Einsamkeit zu feiern.
Die Freitreppe war auf nordwestlicher Seite. Wenn man auf dem Treppenab-
satz stand, hatte man den grünen Hof vor sich und weiter entfernt dann einen
Küchengarten zwischen hohen Baumreihen; die Bäume zur Rechten, dort, wo
wir angekommen waren, hießen die kleine Allee; die zur Linken, ein Gehölz
von Eichen, Buchen, Sycomoren, Ulmen und Kastanienbäumen, die große
Allee. Schon Madame de Sévigné rühmte zu ihrer Zeit diese alten Schatten-
spender; die seitdem vergangenen hundertundvierzig Jahre haben ihre Schönheit noch vermehrt.

Auf der gegenüberliegenden Seite, nach Süden und Osten, sah die Gegend ganz anders aus. Durch die Fenster des großen Saales erblickte man die
Häuser von Combourg, einen Teich und den Damm dieses Teiches, auf dem
die Straße nach Rennes verlief, eine Wassermühle und Kuhherden auf einer
Wiese.

Wenn ein Maler nach dieser langen Beschreibung zum Bleistift griffe,
würde er dann wohl eine Zeichnung zustandebringen, die dem Schloß gleicht?
Ich glaube es nicht; und doch sehe ich das Schloß im Geiste vor mir, als ob
ich es vor Augen hätte. So ohnmächtig ist in materiellen Dingen das Wort und

so groß die Macht der Erinnerung! Wenn ich von Combourg zu sprechen beginne, singe ich die ersten Strophen eines Klageliedes, das nur für mich seinen Zauber hat. Aber fragt den Tiroler Hirten, warum er seinen Ziegen immer wieder die gleichen drei oder vier Töne vorsingt - Töne der Bergwelt, die als Echo vom Rande eines Bergstroms zum nächsten dringen.

Mein erster Aufenthalt in Combourg war von kurzer Dauer. Nach knapp vierzehn Tagen schon erschien der Abbé Porcher, Vorsteher des Gymnasiums von Dol; man übergab mich seiner Obhut, und ich mußte ihm trotz meiner Tränen folgen.

2. Buch

Dieppe, September 1812.

Das Gymnasium zu Dol. - Mathematik und Sprachen. - Eigenheiten meines Gedächtnisses.

Ich war kein gänzlich Fremder in Dol; mein Vater war dort Domherr als Abkömmling und Repräsentant des Hauses Guillaume de Chateaubriand, Sire de Beaufort, der im Jahre 1529 einen der ersten Chorstühle in der Kathedrale gestiftet hatte. Der Bischof von Dol war Monsieur de Hercé, ein Freund meiner Familie, ein Geistlicher von großer politischer Mäßigung: kniend, mit dem Kruzifix in der Hand, wurde er mit seinem Bruder, dem Abbé de Hercé, auf dem Feld der Märtyrer bei Quiberon erschossen. Bei meiner Ankunft im Gymnasium wurde ich der besonderen Obhut des Abbé Leprince anvertraut, der Rhetorik lehrte und die Geometrie gründlich beherrschte; das war ein Mann von Geist, mit schönem Gesicht, ein Liebhaber der Künste und ein recht guter Porträtmaler. Er übernahm es, mich nach der Lehre Bezouts in Mathematik zu unterrichten. Der Abbé Egault, Lehrer der dritten Klasse, wurde mein Latein-lehrer; Mathematik lernte ich auf meinem Zimmer, Latein im Gemeinschafts-saal.

Ein Vogel wie ich brauchte einige Zeit, um sich an den Käfig eines Gymnasiums zu gewöhnen und seinen Flug nach dem Läuten einer Glocke zu regeln. Ich konnte nicht so rasche Freundschaften schließen, wie der Reichtum sie verschafft, denn bei einem armen Schlucker, der nicht einmal ein Taschen-geld bekam, war nichts zu holen. Auch unterstellte ich mich keiner Schutz-herrschaft, denn ich hasse die Beschützer. Bei den Spielen wollte ich nicht der Anführer sein, aber auch nicht angeführt werden: Ich taugte weder zum Ty-rannen noch zum Sklaven, und so bin ich geblieben.

Dennoch geschah es, daß ich sehr rasch zum Mittelpunkt wurde; genauso erging es mir später bei meinem Regiment. Ältere Offiziere verbrachten ihre Abende bei mir, dem einfachen Unterleutnant, und zogen mein Zimmer dem Kaffeehaus vor. Ich weiß nicht, wie das kam; vielleicht lag es an der Leichtig-keit, mit der ich auf die Überlegungen anderer einging und mich ihren Ge-wohnheiten anpaßte. Ich jagte und streifte ebenso gern herum wie ich las und schrieb. Es ist mir noch jetzt gleichgültig, ob ich über die alltäglichsten Dinge oder über die erhabensten Gegenstände spreche. Auf geistreiches Wesen lege ich sehr wenig Wert, es ist mir fast zuwider, obgleich ich kein Dummkopf bin. Kein Charakterfehler stößt mich ab außer Spottsucht und Eigendünkel; da kann ich nur mit Mühe ruhig bleiben. Ich finde, daß andere im Vergleich zu mir immer eine gewisse Überlegenheit besitzen, und wenn ich zufällig einen Vorzug an mir entdecke, so macht mich das ganz verlegen.

Auf der Schule wurden Eigenschaften in mir geweckt, die bei meiner früheren Erziehunng geschlummert hatten. Mein Arbeitseifer war bemerkenswert, mein Gedächtnis außerordentlich. Ich machte rasche Fortschritte in Mathematik, wobei ich eine Klarheit der Auffassung an den Tag legte, die den Abbé Leprince in Erstaunen versetzte. Ebenso zeigte ich eine entschiedene Neigung für fremde Sprachen. Die Anfangsgründe, gewöhnlich die Qual der Schüler, lernte ich ohne Mühe; die Lateinstunde erwartete ich mit einer gewissen Ungeduld als Erholung von den Zahlen und geometrischen Figuren. In weniger als einem Jahr wurde ich einer der Besten der fünften Klasse. Eigentümlicherweise wurden meine lateinischen Sätze ganz von selbst zu Pentametern, so daß der Abbé Egault mich den Elegiker[22] nannte, ein Beiname, den ich bei meinen Mitschülern lange behalten habe.

Von meinem Gedächtnis führe ich nur zwei charakteristische Züge an: Ich kannte die Logarithmentafeln auswendig, das heißt, ich fand im Kopf zu jeder gegebenen Zahl einer geometrischen Reihe den Exponenten in der arithmetischen Gleichung und umgekehrt

Nach dem Abendgebet, das wir gemeinsam in der Kapelle des Gymnasiums verrichteten, las der Vorsteher uns etwas vor. Irgendein Schüler wurde dann aufgerufen und mußte das Gehörte wiedergeben. Wir kamen vom Spielen erschöpft, todmüde zum Gebet; wir warfen uns auf die Bänke und suchten uns in einem dunklen Eckchen zu verbergen, um nicht bemerkt und aufgerufen zu werden. Um einen Beichtstuhl, der als sicheres Versteck galt, stritten wir uns besonders heftig. Eines Abends hatte ich das Glück, diesen Hafen zu erreichen und glaubte mich in Sicherheit vor dem Vorsteher; der aber bemerkte unglücklicherweise mein Manöver und beschloß, ein Exempel zu statuieren. Er las also langsam und ausführlich den zweiten Teil einer Predigt; alles schlief ein. Ich weiß nicht, durch welchen Zufall ich in meinem Beichtstuhl wach blieb. Der Vorsteher, der von mir nur die Fußspitzen sah, glaubte, daß ich wie die anderen eingenickt sei; plötzlich rief er mich auf und fragte, was er gelesen habe.

Der zweite Teil der Predigt enthielt eine Aufzählung alldessen, womit man Gott erzürnen könne. Ich gab nicht allein das Wesentliche wieder, sondern zählte die einzelnen Punkte der Reihe nach auf und wiederholte beinahe Wort für Wort mehrere Seiten dieser mystischen, einem Kinde unverständlichen Prosa. Beifälliges Gemurmel erhob sich in der Kapelle; der Vorsteher rief mich zu sich, gab mir einen Klaps auf die Wange und erlaubte mir zur Belohnung, am folgenden Morgen bis zur Frühstücksstunde im Bett zu bleiben. Ich entzog mich bescheiden der Bewunderung meiner Mitschüler, machte aber sehr wohl von der erhaltenen Begünstigung Gebrauch. Diese Merkfähigkeit für Worte, die ich nicht völlig bewahrt habe, hat bei mir einer anderen, noch eigenartigeren Art von Erinnerungsvermögen Platz gemacht, auf die ich vielleicht noch zu sprechen kommen werde.

Eines aber verletzt mich: Ein gutes Gedächtnis geht oft mit Dummheit einher. Es gehört im allgemeinen zu schwerfälligen Geistern, die es durch den Ballast, mit denen es sie überhäuft, noch schwerer macht. Und doch, was wären wir ohne Erinnerung? Wir würden unsere Freundschaften, unsere Liebe, unsere Vergnügungen, unsere Geschäfte vergessen; das Genie könnte seine Ideen nicht zusammenhalten, das liebevollste Herz würde seine Zärtlichkeit verlieren, wenn es sich ihrer nicht erinnern könnte. Unser Dasein würde sich auf die aufeinanderfolgenden Augenblicke einer Gegenwart beschränken, die unaufhörlich verrinnt; es gäbe keine Vergangenheit mehr. Wie elend sind wir! Unser Leben ist so nichtig, daß es nichts als ein Widerschein unseres Gedächtnisses ist!

2

Dieppe, Oktober 1812.

Ferien in Combourg. - Das Leben auf einem Schloß in der Provinz. - Feudale Sitten. - Die Bewohner von Combourg.

Die Ferien verlebte ich in Combourg. Das Leben auf einem Schlosse in der Nähe von Paris kann keine Vorstellung von dem Leben auf einem Schloß in der entlegenen Provinz geben.

Das Gut Combourg bestand nur aus Heideland, einigen Mühlen und den beiden Wäldern Bourgouët und Tanoërn, und dies in einem Lande, wo Holz fast wertlos ist. Aber Combourg war reich an feudalen Rechten verschiedener Art: Durch sie wurden die Abgaben für die Erteilung gewisser Konzessionen festgelegt oder Gewohnheitsrechte aus der früheren politischen Ordnung bestimmt; andere schienen ursprünglich nichts weiter als Belustigungen gewesen zu sein.

Mein Vater hatte einige Rechte der letztgenannten Art wieder aufleben lassen, um zu verhindern, daß sie in Vergessenheit gerieten. Wenn die ganze Familie versammelt war, nahmen wir an diesen altväterlichen Späßen teil. Die drei wichtigsten waren: der „Sprung der Fischhändler", der Pfahlkampf und ein Jahrmarkt, „l'Angevine" genannt. Der Name „Sprung der Fischhändler" rührte von einem Brauch her, nach dem die Fischhändler am Sankt-Johanns-Tag[23] in den Schloßteich springen und, bis zum Gürtel im Wasser stehend, miteinander kämpfen mußten. Bauern in Holzschuhen und weiten Hosen, Männer eines Frankreich, das es nicht mehr gibt, sahen diesen Spielen eines Frankreichs zu, das es schon lange nicht mehr gab. Für die Sieger waren Preise ausgesetzt, die Verlierer mußten Strafe zahlen. Der Pfahlkampf hielt die Tradition der Turniere aufrecht; er stand zweifellos in Beziehung zu den früheren Kriegsdiensten der Lehnsleute. Alle neuverheirateten Männer im Lehnsgebiet von Combourg mußten im Mai zusammenkommen, um an einem Pfahl, der in einem Hohlweg oberhalb der großen Allee aufgestellt war, eine Holzlanze zu brechen. Die Kämpfer mit der Lanze waren zu Pferde; der Herr, gleizeitig Kampfrichter, prüfte die Lanzen undstellte fest, ob sie den Regeln entsprächen. Man konnte dreimal gegen den Pfahl anstürmen; wenn aber die Lanze beim dritten Mal nicht gebrochen war, fielen die Spötter, die dem ländlichen Turnier zuschauten, über den ungeschickten Kämpfer her. Der mußte dem Lehnsherrn ein kleines Bußgeld zahlen. Die Strafen wurden in alter Kupfermünze gezahlt bis zum Werte von zwei Goldstücken, jedes zu 25 Pariser Sous.

Der Angevine-Markt wurde alljährlich am 4. September, meinem Geburtstag, auf der Teichwiese abgehalten. Die Vasallen waren verpflichtet, in Waffen zu erscheinen; sie kamen aufs Schloß, um die Fahne des Lehnsherrn zu holen, und begaben sich von dort auf den Markt, um für Ordnung zu sorgen und die Eintreibung einer Abgabe zu unterstützen, die die Grafen von Combourg auf jedes Stück Vieh erhoben - eine Art Hoheitsrecht. Dann hielt mein Vater offene Tafel. Drei Tage lang wurde getanzt, die Herrschaften im großen Saal zu den Kratztönen einer Geige, die Vasallen im grünen Hof zum Näseln eines Dudelsacks. Man sang, stieß Freudenrufe aus, schoß mit der Armbrust. Dieser Lärm vermischte sich mit dem Gebrüll der Viehherden auf dem Markt; die Menge durchstreifte die Gärten und Wälder, und wenigstens einmal im Jahr gab es in Combourg etwas, was der Freude ähnlich sah.

So bin ich in der merkwürdigen Lage gewesen, in meinem Leben sowohl den Pfahlkampf als auch die Verkündigung der Menschenrechte miterlebt, sowohl die Bürgermiliz eines bretonischen Dorfes als auch die französische Nationalgarde, das Banner der Herren von Combourg und die Fahne der Revolution gesehen zu haben. Ich bin einer der letzten Zeugen dieser feudalen Sitten. Aus dem Einfluß dieser Sitten auf meine Erziehung zum einen und einer geistigen Veranlagung, die diesen Sitten entgegenstand, zum andern ist in mir diese Mischung aus ritterlichen Vorstellungen und Unabhängigkeitsliebe entstanden, die ich in meinen Werken verbreitet habe. Als Edelmann und Schriftsteller war ich meinem Ehrbegriff nach Anhänger der Bourbonen, dem Verstand nach Royalist und meiner Neigung nach Republikaner.

Die Besucher, die man im Schlosse empfing, waren Einwohner des Fleckens oder Adlige aus der Umgegend; diese ehrbaren Leute waren meine ersten Freunde. Unsere Eitelkeit mißt der Rolle, die wir in der Welt spielen, zu große Wichtigkeit bei. Der Pariser Bürger lacht über den Bürger einer kleinen Stadt, der Edelmann bei Hofe verspottet den Landedelmann, die Berühmtheit verachtet den unbekannten Mann; sie denken nicht daran, daß die Zeit alle Unterschiede einebnet und daß sie in den Augen späterer Generationen alle gleich lächerlich und unbedeutend erscheinen werden.

Der Erste Ortsansässige[24] war Monsieur Potelet, ein ehemaliger Kapitän der Ostindienkompagnie, der eine Menge Geschichten aus Pondichéry[25] erzählte. Da er dabei die Ellenbogen auf den Tisch stützte, war mein Vater immer versucht, ihm den Teller an den Kopf zu werfen. Nach ihm kam der Tabakhändler, Monsieur Launay de la Billardière, Vater einer Familie mit zwölf Kindern, neun Töchtern und drei Söhnen, von denen der jüngste, David, mein Spielkamerad war. Der gute Mann ließ es sich einfallen, im Jahre 1789 seinen Adel geltend zu machen; da hatte er vielleicht einen günstigen Moment gewählt!

Ich bringe meinen Freunden Unglück. Ein Jagdhüter namens Raulx, der sich mir angeschlossen hatte, wurde von einem Wilddieb erschossen. Dieser Mord beeindruckte mich außerordentlich. Welch dunkles Geheimnis liegt doch in der Tötung eines Menschen! Warum muß das größte Verbrechen und der größte Ruhm darin bestehen, Menschenblut zu vergießen? Meine Phantasie zeigte mir beständig den armen Raulx, wie er seine Eingeweide mit den Händen hielt und sich zu der Hütte schleppte, in der er verschied. Ich sann auf Rache; ich hätte mit dem Mörder kämpfen wollen. In dieser Hinsicht bin ich seltsam veranlagt: Wenn man mich beleidigt, merke ich es im ersten Moment kaum; aber die Beleidigung gräbt sich in mein Gedächtnis ein. Anstatt zu verblassen, wird die Erinnerung mit der Zeit immer stärker. Monate, ja Jahre schlummert sie in meinem Herzen, dann aber erwacht sie bei einem ganz geringen Anlaß mit neuer Kraft, und meine Wunde ist schmerzhafter als am ersten Tag. Wenn ich meinen Feinden auch keineswegs verzeihe, so füge ich ihnen doch nichts Böses zu; ich bin unversöhnlich, aber nicht rachsüchtig. Wenn ich die Macht habe, mich zu rächen, verliere ich die Lust dazu; nur im Unglück wäre ich gefährlich. Wer geglaubt hat, mich durch Druck zum Nachgeben zwingen zu können, der hat sich getäuscht. Ein widriges Geschick ist für mich das gleiche wie die Erde für Antäus: eine Mutter, in deren Schoß ich neue Kraft gewinne. Wenn mich das Glück in seine Arme genommen hätte, so hätte es mich erstickt.

3

Dieppe, Oktober 1812.

Die zweite Ferienzeit in Combourg. - Das Regiment Conti. - Das Lager bei Saint-Malo. - Eine Abtei. - Theater. - Die Heirat meiner beiden älteren Schwestern. - Rückkehr auf das Gymnasium. - Beginn einer Umwälzung meiner Ideen.

Zu meinem großen Bedauern mußte ich nach Dol zurückkehren. Im folgenden Jahre faßte man den Plan zu einer Landung auf Jersey,[26] und bei Saint-Malo wurde ein Lager aufgeschlagen. Truppen kamen nach Combourg, und Monsieur de Chateaubriand nahm aus Artigkeit nacheinander die Obersten der Regimenter Touraine und Conti bei sich auf; der erstere war der Duc de Saint-Simon, der letztere der Marquis de Causans. Zwanzig Offiziere waren täglich bei meinem Vater zur Tafel geladen. Die Scherze dieser fremden Gäste mißfielen mir, als Spaziergänger störten sie den Frieden meiner Wälder. Als ich den stellvertretenden Obersten des Regiments Conti unter den Bäumen dahingaloppieren sah, ging mir zum ersten Mal der Gedanke an Reisen durch den Kopf.

Wenn ich unsere Gäste von Paris und vom Hofe erzählen hörte, wurde ich traurig. Ich versuchte zu erraten, was die große Gesellschaft sei; es war etwas Verschwommenes, Entferntes, das mich rasch verwirrte. Wenn ich von den friedlichen Regionen der Unschuld aus einen Blick auf die Welt warf, schwindelte mir, so, wie wenn man von Türmen in Wolkenhöhe auf die Erde herabblickt.

Eines jedoch machte mir Freude: die Parade. Jeden Tag zog die Wache auf und defilierte mit Trommeln und Musik an der Spitze im grünen Hof, am Fuße der Freitreppe. Monsieur de Causans schlug vor, mir das Lager an der Küste zu zeigen, und mein Vater erlaubte es.

Nach Saint-Malo führte mich Monsieur de La Morandais, ein Mann von sehr gutem Adel; seine Armut hatte ihn aber genötigt, Verwalter auf dem Gut Combourg zu werden. Er trug einen Rock aus grauem Wollstoff mit einer kleinen silbernen Tresse am Kragen und eine Mütze aus grauem Filz mit Ohrenklappen. Er setzte mich rittlings hinter sich auf die Kruppe seiner fahlgelben Stute. Ich hielt mich am Koppel seines Hirschfängers fest, den er über den Rock geschnallt hatte: ich war überglücklich.

Monsieur de La Morandais schlug Querpfade ein:

Fröhlich und sonder jeden Zwang
Ging es den Wald, den Fluß entlang;
Denn niemand geht so gern ins Holz
Wie Herr François und auch so stolz.[27]

Zum Mittagessen kehrten wir in einer Benediktinerabtei ein, in der so wenige Mönche lebten, daß sie mit einem der wichtigsten Klöster des Ordens vereinigt worden war. Wir trafen nur den Pater Prokurator an, der mit der Aufsicht über die beweglichen Güter und die Nutzung des Waldes betraut war. Er ließ uns in der ehemaligen Bibliothek des Priors eine vortreffliche Fastenmahlzeit auftragen; wir verzehrten eine beträchtliche Anzahl frischer Eier nebst Karpfen und ungeheuer großen Hechten. Durch die Arkaden eines Kreuzganges hindurch erblickte ich große Sycomoren am Rande eines Teiches. Die Axt hieb auf sie ein, ihre Wipfel erbebten in der Luft, und dann stürzten sie nieder und lieferten uns ein großes Schauspiel. Zimmerleute aus Saint-Malo sägten am Boden die grünen Äste ab, wie man einen jugendlichen Haarschopf abschneidet, oder behieben die gefällten Stämme. Mein Herz blutete beim Anblick dieser gelichteten Wälder und dieses unbewohnten Klosters. Die allgemeine Plünderung der Klöster hat mich später an diese verlassene Abtei erinnert, die mir als Vorzeichen galt.

In Saint-Malo angekommen, suchte ich den Marquis de Causans auf und ging unter seiner Obhut durch die Gassen des Lagers. Die Zelte, die Pyramiden von Gewehren, die an Pfähle angebundenen Pferde gaben mit dem Meer, den Schiffen, den fernen Mauern und Kirchtürmen der Stadt ein schönes Bild ab. Auf einem Berberroß, in Husarenuniform, sah ich einen der Männer vorübergaloppieren, mit denen eine Welt zu Ende geht: den Duc de Lauzun.

Mein Bruder war in Saint-Malo, als Monsieur de La Morandais mich hierher brachte. Eines Abends sagte er zu mir: „Ich will Dich ins Theater führen, nimm Deinen Hut". Ich verlor den Kopf und ging geradeswegs in den Keller, um meinen Hut zu suchen, der auf dem Boden war. Eine Wandertruppe von Schauspielern war vor kurzem angekommen. Ich hatte schon Marionetten erlebt; nun glaubte ich, daß man im Theater viel schönere Puppen zu sehen bekäme als auf der Straße. Mit klopfendem Herzen komme ich an dem hölzernen Theatersaal in einer einsamen Straße der Stadt an. Ich gehe, nicht ohne ein Gefühl der Angst, durch dunkle Gänge. Eine kleine Tür wird geöffnet, und schon bin ich mit meinem Bruder in einer zur Hälfte besetzten Loge.

Der Vorhang war schon aufgezogen und das Stück hatte begonnen. Man gab *Le Père de famille* [Der Hausvater].[28] Ich sehe zwei Männer, die miteinander plaudernd auf der Bühne umhergehen und auf die alle Blicke gerichtet sind. Ich hielt sie für die Puppenspieler, die sich vor dem Häuschen von Madame Gigogne[29] miteinander unterhielten und die Ankunft des Publikums abwarteten. Ich wunderte mich nur, daß sie so laut von ihren Angelegenheiten sprachen und daß man ihnen schweigend zuhörte. Mein Staunen verdoppelte sich, als weitere Personen auf die Bühne kamen, heftig mit den Händen herumfuchtelten, klagten und schließlich alle wie durch Ansteckung in Tränen ausbrachen. Der Vorhang fiel, ohne daß ich das geringste von alldem verstanden hatte. Mein Bruder ging in der Pause ins Foyer. Ich blieb in der Loge, umringt von fremden Menschen, was mir bei meiner Schüchternheit eine Qual war. Ich wünschte mich in den hintersten Winkel meines Gymnasiums zurück. Dies war der erste Eindruck, den ich von der Kunst Sophokles' und Molières erhielt.

Im dritten Jahr meines Aufenthalts in Dol heirateten meine beiden älteren Schwestern: Marie-Anne wurde mit dem Comte de Marigny und Bénigne mit dem Comte de Québriac vermählt. Sie gingen mit ihren Gatten nach Fougères. Dies war das erste Anzeichen der Auflösung einer Familie, deren Mitglieder sich bald endgültig trennen sollten. Meine Schwestern empfingen am gleichen Tage, zur gleichen Stunde, an dem gleichen Altar in der Schloßkapelle von Combourg den Hochzeitssegen. Sie weinten, meine Mutter weinte, und ich war über diesen Schmerz erstaunt. Heute verstehe ich ihn. Ich kann an keiner Taufe oder Trauung teilnehmen, ohne bitter zu lächeln oder eine Beklemmung im Herzen zu verspüren. Nach dem Unglück, geboren zu werden, kenne ich kein größeres als das, einem Menschen das Leben zu schenken.

In diesem Jahr setzte in meiner Persönlichkeit wie in meiner Familie eine große Veränderung ein. durch Zufall fielen mir zwei sehr verschiedene Bücher in die Hände: eine unverstümmelte Horaz-Ausgabe und eine Geschichte der *Confessions mal faites* [Unzureichende Beichten].[30] Die Umwälzung, die diese beiden Bücher in meiner Vorstellungswelt verursachten, ist unglaublich; eine eigenartige Welt entstand um mich herum. Einerseits ahnte ich Geheimnisse, die ich in meinem Alter nicht begreifen konnte, Existenzen, ganz anders als die meine, Vergnügungen, die weit über meine Spiele hinausgingen, unbekannte Reize jenes Geschlechts, von dem ich bisher nur die Mutter und die Schwestern kannte. Andererseits drohten mir Gespenster, die Ketten hinter sich herschleppten und Flammen spien, ewige Qualen für eine einzige verheimlichte Sünde an. Ich konnte nicht mehr schlafen; nachts glaubte ich bald schwarze, bald weiße Hände durch meine Bettvorhänge gleiten zu sehen. Ich bildete mir ein, daß die weißen Hände von der Religion verdammt seien, und diese Vorstellung vergrößerte meine Furcht vor den höllischen Geistern. Vergebens suchte ich im Himmel und in der Hölle die Erklärung eines doppelten Geheimnisses. Moralisch und physisch gleichermaßen angegriffen, kämpfte ich in meiner Unschuld noch gegen die Stürme einer verfrühten Leidenschaft und gegen die Schrecken des Aberglaubens.

Da fühlte ich einige Funken des Feuers hervorbrechen, durch welches Leben übertragen wird. Ich zerbrach mir den Kopf über dem vierten Buch der *Aeneis* [31] und las den *Télémaque* [32]; plötzlich entdeckte ich in *Dido* [33] und *Eucharis* [34] Schönheiten, die mich entzückten. Ich bekam ein Gefühl für die Harmonie dieser bewundernswerten Verse und dieser klassischen Prosa. Eines Tages übersetzte ich vom Blatt weg und mit solchem Feuer die Stelle aus dem Lukrez: *Aeneadum genetrix, hominum divumque voluptas* [Mutter der Aeneaden, der Sterblichen Wonn' und der Götter...], [35] daß Monsieur Egault mir das Gedicht aus der Hand riß und mich auf die griechischen Wortstämme zurückverwies. Ich verschaffte mir einen Tibull, und als ich an die Stelle kam: *Quam juvat immites ventos audire cubantem* [Welch Genuß, daliegend der Stürme Geheul zu vernehmen und sein Liebchen dabei zärtlich zu drücken ans Herz.], [36] schienen diese wollüstigen und melancholischen Gefühle mir mein eigenes Wesen zu offenbaren. Die Bände von Massillon, die die Predigten über die Sünderin und über den Verlorenen Sohn enthielten, hatte ich immer bei mir. Man ließ mich darin lesen, denn man ahnte nicht, was ich darin fand. Ich stahl in der Kapelle heruntergebrannte Kerzen, um nachts diese verführerischen Beschreibungen seelischer Ausschweifungen lesen zu können. Beim Einschlafen lallte ich unzusammenhängende Sätze, in die ich die Sanftheit, den Rhythmus und die Anmut des Schriftstellers zu legen suchte, der den Racineschen Wohlklang am besten in Prosa umgesetzt hat.

Wenn es mir im folgenden gelungen ist, die mit christlicher Gewissensangst verbundenen Aufschwünge des Herzens mit einiger Überzeugungskraft zu schildern, so bin ich gewiß, daß ich das dem Zufall zu verdanken habe, der mich gleichzeitig mit zwei feindlichen Mächten bekanntgemacht hat. Das Unheil, das ein schlechtes Buch in meiner Vorstellungskraft anrichtete, wurde durch den Schrecken ausgeglichen, den ein anderes Buch mir einflößte, und der wiederum wurde gleichsam gemildert durch die wohligen Gedanken, die unverschleierte Bilder in mir hervorriefen.

Dieppe, Ende Oktober 1812.

Das Abenteuer mit der Elster. - Die dritten Ferien in Combourg. - Der Quacksalber. - Rückkehr ins Gymnasium.

Wenn man vom Unglück sagt, es komme nie allein, kann man das auch von den Leidenschaften sagen: Sie kommen gemeinsam, so wie die Musen und wie die Furien. Mit der Neigung, die mich zu quälen begann, erwachte in mir auch das Ehrgefühl, jene Erhabenheit der Seele, die das Herz inmitten der Verderbtheit rein erhält, eine Art heilsames Prinzip neben einem richtenden; unerschöpfliche Quelle all der Wundertaten und Opfer, die die Liebe der Jugend abverlangt.

Wenn das Wetter schön war, gingen die Zöglinge des Gymnasiums donnerstags und sonntags spazieren. Oft führte man uns zum Mont-Dol, auf dessen Gipfel sich einige galloromanische Ruinen befinden. Von dieser einzelnen Anhöhe aus schweift das Auge über das Meer und über die Sümpfe, wo nachts Irrlichter umhergaukeln, Zauberlichter, wie sie heute in unseren Lampen brennen. Ein anderes Ziel unserer Spaziergänge waren die Wiesen in der Umgebung eines Eudistenseminars.[37] Eudes, der Bruder des Historikers Mézeray, hat diesen Orden gegründet.

An einem Montag hatte uns der Abbé Egault, der in dieser Woche die Aufsicht führte, zu diesem Seminar gebracht; man ließ uns beim Spielen die größte Freiheit, aber es war ausdrücklich verboten, auf Bäume zu klettern. Nachdem uns der Lehrer auf einen grasbewachsenen Weg gebracht hatte, entfernte er sich, um sein Brevier zu lesen.

Der Weg war mit Ulmen gesäumt; ganz oben im Wipfel der höchsten schimmerte ein Elsternnest. Wir waren begeistert, zeigten uns gegenseitig das auf seinen Eiern sitzende Elsterweibchen und wünschten nichts sehnlicher, als uns der kostbaren Beute zu bemächtigen. Wer aber würde das Wagnis auf sich nehmen? Das Verbot war so streng, der Lehrer so nahe und der Baum so hoch! Alle Hoffnungen richteten sich auf mich, denn ich kletterte wie eine Katze. Ich zögere, dann aber siegt der Geltungsdrang. Ich ziehe den Rock aus, umfasse die Ulme und beginne hinaufzuklettern. Der Stamm hatte keine Äste bis zum zweiten Drittel seiner Höhe, wo sich eine Gabel gebildet hatte, deren einer Ausläufer das Nest trug.

Meine Kameraden, unter dem Baum versammelt, spenden meinen Anstrengungen Beifall; bald sehen sie mir zu, bald schauen sie in die Richtung, aus der der Lehrer kommen könnte; sie zittern vor Freude in der Hoffnung auf die Eier, und sie sterben vor Furcht in Erwartung der Strafe. Ich erreiche das Nest, die Elster fliegt weg. Ich nehme die Eier, stecke sie in mein Hemd und klettere herab. Unglücklicherweise rutsche ich zwischen die beiden Astgabeln und bleibe dort rittlings sitzen. Da man dem Baum die Äste abgesägt hatte, fanden meine Füße weder rechts noch links einen Halt, auf dem ich mich aufrichten und wieder nach außen gelangen konnte; so bleibe ich fünfzig Fuß über dem Boden in der Luft hängen.

Plötzlich ein Schrei: „Der Präfekt!", und schon sehe ich mich, wie das gewöhnlich geschieht, von meinen Freunden verlassen. Ein einziger, „der Bucklinge" genannt, wollte mir zu Hilfe eilen, war aber bald gezwungen, auf sein hochherziges Unternehmen zu verzichten. Ich konnte nur dadurch meiner mißlichen Lage entkommen, daß ich mich mit den Händen an eine der beiden Astgabeln hängte und mit den Füßen den Stamm unterhalb seiner Verzweigung zu erreichen versuchte. Unter Lebensgefahr führte ich dieses Manöver aus. In all meiner Bedrängnis hatte ich meinen Schatz nicht fahrenlassen, obgleich ich besser daran getan hätte, ihn wegzuwerfen, wie ich es seitdem mit so viel anderem getan habe. Beim Herabgleiten an dem Stamm riß ich mir Hände, Beine und Brust blutig und zerdrückte die Eier: Das war mein Verderb. Der Präfekt hatte mich gar nicht auf der Ulme gesehen; das Blut konnte ich recht gut vor ihm verbergen, aber es war unmöglich, die leuchtend goldene Farbe, mit der ich beschmiert war, seinen Blicken zu entziehen. „Nun denn, Monsieur", sagte er zu mir, „dafür wird man Sie mit der Peitsche bestrafen."

Hätte dieser Mann mir verkündet, er wolle die Züchtigung in die Todesstrafe umwandeln, so hätte ich das freudig hingenommen. Das Moment der Schande hatte in meiner ungeregelten Erziehung nie eine Rolle gespielt; zu jeder Zeit meines Lebens hätte ich jede Strafe der Entsetzlichkeit vorgezogen, vor einem lebenden Wesen erröten zu müssen. Empörung stieg in mir auf; ich antwortete dem Abbé Egault nicht im Tone eines Kindes, sondern dem eines Mannes, daß weder er noch irgendjemand sonst jemals die Hand gegen mich erheben werde. Diese Antwort reizte ihn zusätzlich, er nannte mich einen Rebellen und kündigte an, ein Exempel statuieren zu wollen. „Wir werden ja sehen", erwiderte ich und machte mich mit solcher Kaltblütigkeit ans Ballspielen, daß es ihn bestürzte.

Wir kehrten ins Gymnasium zurück; der Präfekt ließ mich zu sich kommen und befahl mir, mich der Strafe zu unterwerfen. Meine überspannten Gefühle machten sich jetzt in einem Tränenstrom Luft. Ich hielt dem Abbé vor Augen, daß er mich in Latein unterrichtet habe, daß ich sein Schüler, sein Kind sei; daß er seinen Zögling doch nicht entehren und ihm den Anblick seiner Mitschüler unerträglich machen wolle. Er könne mich bei Wasser und Brot einsperren lassen, mir die Erholungsstunden versagen und mich mit Aufgaben überhäufen; ich würde ihm für diese Gnade dankbar sein und ihn um so mehr lieben. Ich fiel vor ihm auf die Knie, faltete die Hände und flehte ihn um Jesu Christi Willen an, mich zu verschonen. Er blieb all meinen Bitten gegenüber taub. Da sprang ich wuterfüllt auf und versetzte ihm einen so heftigen Tritt gegen das Schienbein, daß er laut aufschrie. Hinkend läuft er zur Tür seines Zimmers, schließt sie zweimal ab und kommt dann wieder auf mich zu. Ich verschanze mich hinter seinem Bett; er verpaßt mir über das Bett hinweg einige Rutenhiebe. Ich wickle mich in die Bettdecke ein und rufe, von Kampfesmut beseelt, aus: „Macte animo, generose puer!" [Nur Mut, edler Kna-be!][38] Diese Gelehrsamkeit eine Klippschülers brachte meinen Feind wider Willen zum Lachen; er schlug einen Waffenstillstand vor. Wir schlossen einen Vertrag, wonach ich einwilligte, mich dem Schiedsspruch des Schulleiters zu unterwerfen. Ohne mir darum recht zu geben, wollte mir der Schulleiter die Strafe erlassen, gegen die ich mich aufgelehnt hatte. Als dieser vortreffliche Priester meinen Freispruch verkündete, küßte ich den Ärmel seiner Soutane mit solchem Überschwang und solcher Dankbarkeit, daß er nicht umhinkonn-te, mir seinen Segen zu erteilen. So endete der erste Kampf, zu dem mich die-ser Ehrbegriff veranlaßt hatte, der das Leitbild meines Lebens geworden ist und für den ich so oft meine Ruhe, mein Vergnügen und mein Vermögen geopfert habe.

Die Ferien, in denen ich mein zwölftes Lebansjahr begann, waren traurig. Der Abbé Leprince begleitete mich nach Combourg. Ich ging nur mit meinem Lehrer aus, und wir machten weite Spaziergänge ohne ein bestimmtes Ziel. Er litt an einer tödlichen Brustkrankheit, war daher traurig und schweigsam; ich war nicht viel heiterer. Ganze Stunden gingen wir hintereinander her, ohne ein Wort zu sprechen. Eines Tages verirrten wir uns im Wald. Monsieur Le-prince wandte sich nach mir um und fragte mich: „Welchen Weg sollen wir einschlagen?" Ohne Zögern antwortete ich: „Die Sonne geht unter, sie scheint jetzt in das Fenster des großen Turmes; gehen wir also in diese Richtung." Am Abend erzählte Monsieur Leprince den Vorfall meinem Vater. In dieser Ant-wort hatte sich der künftige Reisende verraten. Oftmals habe ich, wenn ich die Sonne in den Urwäldern Amerikas untergehen sah, an die Wälder von Com-bourg gedacht; eine Erinnerung ruft die andere in mir wach.

Der Abbé Leprince wünschte, daß man mir ein Pferd gäbe; nach Ansicht meines Vaters aber brauchte sich ein Marineoffizier nur in der Führung seines Schiffes auszukennen. Ich konnte daher nur heimlich ein Paar dicke Wagen-pferde oder eine große Schecke besteigen. Diese war nicht gerade eines jener kämpferischen Rosse, die von den Römern *desultorios equos* [gewandte Reit-pferde] genannt wurden und die dafür geschaffen waren, ihrem Herrn beizu-stehen; vielmehr war es ein launenhaftes Tier, das im Trab mit den Eisen auf-schlug und mich in die Beine biß, wenn ich es zwingen wollte, über einen Graben zu setzen. Ich habe mich nie viel mit Pferden abgegeben, obwohl ich das Leben eines Tartaren geführt habe. Meiner frühen Erziehung nach hätte es anders kommen müssen - aber ich reite eher elegant als sicher.

Das dreitägige Wechselfieber, dessen Keim ich aus den Sümpfen von Dol mitgebracht hatte, befreite mich von Monsieur Leprince. Ein Quacksalber kam durchs Dorf; zu Ärzten hatte mein Vater kein Vertrauen, aber an die Markt-schreier glaubte er. Er ließ den Mann der Empirie rufen, und der erklärte, daß er mich in vierundzwanzig Stunden heilen werde. Am nächsten Tag kam er wieder in einem grünen, mit Gold besetzten Rock, mit großer, gepuderter Perücke, langen schmutzigen Musselinmanschetten, falschen Brillanten an den Fingern, einem abgenutzten Beinkleid aus schwarzem Atlas, bläulichweißen

Seidenstrümpfen und Schuhen mit ungeheuren Schnallen.

Er schlägt meine Bettvorhänge zurück, fühlt mir den Puls, heißt mich die Zunge herausstrecken, läßt in einem Kauderwelsch mit italienischem Akzent einige Worte über die Notwendigkeit fallen, mir ein Abführmittel zu verabreichen und gibt mir ein kleines Stück Kandiszucker zu essen. Mein Vater billigte dieses Vorgehen, denn er war der Ansicht, daß jede Krankheit auf eine Magenverstimmung zurückzuführen sei und daß man Übel jeder Art damit beheben könne, dem Patienten starke Abführmittel zu verabreichen.

Eine halbe Stunde nachdem ich den Zucker gegessen hatte, mußte ich mich fürchterlich erbrechen. Man benachrichtigte meinen Vater, der den armen Teufel aus dem Turmfenster werfen wollte. Dieser, sehr erschrocken, zog den Rock aus, streifte die Ärmel seines Hemdes zurück und machte dabei die lächerlichsten Gebärden. Bei jeder Bewegung drehte sich seine Perücke nach allen Seiten; er schrie ebenso laut wie ich und fügte dann hinzu: „Che? monsou Lavandier?" Dieser Monsieur Lavandier war der Apotheker des Dorfes, den man zu Hilfe gerufen hatte. Bei all meinen Schmerzen wußte ich nicht, ob ich an der Medizin dieses Mannes oder an den Lachanfällen sterben würde, zu denen er mich trieb.

Man stillte die Wirkung des zu starken Brechmittels, und ich kam wieder auf die Beine. Unser ganzes Leben vergeht damit, daß wir unser Grab umkreisen; jede Krankheit ist ein Windstoß, der uns dem Hafen mehr oder weniger nahebringt. Der erste Tote, den ich gesehen habe, war ein Domherr von Saint-Malo; er lag entseelt auf seinem Bett, das Gesicht von den letzten Krämpfen entstellt. Der Tod ist schön, er ist unser Freund; wir aber erkennen ihn nicht, weil er uns maskiert entgegentritt und weil uns seine Maske entsetzt.

Gegen Ende des Herbstes schickte man mich ins Gymnasium zurück.

5

Vallée-aux-Loups, Dezember 1813.

Die Invasion Frankreichs. - Spiele. - Der Abbé de Chateaubriand.

Man hat mir erlaubt, von Dieppe, wohin ich mich auf polizeiliche Order begeben mußte, nach Vallée-aux-Loups zurückzukehren; hier fahre ich nun in meiner Erzählung fort. Die Erde bebt unter dem Marschtritt fremder Soldaten, die in diesem Augenblicke mein Vaterland überschwemmen. Ich schreibe, wie die letzten Römer, im Getümmel der einfallenden Barbaren. Tagsüber arbeite ich an einer Schrift, die ebenso bewegt ist wie die Ereignisse des Tages: *„Über Buonaparte und die Bourbonen"*; nachts, wenn der ferne Kanonendonner in meinen Wäldern erstirbt, kehre ich zu der Stille der im Grabe schlummernden Jahre, zu dem Frieden meiner frühesten Erinnerungen zurück. Wie kurz und beschränkt ist die Vergangenheit eines Menschen neben der großen Gegenwart der Völker und ihrer unermeßlichen Zukunft!

Mathematik, Griechisch und Latein füllten den Winter im Gymnasium aus. Die Zeit, die nicht dem Studium gewidmet war, verging bei den Spielen der Jugend, die überall die gleichen sind. Der kleine Engländer, der kleine Deutsche, der kleine Italiener, der kleine Spanier, der kleine Irokese, der kleine Beduine - sie alle rollen den Reifen und werfen den Ball. Die Kinder, Geschwister einer großen Familie, verlieren ihre Ähnlichkeit erst mit ihrer Unschuld, die überall die gleiche ist. Dann lassen die Leidenschaften, die durch Klima, Regierungsform und Sitten hervorgebracht werden, die verschiedenen Nationen entstehen; das Menschengeschlecht hört auf, sich gegenseitig zu verstehen und die gleiche Sprache zu sprechen: Die Gesellschaft ist der wahre babylonische Turm.

Eines Morgens, als ich begeistert im großen Hofe des Gymnasiums an einem Laufspiel teilnahm, sagte man mir, daß mich jemand sprechen wolle. Ich folge dem Schuldiener zum äußeren Tor und finde hier einen vierschrötigen Mann mit rotem Gesicht, jähen, ungeduldigen Bewegungen, barschem Ton, einen Stock in der Hand, eine schlecht frisierte, schwarze Perücke auf dem Kopf, in einer zerrissenen, aufgeschürzten Soutane, staubigen Schuhen und Strümpfen mit Löchern an den Fersen. „Kleiner Lausejunge", sagte er zu mir, „bist Du nicht der Chevalier de Chateaubriand aus Combourg?" - „Ja Monsieur", antwortete ich ihm, ganz bestürzt über diese Anrede, - „Und ich", fuhr er beinahe schnaubend fort, „ich bin der Letzte Deiner Familie, ich bin der Abbé de Chateaubriand de la Guérande; sieh mich nur gut an." Dann fährt der stolze Abbé mit der Hand in die Tasche seiner alten Samthose, zieht ein verschimmeltes, in schmutziges Papier gewickeltes Sechsfrankenstück heraus, wirft es mir ins Gesicht und setzt darauf seine Fußreise fort, mit wütendem Gesicht die Morgengebete murmelnd. Später habe ich erfahren, daß der Prince de Condé diesem geistlichen Krautjunker angeboten hatte, der Erziehes des Duc de Bourbon zu werden. Der vermessene Priester hat darauf geantwortet, daß der Prinz als Besitzer der Baronie Chateaubriand wissen müsse, daß die Erben dieser Baronie wohl Hauslehrer anstellen, niemals aber selbst Hauslehrer für andere sein könnten. Dieser Hochmut war der Fehler meiner Familie; er war hassenswert bei meinem Vater; mein Bruder trieb ihn bis zur Lächerlichkeit, und ein wenig ist er auf dessen ältesten Sohn übergegangen. Trotz meiner republikanischen Neigungen bin ich nicht sicher, ob ich mich völlig von ihm befreit habe, wenn ich ihn auch sorgfältig zu verbergen suchte.

6

Die erste Kommunion. - Ich verlasse das Gymnasium zu Dol.

Meine erste Kommunion rückte heran und mit ihr der Zeitpunkt, an dem man in der Familie über den künftigen Beruf des Kindes entschied. Diese religiöse Zeremonie war für die jungen Christen das gleiche wie das Anlegen der männlichen Toga bei den Römern. Madame de Chateaubriand wohnte der Erstkommunion ihres Sohnes bei, der sich, nachdem er sich mit seinem Gott verbunden hatte, von seiner Mutter trennen sollte.

Meine Frömmigkeit schien aufrichtig zu sein; das ganze Gymnasium erbaute sich an ihr. Meine Blicke waren andachtsvoll, und meine wiederholten Fasten bereiteten schließlich meinen Lehrern Sorgen. Man fürchtete das Übermaß meiner Frömmigkeit; eine aufgeklärte Religion suchte meinen Eifer zu mäßigen.

Mein Beichtvater war der Superior des Eudistenseminars, ein Mann von fünfzig Jahren mit strengem Gesicht. Immer, wenn ich in den Beichtstuhl trat, befragte er mich mit Besorgnis. Er war erstaunt über die Geringfügigkeit meiner Sünden und wußte nicht, wie er meine Unruhe mit den nichtigen Geheimnissen, die ich ihm anvertraute, in Einklang bringen sollte. Je näher das Osterfest heranrückte, desto dringlicher wurden die Fragen des Geistlichen. „Verschweigst Du mir auch nichts?" fragte er mich, und ich antwortete: „Nein, mein Vater." - „Hast Du nicht diese und jene Sünde begangen?" - „Nein, mein Vater". Und immer wieder: „Nein, mein Vater." Er entließ mich zweifelnd, seufzend, blickte mir bis auf den Grund der Seele, und ich schlich mich davon, bleich und entstellt, wie ein Verbrecher.

Am Mittwoch der Karwoche sollte ich die Absolution erhalten. Die Nacht vom Dienstag zum Mittwoch brachte ich betend und voll Angst in dem Buch der *Unzureichenden Beichten* lesend zu. Am Mittwoch brachen wir um drei Uhr nachmittags zum Priesterseminar auf, und unsere Eltern begleiteten uns. All der leere Schall, der sich später mit meinem Namen verbunden hat, hätte Madame de Chateaubriand nicht einen Augenblick des Stolzes verschafft, den sie als Christin und Mutter verspürte, als sie ihren Sohn bereit sah, in das große Geheimnis der Religion eingeweiht zu werden.

Als wir die Kirche betraten, warf ich mich vor dem Hochaltar nieder und blieb dort wie vernichtet liegen. Als ich mich erhob, um in die Sakristei zu gehen, wo mich der Superior erwartete, zitterten mir die Knie. Ich warf mich dem Priester zu Füßen, und es gelang mir nur mit ersterbender Stimme, meine Beichte abzulegen. „Du hast doch nichts vergessen?" fragte mich der Mann Gottes. Ich blieb stumm. Seine Fragen begannen von neuem, und jedes Mal kam nur das unglückselige: „Nein, mein Vater" aus meinem Munde. Er sammelte sich und fragte den um Rat, der den Aposteln die Macht gegeben hatte, Seelen zu lösen und zu binden. Dann überwand er sich und schickte sich an, mir die Absolution zu erteilen.

Wäre ein Blitzstrahl vom Himmel auf mich niedergefahren, er hätte mir weniger Schrecken eingeflößt. „Ich habe nicht alles gesagt!" rief ich aus. Da wurde dieser furchterregende Richter, dieser Abgesandte des Höchsten, dessen Gesicht mir so viel Angst einflößte, der liebevollste Seelenhirt; er umarmte mich und sagte, indem er in Tränen ausbrach: „Fasse Mut, mein lieber Sohn, fasse Mut!"

Zeit meines Lebens werde ich keinen solchen Augenblick mehr erfahren.

Wenn man eine Bergeslast von mir genommen hätte, würde ich keine größere Erleichterung verspürt haben; ich schluchzte auf vor Glück. Ich wage zu sagen, daß eben dieser Tag mich zum rechtschaffenen Manne gemacht hat; ich fühlte, daß ich niemals mit Gewissensbissen leben könnte. Wie groß muß die Gewissensqual nach einem Verbrechen sein, da ich schon derart litt, weil ich die Schwachheiten eines Kindes verschwiegen hatte! Aber wie göttlich ist diese Religion, die sich so stark unserer guten Anlagen bemächtigen kann! Welche Moralvorschriften könnten je diese christlichen Institutionen ersetzen!

Nach dem ersten Geständnis kam alles wie von selbst: Meine heimlichen Kindereien, über die andere nur gelacht hätten, wurden mit dem Gewicht der Religion gewogen. Der Superior geriet in große Verlegenheit; er hätte meine Kommunion am liebsten verschoben, aber ich sollte das Gymnasium von Dol verlassen und bald in den Marinedienst eintreten. Mit großem Scharfsinn entdeckte er in der Art meiner Jugendsünden, so unbedeutend sie auch immer sein mochten, die Neigungen meiner Natur; er war der erste Mensch, der das Geheimnis dessen, was aus mir werden konnte, gelüftet hat. Er erriet meine künftigen Leidenschaften; er verschwieg mir nicht, was er Gutes in mir zu sehen glaubte, aber er sagte mir auch meine künftigen Fehler voraus. „Es fehlt Dir an Zeit zur Buße, mein Sohn", setzte er hinzu; „aber ein mutiges, wenn auch spätes Bekenntnis hat Dich von Deinen Sünden reingewaschen." Dann sprach er mit erhobener Hand die Absolution aus. Dieses zweite Mal ließ der zerschmetternde Arm nur himmlischen Tau auf mein Haupt herabfallen. Ich beugte meine Stirn, um ihn zu empfangen; was ich fühlte, kam der Seligkeit der Engel nahe. Ich warf mich in die Arme meiner Mutter, die mich am Fuße des Altars erwartete. Für meine Lehrer und meine Mitschüler war ich nicht mehr derselbe; ich ging leichten Schrittes, erhobenen Kopfes, mit strahlender Miene, im vollen Triumph der Reue.

Am nächsten Tag, Gründonnerstag, nahm ich an der rührenden und erhebenden Zeremonie teil, von der ich vergeblich in *Le Génie du Christianisme* [Der Geist des Christentums] ein Bild zu zeichnen versucht habe. Ich hätte dabei wieder meine gewohnten kleinen Demütigungen empfinden können, denn mein Blumenstrauß und meine Kleider waren weniger schön als die meiner Gefährten; an diesem Tage aber geschah alles nur für Gott. Ich weiß ganz und gar, was Glaube ist; die tatsächliche Gegenwart des Opferlammes im heiligen Sakrament des Altars war für mich ebenso fühlbar wie die Anwesenheit meiner Mutter an meiner Seite. Als ich die Hostie auf meinen Lippen empfing, fühlte ich mich wie innerlich erleuchtet. Ich zitterte vor Ehrfurcht, und der einzige aufs Materielle gerichtete Gedanke war meine Besorgnis, das heilige Brot zu entweihen.

> Das Brot, das ich Dir reiche,
> Den Engeln dient's zur Speise;
> Gott selbst hat es bereitet
> Von feinstem Weizenmehl (Racine)[39]

Ich verstand jetzt den Mut der Märtyrer; in diesem Moment hätte ich mich auf der Folterbank oder in der Löwengrube zu Christus bekennen können.

Ich erinnere mich mit Vergnügen dieser glücklichen Augenblicke, auf die schon nach kurzer Zeit für mich die Sorgen der Welt folgen sollten. Wenn man diese Glut mit den Aufwallungen vergleicht, die ich schildern werde, wenn man das gleiche Herz im zeitlichen Abstand von drei oder vier Jahren all das Süße und Beseligende empfinden sieht, das die Unschuld der Religion in sich birgt, und all das, was die Leidenschaften an Verführerischem und Unheilvollem besitzen, dann wird man zwischen diesen beiden Freuden wählen können und wird sehen, auf welcher Seite man das Glück und besonders die Ruhe suchen muß.

Drei Wochen nach meiner ersten Kommunion verließ ich das Gymasium von Dol. Ich habe dieses Haus in angenehmer Erinnerung behalten; unsere Kindheit läßt an den durch sie verschönten Orten etwas von sich zurück, so wie eine Blume den Gegenständen, die sie berührt hat, ihren Duft mitteilt. Noch heute bin ich gerührt, wenn ich daran denke, wie es meine ersten Mitschüler und meine ersten Lehrer in alle Winde zerstreut hat. Der Abbé Leprince, der eine Pfründe in der Nähe von Rouen erhielt, lebte nicht mehr lange; der Abbé Egault erhielt eine Pfarrstelle in der Diözese von Rennes; den guten Rektor, den Abbé Porcher, habe ich zu Beginn der Revolution sterben sehen. Er war ein kundiger Mann von sanftem, einfachem Charakter. Das Andenken dieses unbekannt gebliebenen Rollin wird mir stets teuer und verehrungswürdig sein.

7

Vallée-aux-Loups, Ende Dezember 1813.

Meine Mission in Combourg. - Das Gymnasium zu Rennes. - Ich treffe Gesril wieder. - Moreau und Limoëlan. - Die Heirat meiner dritten Schwester.

In Combourg fand ich als Nahrung für meine Frömmigkeit eine Mission, an deren geistlichen Übungen ich teilnahm. Auf der Freitreppe des Schlosses, mit Bauern und Bäuerinnen erhielt ich von der Hand des Bischofs von Saint-Malo die Firmung. Danach wurde ein Kreuz aufgerichtet; ich half es stützen, während man es am Grunde befestigte. Es steht noch heute vor dem Turm, in dem mein Vater gestorben ist. Seit dreißig Jahren hat es niemanden an den Fenstern dieses Turmes gesehen. Es wird nicht mehr von den Kindern aus dem Schlosse begrüßt, die es jedes Frühjahr vergebens erwartet; es sieht nur die Schwalben zurückkommen, die Gefährten meiner Kindheit, die ihrem Nest treuer sind als der Mensch seiner Behausung. Glücklich wäre ich, wenn ich mein Leben am Fuße des Missionskreuzes zugebracht hätte, wenn mein Haar nur durch die Zeit gebleicht worden wäre, die die Arme dieses Kreuzes mit

Moos bedeckt hat!

Bald reiste ich nach Rennes ab; ich sollte dort meine Studien fortsetzen und meinen Mathematikkurs beenden, um dann in Brest das Marineexamen abzulegen.

Rennes erschien mir wie ein Babylon, das Gymnasium wie eine Welt. Ich staunte über die Menge der Lehrer und Schüler, die Größe der Gebäude, des Gartens und der Höfe, doch gewöhnte ich mich daran. Zum Namenstag des Direktors hatten wir frei; zu seinem Lobe sangen wir aus vollem Halse herrliche Lieder nach unserer Art, in denen es hieß:

> O Terpsichore! o Polymnia!
> kommt, kommt, erfüllt unsere Wünsche;
> Die Vernunft selbst lädt euch dazu ein![40]

Ich gewann meinen neuen Kameraden gegenüber bald die gleiche Vormachtstellung, die ich in Dol bei meinen alten Mitschülern innegehabt hatte; das kostete mich allerdings einige Raufereien. Die bretonischen Kinder sind von zänkischem Naturell; sie forderten sich bei den Spaziergängen in den Gebüschen des Benediktinergartens gegenseitig heraus. Wir bewaffneten uns mit Zirkeln, die wir an die Spitze von Stöcken banden, oder es kam zum Kampf Mann gegen Mann, der mehr oder weniger schonungslos oder ritterlich ausgetragen wurde, je nach der Schwere des Konflikts. Es gab Kampfrichter, die entschieden, ob eine Strafe fällig war und auf welche Weise die Streitenden vorgehen sollten. Der Kampf fand erst dann ein Ende, wenn eine der beiden Parteien sich besiegt erklärte.

Ich traf auf dem Gymnasium meinen Freund Gesril wieder, der bei solchen Gefechten, wie in Saint-Malo, den Kampfrichter abgab. Er wollte mein Sekundant in einem Kampf sein, den ich mit Saint-Riveul führte, einem jungen Edelmann, der eines der ersten Opfer der Revolution wurde. Ich kam unter meinen Gegner zu liegen, wollte mich nicht ergeben und mußte meinen Stolz teuer bezahlen. Ich sagte wie Jean Desmarets, als er zum Schafott ging: „Ich bitte nur Gott um Gnade."

Auf diesem Gymnasium traf ich mit zwei jungen Leuten zusammen, die später auf unterschiedliche Weise berühmt geworden sind: Moreau, der General wurde, und Limoëlan, den Erfinder der Höllenmaschine, jetzt Pfarrer in Amerika. Es gibt nur ein Porträt von Lucile, und diese schlechte Miniatur stammt von Limoëlan, der in der Notlage der Revolutionszeit Maler war. Moreau war Externer, Limoëlan Pensionär. Selten wird man zu gleicher Zeit, in der gleichen Provinz, in der gleichen kleinen Stadt, in der gleichen Schulanstalt so merkwürdige Schicksale versammelt finden. Ich kann es mir nicht verwehren, einen Schülerstreich zu erzählen, den mein Kamerad Limoëlan dem Studienaufseher spielte.

Der Präfekt pflegte nach dem Abendläuten seine Runde durch die Gänge zu machen, um zu sehen, ob alles in Ordnung sei; zu diesem Zweck schaute er durch ein Loch in jeder Tür. Limoëlan, Gasril, Saint-Riveul und ich schliefen im gleichen Zimmer - „Ein trefflicher Kampfplatz für nichtsnutzige Geschöpfe".[41] Schon mehrmals hatten wir vergebens das Loch in der Tür mit Papier verstopft; der Präfekt hatte das Papier herausgestoßen und uns dabei überrascht, wie wir auf unseren Betten herumsprangen und unsere Stühle zerbrachen.

Eines Abends forderte uns Limoëlan, ohne uns seinen Plan mitzuteilen, dazu auf, uns ins Bett zu legen und das Licht zu löschen. Bald darauf hörten wir, daß er aufstand, an die Tür ging und sich dann wieder ins Bett legte. Eine Viertelstunde später pirschte sich der Präfekt auf Zehenspitzen heran. Da wir ihm zu Recht verdächtig sind, bleibt er vor unserer Tür stehen, horcht, blickt hinein und sieht kein Licht, hält das Loch für verstopft und steckt unklugerweise den Finger hinein... Wer beschreibt seinen Zorn! „Wer hat das getan?" schreit er und stürzt in unser Zimmer. Limoëlan wollte vor Lachen ersticken, und Gesril fragte mit näselnder Stimme, in seiner halb einfältigen, halb spöttischen Weise: „Was denn, Herr Präfekt?" Jetzt mußten auch Saint-Riveul und ich lachen wie Limoëlan, und wir verkrochen uns unter die Bettdecken.

Es war nichts aus uns herauszubringen, wir schwiegen heldenhaft. Wir wurden alle vier in ein Kellergewölbe gesperrt. Saint-Riveul grub einen Gang unter einer Tür, die zum Wirtschaftshof führte; er steckte den Kopf durch diese Öffnung, ein Schwein kam herbei und hätte ihm fast das Hirn weggefressen. Gesril schlüpfte in den Keller des Gymnasiums und ließ ein Faß Wein auslaufen. Limoëlan durchbrach eine Mauer, und ich kletterte zu einer Luke empor, von wo aus ich Ansprachen an den Straßenpöbel hielt.

Obgleich die Erziehung im Gymnasium von Rennes sehr religiös war, ließ mein Glaubenseifer nach. Die vielen Lehrer und Mitschüler boten reichlich Gelegenheit zur Zerstreuung. Ich machte Fortschritte im Studium der Sprachen und zeichnete mich in Mathematik aus, für die ich immer eine entschiedene Neigung hatte; aus mir wäre ein guter Marine- oder Ingenieuroffizier geworden. Im großen ganzen fiel mir alles leicht; ich war sowohl für das Ernste wie für heitere Dinge empfänglich. Ich begann zu dichten; dann ging ich zur Prosa über. Die Künste entzückten mich, und ich war ein leidenschaftlicher Liebhaber von Musik und Architektur. Obwohl mich alles bald langweilte, verfolgte ich es bis in die geringste Kleinigkeit. Da ich mit unerschütterlicher Geduld begabt war, erwies sich meine Hartnäckigkeit, auch wenn mich der Gegenstand selbst bereits ermüdete, stärker als mein Widerwille. Ich habe nie eine Sache aufgegeben, wenn sie die Mühe der Vollendung wert war; es hat Dinge gegeben, die ich fünfzehn bis zwanzig Jahre meines Lebens hindurch verfolgt habe, am letzten Tag mit nicht geringerem Eifer als am ersten.

Diese Wendigkeit meines Geistes zeigte sich auch in weniger wichtigen Dingen. Ich war ein guter Schachspieler, geschickt beim Billard, auf der Jagd und in der Handhabung der Waffen; ich konnte einigermaßen zeichnen und wäre ein guter Sänger geworden, wenn man meine Stimme geschult hätte. Dies alles, dabei auch die Art meiner Erziehung und mein Leben als Soldat

58

und Reisender haben bewirkt, daß mir nie etwas Pedantisches anhaftete, daß ich nie die blöde oder selbstgefällige Miene, die unbeholfenen und schmierigen Angewohnheiten der Literaten der alten Zeit und noch weniger den Dünkel und die Selbstsicherheit, den Neid und die prahlerische Eitelkeit unserer neuen Autoren besessen habe.

Ich blieb zwei Jahre am Gymnasium von Rennes; Gesril verließ es achtzehn Monate früher als ich und ging zur Marine. Julie, meine dritte Schwester, verheiratete sich im Lauf dieser beiden Jahre; sie heiratete den Comte de Farcy, Hauptmann beim Regiment Condé, und ließ sich mit ihrem Gatten in Fougères nieder, wo schon meine beiden älteren Schwestern, Madame de Marigny und Madame de Québriac, wohnten. Julies Vermählung fand in Combourg statt, und ich wohnte der Hochzeit bei. Ich traf dabei die Comtesse de Tronjoli, die durch ihre Unerschrockenheit auf dem Schafott von sich reden machte. Als Cousine und vertraute Freundin des Marquis de La Rouërie war sie in dessen Verschwörung verwickelt.[42] Mir war Schönheit bisher nur in meiner Familie begegnet; als ich sie auf dem Gesicht einer fremden Frau sah, war ich bestürzt. Jeder Schritt ins Leben eröffnete mir neue Horizonte. Ich vernahm die ferne, verführerische Stimme der Leidenschaften, die sich mir näherten; durch unbekannte Harmonien angezogen, stürzte ich diesen Sirenen entgegen.

8

La Vallée-aux-Loups, Januar 1814.

Ich werde nach Brest geschickt, um das Marineexamen abzulegen. - Der Hafen von Brest. - Ich treffe nochmals mit Gesril zusammen. - La Pérouse. - Ich kehre nach Combourg zurück.

Nach Julies Heirat reiste ich nach Brest. Als ich das große Gymnasium von Rennes verließ, empfand ich nicht das Bedauern wie damals, als ich von der kleinen Schule in Dol abging; vielleicht besaß ich schon nicht mehr jene Unschuld, die allen Dingen Reiz verleiht. Meine Jugendblüte schlummerte nicht mehr in der Knospe; die Zeit begann sie aufzuschließen. Als Mentor stand mir in meiner neuen Lebenslage einer meiner Onkel mütterlicherseits bei, der Comte de Boisteilleul, Führer eines Geschwaders. Einer seiner Söhne, ein hervorragender Artillerieoffizier in der Armee Bonapartes, hat die einzige Tochter meiner Schwester, der Comtesse de Farcy, geheiratet.

Als ich in Brest eintraf, fand ich mein Aspirantenpatent nicht vor; ich weiß nicht, durch welchen Umstand es zurückgehalten worden war. Ich blieb ein sogenannter Anwärter und war als solcher vom regulären Studium ausgeschlossen. Mein Onkel gab mich in eine Pension für Aspiranten und stellte mich dem Marinekommandanten vor.

Zum ersten Male in meinem Leben mir selbst überlassen, folgte ich, statt mich mit meinen zukünftigen Kameraden anzufreunden, meinem Einsiedlerinstinkt. Mein Umgang beschränkte sich auf meine Lehrer im Fechten, Zeichnen und in Mathematik.

Das Meer, das ich an so vielen Küsten wiedersehen sollte, bespült bei Brest die äußerste Spitze der armorikanischen Halbinsel; jenseits dieses vorgeschobenen Kaps gibt es nichts mehr als den grenzenlosen Ozean und unbekannte Welten. Meine Phantasie erging sich in diesen unendlichen Räumen. Oft saß ich auf einem Mast, der am Kai herumlag, und sah den Bewegungen der Menge zu; Schiffszimmerleute, Matrosen, Soldaten, Zollbeamte, Sträflinge liefen vor mir hin und her. Reisende gingen an Land oder an Bord, Lotsen wiesen Schiffe ein, Zimmerleute schlugen Balken zurecht, Seiler drehten Taue, Schiffsjungen zündeten Feuer unter großen Kesseln an, aus denen dicker Rauch und der gesunde Geruch von Teer emporstieg. Man trug und rollte Warenballen, Getreidesäcke und Artilleriegerät von den Schiffen zu den Lagerhallen und von den Lagerhallen zu den Schiffen. Hier fuhren Karren rückwärts ins Wasser, um Ladung aufzunehmen, dort wurden schwere Lasten mit Zugwinden emporgehoben, währen die Kräne Steine herabsenkten und Bagger den angeschwemmten Sand ausschaufelten. Die Forts gaben Signale, Schaluppen fuhren hin und her, große Schiffe stachen in See oder liefen in die Hafenbassins ein.

Mein Geist füllte sich mit unbestimmten Vorstellungen über die Gesellschaft, über ihre Vorzüge und Mängel. Mich befiel eine mir unverständliche Traurigkeit. Ich verließ meinen Sitz auf dem Mast und ging den Fluß entlang, der sich in den Hafen ergießt, bis ich an eine Biegung kam, an der der Hafen verschwand. Hier, wo ich nichts mehr sah als ein morastiges Tal, das undeutliche Murmeln des Meeres und die menschlichen Stimmen aber noch hörte, legte ich mich am Ufer des kleinen Flusses nieder. Während ich bald dem Fließen des Wassers zusah, bald mit dem Auge dem Flug der Seekrähe folgte, genoß ich die Stille um mich herum oder horchte auf die Schläge des Kalfaterhammers und versank dabei in tiefstes Träumen. Wenn mir dann mitten in meiner Träumerei der Wind den Kanonendonner eines auslaufenden Schiffes zutrug, fuhr ich zusammen, und meine Augen füllten sich mit Tränen.

Eines Tages hatte ich meinen Spaziergang bis zum äußersten Ende des Hafens in Richtung Meer ausgedehnt. Es war heiß, und ich streckte mich am Strand aus und schlief ein. Plätzlich werde ich von einem ungeheuren Lärm geweckt. Ich schlage die Augen auf, die Geschütze donnern weiter, und die Reede ist voller Schiffe: das große französische Geschwader kehrt nach der Unterzeichnung des Friedensvertrags heim.[43] Die Schiffe manövrierten unter Segel, hüllten sich in Dampf, hissten die Flaggen, drehten sich nach dem Heck, nach dem Bug, nach der Seite, stoppten, indem sie mitten in der Fahrt den Anker warfen, oder flogen weiter über die Wellen dahin. Nichts hat mir eine höhere Vorstellung vom menschlichen Geist vermittelt; der Mensch schien in diesem Augenblick einen Abglanz von der Macht desjenigen erhalten zu haben, der zum Meer gesagt hat: „Bis hieher sollst du kommen, und nicht weiter."[44]

Ganz Brest lief herbei. Schaluppen stießen von der Flotte ab und landeten an der Mole. Die braungebrannten Offiziere darin hatten das fremdartige Aussehen, das man von einer anderen Hemisphäre mitbringt, und das unbeschreiblich Frohe, Stolze und Kühne von Männern, die die Ehre der nationalen Flagge wiederhergestellt haben. Wie ich dem Vorbeimarsch der tapferen Truppe zusehe, löst sich einer der Offiziere aus der Reihe seiner Kameraden und fällt mir um den Hals: Es war Gesril. Er schien mir größer geworden zu sein, aber schwach und leidend durch einen Degenstoß, der ihn in die Brust getroffen hatte. Er verließ Brest noch am gleichen Abend, um sich zu seiner Familie zu begeben. Ich habe ihn seitdem nur noch ein einziges Mal gesehen, kurz vor seinem heldenhaften Tod; bei welcher Gelegenheit, werde ich später erzählen. Das Auftauchen und die schnelle Abreise Gesrils führten mich zu einem Entschluß, der den Verlauf meines ganzen Lebens geändert hat. Es stand geschrieben, daß dieser junge Mann absolute Macht über mein Geschick haben sollte.

Man sieht, wie mein Charakter sich ausbildete, welche Richtung meine Vorstellungen nahmen, wie sich die ersten Ausbrüche meines Genies äußerten - denn ich muß davon sprechen wie von einer Krankheit, mag dieses Genie nun ein seltenes oder ein alltägliches gewesen sein, mag es diesen Namen, den ich ihm in Ermangelung eines besseren gebe, nun verdienen oder nicht. Wäre ich den anderen Menschen ähnlicher gewesen, hätte es mir zum Glück gereicht. Wer mir, ohne meinen Geist zu töten, mein sogenanntes Talent genommen hätte, würde mir einen Freundschaftsdienst erwiesen haben.

Als der Comte de Boisteilleul mich dem Marinekommandanten vorstellte, hörte ich die jungen und alten Seeleute von ihren Feldzügen und von den Ländern erzählen, die sie durchstreift hatten. Der eine kam aus Indien, der andere aus Amerika; dieser wollte auf eine Weltreise gehen, jener den Mittelmeerstützpunkt aufsuchen und die Küsten Griechenlands sehen. Mein Onkel zeigte mir in der Menge La Pérouse, den neuen Cook, dessen Tod das Geheimnis der Stürme geblieben ist. Ich hörte und schaute allem zu, ohne ein Wort zu sagen; aber in der folgenden Nacht fand ich keinen Schlaf. Ich verbrachte sie damit, im Geiste Schlachten zu schlagen oder gewaltige Landstriche zu entdecken.

Wie dem auch sei, als ich Gesril zu seinen Eltern abreisen sah, dachte ich, daß mich nichts daran hindern könne, auch zu den meinigen zurückzukehren. Der Dienst zur See hätte mir sehr gefallen, wenn mir mein Unabhängigkeitsdrang nicht jede Art von Dienst verleidet hätte; ich kann nicht gehorchen. Reisen waren eine große Verlockung, aber ich fühlte, daß sie mir nur allein, wenn ich meinem eigenen Willen folgen konnte, Freude machen würden. Kurz, ich lieferte den ersten Beweis meiner Unbeständigkeit: Ohne meinen Onkel zu benachrichtigen, ohne meinen Eltern geschrieben zu haben, ohne jemanden um Erlaubnis zu fragen, ohne auf mein Aspirantenpatent zu warten, machte ich mich eines Morgens auf den Weg nach Combourg, wo ich wie vom Himmel gefallen auftauchte.

Ich wundere mich noch heute, daß ich bei der Furcht, die mir mein Vater einflößte, einen solchen Entschluß zu fassen gewagt habe. Nicht weniger verwunderlich war die Art, in der ich empfangen wurde. Ich mußte mich auf heftige Zornesausbrüche gefaßt machen, wurde aber freundlich begrüßt. Mein Vater begnügte sich damit, den Kopf zu schütteln, als wollte er sagen: „Das ist ja ein schöner Streich!" Meine Mutter umarmte mich grollend und von ganzem Herzen. Und meine Lucile war außer sich vor Freude.

3. Buch

1

Ein Spaziergang. - Combourg taucht vor mir auf.

Seit dem letzten Datum dieser Niederschriften, Januar 1814 in Vallée-aux-Loups, bis zum heutigen Tag in Montboissier, im Juli 1817, sind dreieinhalb Jahre verflossen. Habt ihr den Sturz des Kaiserreichs vernommen? Nein; nichts hat die Ruhe dieses Ortes gestört. Und dennoch ist das Kaiserreich untergegangen; die gewaltige Ruine ist in mein Leben gestürzt wie die Überreste römischer Bauwerke in den Lauf eines unbekannten Baches. Aber für den, der sie nicht zählt, bedeuten diese Ereignisse wenig; wenn aus den Händen des Ewigen noch einige Jahre geronnen sind, wird dieser ganze Lärm gerechterweise in endlosem Schweigen versickern.

Das vorhergehende Buch wurde unter der erlöschenden Tyrannei Bonapartes und im Lichte der letzten Blitzstrahlen seines Ruhms geschrieben; dieses Buch beginne ich unter der Herrschaft Ludwigs XVIII. Ich habe die Könige aus der Nähe gesehen, und meine politischen Illusionen sind ebenso geschwunden wie die süßeren Trugbilder, in deren Beschreibung ich fortfahren werde. Zuerst will ich sagen, was mich wiederum zur Feder greifen läßt. Das menschliche Herz dient allem als Spielball, und man kann die oberflächlichen Gründe für seine Freuden und Schmerzen nicht vorhersehen. Montaigne hat gesagt: „Unsere Seele braucht keinen Anlaß, um beunruhigt zu sein; ein gestalt- und körperloses Träumen beherrscht und bewegt sie."[45]

Ich bin jetzt in Montboissier, auf der Grenze zwischen der Beauce und dem Perche.[46] Das Schloß dieses Gutes, das der Comtesse de Colbert-Montboissier gehört, ist während der Revolution verkauft und zerstört worden; es ist nichts mehr davon übrig als zwei Pavillons, die durch ein Gitter voneinander getrennt sind und die früher die Wohnung des Schloßvogts waren. Der Park, jetzt in englischem Geschmack angelegt, zeigt noch Spuren seiner früheren französischen Regelmäßigkeit: gerade Alleen, von Hainbuchen eingefaßte Büsche geben ihm ein ernstes Aussehen; er ist schön wie eine Ruine.

Gestern abend ging ich allein spazieren. Der Himmel sah aus wie im Herbst; ab und zu wehte ein kalter Wind. An einer Lücke im Gebüsch blieb ich stehen, um die Sonne zu betrachten; sie versank in den Wolken über dem Turm des Schlosses von Alluyes, wo Gabrielle, dieBewohnerin dieses Turms, vor zweihundert Jahren die Sonne untergehen sah wie ich heute. Was ist aus Henri und Gabrielle[47] geworden? Das gleiche, was aus mir geworden sein wird, wenn diese Memoiren veröffentlicht sind.

Aus diesen Betrachtungen wurde ich durch den Gesang einer Drossel gerissen, die auf dem höchsten Zweig einer Birke saß. Dieser magische Klang ließ sogleich das väterliche Anwesen vor meinen Augen erstehen; ich vergaß die jüngst erlebten Katastrophen und sah, plötzlich in die Vergangenheit zurückversetzt, die Felder wieder, in denen ich so oft die Drossel gehört hatte. Damals, als ich sie hörte, war ich traurig wie heute; aber diese frühere Traurigkeit war aus einem unbestimmten Glücksverlangen geboren, beruhte nicht auf Erfahrung. Meine jetzige Traurigkeit hingegen rührt von dem Wissen um die Dinge, ihrer Schätzung und Beurteilung her. In den Wäldern von Combourg verhieß mir der Gesang des Vogels eine Glückseligkeit, die mir erreichbar schien; im Park von Montboissier erinnert mich der gleiche Gesang an die Tage, die ich auf der Jagd nach diesem unerreichbaren Glück verloren habe. Es bleibt mir nichts mehr zu lernen, ich bin schneller als jeder andere gegangen und habe den ganzen Lebenskreis abgeschritten. Die Stunden fliehen dahin und reißen mich mit sich fort; ich habe nicht einmal die Gewißheit, diese Memoiren vollenden zu können. An wieviel Orten habe ich sie schon zu schreiben begonnen, und an welchem Ort werde ich sie abschließen? Wie lange werde ich noch am Waldessaum spazierengehen? Nutzen wir die wenigen Augenblicke, die mir noch bleiben; beeilen wir uns, meine Jugendzeit zu schildern, solange sie mir noch greifbar ist. Der Schiffer, der ein verwunschenes Ufer für immer verläßt, schreibt sein Tagebuch im Anblick des Gestades, das sich immer weiter entfernt und bald seinen Blicken entschwunden sein wird.

2

Das Gymnasium zu Dinan. - Ich kehre zu meinen Eltern zurück.

Ich habe von meiner Rückkehr nach Combourg berichtet und erzählt, wie ich von meinem Vater, meiner Mutter und meiner Schwester Lucile empfangen wurde.

Man erinnert sich vielleicht daran, daß sich meine drei anderen Schwestern verheiratet hatten, und daß sie auf den Gütern ihrer neuen Familien in der Gegend von Fougères wohnten. Mein Bruder, dessen Ehrgeiz sich zu entwickeln begann, war öfter in Paris als in Rennes. Er kaufte sich zuerst eine Stelle als Referent für Bittschriften, verkaufte diese aber wieder, um die militärische Laufbahn einzuschlagen. Er trat in das Regiment der Königlichen Kavallerie ein, fand Verbindung zum diplomatischen Corps und begleitete den Comte de La Luzerne nach London; dort lernte er André Chénier kennen. Er sollte gerade zum Botschafter in Wien berufen werden, als bei uns die Unruhen ausbrachen. Er bewarb sich dann um die Botschafterstelle in Konstantinopel; da aber hatte er einen mächtigen Konkurrenten in Mirabeau, dem diese Gesandtschaft als Belohnung für seinen Übertritt zur Hofpartei versprochen worden war. Mein Bruder hatte Combourg etwa zur gleichen Zeit verlassen, als ich dahin zurückkehrte.

Mein Vater lebte zurückgezogen auf seinem Herrensitz, den er nicht einmal mehr verließ, um an der Ständeversammlung[48] teilzunehmen. Meine Mutter begab sich jedes Jahr zur Osterzeit für sechs Wochen nach Saint-Malo; sie erwartete diesen Moment wie den Augenblick ihrer Befreiung, denn sie haßte Combourg. Schon einen Monat vor dem Antritt der Reise sprach man davon wie von einem gewagten Unternehmen. Man traf Vorbereitungen, ließ die Pferde ausruhen. Am Vorabend der Abreise ging alles um sieben Uhr zu Bett, damit man um zwei Uhr morgens aufstehen konnte. Mit großer Befriedigung machte sich meine Mutter um drei Uhr morgens auf die Reise, denn sie brauchte den ganzen Tag, um die zwölf Meilen zurückzulegen.

Lucile, die als Stiftsfräulein ins Domkapitel von Argentière aufgenommen worden war, sollte in das von Remiremont überwechseln; während sie darauf wartete, lebte sie einsam und abgeschieden auf dem Lande.

Was mich betraf, so erklärte ich nach meiner Brester Eskapade meinen festen Vorsatz, in den geistlichen Stand einzutreten; in Wirklichkeit hoffte ich nur, Zeit zu gewinnen, denn ich wußte noch nicht recht, was ich eigentlich wollte. Man schickte mich auf das Gymnasium von Dinan, damit ich meine humanistischen Studien beendete. Latein konnte ich bereits besser als meine Lehrer, aber jetzt begann ich, Hebräisch zu lernen.

Dinan ist mit alten Bäumen bestanden, von alten Türmen umgeben und liegt in einer malerischen Gegend auf einem Berg, an dessen Fuß die Rance vorüberfließt, die bei Flut ansteigt. In die Täler der Umgebung führen schöne bewaldete Abhänge hinab. Die Mineralquellen von Dinan genießen einen guten Ruf. Diese Stadt, voll an Geschichte, besaß als eines ihrer historischen Zeugnisse das Herz von Du Guesclin. Das heldenhafte Andenken wurde in der Revolutionszeit gestohlen und sollte von einem Glaser zerrieben werden, um Farbe daraus zu machen. Wollte man es vielleicht für die Darstellungen der Siege über die Feinde des Vaterlandes verwenden?

Monsieur Broussais, ein Landsmann von mir, studierte mit mir in Dinan. Die Schüler wurden jeden Donnerstag ins Bad geführt. Einmal wäre ich beinahe ertrunken, ein andermal wurde Broussais von undankbaren Blutegeln gebissen, welche die Zukunft nicht voraussahen.[49] Dinan lag von Combourg und von Plancouët gleich weit entfernt. Ich besuchte abwechselnd meinen Onkel de Bedée in Monchoix und meine Familie in Combourg. Monsieur de Chateaubriand fand es ökonomischer, mich zu Hause zu behalten. Meine Mutter wünschte zwar, daß ich der religiösen Berufung treu bliebe, mochte mich aber nicht dazu drängen. Keiner von beiden beharrte mehr auf meinem Verbleib am Gymnasium, und so sah ich mich unmerklich wieder an den heimatlichen Herd gebunden.

Gern versenke ich mich abermals in eine Schilderung der Gewohnheiten meiner Eltern, und sei es auch nur des rührenden Andenkens wegen; ich tue es umso lieber, als das Bild ihres Lebens ein Abdruck mittelalterlicher Vignetten und Handschriften zu sein scheint. Zwischen der Gegenwart und der Zeit, die ich schildern will, liegen Jahrhunderte.

3

Montboissier, Juli 1817.

Das Leben in Combourg. - Die Tage und die Abende. - Räuber und Gespenster. - Die Erzählung meiner Mutter von dem Geist.

Bei meiner Rückkehr aus Brest bestand die Herrschaft auf Schloß Combourg aus vier Personen: meinem Vater, meiner Mutter, meiner Schwester und mir. Eine Köchin, eine Kammerfrau, zwei Bedienstete und ein Kutscher bildeten die ganze Dienerschaft; ein Jagdhund und zwei alte Stuten waren in einem Winkel des Pferdestalls untergebracht. Diese zwölf lebenden Wesen verschwanden in einer alten Burg, in der man hundert Ritter mit ihren Damen, Schildknappen, Fußknechten, Schlachtrossen und der Meute des Königs Dagobert kaum wahrgenommen hätte.

Das ganze Jahr hindurch kam kein Fremder aufs Schloß, abgesehen von einigen Edelleuten, die um gastliche Aufnahme baten, wenn sie sich zu Sitzungen des *Parlements* begaben.[50] Sie kamen im Winter zu Pferde, mit Pistolen in den Satteltaschen, dem Jagdmesser an der Seite, gefolgt von einem ebenfalls berittenen Diener, der einen großen Mantelsack hinter sich auf dem Pferde hatte.

Mein Vater, der immer sehr förmlich war, empfing sie bei Wind und Regen mit unbedecktem Haupt auf der Freitreppe. Waren die Herren eingetreten, erzählten sie von ihren Hannoverschen Feldzügen,[51] ihren Familienangelegenheiten und vom Verlauf ihrer Prozesse. Am Abend führte man sie in das Gemach der Königin Christine im Nordturm, das Ehrenzimmer, in dem ein Bett stand, das sieben Fuß im Quadrat maß, doppelte Vorhänge von grünem Musselin und purpurroter Seide hatte und von vier vergoldeten Amoretten getragen wurde. Wenn ich am nächsten Morgen in den großen Saal hinunterkam und durch die Fenster das überschwemmte oder reifbedeckte Land betrachtete, erblickte ich auf der einsamen Straße am See nur zwei oder drei Reiter - unsere Gäste, die nun nach Rennes ritten.

Sehr viel vom Leben wußten diese Fremden auch nicht; dennoch wurde unser Gesichtskreis durch sie um einige Meilen über den Horizont unserer Wälder hinaus erweitert. Wenn sie uns verlassen hatten, waren wir an Wochentagen wieder auf unseren Familienkreis, an Sonntagen auf die Gesellschaft der Dorfbewohner und der benachbarten Edelleute angewiesen.

Wenn am Sonntag schönes Wetter war, gingen meine Mutter, Lucile und ich über die kleine Allee auf einem ländlichen Weg zur Kirche; wenn es regnete, benutzten wir die abscheuliche Straße von Combourg. Mein Vater kam nur einmal im Jahr, zur Osterandacht, ins Kirchspiel herab; ansonsten hörte er die Messe in der Schloßkapelle. Wir saßen im herrschaftlichen Kirchengestühl, dem schwarzen Marmorgrabmal Renées de Rohan gegenüber, das neben dem Altar stand, und nahmen Weihrauch und Gebete in uns auf. Das Grabmal war ein Bild der menschlichen Ehre: einwenig Körner Weihrauch vor einem Sarge!

Diese Sonntagszerstreuungen gingen zu Ende, wenn sich der Tag neigte; und sie waren nicht einmal regelmäßig. In der schlechten Jahreszeit vergingen ganze Monate, ohne daß ein menschliches Wesen ans Tor unserer Festung klopfte. Lag schon über der Weide von Combourg eine große Traurigkeit, so war sie im Schloß noch größer; wenn man in seine Gewölbe eindrang, empfand man das gleiche wie beim Betreten der Kartause von Grenoble. Als ich diese im Jahre 1805 besuchte, durchschritt ich eine immer verlassener werdende Einöde. Ich glaubte, sie würde im Kloster enden, aber man zeigte mir innerhalb der Klostermauern die Gärten der Kartäuser, die noch einsamer waren als die Wälder. Endlich fand ich in der Mitte des Gebäudes, vom Schleier all dieser Einsamkeiten umhüllt, den alten Friedhof der Zenobiten, das Heiligtum, von dem aus das ewige Schweigen, die Gottheit dieses Ortes, seine Macht auf die umliegenden Berge und Wälder übertrug.

Die düstere Stille des Schlosses von Combourg wurde durch das schweigsame und ungesellige Wesen meines Vaters noch verstärkt. Statt seine Familie und seine Leute um sich zu versammeln, hatte er sie auf alle Ecken und Enden des Schlosses verteilt. Sein Schlafzimmer lag im kleinen Ostturm, sein Arbeitszimmer im kleinen Westturm. Die Einrichtung dieses Arbeitszimmers bestand aus drei schwarzen Lederstühlen und einem mit Urkunden und Pergamenten bedeckten Tisch. Über dem Kamin hing ein Stammbaum der Familie Chateaubriand, und in einer Fensternische sah man Waffen aller Art, von der Pistole bis zur Stutzbüchse. Die Wohnräume meiner Mutter lagen über dem großen Saale zwischen den beiden kleinen Türmen, sie hatten Parkettfußboden und waren mit vieleckigen venezianischen Spiegeln geschmückt. Meine Schwester bewohnte ein Zimmer neben den Räumen meiner Mutter. Die Kammerfrau schlief weit entfernt im Quartiertrakt der großen Türme. Ich hauste in einer Art einsamer Zelle oben in dem Türmchen mit der Wendeltreppe, die vom Innenhof aus nach den verschiedenen Teilen des Schlosses führte. Unten an dieser Treppe, in Kellergewölben, schliefen die Kammerdiener meines Vaters und ein Bediensteter, und die Köchin war im großen Westturm untergebracht.

Mein Vater stand im Winter wie im Sommer um vier Uhr morgens auf. Er ging dann in den Innenhof, um seinen Kammerdiener am Fuße der Turmtreppe mit lauten Rufen zu wecken. Um fünf Uhr brachte man ihm ein wenig Kaffee, dann arbeitete er bis Mittag in seinem Arbeitszimmer. Meine Mutter und meine Schwester frühstückten um acht Uhr, jede in ihrem Zimmer. Ich hatte weder für das Aufstehen noch für das Frühstücken eine festgesetzte Stunde; man nahm an, daß ich bis Mittag studierte, aber die meiste Zeit tat ich nichts.

Um halb zwölf läutete man zum Mittagessen, das um zwölf aufgetragen wurde. Der große Saal diente gleichzeitig als Speisesaal und Salon; am nach Osten gelegenen Ende nahm man das Mittag- und Abendessen ein; nach der Mahlzeit setzten wir uns am anderen westlichen Ende vor einen riesigen Kamin. Der große Saal war holzgetäfelt, hellgrau gestrichen und mit alten Porträts aus der Zeit von François I. bis zu Louis XIV. geschmückt. Unter diesen Porträts waren auch die von Condé und Turenne; ein Gemälde, das die Ermordung Hektors durch Achill vor den Mauern Trojas darstellte, hing über dem Kamin.

Nach dem Mittagessen saß man bis zwei Uhr beisammen. Im Sommer ging mein Vater dann zum Angeln, besichtigte seine Gemüsegärten oder erging sich auf seinen Ländereien. Wenn er im Herbst und im Winter zur Jagd aufbrach, zog sich meine Mutter in die Kapelle zurück, wo sie einige Stunden im Gebet zubrachte. Diese Kapelle war ein dunkler Betsaal, verschönt von Bildern der größten Meister, wie man sie kaum in einem Feudalschloß tief in der Bretagne zu finden erwartete. Ich besitze noch eine auf Kupfer gemalte *Heilige Familie* von Albano aus dieser Kapelle: Sie ist das einzige, was mir von Combourg geblieben ist.

Wenn mein Vater weggegangen und meine Mutter beim Beten war, schloß sich Lucile in ihrem Zimmer ein; ich kehrte entweder in meine Zelle zurück oder lief über die Felder.

Um acht Uhr rief die Glocke zum Abendessen. Nach dem Abendbrot saßen wir an schönen Tagen auf der Freitreppe. Mein Vater, mit seiner Flinte bewaffnet, schoß auf die Eulen, die mit Anbruch der Nacht aus den Maueröffnungen hervorkamen. Meine Mutter, Lucile und ich betrachteten den Himmel, den Wald, die letzten Strahlen der Sonne und die ersten Sterne. Um zehn Uhr gingen wir hinein und legten uns zu Bett.

Die Herbst- und Winterabende sahen anders aus. Wenn das Abendessen beendet war und sich die vier Tischgenossen von der Tafel zum Kamin begeben hatten, warf sich meine Mutter seufzend auf ein altes seidenbezogenes Ruhebett; davor wurde ein Tischchen mit einer Kerze gestellt. Ich setzte mich mit Lucile ans Feuer; die Bediensteten deckten den Tisch ab und zogen sich zurück. Nun begann mein Vater den Saal zu durchschreiten und hörte damit nicht eher auf, als bis er zu Bett ging. Er trug ein Gewand aus weißer Wolle, eher eine Art Mantel, wie ich ihn nur bei ihm gesehen habe. Sein Kopf, zur Hälfte kahl, war mit einer großen weißen Mütze bedeckt, die senkrecht emporstand. Wenn er sich vom Kaminfeuer entfernte, war er in dem weitläufigen, von nur einer einzigen Kerze beleuchteten Saal nicht mehr zu sehen; man hörte nur noch, wie er im Dunkeln umherging. Wenn er dann langsam zum Feuer zurückkehrte, tauchte er nach und nach wie ein Gespenst in seinem weißen Gewand, seiner weißen Mütze, mit seinem langen, bleichen Gesicht aus der Dunkelheit auf. Lucile und ich wechselten mit leiser Stimme ein paar Worte, wenn er am anderen Ende des Saales war; sobald er sich uns näherte, schwiegen wir. Im Vorbeigehen fragte er uns: „Wovon habt ihr gesprochen?" Von Schrecken gepackt, antworteten wir nicht, und er setzte seinen Marsch fort. Für den Rest des Abends drangen nur noch das regelmäßige Geräusch seiner Schritte, die Seufzer meiner Mutter und das Brausen des Windes an unser Ohr. Wenn die Schloßuhr zehn schlug, blieb mein Vater stehen; die gleiche Feder, die den Hammer der Turmuhr angehoben hatte, schien seinen Marsch zu unterbrechen. Er zog seine Taschenuhr hervor, stellte sie, nahm einen großen Silberleuchter mit einer langen Kerze, ging einen Augenblick in den kleinen Westturm, kam dann mit dem Leuchter in der Hand zurück und schritt auf sein Schlafzimmer im kleinen Ostturm zu. Lucile und ich hielten uns bei seinem Vorübergehen bereit; wir küßten ihn und wünschten ihm eine gute Nacht. Er neigte seine trockene, hohle Wange zu uns herab, ohne uns zu antworten, setzte seinen Weg fort und zog sich in den Turm zurück. Wir hörten, wie sich die Türen hinter ihm schlossen.

Jetzt war der Zauber gelöst; meine Mutter, meine Schwester und ich, durch die Gegenwart meines Vaters in Statuen verwandelt, fanden unsere Lebensgeister wieder. Die erste Wirkung unserer Entzauberung tat sich in einem Strom von Worten kund; für das Schweigen, das uns so bedrückt hatte, hielten wir uns nun schadlos.

War der Redestrom dann verebbt, rief ich die Kammerfrau und begleitete meine Mutter und meine Schwester zu ihren Zimmern. Ehe ich ging, mußte ich unter die Betten, in die Kamine, hinter die Türen sehen und die angrenzenden Treppen, Gänge und Korridore untersuchen. All die alten Schloßgeschichten von Räubern und Gespenstern fielen ihnen wieder ein. Die Dienerschaft war davon überzeugt, daß ein gewisser, vor dreihundert Jahren verstorbener Comte de Combourg mit einem Holzbein zu bestimmten Zeiten erschien und auf der großen Turmtreppe gesehen worden sei; sein hölzernes Bein wandere manchmal auch allein in Gesellschaft einer schwarzen Katze umher.

Zwei besser bezeugte Vorkommnisse führten dazu, daß meine Mutter und Lucile neben der Angst vor Gespenstern und vor der Nacht auch Furcht vor Räubern hegten.

Vor einigen Jahren waren meine Schwestern, damals noch sehr jung, allein mit meinem Vater auf Schloß Combourg. Eines Nachts hatten sie zusammen den *Tod von Clarissa* [52] gelesen. Von den Umständen ihres Todes ohnehin sehr bewegt, hören sie deutlich Schritte auf der Treppe, die zu ihrem Zimmer führt. Entsetzt löschen sie das Licht und stürzen sich in ihre Betten. Die Schritte nähern sich, erreichen die Tür ihrer Kammer; dort halten sie inne, als ob jemand lauschen wolle; dann entfernen sie sich auf einer verborgenen Treppe, die zur Kammer meines Vaters führt. Ein wenig später kommt jemand zurück, durchquert erneut das Vorzimmer, und dann verliert sich das Geräusch der Schritte in den Tiefen des Schlosses.

Am nächsten Morgen wagen meine Schwestern nicht, davon zu sprechen; sie fürchteten, daß mein Vater, in der Absicht, sie zu überraschen, der Geist oder der Räuber gewesen sein könne. Er ermunterte sie aber dann, denn er fragte, ob sie nichts gehört hätten. Er erzählte, man habe gegen die kleine Tür an der Geheimtreppe zu seiner Kammer gestoßen, und sie wäre eingeschlagen worden, wenn nicht zufällig eine Lade davorgestanden hätte. Aus dem Schlafe aufgeschreckt, habe er nach seinen Pistolen gegriffen, denn er war stets bewaffnet. Da das Geräusch verstummte, glaubte er, sich getäuscht zu haben und sei wieder eingeschlafen.

Ein andermal, an einem Dezemberabend, saß mein Vater allein schreibend am Kaminfeuer im großen Saal. Da geht hinter ihm eine Tür auf; mein Vater wendet den Kopf und erblickt ein hochaufragendes Gespenst mit dunklem Gesicht, das wild mit den Augen rollt. Monsieur de Chateaubriand reißt die Zange aus dem Kaminfeuer, mit der man sonst die Ulmenscheite umwendete. Mit dieser rotglühenden Zange bewaffnet, erhebt er sich und geht auf die schwarze Erscheinung zu; diese entfernt sich, taucht ins Dunkel ein und verbirgt sich in der Nacht.

Aus der Zeit Charles' de Blois, des Heiligen, und Jeannes de Montfort, der Hinkenden, wird in der Bretagne von Großmutter zu Großmutter eine abenteuerliche Geschichte überliefert. Madame de Chateaubriand erzählte sie so, daß einem die Haare zu Berge standen. Auch mischte sie unglaublich viele *Requiem, Dies irae* und *De Profundis* darunter. Hier ist diese Geschichte, freilich ohne die wunderbare Vorstellungskraft meiner Mutter vorgetragen: Im Jahre des Heils 1350, am Samstag vor *Laetare Jerusalem,*[53] wurde in der Bretagne bei Chêne de Mivois eine Schlacht zwischen dreißig Engländern und dreißig Bretonen geschlagen.

> Von Schweiß und Blut war die Erde getränkt,
> Doch hungert's und dürstet's Beaumanoir.
> „Gebt mir zu trinken", erbat der Baron.
> „Trink Dein Blut", war die Antwort des Geoffroy de Boves,
> „So wird der Durst Dir für immer vergehn."[54]

Nun, der Sire de Beaumanoir und Johan de Tinténiac hatten auf den zweiundfünfzig Lehen des Gutes Combourg gegen die Engländer gekämpft. Überall wies man auf die Zeugnisse ihrer Heldentaten hin, so auf einen Stein am Rand der Heide von Meillac, der *Blutige Stein* genannt. - Eines Tages hatte sich Tinténiac von seinem Waffenbruder getrennt und war in den Wald gegangen. Mit seinem Schildknappen gelangte er über den Weg an einem See entlang zu den verfallenen Mauern einer alten Abtei. Mit seiner Lanze stieß er eine efeuüberwucherte Tür auf, an der man noch einige Federn eines daraufgenagelten Raubvogels sah. Die Tür gibt unter dem Stoß nach, und der Bannerherr reitet in einen Hof mit Scheunen ein, deren Luken mit abbröckelnden Gipsbrocken verklebt sind. Johan springt aus dem Sattel und geht, sein Roß am Zügel führend, geradewegs auf eine weitere Tür zu. Die Flügel dieser Tür waren mit Eisenstiften verstärkt. Vom oberen Querbalken hing eine Kette herab, in die der Huf einer Hirschkuh eingeprägt war. Tinténiac zog an dieser Kette; ein klangloses, gesprungenes Glöckchen ertönte. Mit schleppendem Schritt kommt im Innern jemand herbei. Das Rasseln von Schlüsseln wird hörbar. Zwei Riegel drehen sich, mühsam öffnet sich die Tür einen Spalt breit. Ein weißhaariger Eremit, der auf der Stelle in Staub zu zerfallen droht, zeigt sich: „Mein schöner Sohn, seid willkommen zum Abendgottesdienst zu Allerheiligen. Aber Ihr werdet fasten müssen, kein Lebender ißt in diesen Mauern. An einem Nachtlager wird es nicht fehlen, wenn Ihr im Freien schlafen könnt. Die

Engländer haben hier nur die Mauern übriggelassen. Die Väter sind alle umgebracht worden; ich allein bin zurückgeblieben, um die Toten zu bewachen: Morgen ist ihr Feiertag."

Die Stimme, die Bewegungen, das bleiche Antlitz, die Blicke des Mönchs hatten etwas Übernatürliches. Seine Lippen bewegten sich kaum beim Sprechen, und sein eisiger Atem roch nach Erde. Tinténiac und sein Schildknappe traten in das Kloster ein. Der junge Begleiter band die Pferde an einen Pfeiler und warf ihnen das trockene Gras vor, das er mit seinem Schwert zwischen den Grabsteinen abschelte. Ein *Miserere* absingend, führte der Mönch Sire Johan in den Krankensaal; das war ein verlassener, vom Winde heimgesuchter Raum, in dem sich der Hüter der Verstorbenen in einer Ecke des riesigen Kamins einen Schlupfwinkel eingerichtet hatte.

Der Mönch entzündete ein Harzlicht und steckte es in den Spalt eines Holzstücks an der Kaminwand. Der Schildknappe zog ein halbverkohltes Stück Holz unter der Asche hervor und legte ein Bündel feuchtes, grünes Laub darauf, das geräuschvoll seinen Saft ausschwitzte; die Flamme erstarb und erhob sich wieder im dichten Rauch.

Eine stürmische Nacht hatte sich herabgesenkt; der Regen peitschte die Klosterruine; in der Ferne hörte man die klagenden Stimmen der Toten. Der Schildknappe war im Sitzen auf einem Schemel nahe bei dem herabgebrannten Feuer eingeschlafen; der Ritter betete den Rosenkranz und zählte dabei die Zehnerfolge mit den Fingern nach den Einkerbungen in seinem Schwertknauf ab. Der Bruder ihm gegenüber betete zuerst mehrere *Ave Maria*, dann schwieg er. - Johan hob die Augen auf; anstelle des einsamen Mönchs erblickte er einen Geist, der ihn ansah. In der Tiefe der Mönchskutte wackelte ein Totenkopf, und aus den weiten Ärmeln des Mönchsgewands kamen zwei Knochenarme zum Vorschein. Das Skelett bedeutete Tinténiac, ihm zu folgen; der unerschrockene Ritter erhob sich und ging hinter ihm drein.

Auf losen, schwankenden und halbverkohlten Balken durchquerten sie die von den Flammen heimgesuchten Gebäude mit verbrannten Dächern, Fußböden und Wandtäfelungen. Diese Trümmer wurden von einer Kirche gestützt, deren mittelalterlicher Umriß sich schwarz im fahlen Nebel abhob. Der Ritter und sein Führer gelangten durch den Spalt einer geborstenen Mauer in die Kirche; sie durchquerten ein Labyrinth von Säulen, die jeweils in dem phosphoreszierenden Leuchten, das von dem Geist ausging, aus dem Dunkel heraustraten. Irgendetwas ächzte unter den Gewölben und ließ ab und zu die Glocke ertönen; die bunten Kirchenfenster hingen in zerbrochenen Bleieinfassungen und ließen die trockenen Blätter aus dem Wald hereinwirbeln.

Der Geist bleibt vor einem Sarg an der Öffnung eines Reliquienschreins stehen, von dem aus eine Treppe zu dem Grabgewölbe unterm Glockenstuhl führt. Er zeigt Johan die Treppe; Johan setzt den Fuß auf die erste Stufe, streckt die Hand in der Dunkelheit aus, tastet sich an den kalten, feuchten, abfallenden Mauern entlang, um den Windungen der Treppe zu folgen; der Geist steigt nach ihm hinab und verbietet ihm die Umkehr.

Der Rest der Geschichte ist verlorengegangen. Madame de Chateaubriand wäre sehr wohl imstande gewesen, den Text zu ergänzen und die Lücke auszufüllen; aber sie war zu gewissenhaft, um die Wahrheit zu verändern und die Lücken in einem historischen Dokument zu schließen. Die Geschichten der bretonischen Ammen haben unvermeidlicherweise, wie die *Annalen* des Tacitus, einen offenen Schluß.

4

Montboissier, August 1817.

Mein Turm.

Solche Geschichten füllten die ganze Zeit vor dem Zubettgehen meiner Mutter und meiner Schwester aus; halb tot vor Angst legten sie sich nieder, während ich mich nach oben in mein Turmgemach zurückzog. Die Köchin begab sich in den großen Turm, und die Bediensteten stiegen in ihr Gewölbe herab.

Vom Fenster meines Turms blickte ich auf den Innenhof; am Tage hatte ich die Aussicht auf die Zinnen des gegenüberliegenden Wehrganges, wo Tausendfuß wucherte und ein wilder Pflaumenbaum heranwuchs. Einige Mauerschwalben, die während des Sommers kreischend in die Mauerlöcher einflogen, waren meine einzigen Gefährten. Des Nachts sah ich nur ein kleines Stück Himmel und einige Sterne. Wenn der Mond schien und im Westen unterging, bemerkte ich das nur an den Strahlen, die durch die Fenstergitter auf mein Bett fielen. Die Käuzchen, die von einem Turm zum andern flogen, hin und her zwischen mir und dem Mond, warfen den beweglichen Schatten ihrer Flügel auf meine Vorhänge. An dieser einsamsten Stelle, dem Eingang zu den Galerien, entging mir kein Geräusch der Nacht. Ich hörte den Wind bald wie ein leises Flüstern, bald in schmerzlichen Klagen stöhnen, bald schlug er donnernd an meine Tür und durchsauste heulend die unterirdischen Gewölbe; dann erstarben diese Töne, um später wieder anzuheben. Um vier Uhr morgens ließ sich die Stimme des Schloßherrn, der am Eingang zu den hundertjährigen Gewölben nach seinem Kammerdiener rief, wie die des letzten Geistes der Nacht vernehmen. Diese Stimme trat bei mir an die Stelle des sanften harmonischen Tons, mit dem Montaignes Vater seinen Sohn weckte.

Die Härte, mit der der Comte de Chateaubriand ein Kind allein hoch oben in einem Turm zu schlafen zwang, hätte schlimme Folgen zeitigen können; mir schlug sie zum Guten aus. Diese harte Behandlung verlieh mir den Mut eines Mannes, nahm mir aber nicht jene Einbildungskraft, die man bei der heutigen Jugend zu unterdrücken bestrebt ist. Statt daß man mich zu überzeugen suchte, es gäbe keine Gespenster, zwang man mich, es mit ihnen aufzunehmen. Wenn mich mein Vater mit ironischem Lächeln fragte: „Hat der Herr Chevalier etwa Angst?", hätte er mich dazu gebracht, neben einem Leichnam zu schlafen. Wenn meine vortreffliche Mutter zu mir sagte: "Mein Sohn, was immer geschieht, geschieht mit dem Willen Gottes; Du hast nichts von bösen Geistern zu fürchten, wenn Du ein guter Christ bist", war ich sicherer und ruhiger als durch alle philosophischen Argumente. Der Erfolg war so vollkommen, daß mir in meinem einsamen Turm die Stürme der Nacht nur Spielzeug für meine Phantasien und Flügel für meine Träume waren. Meine glühende Einbildungskraft unterwarf sich alles, fand nirgends genügend Nahrung und hätte Himmel und Erde verschlingen mögen. Dieser Seelenzustand soll jetzt beschrieben werden. Ich versenke mich wieder in meine Jugendzeit und will versuchen, mich in der Vergangenheit zu erfassen und mich zu zeigen als der, der ich war, und vielleicht auch als der, der nicht mehr zu sein ich trotz der damals erduldeten Qualen bedaure.

5

Der Übergang vom Kindes- zum Mannesalter.

Kaum war ich von Brest nach Combourg zurückgekehrt, da trat in meinem Dasein eine Umwälzung ein: Das Kind verschwand, und der Mann zeigte sich mit seinen Freuden, die vergehen, und seinen Leiden, die bleiben.

Zunächst wurde alles in mir Leidenschaft, bis die wirklichen Leidenschaften kamen. Wenn ich mich nach einem schweigsamen Mittagsmahl, bei dem ich weder zu sprechen noch zu essen gewagt hatte, wegstehlen konnte, waren meine Gefühlsaufwallungen unvorstellbar. Ich konnte die Stufen der Freitreppe nicht auf einmal hinabsteigen, ich wäre dabei gestürzt. Ich mußte mich auf einer Stufe niedersetzen, damit sich meine Erregung legte; aber sobald ich den grünen Hof und den Wald erreicht hatte, geriet ich ins Laufen, ins Hüpfen, ins Springen, ins Tanzen und Toben, bis ich entkräftet zu Boden fiel, bebend, berauscht von Narrheit und Freiheitstaumel.

Mein Vater nahm mich, wenn es ihm beliebte, mit auf die Jagd. Das Jagdfieber packte mich und steigerte sich zu wahrer Wut. Ich sehe noch das Feld vor mir, auf dem ich meinen ersten Hasen schoß. Es ist oft vorgekommen, daß ich im Herbst vier bis fünf Stunden lang bis zum Gürtel im Wasser gestanden habe, um den Wildenten am Teichesrand aufzulauern. Noch heute kann ich nicht ruhig bleiben, wenn ich einen Hund auf dem Anstand sehe. Mit meiner ursprünglichen Jagdleidenschaft verband sich bald mein tiefes Unabhängigkeitsstreben; über Gräben zu springen, durch Felder, Sümpfe und Heideland zu eilen, allein mit meiner Flinte Macht und Einsamkeit zu verspüren, das war meine Art, ich selbst zu sein. Manchmal lief ich so weit, daß ich nicht mehr weiterkonnte und die Wächter mich auf einer Bahre aus zusammengebundenen Ästen nach Haus tragen mußten.

Dennoch genügte mir das Jagdvergnügen bald nicht mehr; mich trieb ein

Glücksverlangen, das ich weder zu verstehen noch zu bändigen vermochte. Mein Geist und mein Herz bildeten gleichsam zwei leere Tempel ohne Altar und ohne Opfer; noch wußte man nicht, welche Gottheit darin angebetet werden sollte. Ich wuchs zusammen mit meiner Schwester Lucile auf; unsere Freundschaft war unser Leben.

6

Lucile.

Lucile war groß und von auffallender, aber ernster Schönheit. Ihr bleiches Gesicht war von langen, schwarzen Haaren umrahmt; oft richtete sie Blicke voll Leidenschaft oder Trauer zum Himmel oder ließ sie umherschweifen. Ihr Gang, ihre Stimme, ihr Lächeln und ihre Miene hatten etwas Träumerisches und Schmerzliches.

Lucile und ich waren ohne äußeren Nutzen füreinander. Sprachen wir von der Welt, so meinten wir die, die wir in unserem Innern trugen und die der wirklichen Welt sehr wenig ähnelte. Sie sah in mir ihren Beschützer, ich in ihr meine Freundin. Sie wurde oft von düsteren Gedanken heimgesucht, die zu zerstreuen ich alle Mühe hatte: Mit siebzehn Jahren beweinte sie den Verlust ihrer Jugend und wollte sich in einem Kloster vergraben. Alles wurde für sie zur Sorge, zum Kummer, zum Schmerz; ein Ausdruck, den sie suchte, eine Vorstellung, die sich in ihrem Kopf festgesetzt hatte, quälte sie monatelang. Ich habe sie oft gesehen, wie sie, einen Arm über den Kopf gelegt, starr und reglos vor sich hinträumte. Da das Leben sich in ihr Innerstes zurückgezogen hatte, schien sie äußerlich leblos; selbst ihr Busen hob sich nicht mehr. In ihrer Haltung, ihrer Melancholie, ihrer Schönheit erinnerte sie an einen Genius der Trauer. Ich versuchte dann, sie zu trösten, wurde jedoch selbst sogleich von einer unerklärlichen Hoffnungslosigkeit ergriffen.

Lucile liebte es, gegen Abend allein in einem frommen Buch zu lesen; dazu war ihr die Stelle besonders lieb, an der sich zwei Feldwege kreuzten und an der ein steinernes Kruzifix und eine Pappel standen, deren langer Stamm wie ein Federkiel zum Himmel ragte. Meine fromme Mutter war darüber ganz entzückt und sagte, ihre Tochter erinnere sie an eine Christin aus frühchristlicher Zeit, die in ihrem Kloster bete.

Diese Konzentration auf das Seelenleben führte bei meiner Schwester zu außerordentlichen geistigen Wirkungen: Wenn sie schlief, hatte sie prophetische Träume, und im Wachen schien sie in der Zukunft lesen zu können. Auf einem Absatz der Treppe im großen Turm schlug eine Wanduhr und zeigte die Stunden der Stille an. Wenn Lucile nicht schlafen konnte, setzte sie sich auf die Stufen der Wanduhr gegenüber; im Lichte der Lampe neben ihr betrachtete sie das Zifferblatt. Wenn sich die beiden Zeiger um Mitternacht vereinigten und die Stunde der Wirrnisse und der Verbrechen anzeigten, vernahm Lucile

Stimmen, die ihr ferne Todesfälle vermeldeten. Als sie einige Tage vor dem 10. August[55] in Paris war und mit meinen anderen Schwestern in der Nähe des Karmeliterklosters wohnte, warf sie einmal einen Blick in den Spiegel, stieß einen Schrei aus und sagte: „Eben habe ich den Tod eintreten sehen!" In der Heide von Schottland wäre Lucile eine jener mit dem zweiten Gesicht begabten berühmten Frauen Walter Scotts gewesen; in der armorikanischen Heide war sie nur eine von Schönheit, Geist und Unglück gezeichnete Einzelgängerin.

7

Das erste Erwachen der Muse.

Das Leben, das meine Schwester und ich in Combourg führten, steigerte noch die unserem Alter und unserem Charakter eigene Überspanntheit. Unser hauptsächlicher Zeitvertreib war es, Seite an Seite auf dem großen Spazierweg dahinzugehen, im Frühling auf einem Teppich von Schlüsselblumen, im Herbst auf einem Bett von welken Blättern, im Winter auf einer mit den Spuren der Vögel, Eichhörnchen und Hermeline bestickten Schneedecke. Da wir jung wie die Schlüsselblumen, traurig wie die welken Blätter und rein wie der frisch gefallene Schnee waren, stimmten wir mit unserer Umgebung überein.

Auf einem dieser Spaziergänge sagte Lucile zu mir, als sie mich mit Entzücken von der Einsamkeit sprechen hörte: „Dies alles solltest du aufschreiben." Durch dieses Wort wurde mir die Muse offenbar, ein göttlicher Anhauch ging über mich hin. Ich begann Verse zu stammeln, als ob das meine natürliche Sprache wäre. Tag und Nacht besang ich meine Freuden, das heißt meine Wälder und meine Täler. Ich dichtete eine Menge kleiner Idyllen oder Bilder nach der Natur. Ich habe lange Zeit in Versen geschrieben, ehe ich Prosa verfaßte; Monsieur de Fontanes meinte, ich beherrsche beide Ausdrucksweisen. Hat sich dieses Talent, das die Freundschaft mir zusprach, jemals für mich enthüllt? Auf was alles habe ich umsonst gewartet!

8

Luciles Manuskript.

Im ersten Entzücken der Inspiration forderte ich Lucile auf, es mir nachzutun. Wir verbrachten ganze Tage damit, uns gegenseitig um Rat zu fragen, uns mitzuteilen, was wir geschaffen hatten und was wir zu schreiben gedächten. Wir gingen an gemeinsame Werke; von unserem Gefühl geleitet, übersetzten wir die schönsten und traurigsten Stellen über das Leben aus dem Buche Hiob und von Lukrez.

Luciles Gedanken waren reines Gefühl; nur mühsam rangen sie sich aus ihrer Seele hervor; gelang es ihr aber, sie zum Ausdruck zu bringen, gab es nichts Erhabeneres. Sie hat etwa dreißig Seiten hinterlassen, die man nicht ohne tiefe Rührung lesen kann. Die Eleganz, die Weichheit, das Träumerische und die leidenschaftliche Empfindsamkeit dieser Seiten beweisen eine Mischung von griechischem und germanischem Geist.

„Die Morgenröte
Welch ein sanfter Lichtschein beginnt den Osten zu erhellen! Ist es die junge Aurora, die der Welt ihre schönen, noch vom Schlaf verschleierten Augen zuwendet? Zauberische Göttin, beeile Dich! Verlasse Dein bräutliches Lager und lege das Purpurkleid an; ein weicher Gürtel umschließe seine Falten; kein Schuh drücke Deine zarten Füße, kein Schmuck entweihe Deine schönen Hände, dazu beschaffen, die Tore des Tages zu öffnen. Doch schon erhebst Du Dich über den schattigen Hügel. Dein goldenes Haar wallt in feuchten Locken über Deinen rosigen Nacken herab. Aus Deinem Munde strömt ein reiner, duftender Hauch. Liebliche Göttin, die ganze Natur lächelt Dir entgegen; Du allein vergießt Tränen, und die Blumen sprießen empor."

„An den Mond
Keusche Göttin, die Du so rein bist, daß selbst die Rosen der Schamhaftigkeit sich nie Deinem sanften Schein vermischen, ich wage es, Dich zur Vertrauten meiner Gefühle zu machen. Ich habe ebenso wenig wie Du über mein Herz zu erröten. Aber zuweilen umwölkt der Gedanke an das ungerechte und blinde Urteil der Menschen meine Stirn, so wie die Deinige. Gleich Dir beleben die Irrtümer und das Elend der Welt meine Träumereien. Aber glücklicher als ich, bewahrst Du, Himmelsbewohnerin, stets Deine Heiterkeit; die Stürme und Unwetter, die sich von unserem Erdball erheben, gleiten über Deine friedliche Scheibe dahin. Göttin, meiner Traurigkeit wohlgesonnen, senke Deine kalte Ruhe in mein Herz."

„Die Unschuld
Tochter des Himmels, liebliche Unschuld, wenn ich zu versuchen wagte, von einigen Deiner Züge ein schwaches Gemälde zu entwerfen, so würde ich sagen, daß Du der Kindheit die Tugend, dem Frühling des Lebens die Weisheit, dem Alter die Schönheit, dem Unglück das Glück ersetzt; daß Du, der Dir unsere Irrtümer fremd sind, nur reine Tränen vergießt, und daß Dein Lächeln stets himmlisch ist. Doch, schöne Unschuld!, Du bist von Gefahren umringt, die Begierde richtet all ihre Pfeile auf Dich: wirst Du zittern, bescheidene Unschuld? Wirst Du Dich den Dir drohenden Gefahren zu entziehen suchen? Nein, ich sehe Dich aufrecht stehen und, den Kopf an einen Altar gestützt, schlummern."

Manchmal widmete mein Bruder den Einsiedlern von Combourg ein wenig Zeit; gewöhnlich brachte er einen jungen Mann mit, Monsieur de Malfilâtre, Rat am bretonischen *Parlement* und Vetter des unglücklichen Dichters gleichen Namens. Ich glaube, daß Lucile, ohne es selbst zu wissen, eine geheime Leidenschaft für diesen Freund meines Bruders nährte, und daß diese unterdrückte Liebe der Grund für die Schwermut meiner Schwester war. Im übrigen hatte Lucile die gleiche Manie wie Rousseau, wenn auch nicht seinen Stolz: Sie glaubte, daß die ganze Welt sich gegen sie verschworen habe. Sie kam im Jahre 1789 nach Paris, begleitet von ihrer Schwester Julie, deren Verlust sie mit erhabener Hingebung beweinte. Wer immer sie kannte, von Malesherbes bis Chamfort, bewunderte sie. In Rennes wurde sie in die Verliese der Revolution geworfen und sollte dann im Schloß von Combourg, das während der Schreckensherrschaft zum Gefängnis gemacht worden war, [56] gefangengehalten werden. Aus dem Gefängnis befreit, heiratete sie Monsieur de Caud, der sie nach einem Jahr als Witwe zurückließ. Nach der Rückkehr aus der Emigration sah ich die Freundin meiner Kindheit wieder.

9

La Vallée-aux-Loups, November 1817.

Die letzten Zeilen, die ich in La Vallée-aux-Loups schrieb. - Aufschluß über das Geheimnis meines Lebens.

Hier die letzten Zeilen, die ich, von Montboissier zurückgekehrt, in meiner Einsiedelei niederschreibe. Ich muß sie verlassen, und mit ihr die schönen jungen Bäume, die in ihren dichten Reihen schon ihren Vater verbargen und ihn bekränzten. Ich werde die Magnolie nicht mehr sehen, die ihre Blüte dem Grab meiner Floridanerin versprach, nicht mehr die Fichte von Jerusalem und die Libanonzeder, die dem heiligen Hieronymus geweiht waren, nicht mehr den Lorbeer aus Granada, die griechische Platane und die armorikanische Eiche, zu deren Füßen ich *Bianca* schuf, *Cymodocée* besang und *Velléda* erdichtete...[57] Diese Bäume sind mit meinen Träumen entstanden und gewachsen, sie waren deren Hamadryaden.[58] Sie werden unter eine andere Herrschaft geraten. Wird ihr neuer Herr sie lieben, wie ich sie liebte? Er wird sie eingehen, vielleicht schlagen lassen: Ich darf nichts auf Erden behalten. Indem ich den Wäldern von Aulnay Lebewohl sage, erinnere ich mich an den Abschied, den ich einst von den Wäldern von Combourg nahm: Jeder meiner Tage ist ein Abschiedsgruß.

Die Neigung zur Poesie, die Lucile mir eingeflößt hatte, war wie Öl, das man ins Feuer gießt. Meine Gefühle erreichten einen neuen Grad; Gedanken an eitlen Ruhm kamen mir in den Sinn. Einen Augenblick lang glaubte ich an mein Talent, aber bald, zurückgekehrt zu dem berechtigten Mißtrauen mir selbst gegenüber, begann ich wieder an diesem Talent zu zweifeln, wie ich stets daran gezweifelt habe. Ich betrachtete meine Arbeit als einen bösen Trieb; ich zürnte Lucile, weil sie in mir eine unglückliche Neigung geweckt hatte. Ich hörte auf zu schreiben und trauerte um meinen künftigen Ruhm, wie man seinem vergangenen Ruhm nachzutrauern pflegt.

Wieder in meine frühere Untätigkeit zurückgefallen, fühlte ich umso stärker, was mir in meiner Jugend fehlte. Ich war mir selbst ein Geheimnis. Ich konnte keine Frau ohne Verwirrung ansehen; ich errötete, wenn nur ein weibliches Wesen das Wort an mich richtete. Meine Schüchternheit, die schon im allgemeinen außerordentlich groß war, steigerte sich in Gegenwart einer Frau derart, daß ich jede Qual der vorgezogen hätte, mit dieser Frau allein zu bleiben; kaum aber hatte sie sich entfernt, wünschte ich sie sehnlichst zurück. Die Bilder von Vergil, Tibull und Massillon hafteten wohl in meiner Vorstellung; aber das Bild meiner Mutter und meiner Schwester bedeckte alles mit seiner Reinheit und verdichtete noch die Schleier, die die Natur zu lüften suchte. Die Liebe des Sohnes und des Bruders verbarg mir eine weniger uneigennützige Liebe. Hätte man mir die schönsten Sklavinnen des Serails überlassen, ich hätte nicht gewußt, was ich von ihnen verlangen sollte; der Zufall klärte mich darüber auf.

Ein Gutsnachbar von Combourg war mit seiner überaus hübschen Frau für einige Tage zu Besuch auf unser Schloß gekommen. Ich weiß nicht, was im Dorf vorfiel, aber alles eilte an ein Fenster des großen Saales, um hinauszuschauen. Ich war als erster da, die fremde Frau folgte mir; ich wollte ihr meinen Platz überlassen und drehte mich zu ihr um; ohne es zu wollen, versperrte sie mir den Weg, und ich fühlte mich zwischen sie und das Fenster gepreßt. Ich wußte nicht mehr, was um mich her geschah.

Von diesem Augenblick an begriff ich, daß es das höchste Glück sein müsse, auf eine mir noch unbekannte Weise zu lieben und geliebt zu werden. Hätte ich es wie andere Männer gehalten, so würde ich bald die Leiden und die Freuden der Leidenschaft, deren Keim ich in mir trug, kennengelernt haben; aber in mir nahm alles einen außergewöhnlichen Charakter an. Die Glut meiner Einbildungskraft, meine Schüchternheit und die Einsamkeit bewirkten, daß ich mich, statt mich nach außen zu wenden, in mich selbst zurückzog. Da ich niemand hatte, den ich lieben konnte, schuf ich mir kraft meiner unbestimmten Begierden ein Phantom, das mich nicht mehr verließ. Ich weiß nicht, ob die Geschichte des menschlichen Herzens ein ähnliches Beispiel kennt.

10

Das Liebesphantom.

Aus all den Frauen, die ich je gesehen hatte, baute ich mir nun das Bild eines weiblichen Wesens zusammen: Sie besaß die Gestalt, das Haar und das Lächeln der Besucherin, die mich an ihre Brust gedrückt hatte; ich gab ihr die Augen eines jungen Dorfmädchens, die frische Gesichtsfarbe eines anderen. Die Porträts der großen Damen aus der Zeit François I., Henri IV. und Louis XIV., die den Salon schmückten, lieferten mir weitere Züge, und selbst den Muttergottesbildern in den Kirchen habe ich Reize entliehen.

Unsichtbar folgte mir dieses Zauberbild überallhin; ich unterhielt mich mit ihm wie mit einem wirklichen Wesen. Es verwandelte sich nach dem Grad meines Wahns: Bald war es Aphrodite ohne Schleier, bald Diana in Azur und Rosenrot, bald Thalia mit der lachenden Maske, Hebe mit der Schale der ewigen Jugend; oft wurde es zu einer Fee, die mir die Natur dienstbar machte. Unablässig besserte ich an dem Bildnis herum; ich nahm meiner Schönen einen Reiz und ersetzte ihn durch einen anderen. Ich tauschte auch ihren Schmuck aus, entlieh ihn aus allen Ländern, allen Zeiten, allen Künsten, allen Religionen. Wenn dann das Werk vollendet war, verwischte ich die Striche und Farben wieder; meine Einzige verwandelte sich in eine Vielzahl von Frauen, in denen ich die Reize getrennt anbetete, die ich vorher insgesamt bewundert hatte.

Pygmalions Liebe zu seiner Statue reichte an meine nicht heran: Meine ganze Sorge war es, meinem Bilde zu gefallen. Da ich nichts Liebenswertes an mir fand, dichtete ich mir das an, was mir fehlte. Ich war ein Reiter wie Kastor und Pollux, ich schlug die Leier wie Apollo, und Mars führte die Waffen mit geringerer Kraft und Gewandtheit als ich. Ich war selbst ein erfundener Held und baute eine Menge erdichteter Abenteuer auf Erfundenem auf. Die Schatten der Morvenstöchter,[59] die Sultaninnen von Bagdad und Granada, die Edelfrauen alter Schlösser, Bäder, Wohlgerüche, Tänze und Genüsse des Orients: all das war dank eines Zauberstabs mein eigen.

Da kommt eine junge diamanten- und blütengeschmückte Königin (stets war es meine Sylphide); sie sucht mich um Mitternacht in Orangengärten, in den Galerien eines meerumspülten Palastes, an den duftenden Ufern Neapels oder Messinas, unter einem Himmel der Liebe, den der Stern Endymions[60] mit seinem Licht erhellt. Inmitten regloser Statuen, verblichener Gemälde und von den Strahlen des Mondes versilberter Fresken kommt sie, eine belebte Statue des Praxiteles, näher; das leise Geräusch ihrer Schritte auf den Marmormosaiken vermischt sich mit dem kaum hörbaren Murmeln der Wellen. Die königliche Eifersucht belauert uns. Ich falle der Königin der Ennäischen Gefilde[61] zu Füßen; die Seidenfluten ihrer gelösten Haarkrone umspielen meine Stirn, wenn sie ihr sechzehnjähriges Köpfchen über mein Gesicht neigt und ihre Hände auf meine vor Ehrfurcht und Wollust bebende Brust legt.

Wenn ich aus diesen Träumen erwachte und mich als armen, kleinen, unbekannten Bretonen wiederfand, ohne Ruhm, ohne Schönheit, ohne Talente, der nie jemandes Blick auf sich ziehen würde, der unbeachtet bliebe, den nie eine Frau lieben könne, dann packte mich die Verzweiflung; ich wagte nicht mehr, den Blick zu dem strahlenden Bilde zu erheben, das ich an mich gebunden hatte.

11

Zwei Jahre des Rausches. - Beschäftigungen und Hirngespinste.

Dieser Wahn dauerte zwei volle Jahre, während derer meine seelischen Kräfte aufs höchste angespannt waren. Ich sprach wenig oder gar nicht mehr; ich studierte noch, warf aber endlich die Bücher weg; mein Hang zur Einsamkeit verdoppelte sich. Ich zeigte alle Symptome einer heftigen Leidenschaft, meine Augen lagen tief in den Höhlen, ich magerte ab, ich schlief nicht mehr, ich war bald zerstreut und traurig, bald heftig und auffahrend. Meine Tage vergingen auf wilde, seltsame, unsinnige Weise und waren doch voller Wonne.

Nördlich des Schlosses lag die Heide mit den Druidensteinen; bei Sonnenuntergang ging ich, mich auf einen dieser Steine zu setzen. Die vergoldeten Wipfel der Bäume, die Pracht der Erde, der Abendstern zwischen den rosafarbenen Wolken führten mich wieder ins Reich meiner Träume. Wie gern hätte ich dieses Schauspiel mit dem idealen Gegenstand meines Begehrens genossen: In Gedanken folgte ich dem Tagesgestirn; ich vertraute ihm meine Schöne an, damit es sie führen und sie, gleichfalls strahlend, den Huldigungen des Universums darbieten möge. Der Abendwind, der die zarten, auf den Grasspitzen ausgespannten Netze der Insekten zerriß, die Heidelerche, die sich auf einem Kiesel niederließ, riefen mich in die Wirklichkeit zurück; ich schlug den Weg zum Schloß ein, mit schwerem Herzen und trauriger Miene.

Bei Sommergewittern stieg ich auf den großen Westturm hinauf. Das Rollen des Donners im Dachgestühl des Schlosses, die Regengüsse, die auf die Pyramidendächer der Türme niederprasselten, der Blitz, der die Wolken zerriß und die eisernen Wetterfahnen mit elektrischem Funkenschlag aufleuchten ließ, stachelten meine Begeisterung an. Wie Ismen auf den Mauern Jerusalems rief ich den Donner herbei; hoffte ich doch, daß er mir Armida brächte.[62]

Bei heiterem Himmel ging ich über den großen Spazierweg, der von Wiesen mit Weidenhecken umgeben war. In einer dieser Weiden hatte ich mir, einem Nest gleich, einen Sitz eingerichtet: hier, allein zwischen Himmel und Erde, verbrachte ich ganze Stunden in Gesellschaft der Grasmücken; meine Nymphe war an meiner Seite. Ich verband ihr Bild auch mit der Schönheit der Frühlingsnächte, die ganz erfüllt sind von der Frische des Taus, vom Gesang der Nachtigall und vom Säuseln des Windes.

Ein andermal folgte ich einem einsamen, mit Uferpflanzen bestandenen, gewundenen Weg. Ich lauschte den Geräuschen, die man an verlassenen Orten vernimmt; jedem Baum lieh ich mein Ohr; ich meinte, das Mondlicht in den Wäldern singen zu hören. Ich wollte diesen Freuden Ausdruck geben, aber die Worte erstarben mir auf den Lippen. Ich weiß nicht, wie ich meine Göttin im Klang einer Stimme, im Zittern einer Harfe, in den samtenen oder fließenden Tönen eines Horns oder einer Harmonika abermals wiederfand. Es würde zu weit führen, wollte ich all die schönen Reisen schildern, die ich mit der Blume meiner Liebe machte; wie wir Hand in Hand die berühmten Ruinen besuchten, Venedig, Rom, Athen, Jerusalem, Memphis, Karthago; wie wir die Meere überquerten; wie wir unter den Palmen von Tahiti und unter den duftenden Büschen vom Aboina und Tidore[63] das Glück suchten; wie wir auf dem Gipfel des Himalaya die Morgenröte weckten; wie wir die heiligen Flüsse hinabfuhren, deren mächtige Wogen Pagoden mit goldenen Kuppen umspülen; wie wir an den Ufern des Ganges schlummerten, indes der Bengali, hoch auf dem Mast eines Bambusnachens, seine indische Barkarole sang.

Erde und Himmel galten mir nichts mehr; ich vergaß vor allem den letzteren. Er aber hörte, auch wenn ich ihm keine Gebete mehr sandte, die Stimme meines geheimen Elends; denn ich litt, und Leiden ist ein Gebet.

12

Meine Freuden im Herbst.

Je trauriger die Jahreszeit war, desto mehr entsprach sie meiner Stimmung. Die kalte Zeit macht die Verbindungswege schwer passierbar und isoliert die Landbewohner. Man fühlt sich dann besser vor den Menschen geschützt.

Das Schauspiel der herbstlichen Natur hat einen moralischen Sinn; die Blätter, die abfallen wie unsere Jahre, die Blumen, die verwelken wie unsere Stunden, die Wolken, die fliehen wie unsere Illusionen, das Tageslicht, das nachläßt wie unsere Geisteskräfte, die Sonne, die kälter wird wie unsere Liebe, die Flüsse, die erstarren wie unser Leben - all das steht in geheimer Beziehung zu unserem Schicksal.

Mit unbeschreiblichem Vergnügen erlebte ich die Rückkehr der stürmischen Jahreszeit, den Zug der Schwäne und der Ringeltauben, die Versammlung der Krähen auf der Teichwiese und - bei Einbruch der Nacht - auf den höchsten Eichen des großen Spazierwegs. Wenn am Abend ein bläulicher Nebel am Waldessaum aufstieg, wenn der Wind im welken Moos sein Klagelied sang, gelangte ich zu vollem Einklang mit meinem innersten Wesen.

Traf ich einen Bauern am Feldrain, blieb ich stehen, um diesen Menschen zu betrachten, der im Schatten der Ähren aufgewachsen war, unter denen er einst auch hingemäht werden würde, der die Erde seines Grabes mit dem Pflugschar umwendete und dabei seinen brennenden Schweiß mit dem eisigen Herbstregen vermischte; die Ackerfurche, die er zog, war das Denkmal, das ihn überleben sollte. Was tat jetzt meine schöne Zauberin? Sie versetzte mich dank ihrer Zauberkraft ans Ufer des Nils, zeigte mir die ägyptische Pyramide, die im Sand versunken war, so wie eines Tages die Ackerfurche von der Heide überwuchert sein wird. Wie freute ich mich da, daß ich die Fabeln meiner Glückseligkeit dem Umkreis der menschlichen Realitäten entzogen hatte!

Abends fuhr ich auf den See hinaus, lenkte mein Boot allein durch das Schilfrohr und die breiten Blätter der Seerosen hindurch. Hier versammelten sich die Schwalben zum Aufbruch aus unserer Gegend; kein Laut ihres Gezwitschers entging mir; sie spielten über dem Wasser im Schein der untergehenden Sonne, jagten Insekten, erhoben sich zusammen in die Lüfte, als wollten sie ihre Flügel erproben, schossen wieder zur Oberfläche des Sees herab und ließen sich dann auf den Schilfstengeln nieder, die von ihrem Gewicht kaum niedergebeugt wurden und die sie mit ihrem wirren Gezwitscher erfüllten.

13

Verzückungen.

Die Nacht sank herab; das gefiederte Volk der Wasserhühner, der Wildenten, der Eisvögel und Sumpfschnepfen ruhte stumm im bewegten Schilf. Das Wasser des Sees schlug ans Ufer. Die großen Stimmen des Herbstes erhoben sich aus den Sümpfen und Wäldern. Ich machte mein Boot am Ufer fest und kehrte zum Schloß zurück. Es schlug zehn. Sobald ich in meinem Zimmer angelangt war, öffnete ich die Fenster, richtete den Blick zum Himmel und begann eine Beschwörung. Ich erhob mich mit meiner Zauberin in die Wolken; in ihre Schleier und in ihr langes Haar gehüllt, streifte ich, vom Sturme getragen, über die Wipfel der Bäume hin, erschütterte die Bergesgipfel oder schaukelte auf den Wellen des Meeres. Ich tauchte in den Weltraum ein, fuhr vom Throne Gottes bis zu den Pforten der Unterwelt herab, und die Welten waren der Allmacht meiner Liebe untertan. Mitten im Toben der Elemente verband ich, trunken vor Entzücken, den Gedanken der Gefahr mit dem Gedanken der Lust. Das Brausen des Nordwindes erschien mir als Seufzer der Wollust; das Rauschen des Regens lud mich zum Schlummer am Busen einer Frau ein. Die Worte, die ich an diese Frau richtete, hätten einem Greis die Sinne angestachelt und den Marmor von Gräbern erwärmt. Unwissend und allwissend, Jungfrau und Geliebte zugleich, unschuldige Eva und gefallene Eva - das war die Zauberin, von der mir mein Wahn kam, eine Mischung aus Mysterium und Leidenschaft; ich erhob sie auf einen Altar und betete sie an. Das stolze Gefühl, von ihr geliebt zu werden, erhöhte meine Liebe noch. Wenn sie ging, warf ich mich zu Boden, um von ihren Füßen getreten zu werden oder um die Spur ihrer Füße zu küssen. Ihr Lächeln verwirrte mich; ich zitterte beim Klang ihrer Stimme; ich erbebte vor Begehren, wenn ich etwas berührte, was sie berührt hatte. Der Atem ihres feuchten Mundes drang mir ins Mark, durchströmte meine Adern anstelle des Bluts. Ein einziger ihrer Blicke hätte mich bis ans Ende der Welt fliegen lassen; mit ihr wäre ich in jeder Wüste glücklich gewesen. An ihrer Seite hätte sich die Höhle des Löwen für mich in einen Palast verwandelt, und Millionen von Jahren hätten nicht genügt, um das Feuer, das mich verzehrte, zu ersticken.

Diese Begeisterung verband sich mit einer moralischen Abgötterei. Durch ein weiteres Spiel meiner Einbildungskraft wurde Phryne,[64] die mich in ihren Armen hielt, für mich auch zum Ideal des Ruhmes und besonders der Ehre. Weder die Tugend, die edelste Opfer bringt, noch der Geist, der die erhabensten Gedanken erzeugt, können auch nur annähernd etwas von diesem weiteren Glücksgefühl vermitteln. In meiner wunderbaren Schöpfung fand ich gleichzeitig alle Verführungen der Sinne und alles Entzücken der Seele. Betäubt und gleichsam überschwemmt von diesen doppelten Wonnen, wußte ich nicht mehr, was meine wirkliche Existenz war; ich war ein Mensch und war doch keiner; ich wurde zur Wolke, zum Wind, zum Klang; ich war reiner Geist, ein ätherisches Wesen, das die unumschränkte Glückseligkeit besang. Ich entäußerte mich meines Wesens, um mit dem Bild meines Begehrens zu verschmelzen, um mich darein zu verwandeln, um die Schönheit noch inniger zu berühren, um gleichzeitig die empfangene und die gespendete Leidenschaft, gleichzeitig Liebender und Geliebter zu sein.

Unvermittelt warf ich mich, bestürzt über meinen Wahn, auf mein Lager; in meinem Schmerz wälzte ich mich hin und her und benetzte mein Bett mit heißen Tränen, die niemand sah und die elendiglich, für ein Nichts, vergossen wurden.

14

Die Versuchung.

Bald stieg ich, da ich es in meinem Turm nicht mehr aushielt, im Dunkeln hinab, öffnete verstohlen wie ein Mörder die Tür zur Freitreppe und lief ziellos in den großen Wald. Nachdem ich eine Zeitlang aufs Geratewohl umhergelaufen war, die Arme schleudernd, um den Wind einzufangen, der mir entwischte wie der Schatten, den ich verfolgte, lehnte ich mich an den Stamm einer Buche. Ich sah den Raben zu, die ich von einem Baum verscheucht hatte und die sich auf den nächsten setzten, oder betrachtete den Mond, der langsam über den entlaubten Wipfeln des Hochwaldes seine Bahn zog. Ich hätte in dieser toten, Grabesblässe ausstrahlenden Welt weilen mögen. Ich spürte weder die Kälte noch die Feuchtigkeit der Nacht; auch der eisige Anhauch der Morgendämmerung hätte mich nicht aus meiner Versunkenheit herausgerissen, wäre nicht zu dieser Stunde der Ton der Dorfglocke an mein Ohr gedrungen.

In den meisten Dörfern der Bretagne pflegt man die Totenglocke bei Anbruch des Tages zu läuten. Dieser Klang von drei immer wiederkehrenden Tönen ergibt eine kleine, monotone, melancholische ländliche Melodie. Nichts paßte besser zu der Stimmung meiner kranken, verwundeten Seele, als auf die Mühsal des Lebens verwiesen zu werden eben durch die Glocke, die das Ende des Daseins verkündet. Ich stellte mir den Hirten vor, der in seiner unbekannten Hütte verschied und dann auf einem gleichfalls unbekannten Friedhof beerdigt wurde. Was hatte er auf Erden verrichtet? Und ich selbst, was tat ich auf dieser Welt? Wäre es, da ich schließlich doch von ihr scheiden mußte, nicht besser, in der Morgenfrische wegzugehen, früh anzukommen, als die Reise in der Hitze des Tages, gebeugt unter der Last, ganz durchzustehen? Die Glut des Verlangens stieg mir ins Gesicht; die Vorstellung, nicht mehr zu sein, erfaßte mein Herz wie eine plötzliche Freude. In der Zeit meiner Jugendirrungen habe ich oft gewünscht, das Glück nicht zu überleben; es gab in diesem ersten Liebesrausch einen Grad von Glückseligkeit, der den Wunsch nach Vernichtung in mir weckte.

Immer fester an mein Phantasiegebilde gekettet, unvermögend aber zu genießen, was nicht existierte, war ich wie ein Verstümmelter, der von unerreichbarer Seligkeit träumt und sich ein Traumgebilde schafft, dessen Genuß ihm Höllenqualen bereitet.

Überdies hatte ich ein Vorgefühl vom Elend meines zukünftigen Geschicks. Erfinderisch darin, mir Leiden zu schaffen, schwankte ich zwischen zwei Verzweiflungszuständen: Zuweilen hielt ich mich für ein Nichts, unfähig, sich je über das Alltägliche zu erheben; dann wieder glaubte ich, Vorzüge in mir wahrzunehmen, die man niemals entsprechend würdigen würde. Ein geheimes Gefühl sagte mir, daß ich auf meinem Lebensweg nichts von dem finden würde, was ich suchte.

Alles um mich herum nährte die Bitterkeit meiner Empfindungen; Lucile war unglücklich, meine Mutter tröstete mich nicht, mein Vater ließ mich die Schrecken des Lebens auskosten. Seine Griesgrämigkeit steigerte sich mit den Jahren, das Alter machte seine Seele wie seinen Körper starr; er belauerte mich ständig, um mich dann auszuschelten. Wenn ich von meinen wilden Streifzügen zurückkam und ihn auf der Freitreppe sitzen sah, hätte man mich eher umbringen können, als mich ins Schloß hineinzutreiben. Indessen war das nur ein Aufschub meiner Qual; da ich beim Abendessen zu erscheinen hatte, setzte ich mich wortlos, mit regennassen Wangen und zerzausten Haaren, auf ein Eckchen meines Stuhles. Reglos saß ich unter den Blicken meines Vaters, der Schweiß trat mir auf die Stirn; der letzte Rest von Vernunft drohte mich zu verlassen.

Der Augenblick ist gekommen, da ich Kraft brauche, um meine Schwäche einzugestehen. Ein Mensch, der Hand an sich legt, beweist damit weniger seine Seelenstärke als die Schwäche seiner Natur.

Ich besaß ein Jagdgewehr, dessen abgenutzter Abzug oft auch in Ruhestellung losging. Ich lud das Gewehr mit drei Kugeln und ging an einen abgelegenen Ort auf dem großen Spazierweg. Ich spannte den Hahn, steckte den Lauf des Gewehrs in den Mund und stieß mit dem Kolben auf den Boden. Das wiederholte ich mehrmals, aber der Schuß ging nicht los, bis mich endlich das Erscheinen eines Wildhüters zwang, von meinem Vorhaben abzulassen. Fatalist, der ich war, ohne es zu wollen und zu wissen, hielt ich meine Stunde noch nicht für gekommen und verschob die Ausführung meines Entschlusses auf ein andermal. Hätte ich mich getötet, so wäre alles, was ich war, mit mir untergegangen; man hätte die Geschichte, die mich zu einer solchen Katastrophe führte, nie erfahren. Ich wäre einer aus der Masse der namenlosen Unglücklichen gewesen; niemand hätte die Spur meines Kummers verfolgt, wie man der Blutspur eines Verwundeten nachgeht.

Wer sich etwa durch diese Schilderungen beeindrucken läßt und versucht ist, es mir in diesem Wahn nachzutun; wer sich wegen dieser Hirngespinste an mein Gedächtnis klammern möchte, der möge bedenken, daß er nur die Stimme eines Toten vernimmt. Du Leser, den ich niemals kennenlernen werde: Nichts ist geblieben; es bleibt nichts von mir als das, was ich in den Händen des lebendigen Gottes bin, der mich gerichtet hat.

15

Krankheit. - Ich fürchte mich davor und weigere mich, in den geistlichen Stand einzutreten. - Plan einer Reise nach Indien.

Eine Krankheit, Folge dieses ungeordneten Lebens, machte den Qualen ein Ende, durch die sich mir die ersten Eingebungen der Muse und die ersten Anfälle von Leidenschaft offenbart hatten. Diese noch unbestimmten Leidenschaften, die meine Seele überforderten, glichen den Stürmen des Meeres, die von allen Seiten heranbrausen; und ich, ein unerfahrener Steuermann, wußte nicht, wie ich das Segel gegen die unbestimmbaren Winde setzen sollte. Meine Brust schmerzte, das Fieber packte mich. Man schickte nach Bazouches, einem fünf bis sechs Meilen[65] von Combourg entfernten Städtchen, und ließ einen vortrefflichen Arzt holen. Er untersuchte mich gründlich, verordnete Arzneien und erklärte, daß wichtigste sei, mich meiner bisherigen Lebensweise zu entreißen.

Sechs Wochen lang schwebte ich in Gefahr. Eines Morgens setzte sich meine Mutter an mein Bett und sagte zu mir: „Es ist Zeit, daß du dich entscheidest. Dein Bruder kann dir eine Pfründe verschaffen. Aber vor dem Eintritt ins Priesterseminar mußt du dich sorgfältig prüfen, denn obwohl ich es sehr wünsche, daß du den geistlichen Stand wählst, würde ich es doch lieber sehen, daß du diesen Entschluß aufgibst, als daß du ein schlechter Priester würdest."

Nach dem eben Gelesenen kann man sich wohl denken, ob der Vorschlag meiner frommen Mutter mir gelegen kam. Bei den entscheidenden Ereignissen meines Lebens habe ich stets sofort gewußt, was es zu vermeiden galt; dabei leitete mich ein Gefühl von Ehre. Als Abbé kam ich mir lächerlich vor. Bei dem Gedanken, Bischof zu werden, beeindruckte mich die Würde des Priesteramtes und ich wich ehrfürchtig vor dem Altar zurück. Könnte ich als Bischof die notwendigen Anstrengungen auf mich nehmen, um zur Tugend zu gelangen, oder würde ich mich damit begnügen, meine Laster zu verbergen? Für den ersten Weg fühlte ich mich zu schwach, für den zweiten zu aufrichtig. Wer mich für einen Heuchler oder einen Ehrgeizling hält, kennt mich schlecht. Gerade darum werde ich nie mein Glück in der Welt machen, weil mir eine Leidenschaft und ein Laster fehlen: der Ehrgeiz und die Heuchelei. Ehrgeiz könnte bei mir höchstens gekränkte Eigenliebe sein; manchmal wünschte ich schon, Minister oder König zu sein, um über meine Feinde lachen zu können; aber schon nach vierundzwanzig Stunden würde ich mein Portefeuille und meine Krone zum Fenster hinauswerfen.

Ich antwortete meiner Mutter also, daß ich mich nicht stark genug zum geistlichen Stande berufen fühle. Zum zweiten Mal änderte ich meine Lebenspläne: Ich hatte nicht Seemann werden wollen, und ich wollte auch nicht Priester werden. So blieb nur noch die militärische Laufbahn. Sie behagte mir, aber wie sollte ich den Verlust meiner Unabhängigkeit und den Zwang europäischer Disziplin ertragen? Da kam mir ein törichter Einfall: Ich erklärte, ich wolle nach Kanada gehen, um Wälder zu roden, oder nach Indien, um in der Armee der Fürsten dieses Landes Dienst zu tun. Infolge einer der Widersprüchlichkeiten, die man bei allen Menschen findet, war mein Vater, ansonsten so vernünftig, über einen abenteuerlichen Plan nie sehr schockiert. Er schalt meine fMutter wegen meiner Sinnesänderungen, entschloß sich aber, mich nach Indien gehen zu lassen. Man schickte mich nach Saint-Malo, wo ein Schiff nach Pondichery ausgerüstet wurde.

16

Ein Augenblick in meiner Vaterstadt. - Erinnerunq an La Villeneeve und die Leiden meiner Kindheit. - Man ruft mich nach Combourg zurück. - Letzte Zusammenkunft mit meinem Vater. - Ich trete in die Armee ein. - Abschied von Combourg.

Zwei Monate vergingen. Ich war allein auf meiner Heimatinsel. Eben war hier La Villeneuve gestorben. Ich ging sie an dem ärmlichen leeren Bett beweinen, in dem sie verschieden war; dabei gewahrte ich das kleine Korbgestell, in dem ich gelernt hatte, mich auf dieser traurigen Erde aufrecht zu halten. Ich stellte mir meine alte Kinderfrau vor, wie sie von ihrem Lager aus ihren geschwächten Blick auf diesen Laufkorb gerichtet hatte. Dieses erste Wahrzeichen meines Lebens und das letzte Lebenszeugnis meiner zweiten

Mutter, die Vorstellunq der Segenswünsche, die die gute Villeneuve beim Verlassen dieser Welt für ihren Zögling an den Himmel gerichtet hatte, dieser Beweis einer so treuen, so selbstlosen, so reinen Anhänglichkeit brach mir das Herz vor Zärtlichkeit, Bedauern und Dankbarkeit.

Darüberhinaus aber fand ich nichts von meiner Vergangenheit in Saint-Malo wieder; im Hafen suchte ich vergeblich die Schiffe, mit deren Tauen ich gespielt hatte. Sie waren auf Fahrt, oder man hatte sie auseinandergenommen. In der Stadt fand ich mein Geburtshaus in einen Gasthof umgewandelt. Ich stand fast noch an meiner Wiege, und schon war eine ganze Welt untergegangen. Fremd war ich an den Stätten meiner Kindheit, und man fragte sich, wenn man mir begegnete, wer ich sei; dies aus dem einzigen Grunde, weil mein Kopf sich einige Zentimeter höher über den Boden erhoben hatte, zu dem er sich in wenigen Jahren wieder herabbeugen wird. Wie rasch und wie oft wechseln unsere Lebensumstände und unsere Vorstellungen! Freunde verlassen uns, andere treten an ihre Stelle; unsere Bindungen wechseln. Es gibt immer eine Zeit, wo wir nichts von dem besaßen, was wir jetzt besitzen, und eine Zeit, wo wir nichts von dem mehr haben, was wir früher hatten. Der Mensch hat nicht ein einziges, gleichbleibendes Leben; er hat deren mehrere, aneinandergereihte, und dies ist sein Elend.

Ohne jeden Spielkameraden erkundete ich nun die Stätten, an denen ich meine Sandschlösser errichtet hatte. Ich lief am verlassenen Meeresstrand entlang. Das Ufer, von dem sich die Flut zurückgezogen hatte, bot mir das Bild der trostlosen Räume, die Illusionen, wenn sie uns verlassen haben, um uns schaffen. Ich setzte mich den brechenden Wogen aus und gab mich den traurigen Gedanken hin, die ich aus den Wäldern vom Combourg mitgebracht hatte. Eine Landspitze, Lavarde genannt, war das Ziel meiner Wanderungen; als ich auf der äußersten Spitze des Kaps saß, kam mir die bittere Erinnerung, daß diese Felsen mir in meiner Kindheit während der Festlichkeiten als Versteck gedient hatten. Hier hatte ich meine Tränen hinuntergeschluckt, während meine Kameraden im Freudentaumel waren. Jetzt fühlte ich mich um nichts glücklicher, nicht geliebter als damals. Bald würde ich mein Vaterland verlassen, um meine Tage in verschiedenen Landstrichen zu zerstückeln. Solche Gedanken betrübten mich tödlich, und ich war versucht, mich in die Wellen zu stürzen.

Ein Brief rief mich nach Combourg zurück. Ich komme an, ich esse mit meiner Familie zu Abend. Mein Herr Vater spricht kein Wort, meine Mutter seufzt, Lucile scheint betrübt zu sein. Um zehn Uhr trennt man sich. Ich frage meine Schwester aus, sie weiß von nichts. Andemtags um acht Uhr früh werde ich gerufen. Ich gehe hinunter; mein Vater erwartet mich in seinem Arbeitszimmer.

„Herr Chevalier", sagt er zu mir, „Sie müssen Ihren Narrheiten entsagen. Ihr Bruder hat für Sie ein Unterleutnantspatent im Regiment Navarra erhalten. Sie müssen nach Rennes und von dort nach Cambrai gehen. Hier sind hundert Louisdor; gehen Sie sparsam damit um. Ich bin alt und krank, ich habe nicht mehr lange zu leben. Zeigen Sie sich als rechtschaffener Mann und entehren Sie nie Ihren Namen.“

Er umarmte mich. Ich fühlte, wie er sein durchfurchtes, strenges Gesicht bewegt an meines drückte. Das war für mich die letzte väterliche Umarmung.

Der Comte de Chateaubriand, dieser in meinen Augen so furchterregende Mann, erschien mir in diesem Moment als der meiner Zuneigung würdigste Vater. Ich beugte mich über seine abgemagerte Hand und weinte. Eine Lähmung hatte ihn heimgesucht: Sie sollte ihn ins Grab bringen. Sein linker Arm zuckte oft krampfhaft, und er mußte ihn mit der rechten Hand festhalten. So hielt er seinen Arm, als er mich, nachdem er mir seinen alten Degen übergeben hatte, ohne mir Zeit zur Besinnung zu lassen, zu dem Kabriolett führte, das mich im grünen Hof erwartete. Ich mußte vor seinen Augen einsteigen. Der Kutscher fuhr los, und ich warf meiner Mutter und meiner Schwester, die weinend auf der Freitreppe standen, einen Blick des Abschieds zu.

Ich fuhr die Chaussee am Teich entlang. Ich sah das Schilfrohr meiner Schwalben, den Mühlbach und die Wiese; ich drehte mich noch einmal nach dem Schloß um. Dann trat ich, wie Adam nach dem Sündenfall, in das unbekannte Land; die ganze Welt lag vor mir.

Seitdem habe ich Combourg nur dreimal wiedergesehen: Nach dem Tode meines Vaters trafen wir uns dort in Trauer, um unsere Erbschaft zu teilen und uns Lebewohl zu sagen. Ein anderes Mal begleitete ich meine Mutter nach Combourg; sie war mit der Einrichtung des Schlosses beschäftigt, denn sie erwartete meinen Bruder, der meine Schwägerin in die Bretagne mitbringen sollte. Mein Bruder kam nicht; ihm und seiner jungen Gattin wurde bald von der Hand des Henkers ein anderes Kopfkissen bereitet als das, das die mütterliche Hand ihm gerichtet hatte. Schließlich durchfuhr ich Combourg zum dritten Mal, ehe ich mich in Saint-Malo nach Amerika einschiffte. Das Schloß war verlassen, ich war gezwungen, beim Verwalter abzusteigen. Als ich, auf dem großen Spazierweg umherirrend, am Ende einer dunklen Allee die verlassene Freitreppe, die verschlossenen Türen und Fenster erblickte, war ich einer Ohnmacht nahe. Mit Mühe gelangte ich ins Dorf zurück, ließ meine Pferde holen und brach mitten in der Nacht auf.

Nach fünfzehnjähriger Abwesenheit, bevor ich Frankreich aufs neue verließ, um nach dem Heiligen Land zu fahren, eilte ich nach Fougères, um die zu umarmen, die mir von meiner Familie geblieben waren. Ich hatte nicht die Kraft, die Orte wiederzusehen, die mit dem lebendigsten Teil meiner Existenz verbunden waren. In den Wäldern von Combourg bin ich geworden, was ich bin; dort habe ich die erste Anwandlung dieses Weltschmerzes verspürt, den ich mein ganzes Leben mit mir herumgeschleppt habe, dieser Traurigkeit, die meine Qual und meine Seligkeit war. Dort suchte ich nach einem Herzen, das das meine verstand. Dort habe ich meine Familie vereint erlebt und gesehen, wie sie sich zerstreute. Mein Vater hat dort von seinem wiederhergestellten Namen, vom Glück seines zu neuem Glanz gelangten Hauses geträumt: auch ein Trugbild, das die Zeit und die Revolutionen zerstört haben. Von uns sechs Kindern blieben nur drei am Leben: Mein Bruder, Julie und Lucile sind nicht mehr, meine Mutter ist vor Gram gestorben, die sterblichen Überreste meines Vaters wurden dem Grabe entrissen.[66]

Wenn meine Werke mich überleben, wenn ich einen Namen hinterlasse, wird vielleicht eines Tages ein Reisender, von diesen Memoiren geleitet, die Stätten besuchen, die ich beschrieben habe. Das Schloß wird er wiedererkennen können, aber den großen Wald wird er vergeblich suchen; die Wiege meiner Träume ist verschwunden wie diese Träume selbst. Allein auf seinem Felsen, betrauert der alte Schloßturm die Eichen, seine alten Gefährten, die ihn umgaben und vor dem Sturm schützten. Allein wie er, habe ich um mich herum die Familie untergehen sehen, die meine Tage verschönte und mir ihren Schutz gewährte. Glücklicherweise ist mein Leben nicht so fest auf die Erde gegründet wie die Türme, in denen ich meine Jugend verbracht habe, und glücklicherweise kann der Mensch den Stürmen weniger Widerstand leisten als die von seinen Händen errichteten Bauwerke.

4. Buch

1

Berlin, März 1821.

Berlin. - Potsdam. - Friedrich.

Es ist ein weiter Weg von Combourg nach Berlin, von einem jungen Träumer zu einem alten Minister. In früheren Aufzeichnungen finde ich die Worte: „An wie vielen Orten habe ich diese Memoiren zu schreiben begonnen, und an welchem Ort werde ich sie abschließen?"

Zwischen dem Zeitpunkt der letzten Niederschrift und dem, an welchem ich diese Memoiren wieder aufnehme, sind annähernd vier Jahre verflossen. Tausend Dinge haben sich inzwischen ereignet. Ein zweiter Mensch ist in mir zum Vorschein gekommen: der Politiker. Ich lege jedoch wenig Wert auf ihn. Ich habe die Freiheiten Frankreichs verteidigt, weil nur sie den Bestand des rechtmäßigen Throns garantieren. Mit dem *Conservateur*[67] habe ich Monsieur de Villèle zur Macht verholfen; ich habe den Duc de Berry sterben sehen und sein Andenken geehrt. Damit sich alle miteinander versöhnen, habe ich mich entfernt; ich habe die Gesandtschaft in Berlin angenommen.

Gestern war ich in Potsdam, dieser Prachtkaserne, in der es jetzt keine Soldaten mehr gibt; ich studierte den falschen Julian in seinem falschen Athen. [68] In Sanssouci hat man mir den Tisch gezeigt, an dem der große deutsche Monarch die Grundsätze der Enzyklopädie in kleine französische Verse übertrug. Man zeigte mir das mit hölzernen Affen und Papageien geschmückte Zimmer Voltaires, die Mühle, die der Mann, der ganze Provinzen verwüstete, in einer Laune zu verschonen beliebte,[69] die Gräber des Pferdes Cäsar und der Windhündinnen Diane, Amourette, Biche, Superbe und Pax. Der königliche Gottesleugner gefiel sich darin, sogar die Heiligkeit der Gräber zu entweihen, indem er seinen Hunden Grabmäler errichten ließ; neben ihnen wollte er selbst begraben sein, nicht so sehr aus Menschenverachtung, als um seinen Nihilismus hervorzukehren.

Man führte mich in das Neue Palais, das jetzt schon verfällt. In dem alten Potsdamer Schloß bewahrt man respektvoll die Tabakflecken, die zerrissenen und beschmutzten Lehnstühle, kurz alle Spuren der Unsauberkeit des fürstlichen Renegaten. Diese Gemächer verewigen gleichzeitig den Schmutz des Zynikers, die Schamlosigkeit des Atheisten, die Tyrannei des Despoten und den Ruhm des Soldaten.

Ein einziger Gegenstand zog meine Aufmerksamkeit auf sich: der Zeiger einer Uhr, der die Minute bezeichnete, in der Friedrich verschieden war. Die Unbeweglichkeit dieses Bildes trügt; die Stunden entfliehen ohne Unterlaß. Nicht der Mensch hält die Zeit an, sondern die Zeit den Menschen. Überdies ist es ziemlich gleich, welche Rolle wir im Leben gespielt haben; der Erfolg oder Mißerfolg unserer Lehren, unsere Reichtümer oder unsere Armut, unsere

91

Freuden oder unsere Leiden - sie alle können das Maß unserer Tage nicht verändern. Ob sich der Zeiger auf einem goldenen oder einem hölzernen Zifferblatt bewegt, ob dieses Zifferblatt groß oder klein ist, ob es die Fassung eines Ringes oder die Rosette einer Kathedrale ausfüllt - der Zeitraum einer Stunde bleibt der gleiche.

In einer Gruft der protestantischen Kirche, unmittelbar unter der Kanzel des Schismatikers, der die Kutte ablegte,[70] habe ich den Sarg des gekrönten Sophisten gesehen. Dieser Sarg ist aus Bronze; wenn man daran klopft, hallt es wider. Doch der Soldat, der in diesem ehernen Bette schläft, wäre selbst durch den Widerhall seines Ruhmes nicht aus seinem Schlummer zu erwekken; er wird erst beim Tone der Trompete erwachen, die ihn auf sein letztes Schlachtfeld vor das Angesicht des Herrn der himmlischen Heerscharen ruft.

So sehr verlangte es mich nach anderen Eindrücken, daß ich beim Besuch des Marmorpalais Erleichterung empfand. Der König, der es erbauen ließ,[71] hatte früher einmal einige ehrende Worte an mich gerichtet, als ich als armer Offizier mit seiner Armee in Berührung kam. Dieser König teilte wenigstens die gewöhnlichen Schwächen der Menschen; unbedeutend wie sie, flüchtete er sich ins Vergnügen. Kümmern sich die beiden Skelette heute etwa um den Unterschied, der ehemals zwischen ihnen bestand, als das eine Friedrich der Große und das andere Friedrich Wilhelm war? Sanssouci und das Marmorpalais sind beides herrenlose Ruinen.

Alles in allem: Wenn auch die Wucht der Begebenheiten unserer Tage die Ereignisse der Vergangenheit verkleinert, wenn die Kämpfe bei Roßbach, Lissa, Liegnitz, Torgau usw. neben den Schlachten von Marengo, Austerlitz, Jena und an der Moskwa nur noch Scharmützel sind, so hält Friedrich der Große den Vergleich mit dem auf Sankt Helena angeketteten Riesen doch besser als jeder andere aus. Der König von Preußen und Voltaire sind ein seltsames Paar, das fortleben wird: Mit der Philosophie, mit der Voltaire eine Gesellschaft zerstörte, gründete der Monarch ein Königreich.

Die Abende in Berlin sind lang. Ich wohne in einem Palais, das der Herzogin von Dino gehört. Mit Anbruch der Nacht verlassen mich meine Sekretäre. Wenn bei Hofe kein Fest stattfindet, wie das zur Vermählung des Großfürsten und der Großfürstin Nikolaus, bleibe ich zu Hause. Zurückgezogen und allein an meinem Ofen von trübseligem Aussehen sitzend, höre ich nur den Ruf der Wache am Brandenburger Tor und die Schritte des Mannes im Schnee, der die Stunden ausruft. Womit werde ich meine Zeit hinbringen? Mit Büchern? Ich habe kaum welche. Wenn ich nun meine Memoiren weiterschriebe!

Der Leser hat mich auf dem Weg von Combourg nach Rennes verlassen; dort stieg ich bei einem Verwandten ab. Der teilte mir hocherfreut mit, daß bei einer Dame seiner Bekanntschaft, die nach Paris reisen wolle, noch ein Platz im Wagen frei sei, und daß er die Dame veranlassen wolle, mich mitzunehmen. Ich willigte ein, verwünschte aber im stillen das Entgegenkommen meines Verwandten. Er regelte die Sache und stellte mich bald meiner Reisegefährtin vor, einer flotten, ungezwungenen Modistin, die bei meinem Anblick in

Lachen ausbrach. Um Mitternacht kamen die Pferde, und wir reisten ab.

Da war ich nun mitten in der Nacht in einer Postkutsche allein mit einer Frau. Wie sollte ich, der ich nie im Leben ohne Erröten eine Frau angesehen hatte, von der Höhe meiner Träume zu dieser erschreckenden Wirklichkeit herabsteigen? Ich wußte nicht mehr, wo ich war; aus Furcht, das Kleid von Madame Rose zu berühren, drückte ich mich in die äußerste Ecke des Wagens. Wenn sie mich ansprach, stammelte ich nur und vermochte ihr nicht zu antworten. Sie mußte den Postillion bezahlen und alles selbst regeln, denn ich war zu nichts imstande. Als es Tag wurde, betrachtete sie mit neuem Erstaunen diesen einfältigan Tropf und bedauerte es, ihn sich aufgeladen zu haben.

Als sich das Aussehen der Landschaft änderte und ich nicht mehr die Kleidung und die Sprache der bretonischen Bauern wahrnahm, verfiel ich in tiefe Niedergeschlagenheit, die Madame Roses Verachtung für mich noch erhöhte. Ich war mir des Gefühls, das ich hervorrief, durchaus bewußt; diese erste Begegnung mit der Welt ließ einen Eindruck in mir zurück, den die Zeit nie ganz ausgelöscht hat. Ich war wild aufgewachsen, aber nicht völlig verschüchtert; ich besaß die Bescheidenheit, aber nicht die Gehemmtheit meines Alters. Als ich erriet, daß ich mich durch meine gute Seite lächerlich machte, verwandelte sich meine Scheu in eine unüberwindliche Schüchternheit. Ich brachte kein Wort mehr heraus. Ich fühlte, daß ich etwas verbergen mußte, daß dieses Etwas aber eine Tugend war. Ich beschloß, mich in mich selbst zurückzuziehen, um meine Unschuld in Frieden bewahren zu können.

Wir näherten uns Paris. Beim Aussteigen in Saint-Cyr staunte ich über die Breite der Straßen und die Regelmäßigkeit der Anpflanzungen. Bald erreichten wir Versailles. Die Orangerie mit ihren Marmortreppen entzückte mich. Die Erfolge des Krieges in Amerika[72] hatten dem Schloß Ludwigs XIV. Triumphgaben eingebracht. Die Königin herrschte hier im Glanze ihrer Jugend und ihrer Schönheit; der Thron, seinem Sturz so nahe, schien niemals fester gestanden zu haben. Und ich, ein unbekannter Reisender, sollte diese Pracht überleben, sollte zurückbleiben, um die Wälder von Trianon ebenso verödet zu sehen wie die, aus denen ich damals kam.

Endlich fuhren wir in Paris ein. Es war mir, als zeigten alle Gesichter einen spöttischen Ausdruck. Ich glaubte, man sähe mich nur an, um sich über mich lustig zu machen. Madame Rose ließ sich zum *Hôtel de l'Europe* fahren und hatte es eilig, sich ihres tölpelhaften Reisebegleiters zu entledigen. Kaum war ich aus dem Wagen gestiegen, sagte sie zum Portier: „Geben Sie dem Herrn ein Zimmer. - Ihre Dienerin", setzte sie noch hinzu und machte mir eine flüchtige Verbeugung. Ich habe Madame Rose nie wiedergesehen.

2

Berlin, März 1821.

Mein Bruder. - Mein Vetter Moreau. - Meine Schwester, Comtesse de Farcy.

Eine Frau mit einem numerierten Schlüssel in der Hand stieg vor mir die dunkle und steile Treppe hinauf; hinter mir ging ein Savoyarde mit meinem kleinen Koffer. Im dritten Stock öffnete die Magd ein Zimmer, und der Savoyarde stellte den Koffer quer über die Armlehnen eines Stuhls. „Wünschen Sie noch etwas, mein Herr?" fragte mich die Magd. - „Nein", erwiderte ich. Drei Pfiffe ertönten; die Magd rief: „Ich komme!", lief eilig hinaus, schloß die Tür und polterte mit dem Savoyarden die Treppe hinab. Als ich mich allein im Zimmer sah, krampfte sich mein Herz derart zusammen, daß wenig gefehlt hätte und ich wäre auf der Stelle in die Bretagne zurückgefahren. Alles, was ich über Paris gehört hatte, kam mir wieder in den Sinn; ich fühlte mich in jeder Weise verwirrt und beklommen. Ich hätte mich am liebsten schlafengelegt, aber das Bett war nicht gemacht; ich hatte Hunger und wußte nicht, wie ich etwas zu essen bekommen sollte. Ich fürchtete, gegen die hiesigen Gewohnheiten zu verstoßen. Sollte ich nach der Bedienung rufen? Sollte ich hinuntergehen? An wen sollte ich mich wenden? Ich brachte es endlich über mich, den Kopf zum Fenster hinauszustecken und sah einen kleinen Innenhof, tief wie ein Brunnen; dort gingen Leute auf und ab, die in keiner Weise an den Gefangenen im dritten Stockwerk dachten. Ich setzte mich wieder an den schmutzigen Alkoven, in dem ich schlafen sollte; es blieb mir nichts weiter übrig, als die Figuren auf der Tapete zu betrachten. Plötzlich wird von weitem das Geräusch von Stimmen hörbar, wird lauter und kommt näher; meine Tür öffnet sich, und herein treten mein Bruder und einer meiner Vettern, der Sohn einer Schwester meiner Mutter, die sich nicht eben glücklich verheiratet hatte. Madame Rose hatte immerhin Mitleid mit dem Einfaltspinsel gehabt und meinem Bruder, dessen Adresse sie von Rennes her wußte, sagen lassen, daß ich in Paris angekommen sei. Mein Bruder umarmte mich. Mein Vetter Moreau war ein großer, beleibter Mann, immer voller Tabakkrümel, der schlang wie ein Menschenfresser, viel redete, ständig keuchend hin und herrannte, mit halb offenem Mund und heraushängender Zunge nach Luft schnappte, alle Welt kannte und sein Leben in Spielsälen, Vorzimmern und Salons zubrachte. „Nun, Chevalier, da sind Sie endlich in Paris", rief er aus. „Ich werde Sie zu Madame de Chastenay mitnehmen." Wer war diese Frau, deren Namen ich zum ersten Mal hörte? Der Vorschlag brachte mich gegen meinen Vetter Moreau auf. „Der Chevalier braucht zweifellos Ruhe", erwiderte mein Bruder; „wir werden Madame de Farcy besuchen, dann wird er ins Hotel zurückkehren, zu Abend essen und sich schlafen legen."
Ein Gefühl der Freude zog in mein Herz ein; die Erinnerung an meine Familie war mitten in einer gleichgültigen Welt Balsam für mich. Wir gingen.

Der Vetter Moreau wetterte über mein schlechtes Zimmer und forderte den Wirt auf, mich wenigstens eine Etage tiefer unterzubringen. Wir stiegen in den Wagen meines Bruders und fuhren zu dem Kloster, in dem Madame de Farcy wohnte.

Julie hielt sich seit einiger Zeit in Paris auf, um die dortigen Ärzte zu konsultieren. Ihr reizendes Gesicht, ihre Eleganz und ihr Geist hatten sie bald zu einer gesuchten Gesellschafterin gemacht. Ich habe schon gesagt, daß sie ein angeborenes poetisches Talent besaß. Sie ist eine Heilige geworden, nachdem sie eine der beliebtesten Frauen ihres Jahrhunderts war.

3

Berlin, 30. März 1821.

Julie als Weltdame. - Das Diner. - Madame de Chastenay

Als ich Julie in Paris wiedersah, stand sie in vollem weltlichem Glanz. Sie zeigte sich mit Blumen und Halsketten geschmückt, mit wohlriechenden Schleiern umhüllt, wie sie der Hl. Clemens den ersten Christinnen verbietet. Der Hl. Basilius fordert, daß der Einsiedler um Mitternacht das tue, was andere Menschen am Morgen tun, um so die Stille der Natur zu nutzen. Um diese Mitternachtsstunde ging Julie in glänzende Gesellschaften, denen ihre Verse, die sie mit wunderbarem Wohllaut vortrug, höchsten Genuß bereiteten.

Julie war um vieles hübscher als Lucile; sie hatte schmeichelnde blaue Augen und braunes Haar, das sie gelockt oder in großen Wellen trug. Ihre außerordentlich weißen und schön geformten Hände und Arme erhöhten durch ihre anmutigen Bewegungen den Reiz ihrer bezaubernden Gestalt. Sie war glänzend und lebhaft, lachte viel ohne Affektiertheit und zeigte dabei perlenweiße Zähne.

Julie empfing mich mit der Zärtlichkeit, die nur eine Schwester besitzt. Als sie mich in ihre Arme schloß, mich an ihre Bänder, ihren Rosenstrauß und ihre Spitzen drückte, fühlte ich mich geschützt. Nichts kann die Anhänglichkeit, die Zartheit, die Ergebenheit einer Frau ersetzen. Von den Brüdern und Freunden wird man vergessen, von den Gefährten verkannt; bei der Mutter, Schwester oder Gattin aber wird das nie geschehen.

Mein Bruder brachte mich zu meinem Gasthof zurück. Er gab Anordnungen für mein Abendessen und verließ mich dann. Ich speiste allein und legte mich traurig zu Bett. Meine erste Nacht in Paris verbrachte ich damit, mich nach meiner Heide zurückzusehnen und vor der Undurchsichtigkeit meiner Zukunft zu zittern.

Am anderen Morgen um acht Uhr stellte sich mein dicker Vetter wieder ein; das war bereits sein fünfter oder sechster Gang. „Hallo, Chevalier, wir wollen frühstücken; dann speisen wir mit Pommereul und am Abend nehme ich Sie zu Madame de Chastenay mit." Ich ergab mich in mein Schicksal. Alles lief nach Wunsch meines Vetters ab. Nach dem Frühstück bestand er darauf, mir Paris zu zeigen und schleppte mich durch die schmutzigsten Straßen um das Palais Royal herum; dabei sprach er von den Gefahren, denen ein junger Mann ausgesetzt sei. Zu dem vereinbarten Essen waren wir pünktlich in der Gastwirtschaft. Alles, was man uns auftrug, fand ich schlecht. Die Unterhaltung und die Tischgenossen eröffneten mir eine neue Welt. Man sprach vom Hofe, von Finanzprojekten, Akademiesitzungen, von Frauen und den Intrigen des Tages, von einem neuen Theaterstück, den Erfolgen der Schauspieler, Schauspielerinnen und Autoren.

Nach dem Abendessen wollte mich mein Bruder ins Theater führen, aber mein Vetter nahm mich für Madame de Chastenay in Beschlag; so ging ich mit ihm meinem Schicksal entgegen.

Ich traf eine schöne Frau, die zwar nicht mehr in der ersten Jugendblüte stand, aber noch zärtliche Gefühle einzuflößen vermochte. Sie empfing mich sehr freundlich, versuchte mir meine Befangenheit zu nehmen und fragte mich nach meiner Herkunftsprovinz und meinem Regiment. Ich war verlegen und gehemmt; ich gab meinem Vetter Zeichen, er möge den Besuch abkürzen. Der aber sah mich gar nicht an und konnte sich nicht genug darin tun, meine Verdienste zu rühmen; er behauptete, ich habe schon im Schoß meiner Mutter Verse gemacht und forderte mich auf, Madame de Chastenay zu besingen. Sie befreite mich aus dieser peinlichen Lage, entschuldigte sich, daß sie jetzt ausgehen müsse und lud mich mit so süßer Stimme für den nächsten Morgen ein, daß ich unwillkürlich zusagte.

Am nächsten Tag ging ich allein zu ihr; ich fand sie in einem elegant eingerichteten Zimmer im Bett liegend. Sie sagte mir, sie sei ein wenig leidend und habe die schlechte Angewohnheit, spät aufzustehen. Zum ersten Mal saß ich am Bett einer Frau, die weder meine Mutter noch meine Schwester war. Sie hatte am Vorabend meine Schüchternheit bemerkt; jetzt wußte sie diese so weit zu besiegen, daß ich mich mit einer gewissen Ungezwungenheit auszudrücken wagte. Ich habe vergessen, was ich ihr sagte; aber ich glaube noch heute ihr erstauntes Gesicht zu sehen. Sie streckte mir ihren nackten Arm und die schönste Hand der Welt entgegen und sagte mir mit einem Lächeln: „Wir werden Sie schon zähmen." Ich küßte nicht einmal diese reizende Hand; ganz verwirrt zog ich mich zurück. Am nächsten Tag reiste ich nach Cambrai ab. Wer war diese Madame de Chastenay? Ich weiß es nicht; sie ist wie ein bezaubernder Schatten an mir vorübergegangen.

4

Berlin, März 1821.

Cambrai. - Das Regiment Navarra. - La Martinière.

Der Postwagen brachte mich in meine Garnisonsstadt. Einer meiner Schwager, der Vicomte de Chateaubourg, der mit meiner Schwester Bénigne verheiratet war, hatte mir Empfehlungsschreiben für die Offiziere meines Regiments mitgegeben.

Ich war in bürgerlicher Kleidung beim Regiment angekommen, und vierundzwanzig Stunden später trug ich Uniform; mir war, als hätte ich sie seit je am Leibe gehabt. Meine Uniform war weiß und blau wie der kleine Rock, den ich als Kind aufgrund des Gelübdes getragen hatte; als Kind und als Jüngling haben mich die gleichen Farben begleitet. Mir wurde keine der Prüfungen auferlegt, die die Unterleutnants gewöhnlich für Neuankömmlinge bereithalten; warum man es nicht wagte, mich mit diesen militärischen Kindereien zu behelligen, weiß ich nicht. Ich war noch nicht vierzehn Tage beim Regiment, und schon behandelte man mich wie einen „Alten". Schnell erlernte ich die Handhabung der Waffen und die Theorie; in kurzer Zeit erlangte ich unter dem Beifall meiner Lehrer den Korporals- und den Sergeantenrang. Mein Zimmer wurde zum Treffpunkt der alten Hauptleute wie der jungen Unterleutnants; die Alten erzählten mir von ihren Feldzügen, die Jungen vertrauten mir ihre Liebesabenteuer an.

La Martinière holte mich ab, damit ich mit ihm vor dem Haus eines schönen Mädchens, das er anbetete, vorbeiflaniere, und das fünf- bis sechsmal am Tag. Er war sehr häßlich, hatte ein von Pocken entstelltes Gesicht. Er erzählte mir von seiner Leidenschaft und trank dabei große Gläser Johannisbeerwasser, die ich zuweilen bezahlte.

Alles hätte zum Besten gestanden ohne meine verrückte Hartnäckigkeit in Sachen Kleidung. Damals bevorzugte man die Strenge der preußischen Uniform: kleiner Hut, kleine, an den Kopf geklebte Locken, fest gebundener Zopf, korrekt geschlossener Rock. Das mißfiel mir sehr; am Tag unterwarf ich mich dem Zwang, aber am Abend, wenn ich von meinen Vorgesetzten nicht gesehen zu werden hoffte, staffierte ich mich mit einem größeren Hut aus; der Friseur löste mir die Locken und den Zopf, ich knöpfte die Aufschläge meiner Uniform auf und schlug sie übereinander. In diesem saloppen Aufzug ging ich los und machte der grausamen Flämin für La Martinière unter ihrem Fenster den Hof. Eines Abends aber steht plötzlich Monsieur d'Andrezel vor mir. „Was soll das heißen?" fragt mich der gefürchtete Major; „Sie gehen drei Tage in Arrest." Ich war ein wenig beschämt, aber ich lernte die Wahrheit des Sprichwortes kennen, daß jedes Unglück zu etwas gut ist, denn dieses erlöste mich von den Liebschaften meines Kameraden.

An den Beginn meiner Laufbahn bewahre ich heitere Erinnerungen. Als ich nach den Hundert Tagen[73] mit dem König durch Cambrai kam, suchte ich das Haus, in dem ich gewohnt, und das Café, das ich besucht hatte, vergebens; es war alles verschwunden, Menschen wie Häuser.

5

Der Tod meines Vaters.

In dem Jahr, in dem ich in Cambrai meinen ersten Waffendienst tat, hörte man vom Tod Friedrichs II. Nun bin ich Gesandter bei dem Neffen des großen Königs und schreibe diesen Teil meiner Memoiren in Berlin. - Auf diese für die Öffentlichkeit wichtige Nachricht folgte eine andere, die für mich persönlich schmerzlich war: Lucile teilte mir mit, daß mein Vater an einem Schlaganfall gestorben sei. Unter den Dokumenten, die mich bei meiner Arbeit leiten, finde ich die Sterbeurkunden meiner Eltern. Da diese Urkunden auf ganz besondere Weise das Hinsterben des Jahrhunderts widerspiegeln, führe ich sie als geschichtliches Dokument an:

Auszug aus dem Sterberegister des Kirchspiels Combourg vom Jahre 1786:

„Der Leichnam des hohen und mächtigen Herrn René de Chateaubriand, Chevalier, Comte de Combourg, Herr über Gaugres, le Plessis-l'Epine, Boulet, Malestroit en Dol und andere Ortschaften, Gemahl der hohen und mächtigen Dame Apolline-Jeanne-Suzanne de Bedée de la Bouëtardais, Comtesse de Combourg, gestorben am sechsten September um die achte Abendstunde im Alter von ungefähr neunundsechzig Jahren auf seinem Schloß Combourg, ist am achten in der Gruft der obengenannten Herrschaft im Totengewölbe unserer Kirche zu Combourg beigesetzt worden in Gegenwart der Herren Edelleute, der Herren Beamten des Gerichtssprengels und anderer angesehener Bürger."

In der beglaubigten Abschrift, die Monsieur Lodin, Bürgermeister von Combourg, im Jahre 1812 ausstellen ließ, sind die neunzehn Worte, die die Titel bezeichnen: „hoher und mächtiger Herr" usw., ausgestrichen.

Auszug aus dem Sterberegister der Stadt Saint-Serven, im ersten Landkreis des Departements Ille-et-Vilaine, vom Jahre VI der Republik:

„Am zwölften Prairial im sechsten Jahre der französischen Republik[74], erschienen bei mir Jacques Bourdasse, Beamter der Gemeinde Saint-Serven, am vergangenen vierten Floréal zum öffentlichen Beamten ernannt, Jean Baslé, Gärtner, und Joseph Boulin, Tagelöhner; sie erklärten, daß Apolline-Jeanne-Suzanne de Bedée, Witwe von René-Auguste de Chateaubriand, in der Wohnung der Bürgerin Gouyon an dem genannten Tage um ein Uhr nachmittags verschieden sei. Aufgrund dieser Erklärung, von deren Wahrheit ich mich überzeugt habe, habe ich den vorliegenden Schein ausgestellt, den außer mir nur Jean Baslé unterzeichnet hat, da Joseph Boulin auf Befragen erklärte, nicht schreiben zu können.

Geschehen im Gemeindehaus, an obengenanntem Tag in besagtem Jahr."
Im ersten Auszug lebte noch die alte Gesellschaft: Monsieur de Chateaubriand ist ein „hoher und mächtiger Herr", etc.; die Zeugen sind „Edelleute" und „angesehene Bürger". Dennoch schlummerte mein Vater nicht lange in seinem Leichentuch; er wurde mit dem alten Frankreich auf die Landstraße geworfen.

Im Totenschein meiner Mutter haben sich die Dreh- und Angelpunkte der Erde verlagert. Eine neue Welt, eine neue Zeit: die Berechnung der Jahre und selbst die Namen der Monate sind verändert. Madame de Chateaubriand ist nur noch eine arme Frau, verstorben in der Wohnung der „Bürgerin" Gouyon. Ein Gärtner und ein Tagelöhner, der nicht schreiben kann, sind die einzigen Zeugen des Todes meiner Mutter. Keine Verwandten, keine Freunde, auch kein Leichenbegängnis; als einziger Beistand die Revolution.

6

Berlin, März 1821.

Trauer. - Hätte mein Vater mich geschätzt?

Ich trauerte um Monsieur de Chateaubriand. Sein Tod machte mir seinen wahren Wert bewußt, ich erinnerte mich nun weder an seine Strenge noch an seine Schwächen. Ich glaubte ihn noch zu sehen, wie er am Abend im Saal des Schlosses von Combourg auf und ab ging; der Gedanke an dieses Familienbild rührte mich. Wenn die Zuwendung meines Vaters zu mir auch von der Härte seines Charakters geprägt war, so war sie deshalb im Grunde nicht minder groß.

Mein Wille, mich meinem Vater zu nähern, war sehr stark; und ich zweifle nicht daran, daß er mich trotz seiner tyrannischen Art zärtlich geliebt hat. Wäre ich von der Vorsehung vor ihm abberufen worden, so hätte er mich, dessen bin ich gewiß, betrauert. Wäre er aber mit mir auf Erden geblieben, hätte ihn dann das Aufsehen beeindruckt, das mein Leben hervorgerufen hat? Literarischer Ruhm hätte seinen Adelsstolz nur verletzt; in den Fähigkeiten seines Sohnes hätte er eine Entartung gesehen. Selbst mein Gesandtenposten in Berlin hätte ihn, da ich ihn der Feder, nicht dem Schwert verdankte, kaum befriedigt. Überdies machte ihn schon sein bretonisches Blut zu einem politisch Aufsässigen, zu einem großen Gegner von Abgaben und einem heftigen Feind des Hofes.

Ich teile die Ansichten meines Vaters über literarischen und anderen Ruhm, jedoch aus anderen Gründen als er. Ich wüßte in der Geschichte keinen Ruhmestitel, der mich verlocken könnte; müßte ich mich bücken, um zu meinen Füßen und zu meinem Nutzen den größten Ruhm der Welt einzusammeln, ich würde die Mühe nicht auf mich nehmen. Hätte ich den

Erdenkloß, aus dem ich geschaffen bin, selbst geformt, so hätte ich mich vielleicht aus Leidenschaft für dieses Geschlecht zur Frau gemacht. Hätte ich mich aber als Mann geschaffen, so hätte ich mir an erster Stelle Schönheit zugeteilt; dann hätte es mir gefallen, um mich gegen Überdruß, meinen schlimmsten Feind, zu schützen, wenn ich ein großer, aber unbekannter Künstler geworden wäre und mein Talent nur für meine Einsamkeit genutzt hätte. Es gibt im Leben, zieht man sein geringes Gewicht und seine kurze Dauer in Betracht und entsagt man jeder Täuschung, nur zwei wahre Dinge: die Religion für das Verstandesalter und die Liebe für die Jugend, also die Zukunft und die Gegenwart; alles übrige lohnt nicht der Mühe.

Der Tod meines Vaters beendete den ersten Akt meines Lebens. Der väterliche Herd war verödet; ich bedauerte ihn, als könne er die Verlassenheit und Einsamkeit spüren. Von nun an war ich mein eigener Herr und konnte über mein Geschick verfügen; aber diese Freiheit erschreckte mich. Was sollte ich mit ihr anfangen? Wem sollte ich sie opfern? Ich zweifelte an meiner Kraft, wich vor mir selbst zurück.

7

Berlin, März 1821

Rückkehr in die Bretagne. - Aufenthalt bei meiner ältesten Schwester. - Mein Bruder ruft mich nach Paris.

Ich erhielt Urlaub. Monsieur d'Andrezel, der zum Oberstleutnant des Regiments Picardie ernannt worden war, verließ Cambrai; ich begleitete ihn als Kurier. Ich kam durch Paris, wo ich mich keine Viertelstunde aufhalten wollte. Die Heide meiner Bretagne sah ich mit größerer Freude wieder, als ein in unsere Landstriche versetzter Neapolitaner die Ufer von Portici oder die Landschaft von Sorrent wiedergefunden hätte. Meine Familie versammelte sich in Combourg, um die Erbschaft zu regeln,[75] dann flogen wir davon wie Vögel, die das elterliche Nest verlassen. Mein Bruder, der von Paris gekommen war, kehrte dahin zurück, meine Mutter ließ sich in Saint-Malo nieder, Lucile folgte Julie, ich verbrachte einige Zeit bei den Damen Marigny, Chateaubourg und Farcy. Marigny, das Schloß meiner ältesten Schwester, lag drei Meilen von Fougères entfernt, sehr angenehm zwischen zwei Teichen, von Wäldern, Felsen und Wiesen imgeben. Hier verlebte ich einige ruhige Monate, bis ein Brief aus Paris diese Ruhe störte.

Als mein Bruder in den Militärdienst eingetreten war und Mademoiselle de Rosambo geheiratet hatte, war er dennoch nicht aus der Beamtenlaufbahn ausgeschieden und durfte deshalb nicht die königlichen Karossen besteigen. Sein brennender Ehrgeiz gab ihm den Gedanken ein, mir zu diesen höfischen Ehren zu verhelfen, um so seinen eigenen Aufstieg vorzubereiten. Lucile hatte die Adelsrobe abgelegt, als sie in das Stift von Argentière aufgenommen wurde, so daß alles bereit war; der Marschall de Dures sollte mich bei Hofe einführen. Mein Bruder kündigte mir an, daß ich am Beginn einer großen Laufbahn stünde; ich sei bereits ehrenhalber in den Rang eines Kavalleriehauptmanns versetzt worden, und nun sei es ein leichtes, meine Aufnahme in den Malteserorden zu erwirken, womit ansehnliche Einkünfte verbunden seien.

Dieser Brief traf mich wie ein Donnerschlag. Ich sollte nach Paris zurückkehren und bei Hofe vorgestellt werden - ich, der ich schon in die größte Verlegenheit geriet, wenn ich drei oder vier Unbekannte in einem Salon traf. Mir wollte man Ehrgeiz beibringen, mir, der ich nur davon träumte, in Vergessenheit zu leben!

Meine erste Regung war, meinem Bruder zu schreiben, daß es an ihm als dem Älteren sei, den Glanz seines Namens hochzuhalten; ich, der unbedeutende jüngere Sohn aus der Provinz, würde nicht den Dienst quittieren, denn es bestehe Aussicht auf Krieg. Einen Soldaten in seiner Armee könne der König sicher brauchen, viel weniger aber einen armen Edelmann an seinem Hof.

Ich beeilte mich auch, dieses romantische Antwortschreiben Madame de Marigny vorzulesen, die daraufhin laute Schreckensschreie ausstieß. Man rief Madame Farcy, die mich auslachte. Lucile hätte mich gern unterstützt, aber sie wagte nicht, ihren Schwestern zu widersprechen. Man entriß mir den Brief und ich, der ich in eigenen Angelegenheiten immer schwach war, teilte meinem Bruder mit, daß ich kommen würde.

Ich fuhr tatsächlich ab; ich reiste, um am ersten Hofe Europas vorgestellt zu werden, um auf glanzvollste Weise ins Leben einzutreten, und ich sah aus wie ein Mensch, den man auf die Galeere schleppt oder dem man gerade sein Todesurteil verkündet.

8

Berlin, März 1821.

Mein einsames Leben in Paris.

Ich fuhr auf dem gleichen Weg nach Paris wie das erste Mal; ich stieg im gleichen Gasthof in der Rue du Mail ab, denn ich kannte keinen anderen. Ich wurde meinem früheren Zimmer gegenüber einquartiert, in einem etwas größeren, zur Straße hin gelegenen Raum.

Sei es, daß sich mein Bruder wegen meiner Manieren genierte, sei es, daß er Mitleid mit meiner Schüchternheit hatte - jedenfalls führte er mich nicht in Gesellschaft und machte mich mit niemandem bekannt. Er wohnte in der Rue des Fossés-Montmartre; jeden Tag ging ich um drei Uhr zu ihm zum Essen; dann trennten wir uns und sahen uns erst am nächsten Tag wieder. Mein beleibter Vetter Moreau war nicht mehr in Páris. Zwei- oder dreimal ging ich am

Haus von Madame de Chastenay vorbei, wagte aber nicht, mich bei dem Tür-steher nach ihrem Ergehen zu erkundigen.

Der Herbst begann. Ich stand um sechs Uhr auf, ging auf die Reitbahn und frühstückte dann. Glücklicherweise war ich damals vom Griechischen beses-sen; bis zwei Uhr übersetzte ich die Odyssee und die Kyrupaideia[76] und ver-band diese Arbeit mit historischen Studien. Um zwei Uhr kleidete ich mich an und begab mich zu meinem Bruder; er fragte mich, was ich getan, was ich gegessen hätte. Ich antwortete: „Nichts." Er zuckte mit den Schultern und drehte mir den Rücken zu.

Eines Tages hörte man von draußen Lärm. Mein Bruder lief ans Fenster und rief mich: Ich aber wollte den Lehnstuhl, in dem ich mich in der Tiefe des Zimmers ausgestreckt hatte, nicht verlassen. Mein armer Bruder prophezeite mir, daß ich unbekannt, nutzlos für mich und meine Familie sterben würde.

Um vier Uhr ging ich heim und setzte mich ans Fenster. Zwei junge Mäd-chen von fünfzehn und sechzehn Jahren kamen nun zum Fenster des gegen-überliegenden Hauses und zeichneten; sie hatten mein pünktliches Auftau-chen bemerkt, so wie ich das ihre. Von Zeit zu Zeit hoben sie den Kopf, um ihr Gegenüber anzusehen. Ich war ihnen für diese Aufmerksamkeit unendlich dankbar, waren sie doch meine einzige Gesellschaft in Paris.

Wenn es Abend wurde, ging ich ins Theater. Die Einsamkeit in der Menge war nach meinem Geschmack, obleich es mich immer einige Überwindung kostete, am Eingang meine Eintrittskarte zu kaufen und mich unter die Men-schen zu mischen. Ich berichtigte hier Vorstellungen vom Theater, die ich mir in Saint-Malo gebildet hatte. Ich sah Madame Saint-Huberti[77] in der Rolle der Armida und fühlte, daß dem weiblichen Zauberbilde in meiner Vorstellung noch etwas gefehlt hatte. Wenn ich mich nicht ins Opernhaus oder in die *Comédie Française* zurückzog, ging ich bis zehn oder elf Uhr in den Straßen oder auf den Quais spazieren. Noch heute kann ich nicht die Reihe der Stra-ßenlaternen von der Place Louis XV[78] bis zur Barrière des Bons-Hommes [79] sehen, ohne mich an die Ängste zu erinnern, die ich auf dieser Straße aus-stand, als ich zu meiner Vorstellung nach Versailles fuhr.

Nach Hause zurückgekehrt, hockte ich einen Teil der Nacht mit gesenktem Kopf vor meinem Feuer, das mir jedoch nichts sagte; ich besaß nicht die rei-che Phantasie der Perser, um mir vorzustellen, daß die Flamme eine Anemone und die Kohlenglut ein Granatapfel sei. Ich vernahm das Geräusch der vorbei-fahrenden Wagen; ihr fernes Rollen glich dem Rauschen des Meeres an der Küste meiner Bretagne oder des Windes in meinen Wäldern von Combourg. Diese Geräusche der Welt, die an die der Einsamkeit erinnerten, weckten mei-nen Kummer wieder. Mein altes Übel wurde wach, oder meine Phantasie er-fand die Geschichte der Leute, die in diesen Equipagen fuhren: Ich sah strah-lende Salons, Bälle, Liebesabenteuer, Eroberungen. Bald aber, auf mich selbst zurückgeworfen, fand ich mich verlassen in einem Gasthof wieder, die Welt vom Fenster aus betrachtend und den Geräuschen meines Kaminfeuers lau-schend.

Rousseau glaubt es der Wahrheitsliebe und der Belehrung seiner Mitmenschen schuldig zu sein, sich zu seinen geheimen Lüsten zu bekennen. Er nimmt sogar an, daß man ihn scharf befragen und Rechenschaft über seine Sünden mit den *donne pericolanti*, den Kurtisanen Venedigs, von ihm fordern wird. Wenn ich mich mit den Pariser Freudenmädchen eingelassen hätte, würde ich mich nicht verpflichtet fühlen, die Nachwelt davon in Kenntnis zu setzen; aber ich war einerseits zu schüchtern, andererseits zu exaltiert, um mich von ihnen verführen zu lassen. Wenn ich durch die Grüppchen dieser Unglücklichen hindurchging, die die Passanten ansprachen, um sie in ihre Behausungen zu locken, so wie die Kutscher von Saint-Cloud die Spaziergänger zum Einsteigen in ihre Wagen einluden, dann packten mich Abscheu und Entsetzen. Nur die Liebesabenteuer der Vergangenheit wären nach meinem Geschmack gewesen.

In der Zeit vom 14. bis 17. Jahrhundert war durch die unvollkommene Zivilisation, die abergläubischen Ansichten, die befremdlichen und halb barbarischen Sitten in allem etwas Abenteuerliches. Es gab starke Charaktere, mächtige Vorstellungskraft und mysteriöse und verborgene Existenzen. In der Nacht, an den hohen Mauern von Kirchhöfen und Klöstern, unter den verlassenen Stadtwällen längs der Ketten und Gräben der Märkte, am Rande verschlossener Stadtviertel, in den engen, unbeleuchteten Gassen, in denen Diebe und Mörder auf der Lauer lagen und wo es bei Fackelschein oder in tiefer Dunkelheit zu Überfällen kam, dort setzte man für ein Rendezvous mit irgendeiner Héloïse[80] seinen Kopf aufs Spiel. Um sich der Ausschweifung hinzugeben, mußte man wirklich lieben; um sich gegen die geltenden Sitten zu vergehen, mußte man große Opfer bringen. Es ging nicht allein darum, Zufallsgefahren oder dem Schwert des Gesetzes die Stirn zu bieten, sondern man mußte auch in sich selbst die Herrschaft der geregelten Gewohnheiten, die Autorität der Familie, den Druck der häuslichen Ordnung, den Widerspruch des Gewissens, die Angstvorstellungen und das Pflichtgefühl des Christen überwinden. All diese Hindernisse verdoppelten die Stärke der Leidenschaften.

Im Jahre 1788 wäre ich keiner begehrlichen Dirne in ihre unter Polizeiaufsicht stehende Kammer gefolgt; im Jahre 1606 aber hätte ich wahrscheinlich eines jener Abenteuer gewagt, wie sie Bassompierre so vortrefflich schildert.

„Vor fünf bis sechs Monaten", erzählt der Maréchal, „grüßte mich, sooft ich über den Petit-Pont ging (denn der Pont-Neuf war damals noch nicht erbaut), ein schönes Weib, eine Weißzeughändlerin von den *Deux-Anges*, und verfolgte mich mit den Blicken, so weit es ging; da ich dies bemerkt hatte, betrachtete ich sie ebenfalls genauer und grüßte sie mit mehr Aufmerksamkeit.

Als ich einmal aus Fontainebleau nach Paris zurückkehrte und über den Petit-Pont ging, trat sie, sobald sie mich kommen sah, an die Tür ihres Ladens und sagte, als ich an ihr vorüberging: „Ich bin Ihre Dienerin, mein Herr." Ich erwiderte ihren Gruß, und da ich mich von Zeit zu Zeit umblickte, sah ich, daß sie mich mit den Blicken verfolgte, so weit es ging."

Bassompierre erlangte ein Rendezvous. „Ich fand", schreibt er, „ein sehr schönes Weib von zwanzig Jahren im Nachtgewand vor, denn sie war nur mit einem leichten Hemd und einem Röckchen aus grünem Flanell bekleidet, mit Pantoffeln an den Füßen und in einen Morgenrock gehüllt. Sie gefiel mir außerordentlich. Ich fragte sie, ob ich meinen Besuch wiederholen dürfe. Wenn Sie mich wieder besuchen wollen, antwortete sie mir, so müßte dies bei einer meiner Tanten geschehen, die in der Rue Bourg-l'Abbé bei den Hallen, in der Nähe der Rue aux Ours, wohnt, die dritte Tür von der Rue Saint-Martin aus. Ich werde Sie dort von zehn Uhr bis Mitternacht und auch noch länger erwarten und die Tür offenlassen. Vom Eingang aus kommen Sie in einen kleinen Hausflur, durch den Sie schnell hindurchgehen müssen, denn das Zimmer meiner Tante stößt daran; Sie finden dann eine Treppe, die Sie ins zweite Stockwerk führt. Ich kam um zehn Uhr, fand die bezeichnete Tür und helles Licht, aber nicht nur im zweiten, sondern auch im dritten und ersten Stock, und die Tür war verschlossen. Ich klopfte, um ihr meine Ankunft anzuzeigen, aber ich vernahm nur eine männliche Stimme, die mich fragte, wer ich sei. Ich kehrte in die Rue aux Ours zurück, und als ich zum zweiten Mal kam, fand ich die Tür offen und stieg in den zweiten Stock hinauf. Hier sah ich, daß der helle Lichtschein von dem brennenden Bettstroh herrührte, und zugleich erblickte ich zwei nackte Körper auf dem Tisch des Zimmers. Höchst erstaunt trat ich den Rückweg an, und als ich das Haus verlassen wollte, begegnete ich den *Raben* - den Leichenbestattern -, die mich fragten, was ich hier suche. Sie traten zur Seite, als ich die Hand an den Degen legte, und ich kehrte in meine Wohnung zurück, ziemlich bewegt von diesem unerwarteten Schauspiel."

Mit der von Bassompierre vor zweihundertvierzig Jahren angegebenen Adresse ging ich meinerseits auf Entdeckungen aus. Ich überquerte den Petit-Pont, ging an den Hallen vorbei, folgte der Rue Saint-Denis bis zur Rue aux Ours auf der rechten Seite, bog in die erste Straße links ein, die in die Rue aux Ours mündet, und dann in die Rue Bourg-l'Abbé. Das Straßenschild, von der Zeit und von einer Feuersbrunst geschwärzt, flößte mir Hoffnung ein. Ich fand die dritte kleine Tür von der Rue Saint-Martin aus - so verläßlich sind die Angaben des Geschichtsschreibers. Aber leider hatten die zweihundertvierzig Jahre, die, wie ich gehofft hatte, spurlos vorübergegangen waren, hier alles verändert. Das Haus hatte eine moderne Fassade, und weder im ersten, noch im zweiten, noch im dritten Stockwerk war Licht zu sehen. Die Fenster des Dachgeschosses waren mit einer Girlande von Kapuzinerkresse und Wicken geschmückt; im Erdgeschoß befand sich der Laden eines Haarkünstlers mit einer Menge Locken und Perücken im Fenster.

Enttäuscht trat ich in diese Kultstätte blonder Gallierinnen. Seit der Eroberung durch die Römer haben die Gallierinnen stets ihre blonden Haarflechten an Köpfe verkauft, die damit schlechter ausgestattet waren; meine bretonischen Landsfrauen lassen sich noch heute an bestimmten Jahrmarktstagen das Haar scheren und tauschen den natürlichen Schmuck ihres Kopfes gegen ein indisches Tuch ein. Ich wandte mich an einen Gehilfen, der auf einem eisernen Kamm eine Perücke flocht und fragte: „Haben Sie vielleicht das Haar einer jungen Weißzeughändlerin gekauft, die in der Nähe des Petit-Pont zu den *Deux-Anges* wohnte?" Er war ganz verblüfft, wußte weder ja noch nein zu sagen. Unter tausend Entschuldigungen bahnte ich mir den Rückweg durch ein Labyrinth von Toupets.

Ich irrte dann von Tür zu Tür, aber nirgends machte mir eine zwanzigjährige Weißzeughändlerin „tiefe Verbeugungen"; nirgends war ein freimütiges, uneigennütziges, leidenschaftliches junges Weib zu finden, „im Nachtgewand, mit einem leichten Hemd und einem Röckchen von grünem Flanell bekleidet, mit Pantoffeln an den Füßen und in einen Morgenrock gehüllt". Eine brummige Alte, die ihren verlorenen Zähnen bald im Grabe wiederbegegnen würde, war drauf und dran, mich mit ihrer Krücke zu verprügeln; vielleicht war sie die Tante der Schönen, die das Rendezvous gewährt hatte.

Wie schön ist diese Geschichte Bassompierres! Einen der Gründe, warum er so rasch geliebt wurde, gilt es zu erkennen: Damals waren die Franzosen strikt in zwei unterschiedliche Klassen geteilt, eine herrschende und eine dienende. Die Weißzeughändlerin schloß Bassompierre in ihre Arme wie einen Halbgott, der sich zu einer Sklavin herabläßt; er gab ihr die Illusion des Ruhms, und die Französinnen, nur sie allein, sind fähig, sich an dieser Illusion zu berauschen.

Wer aber verrät uns die unbekannten Ursachen der Katastrophe? War es der Körper der niedlichen Grisette von den *Deux-Anges*, der neben einem anderen auf dem Tische lag? Und wem gehörte dieser zweite Körper? Ihrem Mann oder demjenigen, dessen Stimme Bassompierre gehört hatte? War die Pest (denn die Pest grassierte damals in Paris) oder die Eifersucht in der Rue Bourg-l'Abbé der Liebe zuvorgekommen? An einem solchen Gegenstand kann sich die Phantasie nach Kräften üben. Man verbinde mit der Erfindung des Dichters den Chor des Volkes, die Totengräber, die *Raben* und Bassompierres Degen, und das Abenteuer gibt ein vorzügliches Melodram ab.

Man wird die Keuschheit und Zurückhaltung meiner Jugend in Paris bewundern. Es stand mir frei, mich in dieser Hauptstadt allen meinen Wünschen hinzugeben wie in der Abtei Thélème,[81] wo jeder tat, was er wollte; ich aber mißbrauchte meine Unabhängigkeit nicht. Mein Umgang beschränkte sich auf eine Kurtisane, die schon zweihundertsechzehn Jahre alt und damals in einen Maréchal von Frankreich verliebt gewesen war.

9

Berlin, April 1821

Meine Vorstellung in Versailles. - Die Jagd mit dem König.

Der gefürchtete Tag kam; ich mußte, mehr tot als lebendig, nach Versailles fahren. Am Abend vor meiner Vorstellung bei Hofe begleitete mich mein Bruder dorthin und brachte mich zu dem Marschall de Duras, einem zuvorkommenden Herrn, dessen Geist aber so gewöhnlich war, daß sein feines Benehmen dadurch von einer gewissen Bürgerlichkeit überlagert wurde. Dessenungeachtet flößte mir der gute Marschall eine entsetzliche Furcht ein.

Am nächsten Morgen fuhr ich allein zum Schloß. Man hat nichts gesehen, wenn man den Prunk von Versailles nicht gesehen hat, selbst nach der Entlassung des ehemaligen königlichen Hofstaats: Ludwig XIV. war immer noch hier.

Die Sache ging gut, solange ich nur durch die Gardesäle zu gehen hatte; das Militärische hat mir stets gut gefallen und mich nie eingeschüchtert. Aber als ich ins Vorzimmer des königlichen Schlafgemachs trat und mich von Höflingen umringt sah, stieg Angst in mir auf. Man musterte mich; ich hörte, daß man fragte, wer ich sei. Man muß sich an den einstigen Zauber des Königtums erinnern, um sich einen Begriff von der Wichtigkeit zu machen, die eine Vorstellung bei Hof damals hatte. Das Geheimnis des Schicksalhaften war mit dem Neuling verbunden; er blieb von der geringschätzigen Gönnerschaft verschont, die, verbunden mit übertriebener Höflichkeit, die unnachahmliche Art der großen Herren war. Wußte man denn, ob dieser Neuling nicht der Günstling des Herrn werden würde? Man respektierte in ihm die künftige Stellung, mit der er möglicherweise beehrt werden würde. Heute drängen wir uns noch mit größerem Eifer als früher und - was befremdlich ist - ohne Illusionen in den königlichen Palast. Ein Höfling, der gezwungen wäre, sich von Wahrheiten zu ernähren, müßte bald Hungers sterben.

Als das Lever[82] des Königs angekündigt wurde, zogen sich die nicht vorgestellten Höflinge zurück. Ich verspürte eine Regung der Eitelkeit: Ich war nicht stolz darauf, bleiben zu dürfen, aber es hätte mich gedemütigt, hinausgehen zu müssen. Die Tür zum königlichen Schlafzimmer tat sich auf: Ich sah den König, wie er, der Tradition gemäß, seine Toilette beendete, das heißt, wie er seinen Hut aus der Hand des ersten Kammerherrn entgegennahm. Der König trat heraus, um sich zur Messe zu begeben. Ich verbeugte mich, und der Marschall de Duras nannte meinen Namen: „Sire, der Chevalier de Chateaubriand." Der König blickte mich an, erwiderte meinen Gruß, zögerte und schien stehenbleiben zu wollen, um das Wort an mich zu richten. Ich hätte mit Fassung und mit Sicherheit geantwortet; meine Schüchternheit war verflogen. Mit einem General der Armee, mit einem Staatsoberhaupt zu sprechen schien mir etwas ganz Natürliches, bei dem ich mir keine Rechenschaft darüber zu geben brauchte, was in mir vorging. Der König, verlegener als ich, fand nichts, was er mir sagen könne, und setzte daher seinen Weg fort. O Nichtigkeit des menschlichen Geschicks! Dieser Herrscher, den ich zum ersten Mal sah, dieser mächtige Monarch war Ludwig XVI. sechs Jahre vor seinem Tode auf dem Schafott! Und dieser neue Höfling, den er kaum ansah, sollte eines Tages beauftragt werden, die königlichen Gebeine unter anderen Gebeinen herauszufinden.[83]

Wir eilten in die Spiegelgalerie, um der Königin, wenn sie aus der Kapelle zurückkam, unsere Aufwartung zu machen. Bald erschien sie, von großem, glänzenden Gefolge umgeben. Sie grüßte uns huldvoll; sie schien entzückt vom Leben. Und diese schönen Hände, die damals mit solcher Anmut das Zepter so vieler Könige trugen, sollten die Witwenkleider der in der Conciergerie[84] gefangengehaltenen Königin ausbessern, bevor sie vom Henker gefesselt wurden!

Mein Bruder hatte von mir bekommen, was er wollte; mich noch weiter zu treiben stand nicht in seiner Macht. Vergebens bat er mich, in Versailles zu bleiben, um am Abend beim Spiel der Königin dabeizusein: „Man wird der Königin Deinen Namen nennen", sagte er zu mir, „und der König wird mit Dir sprechen." Er konnte mich nicht wirksamer verjagen als mit diesen Gründen. Ich eilte, mit meinem neuen Ruhm in meinem Gasthof unterzukriechen; ich war froh, dem Hof entronnen zu sein, aber ich hatte noch den schrecklichen Tag der königlichen Jagd, den 19. Februar 1787, vor mir.

Der Duc de Coigny ließ mir sagen, daß die königliche Jagd, an der ich teilnehmen sollte, im Wald von Saint-Germain stattfinden würde. Am frühen Morgen machte ich mich in der Uniform des Neulings auf meinen Leidensweg: grauer Rock, rote Weste und Hose, Stiefelmanschetten, Reitstiefel, einen Hirschfänger an der Seite und einen kleinen französischen Hut mit goldener Tresse auf dem Kopf. Vier Neulinge trafen sich im Schloß von Versailles. Der Duc de Coigny gab uns Instruktionen: Er warnte uns davor, „die Jagd zu schneiden", denn der König würde wütend werden, wenn man zwischen ihn und das Wild geriete.

Die Pferde für die erste Jagd, an der die Neuvorgestellten teilnahmen, kamen gewöhnlich aus den Ställen des Königs.

Man bläst zum Aufbruch: Waffengeklirr, Kommandoworte ertönen. Man ruft: „Der König!" Der König tritt heraus und steigt in seine Karosse; wir fahren hinterdrein. Zwischen dieser Jagd mit dem König von Frankreich und meinen Jagdzügen in der Heide der Bretagne war ein großer Unterschied; und noch größer war er im Vergleich zu meinen Jagdzügen mit den Wilden Amerikas. Mein Leben sollte voller solcher Gegensätze sein.

Wir kamen zum Sammelplatz, wo unter den Bäumen viele am Zügel geführte Sattelpferde schon ihre Ungeduld bezeigten. Die mit den Wachen im Walde zurückgelassenen Karossen, die Gruppen von Herren und Damen, die von den Pikören kaum gebändigten Meuten, das Gebell der Hunde, das Wiehern der Pferde, der Klang der Jagdhörner - all das gab ein sehr belebtes Bild ab.

Ich war zu sehr mit Gelesenem vollgestopft, um nicht überall Gräfinnen von Chateaubriand, Herzoginnen von Etampes, Damen wie Gabrielle d'Estrée, die Herzogin von La Vallière oder die Marquise de Montespan zu sehen. In der Einbildung erschien mir diese Jagd als eine historische Szene, und ich fühlte mich wohl dabei; überdies war ich im Walde, also zuhause.

Ich stieg aus der Karosse und zeigte den Pikören meine Einladung. Man hatte mir eine Stute namens *l'Heureuse* (Die Glückliche) zugedacht, ein leichtes Tier, aber unempfindlich im Maul, schreckhaft und voller Launen - ein getreues Bild meines Geschicks, das auch unaufhörlich die Ohren spitzt. Der König war aufgesessen und ritt davon; das Jagdgefolge, verschiedene Wege einschlagend, hinterdrein. Ich blieb zurück und plagte mich mit *l'Heureuse* ab, die sich von ihrem neuen Herrn nicht besteigen lassen wollte. Endlich gelang es mir, mich auf ihren Rücken zu schwingen; die Jagd war schon weit entfernt.

Anfangs konnte ich *l'Heureuse* recht gut im Zaum halten. Gezwungen, ihren Galopp zu mäßigen, senkte sie den Kopf, schüttelte das schaumbedeckte Mundstücks des Zaums und bewegte sich in kleinen Sprüngen seitwärts; sobald sie sich jedoch dem Ort des Geschehens näherte, gab es kein Mittel mehr, sie zurückzuhalten. Sie streckt den Kopf vor, reißt meine Hand auf den Widerrist nieder und jagt in vollem Galopp in eine Gruppe der Jagdgesellschaft; dabei stößt sie alles beiseite und bleibt nicht eher stehen, als bis sie das Pferd einer Dame gerammt hat, das diese fast abgeworfen hätte. Das alles unter dem Gelächter der einen, den Schreckensschreien der anderen. Im Moment bemühe ich mich vergeblich, mich an den Namen der Dame zu erinnern, die meine Entschuldigungen freundlich aufnahm. Man sprach nur noch von dem Abenteuer des Neulings.

Ich war jedoch noch nicht am Ende meiner Prüfungen angelangt. Eine Stunde nach meinem Mißgeschick etwa ritt ich eine lange, durch einen einsamen Wald führende Schneise entlang, an deren Ende ich einen Pavillon erblickte. Schon dachte ich an jene in den königlichen Wäldern verstreuten Lustschlösser, an die Könige früherer Zeiten, mit langem Haar, und an ihre geheimnisvollen Lustbarkeiten. Da fällt ein Schuß; *l'Heureuse* macht plötzlich kehrt, stürzt sich mit gesenktem Kopfe ins Dickicht und trägt mich genau an die Stelle, an der man eben einen Rehbock erlegt hat. In dem Moment erscheint der König.

Nun - es war dazu allerdings schon zu spät - erinnerte ich mich der Ermahnungen des Duc de Coigny; die verwünschte *l'Heureuse* hatte den Ausgang schon bestimmt. Ich springe ab, halte mit der einen Hand mein Pferd zurück und ziehe mit der anderen tief den Hut. Der König schaut auf und sieht nur einen Neuling, der vor ihm bei dem verendeten Tier angekommen ist. Er mußte sich irgendwie äußern; statt wütend zu werden, sagte er in gutmütigem Tone und mit derbem Lachen zu mir: „Er hat nicht lange gelebt." Das ist das einzige Wort, das mir von Ludwig XVI. vergönnt war. Von allen Seiten eilte man nun herbei und war erstaunt, mich mit dem König „plaudern" zu sehen. Der Neuling Chateaubriand erregte mit seinen beiden Abenteuern Aufsehen. Aber wie es ihm seitdem stets ergangen ist: Er verstand weder die guten noch die bösen Schicksalswendungen für sich zu nutzen.

Der König jagte noch drei Rehböcke. Da die Neulinge aber nur an der Jagd auf das erste Tier teilnehmen dürfen, wartete ich nun mit meinen Gefährten die Rückkehr der Jagdgesellschaft ab.

Als der König zurückkam, war er heiter und erzählte von den Vorfällen der Jagd. Man trat den Rückweg nach Versailles an. Und wieder wurde eine

Hoffnung meines Bruders enttäuscht: Anstatt mich umzukleiden, um beim Stiefelausziehen des Königs, einem Augenblick des Triumphs und der Gunst, dabeizusein, warf ich mich in meinen Wagen und fuhr nach Paris zurück, hoch erfreut darüber, von meinen Ehrungen und Leiden erlöst zu sein. Ich erklärte meinem Bruder, daß ich entschlossen sei, in die Bretagne zurückzukehren.

Zufrieden, seinen Namen bekanntgemacht zu haben, und in der Hoffnung, eines Tages mit seiner eigenen Vorstellung bei Hofe all das zu einem guten Ende zu bringen, was bei der meinigen mißglückt war, wandte er nichts gegen die Abreise seines wunderlichen Bruders ein.

Dies war meine erste Sicht auf die Stadt und auf den Hof. Die Gesellschaft erschien mir noch hassenswerter, als ich geglaubt hatte; aber obgleich sie mich abschreckte, entmutigte sie mich nicht, denn ich hatte das unbestimmte Gefühl, dem, was ich gesehen hatte, überlegen zu sein. Ein unüberwindlicher Abscheu vor dem Hof erfaßte mich. Dieser Widerwille, oder besser diese Verachtung, die ich nicht verbergen konnte, sollte mich daran hindern, mein Glück zu machen, oder sollte mich vom Gipfel meiner Laufbahn herabstürzen.

Übrigens: Wenn ich über die Welt urteilte, ohne sie zu kennen, so war auch ich der Welt unbekannt. Bei meinem ersten Auftreten vermutete niemand, was ich wert war, und als ich wiederum nach Paris kam, noch immer nicht. Seit meinem bedauerlichen Berühmtwerden haben mir viele Leute gesagt: „Wie wären Sie uns aufgefallen, wenn wir Ihnen in Ihrer Jugend begegnet wären!" Diese beflissene Versicherung geht auf die Täuschung durch bestehendes Prestige zurück. Äußerlich gleichen sich die Menschen. Wenn Rousseau auch behauptet, er besitze wunderhübsche kleine Augen, so ist es, nach seinen Porträts zu urteilen, doch wahr, daß er wie ein Schulmeister oder wie ein mürrischer Schuster aussah.

Um das Kapitel „Hofleben" abzuschließen, muß ich noch sagen, daß ich mich, nachdem ich die Bretagne wiedergesehen habe und mich denn mit meinen beiden Schwestern Lucile und Julie in Paris niedergelassen hatte, mehr als je in meine Einsamkeit vergrub. Man wird mich vielleicht fragen, was aus der Geschichte meiner Vorstellung bei Hofe weiter wurde. Nun: Nichts. - Sie gingen also nicht mehr mit dem König auf die Jagd? - So wenig wie mit dem Kaiser von China. - Sie kamen also nicht wieder nach Versailles? - Ich fuhr zweimal nach Sèvres, dann sank mir der Mut und ich kehrte um nach Paris. - Sie zogen also keinerlei Vorteil aus Ihrer Position? - Nicht den geringsten. - Was taten Sie dann? - Ich langweilte mich. - Sie verspürten also gar keinen Ehrgeiz? - O doch; durch viele Bemühungen und Intrigen wurde mir der Ruhm zuteil, im *Almanach des Muses* (Musenalmanach)[85] eine Idylle abdrucken zu lassen,[86] deren Erscheinen mich vor Furcht und Hoffnung fast umbrachte.

Für andere zu allem fähig, für mich selbst zu nichts - so bin ich.

10

Paris, Juni 1821.

Die Reise in die Bretagne. - In der Garnison von Dieppe. - Die Rückkehr
nach Paris mit Lucile und Julie.

Alles, was man soeben gelesen hat, habe ich in Berlin geschrieben. Nun
bin ich zur Taufe des Duc de Bordeaux nach Paris zurückgekehrt und habe
aus politischer Treue zu Monsieur de Villèle, der aus dem Ministerium ausgeschieden ist, mein Amt als Gesandter niedergelegt. Da ich wieder Muße habe,
fahre ich fort zu schreiben. Je mehr sich diese Memoiren mit meinen vergangenen Jahren anfüllen, desto mehr erscheinen sie mir wie die untere Hälfte
einer Sanduhr, die anzeigt, wievieles in meinem Leben schon zu Staub zerfallen ist; wenn der ganze Sand hindurchgelaufen ist, werde ich die Uhr nicht
wieder umdrehen, selbst wenn mir Gott die Macht dazu verleihen wollte.
Die neuerliche Einsamkeit, die mich nach meiner Vorstellung bei Hofe in
der Bretagne umschloß, war nicht mehr die gleiche wie in Combourg. Sie war
weder so vollständig noch so ernsthaft, und um genau zu sein, auch nicht so
erzwungen; es stand mir frei, sie zu verlassen, und dadurch verlor sie an Wert.
Eine alte, wappentragende Schloßherrin, ein alter, mit seinem Stammbaum
beschäftigter Baron, die in einer Ritterburg ihre letzte Tochter und ihren letzten Sohn bewachten, waren das, was die Engländer „Charaktere" nennen;
nichts Provinzielles, nichts Kleinliches war an dieser Lebensweise, denn sie
entsprach nicht dem gewöhnlichen Leben.
Bei meinen Schwestern lag die Provinz inmitten der Felder. Tanzend zog
man von einem Nachbarn zum andern, man spielte Theater, und ich gab zuweilen einen schlechten Schauspieler ab. Im Winter mußte man in Fougères
die Kleinstadtgesellschaft ertragen, die Bälle, die Zusammenkünfte, die Diners,
und es gelang mir nicht, wie in Paris, vergessen zu werden.
Andererseits hatte ich inzwischen die Armee und das Hofleben kennengelernt, und in meinen Vorstellungen war ein Wandel eingetreten: Im Gegensatz
zu meinen natürlichen Neigungen sträubte sich etwas in mir gegen das Vergessenwerden und forderte, daß ich aus dem Schatten heraustreten sollte. Julie
verabscheute die Provinz; das Gefühl für Genie und Schönheit trieb auch
Lucile auf einen größeren Schauplatz.
Ich fühlte daher ein Unbehagen, das mir sagte, daß diese Lebensweise
nicht meine Bestimmung sein könne.
Indessen liebte ich das Landleben noch immer, und die Umgebung von
Marigny war bezaubernd. Mein Regiment hatte seinen Standort gewechselt:
Das erste Bataillon lag in Le Havre, das zweite in Dieppe; ich kam zu dem
letzteren. Meine Vorstellung bei Hofe hatte mich zu einer Persönlichkeit wer-
den lassen. Ich fand Gefallen an meinem Beruf. Ich legte fleißig Hand an; man
übergab mir Rekruten, mit denen ich am Meeresstrand exerzierte. Dieses Meer

hat für fast alle Bilder meines Lebens den Hintergrund abgegeben.

Dann ging ich wieder für ein halbes Jahr nach Fougères. Eine angenehme, aber häßliche Dame, Schwester eines Offiziers vom Regiment Condé, zog mich an; nicht kühn genug, meine Augen zur Schönheit zu erheben, gab mir die Unvollkommenheit einer Frau den Mut, ihr meine ehrerbietigen Huldigungen darzubringen.

Madame de Farcy, die ständig kränkelte, faßte schließlich den Entschluß, die Bretagne zu verlassen. Sie bewog Lucile, sie zu begleiten; diese wiederum besiegte meine Einwände, und so machten wir uns auf den Weg nach Paris: trautes Beisammensein der drei jüngsten Vögel ein und desselben Nestes.

Mein Bruder war verheiratet und wohnte bei seinem Schwiegervater, dem Präsidenten von Rosambo. Wir kamen überein, eine Wohnung in seiner Nähe zu beziehen.

11

Paris, Juni 1821.

Delisle de Sales. - Flins. - Das Leben eines Schriftstellers.

Madame de Farcy hatte, ich weiß nicht wie, nähere Bekanntschaft mit Delisle de Sales geschlossen, der früher einmal für irgendwelche philosophischen Dummheiten in Vincennes[87] gesessen hatte. Zu dieser Zeit galt man schon etwas, wenn man ein paar Zeilen Prosa geschrieben oder einen Vierzeiler im *Almanach des Muses* veröffentlicht hatte. Delisle de Sales, ein sehr ehrenwerter, aber höchst mittelmäßiger Mann, war von schlaffem Geist und ließ seine Jahre ruhig verfließen. Dieser Greis hatte sich vom Erlös seiner Werke, die er im Ausland vertrieb und die in Paris kein Mensch las, eine schöne Bibliothek zusammengestellt. Jedes Jahr im Frühling holte er sich einen neuen Ideenvorrat aus Deutschland. Feist und unordentlich, trug er ständig eine Rolle schmierigen Papiers mit sich herum, die aus seiner Tasche ragte; an den Straßenecken schrieb er darauf seine Augenblickseingebungen nieder. Auf das Postament seiner Marmorbüste hatte er mit eigener Hand die von der Büste Buffons übernommene Inschrift gesetzt: „Er hat alles erklärt, Gott, den Menschen, die Natur." Delisle de Sales hatte alles erklärt! Ein solcher Hochmut ist sehr komisch, aber auch sehr entmutigend. Wer kann sich schmeicheln, wirklich Talent zu besitzen? Sind wir nicht vielleicht alle, wie wir sind, in einer Täuschung befangen wie Delisle de Sales? Ich möchte wetten, daß manch ein Schriftsteller, der diese Worte liest, sich für ein Genie hält, und doch ist er nichts als ein Dummkopf.

Wenn ich mich zu lange bei dem würdigen Manne aufgehalten habe, so deshalb, weil er der erste Literat war, dem ich begegnete; er führte mich in die Gesellschaft der anderen ein.

Die Anwesenheit meiner beiden Schwestern machte mir den Aufenthalt in Paris diesmal erträglicher; auch milderte mein Hang zum Studium das Mißbehagen. Delisle de Sales erschien mir wie ein Adler. Bei ihm lernte ich Carbon Flins des Oliviers kennen, der sich in Madame de Farcy verliebte. Sie machte sich darüber lustig, er nahm es nicht übel, denn er wollte als ein Mann der feinen Gesellschaft gelten. Flins machte mich mit Fontanes, seinem Freund, bekannt, der der meinige geworden ist.

Als Sohn eines Forstmeisters in Reims hatte Flins eine sehr nachlässige Erziehung erhalten; aber er war ein Mann von Geist und womöglich von Talent. Man kann sich nichts Häßlicheres vorstellen: eine kurze aufgedunsene Gestalt mit hervorstehenden Augen, struppigem Haar, unsauberen Zähnen - und trotz allem von nicht zu abstoßendem Aussehen. Seine Lebensweise, übrigens die fast aller Pariser Schriftsteller der damaligen Zeit, verdient geschildert zu werden.

Flins hatte eine Wohnung in der Rue Mazarine, ganz in der Nähe von Laharpe, der in der Rue Guénégaud wohnte. Zwei Savoyarden, durch einen Livreekittel als Lakaien kenntlich gemacht, bedienten ihn; des Abends gingen sie mit ihm aus, und am Morgen meldeten sie die Besucher bei ihm. Flins ging regelmäßig in die *Comédie Francaise*, die damals im *Odéon* spielte.

Flins, der nichts als eine kleine Pension von seiner Familie bezog, lebte auf Kredit. Während der Ferien des *parlement* verpfändete er die Livreen seiner Savoyarden, seine beiden Uhren, seine Ringe und seine Wäsche, bezahlte mit dem dafür erhaltenen Geld seine Schulden, fuhr dann nach Reims, blieb dort drei Monate, kam nach Paris zurück, löste mit dem Geld, das ihm sein Vater gegeben hatte, seine Pfandsachen wieder ein, und begann dann aufs neue, immer heiter und gern gesehen, diesen Kreislauf seines Lebens.

12

Paris, Juni 1821.

Schriftsteller. - Porträits.

In den zwei Jahren zwischen meiner Rückkehr nach Paris und der Einberufung der Generalstände[88] erweiterte sich mein Bekanntenkreis. Ich kannte die Elegien des Chevalier de Parny auswendig und weiß sie heute noch. Ich schrieb ihm und bat um die Erlaubnis, die Bekanntschaft eines Dichters machen zu dürfen, dessen Werke mich entzückten. Er antwortete mir höflich, und ich ging zu ihm in die Rue de Cléry.

Ich traf auf einen noch recht jungen Mann von sehr guten Manieren, groß, hager, mit pockennarbigem Gesicht. Er erwiderte meinen Besuch, und ich stellte ihn meinen Schwestern vor. Er hatte wenig für die Gesellschaft übrig und wurde auch bald durch die Politik aus ihr vertrieben; er war ein Mann der alten Partei. Ich habe nie einen Schriftsteller kennengelernt, der mehr Ähnlichkeit mit seinen Werken hatte. Er war Dichter und Kreole, und er brauchte nichts als den Himmel Indiens, eine Fontäne, eine Palme und eine Frau. Er fürchtete sich vor lärmender Betriebsamkeit, versuchte, unbemerkt durchs Leben zu gleiten, opferte alles seiner Bequemlichkeit und verriet sich in seiner Vergessenheit nur durch das Verlangen, im Vorübergehen seine Leier zu schlagen:

Es fließe unser Dasein glücklich und
Beglückt, im Schutz der Liebe still dahin,
Gleich einem Bach, der, murmelnd kaum
Und seine Wogen in sein Bett verschließend
Sorgsam den Schatten der Gebüsche sucht
Und sich in offnen Ebnen nicht zu zeigen wagt.[89]

Ginguené, der Verfasser der *Histoire de la literature italienne* [Geschichte der italienischen Literatur], der sich im Gefolge Chamforts in die Revolution verwickelte, wurde mit uns bekannt, da ja alle Bretonen miteinander verschwägert sind. Er hatte sich einen gewissen Ruf erworben durch ein recht anmutiges Gedicht: *La confession de Zulmé* [Die Beichte Zulmés], das ihm eine bescheidene Stelle in den Büros Monsieur de Neckers eingebracht hatte; daher sein Stück über seinen Eintritt ins Generalkontrollamt. Ich weiß nicht, wer Ginguené die Autorschaft der „Beichte Zulmés", auf der sein Ruhm gründete, bestritten hat; aber dieses Gedicht ist wirklich von ihm.

Der Dichter aus Rennes verstand etwas von Musik und komponierte Romanzen. Von Natur war er bescheiden; wir sahen aber, wie sein Stolz zunahm, als er in die Nähe einer bekannten Persönlichkeit gelangte. Als die Generalstände einberufen wurden, hieß Chamfort ihn Zeitungsartikel und Reden für die Clubs zusammenschreiben; da wurde er überaus stolz. Beim ersten Fest der Föderation[90] sagte er: „Ist das ein schönes Fest! Um es besser zu beleuchten, sollte man an den vier Ecken des Altars vier Aristokraten verbrennen."

Ginguené wußte im voraus von den Mordtaten der Revolution. Madame Ginguené warnte meine Schwestern und meine Frau vor dem Blutbad, das in der Karmeliterkirche stattfinden sollte, und gewährte ihnen Asyl. Sie wohnten da ganz in der Nähe des Ortes, an dem die Morde geschehen sollten.

Nach der Schreckenszeit wurde Ginguené eine Art Verantwortlicher für den öffentlichen Unterricht; da sang er dann das Lied vom „Freiheitsbaum" nach der Melodie: „Ich habe ihn gepflanzt, ich habe ihn heranwachsen sehen". Man hielt ihn für scheinheilig genug in seiner Philosophie, um für eine Gesandtschaft bei einem König zu taugen, den man entthronen würde.[91] Er schrieb von Turin aus an Monsieur de Talleyrand, er habe „ein Vorurteil besiegt"; er hatte es dahin gebracht, daß seine Frau im Négligé bei Hofe empfangen wurde. Von der Mittelmäßigkeit zur Bedeutung gelangt, von der Bedeutung zur Plattheit, von der Plattheit zur Lächerlichkeit, hat er seine Tage doch als würdiger Literat beschlossen, als achtenswerter Kritiker und, was noch besser ist, als unabhängiger Schriftsteller in der *Décade*.[92] Die Natur hat ihn auf den Platz zurückversetzt, von dem ihn die Gesellschaft fälschlicherweise entfernt hatte. Sein Wissen kam aus zweiter Hand, seine Prosa ist schwerfällig, seine Poesie korrekt und zuweilen erfreulich.

Ginguené hatte einen Freund, den Dichter Lebrun. Ginguené protegierte Lebrun so, wie ein Mann von Talent, der die Welt kennt, die Einfachheit eines Mannes von Genie fördert. Lebrun bestrahlte dafür die Höhen, in denen Ginguené sich befand. Nichts war komischer als das Gehabe dieser beiden Gevattern, die sich in freundlichem Umgang miteinander all die Dienste erwiesen, die sich zwei Männer bezeigen können, die in verschiedenen Genres glänzen.

Lebrun war, schlicht gesagt, ein falscher Bewohner des Götterhimmels; sein poetisches Feuer brannte so kalt, wie seine Begeisterung eisig war. Sein Parnaß, ein hochgelegenes Zimmer in der Rue Montmartre, bot als einzige Einrichtungsgegenstände haufenweise unordentlich auf dem Fußboden aufgeschichtete Bücher, ein Gurtbett mit zwei schmutzigen Handtüchern als Vorhang, die von einem verrosteten Eisenstab herabbaumelten, und die Hälfte eines Wasserkrugs, der an einen Lehnstuhl mit zerrissenem Strohsitz gelehnt war. All das war kein Zeichen des Mangels, sondern Lebrun war geizig und üblen Weibspersonen verfallen.

In den lyrischen Gedichten Lebruns finden sich ebensowohl kräftige wie elegante Strophen. Seine Elegien kommen aus dem Kopf, selten aus dem Herzen. Seine Originalität ist gesucht, nicht natürlich. Er schafft nur mit Aufbietung seiner Kunstfertigkeit. Er müht sich, den Sinn der Worte zu entstellen und sie durch monströse Zusammenstellungen miteinander zu verbinden. Wirkliches Talent besaß Lebrun nur für die Satire: seine *Epitre sur la bonne et la mauvaise plaisanterie* [Epistel über den guten und den schlechten Scherz] verdient ihren guten Ruf. Einige seiner Epigramme können sich mit denen Jean-Baptiste Rousseaus messen; besonders inspirierte ihn Laharpe. Man muß ihm auch noch in anderer Hinsicht Gerechtigkeit widerfahren lassen: Unter Bonaparte blieb er unabhängig, und es sind flammende Verse von ihm gegen den Unterdrücker unserer Freiheiten überliefert.

Der mißlaunigste unter den Schriftstellern aber, die ich damals in Paris kennengelernt habe, war unzweifelhaft Chamfort. Von der Krankheit befallen, die die Jakobiner hervorgebracht hat, konnte er den Menschen die Umstände ihrer Geburt nicht verzeihen. Er verriet das Vertrauen der Familien, in denen er empfangen wurde. Den Zynismus seiner Sprache hielt er für einen Reflex der Sitten bei Hofe. Geist und Talent konnte man ihm nicht absprechen, aber beide waren von der Art, daß sie die Nachwelt nicht erreichten. Als er einsehen mußte, daß er es sogar unter der Revolution zu nichts bringen konnte, kehrte er die Hände, die er gegen die Gesellschaft erhoben hatte, gegen sich selbst. Nicht länger erschien die Jakobinermütze seinem Stolz als eine Krone, der Sansculottismus als eine Art Adel, dessen vornehmste Vertreter die Marat und Robespierre waren. Voll Wut darüber, die Ungleichheit der Stände selbst in der Welt der Schmerzen und Tränen wiederzufinden, dazu verurteilt, auch in der Aristokratie der Henker nur als gemeiner Mann zu gelten, wollte er sich töten, um der Gewalt des Verbrechens zu entfliehen. Das mißlang ihm: Der Tod lacht über die, die ihn rufen und ihn mit dem Nichts verwechseln.

Den Abbé Delille habe ich erst 1798 in London kennengelernt. Ich habe weder Rulhière, noch Beaumarchais und Marmontel gekannt. Genauso ist es mit Chénier, den ich nie gesehen habe; er hat mich oft angegriffen, ich habe ihm aber nie geantwortet. Seine Berufung ins Institut[93] sollte einen der Wendepunkte meines Lebens darstellen.

Wenn ich heute die meisten Schriftsteller des achtzehnten Jahrhunderts wieder lese, bin ich ebenso fassungslos über das Aufsehen, das sie erregt haben, wie über meine frühe Bewunderung. Sei es, daß die Sprache weitervorangeschritten ist oder daß sie sich zurückentwickelt hat, daß wir uns der Zivilisation angenähert haben oder daß wir in die Barbarei zurückgefallen sind - gewiß ist, daß ich bei den Autoren, die das Entzücken meiner Jugend waren, etwas Verbrauchtes, Veraltetes, Graues, Lebloses und Kaltes finde. Selbst bei den größten Schriftstellern des Zeitalters von Voltaire stoße ich auf Dinge, denen es an Gefühl, Gedankenreichtum und Stil mangelt.

Wen soll ich für meinen Irrtum verantwortlich machen? Ich fürchte, selbst als erster die Schuld zu tragen. Als geborener Spracherneuerer habe ich vielleicht die Krankheit, an der ich selber litt, auf die jüngere Generation übertragen. Entsetzt und vergebens rief ich meinen Kindern zu: „Verlernt das Französische nicht!" Sie antworten mir, wie der Schüler dem Pantagruel, in einem Kauderwelsch französisierter, griechischer und lateinischer Worte.[94]

Die Manie, unsere Sprache zu gräzisieren und zu latinisieren, ist nicht neu. Durch Rabelais wurde sie beseitigt, bei Ronsard tauchte sie wieder auf. Dann griff Boileau sie an. In unserer Zeit wurde sie durch die Wissenschaft wiedererweckt. Unsere Revolutionäre, von Haus aus große Griechen, haben unsere Kaufleute und Bauern gezwungen, nach Hektaren, Hektolitern, Kilometern, Millimetern und Dekagramm zu rechnen; die Politik hat im Sinne Ronsards gewirkt.

Ich hätte hier von Monsieur de Laharpe sprechen können, mit dem ich damals bekannt war. Ich hätte der Galerie seiner Porträts das von Fontanes hinzufügen können; aber wenn meine Bekanntschaft mit diesem vortrefflichen Manne auch schon auf das Jahr 1789 zurückgeht, so schloß ich doch erst in England eine Freundschaft mit ihm, die vom Unglück nur gestärkt, vom Glück aber nie gelockert wurde. Später werde ich aus der ganzen Fülle meines Herzens von dieser Freundschaft erzählen. Ich kann nur von talentierten Männern sprechen, die der Welt kein Trost mehr sind. Mein Freund starb in dem Moment, als meine Erinnerungen mich auf den Gedanken brachten, den Anfang seines Lebens nachzuzeichnen. Unser Dasein entflieht so schnell, daß, wenn wir nicht am Abend die Ereignisse des Morgens niederschreiben, die Arbeit uns über den Kopf wächst und wir nicht mehr die Zeit finden, sie zu vervollständigen. Das hindert uns aber nicht daran, unsere Jahre zu vergeuden, und die Stunden, die für den Menschen die Samenkörner der Ewigkeit sind, in den Wind zu streuen.

13

Paris, Juni 1821.

Die Familie Rosambo. - Monsieur de Malesherbes: seine Vorliebe für Lucile. - Das Auftauchen und die Wandlung meiner Sylphide.

Wenn meine und meiner Schwestern Neigung mich in diese literarische Gesellschaft heführt hatte, so zwang uns unsere Stellung doch, noch eine andere wahrzunehmen: die Familie der Frau meines Bruders war für uns natürlicherweise der Mittelpunkt dieser anderen Gesellschaft.

Der Präsident Le Pelletier de Rosambo, der später mit so großem Mut in den Tod ging, war, als ich nach Paris kam, von beispielloser Leichtfertigkeit. Zu dieser Zeit herrschte in den Köpfen wie in den Sitten große Unordnung - Anzeichen einer bevorstehenden Revolution. Die Amtspersonen schämten sich, ihr Amtskleid zu tragen und spotteten über die Ernsthaftigkeit ihrer Väter. Die Männer der Familien Lamoignon, Molé, Séguier, d'Aguesseau wollten sich schlagen und nicht mehr zu Gericht sitzen. Die Präsidentinnen waren nicht länger ehrwürdige Familienmütter, sondern traten aus dem Dunkel ihrer Häuser hervor, um abenteuerumwitterte Frauen zu werden. Der Priester auf der Kanzel vermied es, den Namen Jesu Christi zu nennen und sprach nur vom „Gesetzgeber der Christen". Die Minister fielen, einer nach dem andern, und die Macht entglitt allen Händen. Als höchste Vollendung des guten Tons galt es, wenn man in der Stadt Amerikaner, am Hofe Engländer, in der Armee Preuße, kurz: alles, außer Franzose, war. Was man tat und was man sagte, war nur eine Aneinanderreihung von Unbesonnenheiten. Man wollte die Pfründen behalten, gab aber nichts mehr auf die Religion; niemand konnte Offizier werden, wenn er nicht von Adel war, aber man schimpfte auf den Adel; man führte in den Salons die Gleichheit und in der Armee die Stockschläge ein.

Monsieur de Malesherbes hatte drei Töchter: Mesdames de Rosambo, d'Aulnay und de Montboissier; er hatte eine Vorliebe für die erste, weil ihre Ansichten den seinen glichen. Der Präsident de Rosambo hatte wiederum drei Töchter: Mesdames de Chateaubriand, d'Aulnay und de Tocqueville, sowie einen Sohn, dessen glänzender Geist von christlichen Tugenden ergänzt wurde. Monsieur de Malesherbes war glücklich im Kreise seiner Kinder, Enkel und Urenkel. Oft habe ich gesehen, wie er zu Beginn der Revolution, ganz erhitzt von der Politik, bei Madame de Rosambo eintrat, die Perücke abwarf, sich auf den Teppich im Zimmer meiner Schwägerin legte und sich unter fürchterlichem Spektakel von den Kindern zausen ließ. Seinen Manieren nach wäre er ein ziemlich vulgärer Mann gewesen, hätte ihn nicht eine gewisse Schroffheit vor der Gewöhnlichkeit bewahrt; beim ersten Wort aus seinem Munde spürte man den Träger eines alten Namens und die hochgestellte Amtsperson. Seine angeborenen Tugenden wirkten durch die Philosophie, die er dareinmischte, ein wenig gekünstelt. Er war voller Wissen, Redlichkeit und Mut; aber auch so aufbrausend und leidenschaftlich, daß er einmal, als er von Condorcet sprach, zu mir sagte: „Dieser Mann ist mein Freund gewesen; heute würde ich mir kein Gewissen daraus machen, ihn wie einen Hund totzuschlagen." Die Wellen der Revolution haben ihn verschlungen, und sein Tod war sein Ruhm. Dieser große Mann wäre mit seinen Verdiensten verborgen geblieben, hätte ihn nicht das Unglück der Welt bekanntgemacht.

Die freien Umgangsformen von Monsieur de Malesherbes enthoben mich allen Zwanges. Er entdeckte bei mir einige Kenntnisse; sie wurden unser erster Berührungspunkt. Wir sprachen über Botanik und Geographie, für ihn die liebsten Gesprächsgegenstände. Durch die Gespräche mit ihm kam ich auf den Gedanken, eine Reise nach Nordamerika zu unternehmen, um das von Hearne und später von Mackenzie gesichtete Meer zu entdecken.[95] Wir verstanden uns auch in der Politik. Die erhabenen Ideen, die Grund unserer ersten Unruhen waren, stimmten mit dem Unabhängigkeitsbedürfnis meines Charakters überein; meine angeborene Antipathie dem Hofleben gegenüber bekräftigte diese Neigung. Ich stand auf seiten Monsieur de Malesherbes' und Madame de Rosambos gegen Monsieur de Rosambo und gegen meinen Bruder, dem man den Beinamen des *enragé*, des wütenden Chateaubriand, gegeben hatte. Die Revolution hätte mich mitgerissen, wenn sie nicht mit Verbrechen begonnen hätte. Als ich den ersten auf einer Pike umhergetragenen Kopf sah, wich ich zurück. Niemals wird in meinen Augen Mord ein Anlaß zur Bewunderung und ein Argument für die Freiheit sein; ich kenne nichts Knechtischeres, Verächtlicheres, Feigeres und Beschränkteres als einen Gewalttäter. Habe ich nicht in Frankreich diese ganze Sippe des Brutus im Dienste Cäsars und seiner Polizei gesehen? Die Gleichmacher, Erneuerer und Würger hatten sich in Diener, Spione und Denunzianten verwandelt oder - auf noch weniger natürliche Weise - in Herzöge, Grafen und Barone. Welch ein Mittelalter!

Was mich aber schließlich noch mehr zu dem berühmten Greis hinzog, war seine Vorliebe für meine Schwester Lucile. Man hatte die Comtesse Lucile trotz ihrer Schüchternheit, mit Hilfe eines Schlückchens Champagner, dazu überreden können, anläßlich des Geburtstags von Monsieur de Malesherbes in einem kleinen Stück eine Rolle zu übernehmen; sie spielte sie so hinreißend, daß sie dem guten großen Mann den Kopf verdrehte.

Diese Schilderung von Menschen und Gesellschaft bei meinem Eintritt in die Welt erstreckt sich auf einen Zeitraum von ungefähr zwei Jahren, zwischen der Schließung der ersten Versammlung der Notabeln[96] am 25. Mai 1787 und der Eröffnung der Generalstände am 5. Mai 1789. In diesen beiden Jahren wohnten meine Schwester und ich weder beständig in Paris, noch immer am gleichen Ort innerhalb von Paris. Ich werde jetzt rückwärts gehen und meine Leser wieder in die Bretagne führen.

Übrigens haben mich die Bilder meiner Phantasie immer verwirrt. Hatte ich meine Wälder nicht, so eröffneten mir - in Ermangelung der entlegenen Orte - vergangene Zeiten den Raum für eine andere Einsamkeit. In dem alten Paris, in den Mauern von Saint-Germain-des-Prés, in den Kreuzgängen der Klöster, in den Grüften von Saint-Denis, in der Sainte-Chapelle, in Notre-Dame, in den engen Gassen der Cité, an der Klosterpforte der Heloïse sah ich mein Zaubergeschöpf wieder; doch hatte es unter den gotischen Gewölben und zwischen den Gräbern einen Abglanz des Todes angenommen. Es war bleich und blickte mich mit traurigen Augen an. Es war nur noch der Schatten oder der Geist des Traumes, den ich geliebt hatte.

5. Buch

1

Paris, September 1821

Erste politische Bewegungen in der Bretagne. - Rückblick auf die Geschichte der Monarchie.

Meine wiederholten Aufenthalte in der Bretagne in den Jahren 1787 und 1788 leiteten meine politische Erziehung ein. Die Ständeversammlungen in den Provinzen waren das Abbild der Generalstände; so brachen die ersten Unruhen, die die der ganzen Nation ankündigten, in zwei Provinzen mit Landständen, der Bretagne und der Dauphiné, aus.

Die Veränderung, die sich seit zweihundert Jahren vollzog, näherte sich ihrem Ende: Frankreich, das sich aus einer Feudalmonarchie zu einer Monarchie mit Generalständen, aus dieser zu einer Monarchie mit Gerichtshöfen (*parlements*)[97] und weiter zur absoluten Monarchie entwickelt hatte, strebte im Kampf der Amtspersonen gegen die königliche Macht zur repräsentativen Monarchie hin.

Das *parlement* Maupeou,[98] die Einführung von Zusammenkünften der Provinzialstände mit der Abstimmung nach Köpfen, die erste und zweite Versammlung der Notabeln, die *cour plénière,*[99] die Bildung der großen Amtsbezirke, die bürgerliche Gleichstellung der Protestanten, die teilweise Abschaffung der Folter, die Aufhebung der Frondienste, die gleiche Verteilung der zu leistenden Abgaben waren sämtlich Anzeichen der sich vollziehenden Umwälzung. Aber damals sah man diese Tatsachen nicht in ihrer Gesamtheit: Jedes Ereignis erschien als Einzelfall. Jede historische Epoche wird von einem Grundgedanken beherrscht. Betrachtet man nur einen Punkt, so sieht man nicht die von allen anderen Punkten zusammenlaufenden Strahlen. Man gewahrt die verborgene Antriebskraft nicht, die das Leben und die allgemeine Bewegung verursacht, so wie das Wasser oder das Feuer in den Maschinen. Deshalb meinen am Beginn von Revolutionen so viele Menschen, es genüge, dieses oder jenes Rad zu zerbrechen, um dem Strom Einhalt zu gebieten oder die Explosion zu verhindern.

Das 18. Jahrhundert, ein Jahrhundert der intellektuellen, nicht der materiellen Aktivität, hätte nicht so schnell die Gesetze verändern können, wenn es dazu nicht das geeignete Instrument gefunden hätte: die *parlements* und namentlich das *parlement* von Paris wurden die Werkzeuge des philosophischen Systems. Jede Vorstellung vergeht machtlos oder verzehrt sich an ihrer eigenen Wut, wenn sie nicht in eine Körperschaft eingebettet ist, die ihr Macht gibt, einen Willen verleiht, ihr zu Zunge und Armen verhilft. Immer und überall werden daher legale oder illegale Körperschaften die Basis für Revolutionen bilden.

Die obersten Gerichtshöfe hatten ihre Rechte einzuklagen: Die absolute

119

Monarchie hatte ihnen eine Macht entzogen, mit der sie wiederum in die Rechte der Generalstände eingegriffen hatten. Die erzwungene Annahme königlicher Verordnungen, die Abhaltung feierlicher Sitzungen des *parlements* durch den König, bei denen dieser dem Gerichtshof seinen Willen aufzwang, sowie Verbannungen machten die Männer des *parlements* populär und drängten sie, Freiheiten zu fordern, denen sie im Grunde nicht aufrichtig anhingen. Sie beriefen sich auf die Generalstände, da sie nicht einzugestehen wagten, daß sie selbst nach der legislativen und politischen Macht strebten. So beschleunigten sie das Wiedererstehen einer Körperschaft, deren Erbe sie angetreten hatten und die, wenn sie wiederbelebt wurde, die Gerichtshöfe sogleich auf ihre eigentliche Aufgabe, die Rechtsprechung, verweisen würde. Die Menschen täuschten sich fast immer über ihre Interessen, ob sie nun aus Weisheit oder aus Leidenschaft handeln. Ludwig XVI. setzte die Gerichtshöfe wieder ein, die ihn zwangen, die Generalstände einzuberufen; die Generalstände, zur Nationalversammlung und bald darauf zum Konvent geworden, stürzten Thron und Gerichtshöfe und schickten die Richter und den Monarchen, von dem das Recht ausging, aufs Schafott. Ludwig XVI. und die Gerichtshöfe aber handelten so, weil sie, ohne es zu wissen, die Vermittler einer sozialen Revolution waren.

Die Vorstellung von den Generalständen war also in allen Köpfen, nur sah man nicht, wohin das führen sollte. Für die Menge ging es darum, ein finanzielles Defizit zu decken, das heutzutage der simpelste Bankier zum Verschwinden bringen würde. Daß man für ein so kleines Übel ein so gewaltsames Mittel anwandte, beweist, daß man in ganz unbekannte Regionen der Politik verschlagen worden war. Für das Jahr 1786, das einzige Jahr, dessen Finanzlage genau bekannt ist, betrugen die Einnahmen 412.924.000 Livres, die Ausgaben 593.542.000 Livres; das Defizit belief sich also auf 180.618.000 Livres und wurde durch Einsparungen von 40.618.000 Livres auf 140 Millionen reduziert. In diesem Staatshaushaltsplan war das Königshaus mit der ungeheuren Summe von 37.200.000 Livres angesetzt. Die Schulden der Prinzen, der Kauf von Schlössern und die Veruntreuung bei Hofe waren der Grund für diese Überbelastung.

Man wollte die Generalstände in der Form des Jahres 1614 wiederhaben. Die Historiker berufen sich immer auf diese Form, als ob seit 1614 nie von den Generalständen die Rede gewesen und nie ihre Einberufung gefordert worden wäre. Im Jahre 1651 aber haben der Adel und der geistliche Stand in Paris die Einberufung der Generalstände verlangt. Es gibt eine umfangreiche Sammlung der damaligen Ereignisse und Reden. Der zu jener Zeit allmächtige Pariser Gerichtshof war weit davon entfernt, den Wunsch der beiden ersten Stände zu unterstützen; er hob ihre Versammlungen als gesetzwidrig auf, was sie in der Tat waren.

Da ich einmal bei diesem Kapitel bin, will ich eine weitere schwerwiegende Tatsache vermerken, die all jenen entgangen ist, die es unternommen haben und noch unternehmen, die Geschichte Frankreichs zu schreiben, ohne sie zu kennen. Man spricht von den *drei Ständen,* aus denen sich die sogenannten Generalstände im wesentlichen zusammensetzten. Es geschah aber oft, daß die Amtsbezirke nur für *einen* oder *zwei* Stände Abgeordnete benannten. Nichtsdestoweniger wurden die Stände von 1614 *Generalstände* genannt. Auch drücken sich die alten Chronisten, wenn sie von unseren Nationalversammlungen sprechen, korrekter aus. Sie sagen, je nach Sachverhalt: die *drei Stände,* oder *die bürgerlichen Notabeln,* oder *die Barone und die Bischöfe,* und jeder dieser Versammlungen ordnen sie die gleiche legislative Gewalt zu. In einigen Provinzen entsandte der dritte Stand, obgleich er einberufen worden war, oft gar keine Deputierten, und das aus einem unbemerkt gebliebenen, aber sehr natürlichen Grund. Der dritte Stand hatte sich der obrigkeitlichen Ämter bemächtigt und den Adel daraus verdrängt. Außer in einigen adligen *parlements* übten die Angehörigen des dritten Standes als Richter, Anwälte, Registratoren, Schreiber etc. unumschränkte Herrschaft aus. Sie erließen Zivil- und Kriminalgesetze und verfügten, indem sie sich Rechte des *parlements* aneigneten, sogar über politische Macht. Besitz, Ehre und Leben der Bürger hingen von ihnen ab; alles gehorchte ihren Verfügungen, alle Köpfe, die fielen, fielen unter dem Schwert ihrer Justiz. Wenn sie also für sich allein über grenzenlose Macht verfügten, warum sollten sie dann einen geringen Teil dieser Macht in den Ständeversammlungen suchen, denen sie nur kniend beiwohnen durften?

Das Volk hatte sich - als Mönche - in die Klöster zurückgezogen und beherrschte die Gesellschaft durch die Religion; oder es hatte sich - als Steuereinnehmer oder Bankiers - ins Finanzfach geworfen und beherrschte die Gesellschaft durch das Geld; oder es hatte - als hohe Amtsperson - seinen Platz in den Gerichtshöfen eingenommen und beherrschte die Gesellschaft durch das Gesetz. Das große, in seinen Teilen oder Provinzen aristokratische Königreich Frankreich war unter der Leitung seines Königs, mit dem es sich vortrefflich verstand und mit dem es fast immer einig war, in seiner Gesamtheit demokratisch. Das erklärt seine lange Lebensdauer. Man müßte eine ganz neue Geschichte Frankreichs schreiben, oder vielmehr: die Geschichte Frankreichs ist noch gar nicht geschrieben.

Alle die hier angeführten großen Fragen wurden in den Jahren 1786, 1787 und 1788 heftig diskutiert. Die Köpfe meiner Landsleute, die von Natur aus sehr lebhaft waren, entzündeten sich an den Privilegien der Provinzen, der Geistlichkeit und des Adels, an den Kollisionen zwischen *parlements* und Ständen. Monsieur de Calonne, der kurze Zeit königlicher Intendant in der Bretagne war, hatte die Zwietracht vermehrt, indem er die Sache des dritten Standes begünstigte. Monsieur de Montmorin und Monsieur de Thiard waren als Kommandanten zu schwach, um der Hofpartei zum Sieg zu verhelfen. Der Adel verband sich mit dem *parlement,* das auch adlig war, und widersetzte sich bald dem Willen Neckers, Calonnes und des Erzbischofs von Sens, bald schlug er die Volksbewegung zurück, die er durch seinen ersten Widerstand begünstigt hatte. Der Adel versammelte sich, beriet und protestierte; die

Gemeinden versammelten sich, berieten und protestierten im entgegengesetzten Sinn. Die Angelegenheit der *Herdsteuer,*[100] die zu den anderen Problemen hinzukam, hatte die Feindseligkeit beträchtlich gesteigert.

2

Paris, September 1821.

Die bretonischen Landstände. - Ihre Sitzungen.

Die Stände der Bretagne haben sich, wie alle Stände des feudalen Europa, denen sie ähnelten, in ihrer Form mehr oder weniger verändert.

Die Rechte der Herzöge der Bretagne gingen an die Könige von Frankreich über. Durch den Ehekontrakt der Herzogin Anne vom Jahre 1491 fiel die Bretagne der Krone Karls VIII. und Ludwigs XII. zu; auch enthielt er einen Vergleich, durch den ein aus den Zeiten Charles de Blois' und des Comte de Montfort herrührender Streit beigelegt wurde. In der Bretagne behauptete man, daß auch den Töchtern die Herzogswürde zufallen könne; Frankreich wollte die Erbfolge hingegen nur in der männlichen Linie gelten lassen, so daß, wenn diese ausstürbe, die Bretagne als ein großes Lehen an die Krone zurückkäme. Karl VIII. und Anne, dann Anne und Ludwig XII. traten gegenseitig ihre Rechte oder Ansprüche aneinander ab. Claude, die Tochter Annes und Ludwigs XII., welche die Gemahlin Franz I. wurde, hinterließ diesem nach ihrem Tode das Herzogtum Bretagne. Auf Bitten der in Vannes versammelten Stände vereinigte Franz I. 1532 durch ein in Nantes erlassenes Edikt das Herzogtum Bretagne mit der Krone von Frankreich, wobei er dem Herzogtum seine Freiheiten und Privilegien zusicherte.

Zur damaligen Zeit wurden die bretonischen Landstände jedes Jahr einberufen, von 1630 an alle zwei Jahre. Der Gouverneur erklärte die Eröffnung der Versammlung. Die drei Stände traten, je nach der Örtlichkeit, in einer Kirche oder in den Hallen eines Klosters zusammen. Jeder Stand verhandelte unter sich; es waren drei voneinander abgesonderte Versammlungen mit ihren jeweiligen Stürmen, die zu einem allgemeinen Orkan wurden, wenn die Geistlichkeit, der Adel und der dritte Stand zusammentrafen. Der Hof schürte die Uneinigkeit, und auf diesem engen Raum waren, wie auf einem größeren Kampfplatz, Talente, Eitelkeiten und ehrgeizige Bestrebungen im Spiel.

Die Sitzungsperiode der bretonischen Landstände war eine Zeit der Festlichkeiten und Bälle; man speiste bei dem Herrn Kommandanten, man speiste bei dem Herrn Präsidenten des Adelsstandes, man speiste bei dem Herrn Präsidenten des geistlichen Standes, man speiste bei dem Herrn Schatzmeister der Stände, man speiste bei dem Herrn Präsidenten der Gerichtshöfe, man speiste überall, und was wurde dabei getrunken! An den langen Tafeln des Refektoriums saßen die Du Guesclins aus dem Bauernstand und Duguay-Trouins von der Gilde der Matrosen, ihre alten Eisenschwerter oder kleinen Entersäbel an der Seite. All diese Edelleute, die der Ständeversammlung persönlich beiwohnten, glichen so ziemlich einer Reichsversammlung Polens, aber des Polens zu Fuß, nicht zu Pferde.

Leider wurde zu viel gespielt. Die Bälle folgten pausenlos aufeinander. Die Bretonen sind bekannt für ihre Tänze und deren eigenartige Melodien. Madame de Sévigné hat unsere politischen Schmausereien mitten im flachen Land wie Gelage von Feen und Zauberern geschildert, die nachts im Heideland gehalten wurden.

Die Pariser Gecken, welche die Herren vom Hof zur Ständeversammlung begleiteten, erzählten, daß wir Krautjunker unsere Taschen innen mit Blech auskleiden ließen, um das Hühnerfrikassee des Herrn Kommandanten für unsere Frauen mit nach Haus zu nehmen. Derartige Spöttereien mußten teuer bezahlt werden. Vor kurzem wurde ein Comte de Sabran wegen solch boshafter Reden im Zweikampf getötet. Dieser Nachkomme der Troubadours und der provenzialischen Könige, lang wie ein Schweizer, ließ sich von einem kleinen Hasenjäger aus dem Morbihan von der Größe eines Lappländers ins Jenseits befördern.

3

Die Einkünfte des Königs aus der Bretagne. - Besondere Einkünfte der Provinz. - Das Herdgeld. - Ich nehme zum ersten Mal an einer politischen Versammlung teil. - Eine Szene.

Die Einkünfte des Königs aus der Bretagne bestanden in der freiwilligen Abgabe, die je nach den Bedürfnissen veränderlich war; ferner aus dem Ertrag der Krondomänen, den man auf drei- bis vierhunderttausend Franken veranschlagen konnte; aus der Stempelsteuer, etc.

Die Bretagne hatte ihre besonderen Einnahmen, mit denen sie ihre Ausgaben deckte: die *große* und die *kleine* Steuer, die für Getränke und den Getränkehandel erhoben wurden und jährlich zwei Millionen einbrachten; schließlich die Summe, die durch die Herdsteuer hereinkam. Die Bedeutung dieser Herdsteuer für unsere Geschichte ist wenig bekannt; sie war indessen für die französische Revolution das gleiche, was die Stempelsteuer für die Revolution der Vereinigten Staaten war.

Das Herdgeld war ein Zins oder eine Art Steuer, die auf jede Feuerstelle in nichtadeligen Gütern erhoben wurde. Von dem nach und nach erhöhten Herdzins wurden die Schulden der Provinz bezahlt. In Kriegszeiten stiegen die Ausgaben von einer Sitzung zur nächsten auf mehr als sieben Millionen an, eine Summe, die die Einnahmen überstieg. Man plante, aus den durch die Herdsteuer eingenommenen Geldern ein Kapital zu bilden und davon Renten an die Herdgeldpflichtigen zu zahlen; so wäre die Herdsteuer nur noch ein

Darlehen gewesen. Die Ungerechtigkeit - nach gängigem Recht freilich eine legale - bestand darin, daß die Herdsteuer nur nichtadeligen Gütern auferlegt war. Die Gemeinden beschwerten sich ohne Unterlaß darüber; der Adel, dem weniger an seinem Geld als an seinen Privilegien gelegen war, wollte von einer Abgabe, die ihn steuerpflichtig gemacht hätte, nichts hören. So stand die Sache, als im Dezember 1788 die blutige bretonische Ständeversammlung stattfand.

Aus vielen Gründen waren die Gemüter in Wallung geraten: die Versammlung der Notabeln, die Grundsteuer, der Getreidehandel, die bevorstehende Einberufung der Generalstände, die Halsbandaffaire,[101] die *cour plénière*, „Figaros Hochzeit", die großen Vogteien, Cagliostro und Mesmer, und tausend andere wichtige oder unbedeutende Umstände waren in allen Familien zum Gesprächsgegenstand geworden.

Der bretonische Adel hatte sich aus eigenem Antrieb in Rennes zusammengefunden, um gegen die Einrichtung der *Cour plénière* zu protestieren. Ich begab mich zu dieser Versammlung; es war die erste politische Zusammenkunft, an der ich in meinem Leben teilgenommen habe. Ich war betäubt und belustigt von dem Geschrei, das ich vernahm. Man stieg auf Tische und Stühle, gestikulierte, und alle sprachen gleichzeitig. Der Marquis de Trémargat mit seinem Holzbein rief mit Stentorstimme: „Wir wollen alle zum Kommandanten, Monsieur de Thiard, gehen und ihm sagen: 'Der bretonische Adel steht vor Ihrer Tür und will Sie sprechen; der König selbst würde das nicht abschlagen.' Nach dieser rhetorischen Meisterleistung erschütterte langanhaltender Beifall das Gewölbe des Saals. „Der König selbst würde das nicht abschlagen!" Das Geschrei und Getrampel verdoppelte sich. Wir gingen zu dem Comte de Thiard, einem Hofmann und erotischem Dichter von sanftem, leichtfertigem Gemüt, dem unser Lärm in höchstem Grade zuwider war. Er sah uns an wie Käuze, Wildschweine oder Raubtiere. Er wünschte nichts sehnlicher, als aus unserer vorsintflutlichen Bretagne wegzukommen, und wollte uns in keiner Weise den Zutritt zu seinem Hause verwehren. Unser Wortführer sagte ihm, was wir wollten, und danach setzten wir folgende Deklaration auf: „Wir erklären einen jeden für ehrlos, der irgendeine Anstellung annimmt, sei es in der neuen Justizverwaltung oder in der Administration der Stände, die nicht anerkannt ist durch die konstituierten Gesetze der Bretagne!" Zwölf Edelleute wurden gewählt, die dem König dieses Schriftstück übergeben sollten. Bei ihrer Ankunft in Paris wurden sie in die Bastille gesperrt, aus der sie bald in Heldenpose wieder herauskamen. Bei der Rückkehr in die Heimat empfing man sie mit Lorbeerzweigen. Wir trugen Röcke mit großen Perlmuttknöpfen, auf denen die lateinische Devise stand: *Potius mori quam feodari.* [Lieber sterben als sich entehren.] Wir triumphierten über den Hof, über den alle triumphierten, und wir stürzten in den gleichen Abgrund wie er.

4

Paris, Oktober 1821.

Meine Mutter lebt zurückgezogen in Saint-Malo.

Zu dieser Zeit faßte mein Bruder, der seine Pläne immer im Auge behielt, den Entschluß, mich in den Malteserorden aufnehmen zu lassen. Dafür mußte ich allerdings die geistlichen Weihen erhalten; Monsieur Cortois de Pressigny, Bischof von Saint-Malo, würde sie mir erteilen. Ich reiste daher in meine Heimatstadt, wo meine vortreffliche Mutter jetzt lebte. Keines ihrer Kinder war mehr bei ihr; den Tag verbrachte sie in der Kirche, den Abend mit Stricken. Oft war sie unglaublich zerstreut. Eines Morgens traf ich sie auf der Straße mit einem Pantoffel anstelle des Gebetbuchs unter dem Arm. Zuweilen drangen einige alte Freunde in ihre Zurückgezogenheit vor, und sie sprachen von den guten Zeiten. Wenn ich mit ihr allein war, erzählte sie mir hübsche Märchen in Versen, die sie improvisierte. In einem dieser Märchen entführte der Teufel einen Kamin mit einem Ungläubigen darin, und die Dichterin rief aus:

Der Satan aber zog
Schnell durch das Haus davon;
In wen'ger als einer Stunde
War er dem Blick entfloh'n.[102]

„Es scheint mir", bemerkte ich, „daß der Teufel nicht allzu schnell verschwindet."
Aber Madame de Chateaubriand bewies mir, daß ich davon nichts verstünde. Sie war bezaubernd, meine Mutter!
Sie kannte ein langes Klagelied: „Wahrhafte Erzählung von einer wilden Ente, in der Stadt Montfort-la-Cane-lez-Saint-Malo": Ein hoher Herr hielt ein junges Mädchen von großer Schönheit im Schloß von Montfort gefangen, um ihr die Ehre zu rauben. Durch ein Dachfenster erblickte das Mädchen die Kirche von Saint-Nicolas; mit Tränen in den Augen flehte sie den Heiligen an und wurde auf wunderbare Weise aus dem Schloß befreit. Aber sie fiel den Dienern des Bösewichts in die Hände, die ihr das antun wollten, was - so glaubten sie - ihr Herr schon mit ihr getan hätte. Das arme erschrockene Mädchen sah sich nach Hilfe um, erblickte aber nur wilde Enten auf dem Schloßteich. Sie wiederholte ihr Gebet zum Hl. Nicolas und flehte ihn an, diese Tiere zu Zeugen ihrer Unschuld zu machen, damit die Vögel, falls sie selbst das Leben verlieren sollte und ihre Gelübde nicht erfüllen könne, es in ihrem Namen an ihrer Statt tun möchten.
Das Mädchen starb im Laufe des Jahres. Bei der Überführung der Gebeine des Hl. Nicolas am 9. Mai aber kam eine wilde Ente mit ihren Jungen in die Kirche von Saint-Nicolas. Sie flatterte vor dem Bilde des seligen Erretters auf

und ab, wie um durch den Schlag ihrer Flügel ihr Lob darzubringen; dann flog sie wieder zum Teich zurück, hinterließ aber eines ihrer Jungen als Opfergabe. Einige Zeit später kehrte auch das Junge zurück, ohne daß man es bemerkte. Mehr als zweihundert Jahre lang ist die Ente, immer die gleiche, an diesem Tag mit ihren Jungen in die Kirche von Saint-Nicolas in Montfort gekommen.

Die Geschichte ist im Jahre 1652 geschrieben und gedruckt worden; der Verfasser bemerkt sehr richtig, „daß eine wilde Ente in den Augen Gottes ein sehr unbedeutendes Ding sei, daß sie aber dessenungeachtet das ihrige tue, um seine Größe zu preisen; die Zikade des heiligen Franziskus war von noch geringerem Wert, und doch erfreute ihr Zirpen das Herz eines Seraphs." Aber Madame de Chateaubriand folgte einer falschen Tradition: In ihrem Klagelied war das in Montfort gefangene Mädchen eine Prinzessin, die in eine wilde Ente verwandelt wurde, um der Gewalttätigkeit ihres Bezwingers zu entgehen. Ich habe nur die folgenden Verse der Romanze meiner Mutter behalten:

Zur Ente ward die Schöne,
Zur Ente ward die Schöne,
Durch ein Gitter flog sie fort
In einen Teich voller Linsen.[103]

5

Paris, Oktober 1821.

Die geistliche Weihe. - Die Umgebung von Saint-Malo.

Da Madame de Chateaubriand eine wirkliche Heilige war, gab ihr der Bischof von Saint-Malo das Versprechen, mir die geistlichen Weihen zu erteilen, obgleich er Bedenken trug: Einem Laien und Soldaten das Zeichen der Geistlichkeit zu verleihen, erschien ihm als Profanation, die dem Ämterkauf nahekam. Monsieur Cortois de Pressigny, jetzt Erzbischof von Besançon und Pair von Frankreich, ist ein vortrefflicher, verdienstvoller Mann. Damals war er noch jung, ein Schützling der Königin und auf dem Wege zum Glück, zu dem er später auf einem besseren Weg gelangt ist: dem der Verfolgung.

Ich kniete in Uniform, mit dem Degen an der Seite, zu Füßen des Prälaten nieder. Er schnitt mit ein paar Haare vom Kopfe ab; das nannte sich Tonsur, über die ich eine in gehöriger Form ausgestellte Bescheinigung erhielt. Aufgrund dieses Dokuments konnte mir eine Rente von zweihunderttausend Livres zufallen, falls meine Adelsproben in Malta anerkannt wurden - zweifellos ein Mißbrauch der kirchlichen Ordnung, aber etwas sehr Nützliches in der politischen Ordnung der alten Verfassung. War es nicht besser, daß eine Art militärischer Pfründe mit dem Degen eines Soldaten verbunden wurde als mit dem Mäntelchen eines Abbé, der sein fettes Einkommen in den Straßen von

Paris verzehrt hätte?

Die geistlichen Weihen, die ich aus den angegebenen Gründen erhielt, haben schlecht unterrichtete Biographen sagen lassen, daß ich ganz früh in den geistlichen Stand eingetreten sei.

Das war im Jahre 1788. Ich hatte Pferde, durchstreifte die Felder oder galoppierte mit den Meereswellen, meinen alten, brausenden Freundinnen, dahin. Ich stieg ab und spielte mit ihnen; die ganze lärmende Familie der Scylla[104] sprang mir liebkosend an den Knien empor. Ich bin sehr weit gereist, um Naturszenen zu bewundern; ich hätte mich mit denen begnügen können, die mir mein heimatliches Land bot.

Es gibt nichts Reizvolleres als die Umgebung von Saint-Malo im Umkreis von fünf bis sechs Meilen. Die Ufer der Rance von ihrer Mündung aufwärts bis Dinan verdienten allein schon die Aufmerksamkeit der Reisenden; ein ständiger Wechsel von Felsen und Grün, von Sand und Wäldern, von Buchten und Weilern, von alten Schlössern aus der bretonischen Feudalzeit und modernen Häusern der handeltreibenden Bretagne. Letztere wurden in einer Zeit erbaut, da die Kaufleute von Saint-Malo so reich waren, daß sie an ihren übermütigen Tagen ihre Piaster verschleuderten und sie aus den Fenstern unters Volk warfen. Diese Bauwerke sind von großer Pracht. Das Schloß Bonabant ist zum Teil aus Genueser Marmor erbaut, ein Prunk, von dem wir in Paris keine Vorstellung besitzen. La Brillantais, Le Beau, Le Mont-Marin, La Ballue, Le Colombier waren oder sind noch jetzt mit Orangerien, Springbrunnen und Statuen geschmückt. Zuweilen fallen die Gärten hinter den Botengängen einer Lindenallee mit einem Säulengang aus Tannen oder am Ende einer Wiese sanft zum Ufer hin ab; über einem Tulpenbeet sieht man das Meer mit seinen Schiffen, seiner Stille oder seinen Stürmen.

Jeder Bauer, Matrose oder Ackersmann besitzt ein kleines, weiß angestrichenes Häuschen mit einem Garten; zwischen den Küchengewächsen, den Johannisbeer- und Rosensträuchern, den Schwertlilien und Ringelblumen des Gartens findet sich ein Teesteckling aus Cayenne, eine Tabakpflanze aus Virginia, eine Blume aus China, kurz, ein Andenken an eine andere Küste und eine andere Sonne. Hieran erkennt man die Reiseroute des Besitzers. Die Landleute an der Küste gehören dem schönen normannischen Menschenschlag an. Die Frauen sind groß, schlank und gewandt; sie tragen Mieder von grüner Wolle, kurze Röcke aus gestreifter Seide und weiße Strümpfe mit farbigen Zwickeln. Ihre Stirn wird von einer breiten Haube aus Barchent oder Battist beschattet, deren Seitenteile emporstehen oder wie ein Schleier im Winde flattern. Eine mehrfach geschlungene silberne Kette hängt an ihrer linken Seite. Im Frühjahr steigen diese Töchter des Nordens jeden Morgen aus ihren Barken, als wenn sie noch jetzt das Land im Sturm einnehmen wollten, und bringen Obst in Körben und Quark in Muschelschalen zum Markt. Wenn sie mit einer Hand das schwarze, mit Milch oder Blumen gefüllte Gefäß auf ihrem Kopf festhalten, wenn die weißen Hauben ihre blauen Augen, ihre geröteten Gesichter, ihre blonden, von Tau benetzten Haare umrahmen, dann übertreffen sie die Walküren der Edda[105] und die Kanephoren Athens[106] an Anmut. Gibt es dieses Bild heute noch? Kein Zweifel: Diese Frauen existieren nicht mehr, sie leben nur noch in meiner Erinnerung.

6

Paris, Oktober 1821.

Der Geist. - Der Kranke.

Ich verließ meine Mutter und besuchte meine älteren Schwestern in der Gegend von Fougères. Ich wohnte einen Monat bei Madame de Châteaubourg. Ihre beiden Landhäuser, Lascardais und Le Plessis bei Saint-Aubin-du-Cormier, das wegen seines Turmes und seiner Schlacht berühmt ist, lagen inmitten von Felsen, Heiden und Wäldern. Meine Schwester hatte als Verwalter Monsieur Livoret, einen ehemaligen Jesuiten, dem ein seltsames Abenteuer widerfuhr.

Als er zum Verwalter in Lascardais ernannt wurde, war der Comte de Châteaubourg, der Vater, gerade gestorben, und Monsieur Livoret, der ihn nicht gekannt hatte, war zum Aufseher des Schlosses bestellt worden. In der ersten Nacht, als er allein im Bett lag, sah er einen bleichen alten Mann in Schlafrock und Nachtmütze und mit einem kleinen Licht in der Hand in sein Zimmer treten. Die Erscheinung ging auf den Kamin zu, stellte den Leuchter darauf ab, brachte das Feuer wieder in Gang und nahm in einem Lehnstuhl Platz. Livoret zitterte am ganzen Körper. Nach zweistündigem Schweigen erhebt sich der Greis, nimmt das Licht, verläßt das Zimmer und schließt die Tür hinter sich.

Am folgenden Morgen erzählte der Verwalter den Pächtern, was er gesehen hatte, und diese versicherten nach der Beschreibung der Erscheinung, daß es ihr alter Herr gewesen sei. Damit war es aber noch nicht genug; sooft sich Livoret im Wald umblickte, sah er den Geist hinter sich; wenn er auf dem Feld über einen Zaun steigen wollte, saß der Schatten rittlings darauf. Eines Tages hatte es der unglückliche Verfolgte gewagt, zu der Erscheinung zu sagen: „Monsieur de Châteaubourg, lassen Sie mich in Ruhe!", worauf er zur Antwort erhielt: „Nein." Monsieur Livoret, ein kaltblütiger, zuverlässiger Mann, der sehr wenig durch Phantasie glänzte, erzählte seine Geschichte, sooft man es verlangte, immer in derselben Art und mit derselben Überzeugungskraft.

Etwas später begleitete ich einen tapferen Offizier in die Normandie, wo er von einer Gehirnhautentzündung befallen wurde. Man wies uns eine Wohnung in einem Bauernhaus an; ein alter Wandschirm, den der Gutsherr des Dorfes uns geliehen hatte, trennte mein Bett von dem des Kranken. Hinter diesem Wandschirm ließ man den Patienten zur Ader. Um seine Leiden zu mildern, legte man ihn in eisige Bäder; er erschauerte unter dieser Qual. Seine

Nägel waren blau angelaufen, das Gesicht fahl und verzerrt, die Zähne zusammengebissen, der Kopf kahl, sein langer Bart fiel von dem spitzen Kinn herab und bedeckte seine nackte, magere und nasse Brust.

Wenn der Kranke anfing zu weinen, öffnete er einen Regenschirm, im Glauben, sich so vor den Tränen zu schützen; wäre dies ein sicheres Mittel gegen Tränen, so müßte man dem Erfinder ein Denkmal dafür errichten.

Meine einzigen angenehmen Augenblicke waren die, wenn ich den Kirchhof neben der auf einem Hügel gelegenen Kirche des Dorfes besuchte. Die Verstorbenen, ein paar Vögel und die untergehende Sonne waren meine Gesellschaft. Ich dachte an meine Freunde in Paris, an meine ersten Lebensjahre, an meine Phantasien, an die Wälder von Combourg, denen ich dem Raum nach so nahe, der Zeit nach so fern war. Ich kehrte dann zu meinem armen Kranken zurück; er war ein Blinder, der einen Blinder geleitete.

Ach, ein Schlag, ein Fall, ein seelischer Schmerz - und Homer, Newton und Bossuet wären ihres Genies beraubt, und diese großen Männer würden vielleicht, statt tiefes Mitleid und ewiges schmerzliches Bedauern zu erwecken, nur belächelt werden! Bei vielen Personen, die ich kannte und liebte, hat sich eine geistige Verwirrung eingestellt, wenn sie in meiner Nähe waren, als ob ich den Keim der Ansteckung in mir trüge. Ich kann mir das Meisterwerk Cervantes' und seine grausame Fröhlichkeit nur mit Hilfe einer schmerzlichen Betrachtung erklären: Wenn man das ganze Dasein mit einem Blick umfängt und das Gute gegen das Schlechte abwägt, ist man versucht, jedes Mittel herbeizusehnen, das Vergessen möglich macht als einen Weg, um sich selbst zu entfliehen: Ein lustiger Trunkenbold ist ein glückliches Geschöpf. Außer in der Religion liegt das Glück darin, nichts von sich zu wissen und zu sterben, ohne das Leben gespürt zu haben.

Ich brachte meinen Gefährten vollkommen wiederhergestellt zurück nach Hause.

7

Paris, Oktober 1821.

Die Ständeversammlung der Bretagne im Jahr 1789. - Aufruhr. - Saint-Riveul, mein Schulkamerad, wird getötet.

Lucile und Madame de Farcy, die mit mir in die Bretagne zurückgekehrt waren, wollten wieder nach Paris gehen. Ich hingegen wurde durch die Unruhen in der Provinz zurückgehalten. Die Stände waren zum Jahresende 1788 einberufen worden. Die Gemeinde von Rennes und nach ihr alle anderen bretonischen Gemeinden hatten einen Beschluß gefaßt, nach dem es den Abgeordneten verboten war, sich mit irgendeiner anderen Sache zu beschäftigen, bevor nicht die Frage des Herdgeldes geklärt wäre.

Der Comte de Boisgelin, der den Vorsitz im Adelsstand führen sollte, eilte nach Rennes. Die Edelleute waren einzeln durch Briefe eingeladen worden, auch solche wie ich, die noch zu jung waren, um eine beratende Stimme zu haben. Wir mußten mit Angriffen rechnen, und so kam es ebenso auf jeden Arm an wie auf jede Wahlstimme: Wir begaben uns also auf unsere Posten.

Vor der Eröffnung der Ständeversammlung fanden mehrere Zusammenkünfte bei Monsieur de Boisgelin statt. All die turbulenten Auftritte, die ich schon miterlebt hatte, wiederholten sich hier. Der Chevalier de Guer, der Marquis de Trémargat und mein Onkel, der Comte de Bedée, den man wegen seiner Leibesfülle „Bedée, die Artischocke" nannte - zum Unterschied zu einem langen und hageren Bedée, den man „Bedée, den Spargel" hieß -, zerbrachen mehrere Stühle, auf die sie steigen wollten, um große Reden zu halten. Der Marquis de Trémargat, Marineoffizier mit einem Holzbein, machte seinem Stand viele Feinde. Man sprach eines Tages davon, eine Militärschule einzurichten, in der die Söhne armer Adliger erzogen werden sollten. Da rief ein Mitglied des dritten Standes dazwischen: „Und wohin sollen unsere Söhne?" - „Ins Hospital", antwortete Trémargat - ein Wort, das, so in die Menge geworfen, sofort üble Folgen zeitigte.

Während dieser Versammlungen wurde ich einer Eigentümlichkeit meines Charakters gewahr, die ich seitdem bei politischer Betätigung und im Krieg bestätigt gefunden habe: Je mehr sich meine Kollegen oder meine Kameraden erhitzten, desto kühler wurde ich. Gleichgültig sah ich sowohl den Schüssen von der Rednertribüne als auch denen aus den Kanonen zu. Weder Reden noch Kugeln habe ich jemals ehrfürchtig entgegengenommen.

Das Ergebnis unserer Beratungen war, daß der Adel zunächst die allgemeinen Angelegenheiten besprechen und sich mit dem Herdgeld erst nach Lösung der übrigen Fragen beschäftigen solle - ein Beschluß, der dem des dritten Standes direkt entgegenstand. Der Adel hatte kein großes Vertrauen zu dem Klerus, der ihn oft im Stich ließ, zumal wenn der Bischof von Rennes den Vorsitz innehatte, ein glattzüngiger, gemäßigter Herr, der mit einem anmutigen leichten Lispeln sprach und der sich seine Chancen bei Hofe zu erhalten suchte. Eine Zeitung, *La Sentinelle du peuple* [Der Wachtposten des Volkes], die ein Schreiberling aus Paris in Rennes herausgab, schürte den Haß.

Die Sitzungen wurden im Jakobinerkloster auf der Place du Palais abgehalten. Wir betraten den Sitzungssaal in der eben beschriebenen Stimmung; aber kaum hatten wir unsere Plätze eingenommen, so belagerte uns das Volk. Der 25., 26., 27. und 28. Januar 1789 waren Tage des Unglücks. Der Comte de Thiard verfügte über wenig Truppen; als unentschlossener und kraftloser Anführer war er ständig in Bewegung, handelte aber nicht. Die Rechtsschule von Rennes hatte die jungen Männer von Nantes einberufen; sie kamen, vierhundert Mann stark, und der Kommandant konnte sie trotz seiner Bitten nicht davon abhalten, in die Stadt einzufallen. Versammlungen verschiedener Richtung, auf dem Champ Montmorin und in den Kaffeehäusern, hatten zu blutigen Zusammenstößen geführt.

Wir hatten es satt, uns in unserem Saal zu verschanzen, und faßten den Entschluß, mit dem Degen in der Hand einen Ausfall zu wagen. Das war ein recht schönes Schauspiel. Unser Präsident gab das Signal, wir zogen alle gleichzeitig den Degen und stürzten mit dem Ruf: „Es lebe die Bretagne!" gleich einer verzweifelten Besatzung wütend hinaus, um über die Bäuche der Belagerer hinwegzustürmen. Das Volk empfing uns mit Geheul, mit Steinwürfen, mit Stockschlägen und Pistolenschüssen. Wir schlugen eine Bresche in diese Menschenmasse, die sich hinter und wieder schloß. Viele Adlige wurden verwundet, zu Boden geworfen, hin und her geschleift, erlitten Stöße und Quetschungen. Nachdem es uns mit Mühe gelungen war, uns zu befreien, eilte jeder in seine Wohnung.

Hierauf folgten Zweikämpfe zwischen den Adligen und den Zöglingen der Rechtsschule und ihren Freunden aus Nantes. Eines dieser Duelle fand öffentlich auf der Place Royale statt; den Sieg trug der Angegriffene davon, ein alter Marineoffizier, der sich mit unglaublicher Tapferkeit und unter dem Beifall seiner jungen Gegner schlug.

Dann entstand ein weiterer Auflauf. Der Comte de Montboucher gewahrte in der Menge einen Studenten, zu dem er sagte: „Mein Herr, wir haben etwas miteinander auszumachen." Man bildete einen Kreis um sie; Montboucher schlug dem Studenten den Degen aus der Hand und gab ihn ihm zurück; dann umarmten sie sich, und die Menge verlief sich.

Zumindest unterlag der bretonische Adel nicht ohne Ehre. Er weigerte sich, Abgeordnete zur Versammlung der Generalstände zu entsenden, weil er nicht nach den Grundgesetzen der Verfassung der Provinz einberufen worden war. Die Adligen reihten sich in großer Zahl in die Armee der Prinzen[107] ein und wurden in der Armee Condés oder mit Charette in den Vendeekämpfen [108] vernichtet. Hätte es etwas an den Majoritätsverhältnissen in der Nationalversammlung geändert, wenn sich der bretonische Adel dieser Versammlung angeschlossen hätte? Dies ist recht unwahrscheinlich: In großen sozialen Umwälzungen bleibt der individuelle Widerstand, obgleich er charakterlich ehrenvoll ist, den Tatsachen gegenüber ohnmächtig. Es ist indessen schwer abzuschätzen, was ein Mann vom Genie Mirabeaus, aber von entgegengesetzter politischer Meinung, in den Reihen des bretonischen Adels ausgerichtet hätte.

Der junge Boishue und Saint-Riveul, meine Mitschüler vom Gymnasium, waren schon vor diesen Ereignissen, als sie sich in die Adelskammer begaben, ums Leben gekommen; Boishue wurde vergebens von seinem Vater verteidigt.

Leser, halt ein: Sieh die ersten Tropfen des Blutes fließen, das die Revolution vergießen sollte! Der Himmel wollte es, daß sie den Adern eines meiner Kindheitsgefährten entströmten. Nehmen wir an, ich sei an Stelle von Saint-Riveul gefallen. Unter Auswechslung des Namens hätte man dann von mir das gleiche gesagt, was man von dem Opfer sagte, mit dem das große Schlachten begann: „Ein Edelmann namens Chateaubriand wurde getötet, als er sich in den Ständesaal begab." Diese wenigen Worte hätten meine lange Geschichte ersetzt. Hätte dann Saint-Riveul meine Rolle auf Erden übernommen? War er bestimmt, Aufsehen zu erregen oder im Stillen zu leben?

Schreite jetzt voran, mein Leser! Überquere den Blutstrom, der für immer die alte Welt, aus der Du kommst, von der neuen scheidet, an deren Pforte Du sterben wirst.

8

Paris, November 1821.

Das Jahr 1789. - Reise von der Bretagne nach Paris. - Aufruhr auf dem Land. - Anblick der Hauptstadt. - Verabschiedung Neckers. - Versailles. - Freude der königlichen Familie. - Allgemeiner Aufstand. - Der Sturm auf die Bastille.

Das für die Geschichte Frankreichs und für die Geschichte der Menschheit so denkwürdige Jahr 1789 sah mich in meiner bretonischen Heide. Ich konnte die Provinz erst recht spät verlassen und kam nicht eher nach Paris als nach der Zerstörung der Manufakturen von Réveillon, nach der Eröffnung der Generalstände, der Konstituierung des dritten Standes als Nationalversammlung, dem Ballhausschwur,[109] der königlichen Sitzung vom 23. Juni und der Vereinigung des Klerus und des Adels mit dem dritten Stand.

Auf den Landstraßen herrschte viel Bewegung; in den Dörfern hielten die Bauern die Wagen an, verlangten die Pässe zu sehen und fragten die Reisenden aus. Je näher man der Hauptstadt kam, desto größer wurde die Unruhe. Als ich durch Versailles fuhr, sah ich in der Orangerie einquartierte Truppen, in den Höfen Artilleriezüge, auf dem Schloßplatz den provisorischen Sitzungssaal für die Nationalversammlung und Abgeordnete, die zwischen den Neugierigen, dem Schloßpersonal und den Soldaten hin- und hereilten.

In Paris waren die Straßen von Menschen verstopft, die vor den Bäckerläden Schlange standen; an den Straßenecken diskutierten die Passanten, und die Kaufleute kamen aus ihren Läden, um Neuigkeiten zu hören und weiterzuerzählen. Im Palais Royal sammelten sich die Häupter der Bewegung: Camille Desmoulins begann, sich in den Gruppen bemerkbar zu machen.

Kaum war ich mit Madame de Farcy und Lucile in einem Hotel in der Rue Richelieu abgestiegen, als ein Aufruhr ausbrach; das Volk zog nach der Abtei, um einige Gardesoldaten zu befreien, die auf Befehl ihrer Vorgesetzten verhaftet worden waren. Die Unteroffiziere eines im Hôtel des Invalides einquartierten Artillerieregiments schlossen sich dem Volk an; das Überläufertum in der Armee begann.

Ständig zwischen Nachgiebigkeit und Widerstand, zwischen Halsstarrigkeit und Schwäche, zwischen Prahlerei und Furcht schwankend, ließ sich der Hof von Mirabeau, der den Abzug der Truppen forderte, brüskieren, erfüllte diese Forderung aber nicht. Immerhin steckte der Hof den Schimpf ein und beseitigte dessen Urheber nicht. In der Stadt verbreitete sich das Gerücht, daß eine

132

Armee von Montmartre heranrücke und daß die Dragoner über die Schlagbäume hinwegstürmten. Man fordert dazu auf, das Straßenpflaster aufzureißen und die Steine in die obersten Stockwerke der Häuser zu schleppen, um sie auf die Schergen des Tyrannen herabzuwerfen. Ein jeder macht sich ans Werk. Mitten in diesem Tumult erhält Necker den Rücktrittsbefehl.

Ein bretonischer Dichter, der eben erst in Paris angekommen war, bat mich, ihn nach Versailles zu begleiten. Es gibt Leute, die mitten im Zusammenbruch von Weltreichen Gärten und Springbrunnen besichtigen; besonders die Tintenkleckser haben diese Fähigkeit, sich während der gewaltigsten Ereignisse nur ihrer Sucht hinzugeben; ihr Satz oder ihre Verse gehen ihnen über alles.

Ich führte meinen Pindar in die Galerie von Versailles, als der König in der Messe war; die Absetzung Neckers hatte die Gemüter freudig erregt, und man fühlte sich schon siegessicher. Vielleichtwaren auch Sanson und Simon unter der Menge und wurden Zeugen der Freude in der königlichen Familie.

Die Königin ging mit ihren beiden Kindern vorüber. Ihre blonden Lockenköpfe schienen wie für die Krone geschaffen. Die elfjährige Duchesse d'Angoulême zog durch ihren jungfräulichen Stolz alle Blicke auf sich; schön im Adel ihres Ranges und in der Unschuld eines jungen Mädchens schien sie wie Corneilles Orangenblüte in der *Guirlande de Julie* zu sagen: Ich zeige die Pracht meiner Geburt.

Der kleine Dauphin ging unter dem Schutz seiner Schwester, und Monsieur Du Touchet folgte seinem Zögling. Er bemerkte mich und machte freundlicherweise die Königin auf mich aufmerksam. Sie gewährte mir, indem sie mir lächelnd einen Blick zuwarf, den gleichen anmutigen Gruß, mit dem sie mich schon am Tage meiner Vorstellung bedacht hatte. Diesen Blick, der so bald erlöschen sollte, werde ich nie vergessen. Wenn Marie-Antoinette lächelte, zeichnete sich die Form ihres Mundes so deutlich ab, daß mich die Erinnerung an dieses Lächeln (wie furchtbar!) den Unterkiefer dieser Tochter von Königen wiedererkennen ließ, als man bei den Exhumierungen im Jahre 1815 den Schädel der Unglücklichen bloßlegte.

Der Gegenschlag auf den Hieb aus Versailles ließ ganz Paris erzittern. Bei meiner Rückkehr in die Stadt stieß ich auf eine Menschenmenge, die die mit Trauerflor bedeckten Büsten Neckers und des Duc d'Orléans vor sich hertrug. Man rief: „Es lebe Necker! Es lebe der Duc d'Orleans!" und zwischen diesen Rufen hörte man ganz unvermutet einen weit gewagteren: „Es lebe Ludwig XVII.!" Ja, es lebe dieses Kind, dessen Name sogar in der Grabinschrift seiner Familie vergessen worden wäre, wenn ich die Pairskammer nicht daran erinnert hätte! Was wäre geschehen, wenn Ludwig XVI. abgedankt hätte, Ludwig XVII. zum Nachfolger und der Duc d'Orléans zum Regenten erklärt worden wäre?

Auf der Place Louis XV. drängt der Prince de Lambesc an der Spitze des Regiments Royal-Allemand das Volk in den Tuileriengarten ab und verletzt dabei einen alten Mann: sogleich ertönt die Sturmglocke. Die Läden der Waffenhändler werden gestürmt und dreißigtausend Gewehre aus dem Hôtel des Invalides entwendet. Man bewaffnet sich mit Piken, Stöcken, Heugabeln, Säbeln und Pistolen; man plündert Saint-Lazare[110] und brennt die Schlagbäume nieder. Die Wähler von Paris nehmen die Regierung der Hauptstadt in die Hände, und in einer Nacht werden sechzigtausend Bürger organisiert, bewaffnet und als Nationalgarde aufgestellt.

Am 14. Juli wird die Bastille gestürmt. Ich war bei diesem Ansturm auf ein paar Invaliden und einen ängstlichen Gouverneur als Zuschauer zugegen: Wären die Tore verschlossen gewesen, hätte das Volk nie in die Festung eindringen können. Ich sah, wie zwei oder drei Kanonenschüsse abgegeben wurden, nicht von den Invaliden, sondern von den französischen Garden, die schon die Türme besetzt hatten. De Launay wird aus seinem Versteck gezerrt und nach tausend Schmähungen auf den Stufen des Rathauses totgeschlagen; Flesselles, dem Vorsteher der Kaufmannschaft, wird durch einen Pistolenschuß der Kopf zerschmettert. Das war das Schauspiel, das die herzlosen Gaffer so schön fanden. Wie bei den Kämpfen in Rom unter Otho und Vitellius feierte man inmitten der Mordszenen Orgien. Die „Sieger der Bastille", glückselige, in den Kneipen zu Eroberern erklärte Trunkenbolde, wurden in Kutschen umhergefahren; Prostituierte und Sansculotten begannen ihre Herrschaft und gaben ihnen das Geleit. Die Vorübergehenden zogen mit dem Respekt, den die Furcht einflößt, ihren Hut vor diesen Helden, deren einige mitten in ihrem Triumph vor Erschöpfung umkamen. Die Zahl der Schlüssel zur Bastille vervielfachte sich; man schickte solche Schlüssel an gewichtige Einfaltspinsel in allen vier Weltteilen. Wie oft habe ich doch mein Glück verfehlt! Hätte ich mich als Zuschauer in die Liste der Sieger eingetragen, so bezöge ich heute eine Pension.

Sachverständige eilten herbei, um die Bastille einer Autopsie zu unterziehen. In Zelten wurden provisorische Cafés eingerichtet, in denen man sich drängte wie beim Jahrmarkt von Saint-Germain oder Longchamp. Viele Wagen fuhren vorbei oder blieben am Fuße der Türme stehen, deren Steine man unter großem Staubaufwirbeln herabwarf. Elegante Damen, nach letzter Mode gekleidet, junge Leute standen auf den gotischen Trümmern herum und mischten sich unter die halbnackten Arbeiter, die unter dem Beifall der Menge die Mauern zerstörten. Auf diesem Sammelplatz trafen sich die populärsten Redner, die bekanntesten Schriftsteller, die berühmtesten Maler, die gefeiertsten Schauspieler und Schauspielerinnen, die beliebtesten Tänzer, die vornehmsten Ausländer, die großen Herren des Hofes und die Gesandten aus ganz Europa. Das alte Frankreich traf sich hier, um sein Ende zu finden, und das neue, um seinen Anfang zu nehmen.

So erbärmlich oder abscheulich ein Ereignis auch sein mag, darf man es doch nicht leichtnehmen, sofern es sich unter ernsthaften Umständen vollzieht und Epoche macht. Was man in der Einnahme der Bastille hätte sehen müssen (damals aber nicht sah), war nicht der Gewaltakt, mit dem sich ein Volk befreite, sondern die Befreiung selbst als Resultat dieses Aktes.

Man bewunderte das Verdammenswerte, das Ereignis nämlich, und forschte nicht in der Zukunft nach der Schicksalserfüllung eines Volkes, dem Wandel der Sitten, Vorstellungen und politischen Kräfte, forschte nicht nach der Erneuerung des Menschengeschlechts, deren Ära mit dem Sturm auf die Bastille wie mit einem blutigen Jubelfest begonnen hatte. Die brutale Wut schuf Ruinen; aber unter dieser Wut war die Intelligenz verborgen, die zwischen den Ruinen den Grund zu einem neuen Gebäude legte.

Wenn sich die Nation auch über das Ausmaß der materiellen Tatsachen täuschte, über das der moralischen täuschte sie sich nicht. Die Bastille war in ihren Augen die Trophäe ihrer Knechtschaft. Am Eingang von Paris, den sechzehn Säulen von Montfaucon gegenüber errichtet, erschien die Bastille der Nation als das Galgengerüst ihrer Freiheiten. Das Volk, das eine Festung des Staates schleifte, glaubte damit das militärische Joch zu zerbrechen und übernahm die stillschweigende Verpflichtung, die Armee, die abgeschafft worden war, zu ersetzen. Welche Heldentaten das Soldat gewordene Volk vollbracht hat, ist bekannt.

9

Paris, November 1821.

Die Wirkung der Erstürmung der Bastille auf den Hof. - Der Kopf von Foulon und Berthier.

Vom Krachen der zusammenstürzenden Bastille als Vorläufer des stürzenden Throns geweckt, verfiel Versailles von prahlendem Jubel in tiefe Niedergeschlagenheit. Der König eilt in die Nationalversammlung und hält vom Präsidentenstuhl aus eine Rede; er verkündet, er habe den Befehl zur Entfernung der Truppen gegeben, und kehrt dann unter Segenssprüchen in seinen Palast zurück. Nutzlose Manöver! Keine Partei glaubt an die Sinnesänderung der Gegenpartei; die Freiheit, die kapituliert, und die Macht, die sich herabwürdigt, finden keine Gnade bei ihren Feinden.

Achtzig Abgeordnete begeben sich von Versailles nach Paris, um der Hauptstadt den Frieden zu verkünden. Festbeleuchtung. Lafayette wird zum Kommandanten der Nationalgarde und Bailly zum Bürgermeister von Paris ernannt. Diesen armen, aber achtbaren Gelehrten habe ich erst durch sein Unglück kennengelernt. Für jeden ihrer Abschnitte haben die Revolutionen die richtigen Männer; einige folgen den Revolutionen bis zum Schluß, andere beginnen sie, führen sie aber nicht zu Ende.

Alles zerstreute sich; die Höflinge reisten nach Basel, Lausanne, Luxemburg und Brüssel; Madame de Polignac begegnete auf der Flucht dem zurückkehrenden Necker. Der Comte d'Artois, seine Söhne[111] und die drei Condés [112] emigrierten; sie nahmen den hohen Klerus und einen Teil des Adels mit.

Die Offiziere, von den aufständischen Soldaten bedroht, wichen dem Strom, der sie hinaustrieb. Ludwig XVI. stand allein der Nation gegenüber - mit seinen Kindern und einigen Frauen: der Königin, seinen Tanten und seiner Schwester, Madame Elisabeth. Monsieur, der Bruder des Königs,[113] der bis zur Flucht nach Varennes am Hofe blieb, war für Ludwig XVI. keine große Hilfe. Obwohl er in der Versammlung der Notabeln für die Abstimmung nach Köpfen gestimmt und dadurch zur Entscheidung der Revolution beigetragen hatte, mißtraute ihm die Revolution. Der Bruder Ludwigs XVI. war dem König nicht zugetan, verstand die Königin nicht und wurde von beiden nicht geliebt.

Am siebzehnten kam der König ins Rathaus. Hunderttausend Menschen, bewaffnet wie die Mönche der Heiligen Liga,[114] empfingen ihn. Bailly, Moreau de Saint-Méry und Lally-Tollendal hielten ihm allesamt schluchzend Ansprachen; der letztere ist immer zu Tränen geneigt geblieben. Auch den König ergriff Rührung; er steckte eine riesige dreifarbige Kokarde an seinen Hut; man erklärte ihn auf der Stelle zum „Ehrenmann, Vater der Franzosen, König eines freien Volkes", eben des Volkes, das kraft seiner Freiheit daran ging, diesem Ehrenmann, seinem Vater und König, den Kopf abzuschlagen.

Wenige Tage nach dieser Aussöhnung stand ich mit meinen Schwestern und einigen Freunden aus der Bretagne am Fenster meines Hotels, als wir den Ruf hörten: „Schließt die Türen! Schließt die Türen!" An einem Ende der Straße tauchte ein Haufen zerlumpter Menschen auf; aus ihrer Mitte ragten zwei Standarten hervor, die wir von weitem noch nicht recht erkennen konnten. Als sie herankamen, erblickten wir zwei Köpfe mit wild gesträubten Haaren und entstellten Gesichtern, die diese Vorgänger Marats auf der Spitze ihrer Piken herumtrugen. Es waren die Köpfe Foulons und Berthiers. Alle traten vom Fenster zurück; ich blieb. Die Mörder machten vor mir halt, streckten mir singend die Piken entgegen und sprangen in die Höhe, um die bleichen Masken meinem Gesicht so nahe wie möglich zu bringen. Das Auge des einen war aus der Höhle getreten und hing auf das dunkle Gesicht des Toten herab; die Pike ragte aus dem offenen Mund, und die Zähne bissen auf Eisen. „Mördergesindel!" rief ich, unfähig, meine Empörung zu unterdrücken, „versteht Ihr das unter Freiheit?" Hätte ich ein Gewehr gehabt, ich hätte auf diese Elenden geschossen wie auf ein Rudel Wölfe. Sie brachen in wildes Geheul aus und schlugen um so stärker auf die Haustür ein, um sie zu zertrümmern und meinen Kopf neben dem ihrer Opfer aufzuspießen. Meinen Schwestern war elend zumute; die Feiglinge im Hotel überschütteten mich mit Vorwürfen. Die Mörder wußten sich verfolgt, fanden daher nicht die Zeit, das Haus zu erstürmen und entfernten sich. Diese Köpfe und weitere, die ich bald darauf noch zu sehen bekam, veränderten meine politische Gesinnung; Abscheu vor solch kannibalischen Festen ergriff mich, und die Idee, Frankreich zu verlassen und in irgendein fernes Land zu gehen, stieg in mir auf.

Paris, November 1821.

Die Wiederberufung Neckers. - Die Sitzung vom 4. August 1789. - Der 5. Oktober. - Der König wird nach Paris gebracht.

Necker, der dritte Nachfolger Turgots nach Calonne und Taboureau, wurde am 25. Juli ins Ministerium zurückberufen und mit Feierlichkeiten empfangen und eingeführt; bald aber wurde er von den Ereignissen überrollt und verlor seine Popularität. Es ist eine Eigenart dieser Zeit, daß einem Mann von solchem Gewicht durch die Geschicklichkeit eines so mittelmäßigen und leichtfertigen Menschen wie des Marquis de Pezay zu einem Ministerposten verholfen wurde. Der Rechenschaftsbericht,[115] der in Frankreich das Steuersystem durch ein System von Anleihen ersetzte, bewegte die Gemüter; selbst die Frauen sprachen über die Staatsausgaben und -einnahmen. Zum ersten Mal sah man etwas in dem System von Zahlen oder glaubte zumindest, etwas darin zu sehen. Diese Berechnungen, eher eine rhetorische Leistung als eine ökonomische, hatten den ursprünglichen Ruf des Generaldirektors der Finanzen begründet. Ein geschickter Kassenführer, aber kein weitsichtiger Ökonom, ein edler, aber schwülstiger Schriftsteller, ein redlicher, aber nicht sonderlich tugendhafter Mann, war dieser Bankier wie eine der Personen auf der Vorderbühne des alten Schauspiels, die verschwinden, wenn sich der Vorhang hebt, nachdem sie dem Publikum das Stück erklärt haben. Necker ist der Vater Madame de Staëls; seine Eitelkeit verhinderte bei ihm die Einsicht, daß sein eigentlicher Anspruch auf das Andenken der Nachwelt vom Ruhm seiner Tochter herrühre.

Nach dem Muster der Bastille wurde die Monarchie in der Abendsitzung der Nationalversammlung vom 4. August zerstört. Diejenigen, die heute aus Haß auf die Vergangenheit ihre Stimme gegen den Adel erheben, vergessen, daß kein anderer als der Vicomte de Noailles, ein Angehöriger dieses Adels, unterstützt von dem Duc d'Aiguillon und von Matthieu de Montmorency, das monarchische Gebäude, Gegenstand der revolutionären Beschuldigungen, zum Einsturz brachte. Auf Antrag des Deputierten von ältestem Adel wurden die Feudalrechte, das Recht der Jagd, des Taubenschlags und des Kaninchengeheges, der Zehnten, die Erntesteuer, die Privilegien der Stände, der Städte und der Provinzen, die persönliche Dienstbarkeit, die herrschaftliche Rechtsprechung und die Käuflichkeit der Ämter abgeschafft. Die wuchtigsten Schläge gegen die alte Verfassung des Staates wurden von Edelleuten geführt. Die Patrizier begannen die Revolution, die Plebejer beendeten sie: So wie das alte Frankreich dem französischen Adel seinen Ruhm verdankt hat, so verdankt ihm das junge seine Freiheit, wenn von Freiheit für Frankreich die Rede sein kann.

Die um Paris stationierten Truppen waren zurückgezogen worden. Auf einen jener einander widersprechenden Ratschläge hin, die den Willen des Königs ständig schwanken ließen, wurde das Regiment Flandern nach Versailles gerufen. Die Leibgarden gaben den Offizieren dieses Regiments ein Gastmahl, bei dem sich die Köpfe erhitzten. Während des Banketts erschien die Königin mit dem Dauphin, und man trank auf die Gesundheit der königlichen Familie. Dann kam der König, die Militärkapelle spielte die beliebte, rührende Weise: „O Richard, o mein König...“[116] Kaum wurde diese Nachricht in Paris bekannt, bemächtigte sich ihrer die Gegenpartei: Man schrie, der König verweigere der Menschenrechtserklärung seine Zustimmung, und er wolle mit dem Comte d'Estaing nach Metz fliehen. Marat verbreitete dieses Gerücht; er gab schon das Journal *Ami du peuple* [Volksfreund][117] heraus.

Der 5. Oktober kam. Ich erlebte diesen Tag nicht als Augenzeuge mit. Die Nachrichten darüber trafen am 6. früh in der Hauptstadt ein. Gleichzeitig sprach man von einem Besuch des Königs. War ich auch schüchtern in Gesellschaft - auf öffentlichen Plätzen wurde ich kühn; ich fühlte mich entweder für die Einsamkeit oder für die Öffentlichkeit geschaffen. Ich eilte auf die Champs Elysées. Zuerst sah man Kanonen, auf denen mit gegrätschten Beinen Megären, Diebinnen, Freudenmädchen saßen, die die unflätigsten Reden führten und dabei die schamlosesten Gebärden machten. Dann kamen, umringt von einer Horde Menschen jeden Alters und Geschlechts, die Leibgarden zu Fuß, die ihre Hüte, Degen und Wehrgehänge mit der Nationalgarde getauscht hatten. Auf jedem ihrer Pferde saßen zwei oder drei Marktweiber, schmutzige, zerlumpte und betrunkene Bacchantinnen. Nach ihnen kam die Abordnung der Nationalversammlung; ihr folgten die Wagen des Königs; sie fuhren in den Staubwolken, die ein Wald von Piken und Bajonetten aufwirbelte. Abgerissene Lumpensammler und Fleischerknechte mit blutigen Schürzen, blanken Messern im Gürtel und aufgekrempelten Hemdsärmeln gingen an den Wagentüren; widerliches Volk war auf die Decke des Wagens geklettert oder hatte sich an das Lakaientrittbrett und an den Kutschersitz geklammert. Man gab Gewehr- und Pistolenschüsse ab und rief: „Hier ist der Bäcker, die Bäckerin und der kleine Bäckerbursche!“ Wie eine Kirchenfahne wurden vor dem Sohne des Heiligen Ludwig auf Schweizerhellebarden zwei Köpfe von Leibwächtern hergetragen, frisiert und gepudert von einem Perückenmacher aus Sèvres.

Der Astronom Bailly gab Ludwig XVI. im Rathaus bekannt, daß das „menschenfreundliche, ehrerbietige und treue Volk“ seinen König „für sich gewonnen“ habe, und der König, „sehr gerührt und sehr zufrieden“, erklärte daraufhin, daß er „aus völlig freiem Willen“ nach Paris gekommen sei - unwürdige, aus Gewalt und Furcht geborene Lügen, die jede der Parteien und jeden der Beteiligten entehrten. Ludwig XVI. war nicht falsch, er war nur schwach; Schwäche ist keine Falschheit, aber sie tritt an deren Stelle und erfüllt deren Funktionen. Die Ehrfurcht, die die Tugend und das Unglück des heiligen Königs und Märtyrers uns einflößten, läßt jedes menschliche Urteil beinahe wie eine Lästerung erscheinen.

Die verfassungsrechtliche Versammlung.

Die Abgeordneten verließen Versailles und hielten ihre erste Versammlung am 19. Oktober in einem Saal des erzbischöflichen Palastes ab. Am 9. November zogen sie in die Reitschule bei den Tuilerien um. Im letzten Teil des Jahres 1789 kamen die Verordnungen heraus, durch die die Güter der Geistlichkeit eingezogen, die alten Ämter aufgehoben und die Assignaten[118] in Umlauf gebracht wurden, ferner der Beschluß der Gemeinde von Paris über den ersten Untersuchungsausschuß und die richterliche Ermächtigung zur Verfolgung des Marquis de Favras.

Die konstituierende Versammlung bleibt, trotz allem, was man ihr zum Vorwurf machen kann, die berühmteste Versammlung von Volksabgeordneten, sowohl wegen der Bedeutung ihrer Verhandlungen als auch wegen der Größe ihres Erfolgs. Es gibt keine noch so hohe politische Fragestellung, über die sie nicht verhandelt und die sie nicht zweckmäßig gelöst hätte. Was wäre, wenn sie sich an die Denkschriften der Generalstände gehalten und nicht versucht hätte, darüber hinauszugehen! Alles, was menschliche Erfahrung und Intelligenz innerhalb von drei Jahrhunderten wahrgenommen, entdeckt und ausgearbeitet hatte, findet sich in diesen Denkschriften. Sie decken die verschiedenen Mißbräuche der alten Monarchie auf, schlagen die Mittel dagegen vor; sie fordern alle Arten von Freiheit, selbst in der Presse; sie verlangen Verbesserungen für die Industrie, die Manufakturen, den Handel, den Straßenbau, die Armee, das Steuer- und Finanzwesen, die Schulen, den öffentlichen Unterricht etc. Ohne Gewinn sind wir durch Abgründe des Verbrechens und über den Gipfel des Ruhms gegangen. Die Republik und das Kaiserreich haben nichts bewirkt: Das Kaiserreich hat nur die rohe physische Kraft, die von der Republik heraufbeschworen wurde, in geordnete Bahnen gelenkt. Es hat uns die Zentralisierung gebracht, das strikte Verwaltungssystem, das ich für ein Übel halte; vielleicht aber war es einzig imstande, die örtlichen Verwaltungen zu ersetzen, nachdem diese zerstört waren und Anarchie, gepaart mit Ignoranz, in allen Köpfen herrschte. Seit der Zeit der verfassunggebenden Versammlung sind wir keinen Schritt vorangekommen; ihre Leistung gleicht der des großen antiken Arztes Hippokrates, durch die die Grenzen der Wissenschaft gleichzeitig ausgedehnt und festgesetzt wurden. Sprechen wir jetzt von einigen Mitgliedern dieser Versammlung, zunächst von Mirabeau, der alle Kräfte in sich vereinte und alle überragte.

Paris, November 1821.

Mirabeau.

Mirabeau, der durch die Zügellosigkeit und die Wechselfälle seines Lebens in die größten Ereignisse und in ein Sträflings-, Räuber- und Abenteurerdasein verstrickt war, Mirabeau, der Tribun der Aristokratie und Abgeordnete der Demokratie, hatte etwas von Gracchus und von Don Juan, von Catilina und Guzman d'Alfarache,[119] von Kardinal Richelieu und Kardinal Retz, von einem Lebemann der Régence[120] und vom wilden Revolutionär an sich; mehr aber noch von der verbannten florentinischen Familie Mirabeau, die etwas von den bewaffneten Palästen und den großen, von Dante besungenen Umstürzlern in sich bewahrte - eine nun in Frankreich eingebürgerte Familie, in der sich die republikanische Gesinnung des italienischen Mittelalters und der feudale Geist des unsrigen in einer Reihe außerordentlicher Männer vereinigt hatten.

Die Häßlichkeit Mirabeaus, aufgetragen auf dem Untergrund der außerordentlichen Schönheit seiner Rasse, brachte gleichsam eine der gewaltigen Gestalten aus dem *Jüngsten Gericht* von Michelangelo hervor. Die tiefen Furchen im Gesicht des Redners, die die Pocken hinterlassen hatten, sahen eher wie Verbrennungsnarben aus. Seinen Kopf schien die Natur für die Herrschaft oder für den Galgen, seine Arme für die Bändigung einer Nation oder für die Entführung einer Frau gemacht zu haben. Wenn er seine Mähne schüttelte und auf das Volk blickte, dann fesselte er es; hob er seine Pranke und zeigte er die Krallen, so lief die Masse rasend durcheinander. Inmitten der schrecklichen Unordnung einer Sitzung habe ich ihn finster, häßlich und unbeweglich auf der Tribüne stehen sehen; er erinnerte an das Chaos Miltons, so gleichmütig und ausdruckslos stand er mitten im Durcheinander.

Mirabeau ähnelte seinem Vater und seinem Onkel, die wie Saint-Simon mit teuflischer Besessenheit unsterbliche Seiten schrieben. Man lieferte ihm Reden für die Tribüne; er entnahm ihnen nur das, was sein Geist mit seiner eigenen Substanz verschmelzen konnte. Wenn er sie vollständig übernahm, trug er sie schlecht vor; man merkte an den Worten, die er gelegentlich einflocht, daß sie nicht von ihm waren. Er schöpfte seine Energie aus seinen Lastern; diese Laster kamen nicht aus einem kalten Temperament, sondern sie verrieten tiefe, glühende, stürmische Leidenschaften. Der Zynismus der Sitten, der das moralische Gefühl zerstört, trägt wieder eine Art Barbarei in die Gesellschaft hinein. Diese zivilisierten Barbaren sind zum Zerstören fähig wie die Goten, haben aber nicht deren Kraft, zu gründen und aufzubauen; die Goten waren die ausufernden Kinder einer jungfräulichen Natur, jene aber sind die monströsen Mißgeburten einer entarteten Natur.

Zweimal habe ich Mirabeau auf einem Bankett gesehen. Er sprach viel und besonders viel von sich selbst. Dieser Sohn von Löwen, selbst ein Löwe mit einem Chimärenhaupt, dieser so bestimmte Tatmensch, war in seiner Vorstellungswelt und seiner Sprache ganz Roman, ganz Poesie und Begeisterung. Man erkannte dann in ihm den Liebhaber Sophies[121] mit seinem feurigen Gefühl und seinem Opfergeist wieder. „Ich fand sie", sagte er, „fand diese wunderbare Frau und erkannte den Wert ihres Herzens, das die Hand der Natur in einem Augenblick der Verschwendung gebildet hatte".

Mirabeau entzückte mich durch die Erzählungen von Liebe, die Äußerungen von Rückzugssehnsucht, mit denen er trockene Streitgespräche belebte. Aber er interessierte mich noch in anderer Hinsicht: Wie ich war er von seinem Vater streng behandelt worden, der, ganz wie der meine, unbeugsam an der Tradition der absoluten väterlichen Autorität festgehalten hatte.

Der berühmte Tischgenosse verbreitete sich über die Außenpolitik und sagte fast nichts über die Innenpolitik; und doch war ihm besonders an dieser gelegen. Er ließ aber einmal einige Worte souveräner Verachtung den Männern gegenüber fallen, die sich für überlegen halten, weil sie dem Unglück und dem Verbrechen gegenüber Gleichgültigkeit bezeigen. Mirabeau war von Natur großmütig, für Freundschaft empfänglich und schnell bereit, Beleidigungen zu verzeihen. Bei all seiner Immoralität konnte er nicht gegen sein Gewissen handeln. Er war nur auf eigene Rechnung verderbt; sein gerader und fester Sinn verstand sich nicht dazu, den Mord zu einem erhabenen Werk des Geistes zu erklären; er kannte keine Bewunderung für Schlachtbänke und Richtstätten.

Indessen fehlte es Mirabeau nicht an Hochmut; er rühmte sich selbst übermäßig. Obgleich er sich als Tuchhändler ausgegeben hatte, um vom dritten Stand gewählt zu werden (der Adelsstand hatte die ehrenwerte Torheit begangen, Mirabeau abzuweisen), war er von seiner Herkunft überaus eingenommen: „Ein wilder Vogel, dessen Nest zwischen vier Türmen war", sagte sein Vater von ihm. Er vergaß nicht, daß er bei Hofe vorgestellt worden, in den königlichen Wagen gefahren und mit dem König auf die Jagd gegangen war. Er verlangte, daß man ihm den Titel „Comte" zuerkannte; er hielt auf sein Familienwappen und kleidete seine Leute in Livreen, als diese schon von allen abgelegt wurden.

Mirabeaus Herz schlug im Grunde für die Monarchie. Von ihm stammt das schöne Wort: „Ich wollte die Franzosen vom Aberglauben an die Monarchie heilen und daraus ihre Religion machen." In einem Brief, der Ludwig XVI. vorgelegt werden sollte, hat er geschrieben: „Ich wünschte, nicht nur an einem großen Zerstörungswerk mitgewirkt zu haben." Aber genau das hat er getan. Um uns für die schlechte Verwendung unserer Talente zu bestrafen, schickt uns der Himmel die Reue über unsere Erfolge.

Mirabeau beeinflußte die öffentliche Meinung auf zwei Wegen: Einerseits stützte er sich auf die Massen, zu deren Verteidiger er sich aufgeworfen hatte, obgleich er sie verachtete; andererseits erweckte er bei seinem Stand, den er verraten hatte, durch Kastengeist und gemeinsame Interessen Sympathie. Einem Plebejer, der die privilegierten Stände verteidigte, würde es anders ergehen: Seine Partei würde ihn verlassen, ohne daß er die Aristokratie für sich gewönne, da diese von Natur undankbar und von keinem, der ihr nicht von Geburt angehört, zu gewinnen ist. Die Aristokratie kann übrigens nicht von heute auf morgen einen Adligen hervorbringen, da der Adel ein Kind großer Zeiträume ist.

Mirabeau hat Schule gemacht. Man hat geglaubt, daß man sich in einen Staatsmann verwandeln könne, indem man die moralischen Fesseln abstreift. Dieser Nachahmungsgeist hat nur kleine Bösewichter hervorgebracht: Wer sich darin gefällt, verderbt und ein Räuber zu sein, ist nur ein Wüstling und ein Spitzbube; wer sich rühmt, ein Verbrecher zu sein, ist nur ehrlos.

Mirabeau verkaufte sich an den Hof, und dieser kaufte ihn - zu spät für den Hof, zu früh für Mirabeau. Für eine Pension und eine Gesandtschaft setzte er seinen Ruf aufs Spiel. Bei all seinem Hochmut hat sich Mirabeau nicht hoch genug eingeschätzt. Jetzt, da der Überfluß an Bargeld und an Stellen den Preis für die Gewissen in die Höhe getrieben hat, läßt sich jeder kleine Springer nur für hunderttausend Francs und die höchsten Ehrenstellen des Staates einkaufen. Das Grab erlöste Mirabeau von seinen Versprechen und schützte ihn vor den Gefahren, denen er wahrscheinlich erlegen wäre. Sein Leben hätte vermutlich seine Schwäche im Guten gezeigt; sein Tod hat ihn im Vollbesitz seiner Stärke im Bösen belassen.

Als wir vom Tisch aufstanden, kam die Rede auf Mirabeaus Feinde; ich stand neben ihm und hatte kein Wort dazu gesagt. Er sah mir mit seinen Augen voll Hochmut, Laster und Genie ins Gesicht und sagte mir, indem er seine breite Hand auf meine Schulter legte: „Sie werden mir meine Überlegenheit nie verzeihen!" Ich fühle noch den Druck dieser Hand, als hätte der Satan mich mit seiner feurigen Klaue berührt.

Ahnte Mirabeau, als er den Blick auf mich, den stummen Jüngling, heftete, etwas von meiner Zukunft? Dachte er daran, daß er eines Tages in meiner Erinnerung auftauchen würde? Ich war dazu bestimmt, der Historiograph hochstehender Persönlichkeiten zu werden. Sie sind an mir vorbeigezogen, ohne daß ich mich an ihren Mantel geklammert hätte, um von ihnen in die Nachwelt mitgeschleppt zu werden.

Mirabeau hat schon die Verwandlung erfahren, die sich für all die vollzieht, die im Gedächtnis der Nachwelt bleiben. Vom Panthéon in den Rinnstein gezerrt und aus diesem wieder ins Panthéon, hat er sich um die ganze Höhe der Zeit erhoben, die ihm jetzt als Postament dient. Man sieht nicht mehr den wirklichen Mirabeau, sondern den idealisierten, einen Mirabeau, wie die Maler ihn schaffen, um ihn zum Symbol oder zum Mythos der Epoche, die er repräsentiert, werden zu lassen; er wird dadurch falscher und richtiger. Von so viel Ruhm, so vielen Akteuren, so vielen Ereignissen, so vielen Zusammenbrüchen werden nur drei Namen bleiben, von denen jeder mit einem der drei großen Abschnitte der Revolution verbunden ist. Mirabeau steht für die Aristokratie, Robespierre für die Demokratie, und Bonaparte für den Despotismus. Die restaurierte Monarchie kann auf nichts verweisen: Frankreich hat teuer bezahlt für die drei Berühmtheiten ohne Tugend.

13

Sitzungen der Nationalversammlung. - Robespierre.

Die Sitzungen der Nationalversammlung waren um vieles interessanter als die Sitzungen unserer Kammern. Man stand früh auf, um auf den überfüllten Tribünen noch einen Platz zu finden. Die Abgeordneten kamen kauend, plaudernd und gestikulierend herein und bildeten ihren Meinungen entsprechend Gruppen in den verschiedenen Teilen des Saales. Das Sitzungsprotokoll wird verlesen; dann wird entweder über den vereinbarten Gegenstand oder einen außerordentlichen Antrag verhandelt. Es ging nicht um irgendeinen läppischen Gesetzesartikel; selten kam es vor, daß kein Zerstörungswerk auf der Tagesordnung stand. Man argumentierte für und wider; jeder improvisierte, so gut er konnte. Die Debatten wurden stürmisch; die Tribünen griffen in die Diskussion ein, spendeten den Rednern Beifall, bejubelten oder verhöhnten sie und pfiffen sie aus. Der Präsident läutete mit seiner Glocke, die Abgeordneten schrieen einander von Bank zu Bank an. Mirabeau der Jüngere packte seinen Konkurrenten am Kragen; Mirabeau der Ältere rief: „Ruhe für die dreißig Stimmen!" Eines Tages stand ich hinter der royalistischen Opposition und hatte vor mir einen Adligen aus dem Dauphiné, einen kleinen Mann mit dunklem Gesicht, der voll Wut auf seinen Sitz sprang und seinen Freunden zurief, indem er auf die Seite der Majorität zeigte: „Fallen wir mit dem Degen in der Hand über dieses Lumpengesindel her!" Als die Marktweiber aus den Zentralmarkthallen, die strickend auf den Tribünen saßen, das hörten, sprangen sie auf und schrieen alle zugleich mit ihren Strümpfen in der Hand und mit Schaum vor dem Mund: „An die Laterne!" Der Vicomte de Mirabeau, Lautrec und einige andere junge Adlige wollten daraufhin die Tribünen erstürmen.

Bald wurde dieses Getöse von einem neuen übertönt: Bittsteller, mit Piken bewaffnet, traten an die Schranke. „Das Volk stirbt von Hunger", sagten sie, „es ist Zeit, Maßregeln gegen die Aristokraten zu ergreifen und sich auf die Höhe der Umstände zu erheben." Der Präsident versicherte diese Bürger seiner Hochachtung und erwiderte: „Man hat ein wachsames Auge auf diese Verräter, und die Nationalversammlung wird Gerechtigkeit üben." Daraufhin erhob sich ein neuer Tumult: Die Abgeordneten der Rechten riefen, man steuere auf die Anarchie zu, und die der Linken erwiderten, das Volk habe die Freiheit, seinen Willen zum Ausdruck zu bringen, und das Recht, sich über die Aufwiegler zugunsten des Despotismus zu beklagen, die sogar mitten in der Nationalversammlung säßen. Sie zeigten damit ihre Kollegen bei dem souveränen Volk an, das diese am Laternenpfahl erwartete.

In den Abendsitzungen war der Skandal noch ärger als am Morgen; beim Schein der Kronleuchter spricht man besser und kühner. Der Saal der Reitschule war dann ein wahres Schauspielhaus, in dem eines der größten Dramen der Welt aufgeführt wurde. Die Hauptdarsteller gehörten noch der alten Ordnung der Dinge an; ihre schrecklichen Nachfolger blieben hinter ihnen verborgen, sprachen wenig oder gar nicht. Nach einer heftigen Diskussion sah ich einen Abgeordneten von gewöhnlichem Aussehen, mit grauem, leblosem Gesicht, sorgfältig frisiert, sauber gekleidet wie ein auf sein Äußeres bedachter Dorfnotar, die Rednertribüne besteigen. Er erstattete einen langen und langweiligen Bericht; niemand hörte ihm zu. Ich fragte nach seinem Namen: Es war Robespierre. Die Leute in feinen Schuhen waren im Begriff, die Salons zu verlassen, denn schon klopften die Holzschuhe an die Tür.

14

Paris, Dezember 1821.

Gesellschaftliche Zustände. - Ansichten von Paris.

Wenn ich vor der Revolution die Geschichte von Aufständen bei verschiedenen Völkern las, konnte ich nicht begreifen, wie man in solchen Zeiten hatte leben können; ich wunderte mich, daß Montaigne so frohgelaunt in einem Schloß zu schreiben vermochte, aus dem er sich nicht ins Freie wagen durfte, ohne Gefahr zu laufen, von den Banden der Liga oder der Protestanten verschleppt zu werden.

Die Revolution hat mich diese Daseinsmöglichkeit verstehen gelehrt. Krisenmomente führen zu einer Verdoppelung der menschlichen Lebenskräfte. In einer Gesellschaft, die sich auflöst und neu formiert, erzeugt der Kampf der beiden Prinzipien, der Zusammenstoß von Vergangenheit und Zukunft, das Durcheinander von alten und neuen Sitten eine Übergangssituation, in der kein Augenblick der Langeweile aufkommt. Die freigesetzten Leidenschaften und charakterlichen Strebungen treten mit einer Energie hervor, die sie in der geregelten Gesellschaft niemals erreichen. Verstöße gegen die Gesetze, der Wegfall von Pflichten, Bräuchen und Anstandsrücksichten, ja sogar die Gefahr tragen dazu bei, daß dieser Zustand der Unordnung so interessant ist. Von seinen Lehrmeistern befreit, für einen Moment dem Naturzustand zurückgegeben, spaziert das beurlaubte Menschengeschlecht durch die Straßen und spürt die Notwendigkeit des gesellschaftlichen Zwanges erst wieder, wenn es das Joch des neuen, im Augenblick der Freiheit geborenen Tyrannen trägt.

Ich könnte die gesellschaftlichen Zustände von 1789 und 1790 nicht besser kennzeichnen als durch den Vergleich mit der Architektur der Zeit Ludwigs XII. und Franz I., dieser Mischung aus griechischem und gotischem Stil, oder besser noch durch den Vergleich mit der Ansammlung von Ruinen und Grab-

144

mälern aller Jahrhunderte, die sich nach der Schreckensherrschaft in den Klostergewölben der Petits-Augustins in großem Durcheinander anhäuften;[122] nur die Trümmer, von denen ich spreche, waren lebendig und in ständiger Veränderung begriffen. An allen Ecken und Enden von Paris gab es literarische Zirkel, politische Gesellschaften und Theateraufführungen; die künftigen Berühmtheiten irrten noch unbekannt in der Menge umher. Man ging vom Club der Feuillants in den Jakobinerclub,[123] aus den Ballsälen und Spielcasinos zu den Gruppen im Palais Royal, von der Tribüne der Nationalversammlung zu den Tribünen auf offener Straße. Abordnungen des Volkes, Kavallerieabteilungen und Infanteriepatrouillen zogen durch die Straßen. Neben dem Mann in französischer Kleidung mit gepuderter Perücke, den Degen an der Seite, den Hut unterm Arm, in Tanzschuhen und seidenen Strümpfen, ging der Mann mit kurzgeschnittenem, ungepudertem Haar, im englischen Frack und mit amerikanischer Krawatte. Im Theater gaben die Schauspieler Tagesneuigkeiten zum besten, und im Parterre stimmte man patriotische Lieder an. Gelegenheitsstücke waren besonders beliebt; erschien ein Abbé auf der Bühne, rief das Volk: „Pfaffenknecht! Pfaffenknecht!" und der Abbé antwortete: „Meine Herren, es lebe die Nation!"

Bei Necker, bei dem Comte de Montmorin und bei verschiedenen Ministern trafen - mit Madame de Staël, der Duchesse d'Aiguillon, Madame de Beaumont und Madame de Sérilly - alle neuen Berühmtheiten Frankreichs und alle Freiheiten der neuen Sitten aufeinander. Der Schuhmacher in der Uniform eines Offiziers der Nationalgarde nahm knieend Maß zu einem Paar neuer Schuhe; der Mönch, der am Freitag seine weiße oder schwarze Kutte trug, ging am Sonntag in rundem Hut und bürgerlicher Kleidung einher; der Kapuziner mit rasiertem Gesicht las in der Kneipe die Zeitung, und in einem Kreis ausgelassener Frauen saß mit würdiger Miene eine Nonne - eine Tante oder eine Schwester, die man aus ihrem Kloster verwiesen hatte. Wie die Reisenden in Granada durch die verlassenen Säle der Alhambra eilen, so besichtigte die Menge die nun für alle Welt geöffneten Klöster.

Dabei gab es eine Menge Duelle und Liebschaften, im Gefängnis geknüpfte Verbindungen und politische Verbrüderungen, geheimnisvolle Zusammenkünfte in den Ruinen und unter heiterem Himmel, mitten im Frieden und in der Poesie der Natur; ausgedehnte, einsame Spaziergänge mit Schwüren ewiger Liebe und nicht enden wollenden Zärtlichkeiten - und dies beim dumpfen Krachen einer untergehenden Welt, beim entfernten Geräusch einen zusammenstürzenden Gesellschaft, die in ihren Sturz auch diese am Fuße der Ereignisse liegenden Glückseligkeiten mit hineinzureißen drohte. Hatte man sich vierundzwanzig Stunden lang aus den Augen verloren, so war man nicht sicher, ob man sich jemals wiedersehen würde. Die einen schlugen die Wege der Revolution ein, andere sannen auf Bürgerkrieg; wieder andere wanderten nach Ohio aus, wohin sie Baupläne für die Schlösser vorausschickten, die sie bei den Wilden errichten wollten; noch andere gingen zur Armee der Prinzen, und dies alles heiter und sorglos, oft ohne einen Sou in der Tasche. Die Royalisten versicherten, die Sache werde eines schönen Morgen mit einem Parlamentsbeschluß ihr Ende finden; die Patrioten, ebenso leichtgläubig in ihren Hoffnungen, verkündeten den Anbruch der Herrschaft von Frieden, Glück und Freiheit.

Man sang:

Das heilige Licht von Arras,
Die Fackel der Provence,
Wenn sie uns nicht erleuchten,
Stecken sie Frankreich in Brand.
Berühren kann man sie nicht,
Doch putzen will man's Licht.[124]

Und so urteilte man über Robespierre und Mirabeau: „Es steht ebensowenig in der Gewalt irgendeiner irdischen Macht", sagt l'Estoile, „das französische Volk am Reden zu hindern, als die Sonne in die Erde zu vergraben oder in ein Loch einzuschließen."

Inmitten dieser Feste der Zerstörung erhob sich das Palais der Tuilerien als gigantischer Kerker voller Verurteilter. Die zum Tode Verdammten spielten noch, während sie auf den Karren das Abscheren der Haare und das rote Hemd[125] erwarteten, das man zum Trocknen aufgehängt hatte; durch die Fenster sah man die strahlende Beleuchtung in dem Kreis um die Königin.

Tausende von Broschüren und Zeitungen schossen wie Pilze aus dem Boden. Die *Actes des apôtres* [126] [Apostelgeschichten] reagierten mit Satiren, Gedichten und Liedern auf den *Ami du Peuple* oder auf den von Fontanes verfaßten *Modérateur* [Der Mäßiger] des monarchistischen Clubs. Im politischen Teil des *Mercure* [127] opponierte Mallet-Dupan gegen Laharpe und Chamfort, die im literarischen Teil des gleichen Blattes schrieben. Champcenetz, der Marquis de Bonnay, Rivarol, Mirabeau der Jüngere und Honoré Mirabeau der Ältere vertrieben sich bei Tisch die Zeit damit, Karikaturen zu zeichnen und den *Petit Almanach des grands hommes* [Kleiner Almanach der großen Männer][128] zu entwerfen. Dann entfernte sich Honoré, um das Ausnahmegesetz oder die Konfiskation der Kirchengüter zu beantragen. Die Nacht verbrachte er bei der Frau seines Verlegers, nachdem er erklärt hatte, er werde sich nur durch die Macht der Bajonette aus der Nationalversammlung vertreiben lassen. Egalité [129] befragte den Teufel und kam dann in den Park von Monceaux, um bei den von Laclos inszenierten Orgien zu präsidieren. Der künftige Königsmörder machte seiner Gattung alle Ehre: Käuflich für jeden, lieferte er sich schließlich, erschöpft von seinen Ausschweifungen, streberischem Ehrgeiz aus. Lauzun, schon verwelkt, soupierte in seinem kleinen Landhaus mit Tänzerinnen von der Oper, die sich gleichzeitig von den Herren de Noailles, de Dillon, de Choiseul, de Narbonne, de Talleyrand und einigen anderen Elegants des Tages tätscheln ließen; zwei oder drei dieser Stutzer sind als Mumien bis auf uns gekommen.

146

Die meisten Höflinge, die gegen Ende der Regierung Ludwigs XV. und während der Herrschaftszeit Ludwigs XVI. für ihren Immoralismus berühmt waren, hatten sich der Trikolore angeschlossen; fast alle hatten sie den Krieg in Amerika mitgemacht und nun ihre Ordensbänder mit den republikanischen Farben übertüncht. Die Revolution bediente sich ihrer, solange sie auf halber Höhe verlief; sie wurden sogar die ersten Generäle ihrer Armeen. Der Duc de Lauzun, der romantische Liebhaber der Fürstin Czartoriska, der Frauenjäger auf den großen Straßen Europas, der zynische Verführer, der, im edlen und keuschen Jargon des Hofes gesprochen, heute diese und morgen jene „hatte", dieser Duc de Lauzun wurde Kommandant des Nationalkonvents in der Vendée: welche Jämmerlichkeit! Der Baron de Bezenval, der, selbst lügenhaft und zynisch, die Korruption der vornehmen Gesellschaft anprangerte, der Spitzel, der die Kindereien der alten verlöschenden Monarchie anzeigte, dieser schwerfällige, in die Bastille-Affäre verwickelte Baron, der von Necker und Mirabeau einzig deshalb daraus errettet wurde, weil er Schweizer war: welche Schmach! Was hatten solche Männer mit solchen Ereignissen zu schaffen? Als die Revolution voranschritt, ließ sie die wertlosen Abtrünnigen des Throns verachtungsvoll zurück; erst hatte sie ihre Laster gebraucht, jetzt brauchte sie ihre Köpfe - Blut verschmähte sie nie, nicht einmal das der Dubarry.

15

Paris, Dezember 1821.

Was ich inmitten dieses Getümmels tat. - Meine einsamen Tage. - Mademoiselle Monet. - Ich fasse mit Monsieur de Melesherbes den Plan zu meiner Reise nach Amerika. - Bonaparte und ich, unbekannte Unterleutnants. - Der Marquis de La Rouërie. - Ich schiffe mich in Saint-Malo ein. - Letzte Gedanken beim Verlassen des Heimatlandes.

Im Jahr 1790 wurden die 1789 eingeleiteten Maßnahmen vervollständigt. Die Güter der Kirche, die man zunächst der Nation übergeben hatte, wurden konfisziert, der Eid der Geistlichkeit auf die Verfassung angeordnet und der Adel abgeschafft.

Im Jahre 1790 verlor Mirabeau seine Popularität; seine Verbindungen zum Hof waren offenkundig geworden. Necker legte sein Ministeramt nieder und zog sich zurück, und keiner hatte Lust, ihn zum Bleiben zu bewegen. Die Tanten des Königs reisten mit einem von der Nationalversammlung ausgestellten Paß nach Rom. Der Duc d'Orléans erklärte sich nach seiner Rückkehr aus England zum ergebensten und gehorsamsten Diener des Königs. Die Gesellschaften der Freunde der Verfassung, die überall im Lande entstanden waren, schlossen sich der Muttergesellschaft in Paris an, von der sie ihre Richtlinien erhielten und deren Befehle sie ausführten.

Das öffentliche Leben sagte mir sehr zu; was in der Öffentlichkeit geschah, zog mich an, denn in der Menge konnte ich meine Einsamkeit bewahren und brauchte nicht gegen meine Schüchternheit anzukämpfen. Indessen waren mir nun auch die Salons, da sie an der allgemeinen Bewegung teilhatten, etwas weniger fremd geworden, und ich hatte, ohne es zu wollen, neue Bekanntschaften gemacht.

Mein Regiment, das in Rouen in Garnison lag, bewahrte ziemlich lange Disziplin. Schließlich brach der Aufruhr auch unter den Soldaten des Regiments Navarra aus. Der Marquis de Mortemart emigrierte, und die Offiziere folgten ihm. Ich hatte mir die neuen Vorstellungen weder zu eigen gemacht, noch hatte ich sie verworfen; da ich ebensowenig beabsichtigte, sie anzugreifen wie ihnen zu dienen, wollte ich weder emigrieren, noch meine militärische Laufbahn fortsetzen. Also nahm ich meinen Abschied.

Von allen Bindungen befreit, hatte ich einerseits recht heftige Auseinandersetzungen mit meinem Bruder und dem Präsidenten Rosambo, andererseits nicht weniger scharfe Diskussionen mit Ginguené, Laharpe und Chamfort. Von Jugend an erregte ich überall mit meiner politischen Unparteilichkeit Anstoß. Überdies maß ich den damals aufgeworfenen Fragen nur Bedeutung bei, wenn sie allgemeine Ideen von Freiheit und Menschenwürde betrafen. Das politische Getriebe um Personen langweilte mich; mein eigentliches Leben vollzog sich in höheren Regionen.

Da die Straßen von Paris bei Tag und Nacht von Menschenmassen verstopft waren, konnte ich dort nicht mehr herumbummeln. Um die Einsamkeit wiederzufinden, flüchtete ich mich ins Theater; ich setzte mich ganz hinten in eine Loge und hing bei den Versen von Racine, bei der Musik von Sacchini oder während das Opernballett tanzte, meinen Gedanken nach. Unverdrossen habe ich wohl zwanzigmal hintereinander in der italienischen Oper „Blaubart" und „Der verlorene Schuh"[130] gesehen, mich langweilend wie eine Eule im Mauerloch. Als die Monarchie zusammenbrach, hörte ich weder das Bersten der jahrhundertealten Gewölbe, noch das Gewinsel des Vaudevilles, noch die donnernde Stimme Mirabeaus auf der Tribune.

Der Bergwerksdirektor Monsieur Monet und seine Tochter kamen zuweilen, von Madame Ginguené geschickt, um mich in meiner Zurückgezogenheit aufzustören; Mademoiselle Monet setzte sich an die Logenbrüstung, und ich nahm, halb zufrieden, halb murrend, hinter ihr Platz. Ich weiß nicht, ob sie mir gefiel, ob ich sie liebte, aber ich hatte große Angst vor ihr. Wenn sie gegangen war, wünschte ich sie zurück und freute mich zugleich, sie nicht mehr zu sehen. Indessen besuchte ich sie zuweilen mit Angstschweiß auf der Stirn in ihrer Wohnung, um sie spazierenzuführen. Ich gab ihr den Arm und ich glaube, daß ich den ihren ein wenig gedrückt habe.

Ein Gedanke beherrschte mich: der Gedanke, in die Vereinigten Staaten zu reisen. Ich mußte aber einen nützlichen Zweck für meine Reise finden, und so nahm ich mir vor, die Nordwestpassage Nordamerikas zu entdecken. Meine poetische Natur war an diesem Projekt nicht unbeteiligt. Niemand kümmerte sich um mich; ich war damals, wie Bonaparte, ein kleiner, völlig unbekannter Unterleutnant: Beide traten wir zur gleichen Zeit aus der Dunkelheit hervor, ich, um mir in der Einsamkeit einen Namen zu machen, er, um seinen Ruhm unter den Menschen zu suchen. Da ich an keine Frau gebunden war, beherrschte meine Sylphide noch immer meine Phantasie. Ich stellte es mir als höchstes Glück vor, mit ihr meine phantastischen Streifzüge durch die Wälder der neuen Welt zu machen. Durch den Einfluß eines andern Erdteils ist die Blume meiner Liebe, mein namenloses Phantom aus den bretonischen Wäldern unter Floridas Blätterdach zu *Atala* [131] geworden.

Monsieur de Malesherbes bestärkte mich in dem Gedanken an diese Reise. Jeden Morgen ging ich zu ihm; über Landkarten gebeugt, verglichen wir die verschiedenen Pläne der Arktis miteinander. Wir berechneten die Entfernung zwischen der Beringstraße und der Hudsonbai; wir lasen die verschiedenen Berichte der englischen, holländischen, spanischen, französischen, russischen, schwedischen und dänischen Seefahrer und Reisenden; wir unterrichteten uns über die Landwege, auf denen man die Küste des Polarmeeres erreichen konnte; wir sprachen über die Schwierigkeiten, die es zu überwinden gäbe, über notwendige Vorkehrungen gegen die Unbilden des Klimas, den Überfall von wilden Tieren und den Mangel an Lebensmitteln. Der berühmte Mann sagte zu mir: „Wenn ich jünger wäre, würde ich mit Ihnen fahren; ich würde mir den Anblick all dieser Verbrechen, Schändlichkeiten und Narrheiten gern ersparen. Aber in meinem Alter muß man wohl dort sterben, wo man ist. Vergessen Sie nicht, mir mit jedem Schiff Post zukommen zu lassen und mich von Ihren Fortschritten und Entdeckungen zu unterrichten; ich werde das alles bei den Ministern zur Sprache bringen. Es ist sehr bedauerlich, daß Sie nichts von Botanik verstehen!" Nach solchen Gesprächen wälzte ich dann den Tournefort, den Duhamel, den Bernard de Jussieu, den Graw, den Jacquin,[132] Rousseaus Wörterbuch und die Elementarwerke der Botanik; ich ging in den königlichen Garten und hielt mich schon für einen Linné.

Endlich, im Januar 1791, faßte ich ernstlich meinen Entschluß. Das Chaos nahm zu. Es genügte, einen adligen Namen zu tragen, um verfolgt zu werden; je verantwortungsbewußter und gemäßigter man in seinen Ansichten war, desto mehr mußte man mit Verdächtigungen und Verfolgungen rechnen. Ich beschloß also, meine Zelte abzubrechen. Ich ließ meinen Bruder und meine Schwestern in Paris zurück und machte mich auf den Weg in die Bretagne.

In Fougères traf ich den Marquis de La Rouërie, den ich um ein Empfehlungsschreiben an General Washington bat.

Um meine Mutter noch einmal umarmen zu können, schiffte ich mich von Saint-Malo aus ein. Ich habe in diesen Memoiren bereits erzählt, wie ich nach Combourg zurückkam und welche Gefühle mich dort bestürmten. Ich blieb zwei Monate in Saint-Malo, beschäftigt mit Reisevorbereitungen wie früher für meine beabsichtigte Fahrt nach Indien.

Ich wurde mit einem Kapitän handelseins: Er sollte den Abbé Nagot, Superior des Seminars von Saint-Sulpice, und mehrere Seminaristen nach Baltimore bringen. Diese Reisegefährten hätten mir vier Jahre früher noch mehr zugesagt; aus mir, dem vormals eifrigen Christen, war ein Freigeist geworden, das heißt ein schwacher Geist. Dieser Wandel in meinen religiösen Ansichten hatte sich unter dem Einfluß meiner politischen Lektüre vollzogen. Ich glaubte allen Ernstes, daß ein religiöser Geist in einer Hinsicht gelähmt sei, daß es, so hervorragend er in anderer Hinsicht sein möge, Wahrheiten gäbe, die nicht zu ihm gelangen könnten. Dieser einfältige Dünkel führte den Wandel herbei. Ich vermutete in der religiösen Gesinnung das Fehlen einer Fähigkeit, die tatsächlich gerade dem philosophischen Geist abgeht: Der beschränkte Verstand glaubt alles zu sehen, weil er die Augen offenhält; der höhere Verstand kann getrost die Augen schließen, weil er alles in seinem Innern sieht. Ausschlaggebend war schließlich die grundlose Verzweiflung, die ich in meinem Herzen mit mir herumtrug.

Das Datum meiner Abreise ist mir durch einen Brief meines Bruders im Gedächtnis geblieben: Er schrieb meiner Mutter aus Paris und teilte ihr den Tod Mirabeaus mit. Drei Tage nach der Ankunft dieses Briefes bestieg ich das Schiff, auf dem schon mein Gepäck verladen war. Der Anker wurde gelichtet - ein feierlicher Augenblick für Seefahrer. Die Sonne ging unter, als uns der Küstenlotse verließ, der uns durch mehrere Durchfahrten geleitet hatte. Das Wetter war trübe, der Wind feucht und warm, und die Wellen schlugen einige Kabellängen vom Schiff entfernt schwer an die Klippen.

Meine Blicke blieben an Saint-Malo hängen; dort ließ ich meine weinende Mutter zurück. Ich schaute auf die Glockentürme und Kuppeln der Kirchen, in denen ich mit Lucile gebetet hatte, sah die Mauern, Wälle, Festungen, Türme und Strände, wo ich mit Gesril und meinen anderen Spielkameraden meine Kindheit verlebt hatte. Ich verließ mein zerrissenes Vaterland, als es einen Mann verloren hatte, den niemand ersetzen konnte. Ich entfernte mich und war über das Schicksal meines Landes und meiner Familie gleichermaßen im Ungewissen: Wer in Frankreich und wer von den Meinen würde untergehen? Würde ich dieses Frankreich und meine Familie je wiedersehen?

Bei Einbruch der Nacht hielt uns eine Flaute am Ausgang der Reede fest. Die Lichter der Stadt und die Leuchttürme flammten auf. Diese Lichter, die unter meinem väterlichen Dach zitterten, schienen mir zuzulächeln und gleichzeitig Lebewohl zu sagen, indem sie mir zwischen den Felsen, in der Finsternis der Nacht und auf den dunklen Wellen leuchteten.

Ich nahm nichts mit außer meiner Jugend und meinen Illusionen. Ich verließ eine Welt, in deren Staub ich gegangen war und deren Sterne ich gezählt hatte, und vertauschte sie gegen eine Welt, in der Erde und Himmel mir unbekannt waren. Was stand mir bevor, wenn ich das Ziel meiner Reise erreichte? An die arktischen Küsten verschlagen, würde ich die Jahre der Zwietracht, die mit solchem Getöse viele Generationen zerschmetterten, still über mich hinziehen lassen; die Gesellschaft würde ihr Gesicht verändern, ich aber wäre nicht dabei. Wahrscheinlich wäre mir dann für immer das Unglück des Schreibens erspart geblieben; mein Name wäre unbekannt geblieben oder hätte nur ein solches friedliches Ansehen erlangt, das unterhalb des Ruhms bleibt, das den Neid nicht herausfordert und Glück ermöglicht. Wer weiß, ob ich den Ozean ein zweites Mal überquert hätte, oder ob ich mich nicht eher, wie ein Eroberer inmitten des eroberten Landes, in der Einsamkeit niedergelassen hätte, die ich auf eigene Gefahr erforscht und entdeckt hatte.

Aber nein! Ich sollte in mein Vaterland zurückkehren, um dort neues Elend zu erfahren, um dort ein ganz anderer zu sein als ich gewesen war. Dieses Meer, in dessen Schoß ich geboren war, sollte die Wiege meines zweiten Lebens werden; von ihm wurde ich bei meiner ersten Reise getragen wie an der Brust meiner Amme, wie in den Armen der Vertrauten meiner ersten Tränen und meiner ersten Freuden.

Da kein Wind wehte, trieb uns die Ebbe ins Weite hinaus; die Lichter am Ufer wurden immer kleiner und verschwanden schließlich ganz. Erschöpft vom Grübeln, von unbestimmtem Weh und noch unbestimmterer Hoffnung, stieg ich in meine Kabine hinab; ich legte mich nieder und wurde in meiner Hängematte vom Geräusch der Wellen gewiegt, die die Flanken des Schiffes liebkosten. Wind kam auf; die an den Masten herabhängenden Segel blähten sich auf, und als ich am nächsten Morgen an Deck stieg, waren die Küsten Frankreichs verschwunden.

Hier liegt der Wendepunkt meines Schicksals: *Again to sea!* [133]

6. Buch

London, April bis September 1822.

Prolog.

Einunddreißig Jahre, nachdem ich mich als einfacher Unterleutnant nach Amerika eingeschifft hatte, reiste ich nach London mit einem Paß, in dem zu lesen stand: „Lassen Sie Seine Herrlichkeit, den Vicomte de Chateaubriand, Pair von Frankreich, Gesandten des Königs bei Seiner britischen Majestät usw. usw. passieren." Keinerlei Personenbeschreibung; mein Gesicht sollte aufgrund meiner Bedeutung überall bekannt sein. Ein für mich allein ausgerüstetes Dampfschiff bringt mich von Calais nach Dover. Als ich am 5. April 1822 den Fuß auf englischen Boden setze, schießen die Kanonen der Festung mir zu Ehren Salut. Der Kommandant schickt mir einen Offizier, der mir eine Ehrenwache anbietet. In der Herberge, in der ich absteige, empfangen mich der Wirt und die Kellner barhäuptig und in ehrerbietiger Haltung. Die Frau Bürgermeisterin lädt mich im Namen der schönsten Damen der Stadt zu einer Abendgesellschaft ein. Mister Billing, mein Gesandtschaftsattaché, erwartet mich. Ein Diner, bestehend aus riesigen Fischen und ganzen Rindsvierteln, stellt die Kräfte des Gesandten wieder her, der nicht den geringsten Appetit hat und keineswegs ermüdet ist. Das Volk, das sich unter meinen Fenstern versammelt hat, bringt die Luft mit Hurrageschrei zum Erzittern. Der Offizier kommt zurück und stellt wider meinen Willen Posten vor meiner Tür auf. Nachdem ich das Geld des Königs, meines Herrn, mit vollen Händen ausgeteilt habe, setze ich am nächsten Tag beim Donnern der Kanonen in einem leichten Wagen, den vier schöne, von zwei eleganten Jockeys zu scharfem Trab angetriebene Pferde ziehen, meine Reise nach London fort. Meine Leute folgen in anderen Wagen; Kuriere in meiner Livree begleiten den Zug. Wir kommen durch Canterbury und lenken die Aufmerksamkeit John Bulls und der entgegenkommenden Kutschen auf uns. In Blackheath, einer Heidelandschaft, wo früher Räuber hausten, finde ich ein neues Dorf. Bald gewahre ich die riesige Dunstglocke, die über der Stadt London hängt.

Wie in den Rachen des Tartarus tauche ich in einen Schlund von Rußwolken ein, durchquere die ganze Stadt, deren Straßen ich wiedererkenne, und erreiche schließlich das Gesandtschaftsgebäude. Der Geschäftsträger, der Comte de Caraman, die Gesandtschaftssekretäre, der Vicomte de Marcellus, der Duc de Decazes, Monsieur de Bourqueney sowie die Gesandtschaftsattachés empfangen mich mir erlesener Höflichkeit. Alle Türhüter, Schließer, Kammerdiener und Lakaien sind auf den Gehsteig hinausgetreten. Man präsentiert mir die Visitenkarten der englischen Minister und ausländischen Gesandten, die schon von meiner bevorstehenden Ankunft unterrichtet sind.

Am 17. Mai im Jahr des Heils 1793 landete ich, von Jersey kommend und der gleichen Stadt London entgegenstrebend, als demütiger, unbekannter Reisender in Southampton. Keine Bürgermeisterin nahm von meiner Ankunft Notiz; der Bürgermeister der Stadt händigte mir am 18. September eine Reisegenehmigung nach London aus, der ein Auszug aus dem Fremdengesetz angefügt war. Meine Personenbeschreibung lautete auf englisch: „François de Chateaubriand, french officer in the emigrant army, five feet four inches high, (thin shape), brown hair and fits." [François de Chateaubriand, französischer Offizier in der Emigrantenarmee, fünf Fuß und vier Zoll groß, (magere Gestalt), braunes Haar und Backenbart.] Den billigsten Wagen teilte ich bescheiden mit ein paar Matrosen, die auf Urlaub fuhren; ich kehrte in den ärmlichsten Gasthäusern ein. Arm, krank und unbekannt betrat ich die reiche, berühmte Stadt, in der Pitt herrschte. Für sechs Schilling monatlich mietete ich mich am Ende einer kleinen Straße, die auf Tottenham-Court-Road stieß, unter den Sparren einer Dachkammer ein, die mir ein Vetter aus der Bretagne besorgt hatte.

Indessen bedrückt mich jetzt in London eine andere Form des Unbekanntseins. Meine politische Bedeutung stellt meinen literarischen Ruf in den Schatten; es gibt keinen Dummkopf in den drei Königreichen, der nicht den Gesandten Ludwigs XVIII. dem Verfasser des *Génie du Christianisme* vorzöge.

Als französischer Gesandter in London war es eines meiner größten Vergnügen, meinen Wagen an der Ecke eines Platzes stehenzulassen und zu Fuß durch die engen Straßen zu gehen, in denen ich früher gewesen war: durch die Vorstädte der Armen, wo die Unglücklichen unter dem Schutz eines allen gemeinsamen Leidens Zuflucht suchen, die unbekannten Schlupfwinkel, in die ich mich mit meinen Leidensgenossen zurückgezogen hatte, oft nicht wissend, ob ich am nächsten Tag Brot haben würde - ich, auf dessen Tafel jetzt drei oder vier Gänge erscheinen. An all den schmalen und ärmlichen Türen, die mir damals offenstanden, treffe ich jetzt nur fremde Gesichter. Ich sehe meine Landsleute nicht mehr umherirren, erkennbar an ihren Gesten, ihrem Gang, am Schnitt und an der Abgenutztheit ihrer Kleider; ich sehe nicht mehr die märtyrerhaften Priester in ihrem kleinen Umhang, dem großen dreieckigen Hut und dem langen, abgenutzten schwarzen Rock, die von den Engländern im Vorbeigehen gegrüßt werden.

Breite, von Palästen gesäumte Straßen sind inzwischen entstanden, Brükken wurden gebaut und Promenaden angelegt; wo früher Kuhherden auf den Wiesen weideten, liegt jetzt Regent's Park neben Portland Place. Ein Friedhof, den ich von der Luke einer meiner Dachkammern aus sah, ist in der Umfassungsmauer eines Gebäudes verschwunden. Wenn ich zu Lord Liverpool fahre, kann ich nur schwer den freien Platz der Richtstätte Karls I. wiederfinden; neue Gebäude, die das Denkmal Karls II. einengen, rücken mit unserem Vergessen gegen die denkwürdigen Ereignisse an.

Wie sehne ich mich inmitten meines abgeschmackten Prunks nach jener Welt der Leiden und Tränen zurück, nach den Zeiten, in denen sich mein Kummer mit dem einer ganzen Gruppe von Unglücklichen verband! Es ist also

154

wahr, daß sich alles verändert, daß auch das Unglück vergeht wie das Glück! Was ist aus meinen Brüdern in der Emigration geworden? Einige sind tot, andere von unterschiedlichen Schicksalen betroffen worden: Sie haben wie ich ihre Verwandten und Freunde verloren, oder sie sind in ihrem Vaterland weniger glücklich als sie es in der Fremde waren. Gab es für uns in jenem Lande nicht auch Zusammenkünfte, Zerstreuungen, Feste und vor allem: War dort nicht unsere Jugend? Familienmütter, junge Mädchen, deren Leben im Unglück begann, gaben den Lohn einer Arbeitswoche hin, um sich an einem heimatlichen Tanz zu erfreuen. Freundschaften wurden bei den Abendgesprächen nach der Arbeit auf den Rasenplätzen von Hamstead und Primrose-Hill geschlossen. In Kapellen, die wir mit eigenen Händen in alten Gemäuern eingerichtet hatten, beteten wir am 21. Januar[134] und am Todestag der Königin, tief bewegt von einer Trauerrede, die der emigrierte Pfarrer unseres Dorfes gehalten hatte. Wir gingen die Themse entlang und betrachteten bald die mit den Schätzen der Welt beladenen Schiffe in den Docks, bald bewunderten wir, die Armen, des väterlichen Daches Beraubten, die Landhäuser von Richmond. All diese Dinge sind ein Teil der wahren Glückseligkeit!

Wenn ich jetzt, 1822, nach Haus komme, so werde ich nicht von meinem vor Kälte zitternden Freund empfangen, der mir die Tür zu unserer Dachkammer öffnet und mich mit Du anredet, der sich dann auf sein ärmliches Lager neben mich legt und sich mit seinem dünnen Rock zudeckt, wobei uns der Mond leuchtet - nein, ich gehe im Lichterglanz durch die Reihen der Bedienten, an deren Ende fünf oder sechs ehrerbietige Sekretäre warten. Ich gelange dann, auf meinem Weg von den Worten „Monseigneur", „Mylord", „Eure Exzellenz", „Herr Gesandter" umschwirrt, zu einem mit Gold und Seide ausgeschlagenen Salon.

Ich flehe Sie an, meine Herren, lassen Sie ab von mir! Genug mit all diesen Mylords! Was soll ich nur mit Ihnen allen anfangen? Treiben Sie ihren Spaß in der Kanzlei, als ob ich nicht da wäre. Wollen Sie mich dazu bringen, diese Maskerade ernst zu nehmen? Glauben Sie, ich sei so dumm, mich für einen anderen Menschen zu halten, weil ich andere Kleider trage? Der Marquis von Londonderry wird herkommen, sagen Sie; der Herzog von Wellington hat nach mir gefragt; Mister Canning sucht mich; Lady Jersey erwartet mich mit Mister Brougham zum Diner; Lady Gwidir hofft um zehn Uhr in ihrer Loge in der Oper auf mich und Lady Mansfield um Mitternacht bei Almacks.

Erbarmen! Wohin soll ich mich verkriechen? Wer wird mich befreien? Wer wird mich diesen Verfolgungen entreißen? Kehrt zurück, ihr schönen Tage meiner Armut und meiner Einsamkeit! Kehrt ins Leben zurück, ihr Gefährten meines Exils! Kommt, meine alten Freunde, die ihr mit mir das Feldbett und das Strohlager teiltet, laßt uns hinausgehen aufs Land, ins Gärtchen eines miserablen Wirtshauses, auf der Holzbank eine Tasse schlechten Tee trinken und dabei von unseren verrückten Hoffnungen und von unserem undankbaren Vaterland sprechen, unserem Kummer und den Möglichkeiten, uns gegenseitig beizustehen und einem unserer Verwandten zu helfen, der noch bedürftiger ist als wir.

Das war's, was ich an diesen ersten Tagen meiner Gesandtschaft in London empfand. Der Traurigkeit, die mich unter meinem Dach befiel, entging ich nur, indem ich mich im Park von Kensington von einer weniger bedrückenden Traurigkeit durchdringen ließ. Dieser Park hat sich, wie ich mich 1843 überzeugen konnte, nicht verändert, nur die Bäume sind größer geworden; immer einsam, wie er ist, bauen die Vögel hier ungestört ihre Nester. Es ist auch nicht mehr Brauch, an diesem Ort zusammenzukommen wie zu der Zeit, da die schönste aller Französinnen, Madame Récamier, hier, von der Menge gefolgt, vorüberging. Gern sah ich vom Rand der einsamen Rasenflächen des Kensington aus die Pferde und die Wagen der *fashionables* - unter denen 1822 auch mein leerer Tilbury war - durch den Hydepark jagen, während ich, wieder zum emigrierten Landjunker geworden, die Allee hinaufging, in der seinerzeit der verbannte Priester sein Brevier betete.

In diesem Park von Kensington habe ich über den *Essai historique* [Historischer Essay][135] nachgedacht; hier habe ich das Tagebuch meiner überseeischen Reisen wieder gelesen und daraus die Liebesgeschichte Atalas entnommen. In diesem Park habe ich auch, nachdem ich unter einem tief herabhängenden, heller werdenden, wie von polarer Klarheit durchdrungenen Himmel weit in den Feldern umhergeirrt war, mit Bleistift die ersten Skizzen der Leidenschaften Renés[136] zu Papier gebracht. Nachts legte ich die Früchte meiner Tagträume in dem *Essai historique* und *Les Natchez* nieder. Beide Manuskripte entstanden zur gleichen Zeit, obwohl ich zuweilen kein Geld hatte, um Papier zu kaufen, und, da kein Bindfaden da war, die Blätter mit Holzsplittern zusammenheftete, die ich von den Latten in meiner Dachkammer abriß.

Diese Orte meiner ersten Inspirationen üben erneut ihre Macht über mich aus. Sie breiten das sanfte Licht der Erinnerung über die Gegenwart - ich verspüre den Drang, wieder zur Feder zu greifen. Wie viele Stunden gehen in den Gesandtschaften verloren! Ich habe hier ebensowenig Zeit wie in Berlin, um meine Memoiren fortzusetzen, dieses Denkmal, das ich aus Gebeinen und Trümmern errichte. Meine Londoner Botschaftssekretäre wünschen morgens zum Picknick und abends zum Ball zu gehen: bitte sehr! Die Diener wiederum gehen ins Wirtshaus, und die Dienerinnen machen einen Bummel: ich bin entzückt. Man übergibt mir den Schlüssel zur Haustür, und der Herr Gesandte übernimmt die Bewachung seines Hauses; wenn es klopft, wird er öffnen. Alle sind ausgegangen und ich bin allein: Machen wir uns ans Werk!

Vor zweiundzwanzig Jahren, ich sagte es eben, entwarf ich in London *Les Natchez* und *Atala*; in meinen Memoiren bin ich gerade am Zeitpunkt meiner Amerikareise angelangt: das trifft sich ausgezeichnet. Streichen wir diese zweiundzwanzig Jahre, wie sie ja tatsächlich aus meinem Leben gestrichen worden sind, und brechen wir in die Wälder der Neuen Welt auf! Der Bericht über meine Gesandtentätigkeit wird an die Reihe kommen, wenn es Gott gefällt. Wenn ich aber einige Monate hier bleibe, werde ich die Zeit finden, vom Niagarafall bis zur Armee der Prinzen in Deutschland und von dort bis zu meiner Auswanderung nach England zu kommen. Der Gesandte des Königs von Frankreich kann die Geschichte des französischen Emigranten an eben dem Ort erzählen, an dem er die Zeit der Emigration verbracht hat.

2

London, von April bis September 1822.

Die Überfahrt.

Das vorige Buch schließt mit meiner Einschiffung in Saint-Malo. Bald verließen wir den Ärmelkanal, und ein starker Westwind kündigte uns den Atlantik an.

Menschen, die nie zur See gefahren sind, können sich vermutlich kaum eine Vorstellung von den Gefühlen machen, die einen befallen, wenn man von Bord des Schiffes aus ringsherum nur das ernste Antlitz des Abgrundes erblickt. Im gefahrvollen Leben des Seemanns ist eine Unabhängigkeit, die daher rührt, daß das Land fern ist. Die menschlichen Leidenschaften läßt man am Ufer zurück; zwischen der Welt, die man verläßt, und der, nach der man sucht, gibt es keine andere Liebe und kein anderes Vaterland als das Element, das einen trägt. Da gibt es keine Pflichten zu erfüllen, keine Besuche zu machen, keine Zeitungen mehr und keine Politik. Sogar die Sprache der Matrosen ist anders als die gewöhnliche: Es ist die Sprache, die der Ozean und der Himmel, die Windstille und der Sturm sprechen. Man wohnt in einem Universum von Wasser, unter Geschöpfen, deren Kleidung, deren Neigungen, deren Benehmen und deren Gesichter in nichts denen der seßhaften Völker ähneln. Sie haben die Rauhheit von Seewölfen und die Leichtigkeit von Vögeln; auf ihrer Stirn steht nicht die gesellschaftliche Besorgtheit geschrieben; die Furchen in ihren Gesichtern ähneln den Falten der gerefften Segel und sind weniger durch die Jahre als durch den Sturm und die Wellen entstanden. Die Haut dieser Menschen ist von Salz durchdrungen, rot, und hart wie die Oberfläche der wellengepeitschten Klippe.

Die Matrosen lieben ihr Schiff; sie weinen vor Kummer, wenn sie es verlassen, und vor Rührung, wenn sie es wieder betreten. Sie können nicht bei ihrer Familie bleiben, sie haben hundertmal geschworen, sich nicht mehr den Gefahren des Meeres auszusetzen, können sich davon aber nicht trennen, so wie sich ein junger Mann nicht aus der Umarmung einer stürmischen und untreuen Geliebten losreißen kann.

In den Docks von London und Plymouth begegnet man nicht selten Seeleuten, die auf Schiffen geboren wurden; von früher Kindheit bis ins hohe Alter sind sie nie an Land gegangen; die Erde haben sie nur von Bord ihrer schwimmenden Wiege aus gesehen, als Beobachter einer Welt, in die sie nie eingetreten sind. In diesem auf so kleinen Raum beschränkten Dasein unter den Wolken und über den Abgründen ist für den Seemann alles von Leben erfüllt: ein Anker, ein Segel, ein Mast, eine Kanone werden zu Wesen mit eigener Geschichte, die man liebgewinnt.

Dieses Segel ist an der Küste von Labrador zerrissen; der Segelmeister hat das Stück aufgesetzt, das Sie hier sehen.

Dieser Anker hat das Schiff in den Korallenriffen der Sandwich-Inseln gerettet, als die anderen Anker versagten.

Dieser Mast ist in einem Wirbelsturm am Kap der Guten Hoffnung zerbrochen; er war aus einem Stück; jetzt ist er aus zwei Stücken und viel dauerhafter.

Diese Kanone ist die einzige, die im Kampf in der Bucht von Chesapeake nicht zerstört wurde.

Die Neuigkeiten an Bord sind höchst interessant: Eben hat man die Logleine ausgeworfen; das Schiff macht zehn Knoten.

Mittags ist der Himmel klar; man hat an Höhe gewonnen und befindet sich an dem und dem Breitengrad.

Man hat eine Ortsbestimmung vorgenommen; so und so viele Meilen sind glücklich zurückgelegt.

Die Abweichung der Magnetnadel beträgt so und so viel Grad; man ist weiter nach Norden gekommen.

Der Sand läuft mühsam durch die Sanduhren; es wird Regen geben.

Im Sog des Schiffes haben sich Sturmvögel gezeigt; wir werden in eine Böe geraten.

Im Süden sind fliegende Fische aufgetaucht; der Sturm wird sich legen.

Im Westen hat sich eine lichte Stelle in den Wolken gebildet; von dort wird morgen der Wind wehen.

Die Farbe des Wassers hat sich verändert; man hat Holz und Tang vorbeitreiben sehen, Möwen und Enten gesichtet, und ein kleiner Vogel hat sich auf den Rahen niedergelassen; man muß Kurs aufs Meer nehmen, denn man nähert sich dem Land, und das kann nachts gefährlich werden.

In einem Geflügelkorb haust ein von allen geliebter, gewissermaßen heiliger Hahn, der all seine Artgenossen überlebt hat. Er ist dafür berühmt, während eines Kampfes gekräht zu haben wie auf einem Bauernhof inmitten seiner Hennen. Unter Deck wohnt eine Katze mit grünlichem gestreiften Fell, kahlem Schwanz und langen Barthaaren. Sie steht fest auf ihren Pfoten und hält allem Schlingern und Stampfen des Schiffes stand. Zweimal ist sie schon um die Welt gefahren und hat sich bei einem Schiffbruch auf einer Tonne schwimmend gerettet. Die Schiffsjungen geben dem Hahn in Wein getränkten Zwieback, und Matou, die Katze, genießt das Vorrecht, in dem fellgefütterten Mantel des zweiten Kapitäns zu schlafen, wann immer sie will.

Ein alter Matrose ist wie ein alter Bauer. Zwar sind ihre Ernten verschiedener Art, und das Leben des Seemanns ist ruhelos, während der Bauer sein Stück Feld nie verläßt. Beide aber verstehen sich auf die Sterne, und beide sagen sie aus den Furchen, die sie ziehen, die Zukunft voraus. Dem einen gelten die Lerche, das Rotkehlchen und die Nachtigall, dem anderen der Sturmvogel, die Brachschnepfe und die Seeschwalbe als Propheten. Des Abends zieht sich der eine in seine Kajüte, der andere in seine Strohhütte zurück - leicht zerstörbare Behausungen, in denen aber der Sturm, mag er auch noch so toben, das ruhige Gewissen nicht erschüttern kann.

Der Matrose weiß nicht, wo der Tod ihn überraschen, an Bord welchen Schiffes er sein Leben lassen wird. Vielleicht wird er, wenn er seinen letzten Seufzer dem Wind anheimgegeben hat, an zwei Rudern festgebunden in den Schoß der Wellen hinabgeschleudert, um dort seine Reise fortzusetzen; vielleicht wird er die ewige Ruhe auf einer einsamen Insel finden, die keiner je betritt, so wie er allein mitten auf dem Ozean in seiner Hängematte geschlafen hat.

Allein das Schiff ist schon ein Schauspiel. Der leisesten Bewegung des Steuerruders folgend, ein Pegasus oder geflügeltes Streitroß, gehorcht es der Hand des Steuermanns wie ein Pferd der Hand des Reiters. Die Eleganz der Masten und der Takelage, die Gewandtheit, mit der die Matrosen auf den Rahen herumturnen, der unterschiedliche Anblick des Schiffes, wenn es entweder von einem widrigen Südwind auf die Seite gedrückt wird, oder ein günstiger Nordwind es schnurstracks davonfliegen läßt, machen aus dieser kunstvollen Maschine ein Wunderwerk des menschlichen Geistes. Bald brechen sich die Wellen schäumend und aufspritzend am Kiel; bald teilt sich die Flut friedlich und widerstandslos vor dem Bug des Schiffes. Die Flaggen, die Wimpel, die Segel vollenden die Schönheit dieses Neptunpalastes. Die untersten Segel, voll ausgebreitet, runden sich wie riesige Zylinder; die obersten, die in der Mitte zusammengehalten werden, gleichen dem Busen einer Sirene. Von heftigen Windstößen getrieben, durchfurcht das Schiff mit seinem Kiel wie mit einem Pflugschar das Feld der Meere.

Auf der Straße des Ozeans, auf der man keine Bäume, keine Dörfer, keine Städte, keine Festungs- und Glockentürme und keine Gräber sieht, auf dieser Straße ohne Postsäulen und Meilensteine, deren Begrenzung nur die Wellen, deren Rastplätze nur die Winde und deren Beleuchtung nur die Sterne sind, gibt es, wenn man nicht auf der Suche nach unbekannten Ländern und Meeren ist, kein schöneres Abenteuer als die Begegnung zweier Schiffe. Man entdeckt sich gegenseitig mit dem Fernrohr am Horizont und steuert aufeinander zu. Die Mannschaften und die Passagiere drängen sich an Deck. Die beiden Schiffe kommen einander näher, hissen ihre Flaggen, reffen ihre Segel zur Hälfte und stellen sich breitseits zueinander. Wenn alles schweigt, rufen die beiden Kapitäne, auf dem Achterdeck stehend, mit dem Sprachrohr einander zu: „Name des Schiffes? Aus welchem Hafen? Name des Kapitäns? Woher kommt ihr? Wie lange seid ihr unterwegs? Längen- und Breitengrad? Glückliche Reise!" Man löst die Segelringe, das Segel fällt. Die Matrosen und Passagiere der beiden Schiffe sehen schweigend zu, wie sie sich voneinander entfernen, die einen der Sonne Asiens entgegen, die anderen der Sonne Europas; sterben werden sie hier wie dort. Die Zeit trennt und entführt die Reisenden auf Erden noch schneller als der Wind sie auf dem Ozean auseinanderreißt. Man gibt sich von fern ein Zeichen: „Glückliche Reise!" Die Ewigkeit ist der Hafen aller.

Und wenn das Schiff, dem wir begegnet sind, das Schiff von Cook oder La Pérouse war?

Der Proviantmeister auf meinem Schiff aus Saint-Malo war ein ehemaliger Handelsbevollmächtigter namens Pierre Villeneuve, dessen Name mir schon deswegen gefiel, weil er mich an meine gute Amme erinnerte. Er hatte in Indien unter Kommandant Suffren und in Amerika unter dem Comte d'Estaing gedient und an vielen Gefechten teilgenommen. Auf das Vorderteil des Schiffes neben dem Bugspriet hingelehnt wie ein Veteran, der unterm Weinspalier seines Gärtchens im Graben des *Hôtel des Invalides* [137] sitzt, eine Portion Tabak kauend, die ihm die Backe bedenklich aufblähte, schilderte mir Pierre die Momente der Vorbereitung zum Kampf, die Wirkung von Artilleriegeschossen unter Deck, die Verheerungen, die von Lafetten, Kanonen und Balkenwerk abprallende Kugeln anrichten. Ich brachte ihn dazu, von Indianern, Negern und Kolonisten zu erzählen. Ich fragte ihn, wie die fremden Völker gekleidet seien, wie die Bäume aussähen, welche Farbe die Erde und der Himmel, welchen Geschmack die Früchte hätten, ob Ananas besser als Pfirsiche seien, Palmen schöner als Eichen. Er erklärte mir das alles durch Vergleiche mit mir bekannten Dingen: die Palme sei ein großer Kohlkopf, das Kleid eines Indianers das meiner Großmutter; das Kamel gliche einem buckligen Esel; alle Völker des Orients, und besonders die Chinesen, seien Feiglinge und Diebe. Villeneuve kam aus der Bretagne, und so unterließen wir es nicht, unsere Unterhaltung mit Lobsprüchen auf die unvergleichliche Schönheit unserer Heimat zu beschließen.

Die Glocke unterbrach unser Gespräch; sie bestimmte die Stunde der Wachablösung, des Ankleidens, der Parade und der Mahlzeiten. Morgens stellte sich die Mannschaft auf ihr Läuten hin an Deck auf und vertauschte das blaue Hemd mit einem anderen, das an den Wanten getrocknet worden war. Das abgelegte Hemd wurde sogleich in Holzzubern gewaschen, in denen sich diese Robbenfamilie auch ihre gebräunten Gesichter und ihre beteerten Hände einseifte.

Bei den Mittags- und Abendmahlzeiten saßen die Matrosen um die Blechnäpfe herum und tauchten einer nach dem anderen, in regelmäßiger Ordnung und ohne einander zu übervorteilen, ihre Zinnlöffel in die durch die Schiffsbewegungen überschwappende Suppe. Wer keinen Hunger hatte, verkaufte seine Portion Schiffszwieback und Pökelfleisch für ein wenig Tabak oder ein Glas Branntwein an einen Kameraden. Wenn das Wetter schön war, wurde auf dem Achterdeck ein Segel ausgespannt und die Mahlzeit im Anblick des blauen Meeres eingenommen, das nur hier und da weiße Flecken, durch die Berührung des Seewindes entstandene Schaumwellen, zeigte.

In meinen Mantel gehüllt, legte ich mich nachts auf dem Oberdeck nieder

160

und betrachtete die Sterne über mir. Das geblähte Segel sandte mir die frische Brise zu, die mich unter dem Himmelsdom einwiegte. Vom Winde getrieben, halb entschlummert, wechselte ich mit meinen Träumen auch die Himmelsstriche.

Die Passagiere an Bord eines Schiffes gehören einem anderen Menschenschlag an als die Mannschaft. Sie leben in einem anderen Element. Ihre Bestimmung ist die Erde. Einige suchen das Glück, andere Ruhe; die einen kehren in ihr Vaterland zurück, die anderen verlassen es; wieder andere fahren zur See, um die Sitten anderer Völker kennenzulernen, um sich den Wissenschaften und Künsten zu widmen. In diesem wandernden Gasthof, der mit den Reisenden mitfährt, hat man Zeit, einander kennenzulernen, manche Abenteuer zu erfahren, Abneigungen zu entwickeln und Freundschaften anzuknüpfen.

3

London, vom April bis September 1822.

Francis Tulloch. - Christoph Kolumbus. - Camões.

Unter meinen Reisegefährten war ein junger Engländer. Francis Tulloch hatte bei der Artillerie gedient, war Maler, Musiker, Mathematiker und sprach mehrere Sprachen. Der Abbé Nagot, Superior des Seminars von Saint-Sulpice, hatte den anglikanischen Offizier zum Katholizismus bekehrt und ging nun mit seinem Neubekehrten nach Baltimore.

Ich schloß mich Tulloch an; da ich damals ein tiefgründiger Philosoph war, redete ich ihm zu, zu seinen Eltern zurückzukehren. Das Schauspiel, das wir vor Augen hatten, riß ihn zur Bewunderung hin. Des Nachts, wenn nur noch der wachhabende Offizier und einige Matrosen an Deck waren, die schweigend ihre Pfeife rauchten, standen wir auf. Das Schiff fuhr auf den matten, schläfrigen Wellen dahin, und Feuerfunken liefen mit dem weißen Schaum an seinen Seiten entlang. Tausende von Sternen strahlten im dunklen Blau des Himmelsdomes, dazu ein Meer ohne Ufer: die Unendlichkeit im Himmel und auf den Wellen! Nie habe ich die Größe Gottes verwirrender empfunden als in diesen Nächten, da ich die Unermeßlichkeit über meinem Kopf und unter meinen Füßen hatte.

Westwinde, die sich mit Windstillen abwechselten, verzögerten unsere Fahrt. Am 4. Mai waren wir erst in Höhe der Azoren; am 6. erblickten wir gegen acht Uhr morgens die Insel Pico; der gleichnamige Vulkan beherrschte lange die unbefahrenen Meere: ein nutzloser Leuchtturm des Nachts, ein Signal, das keiner wahrnahm, am Tage.

Es liegt etwas Magisches im Anblick des Landes, das aus dem Meer auftaucht. Christoph Kolumbus, umgeben von einer revoltierenden Mannschaft, im Begriff, nach Europa zurückzukehren, ohne das Ziel seiner Reise erreicht zu haben, erblickte an einer Küste, die die Nacht ihm verbarg, ein kleines Licht. Der Flug der Vögel hatte ihn nach Amerika geleitet, das Feuer im Herd eines Wilden verkündete ihm eine neue Welt. Kolumbus mußte das gleiche Gefühl gehabt haben, das die Heilige Schrift dem Schöpfer zuschreibt, als der die Welt aus dem Nichts erschaffen hatte und sah, daß sein Werk gut war. Kolumbus erschuf eine neue Welt.

Vasco da Gama wird nicht weniger beglückt gewesen sein, als er im Jahre 1498 die Küste von Malabar erblickte. Dann veränderte sich alles auf der Erde. Eine neue Welt tauchte auf; der Vorhang, der seit vielen Jahrhunderten einen Teil der Erde verhüllte, hebt sich: Man entdeckt den Herkunftsort der Sonne, die Gegend, aus der sie jeden Morgen emporsteigt. Der weise und glänzende Orient enthüllt sich uns, in dessen geheimnisvolle Geschichte die Reisen des Pythagoras, die Eroberungen Alexanders, die Erinnerung an die Kreuzzüge verwoben sind und dessen Wohlgerüche über die Gefilde Arabiens und die Meere Griechenlands zu uns gedrungen sind. Europa sandte dem Orient einen Dichter, um ihn zu grüßen: Der Schwan vom Tajo ließ seine schöne und traurige Stimme an den Ufern des Indus ertönen;[138] von ihnen nahm Camões den Glanz, den Ruhm und das Unglück; nur ihre Reichtümer ließ er ihnen.

4

Die Azoren. - Die Insel Graciosa.

Wir warfen an einer schlechten felsigen Stelle, bei vierzig Faden Wassertiefe, den Anker aus. Die Insel Graciosa, vor der wir lagen, zeigte uns Hügel mit bauchigen Umrissen wie die elliptischen Formen etruskischer Vasen. Sie waren vom Grün der Getreidefelder bedeckt und verbreiteten einen angenehmen, der Ernte auf den Azoren eigenen Weizengeruch. Mitten durch diese Teppiche verliefen die Grenzen der Felder, die aus weißem und schwarzem, aufeinandergeschichtetem vulkanischem Gestein gebildet waren. Auf einer Anhöhe stand ein Kloster, Denkmal einer alten Welt auf neuem Boden. Am Fuß dieses Hügels, in einer steinigen Bucht, leuchteten die roten Dächer der Stadt Santa-Cruz. Die ganze Insel in ihrer Struktur, mit ihren Buchten, Landzungen, Einschnitten und Vorgebirgen spiegelte sich verkehrt herum in den Wellen. Ihre äußere Abgrenzung wurde von senkrechten Felsen gebildet. Im Hintergrund des Gemäldes stieß der vulkanische Kegel des Pico, der über Graciosa auf einer Wolkenkuppel thronte, in die luftige Aussicht vor.

Man beschloß, daß ich mit Tulloch und dem zweiten Kapitän an Land gehen sollte. Das Boot wurde zu Wasser gelassen und steuerte auf die Küste zu, von der wir etwa zwei Meilen entfernt waren. An der Küste entstand Bewegung, und ein Lastkahn kam auf uns zu. Als er in Rufnähe war, erkannten wir darauf eine große Zahl von Mönchen. Sie riefen uns auf Portugiesisch, Italienisch, Englisch und Französisch an, und wir antworteten ihnen in diesen vier Sprachen. Alles war in Aufruhr, denn wir waren das erste größere Schiff, das an dieser gefährlichen Stelle bei niedrigem Wasserstand den Anker zu werfen gewagt hatte. Auch sahen die Inselbewohner zum ersten Mal die Trikolore; sie wußten nicht, ob wir aus Algier oder aus Tunis kamen.

Als man sah, daß wir menschliche Gesichter hatten und daß wir verstanden, was man uns sagte, war die Freude groß. Die Mönche nahmen uns in ihr Boot, und wir ruderten fröhlich auf Santa-Cruz zu; dort hatten wir wegen der heftigen Brandung einige Schwierigkeiten beim Landen.

Die ganze Insel lief herbei. Vier oder fünf Wächter, ausgerüstet mit verrosteten Piken, nahmen uns in Gewahrsam. Da man der Uniform Seiner Majestät, die ich trug, alle Ehre bezeigte, sah man mich als den wichtigsten Mann der Abordnung an. Man führte uns zum Gouverneur, in eine schmutzige Hütte, in der uns Seine Exzellenz in einem traurigen grünen, ehemals goldbetreßten Rock eine feierliche Audienz gewährte und uns erlaubte, uns mit Lebensmitteln auszurüsten.

Unsere Mönche führten uns in ihr Kloster, ein bequemes und helles Gebäude mit Balkons. Tulloch hatte einen Landsmann gefunden. Der wichtigste der Mönche, der sich unsertwegen alle erdenkliche Mühe gab, war ein Matrose aus Jersey, dessen Schiff mit Mann und Maus bei Graciosa untergegangen war. Er war der einzige Überlebende des Schiffbruchs, war recht intelligent und hatte sich bei den Unterweisungen der Katecheten als gelehrig erwiesen; er lernte Portugiesisch und ein paar Worte Latein; da auch seine englische Nationalität für ihn sprach, hatte man ihn bekehrt und einen Mönch aus ihm gemacht. Der Matrose aus Jersey fand es weit angenehmer, am Altar Wohnung, Kleidung und Nahrung zu bekommen, als am Topmast das Segel zu reffen. Er erinnerte sich noch an sein früheres Handwerk. Da er seit langer Zeit seine Muttersprache nicht hatte sprechen können, war er hocherfreut, jemanden zu finden, der ihn verstand. Er lachte und fluchte wie ein echter Matrose und führte uns auf der Insel umher.

Die aus Brettern und Steinen errichteten Dorfhäuser hatten schöne, von außen angebaute Wandelgänge, die diesen Häuschen ein freundliches Aussehen gaben, weil viel Licht einfiel. Die Landleute, fast alle Weinbauern, gingen halb nackt und waren von der Sonne gebräunt. Die Frauen waren klein, von gelblicher Hautfarbe wie Mulattinnen, aber munter und auf ihre Weise kokett mit ihren Jasminsträußen und ihren um Kopf oder Hals geschlungenen Rosenkränzen.

Die Reben glänzten auf den Hängen der Weinberge; der aus ihnen gewonnene Wein ähnelte dem von Fayal.[139] Wasser war knapp, aber überall dort, wo eine Quelle hervorsprudelte, stand ein Feigenbaum und eine Kapelle mit Fresken in der Bogenhalle. Die Spitzbögen der Halle rahmten Ansichten der Insel und Teile des Meeres ein. Ich sah, wie sich auf einem dieser Feigenbäume ein Schwarm blauer Tauchenten ohne Schwimmhäute an den Füßen niederließ. Der Baum hatte keine Blätter, trug aber rote, wie Kristalle hintereinander aufgefädelte Früchte. Als ihn nun noch die himmelblauen Vögel mit ihren herabhängenden Flügeln schmückten, erstrahlten seine Früchte in glänzendem Purpurrot, und der Baum schien plötzlich azurblaue Blätter getrieben zu haben.

Nach der Rückkehr von unserer Wanderung setzten uns die Mönche ein gutes Abendessen vor. Die Nacht verbrachten wir trinkend mit unseren Wirtsleuten. Am nächsten Tag kehrten wir gegen Mittag, nachdem wir unsere Vorräte verstaut hatten, an Bord zurück. Die Mönche übernahmen die Besorgung unserer Briefe nach Europa. Das Schiff geriet in Gefahr, denn es erhob sich ein starker Südostwind. Man wollte den Anker lichten; der aber hatte sich in den Felsen verfangen und ging, wie man erwartet hatte, verloren. Wir stachen in See; bei ständigem frischen Wind hatten wir bald die Azoren hinter uns gelassen.

5

London, vom April bis September 1822.

Seemannsbelustigungen. - Die Insel Saint-Pierre.

Wieder auf dem Meer, begann ich aufs neue, seiner Einsamkeit nachzusinnen; durch die ideale Welt meiner Träumereien aber geisterten als ernste Mahnung Frankreich und die Ereignisse der Wirklichkeit. Am Tage, wenn ich den Passagieren aus dem Wege gehen wollte, war der Korb am großen Mast meine Zuflucht; flink stieg ich unter dem Beifall der Matrosen hinauf und setzte mich als Herrscher über die Wogen darin nieder.

Der azurblaue Raum über mir machte den Eindruck einer Leinwand, auf der die künftigen Werke eines großen Malers erscheinen sollten. Die Farbe des Wassers war die von flüssigem Glas. Die Schluchten, die sich zwischen den langen und hohen Wellen öffneten, erlaubten einen flüchtigen Einblick in die Wüsten des Ozeans. Diese schwankenden Landschaften machten mir den Vergleich in der Heiligen Schrift verständlich, in dem es heißt, die Erde zittere vor dem Herrn wie ein trunkener Mann. Zuweilen erschien der Raum eng und begrenzt, weil jeder Bezugspunkt fehlte; wenn aber eine Woge das Haupt erhob, wenn eine Welle wie eine ferne gebogene Küste erschien oder wenn am Horizont eine Herde von Seehunden vorüberzog, dann bot sich mir ein Maß der Entfernung. Besonders wenn Nebel über die Meeresoberfläche hinkroch und die Unermeßlichkeit noch zu vergrößern schien, wurde die Weite erkennbar.

Wenn ich, der ich immer auf ein einsames Dasein verwiesen war, von meinem Horst auf dem Maste herabstieg wie früher von dem Nest auf meiner Weide, verspeiste ich mein Abendbrot, einen Schiffszwieback, ein wenig Zukker und eine Zitrone; dann legte ich mich zur Ruhe, entweder auf dem Oberdeck in meinen Mantel gehüllt, oder unter Deck in meiner Hängematte. Ich brauchte nur den Arm auszustrecken, um von meinem Lager aus meinen Sarg zu berühren.

Der Wind zwang uns, nach Norden zu segeln, und wir legten an der Küste von Neufundland an. Ein paar Eisschollen schwammen in dem kalten, fahlen Nieselregen um uns herum.

Die Männer der See kennen Späße, die von ihren Vorfahren auf sie gekommen sind. Wenn man den Äquator passiert, muß man die „Taufe" über sich ergehen lassen; das wiederholt sich an den Wendekreisen und an der Neufundlandbank. Wo immer aber die Taufe vollzogen wird, der Anführer der Maskerade ist stets der „Tropenmann". Tropisch und hydropisch oder wassersüchtig sind aber für die Matrosen gleichbedeutend, und so hat der Tropenmann einen ungeheuren Wanst. Er ist mit allen Schaffellen und Pelzjacken der Schiffsmannschaft bekleidet, selbst wenn er sich zwischen den Wendekreisen befindet. Er hockt im großen Mastkorb und stößt von Zeit zu Zeit Gebrüll aus. Alle schauen von unten zu ihm empor, bis er endlich, schwerfällig wie ein Bär und schwankend wie Silen, die Wanten herabklettert. Wenn sein Fuß das Deck erreicht hat, brüllt er von neuem auf, springt herum, packt einen Zuber, füllt ihn mit Meerwasser und kippt ihn über dem wichtigsten Mann von denen aus, die den Äquator noch nicht überquert haben oder die noch nie in die Eisregion gekommen sind. Alles flieht unter Deck, klettert durch die Luken oder an den Masten empor; Vater Tropenmann verfolgt die Fliehenden und läßt erst gegen ein gutes Trinkgeld von ihnen ab.

Wir steuerten auf die Inseln Saint-Pierre und Miquelon zu, weil wir wieder einen Anlegeplatz suchten. Als wir uns eines Vormittags zwischen zehn und zwölf Uhr der Insel Saint-Pierre näherten, waren wir schon fast daraufgeraten; ihre Küsten ragten wie ein schwarzer Höcker aus dem Nebel.

Wir ankerten vor der Hauptstadt der Insel; wir sahen sie nicht, aber wir hörten ihren Lärm. Die Passagiere wollten schnell an Land gehen; der Superior von Saint-Sulpice, den die Seekrankheit unablässig gepeinigt hatte, war so schwach, daß man ihn ans Ufer tragen mußte. Ich bezog ein Quartier und wartete ab, daß ein Windstoß den Nebel zerrisse und mir den von mir bewohnten Ort zeige, gleichsam das Gesicht meiner Gastgeber in diesem Land der Schatten.

Der Hafen und die Reede von Saint-Pierre liegen zwischen der Ostküste der Insel und einem länglichen kleinen Eiland, die Hundeinseln genannt. Der Hafen erstreckt sich ins Land hinein und endet als brackiger Tümpel. Im Innern der Insel liegen nahe beieinander unfruchtbare Hügel: einige vereinzelte erstrecken sich bis ins Küstengebiet, am Fuße der anderen erstreckt sich ein Streifen torfhaltiger, flacher Heide. Von dem Städtchen aus sieht man den Hügel, auf dem die Küstenwache steht.

Das Haus des Gouverneurs liegt dem Landungsplatz gegenüber. Kirche, Pfarrhaus und Lebensmittelgeschäft sind gleich daneben. Die Häuser das Marinekommissars und des Hafenkapitäns schließen sich an, und dann beginnt die einzige Straße des Städtchens, die parallel zur Küste auf den Steinen verläuft.

Ich speiste zwei- oder dreimal bei dem Gouverneur, einem sehr zuvorkommenden und höflichen Offizier. Er baute an einem Abhang einige europäische Gemüsesorten an. Nach dem Essen zeigte er mir das, was er seinen Garten nannte.

Ein kleines Beet mit blühenden Bohnen verbreitete einen feinen, lieblichen Heliotropduft; den aber trug uns nicht die heimatliche Brise zu, sondern ein wilder neufundländischer Wind, der keine Beziehung zu der fremden Pflanze hatte, keine aus Erinnerung und schwelgerischem Behagen gespeiste Sympathie. In diesem Duft, den keine weibliche Schönheit einatmete, in ihrem Busen verfeinerte und auf ihren Spuren verbreitete, in diesem Wohlgeruch, den man unter eine andere Sonne, in eine andere Kultur und in eine andere Welt versetzt hatte, lag die ganze Melancholie der Sehnsucht, der Trennung und der Jugend.

Vom Garten aus bestiegen wir die Hügel und blieben beim Fahnenmast der Küstenwache stehen. Über unseren Köpfen wehte die neue französische Flagge. Wie die Frauen Vergils schauten wir weinend aufs Meer, denn es trennte uns von unserm Vaterland! Der Gouverneur war unruhig; er gehörte der geschlagenen Partei an, und überdies langweilte er sich auf diesem Rückzugsposten, der einem Träumer wie mir angestanden hätte, aber eine harte Strafe war für einen geschäftigen Mann, einen, der nicht jene Leidenschaft in sich trägt, die alles ausfüllt und den Rest der Welt zum Verschwinden bringt. Mein Gastgeber erkundigte sich nach der Revolution, und ich fragte ihn nach der Nordwestpassage. Er stand am Vorposten der Einöde, aber er wußte nichts von den Eskimos und bekam aus Kanada nur Rebhühner geschickt.

Eines Morgens war ich allein zum Adlerkap gegangen, um die Sonne aus der Richtung, in der Frankreich lag, aufgehen zu sehen. Ein aus dem Schnee der Berge kommender Bach wurde hier zu einem Wasserfall, dessen letzte Sturzflut das Meer erreichte. Ich setzte mich auf einen vorspringenden Felsen und ließ die Füße über den Wassern herabbaumeln, die unten gegen die Felswand brandeten. Da erschien oben auf dem Hügel ein junges Fischermädchen; obgleich es kalt war, ging sie mit bloßen Füßen durch das taufeuchte Gras. Ihr schwarzes Haar quoll büschelweise unter dem indischen Tuch hervor, das sie sich um den Kopf geschlungen hatte; über diesem Tuch trug sie den landesüblichen, weidengeflochtenen Hut in Form eines Schiffes oder einer Wiege. Am Busen, der sich unter dem weißleinenen Hemd abzeichnete, trug sie einen Strauß Heidekraut. Von Zeit zu Zeit bückte sie sich und pflückte die Blätter einer aromatischen Pflanze, die man auf der Insel inländischen Tee nennt. Sie warf die Blätter mit der einen Hand in einen Korb, den sie mit der anderen festhielt. Dann bemerkte sie mich; ohne jede Furcht setzte sie sich an meine Seite, stellte den Korb neben sich und betrachtete wie ich, mit über dem Meer herabbaumelnden Beinen, die Sonne.

Wir saßen einige Minuten schweigend nebeneinander; dann faßte ich als erster Mut und fragte sie: „Was pflückst Du denn da? Die Zeit der Blaubeeren und der Preiselbeeren ist doch vorbei." Sie blickte mich schüchtern und stolz mit ihren großen, schwarzen Augen an und antwortete: „Ich habe Tee gepflückt." Dabei zeigte sie mir ihren Korb. „Du bringst diesen Tee Deinen Eltern?" - „Mein Vater ist mit Guillaumy auf Fischfang." - „Was macht ihr im Winter hier auf der Insel?" „Wir flechten Netze und fischen in den Teichen; dazu hacken wir Löcher ins Eis. Am Sonntag gehen wir zur Messe und zur Vesper, und dort singen wir; dann spielen wir im Schnee und sehen den jungen Burschen zu, wie sie Eisbären jagen." „Wird Dein Vater bald zurückkommen?" - „O nein, der Kapitän führt das Schiff mit Guillaumy bis nach Genua." - „Aber Guillaumy wird zurückkehren?" - „O ja, nächsten Sommer, wenn die Fischer wiederkommen. Er wird mir ein Mieder aus gestreifter Seide, einen Musselinrock und eine schwarze Halskette mitbringen." - „Und Du wirst für den Wind, für die Berge und für das Meer geschmückt sein. Soll ich Dir ein Mieder, einen Rock und eine Halskette schicken?" - „O nein."

Sie stand auf, nahm ihren Korb und sprang den steilen Fußpfad am Tannenwald hinunter.

Wir blieben vierzehn Tage auf der Insel. Von ihren traurigen Küsten aus sieht man die noch traurigeren Ufer von Neufundland. Die Berge im Innern der Insel werden zu auseinanderlaufenden Gebirgsketten, deren höchste sich im Norden bis zur Rodriguezbucht erstreckt. In den Tälern ist der mit rotem und grünlichem Glimmer vermischte Granit von einem Teppich aus Moos und Flechten überzogen.

Die Flora von Saint-Pierre ist die gleiche wie in Lappland und an der Magalhães straße. Die Zahl der Pflanzen vermindert sich, je näher man dem Pol kommt; auf Spitzbergen findet man nur noch vierzig Arten von Samenpflanzen. Pflanzen sterben, wenn man ihren Standort verändert; manche, die im Norden in eisigen Steppen wuchsen, werden im Süden Töchter der Bergwelt; andere, die in der ruhigen Atmosphäre dichter Wälder heimisch waren, gehen, nachdem sie an Kraft und Größe immer mehr abgenommen haben, an den stürmischen Küsten des Ozeans ein. In Saint-Pierre rankt sich die Sumpfheidelbeere nur noch am Boden hin und wird bald in den Moospolstern begraben sein, die ihr jetzt als Humus dienen. Ich als wandernde Pflanze habe meine Vorkehrungen getroffen, um am Meeresufer, meiner heimatlichen Gegend, in der Erde zu verschwinden.

Die Abhänge der Hügel von Saint-Pierre sind mit Balsamsträuchern, Felsenmispeln, Lärchen und Kiefern bedeckt, aus deren jungen Sprossen man ein Bier braut, das gegen Skorbut hilft. Diese Bäume werden nicht mehr als mannshoch. Der Seewind knickt ihre Wipfel, schüttelt sie und beugt sie nieder wie Farnkräuter; dann fährt er durch diese Wälder aus Strauchwerk und hebt sie wieder auf. Aber er findet hier weder Baumstämme noch Äste, noch Laubgewölbe, noch Echos, um darin zu seufzen; so erzeugt er hier nur das Geräusch des Windes auf der Heide.

Diese verkümmerten Gehölze stechen von den großen Wäldern Neufundlands ab, dessen Küste man in der Nähe erblickt und dessen Nadelbäume von einer silbrigen Flechte bedeckt sind. Es sieht aus, als ob die weißen Bären, die seltsamerweise auf diese Bäume klettern, mit ihrem Pelz an den Zweigen hängengeblieben wären. In den Sümpfen der Insel Jacques Cartiers findet man Wege, die von diesen Bären ausgetreten worden sind; man möchte sie für die ländlichen Fußpfade in der Nähe einer Schäferei halten. Die Nacht hallt von dem Gebrüll der ausgehungerten Tiere wider. Nur das nicht weniger traurige Rauschen des Meeres kann den Reisenden beruhigen; die Wellen, so wild und ungesellig sie auch sind, werden zu Freunden und Gefährten.

Die nördliche Spitze von Neufundland erreicht den Breitengrad, auf dem das Kap Charles I. auf Labrador liegt. Einige Breitengrade weiter nördlich beginnt das Polarland. Wenn wir den Reisenden glauben dürfen, so hat diese Landschaft einen eigenen Reiz; am Abend berührt die Sonne die Erde, scheint stillzustehen und steigt dann wieder am Himmel empor, statt am Horizont zu verschwinden. Die schneebedeckten Berge, die von weißem Moos überzogenen Täler, in denen Rentiere weiden, das Meer voller Walfische und Eisschollen: Dieses Bild erstrahlt, als würde es gleichzeitig von der Glut des Abends und vom Licht der Morgenröte erhellt; man weiß nicht, ob man die Erschaffung der Welt oder das Weltende miterlebt. Ein kleiner Vogel, ähnlich dem, der nachts in unseren Wäldern singt, läßt seinen klagenden Gesang vernehmen. Dann führt die Liebe den Eskimo auf den eisigen Felsen, auf dem ihn die Geliebte erwartet; die Hochzeitsfeier der Menschen, die an den äußersten Grenzen der Erde wohnen, ist nicht ohne Glanz und ohne Freuden.

6

London, April bis September 1822.

Die Küsten von Virginia. - Ein Sonnenuntergang. - Gefahr. - Ich lande in Amerika. - Baltimore. - Die Passagiere trennen sich. - Tulloch.

Nachdem wir uns mit Lebensmitteln versehen und den bei Graciosa verlorengegangenen Anker ersetzt hatten, verließen wir Saint-Pierre. Wir steuerten nach Süden und erreichten den 38. Breitengrad. Eine Windstille hielt uns kurz vor den Küsten von Maryland und Virginia fest. Auf den nebligen Himmel der nördlichen Regionen folgte nun das schönste Himmelsblau; noch sahen wir das Land nicht, aber der Duft der Kiefernwälder drang bis zu uns. Die Morgenröte und der Tagesanbruch, der Sonnenaufgang und -untergang, die Dämmerung und die Nächte waren herrlich. Ich konnte mich nicht sattsehen an der Venus, deren Strahlen mich zu umhüllen schienen wie seinerzeit das Haar meiner Sylphide.

Eines Abends saß ich lesend in der Kajüte des Kapitäns; die Glocke rief zum Gebet, und ich ging, um mit meinen Reisegefährten zu beten. Die Offiziere und die Passagiere waren auf dem Achterdeck versammelt; der Geistliche stand mit einem Buch in der Hand etwas vor ihnen am Steuerruder, und die Matrosen drängten sich ohne besondere Ordnung an Deck. Wir standen aufrecht, die Gesichter zum Bug des Schiffes gewandt. Alle Segel waren eingezogen.

Da erschien der Sonnenball, der gerade in den Wellen untertauchen wollte, zwischen dem Takelwerk des Schiffes inmitten des grenzenlosen Raumes; durch das Schwanken des Schiffes schien es, als ob das strahlende Gestirn jeden Augenblick den Horizont wechsele. Als ich dieses Bild in *Le Génie du Christianisme* wiedergab, stimmten meine religiösen Gefühle mit der Szene überein; aber ach! als ich sie tatsächlich erlebte, regte sich der alte Adam in mir: Nicht Gott betrachtete ich auf den Wellen im Glanze seiner Werke; ich sah auch ein unbekanntes Weib und ihr wundervolles Lächeln. Die Herrlichkeiten des Himmels schienen mir aus ihrem Atem zu erblühen, und für eine Liebkosung von ihr hätte ich die Ewigkeit darangegeben. Ich bildete mir ein, daß sie hinter dem Schleier des Universums, der sie meinen Augen verbarg, erzittere. Ach! Warum stand es nicht in meiner Macht, diesen Schleier zu zerreißen, und die idealisierte Frau an mein Herz zu drücken, mich an ihrem Busen in dieser Liebe zu verzehren, die die Quelle meiner Inspirationen, meiner Verzweiflung und meines Lebens war! Während ich mich diesen Gefühlen hingab, die meiner Bestimmung eines Wanderers durch die Wälder so sehr entsprachen, hätte beinahe ein Unfall meinen Plänen und Träumen ein Ende gesetzt.

Die Hitze war drückend; bei völliger Windstille schlingerte das Schiff, ohne Segel und allein durch seine Masten zu schwer beladen, gequält hin und her. Die Sonne brannte, ich war von der Schlingerbewegung erschöpft und wollte baden; obgleich wir keine Schaluppe draußen hatten, sprang ich vom Bugspriet aus ins Meer. Anfangs ging alles wunderbar, und mehrere Passagiere folgten meinem Beispiel. Ich schwamm umher, ohne mich nach dem Schiff umzusehen; aber als ich mich dann umwandte, sah ich, daß die Strömung es schon weit fortgetrieben hatte. In ihrer Besorgnis hatten die Matrosen den anderen Schwimmern ein Tau zugeworfen. Haifische zeigten sich in der Nähe des Schiffes, und man gab Schüsse ab, um sie zu vertreiben. Der Wellengang war jetzt so stark, daß mir das Zurückschwimmen schwer wurde und die Kräfte mich verließen. Unter mir war der Abgrund, und die Haifische konnten mir jeden Augenblick einen Arm oder ein Bein abreißen. Auf dem Schiff bemühte sich der Proviantmeister darum, ein Boot zu Wasser zu lassen; aber dazu mußte ein Takel gemacht werden, und das nahm beträchtliche Zeit in Anspruch.

Zu meinem großen Glück erhob sich eine beinahe unmerkliche Brise; das Schiff, durch Steuerbewegungen leicht unterstützt, näherte sich mir. Ich konnte das Ende des Taus ergreifen, aber auch die Gefährten meiner Verwegenheit hatten sich daran geklammert; als man uns nun an der Seite des Schiffs emporzog, lasteten sie mit ihrem ganzen Gewicht auf mir, der ich am

Ende der Reihe hing. Einen nach dem anderen fischte man uns heraus, und das dauerte ziemlich lange. Der Wellengang hielt dabei an, und von jeder Welle wurden wir entweder sechs oder sieben Fuß tief ins Wasser gataucht, oder wir hingen ebensohoch in der Luft wie Fische an einer Angel. Beim letzten Untertauchen war ich einer Ohnmacht nahe; noch eine Welle, und es war um mich geschehen. Halbtot zog man mich an Deck; wäre ich ertrunken, welch eine Erleichterung für mich und die anderen!

Zwei Tage nach diesem Vorfall erspähten wir Land. Mir klopfte das Herz, als der Kapitän es mir zeigte: Amerika! Sein Umriß zeichnete sich nur durch die Wipfel einiger Ahornbäume über dem Wasser ab. Später kündigten mir die Palmen an der Nilmündung in gleicher Weise die Küste Ägyptens an. Ein Lotse kam an Bord, wir fuhren in die Bucht von Chesapeake ein. Noch am gleichen Abend schickte man eine Schaluppe aus, um frische Lebensmittel an Bord zu holen. Ich schloß mich dem Unternehmen an, und bald betrat ich den Boden Amerikas.

Ich verharrte einige Minuten unbeweglich und ließ meine Blicke umherschweifen. Dieser Kontinent, von dem man im Altertum und viele Jahrhunderte der neueren Zeit hindurch nichts gewußt hatte; das erste, wilde Dasein dieses Kontinents und das zweite nach der Ankunft von Christoph Kolumbus; die Erschütterung, die die Herrschaft der europäischen Monarchien in dieser neuen Welt erlitten hatte; die alte Gesellschaft, die in dem jungen Amerika abstarb; eine Republik bisher unbekannter Art, die einen Wandel im Geist der Menschheit zeigte; die Beteiligung meines Landes an diesen Ereignissen; diese Meere und diese Küsten, die ihre Unabhängigkeit zum Teil der Fahne und dem Blut Frankreichs verdankten; ein großer Mann, der aus der Zwietracht und der Einsamkeit hervortrat - Washington, der an der Stelle, wo William Penn ein Stückchen Wald gekauft hatte, jetzt eine blühende Stadt bewohnte; die Vereinigten Staaten, die eben die Revolution, welche Frankreich mit seinen Waffen unterstützt hatte, nun wieder nach Frankreich zurückschickten; meine eigenen Pläne endlich, meine jungfräuliche Muse, die ich der Leidenschaft für diese unbekannte Natur auslieferte; die Entdeckungen, die ich in diesen Einöden machen wollte, deren weites Reich sich noch hinter dem schmalen Streifen der fremden Zivilisation erstreckte: das alles ging mir durch den Kopf.

Wir näherten uns einer Ansiedlung. Wälder von Balsambäumen und Virginiazedern, Spott- und Kardinalsvögel kündigten in ihrem Wuchs und ihrem Schatten, ihren Gesang und ihren Farben einen anderen Himmelsstrich an. Das Haus, zu dem wir nach einer halben Stunde gelangten, glich halb einem englischen Bauernhaus und halb einer kreolischen Hütte. Herden europäischer Kühe weideten auf umzäunten Wiesen. In Käfigen tummelten sich Eichhörnchen mit gestreiftem Fell. Schwarze Männer sägten Holz, weiße Männer arbeiteten in den Tabakpflanzungen. Ein Negermädchen von dreizehn bis vierzehn Jahren, fast nackt und von außergewöhnlicher Schönheit, öffnete uns wie eine junge Göttin der Nacht die Tür zu dem Anwesen. Wir kauften Maiskuchen, Hühner, Eier und Milch und kehrten dann mit unseren umflochtenen Flaschen

170

und unseren Körben aufs Schiff zurück. Ich schenkte der kleinen Afrikanerin mein seidenes Taschentuch; es war eine Sklavin, die mich auf dem Boden der Freiheit empfangen hatte.

Wir lichteten die Anker, um den Hafen von Baltimore zu erreichen. Je näher wir ihm kamen, desto schmaler wurde die See; glatt und unbeweglich lag sie vor uns, und es war, als ob wir einen stillen, von Alleen gesäumten Fluß hinaufführen. Baltimore bot sich unseren Blicken dar, als ob es den Hintergrund eines Sees bilde. Der Stadt gegenüber lag ein bewaldeter Hügel, an dessen Fuß man zu bauen begann. Wir legten am Hafenquai an. Ich schlief noch an Bord und ging erst am nächsten Morgen an Land. Ich suchte mit meinem Gepäck einen Gasthof auf. Die Seminaristen zogen in das für sie bestimmte Haus, und von dort aus verstreuten sie sich über ganz Amerika.

Was ist aus Francis Tulloch geworden? Den folgenden Brief erhielt ich am 12. April 1822 in London:

„Dreißig Jahre sind vergangen, mein teurer Vicomte, seit unserer Reise nach Baltimore, und es ist leicht möglich, daß selbst mein Name Ihrem Gedächtnis entschwunden ist; aber wenn ich nach den Gefühlen meines Herzens urteile, das Ihnen stets treu und ehrlich ergeben war, ist dies nicht der Fall, und ich schmeichle mir, daß es Ihnen nicht unangenehm sein wird, mich wiederzusehen. Obwohl ich Ihnen fast gegenüber wohne, wie Sie aus der Unterschrift dieses Briefes sehen werden, so fühle ich doch nur zu sehr, wieviel uns voneinander trennt. Aber wenn Sie den geringsten Wunsch aussprechen, mich zu sehen, so werde ich eilen, Ihnen zu beweisen, daß ich noch immer bin, der ich stets war, Ihr treuer und ergebener

Francis Tulloch

P.S.

Die hohe Stellung, die Sie erreicht haben und die Sie mit so vielem Recht verdienen, steht mir vor Augen; aber die Erinnerung an den Chevalier de Chateaubriand ist mir so teuer, daß ich, wenigstens diesmal, nicht an Sie wie an einen Gesandten schreiben kann. Entschuldigen Sie also die Fassung meines Briefes um unserer alten Freundschaft willen.

Freitag, den 12. April.
Portland-Place Nr. 30"

Tulloch war also in London, er ist nicht Priester geworden, er hat geheiratet, sein Roman ist zu Ende wie der meinige. Dieser Brief spricht für die Glaubwürdigkeit meiner Memoiren und für die Richtigkeit meiner Erinnerung. Wer hätte noch die vor dreißig Jahren auf den Wellen des Meeres geschlossene Freundschaft bezeugt, wenn sich nicht unvermutet der einstige Partner eingefunden hätte? Und welch schmerzlichen Blick in die Vergangenheit eröffnet mir dieser Brief! Tulloch befand sich im Jahre 1822 in derselben Stadt und in derselben Straße wie ich; die Tür seines Hauses lag der meinen gegenüber, so wie wir uns einst auf demselben Schiff, auf demselben Deck und

Kajüte an Kajüte getroffen hatten. Wieviele weitere Freunde werde ich nicht mehr wiedersehen! Man kann sich jeden Abend, wenn man sich zur Ruhe legt, seine Verluste vor Augen halten; nur die selbstgelebten Jahre verliert man nicht, obgleich sie vorrüberziehen; und wenn man sie Revue passieren läßt und einzeln aufruft, so antworten sie: „Hier!" Kein einziges fehlt dann.

7

London, April bis September 1822.

Philadelphia. - General Washington.

Wie alle anderen großen Städte der Vereinigten Staaten hatte auch Baltimore damals noch nicht seine jetzige Größe; es war ein hübsches, sauberes, belebtes katholisches Städtchen, in dem die Gesellschaft und deren Sitten den europäischen sehr ähnlich waren. Ich bezahlte dem Kapitän meine Überfahrt und gab ihm ein Abschiedsdiner. Dann reservierte ich mir einen Platz in der Postkutsche, die dreimal wöchentlich nach Pennsylvania fuhr. Um vier Uhr morgens bestieg ich sie, und schon rollte ich auf den Straßen der neuen Welt dahin.

Die Straße, auf der wir fuhren, war eher angedeutet als richtig gebaut. Sie verlief durch ziemlich flaches Land; fast keine Bäume, hier und da ein Gehöft, weit auseinanderliegende Dörfer, das Klima wie in Frankreich, Schwalben über den Gewässern wie über dem Teich von Combourg.

Als wir uns Philadelphia näherten, begegneten uns Bauern, die zum Markt gingen, öffentliche Fuhrwerke und Privatkutschen. Philadelphia erschien mir als eine schöne Stadt mit breiten Straßen; einige von ihnen waren mit Bäumen bepflanzt; die Straßen schnitten einander in regelmäßiger Ordnung im rechten Winkel von Nord nach Süd und von Ost nach West. Der Delaware fließt parallel zu der Straße, die sich seinem westlichen Ufer anschmiegt. In Europa wäre das ein bedeutender Fluß, in Amerika aber spricht man gar nicht von ihm. Seine Ufer sind niedrig und nicht eben malerisch.

Der Anblick, den Philadelphia bietet, ist monoton. Was den protestantischen Städten der Vereinigten Staaten generell fehlt, sind große Bauwerke. Die Reformation ist noch jung an Jahren und räumt der Phantasie keine Rechte ein. So hat sie nur selten jene Dome, jene luftigen Kirchenschiffe, jene Zwillingstürme errichtet, mit denen die alte katholische Religion Europa gekrönt hat. Kein hohes Gebäude überragt in Philadelphia, in New York, in Boston die Masse der Dächer und Mauern, und das Auge ist über diese Eintönigkeit betrübt.

Ich stieg zuerst in einem Gasthof ab, bezog aber dann eine Pension, in der Pflanzer aus Santo Domingo und emigrierte Franzosen wohnten, deren Ansichten sich sehr von meinen unterschieden. Ein Land der Freiheit bot denen,

172

die die Freiheit flohen, Asyl; nichts beweist besser den hohen Wert einer vortrefflichen Verfassung als dieses freiwillige Exil von Parteigängern des Absolutismus in einer reinen Demokratie.

Einer, der wie ich voll Begeisterung für die Völker des Altertums in die Vereinigten Staaten gekommen war, ein Cato, der überall die Strenge der frühen römischen Sitten suchte, mußte sehr empört sein, überall den Luxus der Equipagen, die Frivolität der Gespräche, die Ungleichheit des Vermögens, die Unmoral der Banken und Spielhäuser, den Lärm der Ball- und Theatersäle anzutreffen. In Philadelphia glaubte ich, in Liverpool oder in Bristol zu sein. Der Anblick der Einwohner war angenehm; die Quäkerinnen in ihren grauen Kleidern, ihren kleinen, gleichförmigen Hüten und mit ihren blassen Gesichtern erschienen mir hübsch.

In diesem Abschnitt meines Lebens bewunderte ich die republikanische Staatsform sehr, obgleich ich sie zu dem Zeitpunkt der Weltentwicklung, an dem wir uns befanden, nicht für realisierbar hielt. Ich kannte die Freiheit nach Art der Alten, die Freiheit als Tochter der Sitten in einer im Werden begriffenen Gesellschaft; aber die Freiheit als Tochter der Aufklärung und einer alten Zivilisation, diese Freiheit, deren Realisierbarkeit die repräsentative Republik bewiesen hat, war mir unbekannt. Gebe Gott, daß sie von Dauer ist! Man muß nicht mehr mit eigener Hand sein kleines Feld bestellen, die Künste und die Wissenschaften schmähen und Nägel wie Krallen und einen schmutzigen Bart haben, um frei zu sein.

Als ich in Philadelphia ankam, war General Washington nicht dort; ich mußte etwa eine Woche auf ihn warten. Ich sah ihn in einem von vier munteren Pferden gezogenen Wagen vorüberfahren. Nach meinen damaligen Vorstellungen war Washington notwendigerweise ein Cincinnatus; aber Cincinnatus in einer Karosse machte mich ein wenig irre an meiner römischen Republik vom Jahre 296. Was konnte der Diktator Washington denn anderes sein als ein Bauer, der seine Ochsen antrieb und seinen Pflug führte? Als ich ihm aber mein Empfehlungsschreiben übergab, fand ich die Einfachheit des alten Römers bei ihm wieder.

Ein kleines Haus, ähnlich den Nachbarhäusern, war der Palast des Präsidenten der Vereinigten Staaten; keine Wachen, nicht einmal Dienerschaft. Ich klopfte an, und ein junges Dienstmädchen öffnete mir. Ich fragte sie, ob der General zu Hause sei; sie bejahte. Ich sagte ihr, daß ich ihm einen Brief zu übergeben hätte. Das Mädchen fragte mich nach meinem Namen, der im Englischen schwer auszusprechen ist und den sie nicht behalten konnte. In sanftem Ton sagte sie zu mir: „Walk in, Sir" und ging mir voraus in einem jener engen Korridore, die in englischen Häusern als Vestibül dienen. Sie führte mich in ein Sprechzimmer und bat mich, hier auf den General zu warten.

Ich war nicht aufgeregt; Seelengröße oder ein großes Vermögen lähmen mich nicht. Seelengröße bewundere ich, ohne von ihr erdrückt zu werden. Ein großes Vermögen flößt mir eher Mitleid als Achtung ein. Kein menschliches Gesicht wird mich je aus der Fassung bringen.

Nach einigen Minuten trat der General ein. Von hohem Wuchs, mit ruhigen und eher kalten als edlen Zügen, glich er den Stichen, die es von ihm gibt. Schweigend überreichte ich ihm meinen Brief; er öffnete ihn und blickte sogleich nach der Unterschrift, die ihn zu dem lauten Ausruf veranlaßte: „Der Oberst Armand!" So nannte General Washington den Marquis de La Rouërie, und so hatte dieser unterzeichnet.

Wir setzten uns. Ich erklärte ihm recht und schlecht den Grund meiner Reise. Er antwortete mir einsilbig auf Englisch und Französisch und hörte mir mit einer gewissen Verwunderung zu. Ich bemerkte das und sagte etwas hitzig zu ihm: „Es ist doch leichter, die Nordwestpassage zu entdecken, als ein Volk zu schaffen, wie Sie es getan haben." - „Well, well, young man", rief er und reichte mir die Hand. Er lud mich für den folgenden Tag zum Abendessen ein, und wir trennten uns.

Ich war dann richtig zur Stelle; wir waren nur fünf bis sechs Gäste bei Tisch. Das Gespräch drehte sich um die französische Revolution. Der General zeigte uns einen Schlüssel der Bastille. Diese Schlüssel waren, wie ich schon bemerkt habe, recht albernes Spielzeug, das man damals in alle Welt verschickte. Drei Jahre später hätten die Versender solcher Schlosserwaren dem Präsidenten der Vereinigten Staaten den Riegel des Gefängnisses zuschicken können, in dem der Monarch schmachtete, der Frankreich und Amerika die Freiheit gegeben hatte. Hätte Washington die Sieger der Bastille in den Rinnsteinen von Paris gesehen, so hätte er seine Reliquie mit weniger Ehrfurcht betrachtet. Der Ernst und die Kraft der Revolution lag nicht in diesen blutigen Orgien. 1685, beim Widerruf des Edikts von Nantes, zerstörte der Vorstadtpöbel von Saint-Antoine die protestantische Kirche von Charenton mit dem gleichen Eifer, mit dem er 1793 die Kirche von Saint-Denis verwüstete.[140]

Ich verließ meinen Gastgeber um zehn Uhr abends und habe ihn nie wiedergesehen. Er reiste am nächsten Tag ab, und ich setzte meine Reise fort.

Dies war meine Zusammenkunft mit dem Bürgersoldaten, dem Befreier einer Welt. Washington ist ins Grab gesunken, bevor ich einen gewissen Ruf erlangt hatte. Ich bin wie das unbekannteste Wesen an ihm vorübergegangen. Er stand in vollem Glanz, ich aber in tiefster Dunkelheit; vielleicht hat er sich meines Namens einen Tag lang erinnert. Dennoch bin ich glücklich, daß sein Blick auf mir geruht hat! Dadurch habe ich mich für den Rest meines Lebens erwärmt gefühlt: Es liegt Tugend in den Blicken eines großen Mannes.

8

Vergleich zwischen Washington und Bonaparte.

Bonaparte ist gerade gestorben. Da ich eben an Washingtons Tür geklopft habe, drängt sich mir unwillkürlich der Vergleich zwischen dem Gründer der Vereinigten Staaten und dem Kaiser der Franzosen auf, und dies umso mehr, als in dem Moment, in dem ich diese Zeilen niederschreibe, auch Washington nicht mehr ist.

Washington gehört nicht, wie Bonaparte, zu den Männern, die das menschliche Maß übersteigen. Nichts Erstaunliches ist mit seiner Person verbunden. Er steht nicht auf einer großen Bühne; er hat sich nicht mit den geschicktesten Feldherren und den mächtigsten Monarchen seiner Zeit eingelassen; er eilt nicht von Memphis nach Wien und von Cadiz nach Moskau: Er verteidigt sich nur mit einer Handvoll Bürger in einem Land ohne Ruhm im beschränkten Kreis des häuslichen Herdes. Washingtons Handlungen sind in ein gewisses Schweigen gehüllt. Er geht langsam zu Werke. Es ist, als fühlte er die Last zukünftiger Freiheit auf sich ruhen und als fürchte er, sie zu gefährden. Dieser Held neuer Art ist nicht der Träger seines eigenen Geschicks, sondern seines Landes, und er erlaubt sich nicht, das aufs Spiel zu setzen, was ihm nicht gehört. Welch ein Licht aber strahlt aus dieser tiefen Bescheidenheit! Sucht die Wälder auf, in denen Washingtons Degen blitzte; was findet ihr dort? Gräber? Nein: eine Welt! Washington hat die Vereinigten Staaten als Trophäe auf seinem Schlachtfeld zurückgelassen.

Bonaparte hat nichts von diesem ernsthaften Amerikaner. Auf der alten Erde führt er lärmende Kämpfe und will seinen Ruhm begründen; ihn beschäftigt nur sein eigenes Geschick. Er scheint zu wissen, daß seine Zeit kurz bemessen ist, daß der Sturzbach, der von solcher Höhe herabfällt, rasch verströmt. Er eilt, seinen Ruhm zu genießen und zu mißbrauchen, wie man es mit der flüchtigen Jugendzeit tut. Wie die Götter Homers will er mit vier Schritten bis ans Ende der Welt gelangen. Er erscheint an allen Ufern; hastig schreibt er seinen Namen in die Annalen aller Völker; seiner Familie und seinen Soldaten wirft er Kronen zu; er beeilt sich mit seinen Denkmälern, seinen Gesetzen und seinen Siegen. Über die Welt gebeugt, schlägt er mit der einen Hand Könige zu Boden, und mit der anderen tötet er die Riesen der Revolution. Er vernichtet die Anarchie und erstickt dabei die Freiheit; die seinige wird er schließlich auf seinem letzten Schlachtfeld verlieren.

Ein jeder erhält für seine Taten den rechten Lohn: Washington erhebt eine Welt zur Unabhängigkeit; als Beamter im Ruhestand entschlummert er unter seinem eigenen Dach, betrauert von seinen Mitbürgern und verehrt von allen Völkern.

Bonaparte raubt einer Nation ihre Unabhängigkeit; als entthronter Kaiser wird er in die Verbannung geschickt, aber selbst dort, der Wachsamkeit des Ozeans anheimgegeben, hält ihn die entsetzte Welt für noch nicht sicher genug gefangengesetzt. Er stirbt, und als diese Nachricht an der Tür des Palastes bekanntgegeben wird, vor welcher der Eroberer so viele Leichenbegängnisse verkündigt hat, lassen sich die Passanten davon nicht aufhalten und zeigen sie kein Erstaunen; was hätten die Bürger auch zu betrauern?

Die Republik Washingtons hat Bestand; das Kaiserreich Bonapartes ist zerstört. Washington und Bonaparte gingen beide aus dem Schoß der Demokratie hervor. Beide waren sie Söhne der Freiheit; der erste aber blieb ihr treu, während der zweite sie verriet.

Washington verkörperte die Bedürfnisse, die Ideen, das aufklärerische Streben, die Ansichten seiner Zeit. Er hat die Bewegung der Geister nicht behindert, sondern gefördert. Er wollte das, was zu wollen er gehalten war, genau das, wozu er berufen war; darauf gründet der Zusammenhalt und die Beständigkeit seines Werkes. Dieser Mann, der wenig Aufsehen erregt, weil sein Maß das rechte ist, hat seine Existenz mit der seines Landes verschmolzen. Sein Ruhm ist das Erbteil der Zivilisation; sein Ruf steht wie eines jener öffentlichen Heiligtümer, in denen eine nie versiegende fruchtbare Quelle entspringt.

Bonaparte hätte ebenso den Besitz der Menschheit bereichern können. Er wirkte über der intelligentesten, tapfersten und glänzendsten Nation der Welt. Welch hohen Rang hätte er heute inne, wenn sich seine heroischen Züge mit Großherzigkeit gepaart hätten, wenn er, Washington und Bonaparte in einem, die Freiheit zur Universalerbin seines Ruhmes gemacht hätte!

Aber dieser Riese verband sein Schicksal nicht mit dem seiner Zeitgenossen. Sein Genie entsprach der modernen Zeit, sein Ehrgeiz der vergangenen. Er nahm nicht wahr, daß die Wunder seines Lebens den Wert eines alten Diadems überstiegen und daß dieser mittelalterliche Schmuck ihm schlecht zu Gesicht stand. Bald stürzte er sich in die Zukunft, bald wich er in die Vergangenheit zurück; und ob er nun dem Strom der Zeit entgegenschwamm oder ihm folgte - stets riß er durch seine unerhörte Kraft die Wellen mit sich fort oder drängte sie zurück. Menschen waren in seinen Augen nur ein Mittel der Macht; keinerlei Sympathie verband sein Geschick mit dem ihrigen. Er hatte versprochen, sie zu befreien, und er schlug sie in Ketten; er isolierte sich von ihnen, und sie entfernten sich von ihm. Die Könige Ägyptens errichteten ihre Pyramidengräber nicht in blühenden Feldern, sondern inmitten unfruchtbarer Sandwüsten. Diese großen Grabmäler erheben sich wie Mahnmale des Ewigen in der Einsamkeit; nach ihrem Bilde hat Bonaparte das Monument seines Ruhms errichtet.

7. Buch

1

London, April bis September 1822.

Reise von Philadelphia nach New York und Boston. - Mackenzie.

Ich konnte es nicht erwarten, meine Reise fortzusetzen. Ich war nicht gekommen, um Amerikaner zu sehen, sondern um etwas ganz und gar anderes als die mir bekannten Menschen kennenzulernen, etwas, das mit meiner Vorstellungswelt besser übereinstimmte. Ich brannte darauf, mich in ein Unternehmen zu stürzen, auf das ich durch nichts vorbereitet war als durch meine Einbildungskraft und meinen Mut.

Als ich den Plan faßte, die Nordwestpassage zu entdecken, wußte man noch nicht, ob sich Amerika im Norden, unter dem Pol, bis nach Grönland erstreckte, oder ob es an einem Meer ende, das sich an die Hudsonbucht und die Beringstraße anschließt. Im Jahre 1772 hatte Hearne das Meer an der Mündung des Cuppermine River entdeckt, 71 Grad und 15 Minuten nördlicher Breite und 119 Grad und 15 Minuten westlicher Länge nach Greenwich gelegen.

Die Fahrten von Kapitän Cook und seiner Nachfolger hatten noch Zweifel an der Beschaffenheit der Küste des Stillen Ozeans offengelassen. Im Jahre 1787 wollte ein Schiff in ein Binnenmeer des nördlichen Amerika eingelaufen sein; der Kapitän dieses Schiffes berichtete, daß das, was man für eine durchgängige Küste im Norden von Kalifornien gehalten hatte, tatsächlich eine Kette sehr nahe beieinander liegender Inseln wäre. Die englische Admiralität beauftragte Vancouver, diesen Bericht zu überprüfen; er wurde für falsch befunden. Vancouver hatte noch nicht seine zweite Reise gemacht.

Im Jahre 1791 begann man in den Vereinigten Staaten von der Reise Makkenzies zu sprechen. Mackenzie war am 3. Juni 1789 von Fort Chipewyan am Athabascasee aufgebrochen und auf dem Fluß, dem er seinen Namen gegeben hat, bis ins Polarmeer gefahren.

Diese Entdeckung hätte die Zielrichtung meiner Reise verändern und mich veranlassen können, den geraden Weg nach Norden einzuschlagen. Ich trug aber Bedenken, dem mit Monsieur de Malesherbes entworfenen Plane untreu zu werden. Ich wollte also nach Westen gehen und die Nordwestküste oberhalb des Golfes von Kalifornien erreichen; von da an wollte ich, immer am Meer entlang, dem Umriß des Kontinents folgen, wollte die Beringstraße durchfahren, das am weitesten nördlich gelegene Kap Amerikas umschiffen, dann im Osten an der Küste des Polarmeeres entlangfahren und durch die Hudsonbucht, Labrador und Kanada in die Vereinigten Staaten zurückkehren.

Welche Mittel besaß ich, um diese ungeheure Reise zu bewältigen? Gar keine. Die meisten französischen Reisenden waren auf sich allein gestellte, nur ihren eigenen Kräften vertrauende Männer; nur selten waren sie von der Re-

177

gierung oder von Gesellschaften angestellt oder wurden von ihnen unterstützt. Engländer, Amerikaner, Deutsche, Spanier, Portugiesen haben unter Zustimmung und Mithilfe ihrer Nation glücklich zu Ende geführt, was bei uns von vereinzelten Männern vergeblich angestrebt wurde. Mackenzie und nach ihm viele andere haben in der Weite Amerikas für die Vereinigten Staaten und für Großbritannien Eroberungen gemacht, von denen auch ich geträumt hatte, um mit ihnen mein Heimatland zu vergrößern. Wäre es mir gelungen, hätte ich die Ehre gehabt, unbekannte Regionen mit französischen Namen zu belegen, meinem Land eine Kolonie im Stillen Ozean zu schenken, einer rivalisierenden Macht den gewinnreichen Pelzhandel zu entreißen und den Rivalen daran zu hindern, sich einen kürzeren Weg nach Indien zu erschließen, indem ich Frankreich selbst zum Besitz dieser Route verholfen hätte.

In Philadelphia fand ich nicht die geringste Ermutigung. Da sah ich ein, daß das Ziel dieser ersten Reise verfehlt war und daß meine Fahrt nur der Auftakt zu einer zweiten und längeren Reise sein könne. Ich schrieb in diesem Sinne an Monsieur de Malesherbes, hoffte auf die Zukunft und versprach der Poesie das, was der Wissenschaft verlorenging. In der Tat, wenn ich in Amerika auch nicht fand, was ich dort suchte - die Polarwelt nämlich -, so fand ich dort eine neue Muse.

Eine Postkutsche wie die, mit der ich aus Baltimore gekommen war, brachte mich von Philadelphia nach New York, einer heiteren, dicht bevölkerten, handeltreibenden Stadt, die jedoch noch weit von dem entfernt war, was sie heute ist, und noch weiter von dem, was sie in einigen Jahren sein wird. Die Vereinigten Staaten wachsen nämlich schneller als dieses Manuskript. Ich pilgerte nach Boston, um das erste Schlachtfeld für die Freiheit Amerikas zu grüßen. Ich habe die Schlachtfelder von Lexington [141] gesehen; ich suchte dort, wie später in Sparta, das Grab jener Krieger, die starben, um den heiligen Gesetzen des Vaterlandes zu gehorchen. Ein denkwürdiges Beispiel für die Verkettung menschlicher Geschichte! Ein 1765 vom englischen Parlament erlassenes Finanzgesetz führt 1782 zu einem neuen Reich auf der Erde und läßt 1789 eines der ältesten Königreiche Europas vom Erdboden verschwinden!

2

London, April bis September 1822.

Der Hudson. - Der Gesang der Quäkerin. - Mister Swift. - Der Aufbruch zum Niagarafall mit einem holländischen Führer. - Monsieur Violet.

In New York ging ich an Bord eines Schiffes, das nach Albany am Oberlauf des Hudson segelte. Wir waren eine große Reisegesellschaft. Am Abend des ersten Tages servierte man uns einen Imbiß von Obst und Milch. Die Frauen saßen auf den Bänken des Oberdecks und die Männer zu ihren Füßen.

Das Gespräch versiegte bald; wenn man ein schönes Bild der Natur vor Augen hat, verfällt man unwillkürlich in Schweigen. Plötzlich rief jemand: „Hier ist die Stelle, wo Asgill verhaftet wurde." Man bat eine Quäkerin aus Philadelphia, das Klagelied von Asgill zu singen. Wir waren mitten in den Bergen; die Stimme der Frau erstarb auf den Wellen, oder wurde stärker, wenn wir uns dem Ufer näherten. Das Schicksal des tapferen jungen Soldaten, Liebhabers und Dichters, der durch die Anteilnahme Washingtons und die hochherzige Fürsprache einer unglücklichen Königin geehrt wurde, verlieh der Romantik dieser Szene zusätzlichen Reiz. Die amerikanischen Offiziere schienen von dem Gesang der Pennsylvanierin ergriffen: die Erinnerung an die Unruhen, die ihr Vaterland überstanden hatte, ließ sie den nunmehrigen Frieden umso höher schätzen. Gerührt betrachteten sie diese Gegend, die noch vor kurzem von Truppen besetzt und von Waffengeklirr erfüllt gewesen war und die jetzt in tiefstem Frieden vor ihnen lag; diese Orte, die jetzt von den letzten Strahlen des Tages vergoldet, die vom Pfeifen der Kardinalsvögel, vom Gurren der blauen Ringeltauben und vom Gesang der Spottvögel belebt wurden und deren Bewohner, auf ihre von Trompetenblumen umwundenen Zäune gelehnt, unser Schiff zu ihren Füßen vorbeiziehen sahen.

In Albany angekommen, suchte ich einen Mister Swift auf, für den man mir einen Brief mitgegeben hatte. Dieser Mister Swift trieb Pelzhandel mit den Indianerstämmen, die in dem Gebiet, das England den Vereinigten Staaten abgetreten hatte, eingeschlossen waren; denn zivilisierte Mächte, seien sie nun republikanisch oder monarchisch, teilen sich in Amerika ohne alle Umstände Ländereien, die ihnen gar nicht gehören. Nachdem Mister Swift mich angehört hatte, erhob er einige sehr berechtigte Einwände. Er sagte mir, ich könne nicht so mir nichts dir nichts, allein, ohne Hilfe und Unterstützung, ohne Empfehlungsbriefe für die englischen, amerikanischen und spanischen Posten, die ich passieren müsse, eine so große Reise unternehmen. Selbst wenn ich glücklich durch all diese Einöden gelangt wäre, würde ich in Eisregionen kommen, in denen ich vor Hunger und Kälte umkommen müsse. Er riet mir, mich erst einmal an das Klima zu gewöhnen, die Sprache der Sioux, der Irokesen und der Eskimos zu lernen und unter den „Waldläufern" und den Angestellten der Hudsonbai-Gesellschaft zu leben. Hätte ich diese Erfahrungen erst einmal gemacht, dann könne ich in vier oder fünf Jahren, mit Unterstützung der französischen Regierung, mein gewagtes Unternehmen angehen.

Diese Ratschläge, deren Berechtigung ich im Grunde anerkennen mußte, waren nicht nach meinem Sinn. Ich wäre am liebsten geradewegs nach dem Nordpol aufgebrochen, so wie man von Paris nach Pontoise fährt. Ich verbarg Mister Swift jedoch mein Mißfallen und bat ihn, mir einen Führer und Pferde zu verschaffen, damit ich zum Niagarafall und nach Pittsburgh reisen könne; von Pittsburgh aus wollte ich den Ohio hinunterfahren und meinen künftigen Plänen dienliche Beobachtungen machen. Ich hatte noch immer meinen ursprünglichen Reiseplan im Kopfe.

Mister Swift vermittelte mir einen Holländer, der mehrere indianische Dialekte sprach. Ich kaufte zwei Pferde und verließ Albany.

Heute ist das ganze Gebiet, das sich zwischen dieser Stadt und dem Niagara erstreckt, bewohnt und kultiviert; der Kanal von New York durchquert es. Damals aber war ein großer Teil dieses Landes noch Einöde.

Als ich den Mohawk überquert hatte und in Wälder kam, die noch von keiner Axt berührt worden waren, erfaßte mich eine Art Freiheitstaumel. Ich ging bald rechts, bald links von Baum zu Baum und sagte mir: „Hier gibt es keine Wege und keine Städte, keine Monarchie und keine Republik, keinen Präsidenten und keinen König, keinen Menschen mehr." Und um auszuprobieren, ob ich wirklich meine ursprünglichen Rechte zurückerhalten hatte, vollführte ich Unsinnstaten, über die mein Führer, der mich im stillen für verrückt hielt, in Wut geriet.

Ach, ich glaubte, allein in diesem Wald zu sein, in dem ich meinen Kopf so stolz erhob. Plötzlich stieß ich mit der Nase auf einen Schuppen. Unter dem Dach dieses Schuppens zeigten sich meinem bestürzten Blick die ersten Wilden, die ich in meinem Leben zu Gesicht bekam. Es waren etwa zwanzig Männer und Frauen, alle bemalt wie Zauberer, halbnackt, mit zerschnittenen Ohren, mit Rabenfedern auf den Köpfen und Ringen in den Nasen. Ein kleiner Franzose, gepudert und frisiert, in apfelgrünem Rock und seidendurchwirkter Weste, mit Musselinjabot und -manschetten, kratzte auf einer kleinen Geige herum und brachte diesen Irokesen einen französischen Tanz bei. Monsieur Violet, so war sein Name, war Tanzmeister bei den Wilden. Die bezahlten ihm seine Stunden mit Biberfellen und Bärenschinken. Er war im amerikanischen Unabhängigkeitskrieg Küchenjunge bei General Rochambeau gewesen, war nach dem Abzug unserer Armee in New York geblieben und hatte beschlossen, die Amerikaner in den schönen Künsten zu unterrichten. Mit dem Erfolg wuchsen seine Pläne, und so trug der neue Orpheus die Zivilisation bis zu den wilden Horden der Neuen Welt. Wenn er mit mir von den Indianern sprach, sagte er immer: „Die Herren und Damen Wilden". Er war mit der Leichtfüßigkeit seiner Schüler sehr zufrieden, und ich habe in der Tat nie jemanden vergleichbare Sprünge machen sehen. Monsieur Violet hielt seine kleine Geige zwischen Kinn und Brust, stimmte das unselige Instrument und rief den Irokesen zu: „Auf die Plätze!" Und die ganze Gesellschaft sprang herum wie eine Horde Dämonen.

War es nicht niederschmetternd für einen Schüler Rousseaus, in das Leben im Naturzustand durch einen Ball eingeführt zu werden, den der ehemalige Küchenjunge des Generals Rochambeau mit den Irokesen veranstaltete? Ich hatte große Lust zu lachen, war aber auch furchtbar gedemütigt.

3

Meine Aufmachung als Wilder. - Die Jagd. - Der Labradordachs und der kanadische Fuchs. - Die Bisamratte. - Fischfangende Hunde. - Insekten.

Ich kaufte von den Indianern eine vollständige Ausrüstung: zwei Bärenfelle, das eine als Halbtoga, das andere, um darauf zu schlafen. Meiner neuen Tracht fügte ich eine Mütze aus rotem, geripptem Stoff, einen Kittel, einen Gürtel, das Horn, um die Hunde zusammenzurufen, und das Schultergehänge der Waldläufer hinzu. Die Haare fielen mir auf den bloßen Hals herab, und ich trug einen langen Bart; ich hatte gleichzeitig etwas von einem Wilden, einem Jäger und einem Missionar an mir. Man lud mich für den nächsten Tag zu einer Jagd ein, bei der wir den Labradordachs aufspüren wollten.

Diese Tierart ist, ebenso wie der Biber, in Kanada fast gänzlich ausgerottet.

Vor Tagesanbruch schon fuhren wir einen Fluß hinauf, der aus dem Wald kam, in dem der Labradordachs gesichtet worden war. Wir waren etwa dreißig Mann, Indianer und amerikanische und kanadische Waldläufer; ein Teil der Truppe ging mit den Hunden am Ufer, und die Frauen trugen unsere Lebensmittel.

Den Labradordachs spürten wir nicht auf, aber wir erlegten Luchse und Bisamratten. Früher löste es bei den Indianern große Trauer aus, wenn sie versehentlich ein paar Bisamratten getötet hatten, da, wie jedermann weiß, das Weibchen die Mutter des Menschengeschlechtes ist. Die Chinesen halten es als bessere Beobachter für sicher, daß sich die Ratte in eine Wachtel und der Maulwurf in einen Pirol verwandelt.

Unsere Tafel war reich mit Wasservögeln und Fischen gedeckt. Die Hunde werden zum Tauchen abgerichtet; wenn sie nicht mitjagen, dann fischen sie. Sie stürzen sich in den Fluß und fassen den Fisch selbst am Grunde des Gewässers. An einem großen Feuer, um das wir uns lagerten, bereiteten die Frauen unsere Mahlzeit zu.

Wir mußten uns mit dem Gesicht zur Erde niederlegen, um unsere Augen vor dem Rauch zu schützen. Die Rauchwolke, die über unseren Köpfen hinzog, bewahrte uns einigermaßen vor den Stichen der amerikanischen Stechmücken.

Die verschiedenen blutdürstigen Insekten erscheinen unter dem Mikroskop als furchteinflößende Geschöpfe; vielleicht waren sie früher diese geflügelten Drachen, deren anatomischen Aufbau man noch kennt. Da sie in dem Maße an Größe verloren haben, wie die Materie insgesamt an Energie eingebüßt hat, sind diese Hydren, Greife und ähnlichen Ungeheuer jetzt auf den Stand von Insekten herabgesunken. Die vorsintflutlichen Riesen sind die kleinen Menschen von heute.

London, April bis September 1822.

Das Lager am Seeufer der Onondagas. - Araber. - Ein botanischer Streifzug.
- Die Indianerin und die Kuh.

Monsieur Violet bot mir Kreditbriefe für die Onondagas an, den letzten
Überrest eines der sechs irokesischen Stämme. Ich gelangte zuerst an den See
der Onondagas. Der Holländer suchte eine geeignete Stelle, um unser Lager
aufzuschlagen. In der Biegung eines Flusses, der aus dem See kam, ließen wir
uns nieder. Im Abstand von sechs Fuß rammten wir zwei oben gegabelte
Pfähle in die Erde, zwischen die wir eine lange Stange legten. Birkenrinden,
die unten vom Erdboden, oben von der Querstange gestützt wurden, bildeten
das schräge Dach unseres Palastes. Unsere Sättel sollten uns als Kopfkissen
und unsere Mäntel als Decke dienen. Wir hängten unseren Pferden Glocken
an den Hals und ließen sie frei in dem Wald an unserem Lager herumlaufen;
sie liefen nicht weg.

Es war noch nicht vier Uhr nachmittags, da hatten wir den Bau unserer
Hütte beendet. Ich nahm mein Gewehr und durchstreifte die Gegend. Ich sah
nur wenige Vögel. Ein einziges Paar flatterte vor mir auf wie die Vögel, die ich
in meinen heimatlichen Wäldern verfolgt hatte. An der Farbe des Männchens
erkannte ich den weißen Sperling. Ich hörte auch den unverwechselbaren Ruf
des Seeadlers. Er führte mich in ein enges Tal zwischen nackten, steinigen
Bergen. Auf halber Höhe stand eine kümmerliche Hütte, und auf der Wiese
darunter weidete eine magere Kuh.

Ich liebe die kleinen Häuschen: Zu einem kleinen Vogel paßt ein kleines
Nest. Ich setzte mich auf dem Abhang der Hütte gegenüber nieder.

Nach einigen Minuten hörte ich Stimmen im Tal: Drei Männer trieben fünf
oder sechs fette Kühe heran, die ließen sie auf der Wiese weiden und vertrieben die magere Kuh mit Stockhieben. Eine eingeborene Frau kam aus der
Hütte, ging auf das verschreckte Tier zu und rief es beim Namen. Die Kuh lief
auf sie zu und streckte dabei mit einem schüchternen Muhen den Hals. Von
weitem drohten die Pflanzer der Indianerin, die in ihre Hütte zurückging. Die
Kuh folgte ihr.

Ich stand auf, kletterte den Abhang hinunter, durchquerte das Tal und
stieg auf dem gegenüberliegenden Hang bis zu der Hütte empor.

Ich sprach den Gruß, den man mir beigebracht hatte: „Siegoh! Ich bin gekommen"; die Indianerin, statt meinen Gruß mit der üblichen Wendung: „Du
bist gekommen", zu erwidern, antwortete nicht. So streichelte ich die Kuh,
und das betrübte gelbe Gesicht der Indianerin wurde weich und freundlich.
Diese geheimen Beziehungen des Unglücks berührten mich; es liegt etwas
Süßes darin, Übel zu beweinen, die von niemandem bemerkt werden.

Meine Wirtin betrachtete mich noch einige Zeit mit einem Rest von Mißtrauen; dann kam sie näher und legte die Hand auf die Stirn der Gefährtin ihrer Armut und Einsamkeit.

Von dieser Vertrauensbekundung ermutigt, sagte ich auf Englisch, denn mein Indianisch war erschöpft: „Sie ist sehr mager." - „Sie frißt sehr wenig", antwortete die Indianerin in schlechtem Englisch. „Man hat sie unbarmherzig vertrieben", fuhr ich fort. - „Wir sind beide schon daran gewöhnt", antwortete die Frau. - „Diese Wiese gehört Ihnen also nicht?" fragte ich wieder. - „Sie gehörte meinem Mann, und der ist tot", erwiderte sie. „Ich habe keine Kinder, und die Weißhäute treiben ihre Kühe auf meine Wiese".

Ich hatte nichts, was ich diesem Geschöpf Gottes anbieten konnte. Wir trennten uns. Meine Wirtin sagte noch viele Dinge, die ich nicht verstand; zweifellos waren es Segenswünsche, und wenn der Himmel sie nicht erhört hat, so ist das nicht der Spenderin geschuldet, sondern der Schwäche desjenigen, dem die Wünsche galten. Nicht alle Seelen haben die gleiche Fähigkeit zum Glücklichsein, so wie nicht jeder Acker den gleichen Ertrag erbringt.

Ich kehrte zu meiner Behausung zurück, wo mich eine Mahlzeit von Kartoffeln und Mais erwartete. Der Abend war herrlich. Der See war spiegelglatt, ohne die geringste Welle; der Fluß bespülte murmelnd unsere Halbinsel, die der Kalykanthus mit Apfelduft erfüllte. Der amerikanische Kuckuck, der *weep-poor-will*, ließ seinen Gesang ertönen; wir hörten ihn bald in der Nähe, bald entfernter, je nach dem Ort, an dem der Vogel seine Liebesrufe ausstieß. Mich rief niemand. Weine, armer William! weep, poor Will!

5

London, April bis September 1822.

Ein Irokese. - Der Sachem[142] *der Onondagas. - Das Ritual der Gastfreundschaft.*

Am nächsten Tag stattete ich dem Sachem der Onondagas einen Besuch ab. Ich kam um zehn Uhr vormittags in seinem Dorf an. Sogleich war ich von jungen Wilden umringt, die in ihrer Sprache, vermischt mit ein paar Sätzen Englisch und einigen Worten Französisch, auf mich einsprachen. Sie machten großen Lärm und sahen fröhlich aus. Diese Indianerstämme, die zwischen den Pflanzungen der Weißen eingeschlossen leben, besitzen Pferde und Viehherden. Ihre Hütten sind voller Gerätschaften, die sie in Quebec, Montreal, Niagara und Detroit oder auf den Märkten der Vereinigten Staaten gekauft haben.

Wenn man ins Innere Nordamerikas reiste, so fand man bei den verschiedenen nichtzivilisierten Stämmen die verschiedenen Regierungsformen wieder, die den zivilisierten Völkern bekannt sind. Die Irokesen schienen dazu bestimmt zu sein, sich die anderen indianischen Stämme zu unterwerfen, hätten nicht Fremde ihre Energien ausgesaugt und ihrem Geist Schranken gesetzt.

Diese unerschrockenen Männer erschraken nicht vor den Feuerwaffen, als man diese zum ersten Mal gegen sie einsetzte. Beim Pfeifen der Kugeln und beim Donnern der Kanonen standen sie so unerschütterlich, als hätten sie diese Geräusche ihr ganzes Leben lang gehört; sie schienen nicht mehr darauf zu achten als auf ein Gewitter. Wenn sie sich eine Muskete beschaffen konnten, wußten sie damit besser umzugehen als ein Europäer. Ihre Keule, ihr Skalpiermesser, ihren Bogen und ihre Pfeile gaben sie deswegen nicht auf, aber sie ergänzten sie durch den Karabiner, die Pistole, den Dolch und das Beil. Es schien, als könnten sie nie genug Waffen für ihre Heldenhaftigkeit haben. Doppelt ausgerüstet mit den Mordwaffen Europas und Amerikas, mit Federn auf dem Kopf, mit zerschnittenen Ohren, das Gesicht bunt bemalt, die Arme tätowiert und mit Blut gefärbt, waren diese Krieger der Neuen Welt genauso erschreckend anzusehen wie es furchterregend war, an diesem Gestade gegen sie zu kämpfen, von dem sie jeden Fußbreit gegen den Eindringling verteidigten.

Der Sachem der Onondagas war ein alter Irokese in der vollen Bedeutung des Wortes; er bewahrte in seiner Person die Tradition der alten Wüstenzeiten.

In englischen Berichten wird der Sachem der Indianer immer *the old gentleman* genannt. Nun ja, der alte Edelmann ist ganz nackt, durch seine Nasenlöcher hat er eine Feder oder eine Fischgräte gezogen, und seinen kahlgeschorenen, runden, einem Käse gleichen Kopf bedeckt er manchmal mit einem dreieckigen Tressenhut als Zeichen seiner europäischen Würde.

Der Sachem der Onondagas empfing mich freundlich und hieß mich auf einer Matte niedersitzen. Er sprach Englisch und verstand Französisch. Mein Führer sprach Irokesisch. So war es leicht, sich zu unterhalten. Unter anderem sagte mir der Greis, daß seine Nation die meinige, obwohl sie mit ihr fortwährend im Krieg gelegen habe, doch stets geachtet hätte. Er beklagte sich über die Amerikaner, die er ungerecht und habgierig nannte, und bedauerte es, daß bei der Verteilung der indianischen Gebiete sein Stamm nicht den Engländern zugefallen sei.

Die Frauen brachten uns zu essen. Die Gastfreundschaft ist die letzte Tugend, die die Wilden inmitten der Laster der europäischen Zivilisation bewahrt haben. Es ist bekannt, wie groß diese Gastfreundschsft früher war; der Herd war so heilig wie der Altar.

Wenn ein Stamm aus seinen Wäldern vertrieben worden war oder wenn ein Mann um Gastfreundschaft bat, so begann er den sogenannten Bitt-Tanz. Das Kind aus der Hütte berührte die Türschwelle und sagte: „Hier ist der Fremde!" Und der Häuptling antwortete: „Kind, führe den Mann in die Hütte." Der Mann trat unter dem Schutz des Kindes ein und setzte sich auf die Asche des Herdes. Die Frauen stimmten den Trostgesang an: „Der Fremde hat eine Mutter und eine Gattin wiedergefunden; die Sonne wird wie vorher für ihn auf- und untergehen."

6

London, April bis September 1822.

Die Reise vom See der Onondagas zum Fluß Genesee. - Bienen, Pflanzungen. - Gastfreundschaft. - Ein Bett.

Mein Führer und ich bestiegen wieder unsere Pferde. Unser Weg wurde beschwerlicher, kaum war er noch durch gefällte Bäume vorgezeichnet. Die Stämme dieser Bäume überbrückten Bäche oder füllten Schlammlöcher aus. Die amerikanische Bevölkerung zog damals nach den Ländereien am Genesee. Diese Ländereien wurden mehr oder weniger teuer verkauft je nach der Güte des Bodens, der Beschaffenheit der Bäume, dem Verlauf und der Menge der Gewässer.

Man hat festgestellt, daß vor den Kolonisten oft Bienen in die Wälder eingefallen sind; als Vorhut der Ackerbauern sind sie das Symbol der Aktivität und der Zivilisation, die sie ankündigen. Als Fremdlinge in Amerika, als Begleiter der Segel von Kolumbus, haben diese friedlichen Eroberer den Blumen der Neuen Welt nur die Schätze geraubt, deren Gebrauch den Eingeborenen unbekannt war; sie haben sich dieser Schätze nur bedient, um den Boden, dem sie sie entzogen haben, reicher zu machen.

Das urbar gemachte Land zu beiden Seiten meines Weges war eine seltsame Mischung von Naturzustand und Zivilisation. In einem Winkel des Urwalds, in dem bisher nur die Rufe der Wilden und das Gebrüll von Raubtieren erschallt war, traf man nun auf bestelltes Land; von der gleichen Stelle aus sah man den Wigwam eines Indianers und die Wohnung eines Pflanzers. Einige dieser Wohnungen, die schon fertiggestellt waren, erinnerten in ihrer Sauberkeit an holländische Bauernhäuser; andere waren erst halb fertig und hatten noch kein anderes Dach als den Himmel.

Ich fand in diesen Wohnungen, den Werken eines Morgens, Aufnahme. Ich traf dort oft Familien, die von europäischer Eleganz umgeben waren: von Mahagonimöbeln, einem Klavier, Teppichen, Spiegeln - vier Schritte von den Hütten der Irokesen entfernt. Am Abend, wenn die Knechte mit Axt und Hakke aus den Wäldern oder von den Feldern zurückgekehrt waren, öffnete man die Fenster. Die Töchter meines Gastgebers mit ihren schönen blonden gelockten Haaren sangen zum Klavier das Duett des Pandolfetto von Paësiello oder ein Cantabile von Cimarosa - all das im Anblick der Einöde und manchmal beim Rauschen eines Wasserfalles.

In den am günstigsten gelegenen Gegenden entstanden Dörfer; aus der Mitte eines alten Waldes ragte die Spitze eines neuen Glockenturms hervor. Die englischen Sitten folgten den Engländern überallhin; daher erblickte ich oft, nachdem ich ein völlig unbewohntes Gebiet durchquert hatte, am Ast eines Baumes das Schild eines Wirtshauses. In einer solchen Karawanserei trafen sich Jäger, Pflanzer und Indianer; als ich das erste Mal dort nächtigte, schwor ich mir, daß es auch das letzte Mal sein sollte.

Es kam vor, daß ich beim Eintritt in eines dieser Gasthäuser überrascht vor dem riesigen Bett stehenblieb, das man rund um einen Pfosten aufgebaut hatte. Die Reisenden nahmen in diesem Bett mit den Füßen zum Mittelpfosten und mit dem Kopf zur äußeren Kreislinie hin Platz, so daß die Schläfer symmetrisch wie die Speichen eines Rades oder die Stäbe eines Fächers angeordnet waren. Nach einigem Zögern fügte ich mich in diese Maschine ein, da ich keinen Hinderungsgrund sah. Kaum war ich am Einschlafen, da fühlte ich, daß sich etwas gegen mich schob - das Bein meines langen Holländers. Nie im Leben habe ich einen größeren Schrecken empfunden. Ich sprang aus dem gastlichen Strohlager heraus und verfluchte von ganzem Herzen die Gebräuche unserer guten Vorfahren. Ich legte mich, in meinen Mantel gehüllt, im Mondschein nieder; der Mond, dieser Schlafgefährte des Reisenden, hatte nur Angenehmes, Frisches und Reines an sich.

Am Ufer des Genesee fanden wir ein Boot. Ein Trupp Kolonisten und Indianer setzte mit uns über den Fluß. Wir schlugen unser Lager auf Wiesen voller Blumen und Schmetterlingen auf. In unseren bunt zusammengewürfelten Kleidern, in den verschiedenen Gruppen, die wir um die Feuer bildeten, mit unseren Pferden, die angebunden waren oder frei weideten, hatten wir viel Ähnlichkeit mit einer Karawane.

7

London, April bis September 1822.

Eine Indianerfamilie. - Eine Nacht in den Wäldern. - Der Aufbruch der Familie. - Die Wilden vom Niagarafall.

Wir näherten uns dem Niagara. Als wir nur noch acht oder neun Meilen davon entfernt waren, erblickten wir in einem Eichenwald das Feuer von einigen Wilden, die am Ufer eines Flusses lagerten, wo wir ebenfalls biwakieren wollten. Wir machten uns ihre Niederlassung zunutze; nachdem wir unsere Pferde versorgt und uns zur Nacht umgekleidet hatten, gesellten wir uns zu der Horde. Die Beine gekreuzt wie Schneider, setzten wir uns zu den Wilden um das Feuer, um unsere Maiskolben zu rösten.

Die Familie bestand aus zwei Frauen, zwei Säuglingen und drei Kriegern. Das Gespräch verblieb im Allgemeinen, das heißt, es bestand aus einigen abgehackten Worten meinerseits und vielen Gesten. Dann legte sich jeder dort, wo er gerade saß, zum Schlafen nieder. Ich allein blieb wach und setzte mich abseits auf eine Wurzel, die am Ufer des Baches aus der Erde ragte.

Der Mond zeigte sich über den Baumwipfeln, und ein balsamischer Windhauch, den dieser König der Nächte aus dem Morgenland mitbrachte, schien ihm als sein frischer Atem in den Wäldern vorauszueilen. Das einsame Gestirn

186

stieg nach und nach am Himmel empor; bald verfolgte es ungehindert seinen Weg, bald zog es an Wolkengruppen vorbei, die den Gipfeln einer schneebedeckten Gebirgskette glichen. Ohne das Fallen einiger Blätter, das Aufkommen eines plötzlichen Windstoßes und den Schrei der Waldeule wäre alles Stille und Ruhe gewesen. Von fern hörte man den dumpfen Donner des Niagarafalls, der sich in der Stille der Nacht von einer Einöde zur nächsten ausbreitete und in den einsamen Wäldern erlosch. In diesen Nächten erschien mir eine unbekannte Muse; ich nahm einige ihrer Töne auf und verzeichnete sie beim Schein der Sterne in meinem Buch, so wie ein einfacher Musiker die Noten aufschreiben würde, die ihm ein großer Meister der Harmonie diktiert.

Am nächsten Morgen nahmen die Indianer ihre Waffen auf, und die Frauen trugen das Gepäck zusammen. Ich gab meinen Gastgebern ein wenig Schießpulver und Zinnober. Wir verabschiedeten uns voneinander durch Berührung der Stirn und der Brust. Die Krieger stießen den Marschruf aus und gingen voran; die Frauen folgten ihnen, mit den Kindern auf dem Rücken, die in ihren Fellsäcken die Köpfe nach uns umdrehten. Ich sah dem Abmarsch zu, bis der ganze Trupp zwischen den Bäumen des Waldes verschwunden war.

Die unter englischer Herrschaft stehenden Wilden vom Niagarafall mußten die Aufsicht über die Grenze an dieser Seite sichern. Diese sonderbaren, mit Pfeil und Bogen bewaffneten Gendarmen ließen uns nicht passieren. Ich mußte den Holländer um einen Erlaubnisschein nach dem Fort Niagara schikken, damit wir diese Gebiete unter britischer Herrschaft betreten konnten. Das bedrückte mich ein wenig, denn ich erinnerte mich, daß Frankreich früher in Ober- wie in Nieder-Kanada geherrscht hatte.

8

London, April bis September 1822.

Der Niagarafall. - Die Klapperschlange. - Ein Sturz am Rande des Abgrunds.

Ich blieb zwei Tage in dem Indianerdorf und schrieb von hier aus wieder einen Brief an Monsieur de Malesherbes. Die Indianerfrauen gingen verschiedenen Arbeiten nach. Ihre Säuglinge hingen in Netzen an den Ästen einer großen Rotbuche. Das Gras war taubedeckt, der Wind aus den Wäldern führte Wohlgerüche mit sich, und die einheimischen Baumwollsträucher glichen, wenn sie ihre Kapseln öffneten, weißen Rosensträuchern. Fast unmerklich bewegte der leise Wind die luftigen Wiegen; die Mütter sahen von Zeit zu Zeit nach, ob ihre Kinder noch schliefen und nicht von den Vögeln geweckt worden waren.

Von dem Indianerdorf bis zum Wasserfall waren es drei bis vier Meilen; mein Führer und ich brauchten ebensoviele Stunden, um dorthin zu gelangen.

Schon auf eine Entfernung von anderthalb Meilen zeigte mir eine Gischtsäule den Ort des Katarakts an. Das Herz klopfte mir vor Freude und Schrecken, als ich in den Wald trat, der mich noch vom Anblick eines der großartigsten Schauspiele trennte, das die Natur dem Menschen bietet.

Wir stiegen ab. Unsere Pferde am Zügel hinter uns herführend, gelangten wir durch Hecken und Dickicht zum Ufer des Niagaraflusses, sieben- bis achthundert Schritte oberhalb des Wasserfalls. Da ich unablässig weiterging, faßte mich der Führer am Arm; dicht am Wasser, das pfeilschnell vorüberschoß, hielt er mich zurück. Es sprudelte nicht, sondern glitt wie eine einzige Masse den Abhang des Felsens hinab; seine Ruhe vor dem Sturz stand im Gegensatz zu dem Tosen des Wasserfalls. Die Heilige Schrift vergleicht oft ein Volk mit einem großen Strom; dieser hier war ein sterbendes Volk, das sich, durch den Todeskampf der Stimme beraubt, in den Abgrund der Ewigkeit stürzt.

Der Führer mußte mich noch immer zurückhalten, denn ich fühlte mich von dem Fluß gleichsam mitgerissen und verspürte unwillkürlich Lust, mich hineinzustürzen. Bald blickte ich stromaufwärts, auf den Fluß, bald stromabwärts, auf die Insel, die den Fluß teilt und wo die Wasser plötzlich, wie im Himmel abgeschnitten, aufhören.

Nach einer Viertelstunde des Staunens und unendlicher Bewunderung ging ich auf den Wasserfall zu. Die Gedanken, die mich beim Anblick eines so großartigen Chaos bewegten, konnte ich niemandem mitteilen. In der Einsamkeit meiner Jugendjahre war ich gezwungen gewesen, Gestalten zu erfinden, um diese Einsamkeit auszuschmücken. Aus meiner eigenen Substanz habe ich die Wesen herausgepreßt, die ich anderswo nicht fand und die ich in mir trug. So habe ich die Erinnerungen Atalas und Renés an die Ufer des Niagarafalls verlegt, um seiner Traurigkeit Ausdruck zu verleihen. Was ist ein Wasserfall, der unaufhörlich herabstürzt, angesichts der fühllosen Erde und des fühllosen Himmels, wenn der Mensch nicht da ist mit seinem Schicksal und seinem Leid? In diese Einsamkeit des Wassers und der Berge einzudringen und nicht zu wissen, mit wem man von diesem großartigen Schauspiel sprechen soll! Ganz allein zu sein mit den Fluten, den Felsen, den Wäldern und den Wildbächen! Gebt dem Herzen eine Gefährtin, und der lachende Schmuck der Hügel, der frische Atem der Welle - alles wird Freude werden. Die Tagesreise, die sanftere Ruhe am Tagesausklang, die Fahrt über die Fluten, der Schlummer auf dem Moos werden dem Herzen seine zärtlichsten Empfindungen entlocken. Ich habe Velléda an die bretonischen Küsten, Cymodocée unter die Säulenhallen Athens, Blanca in die Säle der Alhambra versetzt. Alexander gründete überall auf seinem Wege Städte; ich habe überall dort, wohin ich mein Leben geschleppt habe, Träume in Frauengestalt zurückgelassen.

Ich habe die Wasserfälle der Alpen mit ihren Gemsen und die der Pyrenäen mit ihren Steinböcken gesehen; ich bin den Nil nicht weit genug hinaufgefahren, um zu seinen Katarakten zu gelangen, die jedoch bloß Stromschnellen sind. Vor dem Niagara verschwindet alles andere. Ich betrachtete den Wasserfall, von dem die Alte Welt nicht nur durch unbedeutende Reisende meiner

Art erfuhr, sondern durch Missionare, die sich, als sie im Dienste Gottes die Einsamkeit suchten, beim Anblick eines Wunders der Natur auf die Knie warfen und unter Lobgesängen das Martyrium erlitten. Unsere Priester grüßten die schönen Gefilde Amerikas und weihten sie mit ihrem Blut; unsere Soldaten klatschten vor den Ruinen Thebens in die Hände und präsentierten vor Andalusien das Gewehr. Der ganze Genius Frankreichs drückt sich in dem doppelten Heer unserer Feldlager und unserer Altäre aus.

Ich hielt den Zügel meines Pferdes um den Arm geschlungen, als eine Klapperschlange im Gebüsch raschelte. Das erschrockene Pferd bäumte sich auf und wich nach dem Wasserfall hin zurück. Ich konnte meinen Arm nicht aus dem Zügel befreien; das Pferd, immer verängstigter, zog mich mit sich fort. Schon verloren seine Vorderhufe den Halt, und es hielt sich nur noch mit der Kraft seines Kreuzes am Rande des Abgrunds. Es wäre um mich geschehen gewesen, wenn das Tier nicht, selbst erschrocken über die neue Gefahr, mit einer Pirouette landeinwärts gesprungen wäre. - Hätte ich inmitten der kanadischen Wälder mein Leben gelassen, hätte meine Seele dann die Opfer, die guten Werke und die Tugenden der Jesuitenpatres Jogues und Lallemand vor den höchsten Richterstuhl gebracht oder unnütz verlebte Tage und jämmerliche Traumgespinste?

Aber das war nicht die einzige Gefahr, die ich am Niagsra zu bestehen hatte. Die Wilden bedienten sich einer Leiter aus Lianen, um in das untere Becken hinabzusteigen; die aber war zerrissen. Da ich den Wasserfall von unten sehen wollte, wagte ich mich trotz der Warnungen meines Führers auf den Abhang eines beinahe senkrechten Felsens vor. Unter mir toste das Wasser, ich aber blieb ruhig und gelangte bis etwa vierzig Fuß über den Abgrund. Dort bot der nackte, senkrecht abfallende Fels keinen Anhaltspunkt mehr; ich klammerte mich mit einer Hand an die letzte Wurzel und fühlte schon, wie sich meine Finger unter der Last meines Körpers öffneten. Es gibt wohl nur wenige Menschen, die in ihrem Leben zwei solche Minuten, wie ich sie hier durchmachte, erlebt haben. Meine ermüdete Hand ließ die Wurzel schließlich los, und ich stürzte hinab. Durch unerhörtes Glück fand ich mich auf dem Absatz eines Felsens wieder, wo ich tausendmal zerschmettert worden sein könnte, tatsächlich aber keine ernste Verletzung davontrug; ich war nur einen halben Fuß vom Abgrund entfernt und war nicht hinabgerollt. Als mich aber langsam Kälte und Nässe zu durchdringen begannen, merkte ich, daß ich nicht ganz so gut davongekommen war: Mein linker Arm war über dem Ellbogen gebrochen. Mein Führer, der von oben herabsah und dem ich Zeichen meiner Hilflosigkeit gab, holte Wilde herbei. Sie zogen mich mit Stricken auf einem Fischotternpfad empor und brachten mich in ihr Dorf. Ich hatte nur einen einfachen Knochenbruch, und zwei hölzerne Schienen, eine Bandage und eine Schlinge genügten, mich zu heilen.

9

London, April bis September 1822.

*Zwölf Tage in einer Hütte. - Sittenveränderungen bei den Wilden. - Geburt
und Tod. - Die Pantomime einer jungen Indianerin, des Modells für Mila.*

Ich blieb zwölf Tage bei meinen Ärzten, den Indianern vom Niagara. Ich
sah hier Stämme vorüberziehen, die von Detroit oder aus den südlich und
östlich vom Eriesee gelegenen Gebieten kamen. Ich erkundigte mich nach
ihren Bräuchen; für kleine Geschenke gaben sie mir Darstellungen ihrer früheren Sitten, denn diese Sitten waren beinahe ausgestorben. Immerhin verzehrten die Wilden zu Beginn des amerikanischen Unabhängigkeitskrieges noch
ihre Gefangenen oder zumindest die getöteten Feinde; ein englischer Hauptmann, der mit einem Kochlöffel Brühe aus dem Kessel eines Indianers schöpfen wollte, zog eine Hand mit heraus.

Die Gebräuche bei Geburt und Tod haben am wenigsten von ihrer Eigentümlichkeit eingebüßt, weil sie nicht so leicht davonfliegen wie das Leben, das
dazwischenliegt, weil sie nicht Gegenstand vorübergehender Moden sind. Man
gibt dem Neugeborenen noch, um es zu ehren, den Namen des ältesten im
Hause lebenden Menschen, zum Beispiel den seiner Großmutter; die Namen
werden nämlich immer der weiblichen Linie der Familie entnommen. Von dem
Moment an nimmt das Kind den Platz der Frau ein, deren Namen es trägt; man
gibt ihm, wenn man mit ihm spricht, den Verwandtschaftsgrad, der in dem
Namen wieder auflebt. So kann ein Onkel seinen Neffen mit dem Titel Großmutter begrüßen. Dieser Brauch mag lächerlich erscheinen und hat nichtsde-
stoweniger etwas Rührendes. Er ruft gleichsam die verstorbenen Alten ins
Leben zurück; er erneuert in der Hilflosigkeit der ersten Lebensjahre die
Schwäche der letzten; er verbindet die extremen Punkte des Lebens miteinander, den Anfang und das Ende der Familie; er verleiht den Vorfahren eine Art
Unsterblichkeit und stellt sie in ihrer Nachkommenschaft als anwesend dar.

Was die Toten betrifft, so ist es leicht, die Gründe für die Anhänglichkeit
der Wilden an die geheiligten Überreste zu finden. Die zivilisierten Völker
haben, um die nationalen Erinnerungen wachzuhalten, die Wissenschaften
und Künste als Gedächtnishilfen; sie haben Städte, Paläste, Türme, Säulen und
Obelisken; sie haben die Spur der Pflugschar in den vor langer Zeit kultivier-
ten Feldern; die Namen sind in Erz und Marmor gegraben, die Taten in Chroniken verzeichnet.

Nichts von all dem besitzen die Völker der Einöde; ihr Name ist nicht in
die Baumrinde geschrieben; ihre Hütte, in ein paar Stunden erbaut, verschwindet in wenigen Minuten. Ihr Pflug ritzt die Erde nur und wirft nicht
einmal eine Furche auf. Ihre traditionellen Gesänge vergehen mit dem letzten
menschlichen Gedächtnis, das sie aufbewahrt hat, verhallen mit der letzten
Stimme, die sie wiederholt. Die Stämme in der Neuen Welt haben also nur ein

einziges Denkmal: das Grab. Wenn man den Wilden die Gebeine ihrer Väter nimmt, nimmt man ihnen ihre Geschichte, ihre Gesetze, ja selbst ihre Götter; man raubt diesen Menschen damit den Beweis ihres Daseins und ihres Vergehens für kommende Generationen.

Ich wollte meine Gastgeber gern singen hören. Mila, eine kleine Indianerin von vierzehn Jahren, sehr hübsch (die indianischen Mädchen sind nur in diesem Alter hübsch), sang etwas recht Angenehmes. Ich ließ die kleine Indianerin bitten zu tanzen. Sie führte eine regelrechte Pantomime mit Kriegs-, Familien- und Jagdszenen auf. Ihr Schmuck einer Wilden paßte gut zu ihrer Art von Kühnheit und ihrer feinen, naiven Miene. Ich hätte nie geglaubt, daß eine in der Nase befestigte, auf die Oberlippe herabhängende Glasperle ein reizvolles Schmuckstück sein könne; bei den verschiedenen Tanzhaltungen des jungen Mädchens spielte diese Perle von durchsichtigem Blau in unterschiedlicher Weise auf ihren weißen Zähnen und rosigen Lippen.

Um einen Gefangenen unter der Folter darzustellen, breitete das Mädchen die Arme zu einem Kreuz aus und sang das furchtbare Todeslied mit dem Zwitschern eines Vogels; dann ließ sie sich auf den Rücken fallen, preßte die schlanken Beine aneinander und näherte die beiden langausgestreckten Arme den Rippen; als sie den Mund ein wenig öffnete und langsam ihre strahlenden Augen schloß, stellte sie den Tod in den reizvollsten Formen des Lebens dar.

Dieser Tod währte nicht lange; die Schauspielerin erwachte mit einem Schlag zu neuem Leben, setzte sich auf, strich sich mit beiden Händen das dichte Haar zurück, stellte sich wie ein Schilfrohr, von dem der Wind abgelassen hat, auf die Füße und begann eine neue Szene.

Durchquerung eines Flusses: Ihre Arme beschrieben Schwimmbewegungen in der Luft, aber man hätte eher glauben mögen, sie wolle davonfliegen.

Überquerung einer Stromschnelle: Sie brachte mit dem Mund viele wirre Geräusche hervor, während sie schnell die Arme drehte, um ein abfallendes Gewässer darzustellen.

Besteigung eines Berges: Schleppenden Schrittes keuchte, schnaufte, prustete sie; mit ihren aufgeplusterten Wangen, ihren lebenssprühenden Blicken sah sie aus wie einer der Engel, die auf Gemälden Wolken oder Vorhangekken hochhalten.

Eine von Feinden überraschte Mutter: Sie verteidigte ihr Kind, in Wahrheit einen Bignonienstrauß; sie hüllte es in ihren Umhang; mit der einen Hand drückte sie es an ihren Busen, mit der anderen stieß sie den Räuber zurück, mit vorgebeugtem Körper, freiem Kopfe, sprechend mit der ahnungslosen Ungeschicklichkeit einer Jungfrau, die Mutter spielt.

Die Versammelten drückten ihre Zufriedenheit durch Zurufe aus. Da mich mein gebrochener Arm daran hinderte, in die Hände zu klatschen, applaudierte ich, indem ich mir wie Jupiter auf den Schenkel schlug. Das schalkhafte Mädchen war entzückt. Nun schwieg ihr Gebärdenspiel. Sie blieb stumm, dann begann sie einen leichten, wollüstigen Tanz, bei dem sie mir zwischen jedem Bild ein fragendes Wort zuwarf, ob ich zufrieden sei. Ich machte eine

Geste, die ausdrücken sollte, daß ich nicht verstünde; sie wurde ungeduldig, tanzte weiter und stellte ihre Frage aufs neue. Der Dolmetscher sagte ihr abermals, daß ich sie nicht verstünde. Sie kam auf mich zu, legte den Arm um meinen Hals und begann, aus Leibeskräften zu schreien. Ich lachte; sie wurde rot, nahm meine Hand, streichelte sie und biß dann hinein. Ich zog meine Hand zurück; nun lachte das wilde Kind seinerseits von ganzem Herzen.

10

London, April bis September 1822.

Das alte Kanada. - Die indianische Bevölkerung. - Verfall der Sitten. - Die wahre Zivilisation wird durch die Religion verbreitet, die falsche durch den Handel. - Die Waldläufer. - Die Faktoreien. - Jagden. - Mestizen oder Boisbrûlés. Die Kämpfe der Handelsgesellschaften. - Das Verschwinden der indianischen Sprachen.

Die wilde Einwohnerschaft von Nordamerika zählt, wenn man Mexikaner und Eskimos nicht hinzurechnet, heute diesseits und jenseits der Rocky Mountains keine vierhunderttausend Seelen mehr. Einige Reisende sprechen sogar nur noch von hundertfünfzigtausend. Der Verfall der indianischen Sitten hat mit der Entvölkerung der Stämme Schritt gehalten. Die religiösen Überlieferungen haben sich verwirrt; der Unterricht der kanadischen Jesuiten hat fremde Ideen unter die ursprünglichen Vorstellungen der Einheimischen gemischt: durch primitive Fabeln schimmert entstelltes christliches Glaubensgut hindurch. Viele Wilde tragen Kreuze als Schmuck, und was die katholischen Missionare ihnen geschenkt haben, verkaufen ihnen nun protestantische Händler. Zur Ehre unseres Vaterlandes und zum Ruhme unserer Religion müssen wir sagen, daß sie uns immer noch zurückwünschen und daß ein „Schwarzrock", ein Missionar, in den amerikanischen Wäldern noch immer verehrt wird. Der Wilde liebt uns noch unter den Bäumen, unter denen wir seine ersten Gäste waren, auf dem Boden, den unsere Füße betreten haben, und in dem wir Gräber unter seiner Obhut zurückließen.

Die strahlende Art der französischen Tapferkeit, die Selbstlosigkeit, die Fröhlichkeit, die Abenteuerlust unserer Nation kamen der Gesinnung der Indianer nahe; die katholische Religion, zu der wir uns bekennen, ist zur Erziehung der Wilden auch geeigneter als die reformierte.

Als inmitten der zivilisierten Welt und des heidnischen Gepränges das Christentum aufkam, war es schlicht in seiner äußeren Erscheinung, streng in seiner Moral und metaphysisch in seiner Beweisführung, denn es wollte von den Sinnen verführte oder durch philosophische Systeme verwirrte Völker dem Irrtum entreißen. Als das Christentum von den Wonnen Roms und den Schulen Athens in die germanischen Wälder vordrang, umgab es sich mit

Pomp und Bilderwerk, um die Barbaren in ihrer Einfachheit zu entzücken. Die protestantischen Regierungen von Amerika haben nicht den Weg des Katholizismus beschritten. Sie haben sich wenig um die Erziehung der Wilden gekümmert; sie waren einzig darauf bedacht, mit ihnen Handel zu treiben. Nun hebt der Handel die Zivilisationsstufe bei bereits zivilisierten Völkern, bei denen der Verstand das Sittlichkeitsempfinden überwiegt; bei Völkern aber, in denen die Sitten höher entwickelt sind als der Verstand, führt er zur Korruption.

Als die Europäer in Amerika eindrangen, lebten und kleideten sich die Wilden vom Ertrag ihrer Jagdzüge und trieben untereinander keinen Handel. Bald brachten die Fremden ihnen bei, ihre Erträge gegen Waffen, Alkohol, verschiedene Haushaltsgeräte, grobes Tuch und Schmuck einzutauschen. Zuerst begleiteten Franzosen, die man *Waldläufer* nannte, die Indianer auf ihren Jagdzügen. Nach und nach entstanden Handelsgesellschaften, die ihre Stellungen immer weiter vorschoben und mitten in der Einöde Faktoreien errichteten. Von der Habgier der Europäer und der Verderbtheit der zivilisierten Völker bis ins Innere ihrer Wälder verfolgt, tauschen die Indianer in diesen Geschäften nun reiches Pelzwerk gegen wertloses Zeug, das ihnen aber unentbehrlich geworden ist. Sie handeln nicht nur mit dem bereits sicheren Ertrag der Jagd, sondern setzen auch die künftige Jagdbeute zum Tausch ein, so, wie man die Ernte auf dem Halm verkauft. Ihre Jagdzüge, deren Ergebnis sie übertrieben darzustellen versuchen, werden zu schwerer Mühsal.

Die Zivilisation, die auf dem Weg des Handels zu den amerikanischen Stämmen vorgedrungen ist, hat nicht ihren Verstand entwickelt, sondern hat sie verdummt. Der Indianer ist hinterlistig, selbstsüchtig, verlogen und sittenlos geworden; in seiner Hütte sammelt sich nur Unrat an. Als der Indianer nackt oder nur mit Fellen bekleidet war, hatte er etwas Großes und Edles; jetzt bekunden die europäischen Lumpen, die seine Blöße nicht bedecken, sein Elend: Er ist nicht mehr ein Wilder in seinem Walde, sondern ein Bettler an der Tür eines Kontors.

Schließlich ist als Nachkommenschaft von Siedlern und Indianerinnen eine Art Mestizenvolk entstanden. Diese Menschen, nach der Farbe ihrer Haut *Boisbrûlés*, verbranntes Holz, genannt, sind die Unterhändler zwischen den Repräsentanten ihrer zwiespältigen Herkunft. Da sie die Sprache ihrer Väter und ihrer Mütter sprechen, besitzen sie auch die Laster beider Rassen. Diese Bastarde der Zivilisation und des Naturzustandes verkaufen sich bald an die Amerikaner, bald an die Engländer, um ihnen das Monopol im Pelzhandel zu verschaffen. Sie schüren die Rivalität zwischen englischen, amerikanischen und anderen Gesellschaften. Sie veranstalten selbst Jagden auf Rechnung der Zwischenhändler und mit Jägern, die von den Gesellschaften bezahlt werden.

Der große amerikanische Unabhängigkeitskrieg ist allen bekannt; wieviel Blut für die niedrigen Interessen einer Handvoll Kaufleute geflossen ist, weiß man indes nicht. Die Hudsonbai-Kompagnie verkaufte im Jahre 1811 an Lord Selkirk ein Stück Land am Ufer des Red River, auf dem 1812 eine Niederlassung gegründet wurde. Die Nordwest- oder Kanada-Kompagnie wurde arg-wöhnisch. Zwischen den beiden Gesellschaften, die mit verschiedenen India-nerstämmen verbündet waren und von den *Bois-brûlés* unterstützt wurden, kam es darüber zum Kampf. Dieser „häusliche" Streit, entsetzlich in seinen Einzelheiten, wurde mitten in den Eiswüsten der Hudsonbai ausgetragen. Die Kolonie Selkirks wurde im Juni 1815 zerstört, genau zum Zeitpunkt der Schlacht von Waterloo. Auf beiden Schauplätzen, so sehr sie sich durch Glanz oder Dunkelheit voneinander unterschieden, waren die Leiden der Menschen die gleichen.

Sucht in Amerika nicht mehr die kunstvoll konstruierten politischen Ver-fassungen, deren Geschichte Charlevoix geschrieben hat: die Monarchie der Huronen und die Republik der Irokesen. Eine ähnliche Zerstörung fand und findet auch in Europa statt, sogar unter unseren Augen. In dem Maße, wie die Ziegenhirten und die Ackerbauern sterben, verschwinden heute das Nieder-bretonische, das Baskische und das Gälische von Hütte zu Hütte.

In der englischen Provinz Cornwall erlosch die ursprüngliche Sprache [143] um das Jahr 1676. Ein Fischer sagte zu Reisenden: „Ich kenne kaum noch vier oder fünf Leute, die Bretonisch sprechen, und das sind alte Leute wie ich, zwischen sechzig und achtzig Jahren: Alles, was jung ist, versteht kein Wort mehr davon."

Am Orinoco sind ganze Völker ausgestorben, und von ihrer Sprache ist nur ein Dutzend Worte übriggeblieben, die die freigelassenen Papageien in den Baumwipfeln daherschnattern. Das wird früher oder später auch das Schicksal unserer modernen Sprachen, dieser Überreste des Griechischen und des Lateinischen, sein.

11

London, April bis September 1822.

Frühere französische Besitzungen in Amerika. - Befürchtungen. - Das Fest-halten an Vergangenem.

Wenn ich von Kanada und Louisiana[144] sprach, wenn ich auf alten Karten die Größe der ehemaligen französischen Kolonien in Amerika betrachtete, fragte ich mich immer, warum die Regierung meines Landes diese Kolonien hatte zu Grunde gehen lassen, die heute für uns eine unerschöpfliche Quelle des Wohlstands wären.

Neufrankreich, das sich von Acadia[145] und Kanada bis nach Louisiana, von der Mündung des St.-Lorenz-Stroms bis zu der des Missisippi erstreckte, um-faßte die Gebiete, die zu der Konföderation der ersten dreizehn Vereinigten Staaten zusammentraten; elf weitere mit dem Distrikt von Columbia, dem Ge-biet von Michigan, Nordwest und Missouri, von Oregon und Arkansas waren unser oder würden es auf die Weise sein, wie sie nach ihrer Abtretung durch die Engländer und Spanier, unserer Nachfolger in Kanada und Louisiana, zu den Vereinigten Staaten gehören. Das ganze Land zwischen dem Atlantik im Nordosten, dem Polarmeer im Norden, dem Stillen Ozean und den russischen Besitzungen im Nordwesten und dem Golf von Mexiko im Süden, das heißt mehr als zwei Drittel von Nordamerika würden die Gesetze Frankreichs anerkennen.

Was wäre geschehen, wenn diese Kolonien in dem Augenblick, da sich die Vereinigten Staaten emanzipierten, noch in unserem Besitz gewesen wären? Wäre diese Emanzipation überhaupt erfolgt? Hätte unsere Anwesenheit auf amerikanischem Boden sie beschleunigt oder verzögert? Hätte sich Neufrankreich befreit? Warum nicht? Worin hätte das Unglück für das Mutterland bestanden, wenn ein riesiges, aus seinem Schoß hervorgegangenes Reich zur Blüte gelangt wäre, ein Reich, das den Ruhm unseres Namens und unserer Sprache auf einer anderen Hemisphäre verbreitet hätte?

Ich fürchte, daß sich die Restaurationsregierung durch Ansichten, die den hier ausgedrückten zuwiderlaufen, selbst schadet. Das Verlangen, sich an das Alte zu klammern, ein Verlangen, das ich unaufhörlich bekämpfe, wäre nicht weiter verhängnisvoll, würde es nur mich stürzen, indem es mir die Gunst des Fürsten entzieht. Aber es könnte leicht auch den Thron umstoßen. Ein Verharren ist in der Politik unmöglich; man muß mit Einsatz des menschlichen Verstandes voranschreiten. Respektieren wir die Majestät der Zeit; betrachten wir mit Ehrerbietung die verflossenen Jahrhunderte, die durch die Überbleibsel und das Andenken unserer Väter geheiligt sind! Aber versuchen wir nicht, zu ihnen zurückzukehren, denn sie haben nichts mehr mit unserem wirklichen Wesen zu tun, und sie würden zerrinnen, wenn wir sie zu fassen suchten.

Im Stift Unserer lieben Frau zu Aachen wurde, so erzählt man, um das Jahr 1450 das Grab Karls des Großen geöffnet. Man fand den Kaiser auf einem vergoldeten Stuhle sitzend, in seinen Knochenhänden hielt er das mit goldenen Buchstaben geschriebene Evangelienbuch; vor ihm standen sein Zepter und sein goldener Schild; an der Seite hatte er sein Schwert *Joyeuse* in goldener Scheide. Er trug die kaiserlichen Gewänder. Auf seinem Kopfe, den eine goldene Kette aufrecht hielt, lag ein Schweißtuch und bedeckte das, was einmal sein Gesicht gewesen war. Darauf war die Krone gesetzt. Man berührte das Gespenst: es zerfiel in Staub.

Wir haben in Übersee große Ländereien besessen. Sie waren ein Zufluchtsort für unsere überschüssige Bevölkerung, verhießen unserem Handel Märkte und unserer Marine Unterhalt. Nun sind wir ausgeschlossen aus der Neuen Welt, in der die menschliche Gattung aufs neue zu leben beginnt. Die englische, portugiesische und spanische Sprache wird in Afrika, in Asien, in Ozeanien, auf den Südseeinseln und auf beiden amerikanischen Kontinenten dazu benutzt, die Gedanken vieler Millionen Menschen zum Ausdruck zu bringen. Wir aber, die wir die Errungenschaften unseres Mutes und unseres Geistes vertan haben, wir hören gerade noch in einem kleinen Flecken in

Louisiana und Kanada, unter fremder Herrschaft, daß man die Sprache Colberts und Ludwigs XIV. spricht. Sie zeugt nur noch von Schicksalsschlägen und von den Fehlern unserer Politik.

8. Buch

1

London, April bis September 1822.

Die kanadischen Seen. - Eine Flotte von Indianerbooten. - Das Schicksal der Flüsse. - Ein Originalmanuskript aus Amerika.

Der Stamm des kleinen Mädchens mit der Perle setzte seinen Weg fort. Mein Führer, der Holländer, wollte mich nicht weiter als bis zu dem Wasserfall begleiten. Ich bezahlte ihn und schloß mich einigen Händlern an, die den Ohio flußabwärts ziehen wollten. Ehe ich aufbrach, warf ich noch einen Blick auf die kanadischen Seen. Es gibt nichts Traurigeres als den Anblick dieser Seen. Die Landstriche am Ozean und am Mittelmeer eröffnen den Völkern Zufahrtswege, und die Ufer sind oder waren von zahlreichen mächtigen und zivilisierten Völkern bewohnt. Die Seen Kanadas aber bieten nichts als ihre nackten Gewässer, an die sich kahles Land anschließt; sie sind Einöde zwischen Einöden. Unbewohnte Uferlandschaften blicken auf Meere ohne Schiffe; man kommt von den verlassenen Fluten an einen verlassenen Strand.

Der Umfang des Eriesees beträgt mehr als hundert französische Meilen. Die Volksstämme, die seine Ufer bewohnten, wurden vor zweihundert Jahren von den Irokesen ausgerottet. Es ist erschreckend anzusehen, wie sich die Indianer in kleinen Nachen von Baumrinde auf diesen für seine Stürme berüchtigten See hinauswagen, der früher von unzähligen Schlangen wimmelte. Die Indianer hängen ihre Götzenbilder am Bootsheck auf und stürzen sich inmitten der Strudel in die aufgepeitschten Wellen. Die Wellen, die bis an den Rand der Boote heranreichen, scheinen sie jeden Augenblick verschlingen zu wollen. Die Vorderpfoten auf den Rand des Bootes gestemmt, bellen die Hunde der Jäger, während ihre Herren in tiefem Schweigen und in regelmäßigem Takt das Paddel führen. Die Boote fahren in einer Reihe hintereinander; am Bug des ersten steht ein Häuptling, der immer wieder den Laut „Oah" ausstößt; das „o" in einem dumpfen und langen Ton, das „a" aber scharf und kurz. Im letzten Kahn steht ein anderer Häuptling, der ein Ruder handhabt, das als Steuer dient. Die übrigen Krieger hocken auf ihren Fersen am Boden des Kahnes. In Nebel und Wind gewahrt man nur die Federn auf den Köpfen der Indianer, die hochgereckten Hälse der heulenden Hunde und die Schultern der beiden Häuptlinge, des Steuermanns und des Zeichendeuters: Man möchte sie für die Götter dieser Seen halten.

Die Flüsse Kanadas haben keine Geschichte in der Alten Welt. Wie anders ist das Schicksal des Ganges, des Euphrat, des Nils, der Donau und des Rheins! Welche Wandlungen haben sich nicht an ihren Ufern vollzogen! Wieviel Schweiß und Blut haben die Eroberer vergossen, um auf ihren Zügen diese Fluten zu überqueren, die an ihrer Quelle ein Ziegenhirt mit einem Schritt überspringen kann!

Auf diese Betrachtungen über die Flüsse folgt der Beginn eines Tagebuchs, das nur Stundenangaben aufweist:

Der Himmel über mir ist rein, unter meinem Boot, das eine Brise vorantreibt, strömt die klare Flut. Je mehr der Nachen vorankommt, desto unbekanntere Ansichten eröffnen sich mir.

Ursprüngliche Unabhängigkeit, endlich finde ich dich wieder! Hier bin ich, wie mich der Allmächtige geschaffen hat, mutmaßlicher Erbe des Himmels, Herrscher über die Natur; im Triumph werde ich über die Gewässer getragen, und Bewohner der Flüsse begleiten mich auf meinem Weg, die Völker der Luft singen mir ihre Loblieder, die Tiere der Erde grüßen mich.

Das unsterbliche Siegel unserer Herkunft - ist es in die Stirn der Sklaven der Gesellschaft oder in die meinige eingegraben? Als Herrn anerkennen werde ich nur dich, der du die Himmel bewegen wirst wie ein Buch, und das Licht aufrollen wirst wie ein Garnknäuel. Der Mensch kann sich mit der Einsamkeit messen; er beherrscht sie mit seinen Händen und erfüllt sie mit seinem Geist.

Mittag.

Wir können nicht weiter hinauffahren. Wir werden unseren Kahn an Land ziehen, unsere Vorräte, Waffen und Pelze nehmen und in den Wald eindringen.

Sechs Uhr abends.

Ich habe eine Lichtung gesehen und bin auf sie zugegangen: Da bin ich am Einfallspunkt des Lichts: An diesem Platz ist ein alter Indianerfriedhof - die zweifache Einsamkeit des Todes und der Natur. Ist hier der Zufluchtsort, an dem ich gern für immer schlafen möchte?

Sieben Uhr.

In diesen Wäldern verloren, haben wir unser Lager aufgeschlagen. Der Schein unseres Feuers breitet sich weit aus. Von unten angestrahlt durch die scharlachrote Glut, sieht das Blattwerk der Bäume blutrot aus. Die Stämme der Bäume, die uns am nächsten stehen, ragen wie rote Granitsäulen empor; die weiter entfernten, die das Licht kaum erreicht, sehen wie Gespenster am Rande tiefer Nacht aus. Ich stoße in mein Horn, und der Ton fliegt von Echo zu Echo; aber hier sind keine Alpen, keine Kühe, keine Herden, und die Sennerin vom Berge wartet nicht auf ihren Ziegenhirten. Wird mein Liebesengel zu dieser Symphonie herabsteigen? Habe ich nicht seinen Flügelschlag gehört?

Mitternacht.

Das Feuer ist am Verlöschen, Ruhe liegt über den Wäldern. Man könnte sagen: Schweigen folgt auf Schweigen. Der morsche Baum fällt, die Wälder seufzen; tausend Stimmen werden hörbar. Bald werden die Geräusche schwächer; sie ersterben in den beinahe nur erträumten Weiten. Wieder herrscht Schweigen in der Einsamkeit.

Ein Uhr morgens.

Da, der Wind: mit luftiger Musik streicht er über die Baumwipfel dahin. Die Einsamkeit ist ganz Bewegung und Harmonie. Eine seltsame Stimme er-

198

tönt: die des Frosches, der das Brüllen des Stiers nachahmt. Fledermäuse, die an den Blättern des Ahorns hängen, mischen ihre monotonen Rufe mit dem stoßweisen Rauschen des Wasserfalls. Man meint, die Totenglocke zu hören. Alles führt zu dem Gedanken an den Tao hin. *Memento mori.* Aber der Tod ist Aufstieg.

Zehn Uhr morgens.

Wir haben uns wieder auf den Weg gemacht. In einem überschwemmten Tal haben uns die Zweige einer Weide, ausgespannt zwischen zwei Schilfwurzeln, als Brücke zum Überqueren des Sumpfes gedient. Wir bereiten unser Mahl am Fuße eines bewaldeten Hügels, den wir bald erklimmen werden, um den gesuchten Fluß zu entdecken.

Ein Uhr.

Wir sind weitergezogen. Die Haselhühner versprechen uns für diesen Abend ein gutes Mahl. Der Weg steigt an, Bäume werden selten. Eine ebene Heidelandschaft bedeckt diese Seite des Berges.

Sechs Uhr.

Wir sind auf dem Gipfel angelangt. Unter uns sind nur Baumwipfel zu sehen. Einzelne Felsen ragen aus diesem Meer von Grün heraus wie Klippen über einer Wasseroberfläche. Das Gerippe eines Hundes an einem Kiefernzweig weist auf ein Opfer der Indianer für den Geist der Einöde hin. Ein Wildbach, der zu unseren Füßen fließt, verliert sich in einem kleinen Fluß.

Vier Uhr morgens.

Die Nacht war ruhig. Wir haben beschlossen, zu unserem Boot zurückzukehren, weil wir nicht mehr hoffen können, einen Weg durch den Wald zu finden.

Neun Uhr.

Wir haben unter einer alten, mit Winde bedeckten und von großen Pilzen zerfressenen Weide gefrühstückt. Ohne die Stechmücken wäre der Platz recht angenehm gewesen; wir mußten mit feuchtem Holz ein stark rauchendes Feuer machen, um unsere Feinde zu verscheuchen. Unsere Führer haben uns den Besuch von Reisenden angekündigt, die noch zwei Stunden von dem Ort, an dem wir uns aufhielten, entfernt sein mochten. Diese Feinheit des Gehörs grenzt ans Wunderbare: Ein Indianer hört den Schritt eines anderen Indianers auf vier oder fünf Stunden Entfernung, wenn er das Ohr an den Boden legt. Wirklich sahen wir nach zwei Stunden eine indianische Familie ankommen. Sie hat uns mit Willkommensrufen begrüßt, die wir freudig beantworteten.

Mittag.

Unsere Gäste haben uns gesagt, daß sie uns schon seit zwei Tagen gehört haben; daß sie wüßten, daß wir Weißhäute seien, weil das Geräusch, das wir beim Laufen verursachen, stärker sei als bei den Rothäuten. Ich habe nach dem Grund für diesen Unterschied gefragt; man hat mir geantwortet, daß das mit unserer Art, Zweige abzubrechen und sich den Weg zu bahnen, zusammenhinge. Auch durch die Stärke seines Schrittes verrate der Weiße seine Rasse: Das Geräusch, das er verursacht, nehme nicht zu, da der Europäer in den Wäldern im Kreise gehe; der Indianer hingegen laufe schnurgeradeaus.

Die indianische Familie bestand aus zwei Frauen, einem Kind und drei Männern. Nachdem wir zusammen zu unserem Boot zurückgekehrt waren, haben wir am Ufer des Flusses ein großes Feuer angezündet. Zwischen uns herrschte gegenseitiges Wohlwollen: Die Frauen haben unser Abendbrot zubereitet, das aus Lachsforellen und einer großen Pute bestand. Wir Krieger rauchten und schwatzten miteinander. Morgen werden unsere Gäste uns helfen, das Boot zum Fluß zu tragen, der nur fünf Meilen von dem Ort entfernt ist, an dem wir uns befinden.

Hier endet das Tagebuch.

2

London, April bis September 1822.

Der Lauf des Ohio. - Die Insel im See. - Die indianische Ruine. - Blumen und Schmetterlinge. - Die Nichtigkeit der größten Ereignisse.

Nachdem wir die Seen Kanadas verlassen hatten, kamen wir nach Pittsburgh am Zusammenfluß des Kentucky und des Ohio. Hier entfaltet die Landschaft eine ungewöhnliche Pracht. Und doch heißt dieses herrliche Land nach seinem Fluß Kentucky, was „Blutstrom" bedeutet. Es verdankt diesen Namen seiner Schönheit; mehr als zwei Jahrhunderte lang haben sich Tscherokesen- und Irokesenstämme um das Jagdrecht in dieser Gegend gestritten.

Werden europäische Generationen an diesen Ufern tugendhafter und freier sein als die ausgerotteten amerikanischen Völkerschaften? Werden nicht in diesen Gefilden ursprünglicher Unabhängigkeit des Menschen Sklaven unter der Peitsche ihrer Herren das Land umpflügen? Werden nicht Kerker und Galgen an die Stelle der offenen Hütte und des hohen Tulpenbaums treten, wo der Vogel sein Nest gebaut hat? Wird der Reichtum des Bodens nicht Anlaß zu neuen Kriegen geben? Wird Kentucky endlich nicht mehr das Land des Blutes sein, und werden Kunstdenkmäler die Ufer des Ohio noch schöner schmücken, als die Denkmäler der Natur es tun?

Wenn man den Wabash, den Cumberlandfluß, den Tennessee und die Sandbänke passiert hat, kommt man an eine Landzunge, die bei hohem Wasserstand oft überschwemmt wird. Hier vereinigt sich bei 36 Grad 51 Minuten nördlicher Breite der Ohio mit dem Mississippi. Da beide Flüsse einander einen gleich starken Widerstand entgegensetzen, verlangsamt sich ihre Strömung. Ohne sich zu vermischen, fließen sie einige Meilen weit schlafend in dem gleichen Bette nebeneinander her, wie zwei große Völker, die ursprünglich geteilt und dann wieder vereinigt worden sind, um nur noch eine einzige Nation zu bilden, wie zwei große Rivalen, die nach einem Kampf das Lager miteinander teilen, oder wie zwei Eheleute von feindlichem Blut, die anfangs wenig Neigung haben, im Hochzeitsbett ihr Geschick miteinander zu vereinigen.

Auch ich habe, wie die Flüsse in ihren mächtigen Urnen, den kleinen Strom meines Lebens bald auf die eine, bald auf die andere Seite des Gebirges ergossen. Ich war eigenwillig in meinen Irrtümern, aber nie böswillig. Ich habe die dürftigen Täler den reichen Ebenen vorgezogen und lieber bei den Blumen als bei den Palästen haltgemacht.

Übrigens war ich von meinen Wanderungen so entzückt, daß ich den Nordpol fast vergessen hätte. Der Dichter hatte über den Reisenden gesiegt; ich streifte einfach so herum, mit keinem anderen Ziel, als zu träumen. Eine Gesellschaft von Handelsleuten, die von den Creeks[146] in Florida kam und dahin zurückkehrte, erlaubte mir, mich ihr anzuschließen. Wir zogen in die Gebiete, die damals unter dem gemeinsamen Namen Florida bekannt waren und die jetzt die Staaten Alabama, Georgia, Südkarolina und Tennessee umfassen.

Ein frischer Wind trieb uns auf unserer Flußfahrt voran. Der Ohio, durch hundert Zuflüsse vergrößert, verlor sich bald in den Seen, die sich vor uns eröffneten, bald in den Wäldern. Inmitten der Seen lagen Inseln. Wir segelten auf eine der größten zu und legten um acht Uhr morgens an.

Eine indianische Ruine zog meine Blicke auf sich. Der Kontrast zwischen dieser Ruine und der Frische der Natur, dieses menschliche Zeugnis in einer Einöde, verursachte einen Schock. Was für ein Volk hatte diese Insel bewohnt? Wie war sein Name, seine Herkunft, wann war es hier gewesen? Lebte es, als die drei anderen Teile der Erde von der Welt, in deren Schoße es verborgen lag, noch nichts wußten? Vielleicht lebte dieses Volk zu der gleichen Zeit schweigend dahin, in der einige große Nationen für Aufsehen sorgten, die mittlerweile auch in Schweigen versunken sind.

Sandige Buchten, Ruinen und Grabhügel erhoben sich zwischen rosenfarbenen, an blaßgrünen Stielen hängenden Mohnblumen. Die Blüte und der Stengel haben einen Geruch, der an den Fingern haftenbleibt, wenn man die Pflanze berührt. Dieser Duft, der die Blume überlebt, ist ein Bild der Erinnerung an ein in Einsamkeit verflossenes Leben.

Ich beobachtete die Seerose; da der Tag zur Neige ging, schickte sie sich an, ihre weiße Blüte im Wasser zu verbergen. Der Trauerbaum hingegen wartete nur auf die Nacht, um sich zu entfalten. Zu der Stunde, in der sich die Gattin zur Ruhe legt, erhebt sich die Kurtisane.

Die gewaltige, sieben bis acht Fuß hohe Nachtkerze mit ihren länglichen, gezähnten schwarzgrünen Blättern hat eine andere Lebensweise und eine andere Bestimmung; ihre gelbe Blüte beginnt sich am Abend zu öffnen in der Zeit, die die Venus braucht, um am Horizont zu versinken. Im Lichte der Sterne entfaltet sie sich vollends, so daß die Morgenröte sie in ihrem ganzen Glanze findet; am Vormittag verwelkt sie und fällt um Mittag ab. Sie lebt nur einige Stunden, aber sie durcheilt diese Stunden unter einem klaren Himmel, zwischen dem Hauch der Venus und der Morgenröte; was bedeutet da die

Kürze ihres Lebens?

Ein Bach war mit Venusfliegenfallen umstanden, um die eine Menge Eintagsfliegen schwirrten. Es gab hier auch Fliegenvögel und Schmetterlinge, die in ihrem glänzenden Schmuck mit der Farbenpracht der Blumen wetteiferten. Bei diesen Wanderungen und Studien befiel mich oft das Bewußtsein ihrer Nichtigkeit. Wie! Die Revolution, die auf mir lastete und mich in die Wälder getrieben hatte, gab mir keine ernsteren Gedanken ein? Wie! Während mein Land um- und umgewälzt wurde, beschäftigte ich mich mit Beschreibungen, mit Pflanzen, Schmetterlingen und Blumen? Die menschliche Individualität reduziert die größten Ereignisse auf ihren kleinen Maßstab. Wie viele Menschen sind diesen Ereignissen gegenüber gleichgültig? Wie viele andere wissen gar nichts davon? Die Gesamtbevölkerung der Erde wird auf elf- bis zwölfhundert Millionen geschätzt; in jeder Sekunde stirbt ein Mensch. Also verscheiden in jeder Minuten unseres Lebens, in der wir lachen und uns freuen, sechzig Menschen, und sechzig Familien seufzen und weinen. Das Leben ist eine unaufhörliche Pest. Diese Kette von Trauerfällen und Beisetzungen, die uns umschlingt, zerreißt nie, sondern wird immer länger; wir bilden selbst eines ihrer Glieder. Und wir rühmen die Bedeutung dieser Katastrophen, von denen drei und ein halbes Viertel der Welt nie etwas erfahren wird! Wir jagen dem Ruhm nach, der sich schon ein paar Meilen von unserem Grab entfernt verflüchtigt! Wir tauchen in den Ozean einer Glückseligkeit, von der jede Minute zwischen sechzig unablässig erneuerten Särgen verfließt! „Nie noch folgte dem Tage die Nacht, nie dieser das Frührot, daß sie, mit jener vermischt, nicht hätten vernommen das bange Stöhnen, wie solches den Tod und die düstere Leiche begleitet."[147]

3

London, April bis September 1822.

Die Quelle der Jugend. - Muskogee und Seminolen. - Unser Lager.

Die Wilden Floridas erzählen, daß in einem See eine Insel liege, auf der die schönsten Frauen der Welt leben. Die Muskogee haben sie mehrmals zu erobern versucht; dieses Eden aber zieht sich vor den Kanus zurück - ein natürliches Beispiel dieser Traumgebilde, die vor unseren Begierden fliehen.

Diese Gegend barg auch eine Quelle der Jugend; wer möchte nicht zu neuem Leben erwachen?

Es fehlte wenig, und diese Fabeln wären in meinen Augen Wirklichkeit geworden. Als wir es am wenigsten erwarteten, sahen wir aus einer Bucht eine Kanu-Flotille, teils mit Rudern, teils mit Segeln, hervorkommen. Sie legte an unserer Insel an. Auf ihr befanden sich zwei Creek-Familien; die eine waren Seminolen, die andere Muskogee, und Tscherokesen und *Bois-brûlés* waren auch darunter. Ich war überrascht von der Eleganz dieser Wilden, die in nichts den kanadischen Stämmen glichen.

Die Seminolen und Muskogee sind ziemlich groß, aber sonderbarerweise sind ihre Mütter, Gattinnen und Töchter die kleinsten Frauen von ganz Amerika.

Die Indianerinnen, die in unserer Nähe an Land gingen, waren, da in ihren Adern tscherokesisches und kastilisches Blut floß, von hoher Gestalt. Zwei von ihnen ähnelten den Kreolinnen von Santo Domingo und Ile de France, waren aber hell und zart wie die Frauen vom Ganges. Diese beiden Floridanerinnen, Cousinen väterlicherseits, haben mir als Modell für Atala und für Céluta[148] gedient; nur übertreffen sie ihr Porträt durch diese veränderliche und flüchtige Wahrheit des Natürlichen, durch diese Physiognomie der Rasse und des Klimas, die ich nicht wiederzugeben vermocht habe. Es lag etwas Unerklärbares in diesem ovalen Gesicht, in diesem schattigen Ton der Haut, den man durch einen leichten orangefarbenen Dunst zu sehen glaubte, in dem weichen schwarzen Haar, in den länglich geschnittenen Augen, die unter dem Schleier seidiger, sich langsam öffnender Augenlider verborgen waren; kurz, in der doppelten Verführungskraft der Indianerin und der Spanierin.

Das Zusammentreffen mit unseren Gastgebern veränderte ein wenig unsere Pläne. Unsere Handelsleute begannen, sich nach Pferden umzusehen. Es wurde also beschlossen, sich im Umkreis der Gestüte niederzulassen.

In der Ebene um unser Lager wimmelte es von Stieren, Kühen, Pferden, Bisons, Büffeln, Kranichen, Truthühnern und Pelikanen; diese Vögel stellten auf dem grünen Grund der Savanne schwarze und rosa Flecken dar.

Unsere Handelsleute und Jäger kannten mancherlei Leidenschaften - nicht die des gesellschaftlichen Ranges, der Erziehung, der Vorurteile, sondern die vollen, ungebrochenen Leidenschaften der Natur, die direkt auf ihr Ziel zusteuern und als Zeugen einen umgestürzten Baum tief in einem unbekannten Walde, ein nicht wieder aufzufindendes Tal oder einen namenlosen Fluß haben. Die Beziehungen der Spanier zu den Frauen der Creek sind der Ursprung all dieser Abenteuer; die Hauptrolle in diesen Romanen spielen die *Boisbrûlés*. Berühmt war die Geschichte eines Branntweinhändlers, den ein „bemaltes Mädchen" (eine Dirne) verführt und zu Grunde gerichtet hatte. Diese Geschichte hatte man unter dem Namen „Tabamica" in seminolische Verse gebracht, und sie wurde gesungen, wenn man durch die Wälder zog. Die von den Siedlern entführten Indianerinnen starben bald verlassen in Pensacola; ihr Unglück wird den *Romanceros*[149] neuen Stoff geben und neben den Klagen Chimenes[150] Platz finden.

4

Zwei Floridanerinnen. - Ruinen am Ohio.

Die Erde ist eine liebevolle Mutter. Wir entwinden uns ihrem Schoße: In der Kindheit hält sie uns an ihren von Milch und Honig schwellenden Brüsten; in der Jugend und im reifen Alter spendet sie uns ihr frisches Wasser, ihre Ernten und ihre Früchte; überall bietet sie uns Schatten, ein Bad, einen Tisch und ein Bett; nach unserem Tode öffnet sie uns ihren Schoß wieder, wirft eine Decke von Gras und Blumen über unsere sterbliche Hülle und verwandelt uns auf geheimnisvolle Weise in ihre eigene Substanz, um uns in einer anmutigen Form neu hervorzubringen. Das sagte ich mir beim Erwachen, als mein erster Blick auf den Himmel, den Dom über meinem Lager, fiel.

Die Jäger waren aufgebrochen, um ihrem Tagewerk nachzugehen; ich blieb bei den Frauen und Kindern zurück. Ich wich meinen beiden Waldgeschöpfen nicht mehr von der Seite; eine von ihnen war stolz, die andere traurig. Ich verstand nicht ein Wort von dem, was sie mir sagten, und ebensowenig verstanden sie mich, aber ich holte ihnen Wasser zum Trinken, Reisig für ihr Feuer und Moos für ihr Lager. Sie trugen kurze Röcke, weite, aufgeschlitzte Ärmel nach spanischer Art, dazu das Mieder und den Mantel der Indianerinnen. Ihre nackten Beine waren mit Streifen von Birkenrinde umwunden; in ihr Haar hatten sie Büschel oder Gräser von Schilf geflochten und um den Hals trugen sie Ketten von Glas. An ihren Ohren hingen purpurrote gefärbte Samenkörner. Sie hatten einen hübschen kleinen sprechenden Papageien, den sie sich zur Zierde auf die Schulter setzten oder auf der Hand trugen wie die vornehmen Damen des zehnten Jahrhunderts ihren Falken. Mit ihren bläulichweißen Zähnen zerbissen die Floridanerinnen Körner von Liquidambar und Wurzeln von Libanis, in denen sich das Aroma der Angelikawurzel, des Zedratbaumes und der Vanille mischten. Sie lebten in einem Dunstkreis von Wohlgerüchen, wie Orangenbäume und Blumen in den reinen Ausströmungen ihrer Blätter und ihres Kelches. Es machte mir Spaß, ihnen einen Kopfschmuck aufzusetzen, sie ließen es sich mit sanftem Staunen gefallen; als Zauberinnen glaubten sie, ich wolle sie verzaubern.

Die eine von ihnen, die Stolze, betete oft; sie schien mir eine halbe Christin zu sein. Die andere sang mit samtweicher Stimme und stieß am Ende jeder Strophe einen verwirrenden Schrei aus. Zuweilen sprachen sie lebhaft miteinander; ich glaubte, Töne von Eifersucht herauszuhören, aber dann weinte die Traurige, und es kehrte wieder Ruhe ein.

Man ging auf Fischfang. Die Sonne war kurz vor dem Untergehen. Im Vordergrund sah man Sassafras-, Tulpen- und Catalpabäume und Eichen, deren Zweige mit weißem Moos bedeckt waren. Hinter ihnen erhob sich der schönste aller Bäume, der Melonenbaum, wie ein von einer korinthischen Urne gekrönter ziselierter Silbergriffel. Noch weiter hinten standen Balsambäume, Magnolien und Liquidambars.

Die Sonne sank hinter diesen Vorhang nieder. Ein Strahl, der die Laubkuppel durchdrang, leuchtete wie ein in dunkles Blätterwerk gefaßter Karfunkel. Das Licht, das zwischen den Stämmen und Ästen einfiel, wurde auf dem Rasen zu ansteigenden Säulen und beweglichen Arabesken. Am Boden wuchsen Flieder, Azaleen und verschlungene Lianen mit riesigen Blütengarben.

Am Himmel sah man Wolken, die einen unbeweglich wie Vorgebirge oder alte Türme, die anderen fließend wie Rosenduft oder Seidenflocken. Da sie sich ständig veränderten, gewahrte man in diesen Wolken Ofenschlünde, die sich öffneten, Glutmassen, die sich anhäuften, Lavaströme, die dahinflossen: Alles war glänzend, strahlend, golden, reich, von Licht gesättigt.

Zu unserer Rechten lagen Ruinen, die zu den großen am Ohio aufgefundenen Befestigungen gehörten. Zu unserer Linken war ein ehemaliges Lager der Wilden. Die Insel, auf der wir standen, erschien in den Wellen und durch eine Fata Morgana in der Luft, so daß sie uns in doppelter Ansicht umgaukelte. Im Osten ruhte der Mond auf den fernen Hügeln; im Westen zerfloß das Himmelsgewölbe in einem Meer von Diamanten und Saphiren, in dem die Sonne, schon halb versunken, sich aufzulösen schien. Die Tiere der Schöpfung hielten Wacht. Die Erde schien voller Bewunderung dem Himmel Weihrauch zu spenden, und der Ambraduft aus ihrem Schoße fiel als Tau wieder auf sie herab, so wie das Gebet auf den Betenden zurückfällt.

Meine Gefährten hatten mich verlassen, und ich setzte mich am Rand einer Baumgruppe nieder; ihr von Licht umspielter Schatten bildete das Halbdunkel, in dem ich saß. Leuchtkäfer glänzten in dem umflorten Gesträuch und wurden unsichtbar, wenn sie in die Strahlen des Mondes gerieten. Man hörte das Wellengeplätscher des Sees, die Sprünge der Goldfische und ab und zu den Schrei der Tauchente. Mein Blick war auf das Wasser geheftet; nach und nach verfiel ich in den Halbschlummer, den all die kennen, die auf den Straßen der Welt dahinziehen. Ich hatte keine deutliche Erinnerung mehr; ich fühlte mich in einer Art Pantheismus als lebendiger Teil der Natur. Ich lehnte mich an den Stamm einer Magnolie und schlief ein; meine Ruhe trieb äuf einem unbestimmten Grund der Hoffnung dahin.

Als ich dieser Lethe wieder entstieg, sah ich mich zwischen zwei Frauen. Die Odalisken waren zurückgekehrt, hatten mich aber nicht aufwecken wollen und sich schweigend neben mich gesetzt. Ob sie sich nun schlafend stellten oder ob sie wirklich eingeschlummert waren - ihre Köpfe waren auf meine Schultern herabgesunken.

Ein Windstoß fuhr durchs Gehölz und überschüttete uns mit einem Regen von Magnolienrosen. Da begann die jüngere der Seminolinnen zu singen: Wer seines Lebens nicht ganz sicher ist, der hüte sich, es je einer solchen Gefahr auszusetzen! Man kann die Leidenschaft nicht ahnen, die eine Melodie in der Brust eines Mannes hervorrufen kann. Auf diese Stimme antwortete eine andere, rauh und eifersüchtig: Ein *Bois-brûlé* rief die beiden Cousinen; sie erbebten und erhoben sich; der Morgen begann heraufzudämmern.

Am Ufer beendeten wir unsere schweigsame Flußfahrt. Um Mittag wurde das Lager abgebrochen, denn wir mußten die Pferde untersuchen, die die Creek verkaufen und die Händler kaufen wollten. Frauen und Kinder, alle waren der Sitte gemäß als Zeuge zu dem feierlichen Handel hinzugezogen worden. Hengste jeden Alters und in allen Farben, Fohlen und Stuten begannen mit Stieren, Kühen und Färsen um uns her zu jagen und zu galoppieren. In diesem Durcheinander wurde ich von den Creek getrennt. Eine dichte Gruppe von Pferden und Menschen sammelte sich am Waldrand. Plötzlich erblicke ich von weitem meine beiden Floridanerinnen; kräftige Arme hoben sie auf die Rücken zweier Berberhengste, die ohne Sattel von einem *Bois-brûlé* und einem Seminolen geritten wurden. O Cid! warum hatte ich nicht deine schnellfüßige Babieça,[151] um sie einzuholen! Die Stuten setzen sich in Bewegung, und die riesige Schar folgt ihnen. Die Rosse schlagen aus, springen empor und wiehern inmitten der Büffel- und Stierhörner, ihre Hufe schlagen in der Luft aneinander, und wild fliegen ihre Schweife und Mähnen. Ein Schwarm blutdurstiger Insekten hüllt diesen wilden Reitertrupp ein. Meine Floridanerinnen verschwinden wie die vom Höllengott geraubte Tochter der Ceres.[152]

So mißlingt alles in meiner Geschichte; von dem, was so schnell vorübergezogen ist, bleiben mir nur Bilder. Ich werde in die elysischen Gefilde von mehr Schatten umringt hinabsteigen, als je ein Mensch mit sich genommen hat. Die Schuld daran hat meine Veranlagung: Ich verstehe nicht, mir das Glück zunutze zu machen, und ich interessiere mich für nichts, was andere interessiert. Außer in der Religion glaube ich an nichts. Ob Hirt oder König, was hätte ich mit meinem Zepter oder meinem Hirtenstab gemacht? Der Ruhm hätte mich ebenso gelangweilt wie das Genie, die Arbeit so wie der Müßiggang, das Glück so wie das Unglück. Alles wird mir lästig; überall schleppe ich meinen Überdruß durch meine Tage, und wohin ich auch gehe, mein Leben macht mich gähnen.

5

Wer die Muskogee-Fräulein waren. - Die Gefangennahme des Königs in Varennes. - Ich breche meine Reise ab, um nach Europa zurückzukehren. - Die Vereinigten Staaten heute. - Die Literatur in den Vereinigten Staaten.

Nachdem der Teufel die Muskogee-Mädchen geholt hatte, erfuhr ich von dem Führer folgendes: Einen *Bois-brûlé*, der in eine der beiden verliebt war, hatte die Eifersucht auf mich gepackt; so hatte er beschlossen, mir mit einem Seminolen, dem Bruder der anderen Cousine, Atala und Céluta zu entführen. Die Führer nannten sie einfach „bemalte Mädchen", was mich in meiner Eitelkeit verletzte. Ich fühlte mich um so mehr gedemütigt, als der *Bois-brûlé*, mein begünstigter Nebenbuhler, eine magere, häßliche, schwarze Schnake war und alle Eigenschaften jener Insekten aufwies, welche, nach Definition der Insektenkundigen, Tiere sind, bei denen das Fleisch innen und die Knochen außen sitzen. Nach meinem Mißgeschick erschien mir die Einsamkeit leer. Ich empfing meine Sylphide schlecht, die großmütig herbeieilte, um einen Treulosen zu trösten. Ich eile, die Einöde zu verlassen, wo ich seitdem die entschlafenen Gefährtinnen meiner Nacht wiederbelebt habe. Ich weiß nicht, ob ich ihnen das Leben verliehen habe, das sie mir gaben; zumindest habe ich - zur Buße - aus der einen eine Jungfrau und aus der anderen eine züchtige Gattin gemacht.

Wir gingen wieder über die Blue Mountains und näherten uns den europäischen Pflanzungen bei Chillicothi. Was das Hauptziel meines Unternehmens betraf, so war mir keine Aufklärung gelungen, aber mich begleitete eine Welt der Poesie:

Comme une jeune abeille aux roses engagée
Ma muse revenait de son butin chargée.[153]

Am Ufer eines Baches gewahrte ich ein Haus von amerikanischer Art, das zur einen Hälfte ein Bauernhaus, zur anderen eine Mühle war. Ich trat ein, bat um einen Imbiß und ein Nachtlager und wurde freundlich aufgenommen. Meine Wirtin führte mich eine Leiter hinauf in eine Kammer über der Achse des Wasserrads. Mein kleines, mit Efeu und Schlingpflanzen umwundenes Fenster ging auf den Bach hinaus, der schmal und einsam zwischen zwei dichten Reihen von Weiden, Erlen, Sassafras, Tamarinden und Karolina-Pappeln dahinfloß. Das bemooste Rad drehte sich in ihrem Schatten und ließ lange Wasserbänder herabfallen. Barsche und Forellen tummelten sich im Schaum des Strudels, Bachstelzen flogen von einem Ufer zum anderen, und eine Eisvogelart bewegte ihre blauen Flügel über der Wasserfläche.

Wäre ich hier mit dem traurigen Muskogee-Mädchen nicht gut aufgehoben gewesen, wenn sie mir nur treu gewesen wäre! Träumend hätte ich zu ihren Füßen gesessen, den Kopf auf ihre Knie gelegt, und hätte dem Rauschen des Wassers, den Umdrehungen des Rades, dem Klappern der Mühle gelauscht und dabei die Frische des Wassers und den Wohlgeruch der Gerstenkörner eingeatmet.

Die Nacht kam. Ich ging in die Wohnstube hinunter. Sie war nur vom Schein des Mais- und Bohnenstrohs erhellt, das im Herd brannte. Die Gewehre des Hausherrn auf dem Waffenständer leuchteten im Schein der Flamme. Ich setzte mich auf einen Schemel in die Herdecke neben ein Eichhörnchen, das abwechselnd auf den Rücken eines großen Hundes und auf das Brett eines Spinnrades sprang. Ein Kätzchen setzte sich auf mein Knie und sah dem Spiele zu. Die Müllerin stellte einen großen Kochtopf auf das Herdfeuer, dessen Flamme den dunklen Boden des Kessels wie eine goldene Krone umgab. Während die Bataten für mein Abendessen unter meiner Aufsicht kochten, vertrieb ich mir die Zeit damit, am Herdfeuer mit gesenktem Kopf eine englische Zeitung zu lesen, die zu meinen Füßen auf die Erde gefallen war. In großer Schrift las ich dort die Worte: „Flight of the King". Es war der Bericht von dem Fluchtversuch Ludwigs XVI. und von der Verhaftung des unglücklichen Monarchen in Varennes. Die Zeitung berichtete auch vom Anwachsen der Emigrationsbewegung und von der Vereinigung der Armeeoffiziere unter der Fahne der französischen Prinzen.

Da vollzog sich in meinem Innern eine plötzliche Wandlung. So, wie Rinaldo im Spiegel der Ehre in den Gärten der Armida seine Schwäche erkannte,[154] zeigte mir der gleiche Spiegel, ohne daß ich der Tassosche Held war, mein Bild in einem amerikanischen Obstgarten. Unter dem Strohdach einer in unbekannten Wäldern verborgenen Mühle drang der Waffenlärm, der Tumult der Welt an mein Ohr. Ganz plötzlich brach ich meine Reise ab, weil ich mir sagte: „Zurück nach Frankreich!"

So vernichtete das, was mir als Pflicht erschien, meine früheren Pläne und führte die erste jener Schicksalswenden herbei, von denen mein Leben gezeichnet ist. Die Bourbonen warteten nicht darauf, daß ein junger Edelmann aus der Bretagne über das Meer zurückkam und ihnen seine schlichte Ergebenheit anbot, sowenig wie sie später, als er aus seinem Schattendasein herausgetreten war, seiner Dienste bedurften. Wenn ich mit dem Zeitungsblatt, das mein Leben veränderte, meine Pfeife angezündet und dann die Reise fortgesetzt hätte, würde kein Mensch meine Abwesenheit bemerkt haben. Mein Dasein war damals genauso unbekannt und bedeutungslos wie der Rauch aus meinem Pfeifenkopf. Der schlichte Kampf zwischen mir und meinem Gewissen warf mich auf das Theater der Welt. Ich konnte ganz nach meinem Ermessen handeln, denn ich war der einzige Zeuge dieses Kampfes; aber dieser Zeuge war es gerade, vor dem zu erröten ich am meisten fürchtete.

Warum hat die Einsamkeit des Eriesees und des Ontariosees heute für mich viel größeren Reiz als das prachtvolle Schauspiel des Bosporus? Weil ich zur Zeit meiner Reise in die Vereinigten Staaten voller Illusionen war. Die Unruhen in Frankreich setzten zu eben der Zeit ein, als mein Leben begann; alles in mir und in meinem Lande war noch offen. Diese Tage sind mir so süß, weil sie mich an die Unschuld familiärer Gefühle und an die Vergnügungen der Jugend erinnern.

Fünfzehn Jahre später, nach meiner Orientreise, hatte sich die Republik, der Trümmer und Tränen übervoll, wie ein reißender Strom der Sintflut in den Despotismus gestürzt. Ich wiegte mich nicht mehr in Traumbildern; meine Erinnerungen, die sich nun aus der Gesellschaft und den Leidenschaften speisten, waren nicht mehr arglos. Meine beiden Pilgerfahrten, die nach Westen und die nach Osten, haben mich enttäuscht; ich habe weder die Nordwestpassage entdeckt, noch den Ruhm gefunden, den ich an den Ufern des Niagara gesucht habe; und auch den Ruinen Athens konnte ich diesen Ruhm nicht entreißen.

Aufgebrochen, um Amerika zu durchstreifen, zurückgekehrt, um in Europa zu kämpfen, hatte ich aber keinen Weg bis zu Ende verfolgt; ein böser Geist entriß mir Wanderstab und Schwert und gab mir die Feder in die Hand. Es sind nun abermals fünfzehn Jahre seit der Zeit vergangen, da ich in Sparta nachts den Himmel betrachtete und mich an die Länder erinnerte, die alle schon meinen friedlichen oder unruhigen Schlaf gesehen hatten. Die gleichen Sterne, die ich über dem Vaterland der Helena und des Menelaos leuchten sah, hatte ich in den Wäldern Deutschlands, auf den Heiden Englands, auf den Feldern Italiens, mitten auf dem Meer und in den kanadischen Wäldern gegrüßt. Aber wozu mich bei den Sternen beklagen, den unbeweglichen Zeugen meines Vagabundengeschicks? Einst werden sie es müde werden, auf mich herabzuschauen; jetzt, da ich meinem Los gegenüber gleichgültig geworden bin, werde ich sie nicht mehr darum bitten, es freundlicher zu gestalten, noch darum, mir das zurückzugeben, was der Reisende an den Orten, die sein Fuß berührt, von seinem Leben zurückläßt.

Wenn ich jetzt die Vereinigten Staaten wiedersähe, würde ich sie nicht wiedererkennen; wo ich Wälder zurückgelassen habe, würde ich bebautes Land finden; wo ich mir einen Weg durch das Dickicht bahnen mußte, würde ich auf breiten Straßen reisen; in Natchez steht an Stelle von Célutas Hütte eine Stadt mit fünftausend Einwohnern; Chactas könnte heute Kongreßabgeordneter sein. Kürzlich habe ich eine bei den Tscherokesen gedruckte Schrift erhalten, die mir als dem Verteidiger der Pressefreiheit zum Nutzen dieser Wilden zugeschickt wurde.

Bei den Muskogee, bei den Seminolen, bei den Tschikasa gibt es ein Athen, ein Marathon, ein Karthago, ein Memphis, ein Sparta, ein Florenz; man findet eine Grafschaft Kolumbien und eine Grafschaft Marengo. In den Einöden, in denen ich den Pater Aubry und die unbekannte Atala getroffen habe, hat der Ruhm aller Länder einen Namen gefunden. In Kentucky gibt es ein Versailles; ein Gebiet mit Namen Bourbon hat ein Paris zur Hauptstadt.

All die Verbannten und Unterdrückten, deren Zuflucht Amerika war, haben das Andenken an ihr Vaterland mit hinübergenommen.

Die Vereinigten Staaten bieten in ihrem Innern, unter dem Schutze der Freiheit, ein Bild und eine Erinnerung der meisten berühmten Orte des Altertums und des modernen Europa. Dreiunddreißig große Straßen gehen von Washington aus, wie früher die römischen Straßen vom Capitol; sie verzweigen sich und enden im Umkreis der Vereinigten Staaten. Das Straßennetz umfaßt 25.747 Meilen. Auf vielen dieser Straßen hat man Poststationen eingerichtet. Wenn man zu meiner Zeit einen Führer oder einen indianischen Dolmetscher mitnahm, so nimmt man heute die Postkutsche nach Ohio oder nach dem Niagara. Die Verbindungswege sind doppelt; überall gibt es Seen und Flüsse, die durch Kanäle miteinander verbunden sind; man kann parallel zu den Festlandstraßen mit Ruder- und Segelkähnen, mit Reisebooten oder Dampfschiffen fahren. Das Heizmaterial ist unerschöpflich, da in den ungeheuren Wäldern gleich unter der Erdoberfläche Steinkohle liegt.

Die Bevölkerung der Vereinigten Staaten ist von 1790 bis 1820 aller zehn Jahre im Verhältnis von fünfunddreißig pro hundert gewachsen. Man nimmt an, daß sie im Jahre 1830 12.875.000 Seelen zählen wird. Wenn sie sich weiterhin alle fünfundzwanzig Jahre verdoppelt, wird sie 1855 25.750.000 und 1880, fünfundzwanzig Jahre später, über fünfzig Millionen Menschen betragen. Dieser menschliche Zustrom läßt die Wüste überall erblühen. Die Seen von Kanada, auf denen man früher kein Segel erblickte, gleichen jetzt Hafenbecken, in denen Fregatten, Korvetten, Kutter und Boote den Pirogen und Kanus der Indianer begegnen. Der Mississippi, der Missouri und der Ohio strömen nicht mehr in der Einsamkeit dahin; sie werden von Dreimastern befahren, und mehr als zweihundert Dampfschiffe verbreiten Leben an ihren Ufern.

Dieser ungeheure Schiffsverkehr im Innern, der allein schon den Wohlstand der Vereinigten Staaten sichern könnte, ist ihren ausländischen Unternehmungen nicht abträglich. Ihre Schiffe kreuzen auf allen Meeren, widmen sich allen möglichen Unternehmungen und führen die besternte Flagge des Abendlandes an den Küsten der Morgenröte entlang, die bisher nur in Knechtschaft gelebt haben.

Um dieses überraschende Bild zu vollenden, muß man sich Städte wie Boston, New York, Philadelphia, Baltimore, Charlestown, Savannah und New Orleans vorstellen, des Nachts erleuchtet, voller Pferde und Wagen, mit Kaffeehäusern, Museen, Bibliotheken, Tanzsälen und Schauspielhäusern ausgestattet und so alle Genüsse des Luxus anbietend.

Indessen darf man in den Vereinigten Staaten nicht das suchen, was den Menschen von den übrigen Wesen der Schöpfung unterscheidet, was seinen Anteil an der Unsterblichkeit und die Zierde seines Lebens bildet; die Literatur kennt man in der neuen Republik nicht, obwohl sie durch viele Einrichtungen gefördert werden soll. Der Amerikaner hat die intellektuelle Tätigkeit durch ein positives Vorgehen ersetzt; aber man achtet ihn wegen seiner Mittelmäßigkeit in den schönen Künsten nicht gering, denn nicht dieser Seite gilt seine Aufmerksamkeit. Durch verschiedene Umstände auf einen wüsten Boden geworfen, hat er sich dem Ackerbau und dem Handel zugewandt. Bevor man denken kann, muß man leben; ehe man Bäume pflanzt, muß man die vorhandenen fällen, um den Boden umpflügen zu können. Die ersten Siedler, die Köpfe mit religiösen Streitfragen angefüllt, trugen zwar die Leidenschaft des Streitens bis in die Wälder; aber sie mußten zuerst mit der Axt auf der Schulter zur Eroberung der Einöde ausziehen und konnten in den Arbeitspausen nur die Ulme, die sie eben behauen hatten, als Kanzel benutzen. Die Amerikaner haben nicht alle Altersstufen der Völker durchlaufen; ihre Kindheit und Jugend haben sie in Europa zurückgelassen; die schlichten Wiegenlaute sind ihnen unbekannt geblieben, und die Freuden des häuslichen Herdes haben sie nur als Sehnsucht nach einem Vaterland kennengelernt, dessen unabänderliche Abwesenheit und dessen Reize, die sie nur aus Erzählungen kennen, sie beweinen.

Auf dem neuen Kontinent gibt es weder eine klassische, noch eine romantische, noch eine indianische Literatur. Für die klassische haben die Indianer kein Modell, für die romantische fehlt ihnen das Mittelalter, und was die indianische betrifft, so verachten die Amerikaner die Wilden und haben vor den Wäldern einen Abscheu wie vor einem Gefängnis, das ihrer wartet.

So findet man in Amerika nicht die besondere, die eigentliche Literatur; was man findet, ist die angewandte Literatur, die verschiedenen Zwecken der Gesellschaft dient, eine Literatur der Handwerker, der Kaufleute, der Seeleute und der Ackerbauern. Die Amerikaner haben fast nur in der Mechanik und in den Wissenschaften Erfolg, weil die Wissenschaften eine materielle Seite haben. Franklin und Fulton haben zum Nutzen der Menschen den Blitz und den Dampf gebändigt. Es war auch Amerika vorbehalten, der Welt die Entdeckung zu bescheren, dank der von nun an kein Kontinent mehr den Forschungen des Seefahrers entgehen kann.

Poesie und Phantasie, Sache einer sehr kleinen Zahl von Müßiggängern, werden in den Vereinigten Staaten als Spielereien für das früheste und das späteste Lebensalter betrachtet; die Amerikaner hatten keine Kindheit, und sie haben noch kein Alter.

Daher kommt es, daß die Männer, die sich ernsthaften Studien widmeten, notwendigerweise auch an den Angelegenheiten ihres Landes Anteil nehmen mußten, um sie kennenzulernen, und daß sie sich eben deshalb auch als Akteure in ihrer Revolution wiederfinden mußten. Hier aber drängt sich uns eine traurige Beobachtung auf: der rasche Schwund an Talent, den man zwischen den Männern der amerikanischen Unruhen und denen unserer jüngsten Zeit feststellen muß; dennoch stehen diese Männer einander zeitlich sehr nahe. Die früheren Präsidenten der Republik waren von gläubigem, einfachem, erhabenem, ruhigem Charakter, wovon man in dem blutigen Getümmel der Republik und des Kaiserreichs keine Spur mehr findet. Die Einsamkeit, von der die Amerikaner umgeben waren, hat auf ihr Naturell eingewirkt; sie haben ihr Freiheitswerk in der Stille vollbracht.

Die Abschiedsrede des Generals Washington an das Volk der Vereinigten Staaten hätte von den würdigsten Männern des Altertums gehalten werden können:

„Die öffentlichen Urkunden", sagte der General, „beweisen, wie sehr mich die eben ausgesprochenen Grundsätze bei der Erfüllung der Pflichten meines Amtes geleitet haben. Mein Gewissen zumindest sagt mir, daß ich sie befolgt habe. Obwohl ich mir, wenn ich auf meine Tätigkeit zurückblicke, keiner absichtlichen Verfehlung bewußt bin, so habe ich doch ein zu tiefes Empfinden meiner Mängel, als daß ich nicht glauben sollte, daß ich wahrscheinlich viele Fehler begangen habe. Welche immer es sein mögen, ich bitte den Allmächtigen inständig, die Übel, die sie nach sich ziehen könnten, abzuwenden oder zu beheben. Ich nehme auch die Hoffnung mit, daß mein Vaterland sie stets nachsichtig beurteilen wird, und daß nach fünfundvierzig Jahren meines Lebens, die ich mit Eifer und Aufrichtigkeit dem Dienst am Vaterland gewidmet habe, die aus unzureichendem Können erwachsenen Schäden in Vergessenheit geraten werden, wie ich selbst bald in die Stätte der Ruhe versinken werde."

Jefferson schrieb auf seiner Pflanzung Monticello nach dem Tode eines seiner beiden Kinder:

„Der Verlust, den ich erlitten habe, ist wahrhaftig groß. Andere können verlieren, was sie im Überfluß besitzen, ich aber habe nur das unbedingt Notwendige und muß die Hälfte davon beweinen. Mein Lebensabend hängt nur noch an dem schwachen Band eines einzigen Menschenlebens. Vielleicht ist es mir bestimmt, auch noch dieses letzte Band väterlicher Zuneigung zerreißen zu sehen."

Die Philosophie, die so selten zu Herzen geht, tut es hier in höchstem Maße. Und das ist nicht der müßige Schmerz eines untätigen Menschen. Jefferson starb am 4. Juli 1826 im vierundachtzigsten Lebensjahr und im vierundfünfzigsten Jahr der Unabhängigkeit seines Landes. Seine sterbliche Hülle ruht unter einem Stein, auf dem als Grabschrift nur die Worte stehen: „Thomas Jefferson, Verfasser der Unabhängigkeitserklärung."

Obwohl sie die Natur nicht lieben, haben sich die Amerikaner dem Studium der Naturgeschichte zugewandt. Townsend durchzog von Philadelphia aus zu Fuß die Regionen zwischen dem Atlantischen und dem Stillen Ozean und schrieb in seinem Tagebuch viele Beobachtungen auf. Thomas Say, der Florida und die Felsengebirge bereiste, hat ein Werk über die amerikanischen Insekten verfaßt. Wilson, ein Weber, der Schriftsteller wurde, hat recht vollendete Schilderungen geliefert.

Da ich nun bei der eigentlichen Literatur angelangt bin, muß ich, obgleich sie von geringer Bedeutung ist, doch einige Schriftsteller unter den Romanciers und Poeten anführen. Brown, der Sohn eines Quäkers, ist der Verfasser des „Wieland", der die Quelle und das Modell für die Romane der neuen Schule darstellt. Jetzt sind die amerikanischen Romanschriftsteller wie Cooper und Washington Irving gezwungen, sich nach Europa zu flüchten, um dort Chroniken und ein Publikum zu finden. Die Sprache der großen englischen Schriftsteller hat sich kreolisiert, provinzialisiert, barbarisiert, hat aber inmitten der jungfräulichen Natur nicht an Energie gewonnen; man war gezwungen, Verzeichnisse der verwendeten amerikanischen Ausdrücke aufzustellen.

Das Theater ist englisches Theater. Den Yankees wird nur ein Bild von fremden Sitten geboten, so wie Komödie und Tragödie in Rom nur die griechische Gesellschaft darstellten.

Die Sprache der amerikanischen Dichter ist angenehm, aber sie erheben sich nur wenig über das Gewöhnliche.

6

Gefahren für die Vereinigten Staaten.

Aber wird Amerika seine Regierungsform beibehalten? Werden die einzelnen Staaten sich nicht entzweien? Hat nicht schon ein Abgeordneter aus Vir-

ginia die Vorstellung einer antiken heidnischen Freiheit, beruhend auf Sklave-
rei, entwickelt, während ein Abgeordneter aus Massachusetts die Sache der
modernen Freiheit ohne Sklaven, so wie das Christentum sie geschaffen hat,
verteidigte?

Vertreten die Nord- und Südstaaten nicht gegensätzliche Gesinnungen und
Interessen? Werden die Staaten des Westens, die zu weit vom Atlantischen
Ozean entfernt sind, nicht eine eigene Regierung haben wollen? Ist einerseits
die föderalistische Bindung stark genug, um den Bund aufrechtzuerhalten und
jeden Staat zu zwingen, sich ihm anzuschließen? Wird andererseits, wenn man
die Macht des Präsidenten vergrößert, nicht der Despotismus mitsamt den
Truppen und den Privilegien des Diktators heraufziehen?

Die isolierte Lage der Vereinigten Staaten hat ihnen Entstehung und
Wachstum ermöglicht; es ist fraglich, ob sie in Europa hätten leben und wachsen können. Der Föderativstaat Schweiz hält sich in unserer Mitte; warum?
Weil er klein, arm, in den Schoß der Gebirge eingebettet, eine Pflanzschule für
königliche Soldaten und ein Wanderziel für Reisende ist. Von der Alten Welt
abgeschnitten, leben die Bewohner der Vereinigten Staaten noch in der Einsamkeit; ihre Einöden waren die Basis ihrer Freiheit. Schon aber wandeln sich
die Bedingungen ihrer Existenz.

Das Vorhandensein der Demokratien von Mexiko, Kolumbien, Peru, Chile
und Buenos Aires ist, so verworren es dort auch zugeht, eine Gefahr. Als die
Vereinigten Staaten nur von den Kolonien eines transatlantischen Reiches
umgeben waren, bestand keine ernsthafte Kriegsgefahr; muß man jetzt aber
nicht Rivalitäten befürchten? Wenn man auf der einen oder anderen Seite zu
den Waffen greift, wenn sich der Söhne Washingtons kriegerischer Geist bemächtigt, könnte ein großer Hauptmann auf dem Thron auftauchen; der
Kriegsruhm liebt Kronen.

Ich sagte bereits, daß die Staaten des Nordens, des Südens und des Westens unterschiedliche Interessen haben; jeder weiß das. Wenn diese Staaten
nun den Bund brechen, wird man sie dann mit Waffengewalt wieder hinein-
zwingen? Welch ein Nährboden für Feindseligkeiten würde dadurch in dem
Gesellschaftskörper geschaffen! Oder aber, die abgefallenen Staaten bewahren
ihre Unabhängigkeit: Welch eine Zwietracht würde dann unter diesen emanzipierten Staaten ausbrechen! Die abtrünnigen überseeischen Republiken würden nur schwache Einheiten ohne jedes Gewicht auf der sozialen Waage darstellen, oder eine von ihnen würde die anderen immer mehr unterjochen. (Ich
lasse den wichtigsten Punkt der fremden Bündnisse und Interventionen beiseite.) Kentucky, das von einem gröberen, kühneren und kriegerischeren Menschenschlag bevölkert ist, scheint zum erobernden Staat ausersehen zu sein. In
diesem die anderen Staaten verschlingenden Staat würde sich alsbald die
Macht eines Einzelnen auf den Ruinen der Macht aller erheben.

Ich habe von der Gefahr des Krieges gesprochen und muß auch an die
Gefahren eines langen Friedens erinnern. Die Vereinigten Staaten haben sich
seit ihrer Loslösung vom Mutterland mit Ausnahme einiger Monate der tiefsten

Ruhe erfreut. Während Europa von hundert Schlachten erschüttert wurde, bestellten sie in Sicherheit ihre Felder. Dadurch kam es zu einer Überfülle an Menschen und Reichtümern mit allen Nachteilen, die der Überfluß an beidem mit sich bringt.

Wenn ein kriegsunlustiges Volk in Feindseligkeiten verwickelt wird, kann es dann Widerstand leisten? Lassen Reichtum und verweichlichte Sitten noch Opferbereitschaft zu? Könnte man der verweichlichten Lebensweise, dem Komfort, der faulen Behaglichkeit des Lebens entsagen? China und Indien, schlummernd in ihrem Musselin, haben dauernde Fremdherrschaft erduldet. Der Natur einer freien Gesellschaft entspricht am besten ein durch Krieg gemäßigter Friedenszustand und ein durch Frieden gemilderter Kriegszustand. Die Amerikaner haben schon zu lange die Krone von Ölzweigen getragen; der Baum, von dem sie kommt, ist nicht heimisch auf ihrem Boden.

Der kaufmännische Geist beginnt überhandzunehmen; der Eigennutz wird das nationale Laster der Amerikaner. Schon behindern die Banken der verschiedenen Staaten einander, und Bankrotte beeinträchtigen das gemeinschaftliche Vermögen. Solange die Freiheit Gold produziert, tut eine gewerbetreibende Republik Wunder; wenn aber das Gold erworben oder erschöpft ist, verliert sie ihre Liebe zur Unabhängigkeit, da diese nicht auf einem moralischen Gefühl beruht, sondern aus Gewinngier und Gewerbeleidenschaft entstanden ist.

Überdies ist es schwer, aus Staaten, die keine gemeinsame Religion und keine gemeinsamen Interessen haben, die zu verschiedenen Zeiten aus verschiedenen Ursprüngen hervorgegangen sind und die auf jeweils anderem Boden unter anderer Sonne leben, ein Vaterland zu schaffen. Was verbindet einen Franzosen aus Louisiana, einen Spanier aus Florida, einen Deutschen aus New York: einen Engländer aus Neuengland, Virginia, Carolina oder Georgia miteinander, die doch alle als Amerikaner gelten? Dieser ist leichtsinnig und duelliert sich gern, jener ist ein träger, stolzer Katholik; der dritte ist ein protestantischer Ackerbauer und lebt ohne Sklaven, der vierte ein anglikanischer Pflanzer mit Negersklaven, der fünfte ein puritanischer Kaufmann. Wie viele Jahrhunderte wird man brauchen, um all diese Elemente in Übereinstimmung zu bringen!

Eine Aristokratie entsteht mit der Vorliebe für Auszeichnungen und der Sucht nach Titeln. Man glaubt, in den Vereinigten Staaten herrsche die allgemeine Gleichheit; das aber ist ein völliger Irrtum. Es gibt gesellschaftliche Kreise, die einander verachten und sich aus dem Wege gehen. Es gibt Salons, in denen der Dünkel des Hausherrn den eines deutschen Fürsten mit sechzehn Ahnen übertrifft. Diese plebejischen Adligen lechzen nach der Zugehörigkeit zu Kasten, trotz aller Aufklärung, die sie gleich und frei gemacht hat. Einige von ihnen sprechen nur von ihren Vorfahren, stolzen Baronen, wahrscheinlich Bastarden und Gefährten von Wilhelm dem Bastard. Sie stellen die Wappenschilder des Rittertums der alten Welt zur Schau, geschmückt mit den Schlangen, Eidechsen und Papageien der neuen Welt.

214

Die außerordentliche Ungleichheit in den Vermögensverhältnissen droht noch ernsthafter, die Gleichheitsgesinnung zu vernichten. Mancher Amerikaner besitzt Einkünfte von ein oder zwei Millionen, und die Yankees der vornehmen Gesellschaft können schon nicht mehr leben wie Franklin. Der echte Gentleman, angewidert von seinem neuen Land, kommt nach Europa, um das Alte zu suchen. Man begegnet ihm in den Gasthöfen, da er, extravagant und spleenig wie ein Engländer, Italien-Touren macht. Diese Herumtreiber aus Carolina und Virginia kaufen in Frankreich Klosterruinen und legen in Melun mit amerikanischen Bäumen englische Gärten an. Neapel schickt seine Sänger und Parfümeriehändler nach New York, Paris seine Moden und Gaukler, London seine Grooms und Boxer: exotische Genüsse, durch die die Vereinigten Staaten nicht lustiger werden. Als Zerstreuung gilt es dort, sich unter dem Beifall von fünfzigtausend Pflanzern in den Niagarafall zu stürzen, für halbwilde Menschen, die der Tod nur mit Mühe zum Lachen bringt.

Und das Besondere daran ist, daß zwar die Ungleichheit des Vermögens ins Auge sticht und eine Aristokratie entsteht, daß aber gleichzeitig der große äußere Gleichheitsimpuls die Industriellen oder Grundbesitzer zwingt, ihren Luxus zu verbergen und ihre Reichtümer zu verheimlichen, damit sie nicht von ihren Nachbarn erschlagen werden. Die Exekutive wird keineswegs anerkannt; die lokalen Behörden, die man gewählt hat, werden nach Lust und Laune wieder vertrieben und durch neue ersetzt. Das stört die Ordnung in keiner Weise; so wird Demokratie praktiziert, und man lacht über die Gesetze, die eben diese Demokratie in der Theorie aufgestellt hat. Der Familiengeist ist nicht stark; sobald das Kind fähig ist zu arbeiten, muß es, wie der Vogel, mit seinen eigenen Flügeln fliegen. Diese durch einen zu früh erlangten Waisenstand emanzipierten Generationen und die aus Europa kommenden Einwanderer bilden alsbald Nomadentrupps, die das Land urbar machen, Kanäle graben und ihr Gewerbe überallhin tragen, ohne irgendwo Fuß zu fassen. Sie bauen Häuser in der Wüste, die der flüchtige Besitzer kaum ein paar Tage bewohnt.

In den Städten herrscht ein kalter und harter Egoismus; Piaster und Dollars, Banknoten und Geld, das Steigen und Fallen des Kurses - das ist die ganze Unterhaltung. Man glaubt, auf der Börse oder im Kontor eines großen Handelshauses zu sein. Die Zeitungen von ungeheurem Format sind mit Handelsberichten oder dummem Klatsch angefüllt. Sollten die Amerikaner, ohne es zu wissen, dem Gesetz des Klimas unterworfen sein, nach dem sich die vegetative Natur auf Kosten des Lebendigen bereichert - ein Gesetz, das zwar von ausgezeichneten Köpfen bekämpft wurde, das aber durch die Zurückweisung nicht völlig außer Betracht gekommen ist? Man könnte nachforschen, ob sich der Amerikaner nicht zu früh in der philosophischen Freiheit verbraucht hat, so wie der Russe im zivilisierten Despotismus.

Im großen und ganzen muten die Vereinigten Staaten wie eine Kolonie und nicht wie ein Mutterland an. Sie haben keine Vergangenheit, und ihre Sitten wurden durch Gesetze gemacht. Die Bürger der Neuen Welt haben in dem Moment einen Platz unter den Nationen erlangt, als die politischen Ideen in eine aufsteigende Phase eintraten; dies erklärt, warum die Amerikaner sich mit außerordentlicher Schnelligkeit verändern. Eine stabile Gesellschaft scheint bei ihnen nicht aufrechterhalten werden zu können, einerseits auf Grund des außerordentlichen Überdrusses der Menschen, andererseits auf Grund ihrer Unfähigkeit, an Ort und Stelle zu bleiben. Dort, wo die Hausgötter umherirrende Gestalten sind, steht man selbst niemals wohlbefestigt. Der Amerikaner, auf die Straße der Ozeane, an die Spitze der progressiven Meinungen gestellt, die ebenso neu sind wie das Land, scheint von Kolumbus eher die Mission übernommen zu haben, andere Welten zu entdecken, als sie zu schaffen.

7

London, April bis September 1822.

Die Rückkehr nach Europa. - Schiffbruch.

Als ich aus der Einöde nach Philadelphia zurückkehrte, fand ich die erwarteten Wechsel nicht vor; dies war der Anfang der Geldnöte, denen ich mein ganzes Leben lang ausgesetzt blieb. Der Reichtum und ich waren einander, wo immer wir uns begegneten, feind. Nach Herodot sammelten gewisse indische Ameisen Haufen von Gold; wie Athenaios erzählt, habe die Sonne dem Herkules ein goldenes Schiff geschenkt, damit er auf der Insel Erythia, dem Sitz der Hesperiden, landen könne. Obwohl ich eine Ameise bin, habe ich nicht die Ehre, zu dieser großen indischen Familie zu gehören; obgleich Seefahrer, habe ich das Meer nie anders überquert als auf einem hölzernen Schiff.

Ein Fahrzeug dieser Art war es auch, das mich aus Amerika wieder nach Europa brachte. Der Kapitän gewährte mir die Überfahrt auf Kredit. Mit mehreren Landsleuten, die aus verschiedenen Gründen gleich mir nach Frankreich zurückkehrten, schiffte ich mich am 10. Dezember 1791 ein. Der Bestimmungsort des Schiffes war Le Havre.

Bei der Ausfahrt aus dem Delaware erfaßte uns ein Sturm von Westen und trieb uns in siebzehn Tagen ans andere Ufer des Atlantischen Ozeans. Wir fuhren meist ohne Segel und konnten nur mit Mühe beilegen. Die Sonne zeigte sich kein einziges Mal. Das Schiff wurde nur nach Schätzung gesteuert und floh vor den Wellen her. Ich überquerte den Ozean inmitten von Schatten; nie war er mir so traurig erschienen. Ich selbst kehrte noch trauriger zurück, denn schon beim ersten Schritt in das Leben sah ich mich getäuscht. „Auf dem Meer baut man keine Paläste", sagt der persische Dichter Feryd-Eddin. Ich fühlte eine unbestimmte Schwere im Herzen wie beim Herannahen eines großen Unglücks. Ich ließ meinen Blick über die Wellen schweifen und fragte sie nach meinem Schicksal, oder ich schrieb, wobei mich der Wellenschlag mehr störte, als daß mich seine Drohungen ängstigten.

216

Je näher wir Europa kamen, desto heftiger wurde der Sturm, aber er blieb gleichmäßig. Durch diese gleichmäßige Heftigkeit entstand eine Art stürmischer Stille in dem farblosen Himmel und in der bleifarbenen See. Da das Schiff nicht an Höhe gewonnen hatte, wurde der Kapitän unruhig. Er stieg in die Mastkörbe und betrachtete mit dem Fernrohr verschiedene Punkte am Horizont. Am Bugspriet war eine Wache aufgestellt, eine andere am Topsegel des großen Mastes. Die Wellen wurden kürzer und die Farbe des Wassers veränderte sich: Anzeichen dafür, daß wir uns dem Lande näherten. Aber welchem Land?

Ich war zwei Nächte lang beim Rauschen der Wellen in der Finsternis, beim Heulen des Sturmes im Tauwerk und bei den Sturzwellen, die das Deck bald überfluteten und bald wieder freigaben, auf dem Oberdeck umhergewandert; um uns her tobte der Aufruhr der Wellen. Der Stöße und Erschütterungen müde, wollte ich mich zu Beginn der dritten Nacht niederlegen. Das Wetter war entsetzlich; meine Hängematte krachte und schwankte bei den Stößen der Wellen, die auf dem Schiff zerschellten und seinen Rumpf beschädigten. Bald hörte ich, wie man an Deck hin und her lief, und wie Bündel von Tauen herabfielen. Ich verspürte die Bewegung des sich wendenden Schiffes. Da öffnet sich die Tür über der Treppe zum Zwischendeck, und eine verschreckte Stimme ruft nach dem Kapitän; diese Stimme hatte inmitten von Nacht und Sturm etwas Fürchterliches. Ich horchte, und es schien mir, als stritten die Matrosen darüber, wo das Land sei. Ich springe aus meiner Hängematte; eine Welle zerdrückt die Heckaufbauten, überschwemmt die Kapitänskajüte und wirft Tische, Betten, Koffer, Möbel und Waffen durcheinander; halb ertrunken erreiche ich das Oberdeck.

Als ich den Kopf aus der Luke steckte, war ich von dem erhabenen Schauspiel überrascht. Das Schiff hatte versucht zu wenden; das aber war ihm nicht gelungen, und der Wind hatte es zur Seite gedrückt. Beim Scheine des abnehmenden Mondes, der zuweilen aus den Wolken hervortrat, um sich sogleich wieder zu verbergen, sah man zu beiden Seiten des Schiffes, durch einen gelben Nebel hindurch, das Felsenpanorama der Küsten. Die See ergoß sich in berghohen Wellen in den Kanal, in den es uns hineingetrieben hatte. Bald lösten sich die Wellen in Schaum und Funken auf, bald zeigten sie nur eine ölige, glasige Oberfläche mit schwarzen, kupferfarbenen oder grünlichen Flecken, je nach der Farbe des Grundes, über dem sie brodelten. Zwei oder drei Minuten lang vermischte sich das Brüllen des Abgrunds mit dem des Sturms; im nächsten Augenblick unterschied man das Rasen der Brandung, das Pfeifen des Windes an den Klippen und die Stimme der fernen Sturzsee. Aus dem Innern des Schiffes kamen Geräusche, bei denen auch den unerschrockensten Matrosen das Herz bebte. Der Bug des Schiffes teilte die dichte Masse der Wogen mit fürchterlichem Krachen, und am Steuerruder ergossen sich wirbelnde Wasserströme wie beim Öffnen einer Schleuse. Inmitten dieses Getöses war jedoch nichts so beunruhigend wie ein gewisses dumpfes Rauschen, ähnlich dem eines sich füllenden Gefäßes.

Von einem Windlicht beleuchtet und mit Bleistücken beschwert, lagen Seeatlanten, Karten und Bordtagebücher auf einem Hühnerkäfig ausgebreitet. Im Kompaßhäuschen hatte ein Windstoß die Lampe ausgelöscht. Jeder sprach anders von dem Land, auf das wir zutrieben. Wir waren in den Ärmelkanal geraten, ohne dessen gewahr zu werden. Das Schiff, das bei jeder Welle bebte, trieb zwischen den Inseln Guernsey und Alderney hin und her. Der Schiffbruch schien unvermeidlich, und die Passagiere nahmen das Kostbarste, was sie besaßen, an sich, um es zu retten.

In der Mannschaft gab es auch französische Matrosen; da kein Geistlicher unter uns war, stimmte einer von ihnen den Bittgesang an *Notre-Dame de Bon-Secours* an, den ersten, den ich in meiner Kindheit gelernt hatte; jetzt wiederholte ich ihn im Angesicht der bretonischen Küsten, fast unter den Augen meiner Mutter. Die protestantischen amerikanischen Matrosen stimmten andächtig in den Gesang ihrer katholischen französischen Kameraden ein; die Gefahr zeigt den Menschen ihre Schwäche und vereinigt ihre Gebete. Passagiere und Matrosen, alle waren sie an Deck; der eine klammerte sich an das Takelwerk, der andere an eine Schiffsplanke, der dritte an die Schiffswinde, der vierte an einen Ankerarm, um nicht von einer Welle oder durch das Schwanken des Schiffes ins Meer geworfen zu werden. Der Kapitän schrie: „Die Axt her! Die Axt!" Er wollte die Maste kappen; und das verlassene Steuerruder drehte sich mit knarrendem Geräusch um sich selbst.

Eine Möglichkeit blieb noch. Das Senkblei zeigte nicht mehr als vier Faden Tiefe über einer Sandbank, die sich quer durch die Fahrrinne zog. Es war möglich, daß uns eine Welle über die Sandbank hinweghob und in tieferes Wasser trug. Wer aber sollte es wagen, das Steuer zu ergreifen und die Last der gemeinsamen Rettung auf sich zu nehmen? Eine falsche Bewegung des Steuers, und wir alle waren verloren.

Es fand sich einer jener Männer, die erst in Not und Gefahr zeigen, was in ihnen steckt. Ein Matrose aus New York trat an den leeren Platz des Steuermanns. Es ist mir, als sähe ich ihn noch vor mir, im Hemd, der Leinwandhose, mit bloßen Füßen und wirren, durchnäßten Haaren, wie er das Steuerrad mit kräftiger Hand packte und den Kopf wendete, um nach der Welle am Heck Ausschau zu halten, die uns retten oder verderben mußte. Da kam sie, die Woge, in der ganzen Breite der Durchfahrt, rollte hoch daher, ohne sich zu brechen, wie ein Meer über den Fluten eines anderen Meeres; wie Todesboten flogen große weiße Vögel in ruhigem Fluge vor ihr her. Das Schiff stieß mit dem Hinterteil des Kieles auf Grund; tiefes Schweigen trat ein, und alle Gesichter erbleichten. Die Sturzsee kommt heran, und in dem Moment, da sie uns erfaßt, wirft der Matrose das Steuer herum; das Schiff, nahe daran, auf die Seite zu fallen, bietet das hintere Teil dar, und die Welle, die uns zu verschlingen drohte, hebt uns empor. Man wirft das Senkblei aus; es zeigt siebenundzwanzig Faden Tiefe. Das Hurra steigt bis zum Himmel empor und wir fügen noch „Es lebe der König!" hinzu. Für Ludwig XVI. hat Gott diesen Ruf nicht erhört, nur für uns war er von Nutzen.

Den beiden Inseln entronnen, waren wir gleichwohl noch nicht außer Gefahr; es wollte uns nicht gelingen, über die Küste von Granville hinauszukommen. Endlich trug uns die zurückweichende Flut mit sich fort, und wir umschifften Kap Hague. Dieser halbe Schiffbruch hatte mich nicht aus der Fassung gebracht, und nun verspürte ich ebensowenig Freude darüber, daß wir gerettet waren. Es ist besser, aus dem Leben zu gehen, wenn man jung ist, als von der Zeit daraus vertrieben zu werden. Am nächsten Tag fuhren wir in Le Havre ein. Die ganze Einwohnerschaft war herbeigeeilt, um uns zu sehen. Unsere Masten waren zerbrochen, die Rettungsboote weggerissen, das Hinterdeck zertrümmert, und bei jeder Bewegung drang Wasser in das Schiff. Ich stieg an der Mole aus. Am 2. Januar 1792 betrat ich wieder heimatlichen Boden, der noch einmal unter meinen Schritten hinwegfliehen sollte. Ich brachte keine Eskimos aus dem Polarland mit, aber zwei Wilde von bislang unbekannter Art: Chactas[155] und Atala.

9. Buch

1

London, April bis September 1822.

Ich gehe zu meiner Mutter nach Saint-Malo. - Das Voranschreiten der Revolution. - Meine Heirat.

Ich schrieb meinem Bruder nach Paris die Einzelheiten meiner Überfahrt, setzte ihm die Gründe meiner Rückkehr auseinander und bat ihn, mir die zur Bezahlung meiner Reise erforderliche Summe zu leihen. Mein Bruder antwortete mir, daß er den Brief meiner Mutter zugeschickt habe. Madame de Chateaubriand ließ mich nicht lange warten; sie machte es mir möglich, meine Verpflichtung zu erfüllen und Le Havre zu verlassen. Sie teilte mir mit, daß Lucile und mein Onkel de Bedée mit seiner Familie bei ihr seien. Diese Nachrichten bestimmten mich, nach Saint-Malo zu reisen, um mit meinem Onkel die Frage meiner nächsten Emigration zu besprechen.

Wie die Flüsse, so verbreitern sich auch die Revolutionen in ihrem Lauf; ich fand die, die ich in Frankreich zurückgelassen hatte, ungeheuer angewachsen und über ihre Ufer hinausgetreten. Ich hatte sie mit Mirabeau unter der konstituierenden Versammlung verlassen, und ich fand sie mit Danton unter der gesetzgebenden wieder.

Der Vertrag von Pillnitz vom 27. August 1791[156] war in Paris bekannt geworden. Am 14. Dezember 1791, als ich mich auf dem stürmischen Meer befand, verkündete der König, daß er an die Fürsten des deutschen Bundes (namentlich an den Kurfürsten von Trier) wegen der Kriegsrüstungen in Deutschland geschrieben habe. Die Brüder Ludwigs XVI., der Prince de Condé, Monsieur de Calonne, der Vicomte de Mirabeau und Monsieur La Queuille wurden alsbald zu Landesverrätern erklärt. Schon am 9. November war ein Dekret gegen die übrigen Emigranten erlassen worden. Und nun eilte ich, in diesen Reihen schon Geächteter meinen Platz einzunehmen! Andere hätten sich vielleicht abschrecken lassen, aber die Drohung des Stärkeren hat mich stets auf die Seite des Schwächeren treten lassen: der Hochmut des Sieges ist mir unerträglich.

Als ich von Le Havre nach Saint-Malo reiste, hatte ich Gelegenheit, die Spaltungen und das Unglück Frankreichs wahrzunehmen; verbrannte oder verlassene Schlösser; die Besitzer waren weggegangen, und die Frauen lebten als Flüchtlinge in den Städten. Die Weiler und Marktflecken stöhnten unter der Tyrannei der vom zentralen *Club des Cordeliers* [157] abhängigen Zweigclubs - die *Cordeliers* wurden später mit den Jakobinern vereinigt. Ihre Gegenspieler, die *Société monarchique* oder *Feuillants,* existierten nicht mehr. Die nichtswürdige Bezeichnung *Sans Culottes* [158] war populär geworden, und den König nannte man nur noch *Monsieur Veto* oder *Mons Capet.*[159] Ich wurde von meiner Mutter und meiner Familie liebevoll empfangen, obwohl sie meine Rückkehr zu so ungelegener Zeit beklagten. Mein Onkel, der Comte de Bedée, schickte sich an, mit seiner Frau, seinem Sohn und seinen Töchtern nach Jersey zu gehen. Die Hauptsache war jetzt, mir Geld zu verschaffen, damit ich mich der Armee der Prinzen anschließen konnte. Meine Reise nach Amerika hatte einen großen Teil meines Vermögens verschlungen. Der Besitzanteil, der mir als jüngerem Sohn zustand, war durch die Abschaffung der Feudalrechte beinahe auf ein Nichts zusammengeschrumpft, und das bescheidene Einkommen, das ich als Mitglied des Malteserordens bezog, war mit allen anderen Gütern des Klerus in die Hände der Nation übergegangen. All diese Umstände führten zu der schwerwiegendsten Wendung in meinem Leben: Trotz meiner Abneigung gegen die Ehe verheiratete man mich, um mir die Mittel zu verschaffen, mich für eine Sache töten zu lassen, die ich nicht liebte.

In Saint-Malo lebte zurückgezogen Monsieur de La Vigne, Ritter des St.-Ludwig-Ordens und ehemaliger Kommandant von Lorient. Monsieur de La Vigne hatte zwei Söhne, von denen der eine Mademoiselle de La Placelière heiratete. Die zwei Töchter, die aus dieser Ehe hervorgingen, blieben in zartem Alter als Vollwaisen zurück. Die ältere vermählte sich mit dem Comte du Plessix-Parscau; die jüngere, Céleste, war bei ihrem Großvater geblieben und zählte siebzehn Jahre, als ich nach meiner Rückkehr aus Amerika in Saint-Malo ankam. Sie hatte eine weiße Haut, war zart, schlank, sehr hübsch und von reizendem Wuchs: Ihr schönes blondes, gelocktes Haar ließ sie wie ein Kind herabhängen. Ihr Vermögen wurde auf fünf- bis sechshunderttausend Francs geschätzt.

Meine Schwestern hatten es sich in den Kopf gesetzt, mich mit Mademoiselle de La Vigne zu verheiraten, die besonders mit Lucile sehr befreundet war. Die Sache wurde ohne mein Wissen betrieben. Ich hatte Mademoiselle de La Vigne kaum drei oder vier Mal gesehen. An ihrem rosa Pelzumhang, ihrem weißen Kleid und ihren blonden, im Winde wehenden Haaren erkannte ich sie schon von weitem, wenn ich mich am Strand den Liebkosungen meiner alten Geliebten, der See, hingab. Ich verspürte keinerlei Eignung zum Ehemann. All meine Phantasiebilder lebten noch in mir, keines hatte sich erschöpft; meine Lebensenergie hatte sich durch meine Fahrten sogar verdoppelt. Die Muse arbeitete in mir. Lucile liebte Mademoiselle de La Vigne, und sie sah in dieser Ehe meine Vermögensunabhängigkeit gesichert. „Sei's drum!" sagte ich also. Als Mensch der Öffentlichkeit bin ich unerschütterlich; als Privatmensch aber bin ich jedem ausgeliefert, der sich meiner bemächtigen will; um eine Stunde Gezänk zu vermeiden, ließe ich mich für ein Jahrhundert zum Sklaven machen. Alle Wonnen, die ich mir für die Zukunft ausgemalt hatte, würden also im Ehebett mit einer jungen Frau begraben werden, die ich nicht kannte, der ich kein Glück bringen würde und von der ich mich beinahe sofort wieder trennen mußte. Ich begab mich in die Gefahr, Leben zu spenden, ich, der ich das Leben als die unheilvollste Gegenwart betrachtete.

Sollten Männer meines Schlages sich verheiraten? Das Wesen ihrer Natur sind Hirngespinste, Elend und Einsamkeit; sie sind nicht fromm genug für den Altar der Familie. Ein Mensch dieser Art ist ein Adam vor der Erschaffung der Frau.

Die Einwilligung des Großvaters, des Onkels väterlicherseits und der wichtigsten Verwandten war bald erlangt; nur ein Onkel mütterlicherseits, Monsieur de Vauvert, ein großer Demokrat, mußte noch gewonnen werden, denn er widersetzte sich einer Verbindung seiner Nichte mit einem Aristokraten wie mir - der ich doch nichts weniger war als das. Man glaubte, ihn übergehen zu können; allein meine fromme Mutter verlangte, daß die kirchliche Trauung von einem nicht vereidigten Priester[160] vollzogen werde, was nur im geheimen geschehen konnte. Monsieur de Vauvert erfuhr davon und hetzte unter dem Vorwand der Entführung und Mißachtung des Gesetzes die Behörden auf uns; auch gab er vor, der Großvater, Monsieur de La Vigne, sei in einen Zustand kindischer Schwäche verfallen. Mademoiselle de La Vigne, die, ohne daß ich Umgang mit ihr gehabt hatte, Madame de Chateaubriand geworden war, wurde im Namen des Gesetzes in das Kloster de la Victoire in Saint-Malo gebracht, um dort den Schiedsspruch des Gerichts abzuwarten.

Es konnte hier weder von einer Entführung, noch einer Mißachtung des Gesetzes, noch von einem Abenteuer, noch von Liebe die Rede sein; diese Ehe stellte nur die schlechte Seite des Romans dar: die Wahrheit. Die Sache kam zur Verhandlung und der Gerichtshof erklärte die Ehe für gültig nach zivilem Recht. Da sich die Angehörigen beider Familien damit einverstanden erklärten, ließ Monsieur de Vauvert von weiterer Verfolgung ab. Der - reichlich entlohnte - verfassungstreue Pfarrer hatte nichts mehr gegen die frühere Trauung einzuwenden, und Madame de Chateaubriand verließ das Kloster zusammen mit Lucile, die sich mit ihr darin eingeschlossen hatte.

Jetzt erst machte ich nähere Bekanntschaft mit ihr, und ich fand in ihr alles, was ich nur wünschen konnte. Ich weiß nicht, ob es je einen feineren Verstand als den meiner Frau gegeben hat; sie errät den Gedanken und das noch nicht ausgesprochene Wort auf der Stirn oder auf den Lippen desjenigen, mit dem sie spricht; es ist unmöglich, sie zu täuschen. Madame de Chateaubriand ist von originellem und kultiviertem Geist, weiß aufs Pikanteste zu schreiben und ausgezeichnet zu erzählen; sie bewundert mich, ohne auch nur zwei Zeilen von mir gelesen zu haben. Sie fürchtet wohl, darin Ideen zu finden, die den ihrigen zuwiderlaufen, oder entdecken zu müssen, daß man nicht den meinem Wert entsprechenden Enthusiasmus für mich aufbringt. Ihr Urteil ist, obgleich leidenschaftlich, verständig und gerecht.

Die Fehler Madame de Chateaubriands, wenn sie überhaupt welche hat, rühren aus dem Überfluß an guten Eigenschaften; meine sehr realen Fehler hingegen resultieren aus der Sterilität meines Wesens. Es fällt leicht, Resignation, Geduld, allgemeine Gefälligkeit und ein heiteres Gemüt zu zeigen, wenn man an nichts Anteil nimmt, wenn einen alles langweilt, wenn man auf Unglück und Glück mit einem verzweifelten und zur Verzweiflung treibenden „Was macht das schon?" reagiert.

223

Madame de Chateaubriand ist besser als ich, obwohl etwas schwieriger im Umgang. Habe ich mich ihr gegenüber immer richtig verhalten? Habe ich meiner Gefährtin alle Gefühle entgegengebracht, die sie verdiente und auf die sie Anspruch hatte? Hat sie sich jemals darüber beklagt? Welches Glück hat sie als Lohn für eine niemals wankende Zuneigung genossen? Sie hat mein Unglück geteilt; sie hat die Kerker der Schreckensherrschaft, die Verfolgungen des Kaiserreichs, die Ungnade der Restauration erduldet und hat keinerlei Gegengewicht für dieses Leid in den Mutterfreuden gefunden. Ohne Kinder, die sie in einer anderen Verbindung vielleicht gehabt und die sie vergöttert hätte, beraubt der zärtlichen Ehrung, die der Familienmutter zuteil wird und die eine Frau über die verflossenen schönen Jahre hinwegtröstet, ist sie unfruchtbar und einsam dem Alter entgegengegangen. Da sie oft von mir getrennt und der Schriftstellerei feind war, konnte der Stolz, meinen Namen zu tragen, sie in keiner Weise entschädigen. Für mich allein zittert sie, ängstigt sie sich; die ständigen Beunruhigungen rauben ihr den Schlaf und lassen ihr keine Zeit, sich von ihren Leiden zu erholen. Ich bin ihr bleibendes Gebrechen und die Ursache ihrer Rückfälle. Wie könnte ich gewisse Ungelegenheiten, die sie mir bereitet hat, mit dem Kummer vergleichen, den ich ihr verursacht habe? Wie könnten sich meine mittelmäßigen Vorzüge mit der Tugend messen, die sie die Armen ernähren und trotz aller Schwierigkeiten das Pflegeheim Marie-Thérèse einrichten ließ? Was sind meine Werke neben denen dieser Christin? Wenn wir einst beide vor Gott erscheinen müssen, werde ich der Verdammte sein.

Und überhaupt: Wenn ich das alles und die Unvollkommenheit meiner Natur bedenke, so fragt es sich, ob die Ehe wirklich mein Leben verdorben hat. Ich hätte zweifellos mehr Muße und Ruhe gehabt; in gewissen gesellschaftlichen Kreisen und bei gewissen irdischen Größen hätte ich bessere Aufnahme gefunden. In der Politik aber hat Madame de Chateaubriand, obwohl sie mir widersprach, mich nie zurückgehalten, weil ich hier, wie in Fragen der Ehre, nur nach meinem eigenen Gefühl urteile. Hätte ich, wenn ich unabhängig geblieben wäre, eine größere Anzahl von Werken hervorgebracht, und wären diese Werke besser gelungen? Kam es nicht, wie man noch sehen wird, zu einer Situation, in der ich mich beinahe außerhalb Frankreichs verheiratet und dann zu schreiben aufgehört und auf mein Vaterland verzichtet haben würde? Hätte mich, wäre ich unverheiratet geblieben, meine Schwäche nicht irgendeiner unwürdigen Kreatur ausgeliefert? Hätte ich dann nicht meine Zeit vergeudet und besudelt wie Lord Byron? Jetzt, da ich in die Jahre komme, wären all meine Jugendtorheiten verflogen, und nur Leere und Reue blieben in mir zurück; ich wäre ein alter, verachteter oder auch getäuschter und enttäuschter Junggeselle, ein alter Vogel, der sein abgenutztes Lied vor Leuten singt, die ihm nicht zuhören mögen. Hätte ich meinen Begierden uneingeschränkt folgen können, meine Leier würde davon keine zusätzliche Saite, meine Stimme keinen bewegteren Ton erhalten haben. Der Zwang in meinen Gefühlen, das Geheimnisvolle in meinen Gedanken haben vielleicht die Kraft meines Ausdrucks erhöht und meine Werke durch ein inneres Fieber, ein verborgenes Feuer beseelt, das an der frischen Luft der Liebe erloschen wäre. Durch ein unauflösliches Band zurückgehalten, habe ich, wenn auch anfangs um den Preis einer gewissen Bitterkeit, die Annehmlichkeiten erkauft, die ich jetzt genieße. Von den Leiden meiner Existenz sind mir nur die unheilbaren übriggeblieben. Daher bin ich meiner Frau, deren Zuneigung ebenso rührend wie tief und aufrichtig war, zu zärtlichem und ewigem Dank verpflichtet. Sie hat mein Leben ernster, edler und ehrenwerter gemacht, indem sie mir stets Achtung vor der Pflicht einflößte, wenn auch nicht immer die Kraft, diese zu erfüllen.

2

London, April bis September 1822.

Paris. - Alte und neue Bekanntschaften. - Der Abbé Barthélemy. - Saint-Ange. - Theater.

Ich heiratete Ende März 1792. Am 20. April erklärte die gesetzgebende Versammlung Franz II., dem Nachfolger seines Vaters Leopold, den Krieg, und am 10. desselben Monats hatte man in Rom Benedikt Labre seliggesprochen; zwei ganz unterschiedliche Welten. Der Krieg vertrieb den Rest des Adels aus Frankreich. Einerseits wurden die Verfolgungen verdoppelt, andererseits war es den Royalisten nicht mehr erlaubt, zu Haus zu bleiben, ohne als Feiglinge zu gelten. Auch ich mußte den Weg nach dem Feldlager antreten, das aufzusuchen ich von so weit hergekommen war. Mein Onkel de Bedée und seine Familie schifften sich nach Jersey ein, und ich ging mit meiner Frau und meinen Schwestern Lucile und Julie nach Paris.

Wir mieteten eine Wohnung im Faubourg Saint-Germain. So bald als möglich suchte ich meine frühere Gesellschaft auf. Ich sah die Schriftsteller wieder, mit denen ich verkehrt hatte. Unter den neuen Gesichtern bemerkte ich das des gelehrten Abbé Barthélemy und das des Dichters Saint-Ange. Der Abbé, Ovid-Übersetzer, war nicht ohne Talent. Talent ist eine Gabe, die ganz isoliert bestehen kann; sie kann mit anderen geistigen Fähigkeiten verbunden oder auch allein vorhanden sein. Saint-Ange war der Beweis dafür; er gab sich alle erdenkliche Mühe, nicht einfältig zu sein, aber er konnte es nicht verhindern. Einem Mann, dessen Pinsel ich bewundert habe und noch immer bewundere, Bernardin de Saint-Pierre nämlich, fehlte es an Geist, und unglücklicherweise stand sein Charakter auf gleich niedriger Stufe. Wie viele Gemälde in den *Etudes de la nature* [Betrachtungen über die Natur] haben der beschränkte Verstand und der Mangel an Seelengröße des Verfassers verdorben! Während die Tragödie die Straßen blutig färbte, blühte im Theater das Schäferspiel; nichts als unschuldige Hirten und jungfräuliche Hirtenmädchen;

Felder, Bäche, Wiesen, Schafe, Tauben, das goldene Zeitalter unter dem Strohdach - all das lebte auf beim Seufzen der Rohrflöte vor unseren girrenden Hirten und naiven Strickerinnen, die gerade vom Schauspiel der Guillotine kamen. Die Mitglieder des Konvents bezeichneten sich als die gutartigsten Menschen: Sie waren gute Väter, gute Söhne, gute Ehemänner. Sie führten ihre kleinen Kinder spazieren, fütterten sie und weinten bei ihren simplen Spielen vor Rührung. Sie nahmen diese kleinen Lämmer sanft auf den Arm, um ihnen die Pferdchen vor den Karren zu zeigen, auf denen die Opfer zur Hinrichtung geführt wurden. Sie priesen die Natur, den Frieden, das Mitleid, die Wohltätigkeit, die Unschuld, die häuslichen Tugenden; diese scheinheiligen Philanthropen ließen ihren Nachbarn mit außerordentlicher Feinfühligkeit und zum Wohle der Menschheit den Hals abschneiden.

3

London, April bis September 1822.

Der veränderte Anblick von Paris. - Rückblick. - Die Gesetzgebende Versammlung. - Clubs. - Der Club der Cordeliers. - Die Redner. - Marat und seine Freunde.

Paris hatte im Jahre 1792 nicht mehr das Aussehen von 1789 und 1790. Das war nicht mehr die heraufziehende Revolution, sondern ein Volk, das taumelnd, zwischen Abgründen und auf Irrwegen, seiner Bestimmung entgegenging. Das Volk machte keinen lärmenden, neugierigen und geschäftigen Eindruck mehr, sondern einen drohenden. In den Straßen begegnete man nur noch verschreckten oder wilden Gesichtern, Menschen, die an den Häuserwänden entlangschlichen, um nicht gesehen zu werden, oder andere, die auf der Suche nach Beute ihre Kreise zogen; angstvolle, gesenkte Blicke, die sich von einem abwandten, oder scharfe Blicke, die einen auszuspähen und zu durchschauen suchten.

Die Vielfalt in der Kleidung war dahin, die alte Welt löste sich auf. Man hatte den uniformen Rock angezogen, den die neue Welt vorschrieb - einen Rock, der das letzte Gewand der zukünftigen Verurteilten werden sollte. Die sozialen Freiheiten, die sich bei der Verjüngung Frankreichs offenbart hatten, die Freiheiten von 1789, diese phantastischen und ungeregelten Freiheiten bei einer Ordnung der Dinge, die sich auflöst, aber keine Anarchie ist, diese Freiheiten schwanden schon unter dem Zepter des Volkes. Man fühlte das Herannahen einer jungen plebejischen Tyrannenherrschaft, fruchtbar zwar und reich an Hoffnung, aber auf andere Art ebenso furchtbar wie der hinfällige Despotismus des alten Königtums. Wenn das souveräne Volk, das überall ist, zum Tyrannen wird, so ist der Tyrann überall; es ist die universelle Gegenwart eines universellen Tiberius.

Unter das Volk von Paris mischte sich noch ein fremder Schlag von Banditen aus dem Süden. Diese Vorhut der Marseiller, die Danton für den 10. August[161] und für die Septembermorde[162] zusammenzog, war an ihren Lumpen, ihrer dunklen Haut, ihrem gemeinen, verbrecherischen Aussehen zu erkennen.

In der Gesetzgebenden Versammlung kannte ich niemanden mehr; Mirabeau und die ersten Idole unseres Aufruhrs waren entweder nicht mehr am Leben oder hatten ihre Altäre verloren. Um dem historischen Verlauf zu folgen, der durch meine Reise nach Amerika unterbrochen worden ist, muß ich jetzt ein wenig zurückgehen.

Mit der Flucht des Königs am 21. Juni 1791 machte die Revolution einen ungeheuren Schritt nach vorn. Am 25. des gleichen Monats wurde der König nach Paris zurückgebracht und zum ersten Mal entthront, denn die Nationalversammlung erklärte, ihre Dekrete hätten auch ohne königliche Bestätigung oder Annahme Gesetzeskraft. In Orléans wurde ein hoher Gerichtshof, Vorläufer des Revolutionstribunals, eingesetzt. Von da an forderte Madame Roland den Kopf der Königin, wofür später die Revolution den ihrigen verlangte. Die Zusammenrottung auf dem Marsfeld[163] hatte sich gegen das Dekret gerichtet, das den König seiner Funktionen enthob, anstatt ihn vor Gericht zu stellen. Die Annahme der Verfassung am 14. September stellte die Ruhe nicht her. Man hätte die Absetzung Ludwigs XVI. aussprechen müssen; hätte man das getan, wäre das Verbrechen vom 21. Januar nicht begangen worden, und die Stellung des französischen Volkes zur Monarchie und der Nachwelt gegenüber wäre eine andere gewesen. Die Mitglieder der Konstituierenden Versammlung, die sich gegen die Absetzung aussprachen, glaubten die Krone zu retten und führten ihren Untergang herbei; diejenigen, die sie zu stürzen glaubten, indem sie die Absetzung verlangten, hätten sie gerettet. Fast immer steht in der Politik das Resultat im Gegensatz zu dem, was man gewollt hat.

Am 30. September 1791 hielt die Konstituierende Versammlung ihre letzte Sitzung ab. Das unkluge Dekret vom 17. Mai, das die Wiederwahl von austretenden Mitgliedern verbot, rief den Konvent ins Leben. Nichts ist gefährlicher, unzureichender und schlechter anwendbar für die allgemeinen Angelegenheiten als Sonderbeschlüsse von Individuen oder Körperschaften, auch wenn sie ehrenhaft sind.

Das Dekret vom 29. September, das Reglement der Volksgesellschaften, ließ diese nur noch regelloser werden. Das war die letzte Amtshandlung der Konstituierenden Versammlung; sie löste sich am nächsten Tag auf und hinterließ dem Lande eine Revolution.

Die Gesetzgebende Versammlung, die am 1. Oktober 1791 eingesetzt wurde, geriet in den Wirbel, der bald Lebende und Tote hinwegfegen sollte. In den Departements brachen blutige Unruhen aus.

Gegen das Dekret wider die Emigranten und gegen das, welches den nicht vereidigten Priestern das Gehalt entzog, legte der König sein Veto ein. Durch diese Gesetze wurde die Unruhe noch vermehrt. Pétion war Bürgermeister von Paris geworden. Am 1. Januar 1792 erklärten die Deputierten die emigrierten

Prinzen zu Angeklagten; am 2. bezeichneten sie diesen 1. Januar als Beginn des Jahres IV der Freiheit. Etwa am 13. Februar tauchten die roten Mützen in den Straßen von Paris auf, und der Magistrat ließ Piken herstellen. Das Manifest der Emigranten erschien am 1. März. Österreich rüstete. Paris war in Sektionen aufgeteilt, die einander mehr oder weniger feindselig gegenüberstanden. Am 20. März 1792 billigte die Gesetzgebende Versammlung die Anwendung der Totenmaschine, ohne die man die Urteilssprüche der Schreckensherrschaft nicht hätte ausführen können; man probierte sie zuerst an Toten aus, damit sie an ihnen ihr Handwerk erlernen könne. Von diesem Werkzeug muß man wie von einem Henker sprechen, denn es hat Leute gegeben, die ihm, dankbar für seine guten Dienste, Geld für seine Unterhaltung schenkten. Die Erfindung der Mordmaschine in dem Moment, da das Verbrechen sie brauchte, ist ein denkwürdiger Beweis für die Übereinstimmung aufeinander bezogener Fakten oder vielmehr des verborgenen Wirkens der Vorsehung, wenn diese das Antlitz von Weltreichen verändern will.

Auf Betreiben der Girondisten war der Minister Roland in den Königlichen Rat berufen worden. Am 20. April wurde dem König von Ungarn und Böhmen der Krieg erklärt. Marat gab den *Ami du peuple* heraus, trotz des ihn betreffenden Dekrets. Die Regimenter Royal-Allemand und Berchini desertierten. Wegen der Verabschiedung der Königlichen Garde brach ein Aufstand aus. Am 28. Mai trat die Gesetzgebende Versammlung zu permanenten Sitzungen zusammen. Am 20. Juni wurden die Tuilerien von den Volksmassen aus den Vorstädten Saint-Antoine und Saint-Marceau gestürmt; der Vorwand dazu war die Weigerung Ludwigs XVI., die Ächtung der Geistlichen zu bestätigen. Der König geriet in Lebensgefahr. Man erklärte, das Vaterland sei in Gefahr. Ein Bild von Monsieur de Lafayette wurde verbrannt. Die Männer der zweiten Föderation trafen ein; die von Danton herbeigerufenen Marseiller waren auf dem Marsch und kamen am 30. Juli in Paris an; Pétion quartierte sie bei den Cordeliers ein.

Neben der Nationaltribüne waren zwei miteinander konkurrierende Rednertribünen aufgebaut worden; die der Jakobiner und die der Cordeliers. Letztere war damals die furchtbarste, denn von dort kamen die Mitglieder der berühmten Pariser Commune und auch die Mittel zum Handeln für sie. Ohne die Commune hätte sich Paris, da ihm ein Konzentrationspunkt fehlte, gespalten, und die verschiedenen Bürgermeistereien wären zu rivalisierenden Mächten geworden.

Der Club der Cordeliers hatte seinen Sitz in dem gleichnamigen Franziskanerkloster, dessen Kirche unter dem Heiligen Ludwig im Jahre 1259 von dem Bußgeld für einen Mord erbaut worden war; im Jahre 1590 wurde sie der Zufluchtsort für die berüchtigsten Mitglieder der Heiligen Liga. Die fanatischen Ligisten haben unseren philosophischen Revolutionären das Kloster der Cordeliers, also als eine Art Leichenschauhaus, überlassen.

Man hatte die Gemälde, die in Stein gehauenen oder gemalten Bilder, die Schleier und Vorhänge des Klosters abgerissen; die geschändete Kirche wies nur noch ihre Knochen und Gräten vor. Im Chorraum, in den Wind und Regen durch die unverglasten Rosettenfenster eindrangen, standen Hobelbänke, die dem Präsidenten bei den Sitzungen in der Kirche als Schreibtisch dienten. Auf diesen Hobelbänken lagen rote Mützen, die sich jeder Redner aufsetzte, bevor er die Tribüne betrat. Diese Rednerbühne bestand aus vier gegeneinander gelehnten Balken, über die, wie beim Schafott, ein Brett gelegt war. Hinter dem Präsidenten waren neben einem Standbild der Freiheit angebliche Werkzeuge der vormaligen Justiz zur Schau gestellt, Werkzeuge, die jetzt allesamt durch ein einziges, die Blutmaschine, ersetzt wurden. Der gereinigte Jakobinerclub übernahm von den Cordeliers einige dieser Einrichtungen.

Die Redner in ihrem einheitlichen Zerstörungswillen konnten sich weder über die zu wählenden Führer noch über die anzuwendenden Mittel verständigen; zu den Mißtönen der Pfeifen und beim satanischen Geheul ihrer jeweiligen Anhänger nannten sie einander Lumpen, Lüstlinge, Betrüger, Räuber und Mörder. Die Bilder ihrer Rede waren der Sphäre des Mordes entlehnt, den schmutzigsten Gegenständen aller Arten von Müll und Dung oder den Schauplätzen männlicher und weiblicher Prostitution. Die Bilder wurden durch Gebärden verdeutlicht; alles wurde mit dem Zynismus von Hunden, in obszöner und gottloser Ausmalung durch Flüche und Lästerungen beim Namen genannt. Zerstören und aufbauen, Tod und Zeugung - das allein konnte man dem wilden, ohrenbetäubenden Kauderwelsch entnehmen. Für die Redner, ihre schwachen oder donnernden Stimmen, gab es noch andere Unterbrechungen als die durch ihre Widersacher: die kleinen schwarzen Nachteulen aus dem Kloster ohne Mönche und dem Glockenturm ohne Glocken umflatterten, auf Beute hoffend, die zerbrochenen Fenster und unterbrachen die Reden. Anfangs wollte man sie durch das Läuten einer ohnmächtigen Glocke zur Ordnung rufen; da ihr Geschrei aber nicht aufhörte, feuerte man mit Gewehren auf sie, um sie zum Schweigen zu bringen. Zuckend, verwundet und unheilverkündend fielen sie inmitten des Pandämoniums nieder. Um besser sehen zu können, standen die schmutzigen, staubigen, betrunkenen, schwitzenden Zuschauer in ihren durchlöcherten Jakobiner-Jacken, mit der Pike auf der Schulter oder mit nackten, verschränkten Armen auf abgerissenen Balken, wackligen Bänken, zerschlagenen Kirchenstühlen und umgestürzten, an die Wände geschobenen Heiligenfiguren.

Die Mißgestaltetsten der Bande erhielten vorzugsweise das Wort. Die Gebrechen der Seele und des Körpers haben bei unseren Unruhen eine große Rolle gespielt; verletztes Selbstgefühl hat große Revolutionäre hervorgebracht.

Auf diese Riege von Häßlichkeiten folgte eine Reihe von Gorgonenköpfen. Der frühere Arzt der Leibgarde des Comte d'Artois, Marat, die Mißgeburt aus der Schweiz, barfuß in Holz- oder eisenbeschlagenen Schuhen, ließ sich in Ausübung seiner unbestreitbaren Rechte als erster weitschweifig aus. Mit der Rolle des Narren am Hofe des Volkes betraut, rief er mit ausdruckslosem Gesicht und jenem halben Lächeln banaler Höflichkeit, das die frühere Erziehung allen Gesichtern eingeprägt hat: „Volk, Du mußt zweihundertsiebzigtausend

Köpfe abschlagen!" Auf diesen Caligula der Gosse folgte der atheistische Schuster, Chaumette, dem wiederum der „Oberstaatsanwalt der Laterne", Camille Desmoulins, der stotternde Cicero, ausgehöhlt von einsamen Ausschweifungen, der öffentliche Ratgeber der Mörder, der leichtsinnige Republikaner mit seinen Kalauern und Witzworten, der Meister in Friedhofsspäßen, der uns mitteilte, daß bei den Septembermorden „alles ordentlich zugegangen sei".

Fouché, der aus Juilly und Nantes herbeigeeilt war, studierte unter diesen Lehrmeistern das Unglück; im Kreis der wilden Tiere, die aufmerksam am Fuß der Kanzel lauschten, sah er wie eine Hyäne in Kleidern aus. Er witterte schon den künftigen Blutgeruch, er schlürfte schon den Weihrauch der Esels- und Henkerprozessionen und wartete auf den Tag, da man ihn, nachdem man ihn als Dieb, Atheisten und Mörder aus dem Jakobinerclub verjagt hatte, zum Minister ernennen würde. Wenn Marat vom Rednerpult herabgestiegen war, wurde dieser Hofnarr des Volkes zum Spielball seiner Herren; sie gaben ihm Nasenstüber, traten ihm auf die Füße und stießen ihn hohnlachend hin und her - was ihn nicht daran hinderte, der Aufrührer der Menge zu werden, auf den Rathausturm zu steigen, die Sturmglocke zum großen Blutbad zu läuten und im Revolvtionstribunal zu triumphieren.

4

London, April bis September 1822.

Danton. - Camille Desmoulins. - Fabre d'Eglantine.

Die Auftritte bei den Cordeliers, deren Zeuge ich drei- oder viermal war, wurden von Danton beherrscht und geleitet, einem Hunnen von gothischer Gestalt, mit platter Nase, großen Nasenlöchern, zernarbten Wangen, mit dem Gesicht eines Gendarmen und gleichzeitig eines lüsternen und grausamen Prokurators. Im Schutze seiner Kirche wie im Skelett der Jahrhunderte organisierte Danton mit seinen drei männlichen Furien, Camille Desmoulins, Marat und Fabre d'Eglantine, die Septembermorde. Billaud de Varennes schlug vor, die Gefängnisse in Brand zu stecken und alles, was darin war, mit zu verbrennen; ein anderer Abgeordneter des Konvents meinte, man solle alle Gefangenen ertränken; Marat sprach sich für ein großes Blutbad aus. Als man Danton um Gnade für die Opfer bat, antwortete er: „Ich pfeife auf die Gefangenen."

Man sehe sich die Geschichte an. Sixtus V. verglich die Aufopferung Jacques Clements für das Heil der Menschheit[164] mit dem Geheimnis der Menschwerdung, so wie man Marat als Retter der Welt bezeichnete. Karl IX. schrieb an die Statthalter der Provinzen, sie sollten das Blutbad der Bartholomäusnacht wiederholen, so wie Danton den Patrioten in den Departements auftrug, die Septembermorde nachzuahmen. Die Jakobiner waren Plagiatoren; sie waren es auch, als sie Ludwig XVI. nach dem Muster Karls I. abschlachteten. Da die Verbrechen mit einer großen sozialen Umwälzung verbunden waren, hat man sehr zu Unrecht geglaubt, diese Verbrechen hätten die großen Werke der Revolution hervorgebracht; tatsächlich waren sie nur deren widerliche Kehrseite.

Danton, aufrichtiger als die Engländer, hat gesagt: „Wir werden den König nicht richten, wir werden ihn töten." Er sagte auch: „Diese Priester, diese Adeligen sind keineswegs schuldig; aber sie müssen sterben, weil sie fehl am Platze sind, weil sie den Ablauf der Dinge behindern und der Zukunft im Wege stehen." Diese Worte, anscheinend von furchtbarer Tiefe, beweisen keinerlei geistige Größe; denn sie setzen voraus, daß Unschuld wertlos ist, und daß die moralische Ordnung durch die politische Ordnung beschnitten werden könne, ohne vernichtet zu werden; das aber ist falsch.

Danton war von den Prinzipien, die er verkündete, selbst nicht überzeugt; er hatte sich das revolutionäre Mäntelchen nur umgehängt, um sein Glück zu machen. „Kläfft mit uns", riet er einem jungen Mann, „wenn Ihr erst reich seid, könnt Ihr tun, was Ihr wollt." Er bekannte, daß er sich nur deshalb nicht an den Hof verkauft habe, weil dieser ihn nicht teuer genug bezahlen wollte - die Frechheit eines Kopfes, der seinen Wert kennt, und einer Verderbtheit, die sich mit offenem Rachen zeigt.

Danton war Mirabeaus Beamter gewesen und stand ihm selbst in puncto Häßlichkeit nach; Robespierre freilich war er überlegen, wenn er auch ebensowenig wie dieser seine Verbrechen mit seinem Namen verbinden wollte. Er wahrte den Sinn für Religion. „Wir haben den Aberglauben nicht darum zerstört", sagte er, „um nun den Atheismus zu errichten." Seine Leidenschaften hätten gut sein können, einzig deshalb, weil es Leidenschaften waren. Man muß bei den Handlungen der Menschen stets den Charakter berücksichtigen; phantasievolle Bösewichter wie Danton scheinen, schon wegen des Übertriebenen in ihren Worten und Haltungen, schlimmer zu sein als die kaltblütigen Verbrecher. Tatsächlich sind sie weniger schlimm. Diese Bemerkung gilt auch für das Volk: in seiner Gesamtheit ist das Volk ein Dichter, Autor und eifriger Akteur des Stückes, das es aufführt oder das man es aufführen läßt. Seine Ausschreitungen kommen nicht so sehr aus dem Instinkt angeborener Grausamkeit als aus dem Wahn einer von den Schauspielen besonders berauschten Menge, besonders, wenn diese Schauspiele tragisch sind. Dies ist so wahr, daß in den Schreckenstaten des Volkes immer etwas Überflüssiges ist, womit das schöne Bild und das Gefühl bedient werden.

Danton fing sich in der Falle, die er selbst gestellt hatte. Es nutzte ihm nichts, seinen Richtern Brotkügelchen an die Nase zu werfen, mit Mut und Würde zu antworten, das Gericht zögern zu lassen, den Konvent in Angst und Gefahr zu versetzen, logisch über die Schandtaten nachzudenken, durch die die Macht seiner Feinde entstanden war und, von nutzloser Reue erfaßt, auszurufen: „Ich habe dieses schändliche Gericht einsetzen lassen und bitte Gott und die Menschen dafür um Verzeihung!" - ein Satz, der mehr als einmal ausgesprochen wurde. Man muß auf die Schändlichkeit eines solchen Gerichts hinweisen, bevor man als Angeklagter vor ihm steht.

Danton blieb nichts weiter übrig, als sich bei seinem eigenen Tod ebenso ungerührt zu zeigen, wie er es beim Tode seiner Opfer gewesen war, den Kopf noch höher zu tragen als das aufgehängte Messer der Guillotine. Und eben das tat er. Auf der Schaubühne des Schreckens, wo seine Füße im geronnenen Blut des Vortages klebenblieben, sagte er, nachdem er mit verachtungsvollem Herrscherblick die Menge überflogen hatte, zu dem Scharfrichter: „Zeige meinen Kopf dem Volke; er ist es wert." Dantons Haupt blieb in den Händen des Henkers, während sich sein kopfloser Schatten mit dem enthaupteten Schatten seiner Opfer mischte; auch das war Gleichheit.

Der Diakon und der Unterdiakon von Danton, Camille Desmoulins und Fabre d'Eglantine, endeten ebenso wie ihr Priester. Zu der Zeit, da man der Guillotine Pensionen aussetzte, da man im Knopfloch seiner Jakobinerjacke statt einer Blume entweder eine kleine goldene Guillotine oder ein kleines Stück von dem Herzen eines Guillotinierten trug; zu der Zeit, da man schrie: „Es lebe die Hölle!", da man die lustigen Orgien des Blutes, des Stahls und der Wut feierte, da man auf das Nichts anstieß, da man nackt den Tanz der Toten tanzte, um sich die Mühe des Entkleidens zu ersparen, wenn man zu ihnen überging; zu dieser Zeit mußte man endlich zum letzten Bankett, zur letzten Posse des Schmerzes gelangen. Desmoulins wurde vor das Gericht Fouquier-Tinvilles zitiert. „Wie alt bist Du?" fragte ihn der Präsident. „So alt wie der Sansculotte Jesus", antwortete Camille zum Spaß. Eine Besessenheit, in der sich etwas rächte, zwang diese Christenmörder, beständig den Namen Christi zu nennen.

Es wäre ungerecht zu vergessen, daß Camille Desmoulins es wagte, Robespierre Trotz zu bieten, und seine Verirrungen durch seinen Mut wiedergutmachte. Er gab das Signal für die Gegenbewegung zur Schreckensherrschaft. Eine junge, reizende Frau voller Lebenskraft befähigte ihn zur Liebe und damit zur Tugend und Aufopferung. Die Entrüstung machte die unerschrockene, gewagte Ironie des Tribuns beredt; er griff mit großer Geste die Schafotte an, die er hatte errichten helfen. Er verhielt sich so, wie es seinen Worten entsprach, und willigte keineswegs in seine Hinrichtung ein; auf dem Karren rang er mit dem Scharfrichter und kam halb zerrissen am Rande des letzten Abgrunds an.

Fabre d'Eglantine, Verfasser eines bleibenden Stückes, zeigte im Gegensatz zu Desmoulins außerordentliche Schwäche. Es scheint, daß man nicht unbedingt sterben lernt, indem man andere tötet.

Die Debatten bei den Cordeliers belehrten mich darüber, daß sich die Gesellschaft im Augenblick ihrer raschesten Umbildung befand. Ich hatte gesehen, wie die Konstituierende Versammlung um 1789 und 1790 den Mord am Königtum einleitete. 1792 fand ich den noch warmen Leichnam der alten Monarchie den gesetzgebenden Schlächtern ausgeliefert. In den unterirdischen Sälen ihrer Clubs weideten sie ihn aus und zerstückelten sie ihn.

Von all den Männern, die ich anführe: Danton, Marat, Camille Desmoulins,

Fabre d'Eglantine, Robespierre, lebt kein einziger mehr. Ich fand sie für einen Moment auf meinem Weg zwischen einer entstehenden Gesellschaft in Amerika und einer sterbenden Gesellschaft in Europa, zwischen den Wäldern der Neuen Welt und der Einsamkeit des Exils. Ich hatte kaum einige Monate auf fremdem Boden zugebracht, da hatten sich diese Liebhaber des Todes schon mit ihm ausgelöscht. In der Entfernung, die ich jetzt zu ihnen einnehme, scheint es mir, als ob ich in meiner Jugend zur Hölle hinabgestiegen wäre und eine verworrene Erinnerung an die Gespenster bewahrt hätte, die ich an den Ufern des Kozytus[165] umherirren sah. Sie vervollständigen die unterschiedlichen Träume meines Lebens und werden sich einschreiben in die Tafeln meines jenseitigen Grabes.

5

London, April bis September 1822.

Monsieur de Malesherbes' Ansicht über die Emigration.

Es war eine große Freude für mich, Monsieur de Malesherbes wiederzusehen und mit ihm über meine früheren Pläne zu sprechen. Ich brachte den Plan einer zweiten Reise mit, die neun Jahre dauern sollte. Vorher hatte ich noch eine andere kleine Reise nach Deutschland zu machen. Ich wollte zur Armee der Prinzen eilen und ebenso eilig zurückkehren, um der Revolution den Garaus zu machen; all das sollte in zwei bis drei Monaten erledigt sein. Dann wollte ich die Segel lichten und wieder in die Welt fahren - um eine Revolution ärmer und eine Ehe reicher. Indessen war mein Eifer größer als mein Glaube; ich fühlte, daß die Emigration eine Dummheit und ein Wahnsinn sei. „Ich ward von allen Händen gezwickt", sagt Montaigne. „Den Gibellinen war ich ein Welf und den Welfen ein Gibellin."[166] Meine geringe Neigung zur absoluten Monarchie ließ mir keine Illusion über den Entschluß, den zu fassen ich im Begriff war; ich hegte Zweifel, und obwohl ich entschlossen war, mich für die Ehre zu opfern, so wollte ich doch die Ansicht Monsieur de Malesherbes' über die Emigration hören. Ich fand ihn sehr erregt; die fortwährenden Verbrechen, die sich unter seinen Augen abspielten, hatten die politische Toleranz dieses Freundes von Rousseau erschöpft; zwischen der Sache der Opfer und der der Henker schwankte er nicht. Er meinte, alles sei besser als die nunmehrige Ordnung der Dinge; was meinen Fall anbetraf, so war er der Ansicht, daß ein Mann, der den Degen trägt, sich nicht davon freisprechen könne, sich den Brüdern eines unterdrückten und seinen Feinden preisgegebenen Königs anzuschließen. Er billigte meine Rückkehr aus Amerika und drängte meinen Bruder, mit mir zu fahren.

Ich brachte die üblichen Einwände vor: Das Bündnis mit dem Ausland, die Interessen des Vaterlandes, usw. Er antwortete mir darauf und führte, von allgemeinen Überlegungen zu Einzelheiten übergehend, beunruhigende Beispiele an. Er erinnerte an die Welfen und die Gibellinen, die sich auf kaiserliche oder päpstliche Truppen stützten, die Barone in England, die sich gegen Johann Ohneland erhoben.[167] Aus unserer Zeit endlich erwähnte er die Republik der Vereinigten Staaten, die Frankreich um Beistand anrief. „So haben sich" fuhr Monsieur de Malesherbes fort, „die treuesten Anhänger der Freiheit und der Philosophie, die Republikaner und die Protestanten, niemals für schuldig gehalten, wenn sie eine Macht zu Hilfe riefen, die ihrer Sache zum Sieg verhelfen konnte. Wäre die neue Welt ohne unser Geld, unsere Schiffe und unsere Soldaten heute unabhängig? Habe nicht ich, Malesherbes, der mit Ihnen spricht, im Jahre 1776 Franklin empfangen, der kam, um die Verhandlungen von Silas Deane wieder aufzunehmen, und war Franklin deshalb ein Verräter? Ist die amerikanische Freiheit weniger ehrenvoll, weil sie von Lafayette unterstützt und von französischen Grenadieren erobert worden ist? Jede Regierung, die keine Garantien für die Grundgesetze der Gesellschaft bietet, sondern selbst die Gesetze von Recht und Billigkeit, die Grundregeln der Gerechtigkeit verletzt, existiert nicht länger und versetzt den Menschen in den Naturzustand. Es ist dann erlaubt, sich zu verteidigen so gut man kann, zu den Mitteln zu greifen, die am geeignetsten erscheinen, die Tyrannenherrschaft zu stürzen und die Rechte jedes einzelnen und aller wiederherzustellen."

Die Grundsätze des Naturrechts, die von den größten politischen Schriftstellern aufgestellt worden sind, und die nun ein Mann wie Monsieur de Malesherbes entwickelte und durch zahlreiche historische Beispiele stützte, machten mich betroffen, ohne mich zu überzeugen; ich folgte tatsächlich nur dem Impuls meiner Jugend, der Ehrauffassung

6

London, April bis September 1822.

Ich spiele und verliere. - Das Abenteuer in der Droschke. - Madame Roland. - Barrère in der Ermitage.[168] - Die zweite Feier anläßlich des 14. Juli. - Vorbereitungen zur Emigration.

Diese Gespräche zwischen mir und dem berühmten Verteidiger des Königs fanden bei meiner Schwägerin statt. Sie war gerade mit einem zweiten Sohn niedergekommen, dessen Pate Monsieur de Malesherbes wurde und dem er seinen Namen, Christian, gab. Ich nahm an der Taufe dieses Kindes teil, das seinen Vater und seine Mutter nur in einem Alter sehen sollte, an das das Leben keine Erinnerung ermöglicht, und das von ferne wie ein wirrer Traum erscheint. Die Vorbereitungen zu meiner Abreise zogen sich in die Länge. Man hatte geglaubt, mir zu einer reichen Heirat verholfen zu haben; es

234

stellte sich aber heraus, daß das Vermögen meiner Frau in Renten aus dem Kirchenbesitz bestand, die die Nation jetzt nach ihrem Gutdünken auszahlte. Madame de Chateaubriand hatte überdies mit Einwilligung ihrer Vormünder einen großen Teil dieser Renten ihrer Schwester, der emigrierten Comtesse du Plessis-Parscau, überschrieben. Es fehlte uns also beständig an Geld; wir mußten Anleihen aufnehmen.

Ein Notar verschaffte uns zehntausend Francs. Als ich dieses Geld in Assignaten nach Hause trug, traf ich in der Rue de Richelieu den Comte Achard, einen früheren Kameraden aus dem Regiment Navarra. Er war ein großer Spieler; er schlug mir vor, in die Salons von M... zu gehen, um miteinander zu plaudern. Der Teufel reitet mich; ich gehe mit, ich spiele und verliere alles bis auf tausendfünfhundert Francs, mit denen ich, ganz verwirrt und von Gewissensbissen gepeinigt, in die erste beste Droschke steige. Ich hatte noch nie gespielt; nun versetzte mich das Spiel in eine Art schmerzhaften Taumel. Hätte diese Leidenschaft von mir Besitz ergriffen, würde sie mich um den Verstand gebracht haben. Meiner Sinne noch zur Hälfte beraubt, verlasse ich bei Saint-Sulpice den Wagen und lasse meine Brieftasche darin liegen, die den traurigen Rest meines Schatzes enthält. Ich eile nach Hause und erzähle dort, daß ich die zehntausend Francs in einer Droschke liegengelassen habe.

Ich mache mich wieder auf, gehe die Rue Dauphine hinab, überquere den Pont-Neuf und möchte mich am liebsten ins Wasser stürzen. Dann komme ich zur Place du Palais-Royal, wo ich das unselige Gefährt bestiegen hatte. Ich frage die Savoyarden, die die Pferde tränken; ich beschreibe ihnen meine Equipage, und man nennt mir auf gut Glück eine Nummer. Der Polizeikommissar des Stadtviertels sagt mir, daß diese Nummer einem Wagenvermieter gehört, der am äußersten Ende des Faubourg Saint-Denis wohnt. Ich gehe zu dem Haus dieses Mannes und warte die ganze Nacht im Pferdestall auf die Rückkehr der Droschken. Nach und nach kommen sie an, aber keine ist die meinige. Endlich um zwei Uhr nachts sehe ich meinen Wagen hereinfahren. Kaum hatte ich meine beiden weißen Renner wiedererkannt, da fielen die armen erschöpften Tiere steif, mit geblähtem Bauch, die Beine ausgestreckt, als ob sie tot wären, auf ihre Streu nieder.

Der Kutscher erinnerte sich, mich gefahren zu haben. Nach mir hatte er einen Bürger befördert, der sich bei den Jakobinern absetzen ließ; dann eine Dame, die er in die Rue de Cléry Nr. 13 gebracht hatte, und nach dieser Dame einen Herrn, den er vor dem Franziskanerkloster in der Rue Saint-Martin abgesetzt hatte. Ich verspreche dem Kutscher ein Trinkgeld und bin, sobald es Tag geworden, auf der Suche nach meinen fünfzehnhundert Francs, wie früher auf der Suche nach der Nordwestpassage. Es schien mir ausgemacht, daß der jakobinische Bürger kraft seiner Souveränität mein Geld konfisziert hatte. Die Dame in der Rue de Cléry versicherte mir, nichts in der Kutsche gefunden zu haben. Ohne die geringste Hoffnung komme ich zur dritten Station; so gut er kann, beschreibt der Kutscher den Herrn, den er gefahren hat. „Das ist der Pater Soundso!" ruft der Portier und führt mich durch die Gänge und verlassenen Räume zu einem Franziskaner, der allein zurückgeblieben war, um die Möbel seines Klosters zu inventarisieren. Dieser Mönch hört sich in staubbedeckter Kutte, zwischen Trümmerhaufen meinen Bericht an und sagt zu mir: „Sind Sie der Chevalier de Chateaubriand?" „Ja", antwortete ich, „Hier ist Ihre Brieftasche", entgegnete er. „Ich hätte sie Ihnen gebracht, sobald ich mit meiner Arbeit fertig bin; ich habe Ihre Adresse darin gefunden." Dieser vertriebene, von allem entblößte Mönch, der für diejenigen, die ihn ächteten, gewissenhaft ein Verzeichnis der Reliquien seines Klosters aufstellte, gab mir die fünfzehnhundert Francs zurück, mit denen ich ins Exil gehen konnte. Hätte ich diese kleine Summe nicht zurückbekommen, wäre ich nicht emigriert. Was wäre dann aus mir geworden? Mein ganzes Leben wäre anders verlaufen. Ich will mich hängen lassen, wenn ich heute nur einen Schritt täte, um eine Million wiederzufinden.

Dies geschah am 16. Juni 1792.

Meinem natürlichen Antrieb getreu, war ich aus Amerika zurückgekommen, um Ludwig XVI. meinen Degen anzubieten, nicht aber um mich in Parteiintrigen zu verwickeln. Die neuerliche Auflösung der Königlichen Garde, damit die Entlassung von Murat, die aufeinanderfolgenden Ministerien von Roland, Dumouriez und Duport du Tertre, die kleinen Hofverschwörungen oder die großen Volkserhebungen flößten mir nur Überdruß und Verachtung ein. Ich hörte oft von Madame Roland sprechen, die ich aber nicht zu Gesicht bekam. Ihre *Memoiren* beweisen, daß sie eine außerordentliche Geisteskraft besaß. Man nannte sie sehr liebenswürdig; es fragt sich nur, ob sie es in so hohem Maße war, daß der Zynismus unnatürlicher Tugend dadurch erträglich wurde. Madame Roland hat eher einen starken Charakter als Genie besessen; der erste kann das zweite erzeugen, nicht aber umgekehrt.

Am 19. Juni war ich in das Tal von Montmorency gegangen, um die Ermitage J. J. Rousseaus zu besuchen. Nicht, daß ich mir in der Erinnerung an Madame d'Epinay oder an jene gekünstelte und verderbte Gesellschaft gefiel, aber ich wollte von der Einsamkeit eines Mannes Abschied nehmen, dessen Sitten mir zwar zuwider waren, dessen Talent mich aber in meiner Jugend entflammt hatte. Am folgenden Tag, dem 20. Juni, war ich noch immer in der Ermitage und traf dort zwei Männer, die gleich mir an diesem für die Monarchie so verhängnisvollen Tage[169] an dem einsamen Ort spazierengingen, da sie, wie ich wenigstens glaubte, dem Treiben der Welt gegenüber gleichgültig waren; der eine war Maret, der Mann des Kaiserreichs, der andere Barrère, der Republikaner.

Der artige Barrère war hierher gekommen, um, fern vom Getöse, dem Schatten Julies[170] galante revolutionäre Histörchen in seiner sentimentalen Philosophie zu erzählen. Der Troubadour der Guillotine, auf dessen Bericht hin der Konvent verfügte, daß „der Schrecken an der Tagesordnung sei", entging selbst diesem Schrecken, indem er sich in dem Korb für die abgehauenen Köpfe verbarg; von dem Blutkübel unter dem Schafott her hörte man ihn nur „Tod!" krächzen.

Ginguené und Chamfort, meine alten literarischen Freunde, waren über den 20. Juni entzückt. Laharpe, der weiterhin am Gymnasium unterrichtete, rief mit Stentorstimme: „Ihr Wahnsinnigen! Ihr antwortet auf alle Vorhaltungen von seiten des Volkes: Bajonette! Bajonette! Nun, da habt ihr die Bajonette!" Obgleich mich meine Amerikareise zu einer etwas bedeutenderen Person gemacht hatte, konnte ich mich nicht zu einer solchen Höhe der Grundsätze und der Beredsamkeit erheben. Fontanes war durch seine früheren Verbindungen zur *Société monarchique* gefährdet. Mein Bruder war Mitglied eines Clubs von fanatischen Revolutionsgegnern. Auf Grund eines Abkommens zwischen den Kabinetten von Wien und Berlin waren die Preußen in Marsch gesetzt worden; schon hatte ein ziemlich hitziges Gefecht zwischen Franzosen und Österreichern in der Gegend von Mons stattgefunden. Es war höchste Zeit, einen Entschluß zu fassen.

Mein Bruder und ich verschafften uns falsche Pässe für Lille; wir waren zwei Weinhändler, Pariser Nationalgardisten in Uniform, und wollten Lieferungan für die Armee übernehmen. Der Kammerdiener meines Bruders, Saint-Louis genannt, reiste unter seinem wirklichen Namen; doch gab er vor, obgleich er aus Lamballe in der Niederbretagne stammte, seine Verwandten in Flandern besuchen zu wollen. Unsere Abreise wurde auf den 15. Juli, den Tag nach der Feier zum 14. Juli, festgesetzt. Den 14. verbrachten wir mit der Familie Rosambo, meinen Schwestern und meiner Frau in den Gärten des Tivoli. Gegen Abend sahen wir immer mehr Föderierte umherstreifen, auf deren Hüten mit Kreide geschrieben stand: „Pétion oder den Tod!" Tivoli, mein letzter Aufenthalt vor dem Exil, sollte ein Ort der Spiele und Feste werden. Unsere Angehörigen trennten sich ohne Traurigkeit von uns; sie waren davon überzeugt, daß wir eine Vergnügungsreise machten. Meine wiedergefundenen tausendfünfhundert Francs schienen ein hinreichender Schatz, um im Triumph nach Paris zurückzukehren.

7

London, April bis September 1822.

Ich emigriere mit meinem Bruder. - Saint-Louis' Abenteuer. - Wir gehen über die Grenze.

Am 15. Juli fuhren wir um sechs Uhr morgens mit der Eilpost ab. Wir hatten unsere Plätze im Cabriolet beim Schaffner eingenommen; der Kammerdiener, den wir nicht zu kennen vorgaben, setzte sich in die Kutsche zu den übrigen Reisenden. Saint-Louis war mondsüchtig; in Paris ging er nachts zu seinem Herrn, mit offenen Augen, aber fest schlafend. Er kleidete meinen Bruder aus, brachte ihn zu Bett, antwortete, immer schlafend, auf alles, was man während dieser Anfälle zu ihm sagte, mit: „Ich weiß, ich weiß", und er-

237

wachte nur, wenn man ihm kaltes Wasser ins Gesicht schüttete. Er war etwa vierzig Jahre alt, fast sechs Fuß lang und ebenso häßlich wie groß. Dieser arme Bursche, außerordentlich ehrerbietig, hatte nie einem andern Herrn gedient als meinem Bruder; er wurde ganz verlegen, als er sich zum Essen mit an unserm Tisch setzen mußte. Die patriotischen Reisenden, die beständig davon sprachen, die Aristokraten an den Laternen aufzuhängen, vermehrten seine Angst noch. Der Gedanke aber, daß er schließlich die österreichische Armee werde durchqueren müssen, um in der Armee der Prinzen zu kämpfen, brachte ihn vollends um den Verstand. Er trank viel und stieg wieder in die Postkutsche; wir begaben uns in unser Coupé.

Mitten in der Nacht hörten wir die Reisenden aus dem Wagen rufen : „Halt an, Postillion, halt an!" Man hält an, die Wagentür wird geöffnet, und sogleich rufen Männer- und Frauenstimmen: „Raus, Bürger, raus! Das ist nicht auszuhalten! Raus, du Schwein! So ein Schuft! Raus, raus!" Auch wir steigen aus und sehen, wie Saint-Louis hin- und hergestoßen und schließlich aus dem Wagen geworfen wird, wie er sich aufrafft und mit seinen offenen schlafenden Augen um sich blickt und dann, ohne Hut, so schnell er kann, in Richtung Paris davonläuft. Wir konnten ihn nicht zurückrufen, denn wir hätten uns damit verraten; wir mußten ihn seinem Schicksal überlassen. Er wurde im nächsten Dorf aufgegriffen und erklärte, Bediener des Comte de Chateaubriand zu sein und in Paris zu wohnen. Die berittene Gendarmerie brachte ihn von einer Brigade zur anderen, bis zum Präsidenten Rosambo. Die Aussagen dieses Unglücklichen machten unsere Emigration offenkundig und brachten meinen Bruder und meine Schwägerin aufs Schafott.

Am nächsten Morgen beim Frühstück mußten wir wohl zwanzigmal die ganze Geschichte mit anhören: „Dieser Mensch war nicht bei Verstand; er träumte laut und sagte seltsame Dinge; zweifellos war er ein Verschwörer, ein Mörder, der vor der Gerechtigkeit flieht." Die wohlerzogenen Bürgerinnen erröteten und versetzten ihre großen Fächer aus grünem Papier, Fächer nach der Verfassungsmode, in Bewegung. Wir machten in diesen Berichten unschwer die Wirkung des Somnambulismus, der Angst und des Weines aus.

In Lille angekommen, suchten wir den Mann auf, der uns über die Grenze bringen sollte. Die Emigration hatte ihre Rettungsagenten, welche - je nach dem Ausgang - auch Handlanger des Verderbens wurden. Die monarchistische Partei war noch stark, die Machtfrage noch nicht entschieden; die Schwachen und die Feigen dienten und warteten das Ende ab.

Wir verließen Lille, bevor die Stadttore geschlossen wurden; in einem abgelegenen Haus warteten wir, bis wir uns um zehn Uhr abends, als es völlig dunkel geworden war, auf den Weg machen konnten. Wir hatten keinerlei Gepäck, nur einen kleinen Stock in der Hand. Vor einem Jahr erst war ich so meinem Holländer durch die amerikanischen Wälder gefolgt.

Wir gingen auf kaum sichtbaren Fußwegen durch die Getreidefelder. Französische und österreichische Patrouillen durchstreiften die Gegend; den einen wie den anderen konnten wir in die Hände fallen oder uns plötzlich der Pistole eines Kavallerierpostens gegenüber sehen. In der Ferne erblickten wir einzelne Reiter, reglos, mit der Waffe in der Hand. Wir hörten Pferdegetrappel in Hohlwegen, und wenn wir das Ohr auf die Erde legten, vernahmen wir den regelmäßigen Marschtritt einer Infanterieabteilung. Nach drei Stunden Wegs, die wir bald laufend, bald langsam auf den Zehenspitzen zurückgelegt hatten, kamen wir an einen Kreuzweg im Wald, wo noch einige verspätete Nachtigallen sangen. Eine Kompanie Ulanen stürmte mit gezücktem Säbel hinter einer Hecke hervor auf uns zu. Wir riefen: „Offiziere, die zu den Prinzen stoßen wollen!" Wir verlangten, daß man uns nach Tournay führe und erklärten, wir seien imstande, uns auszuweisen. Zwischen seinen Reitern führte der Kommandant des Postens uns fort.

Als es Tag wurde, sahen die Ulanen die Uniformen der Nationalgarde, die wir unter unseren Überröcken trugen, und beschimpften die Farben, welche Frankreich später dem unterworfenen Europa aufzwang.

In Tournay angekommen, überließ ich es meinem Bruder, sich mit den Behörden herumzuschlagen, und besichtigte in Begleitung eines Soldaten die Kathedrale. Da kommt mein Bruder zurück, nachdem er durch seine Erklärungen den österreichischen Kommandanten zufriedenstellen konnte. Man erlaubt uns, nach Brüssel zu gehen - ein zu mühevoll erkauftes Exil.

8

London, April bis September 1822.

Brüssel. - Ein Diner bei dem Baron de Breteuil. - Rivarol. - Abreise zur Armee der Prinzen. - Zusammentreffen mit der preußischen Armee. - Ankunft in Trier.

Brüssel war das Hauptquartier der hocharistokratischen Emigration. Die elegantesten Damen und die modischsten Herren von Paris erwarteten bei vielen Vergnügungen den Augenblick des Sieges. Sie trugen schöne nagelneue Uniformen und paradierten in der ganzen Unerschütterlichkeit ihres Leichtsinns. In wenigen Tagen verpraßten sie beträchtliche Summen, von denen sie jahrelang hätten leben können; es war ja nicht nötig zu sparen, man würde ja sehr bald wieder in Paris sein... Diese glänzenden Ritter bereiteten sich durch Erfolge in der Liebe auf den Kriegsruhm vor - in umgekehrter Reihenfolge als bei der alten Ritterschaft üblich. Verachtungsvoll betrachteten sie uns, kleine Landedelleute oder arme, Soldaten gewordene Offiziere, wie wir mit dem Reisesack auf dem Rücken zu Fuß gingen. Diese Herkulesse spannen zu Füßen ihrer Omphalen die Spinnrocken ab, die sie seinerzeit uns zugeschickt hatten und die wir ihnen im Vorbeigehen zurückgaben,[171] da wir uns mit unseren Degen begnügten.

Ich fand in Brüssel mein weniges Gepäck, das vor mir eingeschmuggelt worden war; es bestand in meiner Uniform des Regiments Navarra, etwas Wäsche und meinen kostbaren Papieren, von denen ich mich nicht trennen konnte.

Der Baron de Breteuil lud mich mit meinem Bruder zum Diner ein. Ich traf dort die Baronin de Montmorency, damals jung und schön und jetzt dem Tode nahe; märtyrerhafte Bischöfe in seidener Soutane mit goldenem Kreuz, junge Beamte, aus denen ungarische Oberste geworden waren, und Rivarol, den ich nur dieses einzige Mal in meinem Leben zu Gesicht bekam. Man hatte ihn nicht vorgestellt, aber ich war verblüfft über die Redeweise eines Mannes, der ganz allein daherschwadronierte und sich mit einigem Recht wie ein Orakel vernehmen ließ. Rivarols Geist schadete seinem Talent, seinem Wort und seiner Feder. Über Revolutionen sagte er: „Der erste Schlag trifft den Gott, der zweite nur noch fühllosen Marmor." Ich hatte wieder die Uniform eines kleinen Infanterieunterleutnants angelegt. Ich mußte nach dem Diner abreisen, und mein Mantelsack lag vor der Tür. Ich war noch von der Sonne Amerikas und der Seeluft gebräunt, und ich trug mein Haar glatt und ungepudert. Mein Anblick und mein Schweigen störten Rivarol. Der Baron de Breteuil bemerkte seine unruhige Neugier und wollte sie befriedigen. „Woher kommt Ihr Bruder, der Chevalier?" fragte er meinen Bruder. „Vom Niagara", antwortete ich. „Von dem Wasserfall?" rief Rivarol aus. Ich schwieg. Er wagte zu einer Frage anzusetzen: „Und Sie gehen nun...?" - „Dahin, wo man kämpft", unterbrach ich ihn. Man hob die Tafel auf.

Diese dünkelhafte Emigration war mir zuwider. Es drängte mich, auf meinesgleichen zu treffen, auf Emigranten wie ich, mit einem Einkommen von sechshundert Livres. Wir waren ziemlich einfältig, kein Zweifel, aber wir hatten wenigstens unseren Degen gezogen, und hätten wir Erfolg gehabt, so hätten wir den Sieg nicht für uns genutzt.

Mein Bruder blieb in Brüssel bei dem Baron de Montboissier und wurde dessen Adjutant; ich brach allein nach Koblenz auf. Nichts Geschichtsträchtigeres gibt es als die Straße, auf der ich reise; allenthalben wird man an wichtige Ereignisse oder an die Großtaten Frankreichs gemahnt. Ich kam durch Lüttich, eine jener Bürgerrepubliken, die sich so oft gegen ihre Bischöfe oder gegen die Grafen von Flandern erhoben hatten.

In Köln bewunderte ich den Dom, der in vollendetem Zustand das schönste gotische Bauwerk Europas wäre. Die Mönche waren selbst die Maler, Bildhauer, Baumeister und Maurer ihrer Kirchen; sie verliehen sich den Titel des Maurermeisters.

Es ist sonderbar, wenn man heute unwissende Philosophen und geschwätzige Demokraten gegen die Mönche wettern hört. Als ob diese Proletarier in der Mönchskutte, diese Bettlerorden, denen wir fast alles zu verdanken haben, Edelleute gewesen wären!

Ich fuhr den Rhein stromaufwärts bis nach Koblenz. Die Armee der Prinzen war nicht mehr hier. Ich reiste durch diese leeren Königreiche, sah das schöne Rheintal, dieses herrliche Tal der barbarischen Musen, wo Ritter um die Ruinen ihrer Schlösser streifen und man des Nachts Waffenlärm vernimmt, wenn ein Krieg bevorsteht.

Zwischen Koblenz und Trier geriet ich an die preußische Armee. Ich lief an der Kolonne entlang, und als ich bei den Garden angelangt war, bemerkte ich, daß sie in Schlachtordnung mit Geschützen aufmarschiert waren. Der König und der Herzog von Braunschweig bildeten den Mittelpunkt der Truppe alter friderizianischer Grenadiere. Meine weiße Uniform stach dem König in die Augen, und er ließ mich rufen; der Herzog von Braunschweig und er nahmen ihre Hüte ab und grüßten in meiner Person die alte französische Armee. Sie fragten mich nach meinem Nanen, nach dem Namen meines Regiments und nach dem Ort, wo ich zu den Prinzen stoßen wollte. Dieser militärische Empfang rührte mich; ich antwortete bewegt, daß ich in Amerika vom Unglück meines Königs erfahren habe und herbeigeeilt sei, um in seinem Dienst mein Blut zu vergießen. Die Offiziere und Generäle um Friedrich Wilhelm brachten ihren Beifall zum Ausdruck, und der preußische Monarch sagte zu mir: „Monsieur, die Gefühle des französischen Adels bleiben immer unverkennbar." Er zog abermals seinen Hut und blieb barhäuptig stehen, bis ich hinter der Masse der Grenadiere verschwunden war. Man wettert jetzt gegen die Emigranten; sie seien Tiger, die den Schoß ihrer Mutter zerfleischten. Zu der Zeit, von der ich spreche, hielt man sich an die alten Beispiele, und die Ehre galt ebensoviel wie das Vaterland. Im Jahre 1792 war die Eidestreue noch eine Pflicht; heute ist sie so selten geworden, daß man sie als Tugend betrachtet.

Ein seltsamer Vorgang, den andere schon vor mir erlebt hatten, hätte mich fast zum Umkehren veranlaßt. Man wollte mich in Trier, wo die Armee der Prinzen angelangt war, nicht zulassen. Ich sei, so sagte man, einer von denen, die den Ausgang abwarten, um sich zu entscheiden; ich hätte schon seit drei Jahren bei der Truppe sein müssen und käme erst jetzt, da der Sieg sicher sei. Man brauche mich nicht; man habe schon genug von solchen Helden nach dem Kampfe. Tag für Tag desertierten Kavallerieschwadrone, selbst die Artillerie liefe massenhaft zu uns über, und wenn das so weiterginge, wisse man nicht, was man mit all diesen Leuten anfangen solle. Welch ungeheure Illusion!

Ich traf auf meinen Vetter, Armand de Chateaubriand; der nahm sich meiner an, rief die Bretonen zusammen und sprach für mich. Man ließ mich kommen und ich gab meine Erklärungen ab. Ich sagte, daß ich aus Amerika herbeigeeilt sei, um die Ehre zu haben, mit meinen Kameraden zu dienen, daß der Feldzug zwar eröffnet sei, aber noch nicht begonnen habe und ich also zum ersten Gefecht noch rechtzeitig käme; daß ich mich aber auch zurückziehen werde, wenn man es verlangen sollte, jedoch nicht, ohne vorher Genugtuung für eine unverdiente Beleidigung erhalten zu haben. Die Sache wurde beigelegt; da man mich als braven Kerl ansah, öffneten sich die Reihen für mich, und ich hatte nur noch die Qual der Wahl.

9

Die Armee der Prinzen. - Das römische Amphitheater. - Atala. - Die Hemden Henri IV.

Die Armee der Prinzen bestand aus Edelleuten, die nach Provinzen einge-teilt waren und als einfache Soldaten dienten. Der Adel ging auf seine Ur-sprünge und auf die Ursprünge der Monarchie zurück, und dies in eben dem Moment, da er selbst und diese Monarchie sich ihrem Ende entgegenneigten - wie ein Greis, der zur Kindheit zurückkehrt. Außerdem gab es Abteilungen von emigrierten Offizieren verschiedener Regimenter, die ebenfalls wieder einfache Soldaten geworden waren; dazu gehörten meine Kameraden aus dem Regiment Navarra. Ich ging zur siebenten bretonischen Kompanie, die von Monsieur de Gouyon-Miniac kommandiert wurde. Der Adel meiner Provinz hatte sieben Kompanien gestellt, eine achte bestand aus jungen Leuten des dritten Standes; die stahlgraue Uniform dieser Kompanie stach von der der sieben anderen - königsblau mit Hermelin-aufschlägen - ab, Männer, die der gleichen Sache dienten und den gleichen Gefahren ausgesetzt waren, trugen weiterhin ihre politische Ungleichheit in hassenswerten äußeren Zeichen zur Schau. Die wahren Helden waren diese plebejischen Soldaten, denn in ihren Opfermut mischte sich keinerlei persönliches Interesse.

Die Zusammensetzung unserer kleinen Armee war folgende: Infanterie, bestehend aus adligen Soldaten und Offizieren; vier Kompanien Deserteure, die in die unterschiedlichen Uniformen der Regimenter gekleidet waren, aus denen sie kamen; eine Kompanie Artillerie; einige Pionieroffiziere mit ein paar Kanonen, Haubitzen und Mörsern unterschiedlichen Kalibers (die Artillerie und das Pioniercorps, die sich fast vollständig der Sache der Revolution ange-schlossen hatten, führten sie nach außen zum Erfolg). Unsere Infanterie wurde von einer sehr schönen Kavallerie unterstützt, bestehend aus deutschen Kara-binieri, Musketieren unter dem Kommando des alten Comte de Montmorin und Marineoffizieren aus Brest, Rochefort und Toulon. Die umfassende Emi-gration der Marineoffiziere warf die französische Marine wieder in den Schwä-chezustand zurück, aus dem Ludwig XVI. sie befreit hatte. Niemals seit Du-quesne und Tourville hatten sich unsere Marinegeschwader ruhmreicher gezeigt. Meine Kameraden waren voller Freude, ich aber hatte Tränen in den Augen, als ich diese Ozeanungeheuer vorbeifahren sah, die keine Schiffe mehr führten, um die Engländer zu demütigen und Amerika zu befreien. Statt neue Kontinente zu erkunden und Frankreich damit zu beschenken, wateten diese Gefährten La Pérouses im Schmutze Deutschlands.

Wir hatten Zelte, ansonsten aber fehlte es uns an allem. Unsere Gewehre, deutsche Ausschußware von fürchterlichem Gewicht, zerquetschten uns die Schultern und waren oft kaum zum Schießen zu gebrauchen. Ich habe den ganzen Feldzug mit einem solchen Gewehr gemacht, dessen Hahn nicht funk-tionierte.

Wir blieben zwei Tage in Trier. Es war mir ein großes Vergnügen, römische Ruinen zu besichtigen, nachdem ich die namenlosen Ruinen am Ohio gesehen hatte, und diese so oft geplünderte Stadt zu besuchen, von der Salvianus gesagt hat: „Flüchtlinge von Trier, Ihr fragt die Kaiser, wo das Theater und der Zirkus sind: Warum fragt Ihr nicht, wo die Stadt und das Volk hin sind?"

Wo war das Volk, für das wir, die Flüchtlinge aus Frankreich, die Denkmäler des Heiligen Ludwig wieder aufrichten wollten?

Ich setzte mich mit meinem Gewehr inmitten der Ruinen nieder. Aus meinem Tornister zog ich das Manuskript meiner Amerikareise und legte die einzelnen Blätter um mich herum auf den Rasen. In den Trümmern eines römischen Amphitheaters überlas und korrigierte ich die Beschreibung des Urwalds, eine Stelle aus Atala, und bereitete mich so auf die Eroberung Frankreichs vor. Dann packte ich meinen Schatz wieder zusammen, dessen Gewicht mit dem meiner Hemden, meines Mantels, meiner Blechkanne, meiner Korbflasche und meines kleinen Homer so groß war, daß ich Blut spuckte. Ich versuchte, Atala mit den überflüssigen Patronen in meine Patronentasche zu stopfen; meine Kameraden machten sich über mich lustig und rissen die Blätter heraus, die zu beiden Seiten des Lederdeckels hervorschauten. Die Vorsehung kam mir zu Hilfe: Als wir eines Nachts auf einem Heuboden geschlafen hatten, fand ich beim Erwachen meine Hemden nicht mehr im Tornister; die Papiere hatte man daringelassen. Ich dankte Gott dafür: Dieser Unfall sicherte meinen Ruhm und rettete mir das Leben, denn die sechzig Pfund, die ich auf dem Rücken herumtrug, hätten mich brustleidend gemacht. „Wieviel Hemden habe ich?" fragte einst Henri IV. seinen Kammerdiener. „Ein Dutzend, Sire, und ein paar davon sind zerrissen." - „Und Taschentücher habe ich acht?" - „Im Moment sind es nur fünf." Der Béarner gewann die Schlacht von Ivry[172] ohne Hemden; ich habe, obwohl ich die meinigen verlor, seinen Kindern sein Reich nicht zurückgeben können.

10

London, April bis September 1822.

Das Soldatenleben. - Das letzte Bild des alten militärischen Frankreich.

Wir erhielten den Befehl, auf Thionville zu marschieren. Jeden Tag legten wir fünf bis sechs französische Meilen zurück. Das Wetter war schrecklich. Wir marschierten durch Regen und Schlamm und sangen: „O Richard! o mein König!" oder „Armer Jakob!"[173] An unserer Lagerstelle angekommen, gingen wir, da weder Packwagen noch Lebensmittel vorhanden waren, mit Eseln, die der Kolonne wie eine arabische Karawane folgten, auf der Suche nach etwas Eßbarem in die Bauernhöfe und die Dörfer. Wir bezahlten alles sehr gewissenhaft; ich mußte dennoch zur Strafe Wache stehen, weil ich im Garten eines Schlosses achtlos drei Birnen abgepflückt hatte. Das Sprichwort sagt: „Ein großer Glockenturm, ein großer Fluß und ein großer Herr sind schlechte Nachbarn."

Wir schlugen unsere Zelte auf, wie es sich gerade ergab; unablässig mußten wir gegen die Zeltbahn trommeln, um die Seile auszubreiten und das Wasser am Durchdringen zu hindern. In jedem Zelt waren zehn Soldaten untergebracht, von denen jeder seinen Anteil am Küchendienst zugewiesen bekam: dieser hatte Fleisch, jener Brot, ein dritter Holz, ein vierter Stroh zu holen. Ich verstand mich vortrefflich aufs Suppekochen, und man machte mir große Komplimente, besonders, wenn ich nach bretonischer Sitte den Eintopf mit Milch und Kraut zubereitete. Bei den Irokesen hatte ich gelernt, Rauch zu vertragen, so daß ich mich an meinem Feuer aus grünen und feuchten Ästen ganz wohl befand. Dieses Soldatenleben ist sehr vergnüglich; es war mir, als sei ich noch bei den Indianern. Wenn wir im Zelt unsere Schüsseln leerten, baten mich meine Kameraden, ihnen von meinen Reisen zu erzählen. Sie revanchierten sich dafür mit schönen Geschichten. Wir logen alle wie ein Korporal in der Schenke vor einem Rekruten, der die Zeche bezahlt.

Das Wäschewaschen wurde mir sehr lästig; ich mußte es jedoch tun und noch dazu oft, denn die zuvorkommenden Diebe hatten mir nur ein von meinem Vetter Armand geliehenes Hemd und das, das ich am Leibe trug, gelassen. Wenn ich mit gebeugtem Rücken und gesenktem Kopf meine Strümpfe, meine Taschentücher und mein Hemd am Ufer eines Baches einseifte, wurde ich von Schwindel ergriffen, und das Bewegen der Arme verursachte mir unerträgliche Schmerzen in der Brust. Ich war dann gezwungen, mich in den Kräutern und der Kresse niederzusetzen, und mitten im Kriegsgetümmel erfreute ich mich daran, das Wasser friedlich dahinfließen zu sehen.

Eine Armee besteht gewöhnlich aus Soldaten von annähernd gleichem Alter, gleicher Statur und gleicher Kraft. Ganz anders die unsrige - sie war ein buntes Gemisch von erwachsenen Männern, Greisen und Kindern, die gerade vom Spielplatz kamen. Man sprach die Dialekte der Normandie, der Bretagne, der Picardie, der Auvergne, der Gascogne, der Provence und des Languedoc. Ein Vater diente mit seinen Söhnen, ein Schwiegervater mit seinem Schwiegersohn, ein Onkel mit seinem Neffen, ein Bruder mit seinem Bruder, ein Vetter mit dem anderen Vetter. Dieses Aufgebot mochte lächerlich erscheinen, hatte aber etwas Ehrenvolles und Rührendes, weil es von aufrichtigen Überzeugungen beseelt war. Es gewährte uns das Schauspiel der alten Monarchie und das letzte Bild einer zu Ende gehenden Welt. Ich habe alte Edelleute mit strenger Miene, grauem Bart und zerrissenem Rock gesehen, die sich, mit dem Tornister auf dem Rücken und umgehängtem Gewehr, an einem Stock und von einem ihrer Söhne gestützt, dahinschleppten; ich habe den Vater von Boishue, meines bei der Versammlung der Generalstände von Rennes neben mir ermordeten Kameraden, gesehen, wie er, allein und traurig, barfuß im Schmutz dahinzog, seine Schuhe an der Spitze des Bajonetts aufgehängt, um sie nicht abzunutzen; ich habe verwundete junge Männer unter Bäumen liegen sehen, zu deren Häupten der Geistliche mit Priesterrock und Stola kniete und sie dem Heiligen Ludwig nachsandte, dessen Erben sie zu verteidigen versucht hatten. Diese ganze ärmliche Truppe erhielt nicht einen Sou von den Prinzen und führte den Krieg auf eigene Kosten, während zu Hause durch Dekrete ihre Eigentumsrechte vernichtet und unsere Frauen und Mütter in den Kerker geworfen wurden.

Früher waren alte Menschen weniger unglücklich und weniger vereinsamt als heute: Zwar verloren sie, solange sie auf Erden weilten, auch ihre Freunde, aber um sie herum änderte sich wenig; wohl waren sie der Jugend fremd, nicht aber der Gesellschaft. Heute hat ein alter Mensch in dieser Welt nicht nur Menschen, sondern auch Ideen sterben sehen: Grundsätze, Sitten, Neigungen, Vergnügungen, Leiden, Gefühle - nichts ist mehr so, wie er es gekannt hat. Er gehört einem anderen Geschlecht an als die Menschenwesen, in deren Mitte er nun seine Tage beendet.

Und doch, ihr Franzosen des neunzehnten Jahrhunderts, lernt dieses alte Frankreich achten, das ebensoviel wert war wie ihr. Auch ihr werdet einmal alt werden, und man wird euch wie uns beschuldigen, an überlebten Ideen festzuhalten. Eure eigenen Väter sind es, die ihr besiegt habt; verleugnet sie nicht, ihr seid aus ihrem Blut hervorgegangen. Wären sie nicht in hochherziger Weise den alten Sitten treu geblieben, hättet ihr nicht aus dieser angeborenen Treue die Energie schöpfen können, die euren Ruhm in den neuen Sitten begründet hat; zwischen dem alten und dem neuen Frankreich hat sich nur eine Umwandlung der Kraft vollzogen.

11

London, April bis September 1822.

Beginn der Belagerung von Thionville. - Der Chevalier de La Baronnais.

Neben unserem armseligen dunklen Lager gab es ein anderes, glänzend und reich. Beim Stab fuhren nur mit Lebensmitteln gefüllte Packwagen vor; es wimmelte von Köchen, Dienern und Adjutanten. Nichts spiegelte besser den Gegensatz zwischen Hof und Provinz, zwischen der untergehenden Versailler Monarchie und der Monarchie, die sich auf dem Heideland opferte, wider. Die Adjutanten waren uns verhaßt; wenn vor Thionville irgendein Geplänkel stattfand, riefen wir: „Die Adjutanten vor!", so wie die Patrioten riefen: „Die Offiziere vor!"

Ich verspürte einen jähen Schmerz im Herzen, als man uns an einem trüben Tage angesichts am Horizont auftauchender Wälder sagte, daß diese Wälder zu Frankreich gehörten. In Waffen die Grenze meines Vaterlandes zu überschreiten - das hatte eine Wirkung auf mich, die ich nicht wiedergeben kann: Ich empfand etwas wie eine Vorahnung der Zukunft, und dies umso mehr, als ich keine der Illusionen meiner Kameraden teilte, weder in Bezug auf die Sache, die sie verteidigten, noch auf den Sieg, den sie sich versprachen. Da war kein einziger Ritter de la Mancha, der sich nicht, krank, lahm, die Nachtmütze unter dem dreieckigen Biberhut, unerschütterlich für fähig hielt, ganz allein fünfzig kräftige junge Patrioten in die Flucht zu schlagen. Dieser zugleich achtbare und komische Stolz, in anderen Zeiten ein Kraftquell für Heldentaten, hatte mich nicht erfaßt; ich war nicht so überzeugt von der Stärke meines unüberwindlichen Armes.

Ungeschlagen zogen wir am 1. September vor Thionville auf, denn wir waren unterwegs niemandem begegnet. Die Kavallerie lagerte rechts, die Infanterie links von der großen Straße, die von Deutschland her auf die Stadt zuführte. Vom Lagerplatz aus konnte man die Festung nicht sehen, aber sechshundert Schritt weiter kam man auf einen Hügel, von dem aus man das Moseltal überblicken konnte. Die Reiterei der Marine verband den rechten Flügel unserer Infanterie mit dem österreichischen Korps des Fürsten von Waldeck, und der linke Flügel der Infanterie war durch tausendachthundert Pferde der Regimenter Maison-Rouge und Royal-Allemand gedeckt. Wir verschanzten uns an der Front in einem Graben, an dem Gewehrpyramiden aufgestellt wurden. Die acht bretonischen Kompanien nahmen zwei Quergassen des Lagers ein, und daran schloß sich die Kompanie der Offiziere von Navarra, meiner Kameraden, an.

Diese Arbeiten dauerten drei Tage; als sie beendet waren, trafen Monsieur [174] und der Comte d'Artois ein. Sie rekognoszierten die Festung, die wir vergeblich zur Übergabe aufforderten, obgleich Wimpfen dazu geneigt zu sein schien. Wir bezogen Posten auf der Straße am Eingang eines Dorfes, eher einer Vorstadt Thionvilles außerhalb der Befestigungen, die die Moselbrücke schützten. Von den Häusern aus wurden Schüsse gewechselt; wir verteidigten erfolgreich die Positionen, die wir schon eingenommen hatten. Ich nahm an diesem ersten Gefecht nicht teil; mein Vetter Armand war dabei und hielt sich gut. Während man in diesem Dorf kämpfte, wurde meine Kompanie zu einer Batterie abkommandiert, die am Rande eines Waldes, auf dem Gipfel einer Anhöhe Stellung beziehen sollte. Der Abhang dieser Anhöhe war bis in die Ebene hinab, die an die äußeren Befestigungen von Thionville grenzte, mit Weinstöcken bewachsen.

Der Baumeister, der uns anleitete, hieß uns einen rasenbedeckten, für unsere Kanonen bestimmten Wall errichten. Wir zogen einen offenen Parallelgraben, um uns vor den Kanonenkugeln zu schützen. Diese Erdarbeiten gingen langsam voran, denn wir alle, junge und alte Offiziere, waren den Umgang mit Hacke und Spaten kaum gewöhnt. Wir hatten keine Schubkarren, und so trugen wir die Erde in unseren Kleidern fort, die wir als Säcke verwendeten. Von einer Schanze aus wurde das Feuer auf uns eröffnet; das war umso bedrohlicher, als wir es nicht erwidern konnten, denn unsere ganze Artillerie bestand aus zwei Achtpfündern und einer Haubitze, die nicht weit genug trug.

Unsere erste Granate ging außerhalb des Festungswalls zu Boden und rief das Hohngeschrei der Garnison hervor. Nach einigen Tagen stießen österreichische Kanonen und Artilleristen zu uns. Hundert Mann Infanterie und eine Kavallerieabteilung der Marine lösten einander alle vierundzwanzig Stunden bei dieser Batterie ab. Die Belagerten rüsteten sich, sie anzugreifen; wir beobachteten mit dem Fernrohr die Bewegung auf den Festungswällen. Bei Einbruch der Nacht sahen wir eine Kolonne aus einem Ausfalltor hervorkommen und im Schutz des bedeckten Weges zu der Schanze vorstoßen. Meine Kompanie wurde zur Verstärkung abkommandiert. Bei Tagesanbruch begannen fünf- bis sechshundert Patrioten im Dorf, auf der Straße oberhalb der Stadt, ein Gefecht; dann wendeten sie sich nach links, zu den Weingärten, um unsere Batterie von der Flanke her anzugreifen. Die Marine schlug sich tapfer, wurde aber überrannt und ließ uns ohne Deckung. Wir waren zu schlecht bewaffnet, um das Feuer erwidern zu können, und stürmten daher mit dem Bajonett voran. Die Anstürmenden zogen sich - ich weiß nicht warum - zurück; hätten sie standgehalten, wären wir ausgehoben worden.

Wir hatten mehrere Verwundete und einige Tote, darunter den Chevalier de La Baronnais, Hauptmann einer der bretonischen Kompanien. Ich brachte ihm Unglück; die Kugel, die ihm das Leben raubte, war vom Lauf meines Gewehrs abgeprallt und traf ihn mit solcher Kraft, daß sie ihm beide Schläfen durchschlug und mir sein Gehirn ins Gesicht spritzte. Nutzloses und edles Opfer einer verlorenen Sache!

Als der Maréchal d'Aubeterre die Versammlung der bretonischen Landstände abhielt, sprach er bei Monsieur de La Baronnais, dem Vater, vor, einem armen Edelmann, der in Dinard bei Saint-Malo wohnte. Der Marschall, der ihn gebeten hatte, niemanden einzuladen, erblickte bei seinem Eintritt eine für fünfundzwanzig Personen gedeckte Tafel und zürnte dafür seinem Wirt in freundschaftlichem Ton. „Gnädiger Herr", sagte Monsieur de La Baronnais, „ich habe nur meine Kinder zu Tisch." Monsieur de La Baronnais hatte zweiundzwanzig Söhne und eine Tochter, alle von der gleichen Mutter. Die Revolution hat diese reiche Saat des Familienvaters vor der Reife niedergemäht.

12

London, April bis September 1822.

Der Fortgang der Belagerung. - Kontraste. - Heilige in den Wäldern. - Patrouille. - Eine unerwartete Begegnung. - Die Wirkung einer Kanonenkugel und einer Bombe.

Das österreichische Korps unter Waldeck begann zu operieren. Unsere Angriffe wurden stärker. Das war ein schönes nächtliches Schauspiel: Feuerpfannen erleuchteten die Festungswerke voller Soldaten; ein plötzlicher Lichtschein übergoß die Wolken oder den blauen Zenit, wenn man Feuer an die Kanonen legte, und die Bomben, die sich in der Luft kreuzten, beschrieben leuchtende Bögen. Zwischen den Detonationen hörte man Trommelwirbel, Militärmusik und die Stimmen der Wachen auf den Wällen von Thionville und auf unseren Posten; nur leider, sie riefen auf beiden Seiten auf französisch: „Wachen, habt Acht!"

Wenn die Gefechte bei Tagesanbruch stattfanden, geschah es, daß auf das Krachen des Gewehrfeuers der Gesang der Lerche folgte, während uns die verstummten Kanonen schweigend mit offenen Schlünden aus den Schießscharten anblickten. Der Vogelgesang, der Erinnerungen an das ländliche Leben weckte, schien wie ein Vorwurf für die Menschen. Genauso war es, wenn ich Tote fand in den blühenden Luzernefeldern oder am Ufer eines Baches, dessen Wasser das Haar dieser Toten umspülte. In den Wäldern, wenige Schritte entfernt von den Gewalttaten des Krieges, stieß ich auf kleine Statuen von Heiligen und von der Jungfrau. Ein Ziegenhirt, ein Schäfer, ein Bettler mit dem Bettelsack knieten vor diesen Friedensbringern und beteten beim fernen Donner der Kanonen ihren Rosenkranz. Einmal kam eine ganze Gemeinde mit ihrem Priester, um dem Schutzheiligen eines benachbarten Kirchspiels, dessen Bild in einer Hecke nahe bei einem Brunnen aufgestellt war, Blumensträuße darzubringen. Der Priester war blind; als Soldat im Dienste Gottes hatte er bei seinem frommen Wirken das Augenlicht verloren wie ein Grenadier auf dem Schlachtfeld. Der Vikar spendete an seiner Stelle das Abendmahl, weil der Priester die heilige Hostie nicht auf die Lippen der Kommunikanten gebracht hätte. Vom Dunkel der Nacht umhüllt, segnete er bei diesem Gottesdienst das Licht!

Wir machten Streifzüge durch die Umgebung und dehnten sie bis zu den Dörfern unter den äußersten Verschanzungen von Thionville aus. Das an der großen Straße gelegene Dorf jenseits der Mosel wurde unaufhörlich genommen und zurückerobert. Zweimal nahm ich an diesen Angriffen teil. Die Patrioten schimpften uns Feinde der Freiheit, Aristokraten, Handlanger Capets; wir nannten sie Räuber, Halsabschneider, Verräter und Rebellen. Manchmal hielt man inne, und mitten unter den Kämpfern, die zu unparteiischen Zuschauern geworden waren, fand ein Zweikampf statt: eine sonderbare französische Charaktereigenschaft, die selbst die Leidenschaft des Kampfes nicht ersticken kann.

Eines Tages bei meinem Patrouillengang im Weinberg erblickte ich zwanzig Schritte vor mir einen alten jagdliebenden Edelmann, der mit seinem Gewehr auf die Weinstöcke einschlug, als ob er einen Hasen aufstöbern wolle; dann blickte er hastig um sich, in der Hoffnung, einen Patrioten hervorkommen zu sehen. Jeder hier hatte seine eigenen Sitten.

Ein andermal wollte ich das österreichische Lager besuchen. Zwischen ihm und dem der Marinekavallerie lag ein Wald, den die Festung unnützerweise mit starkem Feuer bedachte; die Stadt schoß viel zu viel, denn sie hielt uns für stärker als wir waren, was auch die großsprecherischen Armeebulletins des

Kommandanten von Thionville erklärte. Als ich durch diesen Wald ging, gewahrte ich etwas, das sich im Gras bewegte: Ich trete näher hinzu und erblikke einen der Länge nach, mit dem Gesicht nach unten auf dem Boden liegenden Mann, der mir nur seinen breiten Rücken zeigt. Ich hielt ihn für verwundet, ergriff ihn bei den Haaren im Nacken und hob seinen Kopf ein wenig empor. Er öffnet seine angsterfüllten Augen und richtet sich, auf die Hände gestützt, halb empor. Ich breche in lautes Lachen aus: Es war mein Vetter Moreau! Ich hatte ihn seit unserem Besuch bei Madame de Chastenay nicht wiedergesehen.

Als eine Bombe niederging, hatte er sich flach auf den Bauch geworfen, und nun hätte es einer Hebevorrichtung bedurft, um ihn wieder hochzubekommen. Ich hatte die größte Mühe, ihn aufzurichten, denn sein Bauch war jetzt dreimal so dick. Er sagte mir, daß seine Aufgabe die Proviantbeschaffung sei und daß er dem Fürsten von Waldeck Ochsen anbieten wolle.

Als ich ins Lager zurückkehrte, ging ein Ingenieuroffizier an mir vorbei, der sein Pferd am Zügel führte. Eine Kanonenkugel erwischt das Tier an der schmalsten Stelle des Halses und schneidet ihn glatt durch. Kopf und Hals bleiben in der Hand des Reiters und ziehen ihn mit ihrem Gewicht zu Boden. Ich habe eine Bombe mitten in den Kreis von Marineoffizieren fallen sehen, die ihre Mahlzeit einnahmen; die Suppenschüssel verschwand, und die am Boden liegenden, mit Erde bedeckten Offiziere schrieen wie jener alte Schiffskapitän: „Feuer an Steuerbord, Feuer an Backbord, Feuer überall! Feuer in meiner Perücke!"

Das scheint eine Eigenheit von Thionville zu sein: Als François de Guise 1558 diese Stadt belagerte, wurde der Marschall Strozzi hier getötet, „wie er im Laufgraben mit eben diesem Sieur de Guise sprach, dessen Hand auf seiner Schulter ruhte".

13

London, April bis September 1822.

Der Lagermarkt.

Hinter unserem Lager hatte sich eine Art Markt gebildet. Die Bauern brachten kleine Fässer mit weißem Moselwein an, die auf den Wagen gelassen wurden. Während die abgeschirrten, an einem Ende der Karren festgebundenen Pferde grasten, wurde am anderen Ende getrunken. Hier und da brannten Feuer. Man schmorte Bratwürste in kleinen Pfannen, kochte Maisbrei in Schwenkkesseln, buk auf gußeisernen Platten Krapfen und ließ den Teig auf Körben aufgehen. Man verkaufte Aniskuchen, Roggenbrote zu einem Sou, grüne Äpfel, rote und weiße Eier, Pfeifen und Tabak - all das unter einem Baum, an dessen Ästen Mäntel von grobem Tuch hingen, um die die Vorübergehenden feilschten; Bäuerinnen, die rittlings auf tragbaren Schemeln saßen, molken ihre Kühe, und jeder reichte der Reihe nach seine Tasse hin. Vor den Öfen strichen Marketender in Kitteln und Soldaten in Uniform herum. Marketenderinnen liefen umher und riefen auf deutsch und französisch ihre Waren aus. Hier standen Menschengruppen beisammen, dort saßen andere an Holztischen, die man kreuz und quer auf dem holprigen Boden aufgestellt hatte. Als Dach dienten, so gut es eben ging, ein Stück Packleinwand oder, wie am Palmsonntag, abgeschnittene Zweige aus dem Wald. Ich glaube auch, daß im Gedenken an die Frankenkönige in den verdeckten Packwagen Hochzeiten gefeiert wurden. Es wurde gesungen, gelacht und geraucht. Nachts, zwischen den Feuern, die die Erde erleuchteten, und den Sternen, die darüber glänzten, war dies eine außerordentlich heitere Szene.

Wenn ich nicht Wache bei den Einheiten halten mußte und auch keinen Dienst im Zelt hatte, aß ich gern auf dem Markt zu Abend. Hier hoben die Lagergeschichten wieder an; aber vom Branntwein und vom Schmausen belebt, waren sie noch viel schöner.

Einer unserer Kameraden war für seine Geschichten berühmt. Wir hießen ihn Dinarzade,[175] obwohl es richtiger gewesen wäre, ihn Scheherezade zu nennen. Sobald wir seiner ansichtig wurden, eilten wir auf ihn zu und stritten uns um ihn; er fiel dem zu, der die Zeche für ihn zahlte. Er war von gedrungener Gestalt, hatte lange Beine, herabhängende Wangen, einen spärlichen Schnurrbart, schräg abfallende Augen und eine hohle Stimme; er trug einen großen Degen in kaffeefarbener Scheide und besaß die Stattlichkeit eines Militärdichters, halb Selbstmörder, halb lustiger Bruder. Er war ein ernsthafter Spaßvogel, lachte selbst nie, brachte uns aber stets zum Lachen. Er mußte bei jedem Duell als Zeuge herhalten und war der Anbeter all der Damen an der Theke. Er nahm alles, was er sagte, äußerst ernst und unterbrach seine Erzählung nur, um aus der Flasche zu trinken, seine Pfeife wieder anzuzünden oder eine Bratwurst zu verschlingen.

Eines Nachts, bei Nieselregen, standen wir im Kreis um den Hahn eines uns zugeneigten Weinfasses auf einem Karren mit Holmen, die zum Himmel zeigten. Eine auf dem Faß befestigte Kerze leuchtete uns, und ein Stück Sackleinwand, das wir von den Holmen zu zwei Pfählen gespannt hatten, war unser Dach. Dinarzade mit seinem verschrobenen Degen à la Friedrich II. stand zwischen einem Wagenrad und der Kruppe eines Pferdes und erzählte uns zu unserer großen Freude eine Geschichte. Die Marketenderinnen, die uns unsere Ration brachten, blieben bei uns stehen, um unserem Araber zuzuhören. Die lauschende Gruppe von Bacchantinnen und Silenen begleitete die Erzählung mit allen Anzeichen von Überraschung, Beifall oder Mißfallen.

„Meine Herren", hob der Erzähler an, „Sie alle haben den grünen Ritter gekannt, welcher zur Zeit des Königs Johann lebte?" Sogleich antworteten alle: „Ja, ja". Dinarzade verschlang einen Krapfen und verbrannte sich dabei. „Dieser grüne Ritter war sehr schön, wie Sie, meine Herren, wissen, denn Sie haben ihn ja gesehen; wenn der Wind seine roten Haare unter seinem Helm zauste, so sahen sie aus wie ein Kranz von Flachs um einen grünen Turban."

Alle riefen: „Bravo!"

„An einem Maiabend stieß er an der Zugbrücke eines Schlosses in der Picardie oder der Auvergne, gleichviel, in sein Horn. In diesem Schloß wohnte die 'Dame der großen Gesellschaften'. Sie nahm den Ritter gut auf, ließ ihm seine Rüstung abnehmen, ließ ihn ins Bad führen, und setzte sich mit ihm an einen prächtig gedeckten Tisch; allein sie aß nicht, und die sie bedienenden Pagen waren stumm."

Die Versammlung: „Oh! oh!"

„Die Dame, meine Herren, war groß, flach, mager und verwachsen wie die Frau des Majors; übrigens hatte sie ein ausdrucksvolles Gesicht und war kokett im Auftreten. Wenn sie lachte und ihre langen Zähne unter ihrer kurzen Nase zeigte, wußte man nicht mehr, wie einem geschah. Sie verliebte sich in den Ritter, und der Ritter verliebte sich in die Dame, obwohl er sich vor ihr fürchtete."

Dinarzade klopfte auf einer Speiche des Rades seine Pfeife aus und wollte sie von neuem stopfen; aber man zwang ihn fortzufahren:

„Der grüne Ritter, der ganz vernichtet war, beschloß, das Schloß zu verlassen; aber zuvor verlangte er von der Schloßherrin eine Erklärung für einige sonderbare Dinge. Zugleich machte er ihr einen regelrechten Heiratsantrag, vorausgesetzt, daß sie keine Hexe sei."

Dinarzade hatte seinen Degen aufrecht und starr zwischen seinen Knien in den Erdboden gepflanzt. Er saß nach vorn gebeugt, und wir bildeten unter ihm mit unseren Pfeifen eine Flammengirlande ähnlich dem Ring des Saturn. Und plötzlich schrie Dinarzade wie außer sich auf:

„Meine Herren, die 'Dame der großen Gesellschaften' war niemand anders als der Tod!"

Und mit dem Ausruf: „Der Tod! der Tod!" durchbrach der Erzähler den Kreis der Umstehenden und verjagte die Marketenderinnen. Unter großem Lärm und anhaltendem Gelächter wurde die Versammlung aufgehoben. Beim Donner der Geschütze näherten wir uns wieder der Festung Thionville.

14

London, April bis September 1822.

Eine Nacht bei den Gewehrpyramiden. - Der holländische Hund.

Die Belagerung dauerte an, oder es gab vielmehr gar keine Belagerung, denn die Laufgräben wurden nicht geöffnet,und es fehlte an Truppen, um die Festung regelrecht einzukreisen. Man rechnete mit Vereinbarungen und wartete auf die Nachricht vom Sieg der preußischen Armee oder der Armee Clairfayts, mit der zusammen das französische Korps des Duc de Bourbon kämpfte.

Unsere mageren Nachschubquellen versiegten; Paris schien sich immer weiter zu entfernen. Das schlechte Wetter nahm kein Ende, und wir wurden bei unseren Arbeiten dauernd überschwemmt. Manchmal erwachte ich im Graben, und das Wasser stand mir bis zum Hals; dann konnte ich am Morgen kein Glied rühren.

Unter meinen Landsleuten hatte ich Ferron de la Sigonnière, einen alten Schulkameraden aus Dinan, getroffen. Wir schliefen sehr schlecht in unserem Zelt; unsere Köpfe lagen außerhalb des Zeltes und bekamen aus dieser Art Dachrinne den ganzen Regen ab. Ich stand auf und ging mit Ferron vor den Gewehrpyramiden auf und ab, denn nicht alle unsere Nächte waren so lustig wie die mit Dinarzade. Wir liefen schweigend umher, hörten die Rufe der Wachen und betrachteten die Lichter in den Zeltgassen wie einst in der Schule die Lämpchen im Flur. Wir sprachen über die Vergangenheit und die Zukunft, über die Fehler, die man schon begangen hatte und noch begehen würde. Wir beklagten die Verblendung der Prinzen, die glaubten, mit ein paar dienstbaren Seelen in ihr Vaterland zurückkehren und mit ausländischer Hilfe die Krone auf dem Haupt ihres Bruders sichern zu können. Ich erinnere mich, in diesen Gesprächen zu meinem Kameraden gesagt zu haben, daß es Frankreich offenbar England nachtun wolle, daß der König auf dem Schafott sterben und daß unsere Expedition gegen Thionville wahrscheinlich einen der Hauptanklagegründe gegen Ludwig XVI. darstellen werde. Ferron war betroffen über meine Voraussage: Es war die erste in meinem Leben. Seitdem habe ich viele weitere, ebenso zutreffende, gemacht, auf die genausowenig gehört wurde. War das Unheil eingetroffen, suchte man sich zu schützen und gab mich dem Unglück preis, das ich vorausgesehen hatte. - Wenn die Holländer auf hoher See in einen Sturm geraten, dann ziehen sie sich ins Innere des Schiffes zurück, schließen die Luken und trinken Punsch, lassen aber einen Hund an Deck, der den Sturm anbellen soll; ist die Gefahr vorüber, so sperrt man den Getreuen in seine Hütte ganz hinten im Schiffsraum, und der Kapitän erfreut sich wieder an Deck des schönen Wetters. Auf dem Schiff des rechtmäßigen Königtums war ich der holländische Hund.

15

London, April bis September 1822.

Der Übergang über die Mosel. - Schlacht. - Libba, die Taubstumme. - Angriff auf Thionville.

Das Gerücht lief um, es solle endlich zum Gefecht kommen; der Fürst von Waldeck wolle einen Angriff versuchen, während wir über den Fluß setzen und durch eine Scheinattacke auf die Festung von französischer Seite her ein Ablenkungsmanöver unternehmen sollten.

Fünf bretonische Kompanien, unter ihnen die meinige, die Kompanie der Offiziere der Picardie und Navarras und das Freiwilligenregiment, das aus jungen lothringischen Bauern und Überläufern aus verschiedenen Regimentern bestand, wurden zum Dienst abkommandiert. Wir sollten von dem Regiment Royal-Allemand, von den Schwadronen der Musketiere und von verschiedenen Dragonerkorps, die unseren linken Flügel deckten, unterstützt werden. Zu diesem Reiterkorps gehörten auch mein Bruder und der Baron de Montboissier, der eine Tochter von Monsieur de Malesherbes, eine Schwester von Madame de Rosambo und mithin eine Tante meiner Schwägerin, geheiratet hatte. Wir eskortierten drei Kompanien österreichischer Artillerie mit Geschützen schweren Kalibers und eine Artillerieeinheit mit drei Mörsern.

Wir brachen um sechs Uhr abends auf. Um zehn Uhr setzten wir oberhalb Thionvilles auf kupfernen Pontons über die Mosel. Bei Tagesanbruch waren wir am linken Ufer im Gefecht. Die schwere Kavallerie staffelte sich an den Flügeln, die leichte stand an der Spitze. Bei der zweiten Bewegung formierten wir uns zur Kolonne und begannen zu defilieren.

Gegen neun Uhr hörten wir zu unserer Linken Geschützfeuer. Ein Reiteroffizier kam mit verhängtem Zügel angesprengt und meldete uns, daß eine Abteilung der Armee Kellermann zu uns stoßen wolle und daß bei den Schützen das Gefecht schon im Gange sei. Das Pferd des Offiziers war am Maul von einer Kugel getroffen worden; es bäumte sich auf und sprühte Schaum aus dem Maul und Blut aus den Nasenlöchern. Dieser Offizier mit dem Säbel in der Hand auf seinem verwundeten Pferd war ein herrlicher Anblick. Das von Metz kommende feindliche Korps manövrierte, um uns in der Flanke anzugreifen. Es hatte Feldgeschütze bei sich, deren Feuer unserem Freiwilligenregiment großen Schaden zufügte. Ich hörte die Schreie einiger von Kugeln getroffener Rekruten; diese letzten Schmerzensrufe der Jugend, die dem Leben bei voller Lebenskraft entrissen wird, riefen bei mir tiefes Mitleid hervor; ich dachte an ihre armen Mütter.

Man trommelte zum Angriff, und wir marschierten ganz ungeordnet auf den Feind los. Wir kamen ihm so nahe, daß der Pulverdampf uns nicht daran hinderte, den entsetzlichen Ausdruck im Gesicht eines Menschen wahrzunehmen, der bereit ist, den anderen zu töten. Die Patrioten hatten noch nicht jene Sicherheit erworben, die die lange Gewöhnung an Kämpfe und Siege verleiht; ihre Bewegungen waren zögernd und unsicher. Fünfzig Grenadiere der alten Garde hätten die heterogene Masse undisziplinierter alter und junger Adliger im Nu überrollt, hier aber erschraken tausend bis zwölfhundert Infanteristen vor ein paar Kanonenschüssen der schweren österreichischen Artillerie; sie zogen sich zurück, und unsere Kavallerie verfolgte sie zwei französische Meilen weit.

Eine taubstumme Deutsche namens Libbe oder Libba hatte sich an meinen Vetter Armand angeschlossen und war ihm gefolgt. Ich fand sie im Grase sitzend, das ihr Kleid blutig färbte, die Ellbogen auf ihre hochgezogenen Knie gestützt; ihre Hand, unter dem blonden, verworrenen Haar verborgen, hielt ihren Kopf. Sie blickte weinend auf drei oder vier Tote, die, nun gleichfalls taub und stumm, in ihrer Nähe lagen. Sie hatte den Kanonendonner nicht gehört, sah aber dessen Wirkung; sie hörte auch nicht die Seufzer, die ihren Lippen entschlüpften, wenn sie Armand anblickte; nie hatte sie die Stimme des Geliebten vernommen, und sie würde auch nicht den ersten Schrei des Kindes hören, das sie unter dem Herzen trug. Wenn das Grab nur aus Schweigen bestünde, würde sie es gar nicht bemerken, wenn sie dahin hinabstiege.

Schlachtfelder sind überall: Auf dem Ostfriedhof von Paris geben siebenundzwanzigtausend Gräber und zweihundertdreißigtausend Leichname Kunde von der Schlacht, die uns der Tod Tag und Nacht vor unseren Türen liefert. Nach einer ziemlich langen Rast setzten wir unseren Marsch fort und kamen bei Einbruch der Nacht unter den Mauern von Thionville an.

Die Trommeln schwiegen, die Kommandos wurden mit leiser Stimme erteilt. Um jeden Ausfall unmöglich zu machen, schlich sich die Kavallerie die Wege und Hecken entlang bis an das Tor, das wir beschießen sollten. Die österreichische Artillerie nahm unter dem Schutz unserer Infanterie fünfundzwanzig Klafter von den Außenbefestigungen entfernt, hinter den eiligst aufgerichteten Schanzkörben, Aufstellung. Am 6. September, um ein Uhr nachts, gab eine Rakete, die aus dem Lager des Fürsten von Waldeck jenseits der Festung aufstieg, das Signal. Der Fürst eröffnete ein starkes Feuer, das von der Stadt kräftig erwidert wurde. Wir schossen nun ebenfalls.

Die Belagerten, die nicht geglaubt hatten, daß wir Truppen auf dieser Seite hätten, und die auf diesen Angriff nicht vorbereitet waren, hatten die südlichen Wälle nicht besetzt. Wir verloren keine Zeit. Die Besatzung fuhr eine doppelte Batterie auf, die unsere Verschanzungen durchbrach und zwei unserer Geschütze zerstörte. Der Himmel stand in Flammen, wir waren in Rauchwolken gehüllt. Hier wurde ich zu einem kleinen Alexander: Von Müdigkeit überwältigt, fiel ich fast unter den Rädern der Lafetten, an denen ich Wache stand, in tiefen Schlaf. Der Splitter eines Geschosses, das sechs Zoll über der Erde detonierte, drang mir in den rechten Oberschenkel ein. Ich erwachte mit einem Schlag, fühlte aber keinen Schmerz und bemerkte meine Verwundung erst, als ich das Blut sah. Ich verband meinen Oberschenkel mit dem Taschentuch. Bei dem Gefecht in der Ebene hatten bei einer Schwenkbewegung zwei Kugeln meinen Tornister getroffen. Als ergebene Tochter hatte sich Atala zwischen ihren Vater und das feindliche Blei gestellt; der Beschuß durch den Abbé Morellet stand ihr noch bevor.[176]

Um vier Uhr morgens stellte der Fürst von Waldeck das Feuer ein. Wir meinten, die Stadt habe sich ergeben, allein die Tore öffneten sich nicht, und wir mußten an den Rückzug denken. Nach einem erschöpfenden Drei-Tage-Marsch nahmen wir wieder unsere alten Stellungen ein.

Der Fürst von Waldeck war bis an den Rand der Gräben vorgedrungen und hatte versucht, sie zu überschreiten, denn er hoffte, durch einen mehrfachen Angriff die Übergabe zu erzwingen. Man vermutete noch immer Spaltungen innerhalb der Stadt und wiegte sich in dem Glauben, daß die royalistische

Partei den Prinzen die Schlüssel aushändigen würde. Da die Österreicher un-
gedeckt, auf gleicher Höhe mit der Brustwehr gefeuert hatten, waren ihre
Verluste groß; der Fürst von Waldeck hatte einen Arm verloren. Während aber
unter den Mauern von Thionville einige Tropfen Blutes vergossen wurden,
floß es in den Gefängnissen von Paris in Strömen; meine Frau und meine
Schwestern waren in größerer Gefahr als ich.

16

London, April bis September 1822.

*Aufhebung der Belagerung. - Einzug in Verdun. - Die preußische Krank-
heit. - Rückzug. - Die Pocken.*

Wir hoben die Belagerung von Thionville auf und marschierten auf Verdun, das sich am 2. September den Alliierten ergeben hatte. Longwy war
schon am 28. August gefallen. Überall zeugten Girlanden und Kränze von dem
Durchzug Friedrich Wilhelms.

Mitten unter den friedlichen Trophäen erblickte ich auf den Festungswer-
ken Vaubans den preußischen Adler; er sollte nicht lange dort bleiben. Und
auch die Blumen sollten bald dahinwelken, so wie die unschuldigen Wesen,
die sie gepflückt hatten. Eine der grausamsten Mordtaten der Schreckensherrschaft war die an den jungen Mädchen von Verdun.

„Vierzehn junge Mädchen aus Verdun von beispielloser Unschuld", so erzählt Riouffe, „anzuschauen wie festlich geschmückte Jungfrauen, wurden
zusammen zum Schafott geführt. Sie verschwanden ganz plötzlich, hingeopfert
im Frühling ihres Lebens. An dem Tag nach ihrem Tode sah der 'Frauenhof'
wie ein Garten aus, in dem der Sturm die Blumen vernichtet hatte. Nie habe
ich bei uns eine Trostlosigkeit gesehen, die der von dieser Barbarei hervorge-
rufenen gleichkäme."

Der Anstifter zu dem Massaker an den jungen Mädchen von Verdun war
der Königsmörder und Dichterling Pons de Verdun, ein erbitterter Feind seiner
Vaterstadt. Es ist unglaublich, wie viele Anhänger der Schreckensherrschaft der
Almanach des Muses geliefert hat. Die verletzte Eitelkeit der Mittelmäßigen
brachte ebensoviele Revolutionäre hervor wie der verwundete Stolz der Krüp-
pel und Mißgeburten - ein gleiches Aufbegehren bei den körperlich wie bei
den geistig Minderbemittelten. Pons versah seine stumpfen Epigramme mit der
Spitze eines Dolches. Getreu den Traditionen Griechenlands wollte der Dichter
seinen Göttern nur Jungfrauenblut darbringen; auf seinen Bericht hin verfügte
der Konvent, daß keine schwangere Frau gerichtlich belangt werden dürfe.

Die Krankheit der Preußen, die Ruhr, griff auf unsere kleine Armee über;
auch ich wurde von ihr befallen. Unsere Kavallerie war nach Valmy aufgebrochen, um sich dort mit Friedrich Wilhelm zu vereinigen. Wir wußten nicht,

255

was vorging, und erwarteten stündlich den Befehl zum Vorrücken; stattdessen erhielten wir Order, den Rückzug anzutreten. Aufs äußerste geschwächt, durch meine leidige Verwundung nur unter Schmerzen zum Gehen fähig, schleppte ich mich, so gut es ging, hinter meiner Kompanie her, die sich bald in alle Winde zerstreute.

Kaum zwanzig Jahre später nahm der Führer der neuen französischen Armee, Bonaparte, Abschied von seinen Kampfgefährten. So schnell vergehen Menschen und Reiche! So wenig kann auch der größte Ruhm vor dem alltäglichen Geschick bewahren!

Wir verließen Verdun. Der Regen hatte die Wege aufgeweicht, überall stießen wir auf steckengebliebene Pulverwagen, Lafetten und Kanonen, auf umgeworfene Karren, Marketenderinnen mit ihren Kindern auf dem Rücken, Soldaten, die im Schmutz verendet waren oder ihr Leben aushauchten. Als wir ein umgeackertes Feld überquerten, sank ich bis zum Knie ein. Ferron und ein weiterer Kamerad zogen mich wider meinen Willen heraus. Ich bat sie, mich liegenzulassen; ich wollte lieber sterben.

Der Hauptmann meiner Kompanie, Monsieur de Gouyon-Miniac, händigte mir am 16. Oktober im Lager bei Longwy ein sehr ehrenvolles Entlassungszeugnis aus. Bei Arlon sahen wir auf der Landstraße eine lange Reihe mit Pferden bespannter Wagen; teils standen die Pferde, teils knieten sie oder stützten die Nase auf die Erde; sie alle waren tot und hingen steif in den Deichseln. Man hätte sie für die Schattengestalten einer Schlacht, die am Ufer des Styx lagerten, halten mögen.

Ferron fragte mich, was ich zu tun gedächte, und ich antwortete ihm: „Wenn es mir gelingt, nach Ostende zu kommen, werde ich mich nach Jersey einschiffen, wo sich mein Onkel de Bedée aufhält; von dort werde ich ohne große Schwierigkeiten zu den bretonischen Royalisten gelangen können."

Das Fieber höhlte mich aus; nur mit Mühe konnte ich mich auf meinem geschwollenen Bein aufrecht halten. Bald packte mich noch ein anderes Übel. Ich mußte vierundzwanzig Stunden erbrechen, und dann bedeckte sich mein Körper und mein Gesicht mit einem Ausschlag. Die Pocken zeigten sich; sie kamen und gingen, je nach den Einwirkungen der Luft. In diesem Zustand und mit nicht mehr als achtzehn Livres in der Tasche machte ich mich zu Fuß auf eine Zweihundert-Meilen-Reise - all das zum Ruhme der Monarchie. Ferron, der mir sechs kleine Drei-Francs-Stücke geliehen hatte, trennte sich von mir, da er in Luxemburg erwartet wurde.

10. Buch

1

Die Ardennen.

Vor den Toren von Arlon nahm mich für vier Sous ein Bauernwagen mit und setzte mich nach fünf Meilen an einem Steinhaufen ab. Nachdem ich mit Hilfe meiner Krücke einige Schritte weitergehinkt war, wusch ich den Verband meiner Schramme, aus der inzwischen eine Wunde geworden war, in einer Quelle am Wege; das tat mir sehr wohl. Die Pocken waren nun vollkommen zum Ausbruch gekommen, und ich fühlte mich erleichtert. Meinen Tornister, dessen Riemen mir in die Schultern schnitten, hatte ich nicht abgelegt.

Die erste Nacht verbrachte ich in einer Scheune und hatte nichts zu essen. Die Frau des Bauern, dem die Scheune gehörte, wies das Geld für mein Nachtlager zurück. Bei Tagesanbruch brachte sie mir eine große Schale Milchkaffee und einen Laib Schwarzbrot, was mir vortrefflich schmeckte. Froh und munter machte ich mich wieder auf den Weg, obwohl ich oft hinfiel. Ich wurde von vier oder fünf Kameraden eingeholt, die mir meinen Tornister abnahmen; auch sie waren sehr krank. Wir begegneten oft Bauern, auf deren Karren wir in fünf Tagen in den Ardennen so weit vorankamen, daß wir Attert, Flamizoul und Bellevue erreichten. Am sechsten Tag war ich wieder allein. Meine Pocken verblaßten und gingen zurück.

Als ich zwei Meilen weit gegangen war, die mich sechs Stunden kosteten, erblickte ich eine Zigeunerfamilie, die mit zwei Ziegen und einem Esel hinter einem Graben um ein Feuer lagerte. Kaum war ich dort, fiel ich in mich zusammen, und die seltsamen Geschöpfe kamen mir eilig zu Hilfe. Eine junge, lebhaft-kecke, braunhäutige Frau in Lumpen sang, hüpfte und tanzte und hielt dabei ihr Kind schräg vor die Brust wie eine Leier, mit der sie zu ihrem Tanze aufspielte; dann hockte sie sich mir gegenüber auf ihre Fersen, betrachtete mich neugierig beim Schein des Feuers, nahm meine leblose Hand, um mir mein großes Geschick vorauszusagen, wofür sie um einen kleinen Sou bat; aber das war mir zu teuer. Schwerlich konnte man mehr Wissen, Anmut und Elend in sich vereinigen als meine Sybille aus den Ardennen. Ich weiß nicht, wann mich diese Nomaden verließen, deren würdiger Sohn ich gewesen wäre. Als ich bei Tagesanbruch aus meiner Betäubung erwachte, waren sie nicht mehr da. Meine liebe Abenteurerin hatte das Geheimnis meiner Zukunft mit sich genommen. Für meinen Sou hatte sie mir einen Apfel ans Kopfende meines Lagers gelegt, der mir den Mund erfrischte. Ich schüttelte mich wie Jean Lapin[177] in „Thymian und Tau“, aber ich konnte weder „grasen“ noch „traben“, noch viele „Sprünge“ machen. Dennoch stand ich auf, um „der Morgenröte meine Reverenz zu erweisen“; sie war sehr schön und ich sehr häßlich; ihr rosiges Gesicht kündete von ihrer prächtigen Gesundheit; ihr ging es besser als dem armen armorikanischen Cephalus.[178] Obgleich beide noch jung, waren wir schon alte Freunde, und ich bildete mir ein, daß an diesem Morgen ihre Tränen mir galten.

Ich drang in den Wald ein und war nicht allzu traurig. Die Einsamkeit hatte mir meine natürliche Wesensart zurückgegeben. Ich trällerte die Romanze des unglücklichen Cazotte vor mich hin: „Mitten im schönen Ardennenwald liegt ein Schloß hoch auf dem Fels...“[179]

In den Turm dieses gespenstischen Schlosses hatte Philipp II., König von Spanien, meinen Landsmann, den Hauptmann La Noue, dessen Großmutter eine Chateaubriand war, einsperren lassen. Philipp war willens, den berühmten Gefangenen freizulassen, wenn dieser sich die Augen ausstechen ließe; La Noue war schon so weit, sich auf das Angebot einzulassen, so sehr quälte ihn die Sehnsucht nach seiner lieben Bretagne. Ach, ich war von dem gleichen Verlangen erfüllt, und um das Augenlicht einzubüßen, genügte die Krankheit, die mir der Himmel geschickt hatte. Ich traf nicht „Sire Enguerrand, der aus Spanien kam“,[180] sondern arme Teufel, kleine wandernde Krämer, die wie ich ihr ganzes Vermögen auf dem Rücken trugen. Ein Holzfäller mit Knieschützern aus Filz kam in den Wald; er hätte mich für einen toten Ast halten und abhacken können. Einige Krähen, Lerchen und Goldammern, eine Art großer Feldtauben trippelten über den Weg oder saßen unbeweglich auf dem Steinrand, aufmerksam zu dem Sperber hinblickend, der am Himmel kreiste. Von Zeit zu Zeit hörte ich das Horn des Schweinehirten, der seine Sauen und ihre Jungen bei ihrer Eichelmahlzeit bewachte. In der versetzbaren Hütte eines Schäfers ruhte ich mich aus; ich fand dort nur eine Katze, die mir tausend Liebkosungen spendete. Der Schäfer stand in der Ferne auf der Weide, und seine Hunde saßen in unterschiedlichem Abstand um die Schafe herum. Am Tage sammelte der Schäfer Heilkräuter, war Arzt und Hexenkünstler; des Nachts betrachtete er wie ein chaldäischer Hirte die Sterne.

Ich lagerte mich eine halbe Meile weiter aufwärts auf einer Weide von Fabelwesen; dort zogen Jäger vorbei, und eine Quelle sprudelte zu meinen Füßen.

Als ich wieder zu Atem gekommen war, setzte ich meinen Weg fort. Meine unklaren Gedanken kreisten im Vagen, und das war nicht ohne Reiz. Meine Traumbilder von früher, die kaum noch die Dichte halbverwischter Schatten besaßen, umschwebten mich, um mir Adieu zu sagen. Die Kraft des Erinnerns schwand mir; in unbestimmter Ferne, vermischt mit unbekannten Bildern, sah ich die luftigen Umrisse meiner Eltern und meiner Freunde. Als ich mich an einen Grenzstein setzte, glaubte ich, lächelnde Gesichter auf den Schwellen entfernter Hütten, in dem blauen Rauch, der den Schornsteinen entstieg, in den Wipfeln der Bäume, in den durchsichtigen Wolken und in den Lichtgarben der Sonne zu sehen, die ihre Strahlen wie einen goldenen Rechen über die Heide hinzog. Diese Erscheinungen waren die Musen, die dem Tod des Dichters beiwohnen wollten; das Grab, das sie mir mit ihrer Leier unter einer Eiche in den Ardennen gruben, hätte einem Soldaten und Reisenden wohl angestanden. Das einzige Geräusch um mich her kam, außer von den umher-schwirrenden Insekten, von ein paar Haselhühnern, die sich im Gestrüpp im Unterschlupf der Hasen verborgen hielten. Ihr Leben wog ebenso leicht, war ebenso unbekannt wie das meinige. Ich konnte nicht mehr laufen; ich fühlte mich ungeheuer schlecht; die Pocken waren wieder über mich gekommen und drohten mich zu ersticken.

Gegen Ende des Tages legte ich mich in einem Graben mit dem Rücken auf die Erde, den Tornister mit Atala unter dem Kopf, den Krückstock neben mir; meine Augen waren auf die Sonne gerichtet, deren Strahlen mit meinen Blicken erloschen. Mit den zärtlichsten Gedanken grüßte ich das Gestirn, das meine frühe Jugend auf der väterlichen Heide erleuchtet hatte: Nun gingen wir gemeinsam zur Ruhe, die Sonne, um sich noch strahlender wieder zu erheben, ich, um aller Wahrscheinlichkeit nach nie wieder zu erwachen. In einem frommen Gefühl schwanden mir die Sinne; das letzte Geräusch, das ich ver-nahm, war das Herabfallen eines Blattes und das Pfeifen eines Gimpels.

2

London, April bis September 1822.

Die Gepäckwagen des Prince de Ligne. - Die Frauen von Namur. - Ich treffe meinen Bruder in Brüssel. - Unser letzter Abschied.

Vermutlich hatte ich etwa zwei Stunden besinnungslos dagelegen. Da fuh-ren die Gepäckwagen des Prince de Ligne vorbei; einer der Kutscher hielt an, um einen Birkenzweig abzuschneiden, und stolperte über mich, ohne mich zu sehen. Er hielt mich für tot und schob mich mit dem Fuß weg; da gab ich ein Lebenszeichen. Der Kutscher rief seine Kameraden, und in einer Anwandlung von Mitleid warfen sie mich auf einen Karren. Das Geschüttel rief mich ins Leben zurück, und ich konnte mit meinen Rettern sprechen. Ich sagte ihnen, daß ich ein Soldat aus der Armee der Prinzen sei, und daß ich sie für ihre Mühe belohnen wolle, wenn sie mich nach Brüssel mitnehmen würden. „Gut, Kamerad", antwortete einer von ihnen, „aber Du mußt in Namur absteigen, denn es ist uns verboten, jemanden mitzunehmen. Am anderen Ende der Stadt werden wir Dich wiederaufnehmen." Ich verlangte zu trinken, und man gab mir ein paar Tropfen Branntwein; die ließen meine Krankheitssymptome wie-der hervortreten und erleichterten für einen Moment meine Brust. Die Natur hatte mich mit außerordentlicher Kraft ausgestattet.

Gegen zehn Uhr vormittags kamen wir in der Vorstadt von Namur an. Ich stieg ab und folgte dem Wagen von weitem, verlor sie aber bald aus den Au-gen. Am Stadteingang hielt man mich an. Während man meine Papiere über-prüfte, setzte ich mich unter das Tor. Als die wachhabenden Soldaten meine Uniform sahen, boten sie mir einen Kanten Kommißbrot an, und der Korporal reichte mir einen Becher aus blauem Glas mit gepfeffertem Branntwein. Ich sträubte mich ein wenig, diesen Beweis militärischer Gastfreundschaft anzunehmen; da rief er zornig : „Nimm endlich!" und begleitete seinen Befehl mit einem deutschen „Sakrament der Teufel!"

Mühsam schleppte ich mich durch Namur; ich stützte mich beim Gehen an den Häuserwänden. Die erste Frau, die mich sah, kam aus ihrem Laden, reichte mir mit mitfühlender Miene den Arm und stützte mich. Als ich ihr dankte, antwortete sie: „Nein, nein, Soldat." Bald kamen andere Frauen hinzu und brachten mir Brot, Wein, Obst, Milch, Fleischbrühe, alte Kleidungsstücke und Decken. „Er ist verwundet", sagten einige in ihrem französisch-brabanter Dialekt; „Er hat die Pocken!" riefen andere und rissen ihre Kinder von mir weg. „Aber Ihr könnt nicht gehen, junger Mann, Ihr werdet sterben; bleibt doch im Hospital." Sie wollten mich ins Hospital führen, lösten sich dabei von einer Tür zur nächsten ab und führten mich auf diese Weise bis zum Stadttor, vor dem ich die Gepäckwagen wiederfand. So hat mir eine Bäuerin beigestanden, und später in Guernsey sollte mich eine andere Frau aufnehmen. Wenn ihr noch lebt, ihr Frauen, die ihr mir in meiner traurigen Lage zu Hilfe kamt, so möge euch der Himmel in euren alten Tagen und in euren Schmerzen beistehen. Wenn ihr schon aus dem Leben geschieden seid, so möge das Glück, das der Himmel mir lange versagt hat, euren Kindern zuteil werden!

Die Frauen von Namur halfen mir, auf den Packwagen zu steigen, empfahlen mich dem Kutscher und nötigten mich, eine wollene Decke mitzunehmen. Ich bemerkte, daß sie mich mit einer gewissen Achtung und Ehrerbietung behandelten; in der Natur des Franzosen ist etwas Überlegenes und Feines, das von anderen Völkern anerkannt wird. Vor den Toren von Brüssel setzten mich die Leute des Prince de Ligne wieder auf der Straße ab und weigerten sich, meinen letzten Taler anzunehmen.

In Brüssel wollte mich kein Gastwirt aufnehmen. Der Ewige Jude wurde hier besser empfangen als ich, denn er hatte immerhin fünf Sous in der Tasche. Ich klopfte an, man öffnete mir; sobald man meiner ansichtig wurde, hieß es: „Fort! Geht weiter!" und man schlug mir die Tür vor der Nase zu. Auch aus einem Café jagte man mich hinaus. Die Haare hingen mir ins Gesicht, das vom Bart ganz überwuchert war; mein Bein hatte ich mit einem Bündel Heu verbunden; über meiner zerrissenen Uniform trug ich anstelle des Mantels die am Kinn verknotete Wolldecke der Namurer Frauen. Der Bettler in der Odyssee war unverschämter, aber nicht so arm wie ich.

Ich war zuerst vergebens zu dem Hotel gegangen, in dem ich mit meinem Bruder gewohnt hatte. Dann machte ich einen zweiten Versuch; als ich mich der Tür näherte, sah ich den Comte de Chateaubriand mit dem Baron de Montboissier aus einem Wagen steigen. Er erschrak vor meiner gespenstischen Erscheinung. Man suchte mir ein Zimmer außerhalb des Hotels, denn der Wirt weigerte sich strikt, mich aufzunehmen. Ein Friseur bot mir einen Unterschlupf an, der meinem Elend entsprach. Mein Bruder schickte nach einem Chirurgen und einem Arzt. Er hatte Briefe aus Paris erhalten, in denen Monsieur de

Malesherbes ihn aufforderte, nach Frankreich zurückzukehren. Er machte mich mit den Ereignissen des 10. August, den Septembermorden und politischen Neuigkeiten bekannt, von denen ich keine Ahnung hatte. Er billigte meine Absicht, nach der Insel Jersey zu gehen, und lieh mir fünfundzwanzig Louisdor. Mein geschwächtes Sehvermögen ließ mich nur mit Mühe die Züge meines unglücklichen Bruders erkennen. Ich glaubte, daß diese Verdüsterung von mir ausginge, tatsächlich aber waren es die Schatten der Ewigkeit, die ihn umgaben; wir sahen uns, ohne es zu wissen, zum letzten Mal. Uns allen, wie wir hier sind, gehört nur der gegenwärtige Augenblick; der folgende schon gehört Gott. Es gibt immer zwei Möglichkeiten, den Freund, den man verläßt, nicht wiederzusehen: unseren Tod oder den seinigen. Wie viele Menschen sind nie wieder die Treppe hinaufgestiegen, die sie herabgegangen sind!

Vor dem Hinscheiden eines Freundes berührt der Tod uns mehr als danach; es ist ein Teil unserer selbst, der sich loslöst; eine Welt von Erinnerungen an die Kindheit, von familiärer Vertrautheit, von Zuneigungen und gemeinschaftlichen Interessen, die sich auflöst. Mein Bruder war mir im Schoß meiner Mutter vorausgegangen; er bewohnte als erster den gleichen heiligen Schoß, aus dem später auch ich hervorging; er nahm vor mir am väterlichen Herd Platz; Jahre hindurch wartete er auf mich, um mich zu empfangen, mir meinen Namen in Jesus Christus zu geben und eins zu werden mit meiner ganzen Jugendzeit. Mein Blut, vermischt mit dem seinigen im Gefäß der Revolution, hätte den gleichen Geschmack gehabt - wie Milch von der gleichen Weide. Aber wenn Menschen auch das Haupt meines älteren Bruders, meines Taufzeugen, vor der Zeit gefällt haben, so werden die Jahre das meinige nicht verschonen; schon wird meine Stirn kahl.

3

London, April bis September 1822.

Ostende. - Die Überfahrt nach Jersey. - Man setzt mich auf Guernsey ab. - Die Frau des Lotsen. - Jersey. - Mein Onkel de Bedée und seine Familie. - Beschreibung der Insel. - Verschwundene Verwandte und Freunde. - Das Unglück des Alterns. - Ich gehe nach England. - Das letzte Zusammentreffen mit Gesril.

Der Arzt konnte sich vor Staunen nicht fassen. Er betrachtete diese immer wieder verschwindenden und aufs neue ausbrechenden Pocken, die mich nicht ums Leben brachten und zu keiner der natürlichen Krisen führten, als eine in der Medizin beispiellose Erscheinung. In meine Wunde war der Brand gekommen, man behandelte sie mit Chinarinde. Nach diesen ersten Hilfeleistungen wollte ich unbedingt nach Ostende aufbrechen. Brüssel war mir verhaßt, ich sehnte mich weg von dort; es füllte sich wieder mit jenen dienstbaren Helden, die in der Kalesche aus Verdun kamen und die ich in Brüssel nicht gesehen habe, als ich den König während der Hundert Tage dorthin begleitete.

Über die Kanäle gelangte ich gemächlich nach Ostende, wo ich einige bretonische Waffengefährten traf. Wir mieteten eine geschlossene Barke und fuhren den Ärmelkanal hinab. Wir schliefen im Schiffsraum auf Steinen, die als Ballast dienten. Die Kraft meiner Natur war endlich erschöpft; ich konnte nicht mehr sprechen, und das Wogen der hohen See machte mich gänzlich kaputt. Nur mit Mühe konnte ich einige Tropfen Wasser und Zitronensaft zu mir nehmen, und als die ungünstige Witterung uns zur Landung auf Guernsey zwang, glaubte man, ich werde mein Leben aushauchen. Ein ausgewanderter Priester las mir die Sterbegebete. Der Kapitän wollte nicht, daß ich auf seinem Schiff stürbe, und ließ mich daher auf den Kai tragen; dort setzte man mich in die Sonne, den Rücken an eine Mauer gelehnt, das Gesicht zum offenen Meer gewandt, der Insel Aurigny gegenüber, wo ich acht Monate vorher dem Tod in anderer Gestalt begegnet war.

Offenbar sollte Mitleid mich schützen. Die Frau eines englischen Lotsen kam vorüber. Mein Zustand rührte sie; sie rief ihren Mann, und der brachte mich mit Hilfe einiger Matrosen in das Haus eines Fischers, mich, den Freund der Wogen. Man bettete mich in weißes Bettzeug. Die junge Frau sorgte in jeder Weise für den Fremden; ihr verdanke ich mein Leben. Am nächsten Tag wurde ich wieder aufs Schiff gebracht. Meine Wirtin weinte fast, als sie sich von ihrem Patienten trennen mußte; Frauen haben ein himmlisches Empfinden für das Unglück. Meine schöne blonde Pflegerin, die ein Gesicht wie auf alten englischen Stichen hatte, drückte meine geschwollenen, heißen Hände zwischen ihren frischen und schmalen Fingern: Ich schämte mich, mit so viel Unschönem solchen Reizen nahe zu sein.

Wir gingen unter Segel und landeten an der Westspitze von Jersey. Einer meiner Gefährten ging nach Saint-Hélier zu meinem Onkel. Monsieur de Bedée schickte ihn am nächsten Tag zurück, um mich im Wagen abholen zu lassen. Wir fuhren über die ganze Insel, und obwohl ich mich dem Tode nahe fühlte, war ich von ihren Wäldern entzückt. Doch ich sprach nur Unsinn, denn ich lag im Fieberwahn.

Vier Monate schwebte ich zwischen Leben und Tod. Mein Onkel, seine Gattin, sein Sohn und seine drei Töchter wachten abwechselnd an meinem Lager. Ich hatte eine Wohnung in einem der Häuser inne, die man am Hafen zu bauen begann; die Fenster meines Zimmers reichten bis zum Fußboden, und ich konnte von meinem Bett aus das Meer sehen. Der Arzt hatte verboten, von ernsthaften Dingen, besonders von Politik, mit mir zu sprechen. Als ich in den letzten Januartagen 1793 meinen Onkel in tiefer Trauer bei mir eintreten sah, erschrak ich, denn ich glaubte, daß jemand aus unserer Familie gestorben sei. Mein Onkel verkündete mir den Tod Ludwigs XVI. Ich war darüber nicht erstaunt, ich hatte ihn vorhergesehen. Ich erkundigte mich nach meinen Verwandten; meine Schwestern und meine Frau waren nach den Septembermorden in die Bretagne zurückgekehrt; sie waren nur mit großer Mühe aus Paris entkommen. Mein Bruder, wieder in Frankreich, hatte sich bei Malesherbes einquartiert.

Ich begann aufzustehen; die Pocken waren überstanden, aber ich hatte ein Brustleiden und behielt eine Schwäche zurück, die mich lange nicht verlassen hat.

Jersey ist seit dem Tode Roberts, des Herzogs der Normandie, unter englischer Herrschaft geblieben; wir haben es mehrere Male wiedererobern wollen, aber immer ohne Erfolg. Diese Insel ist ein Überbleibsel unserer frühesten Geschichte; die Heiligen, welche von Irland und Albion nach der Bretagne und Armorika kamen, hielten auf Jersey Rast. Die Insel ist fruchtbar; auf ihr befinden sich zwei Städte, zwölf Dörfer, Landhäuser und Herden. Der Seewind, der seine Rauheit verloren zu haben scheint, verhilft Jersey zu ausgezeichnetem Honig, sehr süßer Milch und einer tiefgelben Butter mit Veilchengeruch.

Es war ein großer Genuß für mich, in den ersten Maitagen spazierenzugehen. Der Frühling von Jersey hat seine ganze Jugendkraft bewahrt.

Die Fröhlichkeit hatte die Familie meines Onkels de Bedée keineswegs verlassen; meine Tante hätschelte noch immer einen großen Hund, einen Abkömmling des Tieres, dessen Vorzüge ich schon beschrieben habe. Da er jeden biß und überdies räudig war, ließen meine Cousinen ihn trotz seiner adligen Herkunft heimlich hängen. Madame de Bedée redete sich ein, daß englische Offiziere, hingerissen von der Schönheit Azors, ihn mitgenommen hätten, und daß er, mit Ehren und leckeren Mahlzeiten wohl versehen, im prächtigsten Schloß der drei vereinigten Königreiche lebte. Ach! unsere jetzige frohe Laune speiste sich nur aus vergangener Heiterkeit. Indem wir uns Erlebnisse aus Monchoix in Erinnerung riefen, fanden wir in Jersey Stoff zum Lachen. Das ist ziemlich selten, denn im menschlichen Herzen treten die Freuden nicht, wie die Schmerzen, in Beziehung zueinander; neue Freuden lassen die alten nicht wieder aufblühen, gegenwärtige Leiden aber beleben die alten wieder.

Übrigens erweckten die Emigranten damals die allgemeine Sympathie; unsere Sache schien die Sache der europäischen Ordnung zu sein. Ein Unglück, das geehrt wird - und das unsrige war ein solches - ist schon etwas Großes.

Monsieur de Bouillon nahm sich auf Jersey der französischen Flüchtlinge an. Er brachte mich von dem Plan ab, in die Bretagne zurückzukehren, zumal ich außerstande war, das Leben in Höhlen und Wäldern zu ertragen; er riet mir hingegen, nach England zu gehen und dort eine Möglichkeit zu suchen, in regulären militärischen Dienst zu treten. Mein Onkel, knapp bei Kasse, geriet mit seiner zahlreichen Familie zunehmend in Geldverlegenheit; schon war er gezwungen, seinen Sohn nach London zu schicken, damit er sich dort von Elend und Hoffnung ernähre. Da ich fürchtete, Monsieur de Bedée zur Last zu fallen, entschloß ich mich, ihn von meiner Anwesenheit zu befreien.

Dreißig Louisdor, die mir ein Schmuggelschiff aus Saint-Malo mitbrachte, ermöglichten mir, meine Absicht auszuführen; ich reservierte einen Platz auf dem Schiff nach Southampton. Als ich von meinem Onkel Abschied nahm, war ich tief gerührt. Er hatte mich mit der Zärtlichkeit eines Vaters gepflegt; mit ihm verbanden sich die wenigen glücklichen Augenblicke meiner Kindheit; er kannte alles, was ich liebte; in seinem Gesicht fand ich viel Ähnlichkeit mit dem meiner Mutter. Ich hatte diese vortreffliche Mutter verlassen und sollte sie nicht wiedersehen. Ich hatte meine Schwester Julie und meinen Bruder verlassen, und mein Verhängnis wollte, daß ich sie nicht mehr wiederfand. Ich verließ meinen Onkel, und nie wieder sollte seine heitere Miene meine Augen erfreuen. All diese Verluste brachen innerhalb weniger Monate über mich herein, denn wir rechnen den Tod unserer Freunde nicht von dem Augenblick an, da sie sterben, sondern von dem Moment, da wir nicht mehr mit ihnen leben.

Wenn man zu der Zeit sagen könnte: „Verweile doch!", dann würde man sie in den glücklichen Stunden anhalten; da wir dies aber nicht können, wollen wir nicht zu lange auf Erden verweilen. Wir sollten gehen, ehe wir zusehen müssen, wie unsere Freunde entfliehen und mit ihnen die Jahre, die der Dichter einzig für lebenswert hält. Was uns im Alter der Freundschaften entzückt, wird im Alter der Verlassenheit zum Gegenstand von Leiden und Verdruß. Man wünscht nicht mehr die Wiederkehr der heiteren Monate, man fürchtet sie eher; die Vögel, die Blumen, ein schöner Aprilabend, eine schöne Mondnacht, die am Abend mit der ersten Nachtigall beginnt und am Morgen mit der ersten Schwalbe zu Ende geht, diese Dinge, die uns mit der Sehnsucht und dem Verlangen nach Glück erfüllen, töten uns. Wir empfinden solche Schönheiten zwar noch, aber sie sind nicht mehr für unsereinen bestimmt. Die Jugend, die sie an unserer Seite genießt und uns verächtlich ansieht, macht uns eifersüchtig und läßt uns das Ausmaß unserer Verlassenheit um so mehr spüren. Die Frische und Anmut der Natur, die uns an vergangenes Glück erinnern, steigern die Häßlichkeit unseres Elends. Wir sind nur noch ein Schandfleck in dieser Natur, wir stören ihre Harmonie und Lieblichkeit durch unsere Gegenwart, unsere Worte und selbst durch unsere Gefühle, wenn wir sie auszudrücken wagen. Wir können noch lieben, können aber nicht mehr geliebt werden. Die Frühlingsquelle hat ihr Wasser erneuert, ohne uns die Jugend zurückzugeben, und der Anblick all des Wiedererstehenden, all des Glücklichen beschränkt uns auf die schmerzliche Erinnerung an unsere Freuden.

Das Schiff, mit dem ich reiste, war von Emigrantenfamilien überfüllt. Ich machte dort die Bekanntschaft Monsieur Hingants, eines früheren Kollegen meines Bruders im bretonischen Parlament, eines Mannes von Geist und Geschmack, von dem noch viel zu berichten sein wird. Ein Marineoffizier spielte in der Kajüte des Kapitäns Schach; ihm fiel mein Gesicht nicht auf, denn ich hatte mich sehr verändert; ich aber erkannte in ihm sogleich Gesril. Wir hatten uns seit Brest nicht wiedergesehen und sollten uns in Southampton trennen. Wir erzählten einander von unseren Reisen. Dieser junge Mann, wie ich in den Meereswellen geboren, umarmte seinen ersten Freund zum letzten Mal inmitten dieser Wogen, die Zeugen seines glorreichen Todes werden sollten.

Ich habe schon früher in diesen Memoiren von meiner Landung in Southampton von Jersey aus berichtet. So kam ich also nach meinen Irrfahrten durch die amerikanischen Wälder und die deutschen Feldlager im Jahre 1793 als armer Emigrant in dem Lande an, in dem ich dies alles jetzt, 1822, niederschreibe und ein glanzvoller Gesandter bin.

4

London, April bis September 1822.

Literary Fund. - Meine Bodenkammer in Wolborn. - Zerrüttung meiner Gesundheit. - Arztbesuche. - Emigranten in London.

In London hat sich jetzt eine Gesellschaft zur Unterstützung von Schriftstellern, sowohl Engländern als auch Ausländern, gebildet. Diese Gesellschaft hat mich zu ihrer jährlichen Zusammenkunft eingeladen; ich machte es mir zur Pflicht, dort zu erscheinen und zu subskribieren. Seine Königliche Hoheit, der Herzog von York, hatte den Präsidentenstuhl inne; zu seiner Rechten saßen der Herzog von Somerset, die Lords Torrington und Bolton; mir gab er den Platz zu seiner Linken. Ich traf hier meinen Freund, Mister Canning, wieder. Der Dichter, Redner und berühmte Minister hielt eine Rede, die folgende für mich allzu ehrenvolle Passage enthielt, die die Zeitungen wiedergegeben haben: „Wenn auch die Person meines edlen Freundes, des Gesandten Frankreichs, hier noch wenig bekannt ist, so kennt doch ganz Europa seinen Charakter und seine Schriften. Zu Beginn seiner Laufbahn hat er die Grundsätze des Christentums dargelegt; später hat er die der Monarchie verteidigt, und jetzt ist er in dieses Land gekommen, um die beiden Staaten durch die gemeinsamen Bande monarchistischer Grundsätze und christlicher Tugenden miteinander zu vereinen."

Viele Jahre ist es her, daß Mister Canning als Schriftsteller in London die Vorlesungen Pitts über Politik verfolgte; fast ebenso viele Jahre sind vergangen, seit ich in der gleichen Hauptstadt Englands im Verborgenen zu schreiben begann. Beide haben wir eine hohe Position erlangt und sind nun Mitglieder einer Gesellschaft, die sich das Ziel gesetzt hat, unglückliche Schriftsteller zu unterstützen. Ist es die gemeinsame Höhe unseres Ranges oder die Beziehung zwischen unseren Leiden, die uns hier zusammengeführt hat? Was sollen der Gouverneur von Ostindien und der Botschafter von Frankreich auf dem Bankett der trauernden Musen? Georges Canning und François de Chateaubriand sind es, die hier gemeinsam mit der Erinnerung an ihre einstige Not und vielleicht an ihr vergangenes Glück sitzen. Sie haben das Glas auf Homer erhoben und für ein Stück Brot seine Verse gesungen.

Hätte der *Literary Fund* schon bestanden, als ich am 21. Mai 1793 von Southampton nach London kam, dann hätte er vielleicht den Arztbesuch auf dem Dachboden von Holborn bezahlt, wo mich mein Cousin de La Bouëtardais, der Sohn meines Onkels de Bedée, untergebracht hatte. Man hatte große Hoffnungen auf die Luftveränderung gesetzt, die mir die zum Soldatenleben nötigen Kräfte wiedergeben sollte, aber meine Gesundheit verschlechterte sich, statt sich zu verbessern. Meine Brust war angegriffen, ich war blaß, magerte ab, hustete oft und atmete nur mit Mühe; ich hatte Schweißausbrüche und spie Blut. Meine Freunde, ebenso arm wie ich, schleppten mich von einem Arzt zum andern. Diese Nachfolger des Hippokrates ließen uns Bettelvolk vor ihrer Tür warten und erklärten mir dann zum Preise einer Guinee, daß ich meine Krankheit geduldig ertragen müsse; dann hieß es: *„T'is done, dear Sir!* Das war's, geehrter Herr." Der Doktor Godwin, berühmt für seine Experimente an Ertrunkenen, die er nach seinen Anweisungen auch am eigenen Leibe durchführen ließ, war großzügiger: Er gab mir kostenlos Ratschläge, sagte mir aber mit der Härte, die er auch gegen sich selbst anwandte, daß ich noch einige Monate, vielleicht auch ein oder zwei Jahre überdauern könne, vorausgesetzt, daß ich jede Anstrengung vermiede. „Rechnen Sie nicht mit einem langen Leben", das war das Fazit seiner Visiten.

Die so erworbene Gewißheit eines nahen Endes verstärkte zwar das von Natur aus Traurige in meiner Vorstellungswelt, verhalf mir aber auch zu außerordentlicher geistiger Ruhe. Diese innere Einstellung erklärt eine Passage aus der dem *Essai historique* vorangestellten Notiz und eine andere Stelle in dem Werk selbst: „Von einer Krankheit befallen, die mir wenig Hoffnung läßt, betrachte ich die Dinge ruhigen Blicks; die stille Luft des Grabes wird dem Reisenden, den nur noch wenige Tage davon trennen, spürbar." Die Bitterkeit der in den Essai eingeflochtenen Überlegungen wird nun nicht mehr erstaunen; ich habe dieses Werk unter dem Eindruck eines Todesurteils, zwischen seiner Verkündigung und seiner Vollstreckung, geschrieben. Ein Schriftsteller, der über alle Entbehrungen des Exils hinaus am Ende angekommen zu sein glaubte, konnte die Welt schwerlich lachenden Blicks betrachten.

Wie aber sollte ich die Gnadenfrist, die mir bewilligt war, durchleben? Von meinem Degen hätte ich leben oder schnell sterben können, aber man untersagte mir seinen Gebrauch. Was blieb mir also? Die Feder? Sie war weder bekannt noch erprobt, und ich kannte ihre Macht nicht. Würde mein angeborener Hang zur Literatur, würden die Dichtungen meiner Kindheit und meine Reisenotizen wohl genügen, um die Aufmerksamkeit des Publikums auf mich zu lenken? Mir kam der Gedanke, ein Werk zu schreiben, in dem ich die Revolutionen miteinander verglich. Das beschäftigte mich als ein Gegenstand, der den Tagesinteressen weitgehend entsprach. Aber wer würde den Druck eines Manuskriptes, für das es keine Lobredner gab, übernehmen? Und wer würde mich während der Arbeit an diesem Manuskript ernähren? Wenn mir auch nur noch wenige Tage auf Erden vergönnt waren - auch für diese wenigen Tage waren mir einige Mittel vonnöten. Meine dreißig Louisdor waren schon stark zusammengeschmolzen und konnten nicht mehr weit reichen, und außer meinen besonderen Leiden hatte ich auch das gemeinsame Unglück der Emigration zu ertragen. Meine Gefährten in London gingen alle irgendeiner Beschäftigung nach: Die einen hatten sich auf den Kohlenhandel verlegt, die nächsten stellten zusammen mit ihren Frauen Strohhüte her, und noch andere gaben Unterricht in der französischen Sprache, von der sie keine Ahnung hatten. Sie alle waren sehr vergnügt. Unser Nationalfehler, die Leichtfertigkeit, hatte sich in diesem Moment in eine Tugend verwandelt. Man lachte Fortuna ins Gesicht, und diese Diebin war ganz verblüfft, nur das fortzutragen, was ohnehin keiner von ihr wollte.

5

London, April bis September 1822.

Pelletier. - Literarische Arbeiten. - Mein Umgang mit Hingant. - Unsere Spaziergänge. - Eine Nacht in der Westminsterabtei.

Pelletier, der Verfasser des *Domine Salvum fac Regem* [181] und Hauptredakteur der *Actes des Apôtres,* führte in London sein Pariser Unternehmen fort. Er hatte keine ausgesprochenen Laster, aber eine Menge kleiner Fehler, von denen man ihn nicht heilen konnte. Er war ein Wüstling und übles Subjekt, verdiente viel Geld und brachte es rasch durch. Diese Art Monsieur Violet, der die großen Revolutionsarien auf einer Taschengeige spielte, suchte mich auf und bot mir als Bretone seine Dienste an. Ich erzählte ihm von dem geplanten Essay; er stimmte ihm lebhaft zu und rief aus: „Das wird ausgezeichnet!" Er bot mir ein Zimmer bei seinem Drucker Baylis an, der das Werk im Zuge seiner Fertigstellung drucken würde. Den Verkauf sollte der Buchhändler Deboffe übernehmen. Er, Pelletier, wolle in seiner Zeitung die Trommel rühren, während man mich vielleicht auch in den Londoner *Courrier Français* [182] einführen könne. Pelletier war seiner Sache ganz sicher, er sprach davon, mir für meine Belagerung von Thionville das St.-Ludwigs-Kreuz zu verschaffen. Mein Gil Blas [183] groß, hager, bizarr, die Haare gepudert, die Stirn kahl, beständig schreiend und Witze reißend, setzte seinen runden Hut aufs Ohr, nahm mich am Arm und schleppte mich zu dem Drucker Baylis, bei dem er ohne weiteres für eine Guinee monatlich ein Zimmer für mich mietete.

Ich sah einer strahlenden Zukunft entgegen, aber wie sollte ich mich über die Gegenwart hinwegretten? Pelletier verschaffte mir Übersetzungen aus dem Lateinischen und Englischen. Am Tage arbeitete ich daran und nachts an dem *Essai historique,* in den ich einen Teil meiner Reiseerlebnisse und meiner Träumereien aufnahm. Baylis verschaffte mir Bücher, und ich gab unsinnigerweise ein paar Schillinge für alte Schmöker aus, die an den Bücherständen auslagen.

Hingant, dem ich auf dem Schiff von Jersey begegnet war, hatte sich näher an mich angeschlossen. Er pflegte die Literatur, war gelehrt und schrieb heim-

267

lich Romane, von denen er mir ganze Seiten vorlas. Er mietete in der Nähe von Baylis eine Wohnung. Jeden Morgen um zehn Uhr frühstückte ich mit ihm. Wir sprachen über Politik und vor allem von meinen Arbeiten. Ich erzählte ihm, wie weit ich mit meinem nächtlichen Bauwerk, dem Essay, vorangekommen sei; dann kehrte ich zu meinem Tagewerk, den Übersetzungen, zurück. Für einen Schilling pro Person aßen wir zusammen in einer Kneipe zu Mittag, und dann gingen wir in den Feldern spazieren. Manchmal machten wir uns auch getrennt auf, denn beide liebten wir es zu träumen.

Ich lenkte meine Schritte dann nach Kensington oder nach Westminster. Kensington gefiel mir; während sich der Teil des Parks, der an Hyde-Park grenzte, mit eleganten Spaziergängern füllte, streifte ich in dem verlassenen Abschnitt umher. Der Kontrast zwischen meiner Bedürftigkeit und dem Reichtum, zwischen meiner Verlassenheit und dem Getümmel war mir angenehm. Von weitem sah ich junge Engländerinnen vorübergehen und empfand dabei die gleiche sehnsuchtsvolle Verwirrung wie früher bei dem Gedanken an meine Sylphide, wenn ich, nachdem ich sie mit all meinen Phantasien ausgeschmückt hatte, kaum noch die Augen zu meinem Werk zu erheben wagte. Der Tod, dem ich mich so nahe glaubte, fügte dieser Vision einer Welt, die ich fast verlassen hatte, ein weiteres Geheimnis hinzu. Hat überhaupt jemand den Fremden, der da unter einer Kiefer saß, eines Blickes gewürdigt? Hat eine der schönen Frauen die unsichtbare Gegenwart Renés auch nur geahnt?

In der Westminsterabtei gab es einen anderen Zeitvertreib für mich. In diesem Labyrinth von Gräbern dachte ich an das meinige, das sich bald öffnen würde. Nie aber würde die Büste eines unbekannten Mannes, wie ich einer war, einen Platz unter diesen berühmten Denkmälern finden. Dann zeigten sich mir die Grabstätten der Monarchen. Cromwell war verschwunden, und Karl I. nicht unter ihnen. Die Asche eines Verräters, Roberts d'Artois, ruhte unter den Steinplatten, über die ich mit treuem Schritt hinwegging. Das Schicksal Karls I. hatte nun auch Ludwig XVI. getroffen. Jeden Tag mähte das Richtschwert in Frankreich viele dahin, und die Gräber meiner Verwandten waren schon ausgehoben.

Die Gesänge des Kirchenchors und das Geplauder der Fremden unterbrachen meine Überlegungen. Ich konnte meine Besuche nicht allzuoft wiederholen, denn ich mußte den Hütern der Toten den Schilling geben, den ich zum Leben brauchte. Dann strich ich mit den Krähen um die Abtei herum, oder ich betrachtete die beiden Glockentürme, Zwillinge von ungleicher Größe, die sich, von den Strahlen der untergehenden Sonne in Blut getaucht, vom dunklen Hintergrund der Rauchwolken der Stadt abhoben.

Einmal jedoch geschah es, daß ich bei Einbruch der Dunkelheit das Innere der Abtei betrachten wollte und über aller Bewunderung für diese dichterische und launenhafte Architektur die Zeit vergaß. Von dem Gefühl „der dunklen Weite christlicher Kirchen" (Montaigne) beherrscht, ging ich langsam umher und ließ mich von der Nacht überraschen. Man schloß die Pforten. Ich suchte vergebens einen Ausgang, rief nach dem Pförtner und pochte an die Kirchentüren; aber der ganze Lärm, der das Schweigen durchbrach, verlor sich. Ich mußte mich damit abfinden, die Nacht mit den Toten zuzubringen.

Nachdem ich bei der Wahl meines Nachtlagers lange geschwankt hatte, blieb ich vor dem Mausoleum von Lord Chatham stehen, unter der Empore und Doppeletage der Ritterkapelle und der Kapelle Heinrichs VII. Am Eingang zu diesen Treppen und zu diesen vergitterten Ruhestätten bot mir ein in die Wand eingelassener Sarkophag Zuflucht - gegenüber einer Marmorstatue des sensenbewaffneten Todes. In die Falte eines gleichfalls marmornen Leichentuchs zog ich mich wie in eine Höhle zurück. Dem Beispiel Karls V. folgend, machte ich mich mit dem Grab vertraut.[184]

Ich befand mich in der vordersten Logenreihe, um das Schauspiel der Welt zu sehen, so wie sie ist. Welche Ansammlung von Größen unter diesen Gewölben! Was ist von ihnen geblieben? Der Schmerz ist ebenso nichtig wie das Glück. Die unglückselige Jane Grey unterscheidet sich nicht mehr von der glücklichen Alix von Salisbury; nur ist ihr Skelett weniger abschreckend, denn ihm fehlt der Kopf; ihr Gerippe gewinnt durch ihre Todesart und durch das Fehlen dessen, was einst ihre Schönheit ausmachte. Die Turniere des Siegers von Crécy,[185] die Spiele des *Camp du Drap d'or* Heinrichs VIII. werden in diesem Schauspielhaus des Todes nicht wieder anheben. Bacon, Newton, Milton sind ebenso tief begraben, ebenso unwiderruflich verschwunden wie ihre unbekanntesten Zeitgenossen. Und würde ich, der arme, umherirrende Verbannte, darein einwilligen, nicht mehr das kleine, vergessene und leidende Ding zu sein, das ich bin, um stattdessen einer dieser berühmten, mächtigen, mit Vergnügungen übersättigten Toten gewesen zu sein? Oh! Das alles ist nicht das Leben! Wenn wir vom Ufer dieser Welt aus die göttlichen Dinge nicht deutlich wahrnehmen können, so dürfen wir uns nicht darüber wundern; wie ein Schleier ist die Zeit zwischen uns und Gott gelegt, so wie unser Augenlid zwischen unser Auge und das Licht.

Unter meinem marmornen Leichentuch verborgen, stieg ich nach solch hohen Gedanken wieder zu den schlichten Eindrücken des Ortes und des Augenblicks herab. Meine mit Lust gemischte Angst glich der, die ich im Winter in meinem Türmchen in Combourg verspürte, wenn ich dem Geräusch des Windes lauschte; ein Windhauch und ein Schatten sind von gleicher Art.

Nach und nach gewöhnte ich mich an die Dunkelheit und konnte die Figuren auf den Gräbern erkennen. Ich betrachtete die Mauervorsprünge der englischen Saint-Denis-Kirche, von denen, gleich gotischen Kandelabern, vergangene Ereignisse und verflossene Jahre herabzuhängen schienen; das ganze Gebäude glich einem monolithischen Tempel versteinerter Jahrhunderte.

Ich zählte die Schläge der Kirchturmuhr, der zehnten, der elften Stunde. Der Hammer, der sich hob und wieder auf das Erz zurückfiel, war außer mir das einzige lebende Wesen in diesen Räumen. Draußen das Rollen eines Wagens, der Ruf des Nachtwächters - das war alles; diese entfernten Geräusche der Erde gelangten aus einer anderen Welt zu mir. Der Nebel der Themse und der Kohlenrauch der Erde drangen in die Basilika ein und verbreiteten darin weitere Dunkelheit.

Endlich zeigte sich in dem am wenigsten verdunkelten Winkel ein Dämmerschein; ich starrte auf das beständig zunehmende Licht. Ging es von den beiden Söhnen Eduards IV. aus, die ihr Onkel umgebracht hatte?[186] Gott sandte mir nicht diese traurigen und lieblichen Seelen, wohl aber die leichte Gestalt einer kaum dem Kindesalter entwachsenen Frau mit einem Licht in der Hand, dessen Flamme durch ein zusammengedrehtes Blatt Papier geschützt wurde; das war die kleine Glöcknerin. Ich vernahm das Geräusch eines Kusses, und die Glocke läutete den Tag ein. Die Glöcknerin war ganz erschrocken, als ich mit ihr durch die Klostertür hinaustrat. Ich erzählte ihr mein Abenteuer, und sie sagte mir, sie habe das Amt ihres kranken Vaters versehen. Von dem Kuß sprachen wir nicht.

6

London, April bis September 1822.

Große Not. - Unerwartete Hilfe. - Die Wohnstatt über dem Friedhof. - Neue Gefährten im Unglück. - Unsere Vergnügungen. - Mein Cousin de La Bouëtardais.

Mein Abenteuer belustigte Hingant, und wir schmiedeten den Plan, uns beide in der Westminsterabtei einschließen zu lassen. Aber unser Elend erinnerte uns auf weniger poetische Weise an die Toten.

Meine Mittel gingen zur Neige. Baylis und Deboffe hatten sich gegen ein schriftliches Versprechen auf Rückerstattung der Kosten im Falle des Nichtverkaufs entschlossen, mit dem Druck des Essays zu beginnen. Weiter ging ihre Großzügigkeit nicht, und das war ganz natürlich. Ich wundere mich sogar über ihre Kühnheit. Übersetzungen kamen keine mehr; Pelletier, als Mann des Vergnügens, war der dauernden Verpflichtung müde geworden. Sicher hätte er mir gegeben, was er besaß, hätte er es nicht lieber selbst verbraucht; aber da und dort nach Arbeiten zu suchen und geduldig ein gutes Werk zu tun, das war ihm unmöglich. Hingant sah seinen Schatz auch dahinschwinden; beide zusammen besaßen wir nur noch sechzig Francs. Wir verminderten die Lebensmittelrationen wie auf einem Schiff, wenn sich die Überfahrt hinzieht. Statt eines Schillings pro Person gaben wir für das Mittagessen nur noch einen halben aus. Morgens beim Tee aßen wir nur noch die Hälfte und ließen die Butter ganz weg. Diese Entbehrungen griffen die Nerven meines Freundes an. Sein Geist schweifte rastlos umher. Er schien zu lauschen, sah aus, als höre er jemandem zu. Dann brach er in Lachen aus oder vergoß Tränen. Hingant glaubte an den Magnetismus und hatte sich das Hirn mit den konfusen Lehren Swedenborgs verwirrt. Des Morgens erzählte er mir, daß er in der Nacht eine Botschaft empfangen habe; stellte ich seine Einbildungen in Abrede, wurde er wütend. Die Sorge, die er mir bereitete, hinderte mich daran, meine eigenen Leiden zu empfinden.

Die waren nichtsdestoweniger groß. Die armselige Kost, verbunden mit der Arbeit, wirkte sich auf meine kranke Brust aus. Das Gehen begann mir Mühe zu bereiten, und dennoch brachte ich die Tage und einen Teil der Nächte außer Haus zu, damit man meine Notlage nicht bemerke. Als wir bei unserem letzten Schilling angekommen waren, beschlossen wir, ihn zu behalten und nur so zu tun, als ob wir frühstückten. Wir kauften uns ein Brot für zwei Sous, ließen uns wie gewöhnlich heißes Wasser und die Teekanne bringen, taten aber keinen Tee hinein und aßen auch kein Brot, sondern tranken das heiße Wasser mit einigen kleinen Zuckerkrümeln, die sich am Boden der Zuckerdose fanden.

Auf diese Weise vergingen fünf Tage. Der Hunger verzehrte mich; ich brannte innerlich und fand keinen Schlaf. Ich saugte an Wäschestücken, die ich in Wasser getaucht hatte, kaute Gras und Papier. Wenn ich an den Bäckerläden vorbeiging, wurde meine Qual entsetzlich. An einem rauhen Winterabend stand ich zwei Stunden vor einem Laden mit getrocknetem Obst und geräuchertem Fleisch und verschlang alles, was ich sah, mit den Augen; ich hätte nicht allein die Eßwaren, sondern auch die Schachteln und Körbe verzehren mögen.

Am Morgen des fünften Tages schleppte ich mich, schon ganz entkräftet, zu Hingant. Ich klopfe an die Tür, sie ist verschlossen. Ich rufe, und Hingant antwortet mir eine Weile nicht; endlich steht er auf und öffnet mir. Er lacht mit verstörter Miene. Sein Rock ist zugeknöpft, er setzt sich an den Teetisch. „Unser Frühstück wird gleich kommen", sagt er mit sonderbarer Stimme zu mir. Ich glaube, Blutflecken auf seinem Hemd zu sehen und reiße ihm den Überrock auf: Er hatte sich mit dem Federmesser einen zwei Zoll tiefen Stich in die linke Brust versetzt. Ich rief um Hilfe. Die Magd ging einen Chirurgen holen. Die Wunde war gefährlich.

Dieses neuerliche Unglück zwang mich, einen Entschluß zu fassen. Hingant, als Parlamentsrat der Bretagne, hatte es abgelehnt, den Unterhalt entgegenzunehmen, den die englische Regierung den französischen Beamten bewilligte; desgleichen hatte auch ich den täglichen Almosenschilling für Emigranten ausgeschlagen. Jetzt schrieb ich an Monsieur de Barentin und schilderte ihm die Lage meines Freundes. Hingants Verwandte eilten herbei und nahmen ihn mit aufs Land. In eben der Zeit schickte mir mein Onkel de Bedée vierzig Taler, ein rührendes Opfer meiner verfolgten Familie. Ich glaubte alles Gold Perus vor mir zu sehen; die Gabe der Gefangenen in Frankreich nährte den Franzosen im Exil.

Das Elend hatte mich am Arbeiten gehindert. Da ich kein Manuskript mehr lieferte, wurde der Druck unterbrochen. Nun, da Hingant nicht mehr da war, brauchte ich die Unterkunft bei Baylis für eine Guinee monatlich nicht länger. Ich bezahlte die fällige Miete und zog aus. Unter den armen Emigranten, die sich anfangs in London meiner angenommen hatten, standen andere, noch weitaus bedürftigere. Wie bei den Reichen gibt es auch bei den Armen Abstufungen. Eine große Spanne liegt zwischen dem, der sich im Winter an seinem Hund wärmt, und dem, der in seinen zerrissenen Lumpen zittert.

Meine Freunde machten für mich ein Zimmer ausfindig, das meinen schwindenden Mitteln besser entsprach (man ist schließlich nicht immer auf dem Gipfel des Wohlstands). Sie brachten mich in der Nähe der Marylebone Street in einer Dachkammer unter, deren Luke auf einen Friedhof hinausging. Jede Nacht verkündigte mir die Schnarre des Nachtwächters, daß Leichen gestohlen worden seien. Es tröstete mich zu erfahren, daß Hingant außer Gefahr war.

Kameraden besuchten mich in meinem Atelier. Angesichts unserer Unabhängigkeit und unserer Armut hätte man uns für Maler auf den Ruinen Roms halten können; wir waren arme Künstler auf den Ruinen Frankreichs. Mein Gesicht diente meinen Schülern als Modell und mein Bett als Sitzgelegenheit. Dieses Bett bestand aus einer Matratze und einer Decke. Bettücher besaß ich nicht; wenn es kalt war, wärmten mich außer der Decke mein Rock und ein Stuhl. Da ich zu schwach war, um mein Lager aufzuschütteln, blieb es, wie Gott es mir gerichtet hatte.

Mein Cousin de La Bouëtardais war, da er nicht zahlen konnte, aus seinem irländischen Elendsquartier verjagt worden, obgleich er seine Geige als Pfand zurückgelassen hatte; er kam zu mir, um Schutz vor den Konstablern zu finden. Ein bretonischer Vikar lieh ihm ein Gurtbett. La Bouëtardais war, wie Hingant, bretonischer Parlamentsrat gewesen. Nun besaß er kein Taschentuch mehr, um sich den Kopf zuzudecken. Aber er war mit Waffen und Gepäck desertiert, das heißt, er hatte seine viereckige Mütze und seinen roten Talar mitgenommen, und er schlief an meiner Seite unter dem Purpur. Er war ein Witzbold, ein guter Musiker und hatte eine schöne Stimme: wenn er nicht schlief, setzte er sich ganz nackt auf sein Gurtbett, stülpte die viereckige Mütze auf und sang Romanzen zur Gitarre, die nur noch drei Saiten hatte. Eines Nachts, als der arme Kerl so die Hymne an Venus trällerte, traf ihn ein Zugwind; sein Mund verzog sich, und er starb daran, wenn auch nicht sofort, denn ich rieb ihm zur Belebung die Wange. Wir hielten Rat in unserer hohen Kammer, sprachen über Politik und beschäftigten uns mit den Emigrationsgerüchten. Am Abend gingen wir zu unseren Tanten und Cousinen tanzen, wenn diese mit ihren Putzmachereien und Hüten fertig waren.

7

London, April bis September 1822.

Ein glänzendes Fest. - Meine vierzig Taler gehen zu Ende. - Neue Not. - Table d'hôte. - Bischöfe. - Mittagessen in London-Tavern. - Die Manuskripte von Camden.

Wer diesen Teil meiner Memoiren liest, wird nicht bemerkt haben, daß ich sie zweimal unterbrochen habe: Einmal, um dem Herzog von York, dem Bruder des Königs von England, ein großes Diner zu geben, und ein zweites Mal, um anläßlich des Jahrestags der Rückkehr des Königs von Frankreich nach Paris am 8. Juli ein Fest zu veranstalten. Dieses Fest hat mich vierzigtausend Francs gekostet. Die Peers des Britischen Reiches und ihre Gemahlinnen, Gesandte und auserlesene Vertreter des Auslands füllten meine prachtvoll geschmückten Salons. Meine Tafel erstrahlte im Glanz des Londoner Kristalls und vom Gold des Sèvres-Porzellans. Köstlichste Speisen, Weine und Blumen waren im Überfluß vorhanden. Portland Place stand voller glänzender Equipagen. Collinet und die Musik der Salons von Almack[187] bezauberten die Dandys in ihrer vornehmen Melancholie und die sinnend tanzenden Ladies in ihrer träumerischen Eleganz. Die Opposition und die ministerielle Majorität hatten einen Waffenstillstand geschlossen; Lady Canning plauderte mit Lord Londonderry, Lady Jersey mit dem Herzog von Wellington. Der Comte d'Artois, der mir dieses Jahr wegen meiner prächtigen Feste Komplimente machen ließ, ahnte 1793 freilich nicht, daß in seiner Nähe ein zukünftiger Minister lebte, der in Erwartung künftiger Größe in einer Dachkammer über einem Friedhof hungerte - zum Lohn für seine Treue. Heute bin ich froh darüber, daß ich beinahe einen Schiffbruch miterlebt, den Krieg kennengelernt und die Leiden der untersten Schichten der Gesellschaft geteilt habe, so wie ich es auch gutheiße, in Zeiten des Wohlstands von Ungerechtigkeit und Verleumdung betroffen worden zu sein. Ich habe aus diesen Lehren Nutzen gezogen: Ohne die Übel, die das Leben beschweren, ist es nur ein Kinderspiel.

Ich war der Vierzigtalermann;[188] da aber die Vermögensgleichheit noch nicht eingeführt war und die Lebensmittel im Preis nicht sanken, gab es kein Gegengewicht zu meiner leer werdenden Börse. Auf neuerliche Unterstützung durch meine Familie konnte ich nicht rechnen, da sie in der Bretagne der doppelten Geißel der Chouannerie[189] und der Schreckensherrschaft ausgesetzt war. Ich hatte keine andere Aussicht mehr als das Hospital oder die Themse.

Dienstboten von Emigranten, die von ihren Herren nicht mehr ernährt werden konnten, waren zuweilen Gastwirte geworden, um nun ihre Herren zu ernähren. Gott allein weiß, welch fragwürdige Kost man an diesen Tables d'hôtes auftischte und was für politische Meinungen man dort zu hören bekam! Alle Siege der Republik wurden in Niederlagen umgemünzt, und wenn man es sich einfallen ließ, an der unmittelbar bevorstehenden Wiederherstellung des Königtums zu zweifeln, so wurde man zum Jakobiner erklärt. Zwei alte Bischöfe, Totengerippen nicht unähnlich, gingen im Frühjahr im Saint-James-Park spazieren. „Monseigneur", sagte der eine, „glauben Sie, daß wir im Juni in Frankreich sein werden?" - „Aber Monseigneur", entgegnete der andere nach reiflichem Nachdenken, „da sehe ich kein Hindernis."

Mein Retter Pelletier grub oder besser hob mich in meinem Nest aus. Er hatte in einer Zeitung von Yarmouth gelesen, daß sich eine Gesellschaft von Altertumsforschern mit der Geschichte der Grafschaft Suffolk beschäftigen wolle und daß man einen Franzosen suche, der französische Manuskripte aus dem zwölften Jahrhundert aus der Sammlung Camden[190] entziffern könne. Der *parson*, also der Pfarrer von Beccles, leitete das Unternehmen; an ihn mußte man sich wenden. „Das ist etwas für Sie", sagte Pelletier zu mir. „Fahren Sie hin und entziffern Sie diese alten Schinken; gleichzeitig schicken Sie weiterhin Kopien Ihres Essays an Baylis, und ich werde diesen Lumpen schon zwingen, den Druck wieder aufzunehmen; dann kehren Sie mit zweihundert Guineen und einem fertigen Werk nach London zurück: also los!"

Ich wollte Einwände machen, aber mein Gegenüber schrie los: „Zum Teufel! Sie wollen doch nicht ewig in diesem Palast bleiben, wo mich schon jetzt entsetzlich friert? Wenn Rivarol, Champcenetz, Mirabeau-Tonneau und ich so schüchtern gewesen wären, hätten wir mit den *Actes des Apôtres* nie etwas zuwege gebracht! Wissen Sie, daß die Geschichte mit Hingant einen Höllenlärm verursacht hat? Sie wollten also alle beide Hungers sterben? Ha! ha! ha! ha!.." Pelletier krümmte sich vor Lachen. Er hatte eben hundert Exemplare seiner Zeitung in den Kolonien untergebracht, hatte dafür Geld bekommen und ließ nun die Guineen in seiner Tasche klingeln. Mit Gewalt führte er mich, den vom Schlag gerührten La Bouëtardais und zwei in Lumpen gekleidete Emigranten, die ihm gerade unterkamen, zum Essen in die London-Tavern. Er ließ uns Portwein trinken und Roastbeef und Plumpudding essen, bis wir platzten. „Wie kommt es, Herr Graf", fragte er meinen Cousin, „daß Sie eine so verzerrte Schnauze haben?" Halb beleidigt, halb vergnügt erklärte ihm La Bouëtardais die Sache, so gut er konnte; er erzählte, daß es ganz plötzlich gekommen sei, als er die beiden Worte sang: „O schöne Venus!" Mein armer Gelähmter sah so leblos, starr und heruntergekommen aus, als er sein „schöne Venus" hervorstammelte, daß sich Pelletier mit wahnsinnigem Gelächter zurückwarf und beinahe den Tisch umgestoßen hätte, den er von unten mit den Füßen aushob.

Wenn ich es recht überlegte, erschien mir der Rat meines Landsmannes, der einem Roman meines anderen Landsmannes, Le Sage, entsprungen zu sein schien, gar nicht so übel. Nachdem ich mich drei Tage umgetan und von Pelletiers Schneider hatte einkleiden lassen, fuhr ich mit etwas Geld, das mir Deboffe auf die Zusicherung der Weiterarbeit an meinem Essay hin geliehen hatte, nach Beccles ab. Meinen Namen, den kein Engländer aussprechen konnte, vertauschte ich gegen den von Combourg, den mein Bruder geführt hatte und der mich an die Leiden und Freuden meiner frühen Jugend erinnerte. Ich stieg im Gasthof ab und überbrachte dem Pfarrer des Ortes ein Empfehlungsschreiben von Deboffe, der im englischen Buchhandel große Achtung genoß; in dem Brief wurde ich als erstklassiger Gelehrter empfohlen. Man nahm mich gut auf, ich machte die Bekanntschaft aller Gentlemen des Bezirks und traf zwei Offiziere unserer königlichen Marine, die in der Nachbarschaft Französischunterricht gaben.

8

London, April bis September 1822.

Meine Beschäftigungen in der Provinz. - Der Tod meines Bruders. - Das Unglück meiner Familie. - Zweimal Frankreich.

Ich kam wieder zu Kräften; die Spazierritte, die ich unternahm, stärkten meine Gesundheit. Wenn man England so im einzelnen sieht, macht es einen traurigen, aber bezaubernden Eindruck; überall der gleiche Anblick: die kleine verlassene Kirche mit ihrem Turm, der Dorffriedhof von Gray, hübsche kleine Sandwege, Täler, in denen Kühe weiden; Heidelandschaften mit Schafen, Parks, Schlössern; Städte; aber wenig Wald, wenige Vögel, und immer der Wind vom Meer. Monsieur de Combourg wurde überall eingeladen. Dem Studium verdankte ich die erste Verbesserung meiner Lage. Zu Recht empfiehlt Cicero in den trüben Stunden des Lebens die Beschäftigung mit den Wissenschaften. Die Frauen waren entzückt, einen Franzosen zu haben, mit dem sie französisch sprechen konnten.

Die Leiden meiner Familie, von denen ich durch die Zeitungen erfuhr und die mich unter meinem wahren Namen bekanntmachten (denn ich konnte meinen Schmerz nicht verbergen), erhöhten noch das gesellschaftliche Interesse an mir. Die Zeitungen meldeten den Tod von Monsieur de Malesherbes, seiner Tochter, der Präsidentin Rosambo, seiner Enkelin, der Comtesse de Chateaubriand, und seines angeheirateten Enkels, des Comte de Chateaubriand, meines Bruders. Sie alle waren zusammen am gleichen Tag, zur gleichen Stunde auf dem gleichen Schafott hingerichtet worden. Monsieur de Malesherbes genoß die Bewunderung und Verehrung der Engländer; meine Verwandtschaft mit dem Verteidiger Ludwigs XVI. verstärkte das mir dargebrachte Wohlwollen meiner Gastgeber.

Mein Onkel de Bedée berichtete mir von den Verfolgungen, die meine übrigen Verwandten erdulden mußten. Man hatte meine unvergleichliche alte Mutter zusammen mit andern Opfern auf einen Karren geworfen und aus der Bretagne in die Kerker von Paris gebracht, damit sie das Schicksal des Sohnes teile, den sie so sehr geliebt hatte. Meine Frau und meine Schwester Lucile erwarteten in den Gefängnissen von Rennes ihren Urteilsspruch; es war die Rede davon gewesen, sie auf Schloß Combourg einzukerkern, das zur Staatsfestung geworden war. Ihrer Unschuld legte man das Verbrechen meiner Emigration zur Last. Was waren unsere Leiden im fremden Land im Vergleich zu denen der Franzosen in ihrem Vaterland? Und dennoch: Welch ein Unglück, in all dem Elend das Exils noch zu erfahren, daß eben dieses Exil als Vorwand für die Verfolgung unserer Nächsten benutzt wurde!

Vor zwei Jahren fand man den Ehering meiner Schwägerin im Rinnstein der Rue Cassette. Man brachte ihn mir, er war zerbrochen. Der Reif war offen, die beiden Teile hingen aneinander; die eingravierten Namen waren noch deutlich zu lesen. Wie hatte sich dieser Ring wiedergefunden? Wann und wo war er verlorengegangen? War das Opfer aus dem Gefängnis von Luxembourg auf dem Wege zur Richtstatt durch die Rue Cassette gekommen? Hatte sie den Ring vom Karren herabfallen lassen, oder war er ihr nach der Hinrichtung vom Finger gerissen worden? Ich war tief ergriffen vom Anblick dieses Symbols, das mich, zerbrochen und mit dieser Inschrift, an so grausame Schicksale erinnerte. Etwas Geheimnisvolles und Schicksalsträchtiges haftete an diesem Ring, den mir meine Schwägerin zum Andenken an sie und meinen Bruder aus dem Grab geschickt zu haben schien. Ich habe ihn ihrem Sohn übergeben; möge er ihm kein Unglück bringen!

Noch ein anderes Zeugnis dieser Leiden ist mir geblieben; den folgenden Brief schrieb mir Monsieur de Contencin, der beim Durchsuchen der Stadtarchive den Befehl des Revolutionstribunals gefunden hat, der meinen Bruder und seine Familie aufs Schafott brachte:

„Monsieur le Vicomte!

Es ist fast eine Grausamkeit, in einem Herzen, das viel gelitten hat, die Erinnerung an Unglücksfälle zu wecken, die es am schmerzlichsten betroffen haben. Dieser Gedanke hat mich einige Zeit davon abgehalten, Ihnen ein trauriges Dokument zu übersenden, das mir bei meinen historischen Forschungen in die Hände gefallen ist. Es handelt sich um eine Sterbeurkunde, vor Eintritt des Todes unterzeichnet von einem Mann, der sich so unerbittlich wie der Tod selbst erwiesen hat, wann immer er auf einem Haupte Adel und Tugend vereinigt fand. Ich wünschte, Monsieur le Vicomte, daß Sie mir nicht zu sehr zürnen mögen, wenn ich Ihren Familienarchiven eine Urkunde beifüge, die so schmerzliche Erinnerungen wachruft. Ich habe geglaubt, daß sie von Interesse für Sie ist, denn sie besitzt in meinen Augen großen Wert; deshalb habe ich mich entschlossen, sie Ihnen einzuhändigen. Wenn es nicht indiskret ist, werde ich mich doppelt beglückwünschen können, denn ich finde dabei gleichzeitig Gelegenheit, Ihnen die Gefühle der tiefsten Ehrerbietung und aufrichtigsten Bewunderung auszudrücken, die Sie mir seit langer Zeit eingeflößt haben, und mit denen ich, Monsieur le Vicomte,

als Ihr sehr ergebener und gehorsamer Diener verbleibe
A. de Contencin,
Paris, den 23. März 1835."

Hier meine Antwort auf diesen Brief:

„Monsieur!

Ich hatte die Akten des Prozesses meines unglücklichen Bruders und seiner Gattin in Sainte-Chapelle suchen lassen, aber man hatte das Urteil nicht gefunden, das Sie mir zu übersenden nun die Güte hatten. Dieses Urteil und viele andere, mit ihren Ausstreichungen und verstümmelten Namen, werden Fouquier vor dem Richterstuhl Gottes vorgelegt worden sein, und er hat wohl seine Unterschrift wiedererkennen müssen. So sahen die Zeiten aus, die man zurückwünscht und über die man bewundernde Bücher schreibt! Im übrigen beneide ich meinen Bruder, denn zumindest hat er seit langen Jahren schon diese traurige Welt verlassen. Ich danke Ihnen, mein Herr, herzlich für die Achtung, deren Sie mich in Ihrem schönen und edlen Briefe versichern, und bitte Sie, die Versicherung meiner außerordentlichen Hochachtung entgegenzunehmen, mit der ich die Ehre habe zu sein, usw."

Dieses Todesurteil ist vor allem deshalb bemerkenswert, weil es den Beweis dafür liefert, mit welcher Leichtfertigkeit die Morde begangen wurden; einige Namen sind falsch geschrieben, andere verwischt. Diese Formfehler, die zur Annullierung simpelster Urteilssprüche ausgereicht hätten, konnten die Henker nicht aufhalten; sie kümmerten sich nur um die genaue Einhaltung der Todesstunde: 'Punkt fünf Uhr'.

Hier das authentische Aktenstück, von mir wörtlich kopiert:

Der Vollstrecker der Kriminalurteilssprüche
Das Revolutionstribunal

Der Vollstrecker der Kriminalurteilssprüche wird sich in das Justizgebäude der Conciergerie begeben, um daselbst das Urteil zu vollziehen, das Mousset, d'Esprémenil, Chapelier, Thouret, Hell, Lamoignon Malsherbes, die Frau Lepelletier Rosambo, Chateau Brian und seine Frau (der Eigenname ist verwischt und unleserlich), die Witwe Duchatelet, die Frau Grammonts, des früheren Herzogs, die Frau Rochechuart (Rochechouart) und Parmentier: - vierzehn im Ganzen, zum Tode verurteilt. Die Hinrichtung wird heute, Punkt fünf Uhr, auf dem Revolutionsplatz dieser Stadt vollzogen werden.

Der öffentliche Ankläger
H.-Q. Fouquier.

Ausgestellt vom Tribunal, am 3. Floréal des Jahres 2 der französischen Republik.
Zwei Wagen."

Der neunte Thermidor[191] rettete meiner Mutter das Leben; aber man vergaß sie in der Conciergerie. Als der Konventskommissar sie fand, fragte er sie: „Was machst Du hier, Bürgerin? Wer bist Du? Warum bleibst Du hier?" Meine Mutter antwortete, daß sie sich, da sie ihren Sohn verloren habe, um nichts mehr kümmere und daß es ihr gleichgültig sei, im Gefängnis oder anderswo zu sterben. „Aber Du hast vielleicht noch andere Kinder?" erwiderte der Kommissar. Meine Mutter nannte meine Frau und meine Schwestern, die in Rennes gefangengehalten wurden. Man erließ den Befehl, sie freizulassen, und zwang meine Mutter, das Gefängnis zu räumen.

In den Geschichtswerken über die Revolution hat man vergessen, neben das Bild des inneren Frankreich das des äußeren zu setzen, diese große Kolonie von Verbannten darzustellen, deren Fleiß und deren Mühen sich je nach der Verschiedenheit des Klimas und den Sitten der Völker voneinander unterschieden. Außerhalb Frankreichs vollzog sich alles durch einzelne Menschen: Staatsveränderungen, geheime Kümmernisse, geräuschlose Opfer ohne jeden Lohn; aber unter diesen verschiedenen Individuen jedes Standes, jedes Alters, jedes Geschlechts blieb eine feste Idee bewahrt: das alte Frankreich, das nun mit seinen Vorurteilen und seinen Getreuen in gleicher Weise umherreiste, wie einst die Kirche Gottes mit ihren Tugenden und ihren Märtyrern auf der Erde umherirrte.

Im Innern Frankreichs vollzog sich alles durch die Masse: die von Barrère verkündeten Mordtaten, Eroberungen, Bürgerkriege und auswärtigen Kriege; die gigantischen Kämpfe in der Vendée und an den Ufern des Rheins; die beim Marschtritt unserer Armeen einstürzenden Throne; unsere in die Wogen versenkten Schiffe; das Volk, das in der Kirche Saint-Denis die Monarchen aus den Gräbern riß und die Asche der toten Könige den lebenden Königen ins Gesicht warf, um sie zu blenden; das neue Frankreich, strahlend in seinen neuen Freiheiten, stolz sogar auf seine Verbrechen, sicher auf seinem eigenen Grund, obwohl seine Grenzen enger ziehend, doppelt bewaffnet mit dem Schwert des Henkers und dem Degen des Soldaten.

9

London, April bis September 1822.

Charlotte.

Vier Stunden von Beccles entfernt, in einer kleinen Stadt namens Bungay, wohnte ein englischer Pfarrer, der ehrwürdige Mister Ives, ein großer Hellenist und Mathematiker. Seine Frau war noch jung, bezaubernd in ihrem Aussehen, ihrem Geist und ihren Manieren, und er hatte eine einzige Tochter von fünfzehn Jahren. Als ich mich in diesem Haus vorstellte, wurde ich besser empfangen als überall sonst. Man trank hier nach Art der alten Engländer und blieb noch zwei Stunden bei Tisch, wenn die Frauen schon gegangen waren. Mister Ives, der in Amerika gewesen war, berichtete gern von seinen Reisen, hörte mich auch gern von den meinigen erzählen und sprach mit besonderer Vorliebe von Newton und von Homer. Seine Tochter, die sich, um ihm zu gefallen, Bildung erworben hatte, verstand vortrefflich zu musizieren und sang wie heutzutage Madame Pasta. Zum Tee erschien sie wieder und verbannte den ansteckenden Schlummer des alten Pfarrers. Auf das Piano gestützt, lauschte ich schweigend Miß Ives.

Wenn die Musik zu Ende war, fragte mich die junge Lady nach Frankreich, nach der Literatur. Sie bat mich um Pläne für ihre Studien; ganz besonders wünschte sie italienische Autoren kennenzulernen, und sie bat mich um einige Erklärungen zu *Divina Commedia* und *Gerusalemme*.[192] Nach und nach verspürte ich den scheuen Zauber einer Zuneigung, die aus der Seele kam. Ich hatte die Mädchen von Florida geschmückt, aber ich hätte es nicht gewagt, Miß Ives' Handschuh aufzuheben. Ich geriet in Verwirrung, wenn ich einige Stellen aus Tasso zu übersetzen versuchte; wir empfingen die Leidenschaft aus dem Atem des Poeten. Bei einem keuscheren und männlicheren Geist wie Dante fühlte ich mich unbefangener.

Das Alter von Charlotte Ives und das meinige paßten gut zusammen. In Verbindungen, die erst in der Mitte unseres Lebens zustandekommen, mischt sich einige Schwermut. Wenn man sich nicht frühzeitig begegnet, sind die Erinnerungen an die geliebte Person nicht mit dem Teil unseres Lebens verbunden, da wir existierten, ohne sie zu kennen. Dieser Teil des Lebens, der einem anderen menschlichen Umgang gehörte, ist der Erinnerung peinlich und wie abgeschnitten von unserem Dasein. Und bei einem großen Altersunterschied? Dann sind die Mißhelligkeiten noch größer. Der Ältere hat sein Leben begonnen, bevor der Jüngere zur Welt kam; dem Jüngeren wiederum ist es bestimmt, allein zurückzubleiben. Der eine hat eine einsame Lebensspanne diesseits der Wiege durchlebt, der andere wird jenseits des Grabes die Einsamkeit durchleben. Für den ersten war die Vergangenheit eine Wüste, für den zweiten wird die Zukunft eine Wüste sein. Selten kann man mit all diesen Voraussetzungen des Glücks lieben: Jugend, Schönheit, Gunst der Zeit, Übereinstimmung des Herzens, der Neigungen, des Charakters, der äußerlichen Vorzüge und der Jahre.

Ich war vom Pferd gestürzt und wohnte einige Zeit bei Mister Ives. Es war Winter; die Träume meines Lebens begannen sich vor der Wirklichkeit zu verflüchtigen. Miß Ives wurde zurückhaltender; sie brachte mir keine Blumen mehr und wollte nicht mehr singen.

Wenn man mir gesagt hätte, daß ich den Rest meines Lebens vergessen im Schoß dieser einsamen Familie zubringen sollte, dann wäre ich vor Freude gestorben. Der Liebe fehlt nichts als die Dauer, um gleichzeitig das Paradies vor dem Sündenfall und das Hosianna ohne Ende zu sein. Macht, daß die Schönheit bleibt, die Jugend dauert, das Herz nicht ermatten kann, und ihr werdet einen zweiten Himmel schaffen. Die Liebe ist so gewiß das höchste

Glück, daß sie vom Wunschtraum ewiger Dauer verfolgt wird. Sie will nur unwiderrufliche Schwüre leisten; wenn ihr die Freuden abhanden kommen, sucht sie sich in Leiden zu verewigen. Als gefallener Engel spricht sie noch immer die Sprache, die ihr vor dem Falle eigen war; ihre Hoffnung ist es, nie zu enden. In ihrer doppelten Natur und in ihrer zwiefachen Illusion hier auf Erden will sie sich in unsterblichen Gedanken und durch unvergängliche Generationen verewigen.

Mit Besorgnis sah ich den Augenblick kommen, da ich gezwungen sein würde, mich zurückzuziehen. An dem Tag vor meiner Abreise herrschte beim Mittagessen ein düsteres Schweigen. Zu meinem großen Erstaunen entfernte sich Mister Ives beim Dessert und nahm seine Tochter mit, so daß ich mit Mistress Ives alleinblieb. Sie war äußerst verlegen. Ich dachte, sie würde mir Vorwürfe wegen einer Neigung machen, die sie erraten konnte, von der ich aber nie gesprochen hatte. Sie schaute mich an, schlug die Augen nieder, errötete. Sie war in dieser Verwirrung so verführerisch, daß es kein Gefühl gab, auf das sie nicht selbst Anspruch gehabt hätte. Endlich überwand sie mit Anstrengung die Beklommenheit, die ihr die Sprache raubte, und sagte auf englisch zu mir: „Sie haben meine Verwirrung bemerkt, mein Herr; ich weiß nicht, ob Charlotte Ihnen gefällt, aber es ist unmöglich, eine Mutter zu täuschen; ganz sicher hat meine Tochter tiefe Zuneigung zu Ihnen gefaßt. Mister Ives und ich, wir haben miteinander gesprochen; Sie sind uns in jeder Beziehung angenehm, und wir glauben, daß Sie unsere Tochter glücklich machen werden. Sie haben kein Vaterland mehr, Sie haben Ihre Angehörigen verloren, Ihre Güter werden verkauft; was also könnte Sie nach Frankreich zurückrufen? Sie werden bei uns leben, bis Sie unser Erbe werden."

Von allen Qualen, die ich je erduldet habe, war diese die größte und schmerzlichste. Ich warf mich Mistress Ives zu Füßen und bedeckte ihre Hände mit Küssen und Tränen. Sie glaubte, daß ich vor Glück weinte, und begann, vor Freude zu schluchzen. Sie streckte die Hand aus, um die Klingelschnur zu ziehen und ihren Gatten und ihre Tochter zu rufen. „Halten Sie ein!" rief ich aus, „ich bin verheiratet!" Sie fiel in Ohnmacht.

Ich entfernte mich, ohne mein Zimmer noch einmal zu betreten. Ich ging zu Fuß nach Beccles und nahm dort den Postwagen nach London. Zuvor hatte ich Mistress Ives einen Brief geschrieben, von dem ich zu meinem Bedauern keine Abschrift aufbewahrt habe.

Die süßeste, zärtlichste und dankbarste Erinnerung ist mir von diesem Vorfall geblieben. Bevor ich mir einen Namen gemacht hatte, ist die Familie von Mister Ives die einzige gewesen, die mir wohlwollte und mich mit aufrichtiger Zuneigung aufgenommen hat. Arm, unbekannt, verbannt, ohne etwas Verführerisches und ohne Schönheit, wie ich war, fand ich eine gesicherte Zukunft, eine Heimat, eine reizende Ehefrau, die mich meiner Verlassenheit entrissen hätte, eine Mutter, fast so schön wie ihre Tochter, die mir meine alte Mutter ersetzt hätte, einen gebildeten Vater, der mit Liebe den Wissenschaften oblag, um an Stelle des Vaters zu treten, den der Himmel mir genommen hatte. Und

280

was brachte ich als Gegenleistung für all das ein? Bei meiner Wahl konnte man sich keine Illusionen gemacht haben; ich mußte glauben, daß man mich wirklich liebte. Seit jener Zeit bin ich nur noch ein einziges Mal einer Neigung begegnet, die so erhaben war, daß sie mir das gleiche Vertrauen einzuflößen vermochte. Was das Interesse betrifft, das man mir in der Folgezeit erwiesen zu haben scheint, so war ich niemals fähig zu unterscheiden, ob nicht äußere Ursachen, ob nicht der Glanz meines Namens, das Gepränge der Parteien, das Ansehen der hohen literarischen oder politischen Stellung die Hülle gewesen sind, der ich das dienstbeflissene Entgegenkommen zu verdanken hatte.

Wenn ich Charlotte Ives geheiratet hätte, würde sich meine Rolle auf Erden verändert haben. In einer Grafschaft Großbritanniens begraben, wäre ich ein jagdlustiger Gentleman geworden. Keine Zeile wäre aus meiner Feder geflossen, ich hätte sogar meine Muttersprache vergessen, denn ich schrieb englisch, und meine Gedanken begannen, sich auf englisch in meinem Kopf zu bilden. Hätte mein Vaterland mit meinem Verschwinden viel verloren? Wenn ich das, was mich getröstet hat, nicht zähle, so würde ich sagen, daß ich viele ruhige Tage verlebt hätte anstatt der unruhigen Zeit, die mein Los war. Das Kaiserreich, die Restauration, die Spaltungen und Zwistigkeiten in Frankreich, was hätte mich all das gekümmert? Ich hätte nicht jeden Morgen Fehler zu korrigieren und Irrtümer zu bekämpfen. Ist es denn sicher, daß ich ein echtes Talent besitze und daß dieses Talent es wert war, daß ich ihm mein Leben geopfert habe? Werde ich über meinen Tod hinaus lebendig bleiben? Und wenn dies der Fall ist, wird es dann in der Umwälzung, die sich vollzieht, in einer veränderten und mit ganz anderen Dingen beschäftigten Welt ein Publikum geben, das mich versteht? Werde ich nicht ein Mensch von ehedem sein, unverständlich für neue Generationen? Werden meine Ideen, meine Gefühle, ja sogar mein Stil der geringschätzigen Nachwelt nicht langweilig und altmodisch erscheinen? Wird mein Schatten wie der Schatten Vergils zu Dante sagen können: *Poeta fui et cantai*? [Ein Dichter war ich, und ich sang.][193]

10

Die Rückkehr nach London.

Nach London zurückgekehrt, fand ich dort keine Ruhe. Ich war vor meinem Schicksal geflohen wie ein Missetäter vor seinem Verbrechen. Wie peinlich mußte es für eine meiner Achtung, meiner Ehrerbietung und meiner Dankbarkeit so würdige Familie gewesen sein, eine Art Abfuhr von einem unbekannten Manne zu erfahren, den sie mit solcher Einfachheit, ohne jedes Mißtrauen und ohne jede Vorsicht, wie man das nur unter patriarchalischen Sitten findet, bei sich aufgenommen und ihm eine neue Heimat geboten hatte! Ich stellte mir den Schmerz von Charlotte vor und die berechtigten Vorwürfe, die man mir machen konnte, ja mußte. Hatte ich mich doch willig einer Neigung hingegeben, von der ich wußte, daß sie für immer und ewig unrechtmäßig sein würde. Hatte ich unwillkürlich, ohne mir meines sträflichen Verhaltens bewußt zu sein, zu verführen versucht? Ob ich nun innehielt, wie ich es tat, um ein Ehrenmann zu bleiben, oder ob ich jede Hemmung beiseite ließ, um mich einer durch mein Verhalten von vornherein befleckten Neigung hinzugeben - auf jeden Fall hätte ich die Verführte in Reue und Verzweiflung gestürzt.

Solch bittere Betrachtungen führten mich zu anderen, nicht minder schmerzlichen Gedanken: Ich verwünschte meine Ehe, die mich, wie es mir damals in meinem sehr kranken Geist fälschlicherweise erschien, aus meiner Laufbahn geworfen hatte und nun des Glückes beraubte. Ich bedachte nicht, daß aufgrund der ins Leiden verliebten Natur, der ich unterworfen war, und der romantischen Freiheitsvorstellungen, die ich nährte, die Ehe mit Miß Ives für mich ebenso schwierig gewesen wäre wie eine Verbindung mit mehr Unabhängigkeit.

Etwas blieb rein und zauberhaft, obwohl tieftraurig in mir zurück: Charlottes Bild. Dieses Bild besänftigte schließlich mein Aufbegehren gegen das Schicksal. Hundertmal fühlte ich mich versucht, nach Bungay zurückzukehren, nicht, um zu der verstörten Familie vorzudringen; nein, ich wollte mich am Wegesrand verstecken, um Charlotte vorübergehen zu sehen, um ihr in die Kirche zu folgen, wo wir, wenn auch nicht den gleichen Altar, so doch den gleichen Gott hatten, um dieser Frau auf dem Weg über den Himmel die unaussprechliche Glut meiner Sehnsucht darzubringen und um wenigstens in Gedanken den Hochzeitssegen zu sprechen, den ich in dieser Kirche aus dem Munde des Geistlichen hätte vernehmen können.

„O Gott, vereinige, wenn es Dir gefällt, die Herzen dieser Eheleute und erfülle sie mit aufrichtiger Freundschaft. Betrachte Deine Dienerin gnädigen Blicks. Gib, daß ihr Joch ein Joch der Liebe und des Friedens sei und daß ihr eine gesegnete Fruchtbarkeit zuteil werde; gib, Herr, daß beide Eheleute die Kinder ihrer Kinder bis ins dritte und vierte Glied sehen mögen und daß sie ein glückliches Alter erreichen!"

Von einem Entschluß zum anderen schwankend, schrieb ich lange Briefe an Charlotte und zerriß sie wieder. Einige wichtige Zettelchen, die sie mir geschrieben hatte, waren mein Talisman. Durch meine Gedanken an meine Schritte gefesselt, folgte mir die liebenswürdige, zärtliche Charlotte auf den durch sie gereinigten Pfaden der Sylphide. Sie nahm all meine geistigen Kräfte in Beschlag, sie war der Knotenpunkt, den mein gesamtes Denken durchlief, so wie alles Blut durch das Herz strömt. Sie verleidete mir alles, denn nun verglich ich alles mit ihr, und stets fiel dieser Vergleich zu ihren Gunsten aus. Eine wahre und unglückliche Liebe ist ein giftiger Sauerteig, der auf dem Grund der Seele ruht und selbst das Brot der Engel verderben würde.

Die Orte, die ich mit Charlotte besucht, die Stunden, die ich mit ihr verlebt und die Worte, die ich mit ihr gewechselt hatte, waren in mein Gedächtnis eingegraben. Ich sah das Lächeln der mir bestimmten Frau, berührte andächtig ihr schwarzes Haar und drückte ihre schönen Arme an meine Brust wie eine Lilienkette, die ich um den Hals getragen hätte. Kaum war ich an einem verlassenen Ort, so stellte sich Charlotte mit ihren weißen Händen an meine Seite. Ich erriet ihre Gegenwart, wie man in der Nacht den Duft der Blumen einatmet, die man nicht sieht.

Der Gesellschaft von Hingant beraubt, hatte ich auf meinen Spaziergängen, die einsamer denn je verliefen, vollkommene Freiheit, Charlottes Bild mit mir herumzutragen. Im Umkreis von dreißig Meilen um London gibt es kein Heideland, keinen Weg, keine Kirche, die ich nicht besucht hätte. Die verlassensten Stellen, eine Brennesselwiese, ein Graben voller Disteln, alle von den Menschen gemiedenen Orte waren mir die liebsten, und an diesen Orten wehte schon der Atem Byrons. Den Kopf in die Hand gestützt, betrachtete ich diese trostlose Gegend; wenn ihr trauriger Eindruck mir zu nahe ging, riß mich die Erinnerung an Charlotte hinweg; ich glich dem Pilger, der in einsamer Gegend bis zu den Felsen des Sinai vorgedrungen ist und dort eine Nachtigall singen hört.

In London war man über mein Verhalten erstaunt. Ich sah niemanden an, antwortete nicht, verstand nicht, was man mir sagte; meine früheren Kameraden glaubten, mein Verstand habe gelitten.

11

Ein ungewöhnlicher Besuch.

Was geschah in Bungay nach meiner Abreise? Was war aus dieser Familie geworden, in welche ich Freude und Trauer gebracht hatte?

Man erinnere sich immer daran, daß ich Gesandter bei Georg IV. bin und in London im Jahre 1822 niederschreibe, was mir eben dort im Jahre 1795 zugestoßen ist.

Acht Tage lang haben die Geschäfte mich gezwungen, diese Erzählung zu unterbrechen, die ich heute wieder aufnehme. In dieser Zeit meldete mir mein Kammerdiener eines Tages zwischen zwölf und ein Uhr, daß ein Wagen vor meiner Tür stehe und daß eine englische Dame mich zu sprechen wünsche. Da ich es mir in meiner öffentlichen Stellung zur Regel gemacht habe, niemanden abzuweisen, sagte ich, man möge die Dame kommen lassen

Ich war in meinem Arbeitszimmer. Man meldete mir Lady Sutton. Ich sah eine Dame in Trauer, begleitet von zwei schönen Knaben, ebenfalls in Trauer, eintreten; der eine mochte sechzehn, der andere vierzehn Jahre alt sein. Ich ging der Fremden entgegen: sie war so erregt, daß sie sich kaum auf den Füßen halten konnte. Mit zitternder Stimme sagte sie zu mir: *Mylord do you remember me?* Ja, ich erkannte Miß Ives! Die Jahre, die über ihr Haupt hinweggegangen waren, hatten ihr nur den Frühling zurückgelassen. Ich ergriff ihre Hand, bat sie, sich zu setzen, und setzte mich an ihre Seite. Ich konnte nicht sprechen, meine Augen standen voller Tränen, und ich betrachtete sie schweigend durch diese Tränen hindurch. Das, was ich verspürte, ließ mich fühlen, wie tief ich sie geliebt hatte. Endlich konnte ich meinerseits zu ihr sagen: „Und Sie, Madame, erkennen Sie mich?" Sie hob die Augen, die sie bisher gesenkt hatte, zu mir auf, und statt jeder Antwort warf sie mir einen lächelnden und schwermütigen Blick, einen Blick wie eine lange Erinnerung, zu. Ihre Hand lag noch immer in meinen Händen. Charlotte sagte zu mir: „Ich trauere um meine Mutter. Mein Vater ist seit mehreren Jahren tot. Das sind meine Kinder." Bei diesen letzten Worten entzog sie mir ihre Hand, lehnte sich im Sessel zurück und bedeckte sich die Augen mit dem Taschentuch.

Bald darauf fuhr sie fort: „Mylord, ich spreche jetzt in der Sprache zu Ihnen, die ich in Bungay zu sprechen versuchte. Ich bin beschämt, entschuldigen Sie. Meine Kinder sind die Söhne von Admiral Sutton, mit dem ich mich drei Jahre nach Ihrer Abreise aus England verheiratet habe. Aber heute bin ich nicht gefaßt genug, um auf Einzelheiten einzugehen. Erlauben Sie mir, wiederzukommen." Ich bat sie um ihre Adresse und bot ihr den Arm, um sie zu ihrem Wagen zurückzuführen. Sie zitterte, und ich drückte ihre Hand an mein Herz.

Ich ging am nächsten Tag zu Lady Sutton und fand sie allein. Jetzt begann zwischen uns die Frage-Serie des „Erinnern Sie sich?", bei der ein ganzes Leben wiederauflebt. Bei jedem „Erinnern Sie sich?" sahen wir uns an; wir versuchten auf unseren Gesichtern die Spuren der Zeit zu entdecken, die so grausam die Distanz zum Ausgangspunkt und die Länge des zurückgelegten Weges markiert. Ich fragte Charlotte: „Wie hat Ihre Mutter es Ihnen mitgeteilt?" Charlotte errötete und unterbrach mich rasch: „Ich bin nach London gekommen, um Sie zu bitten, sich für die Söhne von Admiral Sutton zu verwenden. Der Ältere möchte nach Bombay gehen. Da Mister Canning, der zum Gouverneur von Ostindien ernannt wurde, Ihr Freund ist, könnte er vielleicht meinen Sohn mitnehmen. Ich wäre Ihnen sehr dankbar dafür und würde mich glücklich schätzen, wenn ich das Glück meines ersten Kindes Ihnen zu verdanken hätte." Diese letzten Worte sprach sie mit besonderem Nachdruck aus.

„Ach, Madame, woran erinnern Sie mich!" antwortete ich ihr, „welche Umkehrung der Geschicke! Sie, die Sie an der gastfreien Tafel Ihres Vaters einen armen Verbannten aufgenommen haben; Sie, die seine Leiden nicht verachtet haben; Sie, die vielleicht daran dachten, ihn in einen ruhmvollen und unverhofften Rang zu erheben, Sie erbitten jetzt seine Hilfe in Ihrem eigenen Land! Ich werde zu Mister Canning gehen; Ihr Sohn, wie schwer es mir auch fällt, ihm diesen Namen zu geben, Ihr Sohn wird, sofern es von mir abhängt, nach Indien gehen. Aber sagen Sie mir, Madame, welchen Eindruck macht meine nunmehrige Stellung auf Sie? Wie sehen Sie mich jetzt? Die Anrede *Mylord*, die Sie gebrauchen, klingt sehr hart für mich."

„Sie erscheinen mir unverändert", erwiderte Charlotte, „nicht einmal gealtert. Wenn ich in Ihrer Abwesenheit mit meinen Eltern von Ihnen sprach, gab ich Ihnen immer den Titel *Mylord*; es war mir, als käme er Ihnen zu. Waren Sie nicht für mich wie ein Ehemann, *my lord and master*, mein Herr und Meister?" Als sie diese Worte aussprach, hatte die anmutige Frau etwas von Miltons Eva an sich; sie war nicht aus dem Schoß einer anderen Frau hervorgegangen; ihre Schönheit trug die Prägung der göttlichen Hand, die sie geformt hatte.

Ich eilte zu Mister Canning und zu Lord Londonderry. Wegen einer kleinen Anstellung machten sie die gleichen Schwierigkeiten, wie man sie mir in Frankreich gemacht hätte; aber sie versprachen auch, wie man bei Hofe verspricht. Ich berichtete Lady Sutton von meinen Bemühungen. Ich sah sie noch dreimal; beim vierten Mal erklärte sie mir, daß sie nach Bungay zurückkehren wolle. Diese letzte Begegnung war schmerzlich. Charlotte sprach wieder von der Vergangenheit, von unserem verborgenen Leben, von unserer Lektüre, den Spaziergängen, der Musik, von den verblühten Blumen, den Hoffnungen von einst. „Als ich Sie kennenlernte", sagte sie zu mir, „nannte noch niemand Ihren Namen; jetzt kennt Sie ein jeder. Wissen Sie, daß ich ein Buch und mehrere Briefe besitze, die Sie geschrieben haben? Hier sind sie." Sie übergab mir ein Paket. „Zürnen Sie mir nicht, wenn ich nichts von Ihnen behalten will." Sie brach in Tränen aus. *„Farewell! Farewell!"* rief sie; denken Sie an meinen Sohn! Ich werde Sie nie wiedersehen, denn Sie werden mich nicht in Bungay besuchen." - „Ich werde kommen", rief ich, „und Ihnen das Patent für Ihren Sohn bringen." Zweifelnd schüttelte sie den Kopf und ging.

Im Botschaftsgebäude schloß ich mich ein und öffnete das Paket. Es enthielt nur nichtssagende Zettel von mir und einen Studienplan mit Bemerkungen über englische und italienische Dichter. Ich hatte gehofft, einen Brief von Charlotte zu finden; darin sah ich mich getäuscht. Am Rande des Manuskripts aber bemerkte ich einige englische, französische und lateinische Notizen, bei denen die verblaßte Tinte und die jugendliche Schrift zeigten, daß sie vor langer Zeit niedergeschrieben worden waren.

Das ist meine Geschichte mit Miß Ives. Indem ich sie erzähle, will es mir scheinen, als verlöre ich Charlotte zum zweiten Mal auf der gleichen Insel, auf der ich sie zum ersten Mal verlor. Aber zwischen dem, was ich in dieser Stunde für sie empfinde und dem, was ich zu der Zeit empfand, an deren Zärtlichkeiten ich mich erinnere, liegt der ganze Raum der Unschuld; zwischen Miß Ives und Lady Sutton sind die Leidenschaften getreten. Ich würde nicht mehr einer unschuldigen Frau die reinen Wünsche, die süße Unwissenheit einer Liebe entgegenbringen, die an der Grenze zum Traum verharrt. Hätte ich die, die mir als jungfräuliche Braut bestimmt war, nun, im Stand der Gattin und Mutter, in die Arme geschlossen, so wäre das in einer Art von Raserei geschehen, um so die zuerst mir bestimmten und dann einem anderen überlassenen siebenundzwanzig Jahre zu besudeln, mit Schmerz zu erfüllen und zu erstikken.

Ich muß das Gefühl, von dem ich eben sprach, als das erste dieser Art betrachten, das je in meinem Herzen entstanden ist. Es harmoniert jedoch nicht mit meinem stürmischen Naturell; dieses Naturell hätte das Gefühl verdorben, hätte mich unfähig gemacht, lange Zeit die heiligen Wonnen zu genießen.

Damals schon, vom Unglück verbittert, als Pilger aus Übersee, am Beginn meiner einsamen Reise, damals schon war ich besessen von diesen wahnsinnigen Ideen, die ich in Renés mysteriösem Schicksal dargestellt habe und die mich zu dem unglücklichsten Wesen auf Erden machten. Das keusche Bild Charlottes aber ließ einige Strahlen wahren Lichtes auf den Grund meiner Seele fallen und verscheuchte einen Schwarm von Phantomen. Wie ein böser Geist versank meine Dämonin im Abgrund; dort wartete sie ihre Zeit ab, um erneut aufzutauchen.

11. Buch

1

London, April bis September 1822.

Ein Fehler meines Charakters.

Meine Deziehungen zu Deboffe waren wegen des *Essai sur les révolutions* nie ganz abgerissen, und ich mußte sie in London so bald wie möglich wieder aufnehmen, um meinen materiellen Lebensunterhalt abzusichern. Worin aber lag der Grund für mein jüngstes Unglück? In meinem beharrlichen Schweigen. Um dies verständlich zu machen, muß ich näher auf meinen Charakter eingehen.

Es ist mir niemals möglich gewesen, diesen Geist der Zurückhaltung und inneren Einsamkeit zu überwinden, der mich daran hindert, über das zu sprechen, was mich berührt. Niemand wird, ohne zu lügen, behaupten können, daß ich je etwas von dem erzählt hätte, was die Menschen ansonsten in einem Augenblick des Kummers, des Vergnügens oder der Eitelkeit zum besten geben. Ein Name oder ein Bekenntnis von einer gewissen Bedeutung wird nie oder nur selten aus meinem Munde kommen. Ich unterhalte die Leute nie mit meinen Interessen, meinen Plänen, meinen Arbeiten, meinen Ideen, meinen Neigungen, meinen Freuden und meinem Kummer, weil ich davon überzeugt bin, daß es für andere höchst langweilig ist, wenn man ihnen von sich selbst spricht. Aufrichtig und wahrheitsliebend, wie ich bin, fehlt es mir an Offenherzigkeit; ständig will meine Seele sich verschließen. Nie bringe ich etwas vollständig zum Ausdruck, und nur in diesen Memoiren habe ich mein Leben im Ganzen vorbeiziehen lassen. Wenn ich eine Erzählung aufzunehmen versuche, schreckt mich plötzlich der Gedanke an ihre Länge; nach vier Worten wird mir der Klang meiner Stimme unerträglich, und ich schweige. Da ich, außer in der Religion, an nichts glaube, bin ich gegen alles mißtrauisch. Da Übelwollen und Herabsetzung die beiden Hauptzüge des französischen Geistes darstellen, sind Spott und Verleumdung die sichere Folge einer vertraulichen Mitteilung.

Doch was habe ich durch meine Zurückhaltung gewonnen? Weil ich undurchdringlich war, bin ich irgendein Phantasiegebilde geworden, ohne jede Ähnlichkeit mit meinem wirklichen Sein. Selbst meine Freunde täuschen sich über mich; sie wollen mich im rechten Licht erscheinen lassen und verschönern mich mit ihren freundschaftlichen Illusionen. Das mittelmäßige Volk aus den Vorzimmern, den Büros, den Redaktionsstuben und Kaffeehäusern hat mir Ehrgeiz nachgesagt, von dem ich kein Quentchen besitze. Kalt und trokken in gewöhnlichen Dingen, habe ich nichts Enthusiastisches und Sentimentales an mir; meine klare und rasche Auffassungsgabe durchdringt die Fakten und Menschen schnell und läßt alle Bedeutung von ihnen abfallen. Meine Vorstellungskraft, weit davon entfernt, mich mit sich fortzureißen und anwendbare Wahrheiten zu idealisieren, setzt vielmehr die wichtigsten Ereignisse in ihrer Bedeutung herab und spielt mir selbst einen Streich: Zuerst stoße ich auf die kleinliche und lächerliche Seite der Dinge; von großen Geistern und großen Sachen existiert nichts in meinen Augen. Ich bin der Selbstgefälligkeit gegenüber, die sich als höhere Einsicht ausgibt, höflich, lobend und bewundernd; im geheimen aber lache ich voll Verachtung und setze allen diesen beweihräucherten Gesichtern Callotsche Masken auf. In der Politik hat das Feuer meiner Meinungen niemals den Zeitraum einer Rede oder den Umfang einer Schrift überdauert. Im inneren, theoretischen Leben bin ich ein Mensch, der alle Träume träumt; im äußeren, praktischen Leben bin ich ein Mann der Realität. Abenteuerlustig und ordnungsliebend, leidenschaftlich und methodisch bin ich; gab es je einen Menschen, der gleichzeitig so träumerisch und nüchtern, so feurig und so kalt gewesen ist wie ich - ein seltsames Doppelwesen, zusammengesetzt aus dem so verschiedenen Blut meiner Mutter und meines Vaters.

Die literarischen Porträts, die man von mir gezeichnet hat und die jeder Ähnlichkeit entbehren, gründen sich im wesentlichen auf die Zurückhaltung in meinen Worten. Die Menge ist zu leichtfertig, zu achtlos, als daß sie sich, wenn sie nicht eigens darauf hingewiesen wird, die Zeit nähme, die Menschen so wahrzunehmen, wie sie sind. Wenn ich in meinen Vorworten zufällig versucht habe, einige dieser Fehlurteile zu berichtigen, dann hat man mir nicht geglaubt. Da mir am Ende alles egal ist, habe ich mich darein ergeben; ein „Wie es Ihnen beliebt" hat mich stets der Mühe enthoben, jemanden zu überzeugen oder eine Wahrheit fest zu begründen. Ich ziehe mich in mein Inneres zurück wie der Hase in seinen Schlupfwinkel und betrachte von dort aus das zitternde Blatt oder den schwankenden Grashalm.

Ich rechne mir meine ebenso unvermeidliche wie unwillentliche Vorsicht nicht als Tugend an; sie ist zwar keine Falschheit, sieht aber doch danach aus. Mit glücklicheren, liebenswürdigeren, gefälligeren, unbefangeneren, hingebenderen und mitteilsameren Naturen als der meinigen stimmt sie nicht überein. Oft hat sie mir in Gefühlsdingen oder bei Geschäften geschadet, weil ich Erklärungen, Aussöhnungen nach Beteuerungen und Aufklärungen, Klagen und Jammern, Wortschwall und Vorwürfe, Darlegungen von Einzelheiten und Verteidigungen nie leiden mochte.

Im Fall der Familie Ives war mein hartnäckiges Schweigen über mich selbst außerordentlich unheilvoll gewesen. Wohl zwanzigmal hatte sich die Mutter von Charlotte nach meinen Familienverhältnissen erkundigt und mir so den Weg für Erklärungen geebnet. Ich sah nicht voraus, wohin mich mein Schweigen führen würde und antwortete wie gewöhnlich mit einigen unbestimmten, kurzen Worten. Hätte ich nicht diese scheußliche Eigenart besessen, wäre jedes Mißverständnis unmöglich gewesen und ich hätte nicht den Anschein erweckt, die edelste Gastfreundschaft hintergangen zu haben. Daß ich im entscheidenden Moment die Wahrheit gesagt habe, ist keine Entschuldigung; da war das Unglück schon geschehen.

Trotz meines Kummers und der berechtigten Vorwürfe, die ich mir machte, nahm ich meine Arbeit wieder auf. Ich tat es sogar mit Eifer, denn mir war in den Sinn gekommen, daß die Familie Ives das mir bezeigte Interesse womöglich weniger bereuen würde, wenn ich mir einen Namen machte. Charlotte, die ich so durch den Ruhm mit mir aussöhnen wollte, lenkte meine Studien. Ihr Bild stand vor mir, wenn ich schrieb, und wenn ich die Augen von meinem Papier aufhob, blickte ich auf das angebetete Bild, als ob das Modell wirklich vor mir stünde.

Lassen wir diese Rückblicke; wie die Hoffnungen, so altern und verblassen auch die Erinnerungen. Mein Leben wird sich ändern, wird unter anderen Himmeln und in anderen Tälern verlaufen. Erste Liebe meiner Jugend, Du entfliehst mit all Deinen Reizen! Freilich, ich habe Charlotte wiedergesehen, aber nach wie vielen Jahren! Sanfter Schimmer der Vergangenheit, bleiche Rose der Dämmerung am Rande der Nacht, wenn die Sonne schon lange untergegangen ist!

2

London, April bis September 1822.

Der Essai historique sur les révolutions. - Seine Wirkung. - Ein Brief von Lemière, dem Neffen des Dichters. - In der hohen Emigration. - Der Chevalier de Panat. - Monsieur de Montlosier. - Der Abbé Delille.

Man hat oft, und ich zuallererst, das Leben als einen Berg dargestellt, den man auf der einen Seite erklimmt, um auf der anderen wieder hinabzusteigen. Ebenso richtig wäre der Vergleich des Lebens mit einer Alp mit kahlem, eisgekröntem Gipfel und ohne Rückseite. Wenn man bei diesem Bild bleibt, so steigt der Wanderer immer empor und niemals wieder bergab; dann übersieht er besser den zurückgelegten Weg, die Pfade, die er nicht eingeschlagen hat und auf denen er bequemer emporgekommen wäre; mit Reue und Schmerz sieht er den Punkt, von dem an er in die Irre gegangen ist. Genauso muß ich die Veröffentlichung des *Essai historique* als den ersten Schritt bezeichnen, der mich vom Wege des Friedens weggeführt hat. Ich beendete den ersten Teil der großen Arbeit, die ich mir vorgenommen hatte; das letzte Wort schrieb ich zwischen dem Gedanken an den Tod (denn ich war von neuem krank geworden) und einem zerronnenen Traum.

Der von Baylis gedruckte Essay erschien 1797 bei Deboffe. Diese Jahreszahl bezeichnet eine grundlegende Veränderung in meinem Leben. Es gibt Augenblicke, in denen unser Geschick plötzlich wie ein Fluß, der mit rascher Biegung seinen Lauf verändert, von seiner ursprünglichen Linie abweicht - sei es, daß es dem gesellschaftlichen Druck nachgibt, daß es der Natur gehorcht, oder daß es uns zu dem zu machen beginnt, der wir werden sollen.

Der Essay bietet eine Zusammenfassung meiner Existenz als Dichter, Moralist, Publizist und Politiker. Es versteht sich von selbst, daß ich mir von dem Werk einen großen Erfolg erhoffte, in dem Maße zumindest, als ich zu hoffen vermag. Wir Schriftsteller, kleine Wunderwerke einer wundervollen Zeit, bilden uns ein, geheime Verbindungen mit künftigen Geschlechtern zu unterhalten; aber wir kennen, so glaube ich, den Aufenthaltsort der Nachwelt nicht, und wir schreiben die Adresse falsch. Wenn wir im Grabe erstarren, wird der Tod unsere Worte, die geschriebenen wie die gesungenen, so hart gefrieren, daß sie nicht, wie Rabelais' „gefrorene Worte",[194] wieder auftauen werden.

Der Essay sollte eine Art historische Enzyklopädie sein. Der einzige erschienene Band ist schon eine recht umfassende Forschungsarbeit; die Fortsetzung lag mir im Manuskript vor; dann kamen nach den Untersuchungen und Anmerkungen des Annalisten die Verse und Lieder des Dichters, „Die Natchez" usw. Heute kann ich kaum verstehen, wie ich mich mitten in einem tätigen, ruhelosen, so vielen Schicksalsschlägen ausgesetzten Leben so umfassenden Studien hingeben konnte. Diese Fruchtbarkeit erklärt sich durch meine Beharrlichkeit bei der Arbeit; in der Jugend habe ich oft zwölf bis fünfzehn Stunden ununterbrochen und ohne aufzustehen geschrieben, und dabei wohl zehnmal die gleiche Seite durchgestrichen und neu verfaßt.

Im Alter habe ich diese Fähigkeit des Fleißes nicht verloren; meine jetzige diplomatische Korrespondenz, die meine literarischen Arbeiten keineswegs unterbricht, stammt ausnahmslos von meiner eigenen Hand.

Der Essay erregte Aufsehen unter den Emigranten. Er stand im Widerspruch zu den Gefühlen meiner Unglücksgefährten - meine Unabhängigkeit in verschiedenen gesellschaftlichen Positionen hat die Menschen, mit denen ich zusammenging, fast immer verletzt. Abwechselnd war ich das Haupt verschiedener Armeen, deren Soldaten nicht meiner Partei angehörten. Ich habe die alten Royalisten zur Erlangung der öffentlichen Freiheiten und besonders der Pressefreiheit geführt, die sie haßten; ich habe die Liberalen im Namen eben dieser Freiheit unter der Fahne der Bourbonen versammelt, die sie verabscheuten. Es kam dahin, daß sich mir die Meinung der Emigranten aus Eitelkeit zuwandte, da englische Zeitungen mich lobend erwähnt hatten und das Lob auf die ganze Gemeinschaft der „Getreuen" ausstrahlte.

Ich hatte Laharpe, Ginguené und de Sales ein Exemplar des Essays zugeschickt. Lemière, der Neffe des Dichters gleichen Namens und Übersetzer von Grays Gedichten, schrieb mir am 15. Juli 1797 aus Paris, daß mein Essay außerordentlichen Erfolg habe. Jedoch: Wenn der Essay einen Augenblick für Aufsehen sorgte, so wurde er fast ebenso schnell wieder vergessen; ein plötzlich auftauchender Schatten löschte den ersten Strahl meines Ruhmes aus.

Da ich beinahe eine bedeutende Persönlichkeit geworden war, drängte sich die hohe Emigration von London zu mir. Mein Aufstieg verlief von Straße zu Straße: Zuerst verließ ich Holborn-Tottenham-Court-Road und zog in die Hampstead Road. Hier wohnte ich einige Monate bei Mistress O'Larry, einer irischen Witwe, der Mutter einer sehr hübschen Tochter von vierzehn Jahren und einer zärtlichen Katzenliebhaberin. Diese gemeinsame Leidenschaft verband uns; wir hatten das Unglück, zwei allerliebste elegante Kätzchen zu verlieren, schneeweiß wie Hermeline mit schwarzer Schwanzspitze.

Zu Mrs. O'Larry kamen alte Nachbarinnen, und ich mußte mit ihnen nach alter Art Tee trinken. In „Corinna" hat Madame de Staël solche Gesellschaften bei Lady Edgermond geschildert: „Glauben Sie, meine Liebe, daß das Wasser heiß genug ist, um es auf den Tee zu gießen?" - „Ich glaube, es wird noch zu früh sein, meine Teure."

Zu diesen Abendgesellschaften kam auch eine große, schöne junge Irländerin, Marie Neale, unter der Obhut ihres Vormundes. Sie fand in meinem Blick etwas Verwundetes, denn sie sagte zu mir: *„You carry your heart in a sling."* [Sie tragen Ihr Herz in einer Binde]. Wie ich mein Herz trug, weiß ich selbst nicht.

Mrs. O'Larry fuhr nach Dublin. Indem ich mich immer weiter aus dem Umkreis der armen Emigrantenkolonie im Ostteil der Stadt entfernte, gelangte ich schließlich über viele Wohnungen ins letzte Viertel der reichen Emigranten im Westen, zu den Bischöfen, den Familien, die zum Hof gehörten, und zu den Pflanzern von Martinique.

Pelle tier kam wieder auf mich zu; er hatte sich ganz nebenbei verheiratet. Er war noch immer der alte Aufschneider, schnell dabei, seine Dienste anzubieten, und nahm mehr das Geld als die Person seiner Nächsten in Anspruch.

Ich machte viele neue Bekanntschaften, vor allem in der Gesellschaft, zu der ich Familienbeziehungen hatte. Christian de Lamoignon, der bei Quiberon schwer am Bein verwundet worden war und heute mein Kollege in der Pairskammer ist, wurde mein Freund. Er stellte mich Madame Lindsay vor, die mit seinem Bruder, Auguste de Lamoignon, lebte. Madame Lindsay war irischer Herkunft, von etwas trockenem Geist und schroffem Wesen, von elegantem Wuchs und angenehmen Gesichtszügen; sie besaß viel Seelenadel und einen erhabenen Charakter. Die vornehmen Emigranten verbrachten die Abende im Heim dieser letzten Ninon.[195] Die alte Monarchie ging mit all ihren Mißbräuchen und mit all ihren Reizen unter. Einst wird man sie wieder ausgraben wie die mit Halsketten, Armbändern und Ohrgehängen geschmückten Gebeine von Königinnen, die man in Etrurien ans Tageslicht bringt. In diesen Gesellschaften traf ich Monsieur Malouët und Madame de Belloy, eine sehr liebenswürdige Frau, den Comte de Montlosier und den Chevalier de Panat. Letzterer genoß den verdienten Ruf eines Mannes von Geist, Unsauberkeit und Gefräßigkeit. Er gehörte zu den Leuten mit Geschmack, die früher mit gekreuzten Armen, wie im Zuschauerraum, vor der französischen Gesellschaft gesessen haben, Müßiggänger, die alles beobachteten und kritisierten. Sie hatten die gleiche Funktion wie heute die Zeitungen, freilich nicht deren Schärfe, aber auch nicht deren großen Einfluß auf das Volk.

Als Montlosier Frankreich verließ, ging er nach Koblenz. Die Prinzen empfingen ihn schlecht, er bekam Streit, schlug sich in der Nacht am Ufer des Rheins und wurde von seinem Gegner durchbohrt. Da er sich nicht bewegen konnte und auch nichts sah, fragte er die Zeugen, ob die Spitze des Degens am Rücken herausrage. Die Zeugen tasteten danach und antworteten: „Drei Zoll". „Dann hat es nichts zu sagen", versetzte Montlosier, „ziehen Sie Ihren Degen zurück, mein Herr."

Da ihm für seine Königstreue ein solcher Empfang zuteil wurde, ging Montlosier nach England und widmete sich der Literatur, dieser großen Zufluchtsstätte der Emigranten, in der mein Strohsack neben dem seinen lag. Er übernahm die Redaktion des *Courrier français*. Außer für seine Zeitung schrieb er physikalisch-politisch-philosophische Werke. In einem von ihnen bewies er die Behauptung, daß Blau die Farbe des Lebens sei damit, daß sich die Adern nach dem Tode blau färben, das Leben also an die Oberfläche des Körpers trete, verdunste und zum blauen Himmel zurückkehre. Da ich Blau sehr liebe, war ich davon ganz entzückt.

Montlosier ist ein feudalistischer Liberaler, ein Aristokrat und Demokrat, ein buntscheckiger, aus vielen Stücken zusammengesetzter Geist. Mühevoll bringt er ungereimte Ideen hervor, aber wenn es ihm gelingt, sie von allen Schlacken zu befreien, sind sie zuweilen schön und vor allem kraftvoll. Als Adliger Gegner der Priester, Christ aus Widerspruchsgeist und gleichsam aus Liebe zur alten Zeit, wäre er zur Zeit des Heidentums ein eifriger Verfechter menschlicher Freiheit in der Theorie und des Sklaventums in der Praxis gewesen und hätte im Namen der Freiheit des Menschengeschlechts die Sklaven den Fischen zum Fraß vorwerfen lassen. So schwatzhaft, rechthaberisch, schroff und rauhbeinig der frühere Deputierte des Adels von Riom immer sein mag, so legt er doch der Macht gegenüber ein gewisses Entgegenkommen an den Tag. Er weiß seinen Vorteil zu wahren, duldet aber nicht, daß man das bemerkt, und versteckt seine menschlichen Schwächen hinter seiner Edelmannsehre.

Auch der Abbé Delille hatte sich, durch die Flut der republikanischen Siege vom Kontinent vertrieben, in London niedergelassen. Die Emigranten zählten ihn voll Stolz zu den ihrigen; er besang unser Unglück, und dies war ein Grund mehr, seine Kunst zu lieben. Er arbeitete viel und mußte es wohl, denn Madame Delille schloß ihn ein und ließ ihn nicht eher frei, als bis er mit einer gewissen Zahl von Versen sein täglich Brot verdient hatte. Eines Tages kam ich zu ihm, er ließ auf sich warten und erschien dann mit sehr roten Wangen. Man behauptete, daß Madame Delille ihn gelegentlich ohrfeige; ich weiß es nicht, ich sage nur, was ich gesehen habe.

Wer hat nicht den Abbé Delille seine Verse vortragen hören? Er erzählte sehr gut; sein häßliches, zerknittertes, durch seine Phantasie belebtes Gesicht paßte vortrefflich zu seiner koketten Redeweise, zur Art seines Talents und zu seinem geistlichen Stand. Das Meisterwerk des Abbé Delille ist seine Übersetzung von Vergils *Georgica* [Lied vom Landbau] - mit Ausnahme der gefühlvollen Stellen; es ist aber, als lese man Racine, übersetzt in die Sprache der Zeit Ludwigs XV.

Der Literatur des achtzehnten Jahrhunderts, dieser zwischen der klassischen Literatur des siebzehnten und der romantischen des neunzehnten Jahrhunderts stehenden Literatur, fehlt es, außer bei einigen sie beherrschenden schönen Geistern, zwar nicht an Natürlichem, wohl aber an Natur; sie ist auf das Arrangieren von Worten bedacht und darum als neue Schule nicht originell und als alte Schule nicht rein genug. Der Abbé Delille war der Dichter der modernen Schlösser, während die Troubadours die alten besangen; die Verse des einen und die Balladen der anderen machen den Unterschied zwischen der Aristokratie in ihren besten Jahren und der absterbenden Aristokratie spürbar. Der Abbé beschreibt Lesestunden und Schachpartien in den Schlössern, in denen die Troubadours Kreuzzüge und Turniere besangen.

3

London, April bis September 1822.

Fontanes. - Cléry. - Ein Bauer aus der Vendée. - Spaziergänge mit Fontanes.

Von Zeit zu Zeit sandte uns die Revolution Emigranten von neuer Art und Gesinnung; so bildeten sich gleich den Sand- oder Tonschichten, die die Wogen der Sintflut auf der Erde zurückgelassen haben, verschiedene Schichten von Exilierten. Eine dieser Wogen führte mir einen Mann zu, dessen Verlust ich jetzt beklage, einen Mann, der in der Literatur mein Führer wurde und dessen Freundschaft einen der Ehrenpunkte und eine der Tröstungen meines Lebens darstellte.

Man hat in einem Kapitel dieser Memoiren gelesen, daß ich Monsieur de Fontanes im Jahre 1789 kennenlernte; vergangenes Jahr erhielt ich in Berlin die Nachricht von seinem Tode. Er wurde in Niort geboren, in einer adligen protestantischen Familie. Sein Vater hatte das Unglück, seinen Schwager im Duell zu töten. Der junge Fontanes, den ein sehr verdienstvoller Bruder erzogen hatte, kam nach Paris. Er sah Voltaire sterben, und dieser große Repräsentant des achtzehnten Jahrhunderts gab ihm seine ersten Verse ein. Seine poetischen Versuche erregten die Aufmerksartkeit von La Harpe. Er arbeitete fürs Theater und verband sich mit einer reizenden Schauspielerin. Da er in der Nähe des Odéon wohnte, besuchte er häufig das Chartreux-Kloster und besang dessen Einsamkeit. Er hatte in Monsieur Joubert einen Freund gefunden, der auch der meine werden sollte. Als die Revolution kam, schloß er sich einer jener gemäßigten Parteien an, die stets zwischen einer fortschrittlichen Gruppe, die sie vorantreibt, und einer rückständigen Gruppe, die sie zurückhält, zerrissen werden. Die Monarchisten übertrugen Monsieur de Fontanes die Redaktion des *Modérateur*.[196] Als schlechte Zeiten kamen, flüchtete er sich nach Lyon und heiratete dort. Seine Frau gebar einen Sohn. Während der Belagerung der Stadt, die von den Revolutionären die „befreite Gemeinde" genannt wurde, so wie Ludwig XI. die Stadt Arras, aus der er die Bürger vertrieb, die „befreite Stadt" genannt hatte, mußte Madame de Fontanes ständig die

Wiege des Säuglings verrücken, um ihn vor den Bomben zu schützen. Nach dem 9. Thermidor kehrte Fontanes nach Paris zurück und gründete mit La Harpe und dem Abbé de Vauxelles den *Mémorial.*[197] Er wurde am 18. Fructidor verbannt und fand in England eine Zufluchtsstätte.

Monsieur de Fontanes ist neben Chénier[198] der letzte klassische Schriftsteller des älteren Zweiges gewesen. Ihrer beider Prosa und Verse ähneln einander und haben Vorzüge von gleicher Art. Die Gedanken und Bilder sind voller Zauber; sie haben etwas Schwermütiges, das dem Zeitalter Ludwigs XIV. fremd war, denn da kannte man nur die strenge und fromme Trauer der religiösen Beredsamkeit.

Mein Freund selbst hat nichts mehr veröffentlicht, denn dieser Kritiker, der, wenn nicht politische Vorbehalte ihn blind machten, so scharfsinnig, klar und unparteiisch urteilte, hatte selbst furchtbare Angst vor Kritik. Madame de Staël gegenüber ist er höchst ungerecht gewesen. Ein neidischer Artikel hätte fast seine dichterische Laufbahn verhindert. Fontanes vernichtete durch sein Erscheinen die manierierte Schule von Dorat, konnte aber die klassische Schule, die mit der Sprache Racines zu Ende gegangen war, nicht wieder herstellen.

Wenn Monsieur de Fontanes irgend etwas in der Welt zuwider sein mußte, so war es meine Art zu schreiben. Mit mir begann durch die sogenannte romantische Schule eine Umwälzung in der französischen Literatur. Doch anstatt sich gegen meine Barbarei aufzulehnen, begeisterte sich mein Freund für sie. Wohl sah ich ihm seine Verblüffung an, als ich ihm Teile aus „Natchez", aus „Atala" und „René" vorlas; er konnte diese Geistesprodukte nicht auf die üblichen Regeln der Kritik zurückführen, aber er fühlte, daß er in eine neue Welt versetzt wurde; er sah eine neue Natur, er vernahm eine Sprache, die er selbst nicht sprach. Er erteilte mir vortreffliche Ratschläge. Ihm verdanke ich die Korrektheit meines Stils, er lehrte mich, auf den Klang zu achten und verhinderte bei mir die ausgefallenen Erfindungen und die holprige Darstellungsweise, die meinen Schülern eigen sind.

Es war für mich ein großes Glück, ihn in London, gefeiert von den Emigranten, wiederzusehen. Man bat ihn, die Verse des „Befreiten Griechenlands" vorzutragen; man drängte sich, um ihn zu hören. Er bezog eine Wohnung in meiner Nähe, und wir wurden unzertrennlich. Gemeinsam hatten wir ein Erlebnis, das jener Unglückszeit würdig war: Cléry, eben in England angekommen, las uns das Manuskript seiner Memoiren vor. Man denke sich die Erschütterung des Publikums - lauter Exilierter - als sie den Kammerdiener Ludwigs XVI. als Augenzeugen von den Leiden und vom Tod des Gefangenen im *Temple* [199] erzählen hörten! Das Direktorium, dem die Memoiren Clérys Schrecken einflößten, gab sie in einer verfälschten Ausgabe heraus, in der man den Verfasser wie einen Lakaien und Ludwig XVI. wie einen Lastträger sprechen ließ; von allen Schändlichkeiten der Revolution ist diese vielleicht eine der schmutzigsten.

Monsieur du Theil, der Geschäftsträger des Comte d'Artois in London, kam zu Fontanes geeilt, und der bat mich, ihn zu dem Agenten der Prinzen zu begleiten. Wir fanden ihn umgeben von all diesen Verteidigern von Thron und Altar, die nun das Pflaster von Picadilly traten, von einer Menge von Spionen und Industrierittern, die unter verschiedenen Namen und Verkleidungen aus Paris entkommen waren, sowie von einem Schwarm belgischer, deutscher, irischer Abenteurer, Händlern in Sachen Konterrevolution. In dieser Menschenmenge war auch ein Mann von dreißig oder zweiunddreißig Jahren, den niemand beachtete. Sein Aussehen fiel mir auf, und ich erkundigte mich, wer er sei. Einer meiner Nachbarn antwortete mir: „Nichts weiter; nur ein Bauer aus der Vendée, der einen Brief seiner Anführer überbringt."

Dieser Mann, „der nichts weiter war", war dabeigewesen, als zweihundert Städte, Dörfer und Schanzen eingenommen und zurückerobert wurden, hatte siebenhundert Gefechten und siebzehn regelrechten Schlachten beigewohnt, er hatte gegen die regulären Truppen von dreihunderttausend Mann Stärke, gegen ein Aufgebot von sechs- bis siebentausend Rekruten und Nationalgardisten gekämpft; er hatte bei der Erbeutung von fünfhundert Kanonen und hundertfünfzigtausend Flinten mitgewirkt; er hatte die Reihen der *colonnes infernales* [Höllenscharen], der vom Konvent befehligten Mordbrenner, durchbrochen, er hatte sich mitten in dem Flammenmeer befunden, das mit seinen Wogen dreimal die Wälder der Vendée überflutete, und hatte schließlich zusehen müssen, wie dreihunderttausend Herkulesse des Pfluges, seine Arbeitsgefährten, umkamen und wie sich hundert Quadratmeilen fruchtbaren Landes in eine Aschenwüste verwandelten.

Das alte und das neue Frankreich begegneten sich auf diesem von ihnen geebneten Boden. Alles, was von dem Blut und den Erinnerungen des Frankreichs der Kreuzzüge noch übrig war, kämpfte gegen das, was an neuem Blut und neuen Hoffnungen im Frankreich der Revolution existierte. Der Sieger spürte die Größe des Besiegten.

In dem Gedränge, das im Sprechzimmer herrschte, war ich der Einzige, der mit Bewunderung und Ehrerbietung den Abkömmling jener alten *Jacques* [200] betrachtete, die gleichzeitig das Joch ihrer Lehnsherren abschüttelten und unter Karl V. die fremden Eindringlinge zurückwarfen. Ich glaubte, ein Kind jener Gemeinden aus der Zeit Karls VII. vor mir zu sehen, die zusammen mit dem niederen Provinzadel Fuß um Fuß, Furche um Furche französischen Boden zurückeroberten. Er hatte das gleichgültige Aussehen des unkultivierten Bauern; sein Blick war grau und unbeugsam wie eine Eisenstange; seine Unterlippe zitterte auf den zusammengebissenen Zähnen; seine Haare hingen vom Kopf herab wie schlafende Schlangen, die aber jederzeit bereit waren, sich aufzurichten; ein nervöses Zucken verlief von seinen am Körper herabhängenden Armen zu den mächtigen, von Säbelhieben zerschnittenen Handgelenken. Sein Gesicht spiegelte die bäuerliche Volksnatur wider, die durch die Macht der Umstände Interessen und Ideen unterworfen worden war, die ihr zuwiderliefen: die angeborene Vasallentreue, der einfache Christenglaube mischten sich mit dem rauhen plebejischen Unabhängigkeitssinn, der seinen Wert kennt und sich Recht zu verschaffen weiß. Das Gefühl der Freiheit schien bei ihm nur das Bewußtsein seiner Körperkraft und seines furchtlosen Herzens zu sein. Er schwieg wie ein Löwe, er kratzte sich wie ein Löwe, gähnte wie ein Löwe, legte sich auf die Seite wie ein Löwe, der sich langweilt, und träumte wahrscheinlich von Blut und von den Wäldern. Sein Verstand war von tödlicher Art.

Was für Menschen waren die Franzosen aller Parteien damals, und welch ein Geschlecht sind wir heute! Die Republikaner hatten freilich ihre Basis in sich, in ihrer Mitte, während die Basis der Royalisten außerhalb von Frankreich lag. Die Kämpfer der Vendée schickten Abgeordnete zu den Männern im Exil - die Riesen suchten bei den Pygmäen um Anführer nach. Der bäuerliche Abgesandte, den ich betrachtete, hatte die Revolution bei der Gurgel gepackt und ausgerufen: „Kommt hinter mir herein; sie wird euch nichts tun; sie kann sich nicht rühren, denn ich halte sie fest." Aber niemand wollte eintreten; da ließ Jacques Bonhomme die Revolution los, und Charette zerbrach Jacques' Degen.[201]

Während ich diesen Betrachtungen über den Bauern nachhing, wie ich ähnliche auch beim Anblick Mirabeaus und Dantons angestellt hatte, erlangte Fontanes bei dem Mann, den er scherzhaft den „Generalkontrolleur der Finanzen" nannte, eine Privataudienz. Er kam sehr befriedigt zurück, denn Monsieur du Theil hatte versprochen, die Veröffentlichung meiner Werke zu fördern, und Fontanes dachte nur an mich. Unmöglich, ein besserer Mensch zu sein als er! Schüchtern in allem, was ihn betraf, wurde er der Mut selbst, wenn es um die Freundschaft ging. Das bewies er, als ich nach dem Tode des Herzogs von Enghien um meinen Rücktritt nachsuchte. - Im Gespräch hatte er lächerliche literarische Wutanfälle. In politischen Dingen redete er Unsinn; die Verbrechen des Konvents hatten ihm Entsetzen vor der Freiheit eingeflößt. Er haßte Zeitungen, das Philosophengeschwätz, die Ideologie, und diesen Haß brachte er, als er mit Bonaparte in Berührung kam, dem Beherrscher Europas bei.

Wir gingen im Freien spazieren und setzten uns unter einer der breiten Ulmen nieder, die in der Ebene standen. An den Stamm des Baumes gelehnt, erzählte mir mein Freund von seiner früheren Reise nach England vor der Revolution und sprach mir die Verse vor, die er damals an zwei junge Ladies gerichtet hatte, die mittlerweile im Schatten der Türme von Westminster alt geworden sind. Die Türme fand er wieder, wie er sie zurückgelassen hatte, während an ihrem Fuße die Illusionen und sie Stunden seiner Jugend versunken waren.

Oft speisten wir in einer einsamen Taverne in Chelsea an der Themse und sprachen von Milton und Shakespeare. Sie hatten gesehen, was wir heute sahen, hatten wie wir am Ufer dieses Flusses gesessen, der für uns ein fremder Fluß, für sie der ihres Vaterlandes war. Beim schwachen Licht der Sterne, die einer nach dem andern im Nebel der Stadt versanken, kehrten wir in der Nacht nach London zurück. Der ungewisse Schein der Straßenlaternen, die kaum den rötlichen Kohlendampf um sich herum zu durchbrechen und uns den Weg zu weisen vermochten, geleitete uns nach Hause. So verrinnt das

Leben des Dichters!

Wir besichtigten London in jeder Einzelheit. Ich als altgedienter Verbannter war der Cicerone für das Neuaufgebot an Exilierten, jungen wie alten, das die Revolution hervorbrachte - für das Unglück gibt es kein gesetzliches Alter. Bei einem dieser Ausflüge wurden wir von einem Regenguß und Donnerschlag überrascht und waren gezwungen, uns in den Flur eines ärmlichen Hauses zu flüchten, dessen Tür zufällig offenstand. Hier trafen wir auf den Duc de Bourbon. Er, Fontanes und ich, alle gleichermaßen Verbannte, suchten im fremden Land, unter dem Dach eines Armen, Schutz vor dem gleichen Gewitter! *Fata viam invenient* [Auswege findet das Schicksal].[202]

Fontanes wurde nach Frankreich zurückgerufen. Er umarmte mich und wünschte, daß wir uns bald wiedersähen. Aus Deutschland schrieb er mir folgenden Brief:

„Am 28. Juli 1798

Wenn Sie bei meiner Abreise aus London ein gewisses Bedauern verspürt haben, so schwöre ich Ihnen, daß das meinige nicht weniger aufrichtig war. Sie sind der zweite Mensch, bei dem ich im Laufe meines Lebens eine Vorstellungskraft und ein Herz gefunden habe, die mir entsprechen. Ich werde nie die Tröstungen vergessen, die mir durch Sie im Exil, auf fremder Erde, zuteil geworden sind. Seit ich Sie verlassen habe, denke ich am liebsten und am Beständigsten an „Les Natchez". Was Sie mir, besonders an den letzten Tagen, daraus vorgelesen haben, ist bewundernswert und wird nie aus meinem Gedächtnis schwinden. Aber das Entzücken über die poetischen Vorstellungen, das Sie bei mir hinterlassen haben, schwand bei meiner Ankunft in Deutschland. Die entsetzlichsten Nachrichten aus Frankreich sind denen gefolgt, die ich Ihnen bei meinem Scheiden mitgeteilt hatte. Fünf oder sechs Tage war ich in grausamster Bestürzung; ich fürchtete sogar Verfolgungen meiner Familie. Jetzt hat sich mein Schrecken gelegt. Das Unheil selbst war nur ein leichtes; man droht mehr, als daß man wirklich zuschlägt, und auf Leute meines Alters hatten es die vernichtenden Kräfte nicht abgesehen. Mit der letzten Post sind mir Zusicherungen des Friedens und des guten Willens zugegangen. Ich kann meine Reise fortsetzen und werde mich in den ersten Tagen des nächsten Monats auf den Weg machen. Ich werde meinen Aufenthalt in der Nähe des Waldes von Saint-Germain wählen, bei meiner Familie, dem Griechenland-Gedicht und meinen Büchern; warum kann ich nicht auch „Les Natchez" nennen! Der unverhoffte Sturm, der über Paris hinweggegangen ist, wurde, da bin ich ganz sicher, durch die Unbesonnenheit der auch Ihnen bekannten Agenten und Führer verursacht. Den offenkundigen Beweis dafür habe ich in den Händen. In dieser Überzeugung schreibe ich an Monsieur du Theil, mit größtmöglicher Höflichkeit, aber auch mit aller von der Klugheit geforderten Vorsicht. Ich will wenigstens in nächster Zeit jede Korrespondenz vermeiden und lasse es durchaus im Dunkeln, auf welche Seite ich mich stellen und welchen Aufenthaltsort ich wählen werde. Übrigens spreche ich von Ihnen immer im Tone der Freundschaft und wünsche von ganzem Herzen, daß die Hoffnungen auf meine Nützlichkeit die günstige Gesinnung beleben möge, die man mir in dieser Hinsicht bezeigt hat, und die man Ihnen und Ihren großen Talenten sehr wohl schuldet. Arbeiten Sie, arbeiten Sie, mein teurer Freund; werden Sie berühmt, Sie können es, die Zukunft gehört Ihnen. Ich hoffe, daß das von dem Generalkontrolleur der Finanzen so oft gegebene Versprechen wenigstens zum Teil erfüllt worden ist. Dies tröstet mich, denn ich könnte den Gedanken nicht ertragen, daß ein schönes Werk aus Mangel an einiger Unterstützung abgebrochen werden sollte. Schreiben Sie mir, damit unsere Herzen in Verbindung, unsere Musen immer Freundinnen bleiben mögen. Zweifeln Sie nicht daran, daß ich, sobald ich mich in meinem Vaterland frei bewegen kann, einen Bienenkorb mit Blumen neben dem meinigen für Sie einrichten werde. Meine Verbundenheit ist unwandelbar. Ich werde allein sein, solange ich nicht bei Ihnen bin. Erzählen Sie mir von Ihrer Arbeit. Zum Schluß will ich Ihnen noch eine Freude machen: Ich habe am Ufer der Elbe die Hälfte eines neuen Gesanges geschrieben, und er befriedigt mich mehr als alles übrige.

Leben Sie wohl; ich umarme Sie zärtlich und bin Ihr Freund
        Fontanes."

Fontanes zeigte mir, daß er Verse machte, während er seinen Aufenthaltsort im Exil änderte. Man kann dem Dichter nicht alles rauben: Seine Leier nimmt er mit.

„Die Zukunft gehört Ihnen" - sagte Fontanes die Wahrheit? Durfte ich mich zu seiner Voraussage beglückwünschen? Ach, diese verheißene Zukunft ist schon dahin; wird mir noch eine andere beschieden sein?

Dieser erste liebevolle Brief des ersten Freundes, den ich in meinem Leben gehabt habe und der seitdem dreiundzwanzig Jahre an meiner Seite gegangen ist, macht mir meine zunehmende Vereinsamung schmerzlich bewußt. Fontanes lebt nicht mehr: ein tiefer Schmerz, der tragische Tod eines Sohnes, hat ihn vorzeitig ins Grab gebracht. Fast alle Menschen sind verschwunden, von denen ich in diesen Memoiren gesprochen habe; ich führe eine Totenliste. Noch ein paar Jahre, und ich, der ich zum Registrieren der Toten verdammt bin, werde niemanden zurücklassen, der meinen Namen in das Buch der Abgeschiedenen einträgt.

Aber wenn ich denn alleinbleiben soll, wenn kein Wesen, das mich geliebt hat, mich überleben wird, um mich zu meiner letzten Ruhestätte zu geleiten, so kann ich auch besser als jeder andere auf einen Führer verzichten: Ich habe mich nach dem Weg erkundigt, ich habe die Orte studiert, die ich durchschreiten muß, ich habe sehen wollen, was in den letzten Augenblicken geschieht. Oft, wenn ich am Rande eines Grabes stand, in das man einen Sarg hinabließ, habe ich das Geräusch der Seile und dann den Fall der ersten Schaufel Erde gehört, die man auf den Sarg warf; mit jeder neuen Schaufel wurde der hohle Ton leiser; nach und nach ließ die Erde, die die Grube füllte, das ewige Schweigen zur Oberfläche des Grabhügels emporsteigen.

Fontanes! Du hast mir geschrieben: „Mögen unsere Musen für immer Freundinnen bleiben." Das hast du mir nicht umsonst geschrieben.

4

London, April bis September 1822.

Der Tod meiner Mutter. - Rückkehr zur Religion.

„Red' ich noch einmal mit dir und hör ich noch je deine Worte?
Oder werd' ich nicht mehr, Herzallerliebster du mein,
In das Auge dir sehn? - Nie will ich deiner vergessen...\"[203]

Eben habe ich einen Freund verlassen, und nun werde ich eine Mutter verlieren; man muß beständig die Verse wiederholen, die Catull an seinen Bruder richtete. In unserem Jammertal ertönt, wie in der Hölle, eine ewige Klage, die den Grund oder den vorherrschenden Ton der menschlichen Wehklagen bildet; man hört sie ohne Unterlaß, und sie würde noch forttönen, wenn alle Schmerzenslaute verstummt wären.

Ein Brief von Julie, den ich kurze Zeit nach Fontanes' Brief erhielt, bestätigte meine traurige Bemerkung über meine zunehmende Verlassenheit. Fontanes forderte mich auf „zu arbeiten und berühmt zu werden", meine Schwester bat mich, „auf das Schreiben zu verzichten"; der eine empfahl mir den Ruhm, die andere das Vergessenwerden. Die Lebensgeschichte Madame de Farcys hat gezeigt, daß sie diesen Gedanken nachhing; sie hatte einen Haß auf die Literatur entwickelt, weil sie diese als eine der Versuchungen in ihrem Leben betrachtete.

„Saint-Servan, den 1. Juli 1798

Mein Freund, wir haben die beste aller Mütter verloren; in tiefer Trauer melde ich Dir diesen schweren Schlag. Wenn Du nicht mehr der Gegenstand unserer Besorgnis sein wirst, wird unser Leben zu Ende sein. Wenn Du wüßtest, wie viele Tränen unsere ehrwürdige Mutter über Deine Irrtümer vergossen hat, wenn Du wüßtest, wie beklagenswert diese Irrtümer einem jeden erscheinen, der zu denken vermag und der nicht allein ein frommes Gemüt, sodern auch einen klaren Verstand besitzt; wenn Du das wüßtest, würde es vielleicht dazu beitragen, Dir die Augen zu öffnen und Dich zum Verzicht auf das Schreiben zu bewegen. Und wenn der Himmel, von unseren Bitten gerührt, unsere Wiedervereinigung möglich machen sollte, dann würdest Du in unserer Mitte alles Glück finden, das man auf Erden genießen kann. Dieses Glück würdest Du uns bereiten, denn es gibt für uns keines mehr, solange Du uns fehlst und wir Grund haben, um Dein Schicksal besorgt zu sein."

Ach, warum habe ich den Rat meiner Schwester nicht befolgt! Warum habe ich fortgefahren zu schreiben? Hätte mein Jahrhundert meine Schriften nicht gekannt, hätte sich dann an den Ereignissen und am Geist dieses Jahrhunderts etwas geändert?

So hatte ich also meine Mutter verloren und die letzte Stunde ihres Lebens mit Kummer erfüllt! Was tat ich in London, während sie, fern von ihrem jüngsten Sohn und für ihn betend, ihren letzten Seufzer aushauchte? Vielleicht ging ich an einem kühlen Morgen spazieren, gerade in dem Augenblick, da der Todesschweiß die mütterliche Stirn überzog und meine Hand nicht da war, um ihn zu trocknen!

Die Sohnesliebe, die ich für Madame de Chateaubriand hegte, war tief und innig. Meine Kindheit und meine Jugend waren eng mit der Erinnerung an meine Mutter verknüpft; alles, was ich wußte, kam von ihr. Der Gedanke, die letzten Tage der Frau vergiftet zu haben, die mich unter ihrem Herzen getragen hatte, brachte mich zur Verzweiflung. Mit Abscheu warf ich etliche Exemplare des *Essais*, des Werkzeugs meines Verbrechens, ins Feuer; wenn es mir möglich gewesen wäre, das Werk gänzlich zu vernichten, hätte ich es ohne Bedenken getan. Meine Unruhe legte sich erst bei dem Gedanken, für meine erste Schrift durch ein religiöses Werk Buße zu tun: das war der Ursprung des *Génie du Christianisme*.

„Nachdem meine Mutter", habe ich in der ersten Vorrede zu diesem Werk gesagt, „mit zweiundsiebzig Jahren in den Kerker geworfen worden war, in dem sie einige ihrer Kinder umkommen sah, verschied sie schließlich auf einem elenden Lager, auf das das Unglück sie geworfen hatte. Der Gedanke an meine Verirrungen verbitterte ihre letzten Tage; sterbend trug sie einer meiner Schwestern auf, mich an die Religion zu erinnern, in der ich erzogen worden war. Meine Schwester teilte mir den letzten Wunsch meiner Mutter mit. Als mich ihr Brief jenseits des Meeres erreichte, lebte auch meine Schwester nicht mehr; sie war ebenfalls an den Folgen ihrer Kerkerhaft gestorben. Diese beiden Stimmen aus dem Grabe, dieser Tod, der dem Tode als Vermittler diente, haben mich heftig erschüttert. Ich bin Christ geworden. Keiner großen übernatürlichen Erleuchtung bin ich, ich gestehe es, gefolgt; meine Überzeugung kam aus dem Herzen. Ich habe geweint und geglaubt."

Ich stellte mir selbst meine Schuld übertrieben dar; der *Essai* war kein gottloses Buch, sondern ein Buch des Zweifels und des Schmerzes. Durch die Dunkelheit dieses Werkes stiehlt sich ein Strahl des christlichen Lichtes, das über meiner Wiege glänzte. Es war kein gar so weiter Weg von dem Skeptizismus des *Essais* zur Gewißheit des *Génie du Christianisme*.

5

London, April bis September 1822.

Génie du Christianisme.

Als ich mich nach der traurigen Nachricht vom Tode Madame de Chateaubriands jäh entschloß, einen anderen Weg zu beschreiten, begeisterte mich der Titel *Génie du Christianisme*, der mir sogleich in den Sinn kam. Ich ging ans Werk und arbeitete mit dem Eifer eines Sohnes, der seiner Mutter ein Mausoleum errichtet. Mein Material war vorbereitet, im Zuge meiner früheren Studien von langer Hand zusammengestellt. Ich kannte die Werke der Kirchenväter besser als man sie heutzutage kennt. Ich hatte sie studiert, um sie zu bekämpfen, und aus diesem - in schlechter Absicht unternommenen - Vorhaben ging ich nicht als Sieger, sondern als Besiegter hervor.

Mit der eigentlichen Geschichte hatte ich mich speziell bei der Abfassung des *Essai sur les révolutions* beschäftigt. Die vor kurzem untersuchten Dokumente von Camden hatten mich mit den Sitten und Einrichtungen des Mittelalters vertraut gemacht. Schließlich war in meinem fürchterlichen Manuskript von *Les Natchez*, bestehend aus zweitausenddreihundertdreiundneunzig Folioseiten, alles enthalten, was ich an Naturschilderungen für *Le Génie du Christianisme* brauchte. Aus dieser Quelle konnte ich reichlich schöpfen, wie ich es bereits im Falle des *Essai* getan hatte.

Ich schrieb den ersten Teil des *Génie du Christianisme*. Die Herren Dulau, die die Buchhändler des französischen Klerus im Exil geworden waren, übernahmen die Publikation. Die ersten Bogen des ersten Bandes wurden gedruckt

Das Werk, 1799 in London begonnen, wurde erst 1802 in Paris vollendet; man beachte die verschiedenen Vorreden zu *Le Génie du Christianisme*. Eine Art Fieber verzehrte mich die ganze Zeit, in der ich daran arbeitete. Keiner wird je wissen, was es bedeutet, Atala und René gleichzeitig im Kopf, im Blut und im Herzen zu tragen und mit der schmerzlichen Hervorbringung dieser glühenden Zwillinge die konzeptionelle Ausarbeitung der anderen Teile von *Le Génie du Christianisme* zu verbinden. Die Erinnerung an Charlotte durchdrang und befeuerte das alles, und, um das Maß voll zu machen, entflammte das erste Verlangen nach Ruhm meine überhitzte Phantasie. Dieses Verlangen erwuchs aus zärtlicher Sohnesliebe. Ich wollte großes Aufsehen erregen, damit der Laut meines Namens bis zum Aufenthaltsort meiner Mutter dränge und die Engel ihr meine heilige Buße darbrächten.

Da die Untersuchung eines Gegenstands schon die nächste nach sich zieht, konnte ich mich nicht mit meinen französischen Besonderheiten beschäftigen, ohne von der Literatur und den Menschen des Landes, in dem ich lebte, Notiz zu nehmen; unwillkürlich wurde ich in diese weiteren Untersuchungen hineingezogen. Ich verbrachte meine Tage und Nächte mit Lesen und

Schreiben, nahm bei einem gelehrten Priester Hebräischunterricht, suchte Bibliotheken und Gelehrte auf, durchstreifte in meinen beständigen Träumereien die Felder, empfing unerwiderte Besuche. Wenn es rückwirkende und symptomatische Wirkungen zukünftiger Ereignisse gibt, so hätte ich an dem Brodeln meiner geistigen Kräfte und an dem Erbeben meiner Muse das Bewegende und Aufsehenerregende des Werkes ahnen können, mit den ich mir einen Namen machen sollte.

Beim Vorlesen meiner ersten Entwürfe gelangte ich zur Klarheit. Durch das Vorlesen wird der Autor vortrefflich belehrt, wenn er nicht die gefälligen Lobhudeleien für bare Münze nimmt. Wenn ein Schriftsteller aufrichtig gegen sich selbst ist, so wird er nach dem unwillkürlichen Eindruck des Publikums rasch die schwachen Stellen seiner Arbeit herausfühlen, vor allem, ob das Geschriebene zu lang oder zu kurz ist, und ob er das richtige Maß eingehalten hat.

Auch der Abbé Delille hörte meine Lesung einiger Bruchstücke des *Génie du Christianisme* mit an. Er schien überrascht und erwies mir bald darauf die Ehre, die Prosa, die ihm gefallen hatte, in Reime zu bringen. Er bürgerte meine wilden Blumen Amerikas in seinen verschiedenen französischen Gärten ein und kühlte meinen etwas heißen Wein im kühlen Wasser seiner klaren Quelle ab.

Die in London begonnene, unvollendete Ausgabe des *Génie du Christianisme* wich in der Anordnung des Stoffes ein wenig von der in Frankreich erschienenen Ausgabe ab. Die Zensur des Konsulats, die bald darauf eine kaiserliche wurde, war, was die Könige betraf, sehr empfindlich; ihre Person, ihr Glück und ihre Tugend gingen ihr über alles. Fouchés Polizei sah schon die weiße Taube mit der heiligen Phiole vom Himmel herabkommen, Symbol der Arglosigkeit Bonapartes und der Unschuld der Revolution.

6

London, April bis September 1822.

Mein Onkel, Monsieur de Bédée. - Seine älteste Tochter.

Ehe ich diese literarischen Erörterungen fortsetze, muß ich sie einen Augenblick unterbrechen, um von meinem Onkel de Bédée Abschied zu nehmen. Ach, das ist die Trennung von der ersten Freude meines Lebens.

Beim Tode meiner Mutter hatte ich an meinen Onkel geschrieben, und er hatte mir mit einem langen Brief geantwortet, in dem einige rührende Worte der Trauer standen; drei Viertel seines doppelten Folioblattes aber waren meiner Genealogie gewidmet. Vor allem hieß er mich, wenn ich nach Frankreich zurückkäme, die Ahnenurkunden der Bédée zu suchen, die er meinem Bruder anvertraut hatte. Diesen ehrwürdigen Emigranten gemahnte also weder das Exil noch der Zusanmenbruch, noch der Tod seiner Nächsten, noch der Opfertod Ludwigs XVI. an die Revolution; nichts war geschehen, nichts hatte sich ereignet. Er war bei der bretonischen Ständeversammlung und bei der Versammlung des Adels stehengeblieben. Diese Starrheit der menschlichen Ansichten kann wohl überraschen inmitten und angesichts des körperlichen Verfalls, der Flucht der Jahre, des Verlustes von Verwandten und Freunden.

Nach seiner Rückkehr aus der Emigration zog sich mein Onkel de Bédée nach Dinan zurück, wo er sechs Meilen von Montchoix entfernt starb, ohne es wiedergesehen zu haben. Caroline, die älteste meiner drei Cousinen, lebt noch. Sie ist eine alte Jungfer geblieben trotz der ehrerbietigen Aufforderungen, die früher an ihre Jugend gerichtet worden sind. Sie schreibt mir Briefe ohne jede Orthographie, duzt mich, nennt mich Chevalier und spricht von unserer guten Zeit. Sie hatte zwei schöne schwarze Augen und war hübsch von Wuchs; sie tanzte wie eine Königin, und sie glaubt sich zu erinnern, daß ich heimlich eine verzehrende Liebe zu ihr gehegt hätte. Ich antworte ihr im gleichen Tone und lasse wie sie meine Jahre, meine Ehrenstellen und meinen Ruf beiseite: „Ja, teure Caroline, Dein Chevalier, usw." Allerdings sind drei oder vier Jahrzehnte vergangen, seitdem wir uns zum letzten Mal gesehen haben. Dafür danke ich dem Himmel, denn Gott mag wissen, wie uns unsere Gesichter gefallen würden, wenn wir uns noch einmal umarmen sollten!

Süße, patriarchalische, unschuldige, ehrbare Familienfreundschaft, deine Zeit ist vorbei! Man ist nicht mehr durch eine Menge Blüten, Sprosse und Wurzeln mit dem Boden verbunden; heute wird jeder einzeln geboren und stirbt einzeln. Die Lebenden haben Eile, den Verstorbenen der Ewigkeit zu übergeben und sich des Leichnams zu entledigen. Einige der Freunde warten in der Kirche auf den Sarg und murren, daß man sie um ihre Zeit bringt und in ihren Gewohnheiten stört; andere treiben die Aufopferung so weit, daß sie dem Zug bis zum Friedhof folgen; sobald sich das Grab aber schließt, ist jede Erinnerung verflogen. Ihr werdet nicht zurückkehren, ihr Tage der Revolution und der Liebe, da der Sohn im gleichen Haus, im gleichen Lehnstuhl, an dem gleichen Herd starb, wo schon sein Vater und sein Großvater gestorben sind, wie sie von weinenden Kindern und Kindeskindern umringt, auf die der letzte väterliche Segen fiel.

Leb wohl, mein teurer Onkel! Leb wohl, mütterliche Familie, die du ebenso dahingeschwunden bist wie der übrige Teil! Leb wohl, Cousine aus der alten Zeit, die du mich noch immer liebst, wie Du mich liebtest, als wir zusammen der Klage unserer guten Tante de Boisteilleul über den Sperber zuhörten, oder als Du miterlebtest, wie meine Amme im Kloster von Nazareth von ihrem Gelübde entbunden wurde. Wenn Du mich überlebst, dann nimm die Dankbarkeit und die Liebe entgegen, die ich Dir hiermit widme. Traue nicht dem gequälten Lächeln, das meine Lippen umspielt, während ich von Dir spreche; meine Augen stehen, das versichere ich Dir, voller Tränen.

12. Buch

London, April bis September 1822.

Die englische Literatur. - Verfall der alten Schule. - Geschichtsschreiber. -
Dichter. - Publizisten. - Shakespeare.

Meine Studien für *Le Génie du Christianisme* hatten mich, wie ich schon
erwähnte, nach und nach zu einem tieferen Eindringen in die englische Literatur geführt. Als ich mich 1793 nach England flüchtete, mußte ich die meisten
Urteile, die ich den Kritiken Voltaires, Diderots, La Harpes und Fontanes' entnommen hatte, revidieren.

Die politischen Werke der Engländer sind von geringem Interesse für uns;
allgemeine Fragen werden hier nur selten berührt. Diese Werke beschäftigen
sich fast nur mit den für das englische Volk geltenden Besonderheiten. Die
nationalökonomischen Abhandlungen sind weniger begrenzt; die Berechnungen über den Reichtum der Nationen, den Einfluß der Kolonien, den Genera-
tionswechsel, die Verwendung der Kapitalien, das Gleichgewicht des Handels
und der Landwirtschaft sind zum Teil auf die verschiedenen europäischen
Gesellschaften anwendbar.

In der Zeit indessen, von der ich spreche, stimmte Burke nicht mit der
politischen Individualität seiner Nation überein : Er sprach sich gegen die französische Revolution aus und brachte sein Vaterland auf jene lange Bahn von
Feindseligkeiten, die bis zu den Schlachtfeldern von Waterloo führte. Während
seiner zweiundzwanzigjährigen Isolation verteidigte England seine Verfassung
gegen die Vorstellungen, die heute auch hier überhandnehmen und England
dem gemeinsamen Schicksal der alten Zivilisation überantworten.

Undankbarkeit herrschte den Klassikern gegenüber, die man verachtete.
Wenn man zu Shakespeare und Milton zurückgekehrt war, so verdankte man
das den Schriftstellern aus dem Jahrhundert der Königin Anne. Am Beginn
ihrer Verherrlichung standen Dryden, Pope und Addison. So hat auch Voltaire
die Berühmtheit großer Männer aus dem Jahrhundert Ludwigs XIV. gefördert.
Dieser unternehmende, wißbegierige Geist von großem Renommee lieh einen
Teil seines Rufs seinen Nächsten, unter der Voraussetzung freilich, daß er ihm
hochverzinst zurückerstattet werde.

Immerhin, die großen Gestalten überdauern. Überall stieß man auf Milton
und Shakespeare. Der Geist in „Hamlet" war das große Gespenst, der Schatten
des Mittelalters, der sich wie das Gestirn der Nacht über der Welt erhob, und
dies in eben dem Moment, da das Mittelalter vollends zu den Toten hinab-
sank: große Jahrhunderte, von Dante eröffnet und von Shakespeare beschlossen.

Die verschleierten Reisenden, die sich dann und wann an unseren Tisch
setzen, werden von uns als gewöhnliche Gäste betrachtet; ihre Größe bleibt
uns bis zum Tage ihres Verschwindens unbekannt. Wenn sie die Erde verlas-

305

sen, verwandeln sie sich und sagen zu uns wie der Himmelsbote zu Tobias: „Ich bin einer von den Sieben, die vor dem Herrn stehen." Wenn diese Gottheiten zu Lebzeiten von den Menschen auch verkannt werden, so verkennen sie einander keineswegs. „Wozu braucht mein Shakespeare", sagt Milton, „für seine verehrten Gebeine Steinmassen, die während eines ganzen Jahrhunderts aufgehäuft wurden?" Michelangelo, voll Neid auf das Schicksal und Genie Dantes, ruft aus: „Warum war ich nicht einer wie er! Für sein hartes Exil und seine Tugend würde ich alle Glückseligkeit der Erde hingeben!"

Der berühmte Tasso preist den noch fast unbekannten Camões und verbreitet seinen Ruhm. Gibt es etwas Bewundernswürdigeres als diese Gesellschaft berühmter, gleich großer Männer, die einander an gewissen Zeichen erkennen, sich grüßen und sich in einer nur ihnen zugänglichen Sprache unterhalten?

Shakespeare müßte viele Liebschaften gehabt haben, wenn man auf jedes Sonett eine rechnet. Der Schöpfer von Desdemona und Julia alterte, hörte aber nicht auf zu lieben. War die unbekannte Frau, an die er sich mit reizenden Versen wandte, stolz und glücklich, der Gegenstand von Shakespeares Sonetten zu sein? Man muß es bezweifeln: Ruhm ist für einen alten Mann das gleiche wie Diamanten für eine alte Frau - sie schmücken, können aber nicht verschönern.

Shakespeare liebte, aber er glaubte ebensowenig an die Liebe wie an andere Dinge: eine Frau war für ihn ein Vogel, ein Windhauch, eine Blume, etwas, das entzückt und vergeht. In Sorglosigkeit oder Unwissenheit um seinen Ruhm, durch seinen Stand am Rande der Gesellschaft von Möglichkeiten ausgeschlossen, die ihm unerreichbar waren, scheint er das Leben als leichte, freie Stunde, als flüchtige und süße Muße betrachtet zu haben.

Shakespeare hatte in seiner Jugend noch alte, aus ihren Klöstern vertriebene Mönche gekannt, die Heinrich VIII., seine Reformen, seine Zerstörung von Klöstern, seine Narren, seine Frauen, seine Mätressen und seine Henker erlebt hatten. Als der Dichter aus dem Leben schied, war Karl I. sechzehn Jahre alt.

So hatte Shakespeare mit einer Hand die weißhaarigen Häupter derer berühren können, die das Richtschwert des vorletzten Tudor bedrohte, und mit der anderen den dunkelhaarigen Kopf des zweiten Stuart, den das Beil der Parlamentarier abschlagen sollte. Auf diese tragischen Häupter gestützt, sank der große Tragiker ins Grab; er füllte den Abstand zwischen seinen und unseren Tagen mit seinen Geistern, seinen blinden Königen, seinen bestraften Ehrgeizlingen und seinen unglücklichen Frauen aus, um die Realitäten der Vergangenheit durch solche Fiktionen mit den Realitäten der Zukunft zu verbinden.

Shakespeare gehört zu den fünf oder sechs Schriftstellern, die für die Bedürfnisse des Geistes und zu seiner Nahrung voll ausgereicht hätten; diese Gründer-Genies scheinen alle anderen hervorgebracht und genährt zu haben. Homer hat die Antike befruchtet; Aischylos, Sophokles, Euripides, Aristophanes, Horaz und Vergil sind seine Söhne. Dante hat das moderne Italien von

Petrarca bis Tasso hervorgebracht, Rabelais ist der Schöpfer der französischen Literatur; Montaigne, Lafontaine und Molière stammen von ihm ab. England ist ganz Shakespeare; bis in die jüngste Zeit hinein hat er Byron seine Sprache, Walter Scott seine Redeform vererbt.

Man verleugnet oft diese erhabenen Meister, revoltiert gegen sie, zählt ihre Fehler auf, beschuldigt sie der Langeweile, der Weitschweifigkeit, der Wunderlichkeit, des schlechten Geschmacks - und dabei bestiehlt man sie und schmückt sich mit ihren Federn; vergebens windet man sich unter ihrem Joch. Alles ist in ihre Farben getaucht, überall zeichnen sich ihre Spuren ab. Sie erfinden Worte und Namen, die den gängigen Wortschatz der Völker bereichern; ihre Aussprüche werden Sprichwörter, ihre fiktiven Gestalten verwandeln sich in wirkliche Menschen mit Erben und Nachkommen. Sie öffnen Horizonte, die Ströme von Licht aussenden. Sie säen Ideen, aus denen tausend andere hervorgehen. Sie liefern allen Künsten Einfälle, Gegenstände und Stilrichtungen: Ihre Werke sind die unerschöpflichen Minen oder das eigentliche Innere des menschlichen Geistes.

Solche Genies nehmen den ersten Rang ein; ihre Unermeßlichkeit, Mannigfaltigkeit, Fruchtbarkeit und Originalität verschafft ihnen von Anfang an Anerkennung als Gesetz, Beispiel, Modell und Grundtyp der verschiedenen Geistesarten, so wie es vier oder fünf einem einzigen Stamm entsprossene Menschenrassen gibt, von denen alle anderen lediglich Varianten sind. Hüten wir uns, über die Verwirrung zu spotten, der diese mächtigen Wesen zuweilen anheimfallen; machen wir es nicht wie Ham, der Verfluchte; lachen wir nicht, wenn wir den einzigen, verlassenen Schiffer über dem Abgrund nackt und schlafend im Schatten seiner auf den Bergen Armeniens gestrandeten Arche antreffen. Würdigen wir diesen Schiffer der Sintflut, der, nachdem sich die Himmelsschleusen endlich geschlossen haben, die Schöpfung aufs neue beginnt; bedecken wir ihn als fromme, von unserem Vater gesegnete Kinder schamhaft mit unserem Mantel.

Shakespeare hat zu Lebzeiten nie an Nachruhm gedacht; was kümmert ihn also jetzt mein Lobgesang? Wenn man alle möglichen Mutmaßungen anstellt, wenn man nach den Wahrheiten oder Irrtümern urteilt, von denen der menschliche Geist durchdrungen ist, was kann Shakespeare da an einem Ruhm gelegen sein, der ihn nicht mehr erreicht? Wenn er ein Christ war, wird er sich dann inmitten der ewigen Glückseligkeit mit den Nichtigkeiten der Welt beschäftigen? Wenn er ein Deist war, wird er dann, dem Dunkel des Stofflichen entronnen und vom Glanze Gottes umstrahlt, einen Blick auf das Sandkorn herabwerfen, über das er hinweggegangen ist? Wenn er Atheist war, dann schläft er den Schlaf ohne Atem und ohne Erwachen, den man Tod nennt. Es gibt also nichts Eitleres als den Ruhm jenseits des Grabes, außer wenn er Freundschaften hervorgebracht, der Tugend genützt und dem Unglück beigestanden hat, und wenn es uns beschieden ist, uns im Himmel an einer tröstenden, hochherzigen, befreienden Idee zu erfreuen, die wir auf Erden zurückgelassen haben.

2

London, April bis September 1822.

Alte und neue Romane. - Richardson. - Walter Scott.

Die Romane waren am Ende des vorigen Jahrhunderts in Acht und Bann getan. Richardson war vergessen. Seine Landsleute fanden in seinem Stil Spuren der niederen Gesellschaftskreise, in denen er gelebt hatte. Fielding hielt sich; die Zeit Sternes, eines originellen Schriftstellers, war vorbei. *The Vicar of Wakefield* [Der Landpfarrer von Wakefield][204] wurde noch gelesen.

Wenn Richardson keinen Stil besitzt (worüber wir Ausländer nicht urteilen können), so wird sein Werk nicht fortleben, weil man nur dank seines Stils weiterlebt. Vergebens lehnt man sich gegen diese Wahrheit auf: Ein Werk mag noch so gut gebaut, mit Porträts von schöner Ähnlichkeit geschmückt und mit tausend anderen Vorzügen ausgestattet sein - es ist dennoch tot geboren, wenn ihm der Stil fehlt. Der Stil, von dem es tausend verschiedene Arten gibt, läßt sich nicht erlernen; er ist eine Himmelsgabe, er macht das Talent aus. Wenn man von Richardson aber nur wegen einiger bürgerlicher, der eleganten Gesellschaft unerträglicher Ausdrücke abgekommen ist, so kann er wieder aufleben; die jetzt stattfindende Umwälzung, durch die die Aristokratie erniedrigt und die Mittelklassen erhöht werden, wird die Spuren häuslicher Gewohnheiten und einer niederen Sprache weniger störend erscheinen lassen oder ganz zum Verschwinden bringen.

Aus *Clarissa* und *Tom Jones* [205] sind die beiden Hauptzweige in der Familie der modernen englischen Romane hervorgegangen: Romane mit Familiengemälden und häuslichen Dramen einerseits und Abenteuerromane und Gesellschaftsschilderungen andererseits. Nach Richardson brachen die Sitten des Londoner Westends in die Literatur ein; die Romane füllten sich mit Schlössern, Lords und Ladies, mit Wasserszenen, mit Abenteuern beim Pferderennen, auf Bällen, in der Oper, im Ranelagh[206] mit einem Geschwätz, einem Gegacker, das kein Ende nahm. Bald wurde der Schauplatz nach Italien verlegt. Die Liebenden überquerten unter entsetzlichen Gefahren die Alpen, unter Seelenschmerzen, die Löwen zum Weinen brachten. Man bevorzugte den Jargon der feinen Gesellschaft.

Unter den Tausenden von Romanen, mit denen England seit einem halben Jahrhundert überschwemmt worden ist, haben zwei ihren Platz behauptet: *Caleb Williams* und *Der Mönch*.[207] Godwin habe ich während meines Aufenthalts in London nicht gesehen, aber mit Lewis bin ich zweimal zusammengetroffen. Er war jung, sehr angenehm, Mitglied des Unterhauses und glich in seinem Äußeren und seinem Benehmen einem Franzosen. Die Werke der Anne Radcliffe sind von besonderer Art. Die Bücher von Mistress Barbauld, Miß Edgeworth, Miß Burney usw. können womöglich, so meint man, auch in Zukunft gelesen werden. „...es sollte", sagt Montaigne, „den Gesetzen eine gewisse Zwangkraft gegeben werden, gegen schale und unnütze Schriftsteller sowohl als gegen Landfahrer und Faulenzer. Dadurch würde man mich und hundert andere aus den Händen des Volkes reißen. Das Kritzeln und Schmieren kommt mir als ein Zeichen eines verderbten Jahrhunderts vor."[208]

Aber diese verschiedenen Schulen von seßhaften Romanciers, von Schilderern der Seen und Gebirge, der Ruinen und Geistererscheinungen, von Darstellern der Städte und Salons sind in die neue Schule Walter Scotts eingemündet, so wie die Poesie ohne Erfolg die Schritte Lord Byrons nachgeahmt hat.

Der berühmte Schilderer Schottlands begann seine literarische Laufbahn während meines Londoner Exils mit einer Übersetzung von Goethes „Götz von Berlichingen". Dann trat er mit Poesie hervor, und schließlich führte ihn seine schöpferische Veranlagung zum Roman. Er hat, scheint mir, eine falsche Gattung geschaffen; er hat sowohl den Roman als auch die Geschichte verdorben; der Romancier hat historische Romane verfaßt, und der Historiker romanhafte Geschichten. Wenn ich bei Walter Scott zuweilen gezwungen bin, endlose Gespräche zu überspringen, so ist das zweifellos meine Schuld; aber einer der großen Vorzüge Walter Scotts ist in meinen Augen, daß man ihn jedermann in die Hand geben kann. Man muß mehr Talent bemühen, wenn man im Rahmen von Regel und Ordnung Interesse hervorrufen will, als wenn man dadurch gefallen will, daß man jedes Maß überschreitet; viel leichter ist es, das Herz zu verwirren, als es zu bändigen.

Burke hielt die englische Politik in der Vergangenheit fest. Walter Scott drängte die Engländer ins Mittelalter zurück; alles, was man schrieb, herstellte, baute - Bücher, Möbel, Häuser, Kirchen, Schlösser - war gotisch. Aber die Grundherren der Magna Charta sind jetzt die *fashionables* von Bondstreet, ein frivoles Geschlecht, das in den alten Schlössern haust und die Ankunft der beiden großen Herren der Neuzeit erwartet, die sich anschicken, sie daraus zu vertreiben: die Gleichheit und die Freiheit.

3

London, April bis September 1822.

Die neue Poesie. - Beattie.

Zu der Zeit, da der Roman in die romantische Periode eintrat, machte die Poesie eine ähnliche Umwandlung durch. Cowper wandte sich von der französischen Schule ab, um die nationale Strömung wieder aufleben zu lassen, und Burns in Schottland tat das gleiche. Nach ihnen kamen die Dichter, die die Balladen wiederherstellten. Viele von ihnen gehörten von 1792 bis 1800 der sogenannten *Lake-school* an (ein Name, der sich erhalten hat), weil sie an den Ufern der Seen von Cumberland und Westmoreland wohnten und sie zuweilen besangen.

Thomas Moore, Campbell, Rogers, Crabbe, Woodsworth, Southey, Hunt, Knowles, Lord Holland, Canning, Croker leben noch zur Ehre der englischen Literatur. Man muß aber ein geborener Engländer sein, um den ganzen Vorzug einer verinnerlichten Schreibart zu würdigen, die sich vor allem Menschen gleichen Ursprungs erschließt.

In einer lebendigen Literatur kann man nur über Werke, die in der Muttersprache verfaßt sind, sachkundig urteilen. Vergebens glaubt man, eine fremde Sprache gründlich zu beherrschen; es fehlt die Milch der Amme, die ersten Worte, die sie uns an ihrer Brust und in den Windeln beigebracht hat; ein gewisser Ausdruck ist nur mit dem Vaterland verbunden. Die Engländer und Deutschen haben von unseren Schriftstellern die sonderbarsten Vorstellungen: Sie bewundern das, was wir verachten, und verachten das, was wir bewundern. Sie verstehen weder Racine noch Lafontaine, nicht einmal Molière vollkommen. Es ist lachhaft, festzustellen, wen man in London, Wien, Berlin, Petersburg, München, Leipzig, Göttingen und Köln für unsere großen Schriftsteller hält, wen man dort mit Leidenschaft liest, und was nicht gelesen wird.

Wenn der Vorzug eines Schriftstellers hauptsächlich in seiner Ausdrucksweise liegt, wird ein Ausländer diesen Vorzug nie richtig zu würdigen wissen. Je in sich gekehrter, individueller, dem Nationalen verhafteter ein Talent ist, desto mehr entziehen sich seine Geheimnisse einem Geiste, der nicht gleichsam Landsmann dieses Talents ist. Die Griechen und Römer bewundern wir für jedes Wort; diese Bewunderung ist durch Tradition auf uns gekommen, und die Griechen und Römer sind nicht da und können sich nicht über unsere Barbaren-Urteile lustig machen. Wer von uns kann sich einen Begriff machen von der Harmonie der Prosa eines Demosthenes und Cicero, vom Wohllaut der Verse eines Alkaios und Horaz, den sie für ein griechisches und lateinisches Ohr hatten? Man behauptet, daß wirkliche Schönheit für alle Zeiten und in allen Ländern gilt: das trifft zu für die Schönheiten des Gefühls und des Gedankens, nicht aber für die Schönheiten des Stils. Der Stil ist nicht, wie der Gedanke, ein Kosmopolit, er hat einen Mutterboden, einen Himmel, eine Sonne, ganz für sich allein.

Beattie hatte die neue Ära der Lyrik angekündigt. *The Minstrel or the progress of genius* [Minstrel, oder das Fortschreiten des Genius] schildert die ersten Wirkungen der Muse auf einen jungen Sänger, dem der Hauch, der ihn bewegt, noch unbekannt ist. Bald setzt sich der künftige Dichter bei Sturm ans Ufer des Meeres; bald flieht er die ländlichen Spiele, um von weitem den Tönen des Dudelsacks zu lauschen.

Beattie hat die ganze Skala von Träumereien und melancholischen Empfindungen durchlaufen, für deren Entdecker sich hundert andere Dichter gehalten haben. Beattie nahm sich vor, sein Gedicht fortzuführen; tatsächlich hat er den zweiten Gesang geschrieben: Edwin hört eines Abends, wie sich in der Tiefe des Tals eine ernste Stimme erhebt. Es ist die eines Einsiedlers, der sich, nachdem er die Täuschungen der Welt kennengelernt, in diese Einsamkeit vergraben hat, um hier seine Seele zu sammeln und die Wunder des Schöpfers zu besingen. Dieser Eremit unterrichtet den jungen Minstrel und offenbart ihm das Geheimnis seines Genies. Die Idee ist gut, aber die Ausführung hat ihr nicht entsprochen. Beattie war dazu bestimmt, Tränen zu vergießen. Der Tod seines Sohnes brach sein Vaterherz, und wie Ossian nach dem Verlust seines Oskar hing er seine Leier an die Zweige einer Eiche. Vielleicht war der Sohn von Beattie dieser junge Minstrel, den ein Vater besungen hatte und den er nicht mehr über das Gebirge gehen sah.

4

London, April bis September 1822.

Lord Byron.

Während meines englischen Exils lebte Lord Byron in der Schule von Harrow, einem Dorf zehn Meilen von London. Er war noch ein Knabe, ich ein junger Mann und ebenso unbekannt wie er; er war im schottischen Weideland, am Ufer des Meeres aufgewachsen wie ich in der bretonischen Heide - und ebenfalls am Ufer des Meeres. Er liebte die Bibel und Ossian über alles, genauso wie ich; er sang in Newstead-Abbey von seinen Kindheitserinnerungen wie ich im Schloß von Combourg.

Auf meinen Ausflügen in die Umgebung von London, als ich so unglücklich war, bin ich wohl zwanzigmal durch das Dorf Harrow gekommen, wußte aber nicht, welch großen Geist es beherbergte. Ich habe mich auf den Friedhof unter die Ulme gesetzt, in deren Schatten Lord Byron 1807, als ich aus Palästina zurückkam, die Verse schrieb:

„Baum meiner Jugend, dessen Zweige klagen,
Wenn in dein Laub sich klare Lüftchen wagen,
Wo ich allein jetzt bin, der oft vor Jahren
Den Raum betrat mit der Genossen Scharen...
Wenn das Geschick des Herzens Glut verkühlt,
Und nicht mehr Gram und Leidenschaft drin wühlt...
Hier möcht ich schlafen, wo mein Hoffen lebte,
Wo Jugendlust und Ruhe mich umschwebte;
Auf ewig von dem Schattendach umschlungen,
Bedeckt vom Rasen, wo ich einst gesprungen...
Beweint von Freunden, die ich früh besessen,
Im übrigen - von aller Welt vergessen."[209]

Und ich werde sagen: Sei gegrüßt, du alte Ulme, zu deren Füßen sich Byron als Kind den Launen seines Alters überließ, während ich in deinem Schatten von René träumte, unter der gleichen Ulme, wo der Dichter später *Childe Harold* [210] ersann. Byron wünschte sich auf dem Friedhof, der Zeuge seiner Kinderspiele gewesen war, ein namenloses Grab - ein vergeblicher Wunsch, da der Ruhm ihm entgegensteht.

Wenn ich durch Harrow gekommen bin, ohne zu wissen, daß Lord Byron als Kind hier lebte, so sind auch Engländer durch Combourg gereist, ohne zu ahnen, daß ein kleiner Vagabund, der in diesen Wäldern aufwuchs, einige Spuren hinterlassen würde. Der Reisende Arthur Young schrieb, als er durch Combourg fuhr:

„Von Pontorson bis Combourg macht die Gegend einen verwilderten Eindruck. Die Landwirtschaft ist hier nicht weiter entwickelt als bei den Huronen, was im Binnenland unglaublich erscheinen mag. Die Bevölkerung ist fast ebenso wild wie das Land, und die Stadt Combourg einer der schmutzigsten und unfreundlichsten Orte weit und breit: Lehmhäuser ohne Fensterscheiben und ein so schlechtes Pflaster, daß man jeden Augenblick fehltritt; keinerlei Kanalisation. - Dennoch gibt es hier ein Schloß, das sogar bewohnt ist. Wer ist dieser Monsieur de Chateaubriand, der Besitzer, der so starke Nerven hat, daß er inmitten all diesen Schmutzes und dieser Armut leben kann? Unterhalb dieses scheußlichen Haufens Elend liegt ein schöner, von Wäldern umgebener See."

Dieser Monsieur de Chateaubriand war mein Vater: die Stätte, die dem schlechtgelaunten Agronomen so häßlich erschien, war nichtsdestoweniger ein edler und schöner, wenngleich düsterer und ernster Wohnsitz. Und hätte Mister Young mich, die schwache Efeupflanze, die sich an diesen unwirtlichen Türmen emporzuranken begann, überhaupt wahrnehmen können, da er nur damit beschäftigt war, unsere Ernte zu sichten?

Es sei mir gestattet, diesen 1822 in England geschriebenen Seiten die nachstehenden, 1834 und 1840 verfaßten anzufügen; sie werden das Kapitel über Lord Byron vervollständigen.

Es wird vielleicht in Zukunft von einigem Interesse sein, das Zusammentreffen der beiden Häupter der neuen französischen und englischen Schule festzustellen, die beide eine gleiche Basis ihrer Vorstellungen, ihrer Bestimmungen, wenn nicht sogar fast gleiche Lebensgewohnheiten besaßen: Der eine ist Pair von England, der andere Pair von Frankreich; beide haben den Orient bereist und waren einander oft ziemlich nahe, ohne sich je zu sehen; nur ist das Leben des englischen Dichters mit weniger großen Ereignissen durchsetzt als das meinige.

Die ersten Übersetzer, Kommentatoren und Bewunderer Lord Byrons haben sich wohl gehütet, darauf aufmerksam zu machen, daß einige Seiten meiner Werke dem Verfasser des *Childe Harold* einen Moment in Erinnerung bleiben konnten; sie hätten geglaubt, damit seinen Ruhm zu schmälern. Jetzt, da sich der Enthusiasmus etwas gelegt hat, versagt man mir diese Ehre weniger. Unser unsterblicher Sänger hat im letzten Band seiner *Lieder* gesagt: „In einer der vorhergehenden Strophen spreche ich von den 'Leiern', die Frankreich Monsieur de Chateaubriand verdankt. Ich fürchte nicht, daß dieser Vers von der neuen poetischen Schule verleugnet wird, die, unter Adlerflügeln geboren, sich zu Recht oft eines solchen Ursprungs rühmt. Der Einfluß des Autors von *Le Génie du Christianisme* ist auch im Ausland spürbar geworden, und es ist vielleicht nur recht und billig anzuerkennen, daß der Sänger von *Childe Harold* zur gleichen Familie wie René gehört.

Was ich hier über die Verwandtschaft der Ideen und der Stimmung zwischen dem Chronisten von René und dem Sänger von *Childe Harold* gesagt habe, kostet den unsterblichen Barden kein einziges Haar. Wie kann die Muse des schottischen Flusses Dee, die eine Leier und Flügel trägt, durch meine erdverhaftete Muse ohne Laute geschmälert werden? Lord Byron wird leben, da er als Kind seines Jahrhunderts, genau wie ich und wie Goethe vor uns beiden, die Leidenschaft und das Unglück dieses Jahrhunderts zum Ausdruck gebracht hat; mögen auch meine Irrfahrten und mag das Windlicht meiner gallischen Barke dem Schiff Albions auf unerforschten Meeren als Wegweiser gedient haben.

Überhaupt können zwei Geister von gleicher Beschaffenheit sehr wohl gleiche Vorstellungen entwickeln, ohne daß man ihnen deswegen den Vorwurf machen könnte, daß sie sklavisch dem gleichen Weg gefolgt seien. Es ist erlaubt, in einer fremden Sprache ausgedrückte Ideen und Bilder zu benutzen, um die eigene Sprache damit zu bereichern; das ist in allen Jahrhunderten und zu allen Zeiten so gewesen. Ich gebe gern zu, daß in meiner ersten Jugend Ossian, *Werther,* die *Träumereien eines einsamen Spaziergängers* [211] und die *Betrachtungen über die Natur* [212] meine Ideen beeinflußten; doch habe ich nichts von dem Genuß verheimlicht, den mir die Werke bereiteten, an denen ich mich ergötzte.

Wenn es wahr ist, daß etwas von René in die Substanz der einzigen Person eingegangen ist, die unter verschiedenen Namen als *Childe Harold* auftritt - als *Conrad, Lara, Manfred, der Giaur;* wenn Lord Byron mich zufällig durch sein Leben wiederbelebt hätte, sollte er dann die Schwachheit besessen haben, mich nicht ein einziges Mal zu erwähnen? Ich bin also einer jener Väter, die man verleugnet, wenn man die Macht erlangt hat? Kann ich Lord Byron, der fast alle französischen Schriftsteller seiner Zeit zitiert, völlig unbekannt geblieben sein? Hat er nie von mir sprechen hören, als um ihn herum die englischen Zeitungen, genau wie die französischen, zwanzig Jahre lang von dem Streit um meine Werke widerhallten und die *New-Times* zwischen dem Verfasser von *Le Génie du Christianisme* und dem von *Childe Harold* eine Parallele zog?

Es gibt keinen Geist, so glänzend er auch sei, der nicht seine leicht verwundbaren Stellen, seine argwöhnischen Anwandlungen hat; man will das Zepter behalten, fürchtet, es teilen zu müssen, ärgert sich über den Vergleich mit anderen. So hat ein anderes großes Talent meinen Namen in einem Werk über Literatur nicht erwähnt.[213] Gott sei Dank schätze ich mich nach meinem wahren Wert und habe nie nach Herrschaft gestrebt; da ich nur an die religiöse Wahrheit glaube - und eine Form dieser Wahrheit ist die Freiheit - habe ich ebensowenig Glauben in mich als in irgendetwas anderes hier auf Erden gesetzt. Wenn ich aber bewunderte, so war es immer mein Bedürfnis, nicht zu schweigen; darum erklärte ich meine Begeisterung für Madame de Staël und für Lord Byron. Was gibt es Schöneres als die Bewunderung? Das ist himmlische Liebe, Hingebung bis zum Kult. Man fühlt sich von Dankbarkeit für die Gottheit durchdrungen, die die Grundlagen unserer Fähigkeiten erweitert, die unserer Seele neue Aussichten eröffnet, die uns ein so großes, so reines, von Furcht und Neid ganz freies Glück gewährt.

Übrigens beweist der kleine Einwand, den ich in diesen Memoiren gegen den größten englischen Dichter seit Milton erhebe, nur eines: den hohen Wert, den ich darauf gelegt hätte, daß sich seine Muse meiner erinnert.

Lord Byron hat auf erbärmliche Weise Schule gemacht. Ich nehme an, er war genauso betroffen von den Childe Harolds, die er ins Leben gerufen hat, wie ich es über die Renés bin, die um mich herum ihren Träumen nachhängen.

Das Leben Lord Byrons ist Gegenstand vieler Nachforschungen und Verleumdungen. Die jungen Männer haben seine magischen Worte für puren Ernst genommen; die Frauen waren geneigt, sich, wenngleich mit Entsetzen, von diesem Ungeheuer verführen zu lassen, wollten diesen einsamen und unglücklichen Satan trösten. Wer weiß? Vielleicht hat er die Frau nicht gefunden, die er suchte, ein Weib, das schön genug, ein Herz, das ebenso weit war wie das seinige. Einer trügerischen Meinung nach ist Byron die alte Schlange der Verführung und der Verderbtheit, nur weil er die Verderbtheit des menschlichen Geschlechts wahrnimmt. Er ist ein unseliger, leidender Genius, der zwischen die Geheimnisse der Materie und des Geistigen gestellt ist, der keine Lösung für das Rätsel des Universums sieht, der das Leben als eine abscheuliche grundlose Ironie, als ausschweifendes Lächeln des Bösen betrachtet. Er ist der Sohn der Verzweiflung, der verachtet und verleugnet und der sich für die unheilbare Wunde, die er in sich trägt, rächt, indem er alles, was sich ihm nähert, durch Wollust zum Schmerz führt. Er ist ein Mann, der das Alter der Unschuld nicht gekannt und nie in die Lage gekommen ist, von Gott verworfen und verflucht zu werden; ein Mann, der bereits verurteilt aus dem Schoße der Natur hervorging und der der Verdammte des Nichts ist.

Dies ist der Byron der überspannten Phantasien, aber wie ich glaube, ist es nicht der wirkliche Byron.

Wie bei den meisten, so sind auch in Lord Byron zwei verschiedene Menschen vereinigt: der Mensch der *Natur* und der Mensch des *Systems*. Als der Dichter erkannte, welche Rolle das Publikum ihm zuschrieb, übernahm er sie und begann, die Welt zu verdammen, die er bisher nur träumerisch wahrgenommen hatte. Dieser Prozeß ist aus der chronologischen Ordnung seiner Werke ablesbar.

Sein Genie hat bei weitem nicht das Ausmaß, das man ihm zuschreibt, es ist sogar ziemlich beschränkt. Sein poetisches Denken ist nur ein Seufzer, eine

Klage oder eine Verwünschung; als das ist es bewundernswert. Man sollte die Leier nicht danach fragen, was sie denkt, sondern was sie singt.

Sein Geist ist sarkastisch und wandelbar, aber auf eine Art, die aufregt, so daß sein Einfluß unheilvoll ist. Der Schriftsteller hat zweifellos Voltaire gelesen und ahmt ihn nach.

Lord Byron, mit allen Vorzügen ausgestattet, hatte wenig Anlaß, mit seiner Geburt unzufrieden zu sein. Selbst der Vorfall, der ihn unglücklich machte und seine Überlegenheiten mit menschlicher Gebrechlichkeit verband,[214] hätte ihm keinen Kummer verursachen müssen, weil er trotzdem geliebt wurde.

Die Geschwindigkeit, mit der heute der Ruhm vergeht, ist beklagenswert. Nach einigen Jahren - was sage ich? schon nach einigen Monaten hört die Anhimmelei auf und macht dem Verruf Platz. Man sieht schon den Nimbus Byrons verblassen. Wir verstehen seinen Genius besser; in Frankreich wird man ihm länger Altäre errichten als in England. Da *Childe Harold* sich vor allem durch die Schilderung besonderer, individueller Gefühle auszeichnet, werden die Engländer, die allen gemeinsame Gefühle vorziehen, den Dichter mit seinem tiefen, traurigen Aufschrei schließlich leugnen. Sie sollten sich damit in Acht nehmen! Wenn sie das Bild des Mannes zerstören, der sie wieder aufleben läßt, was bleibt ihnen dann?

Als ich 1822 während meines Aufenthalts in London meine Ansichten über Lord Byron niederschrieb, hatte er nur noch zwei Jahre auf Erden zu leben; er starb 1824, zu der Zeit, als Enttäuschungen und Widerwärtigkeiten auf ihn zukamen. Ich bin ihm im Leben, er ist mir im Tode vorangegangen. Er wurde vor der Zeit abberufen. Meine Nummer kam vor der seinen, und dennoch wurde die seinige zuerst gezogen. Childe Harold hätte bleiben sollen, denn mich konnte die Welt verlieren, ohne mein Verschwinden überhaupt zu bemerken.

5

London, April bis September 1822.

England von Richmond bis Greenwich. - Spazierfahrt mit Pelletier. - Bleinheim. - Stowe. - Hampton-Court. - Oxford. - Das Privatleben und das politische Leben der Engländer. - Fox. - Pitt. - Burke. - George III.

Nachdem ich von den englischen Schriftstellern der Jahre gesprochen habe, als England mein Asyl war, habe ich noch einiges zu England selbst in der damaligen Zeit zu sagen, zu seinem Aussehen, seinen Landschaften, seinen Schlössern, seinem privaten und politischen Leben.

Das ganze England kann man auf dem Raum von vier französischen Meilen sehen, von Richmond, oberhalb von London, bis Greenwich und darunter. Unterhalb Londons erstreckt sich das industrielle und kommerzielle England mit seinen Docks, Lagerhäusern, Zollstationen, Arsenalen, Brauereien, Manufakturen, Gießereien und Schiffen; diese befahren die Themse bei jedem Wasserstand in drei Abteilungen: zuerst die kleinsten, dann die mittleren und endlich die großen Schiffe, deren Segel die Säulen des Hospitals für alte Seeleute und die Fenster der Taverne streifen, in der es sich die Fremden wohl sein lassen.

Oberhalb von London liegt das ackerbautreibende, ländliche England mit seinen Wiesen, seinen Herden, seinen Landhäusern, seinen Parks, deren Gebüsche und Rasenflächen zweimal am Tag von dem flutenden Wasser der Themse bespült werden. Zwischen diesen beiden Punkten, Richmond und Greenwich, stoßen in London alle Eigenschaften dieses doppelten Englands aufeinander: im Westen die Aristokratie, im Osten die Demokratie. Der Tower von London und Westminster sind die Grenzsteine, zwischen denen sich die ganze Geschichte Großbritanniens zusammendrängt.

Einen Teil des Sommers 1799 verbrachte ich mit Christian de Lamoignon in Richmond und beschäftigte mich mit Le *Génie du Christianisme*. Ich machte Bootsfahrten auf der Themse und Spaziergänge im Park von Richmond. Dort begleiteten mich einige friedliche Damhirsche; sie waren daran gewöhnt, vor einer Meute herzulaufen und, wenn sie ermüdet waren, stehenzubleiben; man brachte sie dann, ganz heiter und vergnügt über dieses Spiel, in einem mit Stroh ausgelegten Karren zurück. In Kew[215] sah ich Känguruhs, komische Tiere, die genaue Umkehrung der Giraffe. Diese unschuldigen vierfüßigen Heuschrecken haben Australien stärker bevölkert als die Prostituierten des alten Herzogs von Queensbury die Straßen von Richmond. Am Rasen eines Landhäuschens, das unter einer Libanonzeder und zwischen Trauerweiden halb verborgen lag, floß die Themse dahin; ein neuvermähltes Paar verlebte den Honigmond in diesem Paradies.

Eines Abends, als ich ganz friedlich auf den Wiesen von Twickenham umherging, begegnete mir Pelletier, der sein Taschentuch vor den Mund hielt. „Dieser ewige, verdammte Nebel!" rief er aus, sobald ich ihn hören konnte. „Wie, zum Teufel, können Sie es hier aushalten? Ich habe eine Liste aufgestellt: Stowe, Bleinheim, Hampton-Court, Oxford; Sie mit Ihrem träumerischen Wesen könnten bis in alle Ewigkeit bei John Bull sein und würden doch nichts sehen."

Vergebens bat ich um Gnade, ich mußte ihn begleiten. Im Wagen zählte mir Pelletier die Zielpunkte seiner Hoffnungen auf; er ging mit ihnen um wie mit Pferden, die man wechselt: hatte er eines totgeritten, bestieg er das nächste und jagte los, ein Bein hier, das andere da, bis ans Ende des Tages.

In Bleinheim fühlte ich mich unbehaglich. Ich litt umso mehr unter einer früheren Niederlage meines Vaterlandes,[216] als ich nun die Schande neuerlicher Schmach ertragen mußte. Die Ruderer eines die Themse stromaufwärts fahrenden Bootes bemerkten mich am Ufer, und als sie einen Franzosen erblickten, stießen sie Hurra-Rufe aus. Man hatte eben die Nachricht von der Seeschlacht bei Abukir erhalten. Diese Siege des Ausländers[217] waren mir, obwohl sie mir die Tore Frankreichs öffnen konnten, verhaßt.

Der Park von Stowe ist berühmt für seine Fabriken; mir sind seine schattigen Gänge lieber. Der Cicerone des Ortes zeigte uns in einer finsteren Schlucht die Nachbildung eines Tempels, dessen Modell ich in dem herrlichen Tal des Kephissos[218] bewundern sollte. Schöne Gemälde der italienischen Schule trauerten in der Tiefe unbewohnter Zimmer, deren Fensterläden geschlossen waren. Armer Raffael, gefangen in einem Schloß der alten Bretonen, so fern von dem Himmel der Villa Farnesina![219]

In Hampton-Court befand sich die Sammlung der Porträts der Mätressen Karls II. So nahm dieser Fürst die Dinge am Ausgang einer Revolution, die seinen Vater den Kopf gekostet hatte und die sein ganzes Geschlecht verjagen sollte.

In Oxford blieben wir zwei Tage. Es gefiel mir in dieser Republik Alfreds des Großen. Sie repräsentierte die privilegierten Freiheiten und die Sitten gelehrter Institutionen des Mittelalters. Unermüdlich betrachteten wir die fünfundzwanzig Gymnasien, die Bibliotheken, die Gemälde, das Museum, den botanischen Garten. Unter den Manuskripten des Gymnasiums von Worcester blätterte ich mit außerordentlichem Vergnügen in einer Lebensgeschichte des Schwarzen Prinzen, die dessen Wappenherold in französischen Versen geschrieben hatte.

Oxford erinnerte mich, obwohl es ihnen nicht glich, an die bescheidenen Gymnasien von Dol, Rennes und Dinan.

Das Privatleben der Engländer.

Durch einen langen Krieg vom Kontinent getrennt, bewahrten die Engländer gegen Ende des vorigen Jahrhunderts noch ihre Sitten und ihren Nationalcharakter. Es gab noch immer nur ein Volk, in dessen Namen eine aristokratische Regierung die Souveränität ausübte. Man kannte nur zwei große, miteinander befreundete und durch gemeinsames Interesse verbundene Klassen: die Schutzherren und die Schutzbefohlenen. Jene neidische Klasse, die man in Frankreich Bourgeoisie nennt und die in England zu entstehen beginnt, existierte noch nicht. Nichts stand zwischen den reichen Grundbesitzern und den mit ihrem Gewerbe beschäftigten Menschen. Noch war nicht alles in den Manufakturberufen Maschinenarbeit, und noch war nicht alles in den privilegierten Ständen Wahnwitz. Auf dem Pflaster, auf dem man heute schmutzige Gestalten und Männer im Gehrock sieht, gingen kleine Mädchen in weißen Mäntelchen, mit unterm Kinn festgebundenen Strohhüten, mit Körbchen am Arm, in denen Obst oder ein Buch lag; alle hielten sie die Augen gesenkt, alle erröteten sie, wenn man sie ansah. „England", sagt Shakespeare, „ist ein Schwanennest mitten im Wasser." Gehröcke ohne Übergewand waren 1793 in London so unüblich, daß eine Dame, die den Tod Ludwigs XVI. mit heißen Tränen beweinte, mich fragte: „Ist es denn wahr, mein Herr, daß der arme König nur einen Gehrock trug, als man ihm den Kopf abschlug?"

Die Farmer hatten ihre Güter noch nicht verkauft, um nach London zu ziehen. Sie bildeten im Unterhaus noch diese unabhängige Fraktion, die sich von der Opposition bis zum Ministerium erstreckte und die die Vorstellungen von Freiheit, Ordnung und Eigentum aufrechterhielt. Sie gingen im Herbst auf die Fuchs- und Fasanenjagd, aßen zu Weihnachten eine fette Gans, ließen das Roastbeef hoch leben, klagten über die Gegenwart, rühmten die Vergangenheit, verwünschten Pitt und den Krieg, durch den der Preis für den Portwein anstieg, und legten sich betrunken zu Bett, um den nächsten Tag genauso zu verbringen. Sie waren davon überzeugt, daß der Ruhm Großbritanniens nie sinken würde, solange man *God save the King* sang, das Wahlrecht der Landstädtchen bewahrte, die Jagdgesetze beachtete und heimlich auf dem Markt Hasen und Rebhühner als Löwen und Strauße verkaufte.

Der anglikanische Klerus war gelehrt, gastfreundlich und freigebig. Er hatte die französische Geistlichkeit mit wahrhaft christlicher Barmherzigkeit aufgenommen. Die Universität Oxford ließ auf ihre Kosten ein Neues Testament nach dem römischen Text drucken, das die Aufschrift trug: „Zum Gebrauch der katholischen Geistlichkeit, die für die Religion ins Exil gegangen ist" und gratis an die Geistlichen verteilt wurde. Die vornehme englische Gesellschaft konnte ich, ein armer Verbannter, nur von außen wahrnehmen. Bei den Empfängen am Hofe oder bei der Princesse de Galles wurden die Ladies seitwärts sitzend in Sänften vorbeigetragen; ihre großen Reifröcke ragten wie die Vorderteile von Altären aus der Tür der Sänfte heraus. Sie selbst sahen auf diesen Kleideraltären wie Madonnen oder Pagoden aus. Diese schönen Damen waren die Töchter der Mütter, die der Duc de Guiche und der Duc de Lauzun angebetet hatten; heute, 1822, sind diese Töchter die Mütter und Großmütter der jungen Mädchen, die, einer vergänglichen Blumengeneration gleich, in kurzen Röcken nach den Tönen der Flöte Collinets bei mir tanzen.

Politisches Leben.

England stand gegen Ende des vorigen Jahrhunderts auf dem Gipfel seines Ruhms. In den Jahren 1792 bis 1800 habe ich als armer Emigrant in London die Pitt, Fox, Sheridan, Wilberforce, Grenville, Whitbread, Lauderdale und Erskine sprechen hören; jetzt, 1822, als vornehmer Gesandter in London, trifft es mich unsagbar, wenn sich anstelle der großen Redner, die ich einst bewundert habe, diejenigen erheben, die zur Zeit meines ersten Aufenthalts nur deren Gehilfen waren, wenn also die Schüler anstelle der Meister sprechen. Die *allgemeinen* Ideen sind in diese *besondere* Gesellschaft eingedrungen. Aber die aufgeklärte Aristokratie, die seit hundertvierzig Jahren an der Spitze dieses Landes steht, hat der Welt eine der schönsten und größten Gesellschaften vorgeführt, wie sie dem Menschengeschlecht seit dem römischen Patriziat zur Ehre gereicht. Vielleicht erkennt irgendeine alte Familie in einer Grafschaft die Gesellschaft, die ich geschildert habe, und wünscht die Zeit zurück, deren Verlust ich hier beklage.

Im Jahre 1792 trennte sich Burke von Fox. Es ging um die Französische Revolution, die Burke angriff und Fox verteidigte. Niemals hatten die beiden Redner, die bisher Freunde gewesen waren, so große Beredsamkeit entwikkelt. Die ganze Kammer war ergriffen, und Fox standen Tränen in den Augen, als Burke seine Rede mit den Worten schloß: „Der sehr ehrenwerte Gentleman hat mich in jedem Satz seiner Rede mit ungewöhnlicher Härte behandelt; er hat mein ganzes Leben, meine Haltung und meine Ansichten getadelt. Aber ich lasse mich durch diese harten und ernsthaften, auch unverdienten Angriffe nicht abschrecken; ich scheue mich nicht, in dieser Kammer und überall sonst meine Gesinnungen darzulegen. Der ganzen Welt werde ich es sagen, daß die Verfassung in Gefahr ist. Es ist gewiß zu jeder Zeit unbedachtsam, und weit mehr noch in meinen Lebensjahren, Feinde herauszufordern oder meinen Freunden Grund zu geben, mich zu verlassen. Dennoch: Wenn das infolge meiner Verteidigung der britischen Verfassung geschehen sollte, werde ich mich jeder Gefahr aussetzen und mit meinen letzten Worten noch ausrufen, was mir die öffentliche Pflicht und die öffentliche Klugheit gebieten: Hütet euch vor der französischen Verfassung!"

Als Fox sagte, daß keine Rede davon sein könne, „Freunde zu verlieren", rief Burke aus:

„Doch, es geht sehr wohl darum, Freunde zu verlieren! Ich weiß um die Folgen meines Vorgehens; ich habe meine Pflicht getan und einen Freund dafür hingegeben; unsere Freundschaft ist zu Ende. Ich erinnere die sehr ehrenwerten Gentlemen, die die beiden großen Rivalen in dieser Kammer sind, daran, daß sie es der Zukunft schuldig sind (mögen sie sich nun wie zwei große Meteore in der politischen Hemisphäre bewegen oder mögen sie wie zwei Brüder einen gemeinsamen Weg beschreiten), ich erinnere sie daran, daß es ihre Pflicht ist, die britische Verfassung zu erhalten und zu schützen, gegen Neuerungen auf der Hut zu sein und sich vor den Gefahren dieser neuen Theorien zu hüten."

Ich lernte Mister Burke erst gegen Ende seines Lebens kennen; tief betrübt über den Tod seines einzigen Sohnes, hatte er eine Schule für die Kinder armer Emigranten gegründet. Ich besuchte diese Anstalt, die er seine Pflanzschule nannte. Er freute sich über die Lebhaftigkeit der fremden Kinder, die unter der Obhut seines Geistes aufwuchsen. Als er die sorglosen Verbannten so fröhlich umherspringen sah, sagte er zu mir: „Unsere Kleinen könnten das nicht", und seine Augen füllten sich mit Tränen; er dachte an seinen Sohn, der in ein längeres Exil gegangen war.

Pitt, Fox und Burke sind nicht mehr, und die englische Verfassung hat den Einfluß der „neuen Theorien" erfahren. Man muß den Ernst der parlamentarischen Debatten jener Zeit erlebt, man muß diese Redner gehört haben, deren prophetische Stimme eine herannahende Revolution zu verkünden schien, um sich einen Begriff von der beschriebenen Szene zu machen. Die von Ordnung gezügelte Freiheit schien sich in Westminster dem Eindringen der anarchischen Freiheit zu widersetzen, die von der noch blutigen Tribüne des Konvents herab sprach.

Mister Pitt war lang und hager und zeigte eine traurige, spöttische Miene. Seine Rede war kalt, der Klang seiner Stimme eintönig, seine Gebärden sparsam. Dennoch war sein Talent durch die Klarheit und Flüssigkeit seiner Gedanken, die Logik seiner Überlegungen, die in plötzlich aufblitzender Beredsamkeit erstrahlten, etwas Ungewöhnliches.

Ich sah Pitt ziemlich oft, wenn er sich zu Fuß von seinem Haus durch den Saint-James-Park zum König begab. Georg III. kam von Windsor, wo er mit den benachbarten Pächtern aus einem zinnernen Krug Bier getrunken hatte; in einem grauen Wagen, dem einige berittene Wachen folgten, fuhr er durch die häßlichen Höfe seines häßlichen Schlosses. Das war der Gebieter der Könige Europas, so wie fünf oder sechs Kaufleute der City die Herren von Indien sind. Im schwarzen Frack, einen Degen mit Stahlgriff an der Seite und den Hut unter dem Arm, stieg Mister Pitt, zwei bis drei Stufen auf einmal nehmend, die Treppe hinauf. Unterwegs traf er nur drei oder vier unbeschäftigte Emigranten; hocherhobenen Kopfes und bleichen Gesichts ging er, einen geringschätzigen Blick auf uns werfend, an uns vorbei.

Dieser große Finanzmann kannte bei sich zuhause keinerlei Ordnung; weder für die Mahlzeiten, noch für den Schlaf gab es bestimmte Stunden. Bis über die Ohren verschuldet, bezahlte er gar nichts und konnte sich nicht entschließen, eine Rechnung zu addieren. Ein Kammerdiener führte seinen Haushalt. Schlecht gekleidet, ohne jede Vergnügung, ohne Leidenschaften, gierig einzig und allein nach Macht, verachtete er alle Ehrungen und wollte nichts anderes sein als William Pitt.

Im Juni dieses Jahres, 1822, nahm mich Lord Liverpool zum Essen auf sein Landhaus mit. Als wir durch die Heide von Pulteney kamen, zeigte er mir das kleine Haus, in dem der Sohn Lord Chathams in Armut gestorben war, des Staatsmannes, der ganz Europa in seinem Sold gehalten und mit eigenen Händen alle Milliarden der Erde verteilt hatte.

Georg III., überlebte Pitt, aber er hatte den Verstand und das Augenlicht verloren. Zur Eröffnung jeder Parlamentssitzung lasen die Minister den beiden Kammern, die in Schweigen und Rührung verharrten, das Bulletin über das Befinden des Königs vor. Eines Tages besuchte ich Windsor, und für einige Schillinge war ein Aufseher damit einverstanden, mich an einer Stelle zu verbergen, wo ich den König sehen konnte. Der weißhaarige, blinde Monarch erschien; wie König Lear irrte er in seinen Palästen umher und tastete sich mit den Händen an den Mauern der Säle entlang. Er setzte sich an ein Piano, von dem er wußte, wo es stand, und spielte einige Stücke aus einer Händel-Sonate. Das war ein schönes Ende für das alte England.

6

London, April bis September 1822.

Rückkehr der Emigranten nach Frankreich. - Der preußische Gesandte gibt mir einen falschen Paß auf den Namen Lassagne, Einwohner von Neufchatel in der Schweiz. - Ende meiner Laufbahn als Soldat und Reisender. - Ich lande in Calais.

Ich begann, meine Blicke auf die Heimat zu richten. Eine große Revolution hatte sich vollzogen: Bonaparte war Erster Konsul geworden und stellte durch Despotismus die Ordnung wieder her. Viele Verbannte kehrten zurück, und besonders die vornehmen Emigranten hatten es eilig, die Trümmer ihres Vermögens aufzusammeln. Die Treue starb im Kopfe ab, während ihr Herz noch in der Brust einiger völlig entblößter Landedelleute schlug. Madame Lindsay war abgereist. Sie schrieb den Brüdern Lamoignon, sie möchten zurückkommen, und forderte auch Madame d'Aguesseau, die Schwester der Lamoignons auf, über den Kanal zurückzukehren. Fontanes rief mich, damit ich in Paris den Druck des *Génie du Christianisme* beendete. Obgleich ich an mein Vaterland dachte, fühlte ich nicht den geringsten Wunsch, es wiederzusehen; mächtigere Götter als die der Väter hielten mich zurück. Ich hatte in Frankreich keinen Besitz und keinen Zufluchtsort mehr. Das Vaterland war für mich ein Schoß von Stein, eine Brust ohne Milch geworden. Ich würde dort weder meine Mutter, noch meinen Bruder, noch meine Schwester Julie wiederfinden. Lucile lebte noch, aber sie war mit Monsieur de Caud verheiratet und trug nicht mehr meinen Namen. Meine junge „Witwe" kannte mich auf Grund meines Unglücks und meiner achtjährigen Abwesenheit nur aus unserer Verbindung von einigen Monaten.

Wäre ich mir selbst überlassen gewesen - ich weiß nicht, ob ich die Kraft zur Abreise gefunden hätte. So sah ich jedoch, wie meine kleine Gesellschaft sich auflöste. Madame d'Aguesseau schlug mir vor, mich nach Paris mitzunehmen, und ich ließ es geschehen. Der preußische Gesandte verschaffte mir einen Paß auf den Namen Lassagne aus Neufchatel. Die Herren Dulau unterbrachen den Druck des *Génie du Christianisme* und gaben mir die fertigen Bogen. Ich löste die Skizzen zu *Atala* und *René* aus *Les Natchez* heraus und schloß das restliche Manuskript in einen Koffer ein, den ich meinen Londoner Gastgebern zur Aufbewahrung übergab. Dann machte ich mich mit Madame d'Aguessau auf den Weg nach Dover. Madame Lindsay erwartete uns in Calais.

So verließ ich England im Jahre 1800. Mein Herz war von anderen Dingen eingenommen als jetzt, 1822, da ich dies schreibe. Ich brachte aus dem Land der Verbannung nur Schmerzen und Träume mit zurück; heute ist mein Kopf mit Szenen des Ehrgeizes, der Politik, des Glanzes und der Höfe angefüllt, die meinem Wesen so wenig anstehen Was für Ereignisse umfaßt mein gegenwärtiges Leben! Geht vorüber, ihr Menschen, geht vorüber: die Reihe wird auch an mich kommen! Ich habe erst den dritten Teil meines Lebens vor euren Augen entrollt; wenn die Leiden, die ich erdulden mußte, auf der Heiterkeit meiner frühen Jahre gelastet haben, so wird sich jetzt, da ich in ein fruchtbareres Alter eintrete, der Keim von René entwickeln und Bitterkeit anderer Art meine Erzählung beeinflussen.

Ich schließe dieses Buch, das bis zum Frühjahr 1800 hinführt. Am Ende meiner ersten Laufbahn angekommen, eröffnet sich mir die Laufbahn des Schriftstellers; aus dem Privatmann wird nun der Mann der Öffentlichkeit. Ich verlasse das jungfräuliche, stille Asyl der Einsamkeit und trete auf den schmutzigen, lärmenden Schauplatz der Welt hinaus; der helle Tag wird mein Traumleben erleuchten, Licht wird das Reich der Schatten durchdringen. Ich werfe einen gerührten Blick auf diese Bücher, die meine vergessenen Stunden in sich einschließen; mir ist, als sagte ich dem Vaterhaus ein letztes Lebewohl. Ich verlasse die Gedanken und Träume meiner Jugend wie Schwestern oder Geliebte, die ich am heimatlichen Herd zurücklasse und niemals wiedersehen werde.

Für die Überfahrt von Dover nach Calais brauchten wir vier Stunden. Im Schutze eines fremden Namens stahl ich mich in mein Vaterland; doppelt verborgen in der Anonymität des Schweizers Lassagne und in meiner eigenen, landete ich mit dem Jahrhundert auf französischem Boden.

ANMERKUNGEN

1   Wie Wolken ... wie Schiffe ... wie Schatten
2   Horaz, Oden, Buch I, Ode 11, Vers 6-7 (übers. v. J.G.Herder).
3   Geburtsdatum und Geburtsort Voltaires sind umstritten; das von Chateaubriand angegebene Geburtsdatum trifft möglicherweise zu. Châtenay-Malabry bei Paris ist als Geburtsort möglich, aber nicht nachgewiesen.
4   Im 6. Kreuzzug gegen die Muslims (1248-1254) wurde Ludwig IX., genannt der Heilige, hier 1250 geschlagen und mit seinem Heer gefangengesetzt.
5   Empört über die gegenrevolutionäre Haltung des Hofes wie über die schlechte Versorgungslage, fanden sich am 5. Oktober 1789 tausende Einwohner von Paris vor dem Rathaus zusammen. Sie zogen nach Versailles und zwangen den König am 6. Oktober nach Paris überzusiedeln.
6   Durch die französische Intervention in Spanien im Jahre 1823 wurde gegen den Widerstand demokratischer Kräfte das reaktionäre Regime des Bourbonenkönigs Ferdinand VII. restauriert.
7   Das Recht der Erben, Schulden nur soweit zu begleichen, als deren Summe die der Erbschaft nicht übersteigt.
8   D.i. der Familienwohnsitz oder eine ihm im Wert entsprechende Summe.
9   Im polnischen Thronfolgekrieg (1733-1735) nach dem Tode Augusts des Starken kämpfte Frankreich vergeblich gegen Rußland und Österreich für den französischen Prätendenten Stanislaus Leszczinski.
10   Vergil, Äneis, 1. Gesang, Vers 630 (übers. v. D. Ebner); Begrüßungswort der Dido an Äneas, den der Sturm an die Küste Karthagos verschlagen hat.
11   1686 von Ludwig XVI. und Madame de Maintenon gegründete Schule zur Erziehung adliger junger Mädchen; wurde 1793 aufgelöst und 1808 in eine Militärschule umgewandelt.
12   *Artamène ou Le grand Cyrus* - antikisierender Roman von Madame de Scudéry (1607-1701).
13   Chateaubriand hatte sich schon zu Lebzeiten um eine Grabstätte auf dieser seiner Geburtsstadt vorgelagerten Insel bemüht; heute befindet sich dort sein Grabmal.
14   *Un épervier aimait une fauvette*
     Et, ce dit-on, il en était aimé.
     Ah! Trémignon, la fable est-elle obscure?
     Ture lure.
15   Kartenspiel zu viert.
16   Bildnis, Inschrift oder Gegenstand, zur Erinnerung an ein Gelübde oder eine Danksagung in der Kirche aufgehängt.
17   *Tantum ergo sacramentum*
     Veneremur cernui...
     Schlußstrophe aus der heiligen Messe, wird vor der dargebotenen Monstranz gesungen.
18   *Je mets ma confiance,*
     Vierge en votre secours;
     Servez-moi de défense,
     Prenez soin de mes jours;
     Et quand ma dernière heure
     Viendra finir mon sort,
     Obtenez que je meure

De la plus sainte mort.

19 Aus der Anrufung der Heiligen Jungfrau: Ave, maris stella...

20 Auf der bretonischen Halbinsel Quiberon landeten im Juli 1795 Tausende von Emigranten aus England, um die Republik zu stürzen; sie wurden von General Hoche besiegt und gefangengenommen.

21 Altertümlicher Name für die bretonische Halbinsel.

22 Das Distichon, Metrum der Elegie, vereinigt einen Hexameter und einen Pentameter.

23 D.i. der 24. Juni.

24 Ehrentitel für den würdigsten Bürger einer Ortschaft, der dem Lehnsherrn gegenüber die gesamte Bürgerschaft vertrat.

25 Seit 1674 französische Besitzung in Indien.

26 Dieser Plan reihte sich in die Unterstützung der Vereinigten Staaten im Unabhängigkeitskrieg gegen England ein, zu der sich Frankreich 1778 entschloß.

27 *Moult volontiers, de grand' manière,*
Alloit en bois et en rivière;
Car nulles gens ne vont en bois
Moult volontiers comme François.
Aus einem mittelalterlichen Gedicht, das von Karl dem Großen und seiner Jagdleidenschaft erzählt.

28 Drama von Denis Diderot, das 1761 erstmals aufgeführt wurde.

29 Weiblicher Typ des burlesken Theaters; Bild unerschöpflicher Fruchbarkeit.

30 Einer der im 18. Jahrhundert weitverbreiteten theologischen Traktate.

31 Epos von Vergil.

32 *Les Aventures de Télémaque* (1699; Die Abenteuer des Telemach); Erziehungsroman von Fénelon.

33 Nach der antiken Sage Tochter des syrischen Königs Tyros und Geliebte des Äneas.

34 Nymphe, der Telemach in Liebe verfallen war.

35 Erster Vers aus Lukrez, *De rerum natura* (Von der Natur der Dinge; übers. v. W.Binder); Anrufung der Venus als Lebensquelle.

36 Tibull, Elegien. I. Buch, 1. Elegie, Vers 45f. (übers. v. W. Binder).

37 Ein 1643 von Jean Eudes de Mézeray (1601-1680) in Caen gegründeter Orden, der sich der Ausbildung von Geistlichen und Missionaren widmete.

38 Verstümmeltes Vergilzitat; eigentlich: *Macte nova virtute puer.* (Äneis, 9. Gesang, Vers 651).

39 *Le pain que je vous propose*
Sert aux anges d'aliment;
Dieu lui-même le compose
De la fleur de son froment.
Jean Racine, Cantiques spirituels (Geistliche Gesänge), 4. Gesang, Vers 21-24.

40 *O Terpsichore, o Polymnie,*
Venez, venez remplir nos voeux;
La raison même vous convie.

41 *D'animaux malfaisants c'était un très bon plat.* Jean de Lafontaine, *Fables*, 9. Buch, Fabel 17: Der Affe und die Katze.

42 Im Bunde mit den emigrierten Brüdern Ludwigs XVI. bereitete der Marquis de La Rouërie 1791 in Westfrankreich einen Aufstand der Königstreuen vor; das Komplott wurde aufgedeckt und niedergeschlagen.

43 Rückkehr der französischen Freiwilligen aus dem Amerikanischen Unabhängigkeitskrieg; 1783 Friedensschluß von Versailles.

44 Hiob, Kap. 38, Vers 11.

45 Michel de Montaigne, Essais, 3. Buch, Kap. 4: Von der Abwechslung (übers. v. J . J. Bode).

46 Regionen im Pariser Becken.

47 Gemeint sind Henri IV. und seine Geliebte, Gabrielle d'Estrées.

48 In einer Reihe von Provinzen - den *pais-d'Etats* - hatten sich die alten Landstände (états) zu halten vermocht, die bei der Steuerbewilligung eine gewisse Rolle spielten.

49 Die Verwendung von Blutegeln war eine von dem Arzt Broussais empfohlene Behandlungsmethode.

50 Selbständige Gerichtshöfe im *ancien regime*, die ihre ursprünglich rein juristischen Kompetenzen zunehmend zu politischer Einflußnahme zu nutzen versuchten.

51 Besetzung Hannovers durch die Franzosen zu Beginn des Siebenjährigen Krieges 1756.

52 Clarissa ist die Titelgestalt des Romans von Samuel Richardson *Clarissa or the history of a Young Lady* (1748); die tugendhafte Clarissa, von ihrer Familie verfolgt und von einem listigen Verehrer verführt, stirbt aus Verzweiflung.

53 "Freue dich, Jerusalem..."; Eingangschoral zum vierten Sonntag nach Pfingsten.

54 *De sueur et de sang la terre rosoya.*
A ce bon samedi Beaumanoir se jeûna:
Grand soif eust le Baron, à boire demanda;
Messire Geoffroy de Boves tantost respondu a:
„Bois ton sang, Beaumanoir, la soif te passera".
Verse aus einem anonymen Gedicht über ein legendäres Gefecht zwischen Franzosen und Engländern im Hundertjährigen Krieg, den „Kampf der Dreißig", das 1831 entdeckt wurde und Chateaubriands Aufmerksamkeit erregte.

55 Nachdem Tausende von Nationalgardisten aus Paris und aus der Provinz am 10. August 1792 die Tuilerien gestürmt hatten, setzte die Legislative Ludwig XVI. ab. Zugleich ordnete sie die Wahl eines Nationalkonventes an, der an ihre Stelle treten und eine neue Verfassung entwerfen sollte.

56 Daß Combourg während der Revolutionszeit als Gefängnis gedient hat, ist nicht belegt.

57 Weibliche Hauptgestalten aus Chateaubriands Werken *Les Aventures du dernier Abencérage* (Der letzte der Abencerragen) und *Les Martyrs* (Die Märtyrer)

58 Auch Dryaden: im griechischen Mythos Baumnymphen, die mit den Bäumen entstehen und vergehen.

59 Von Ossian besungene Fabelwesen Schottlands.

60 Schäfer, Geliebter der Mondgöttin Selene.

61 Enna war eine griechische Siedlung in Sizilien und in der griechischen Mythologie Schauplatz des Raubes der Persephone durch Hades.

62 Anspielung auf eine Szene und auf Gestalten aus Torquato Tassos Epos *Gerusalemme liberata* (Das befreite Jerusalem).

63 Zwei Molukkeninseln.

64 Berühmte Hetäre im antiken Athen.

65 Damit und im folgenden ist die französische Meile gemeint, die 4,445 km beträgt, also etwa das Dreifache der englischen Meile von 1,609 km.

66 Ob diese Profanierung der väterlichen Grabstelle tatsächlich stattgefunden hat, ist nicht belegt.

67 Von Chateaubriand gegründete Zeitung, die von 1818-1820 in Paris erschien; Chateaubriand propagierte hier seine politische Grundansicht der Aufrechterhaltung von Königtum und Religion bei Wahrung individueller Freiheiten, besonders der Pressefreiheit.

68   Anspielung auf den römischen Kaiser Julian (313-363), Neffe Konstantins des Großen, der siegreich in Gallien kämpfte und im Verlauf seines Feldzuges gegen die Perser fiel; gemeint ist Friedrich II., König von Preußen.

69   Der Müller, dem die im königlichen Park gelegene Mühle gehörte, weigerte sich, sie an Friedrich II. abzutreten, und dieser respektierte die Weigerung.

70   Gemeint ist Martin Luther.

71   D.i. Friedrich-Wilhelm II., der Neffe Friedrichs II.

72   Verteidigungsbündnis und Handelsvertrag zwischen den amerikanischen Freistaaten und Frankreich 1778.

73   20. März - 22. Juni 1815: nachdem Napoleon im April 1814 gestürzt und auf die Insel Elba verbannt worden war, landete er am 1. März 1815 unweit von Cannes wieder in Frankreich; am 20. März erreichte er Paris und stellte sich noch einmal für „Hundert Tage" an die Spitze des Kaiserreiches; am 18. Juni 1815 von Wellington und Blücher geschlagen, dankte er am 22. Juni endgültig ab. Chateaubriand hatte Ludwig XVIII. während der „Hundert Tage" auf der Flucht vor Napoleon nach Belgien begleitet.

74   31. Mai 1798; der Beginn des „Jahres I" des Republikanischen Kalenders, das indes lediglich in der Rückschau existierte, war auf den 22.09.1792 festgelegt. Napoleon hob den Republikanischen Kalender zum 1. Januar 1806 auf und führte den Gregorianischen Kalender wieder ein.

75   Nach bretonischem Erbrecht mußten sich alle jüngeren Geschwister in ein Drittel des Erbes teilen, während dem ältesten Bruder zwei Drittel zufielen; das bedeutete, daß von den 312.000 Livres, auf die sich die Erbschaft belief, Chateaubriand wie seine Schwestern nur eine Summe von jeweils 17.740 Livres erhielten.

76   Politische Schrift von Xenophon über Herrschererziehung und Staatsorganisation.

77   Marie-Antoinette Clavel, nach ihrem ersten Mann Saint-Huberti genannt, feierte damals als erste Sängerin an der Pariser Oper Triumphe.

78   D.i. der heutige *Place de la Concorde.*

79   Teil der damaligen Stadtbegrenzung, so genannt nach einem dortigen Kloster, dessen Mönche im Volke *les Bons-Hommes* hießen; im heutigen Stadtteil Passy gelegen.

80   Anspielung auf eine große Liebende in der französischen Literatur, die Äbtissin Héloïse (1101-1160/1170), Verfasserin der *Briefe* (geschr. 1125-1142, veröff. 1616) an den Geliebten Abélard.

81   Von Rabelais in *Gargantua* dargestellte aristokratische Gesellschaft, die alle Freiheiten genoß.

82   Morgenzeremonie bei Hofe; eigentlich: das morgendliche Aufstehen.

83   Chateaubriand war Mitglied der Kommission, die im Januar 1815 die Exhumierung und Identifizierung der sterblichen Überreste Ludwigs XVI. und Marie-Antoinettes vornahm.

84   Gefängnis, in dem während der Revolutionszeit die zum Tode Verurteilten inhaftiert waren.

85   Zwischen 1765 und 1833 jährlich erscheinende Anthologie neuer poetischer Werke.

86   *L'Amour de la Campagne* (Die Liebe zum ländlichen Leben); erste Veröffentlichung Chateaubriands im Jahre 1790.

87   Schloß in der Umgebung von Paris, dessen Turm als Staatsgefängnis diente.

88   Erstmals 1302 von der Krone einberufen, setzten sich die Generalstände *(états généraux)* aus Vertretern des Klerus, des Adels und des Dritten Standes zusammen. In getrennten Zusammenkünften berieten die drei Stände die vom König vorgelegten Fragen und Wünsche; meist sollten die *états généraux* - die von 1614

bis 1789 nicht einberufen wurden - Sondersteuern bewilligen. Am 17. Juni 1789 erklärten sich die Abgeordneten des Dritten Standes zur „Nationalversammlung".

89 *Que notre vie heureuse et fortunée*
Coule, en secret, sous l'aile des amours,
Comme un ruisseau qui, murmurant à peine,
Et dans son lit resserrant tous ses flots,
Cherche avec soin l'ombre des arbrisseaux
Et n'ose pas se montrer dans la plaine.
Parny, *Poésies Erotiques* (Erotische Gedichte), Buch II: *Le Raccomodement* (Die Aussöhnung)

90 Anläßlich des ersten Jahrestages des Sturms auf die Bastille versammelten sich am 14. Juli 1790 auf dem Pariser Marsfeld an die 300 000 Nationalgardisten aus der Hauptstadt und der Provinz zum „Fest der Föderation". Lafayette, Oberbefehlshaber der Pariser Nationalgarde, sprach im Namen aller Föderierten den Eid, „der die Franzosen unter sich und die Franzosen mit dem König vereinigt, um Freiheit, Verfassung und Gesetz zu beschirmen". Ludwig XVI. schwor seinerseits der Nation und dem Gesetz Treue.

91 Guinené wurde Anfang 1798 zum Gesandten der Französischen Republik in Turin ernannt, das kurz darauf von Frankreich okkupiert wurde.

92 *La Décade philosophique, littéraire et politique;* Zeitschrift, die von 1794 bis 1807 erschien, die Ideen der Aufklärung verbreitete und zum Zentrum des liberalen Republikanismus wurde.

93 D.i. die Académie Française; Marie-Joseph Blaise de Chénier, der als Konventsabgeordneter für die Hinrichtung des Königs gestimmt hatte, wurde 1803 Mitglied der Académie; als er 1811 starb, bewarb sich Chateaubriand um seine Nachfolge.

94 Bei Rabelais, *Pantagruel*, Kap. VI, trifft Pantagruel einen Schüler, der alle Fragen in verballhorntem, fremdwortgespicktem Französisch beantwortet; das im Text angeführte Beispiel aus Rabelais ist unübersetzbar.

95 D.i. das Nordpolarmeer.

96 Vom König einberufene Versammlung von Repräsentanten der drei Stände; die Versammlung von 1787 sollte den Finanzschwierigkeiten der Krone abhelfen, widersetzte sich aber den diesbezüglichen Vorschlägen und wurde aufgelöst.

97 Die 13 obersten Gerichtshöfe des Königreichs, die das Recht erhielten, königliche Erlasse zu protokollieren, deren gesetzliche Gültigkeit zu prüfen und gegebenenfalls Einwände gegen sie zu erheben. Mitunter gelang es den *parlements*, die Eintragung ganz oder teilweise zu verhindern. Der König vermochte indes die Registrierung seiner Erlasse zu erzwingen. Offener Ungehorsam der *parlements* gegen den Monarchen trieb Kanzler Maupeou 1771 dazu, sie aufzulösen. Ludwig XVI., der 1774 die Regierung übernahm, stellte ihre Macht wieder her.

98 Dabei handelt es sich um die Auflösung der *parlements* durch Maupeou; an ihre Stelle traten sechs neue oberste Gerichtshöfe.

99 Vom König anläßlich großer Feste oder besonderer Vorkommnisse feierlich einberufene Versammlung des gesamten Hofstaats.

100 Steuer, die auf jeden Herd eines nicht-adeligen Hauses erhoben wurde.

101 Betrugsaffäre, in die Adelige hoher Abkunft verwickelt waren.

102 *Le diable en l'avenue*
Chemina tant et tant,
Qu'on en perdit la vue
En moins d'une heur' de temps.

103 *Cane la belle est devenue,*
Cane la belle est devenue,
Et s'envola, par une grille,

Dans un étang plein de lentilles.

104 Nach der antiken Sage sechsköpfiges Meeresungeheuer, das an der Meerenge von Messina haust; sechs Gefährten des Odysseus wurden u.a. seine Opfer.

105 In der skandinavischen und germanischen Mythologie Schlacht- und Feldjungfrauen im Gefolge der Göttin Frigga; sie treten auch in der isländischen Legendensammlung *Edda* auf.

106 Junge Mädchen, die bei Festen im antiken Griechenland Körbe mit Opfergaben trugen.

107 D.i. die konterrevolutionäre Emigrantenarmee.

108 Der Aufstand in der Vendée, der im März 1793 begann, entwickelte sich schnell zur gefährlichsten Kundgebung der Unzufriedenheit und des Widerstandes von Bauernmassen gegen die bürgerliche Revolution. Nach erbitterten Kämpfen gelang es den Armeen der Republik, die Erhebung Ende Dezember 1793 auf einen lang andauernden Guerilla-Kampf - die Chouannerie - einzugrenzen.

109 Am 20. Juni 1789 schworen die Abgeordneten des Dritten Standes im Ballspielhaus zu Versailles, „sich überall zu versammeln, wo die Umstände es erfordern, so lange, bis die Verfassung des Königreichs vollendet ist und auf festen Grundlagen ruht".

110 Kloster, von dem ein Teil als Gefängnis für Söhne aus adligen Familien diente.

111 Das sind der Duc d'Angoulême (später Karl X.) und der Duc de Berry.

112 Das sind der Prince de Condé, dessen Sohn, der Duc de Bourbon, und dessen Enkel, der Duc d'Enghien.

113 D.i. der spätere Ludwig XVIII.

114 Während der Hugenottenkriege Kampfbündnis der fanatischen Katholiken gegen die Reformierten.

115 Neckers *Compte rendu au roi* (Bericht an den König) von 1781 legte die Verschwendungssucht des Hofes bloß und machte die Finanzlage des Staates erstmals für die Öffentlichkeit durchschaubar.

116 Aus den Kreuzzügen überliefertes Lied, das nach 1789 das Bekenntnislied der Royalisten wurde.

117 Revolutionäre Zeitung unter Leitung Marats; erschien ab September 1789.

118 Von 1789 bis 1796 in Frankreich herausgegebenes Papiergeld, das in Lauf der Revolution ständig an Wert verlor.

119 Titelgestalt eines pikaresken Romans von Mateo Alemán.

120 Herrschaft Philippe II. von Orléans während der Minderjährigkeit Ludwig XV. (1715-1723).

121 Mirabeaus Geliebte, Marquise Sophie de Monier, die von Mirabeau entführt wurde und an die er aus dem Gefängnis die *Lettres à Sophie* (Briefe an Sophie) schrieb.

122 Die Verfassunggebende Versammlung hatte ein Dekret erlassen, nach dem in diesem Kloster alle Kunstwerke aus stillgelegten Klöstern und Kirchen zusammenzutragen seien; das so entstandene *Musée des Monuments Français* existierte bis 1816.

123 Dem *Club des Feuillants*, der aus der ersten Spaltung des Jakobinerklubs im Juli 1791 hervorging, gehörten vor allem Männer aus dem Großbürgertum und liberal gesinnte Adlige an, die eine Kompromißlösung zwischen alter und neuer Ordnung, Monarchie und Volksvertretung anstrebten. Bald in der Opposition, bald in der Regierung, jedoch ohne Rückhalt bei den Massen, gingen die Feuillants mit der Monarchie am 10. August 1792 unter.
Die Mitglieder des Jakobinerklubs, der aus dem *Bretonischen Club* hervorging, waren anfangs vorwiegend Angehörige des vermögenden Bürgertums; Wortführer waren meist Intellektuelle kleinbürgerlicher Herkunft. Nach Gründung der Republik im September 1792 überwogen dann die mittleren und unteren Schichten des

Bürgertums. Im Frühjahr 1793 verbanden sich die Jakobiner, nunmehr mit Robespierre und seinen Anhängern an der Spitze, mit Sansculotten. Als „Jakobiner mit dem Volk" übten sie eine revolutionäre Diktatur aus, bis sie im Verlauf des Thermidorumsturzes (27. Juli 1794) dem Angriff ihrer Feinde erlagen.

124 *La sainte chandelle d'Arras,*
Le flambeau de la Provence,
S'ils ne nous éclairent pas,
Mettent le feu dans la France;
On ne peut pas les toucher,
Mais on espère les moucher.

125 Eigentlich Hinrichtungskleidung von Vatermördern; in der Zeit der revolutionären Diktatur häufig das letzte Gewand der zum Tode Verurteilten.

126 Satirische Zeitung der Royalisten; erschien von November 1789 bis Oktober 1791.

127 Monatszeitschrift, die bereits 1672 gegründet wurde und unter mehrmals abgewandeltem Titel bis 1825 erschien; frühe Form des literarisch-kulturellen Journalismus.

128 Vollständiger Titel: *Petit Dictionnaire des Grands Hommes et des grandes choses qui ont rapport à la Révolution, composé par une société d'aristocrates* (Kleines Wörterbuch der großen Männer und großen Ereignisse, die mit der Revolution zusammenhängen, zusammengestellt von einer Aristokraten-Gemeinschaft), Paris 1791.

129 Der Duc d'Orléans nannte sich ab 1792 *Philippe Egalité.*

130 Zwei Opern: *Barbe Bleue* (Blaubart), Text von Sédaine, Musik von Grétry; *Les Sabots* (Die Holzschuhe; vermutlich richtiger Titel der von Chateaubriand angeführten Oper), Text von Cazotte und Sédaine, Musik von Dussy.

131 Titelgestalt einer Erzählung Chateaubriands, die seinen literarischen Ruhm begründete.

132 Aufzählung der damals bekanntesten Botaniker und Naturforscher.

133 (Wieder auf See hinaus!); Byron, *Childe Harold's Pilgrimage,* 3. Gesang, 2. Strophe.

134 21. Januar 1793: Tag der Hinrichtung Ludwigs XVI.

135 Vollständiger Titel: *Essai historique, politique et moral sur les révolutions considérées dans leurs rapports avec la Révolution française* (Historischer, politischer und moralischer Essay über die Revolutionen, betrachtet in ihrer Beziehung zur Französischen Revolution); häufig nur *Essai sur les révolutions* genannt.

136 Titelgestalt der berühmtesten Erzählung Chateaubriands, *René* (1805).

137 Asyl für alte oder verkrüppelte Soldaten, das 1670 in Paris errichtet wurde.

138 Der portugiesische Seefahrer Camões lebte lange in der portugiesischen Besitzung Goa in Indien.

139 Eine der größten Azoreninseln, die für ihren Wein bekannt ist.

140 Nach der Widerrufung des Edikts von Nantes durch Ludwig XIV. wurde der Gottesdienst der Hugenotten untersagt, ihre Kirchen zerstört, ihre Schulen gesperrt und die Priester verbannt. Annähernd 250.000 Hugenotten verließen Frankreich. - Die Entchristlichungskampagne von 1793/94 zielte nicht nur auf Abschaffung des Gottesdienstes, sondern der christlichen Religion überhaupt, die Robespierre durch den „Kult des höchsten Wesens" zu ersetzen versuchte. Die Entchristlichungskampagne wurde vor allem von dazu abgesandten Konventsabgeordneten, an deren Spitze Fouché stand, betrieben. Tausend Priester gaben ihr Amt auf oder schworen ab. Die Dechristianisierung erschütterte die Institution der katholischen Kirche nachhaltig, konnte ihre Wiederbelebung unter dem Directorium und dem Konsulat jedoch nicht verhindern.

141 Im April 1775 kam es bei dieser Stadt in der Nähe von Boston zu einem Zusammenstoß zwischen amerikanischer Miliz und britischen Truppen, der sich zum nordamerikanischen Unabhängigkeitskrieg ausweitete.

142 Ratgeber und Häuptling bei den Indianerstämmen.

143 Ein keltischer Dialekt, der dem Bretonischen nahestand.

144 Die französische Kronkolonie Louisiana war wesentlich größer als der heutige Staat; sie umfaßte das gesamte Stromgebiet von Mississippi und Missouri.

145 Frühere französische Provinz in Kanada; ihr Gebiet deckt sich mit dem heutigen Neu-Braunschweig und Neu-Schottland.

146 Ehemals bedeutender Stamm der Muskogee-Indianer; lebte im heutigen Alabama und Georgia.

147 *Nam nox nulla diem, neque noctem aurora sequuta est,*
   Quae non audieret mixtos vagitibus aegris
   Ploratus, mortis comites et funeris atri.
   Lukrez, *De rerum natura*, 2. Buch, Vers 578 ff. (übers. v. W. Binder)

148 Renés indianische Ehefrau in *Les Natchez* und *René*

149 Sammlungen spanischer Nationallegenden; entstanden vom 15. Jahrhundert an.

150 Weibliche Hauptgestalt in Corneilles Drame *Le Cid* (1636).

151 Cids Roß.

152 Göttin des Ackerbaus, die mit Jupiter Proserpina zeugte; Jupiter versprach diese Tochter dem Pluto, der sie raubte; Ceres, erzürnt über diesen Raub der Tochter, mied hinfort die Gesellschaft der Götter.

153 Gleich einer jungen Biene, die sich an Rosen gelabt hat,
   Kehrte meine Muse mit Beute beladen zurück.
   (Verse aus „Die Pyrenäen", einem Gedicht des Autors)

154 Anspielung auf Tasso, *Das befreite Jerusalem*, Gesang XVI: Rinaldo hatte, von Armida verführt, dem kriegerischen Leben entsagt; als er im Schild eines Kampfgefährten sein Spiegelbild als das eines geschmückten, verweichlichten Mannes erblickt, wird ihm seine Schmach bewußt, und er entflieht der Geliebten.

155 Gestalt aus *Atala*; Geliebter der Atala, der im Alter René von dieser unglücklichen Liebe erzählt.

156 Kaiser Leopold II. und der preußische König Friedrich Wilhelm II. erließen am 27. August 1791 die Deklaration von Pillnitz, in der sie dem revolutionären Frankreich drohten, zugunsten Ludwigs XVI. einzugreifen. Am 20. April 1792 erklärte Frankreich Österreich den Krieg. Österreichische, nach ihnen preußische Truppen, denen sich ein Emigrantenkorps unter Condé anschloß, drangen in Frankreich ein.

157 1790 als *Société des amis des droits de l'homme et du citoyen* gegründeter revolutionärer Club, der nach seinem Versammlungsort, der Krypta des früheren Klosters der *Cordeliers* (Franziskaner) bald allgemein *Club des Cordeliers* hieß. Unter Führung Dantons, Marats und Héberts drängte der Club, der volksnäher und radikaler war als der der Jakobiner, auf die soziale Vertiefung der Revolution. Nach der fehlgeschlagenen Flucht Ludwigs XVI. stellte er sich an die Spitze der republikanischen Bewegung, vermochte sich jedoch nicht durchzusetzen und löste sich im Frühjahr 1794 selbst auf.

158 Abfällige Bezeichnung der Aristokraten für die aktiv an der Revolution mitwirkenden Stadtbürger, die statt der Kniehosen (culottes) der höheren Kreise die schlichte lange Hose der arbeitenden Bevölkerung trugen. Die Sansculotten waren Handwerksmeister und -gesellen, Krämer, Arbeiter, Tagelöhner und Arme.

159 Die Verfassung von 1791 gestand Ludwig XVI. ein aufschiebendes Veto gegen die Dekrete der Nationalversammlung zu; nach seiner Absetzung am 10. August 1792 wurde Ludwig XVI. mit Bezug auf Hugo Capet, einen Begründer der Bourbonendynastie, nur noch „Capet" genannt.

160 Ein Priester, der es abgelehnt hatte, einen Treueid auf Staat, Verfassung, König und Gesetz zu leisten.

161 Sturm auf die Tuilerien.

162 Die Angst vor einer Invasion und vor Komplotten der Aristokratie trieb die Sansculotten von Paris dazu, von 2. - 6. September 1792 in neun Gefängnisse einzudringen und annähernd die Hälfte der Häftlinge zu töten. Nur ein Viertel der Getöteten waren politische Gefangene, vor allem eidverweigernde Priester; alle übrigen waren unpolitische Rechtsbrecher wie Fälscher, Diebe, Landstreicher und Prostituierte.

163 Nach der fehlgeschlagenen Flucht des Königs forderten die *Cordeliers* am 17. Juli 1791 auf dem Pariser Marsfeld die Abdankung des Königs und die Ausrufung der Republik; die Verfassunggebende Versammlung, in der das Großbürgertum vorherrschte, erklärte die Kundgebung für gesetzwidrig; Nationalgarden gingen gegen die Versammelten vor und töteten etwa fünfzig von ihnen.

164 Damit ist die Ermordung Heinrichs III. durch den Dominikanermönch Jacques Clément im Jahre 1589 gemeint.

165 Einer der sieben Höllenflüsse.

166 Michel de Montaigne, *Essais*, 3. Buch, Kap. 12 (übers. v. J.J. Bode).

167 1215 mußte der englische König Johann Ohneland nach einer Erhebung des Adels die Rechte der Barone verbriefen und sich an das „alte Recht" binden.

168 Landhaus von Madame Epinay im Tal von Montmorency, in dem Rousseau 1756/57 lebte.

169 Massendemonstration gegen die Verzögerungspolitik des Königs.

170 Weibliche Hauptgestalt des Romans von Rousseau *Julie ou La Nouvelle Héloïse* (1761).

171 Das Zuschicken von Spinnrocken an Adlige galt vermutlich als Aufforderung an sie, sich zum Kampf gegen die Revolution zu entschließen.

172 1590 im Verlauf der Religionskriege von Heinrich IV. geführte Schlacht, aus der die Protestanten siegreich hervorgingen.

173 Das Lied vom „Armen Jakob", 1780 entstanden, war wie „O Richard! O mein König!" ein Erkennungs- und Vereinigungslied der Royalisten.

174 Titel des nächstgeborenen Bruders des Königs, in diesem Fall des Comte de Provence, später Ludwig XVIII.

175 Jüngere Schwester der Scheherezade aus *Tausendundeine Nacht.*

176 Anspielung auf die heftige Kritik des Abbé Morellet an Chateaubriands Erzählung *Atala.*

177 Gestalt aus Lafontaines Fabel *Le Chat, la belette et le petit lapin* (Die Katze, das Wiesel und das kleine Kaninchen), Fabeln, Buch VII, 16.

178 Griechische Sagenfigur; schöner Prinz, dem sowohl seine Gattin Prokris als auch Aurora in Liebe anhingen.

179 *Tout au beau milieu des Ardennes*
Est un château sur le haut d'un rocher...

180 Beginn einer weiteren Strophe der Romanze von Cazotte.

181 "Herr, rette den König!" - Titel des ersten von Pelletier verfaßten Pamphlets (1789), in dem die Verantwortung Mirabeaus und des Duc d'Orléans am Ausbruch der Revolution unterstrichen wird.

182 In London von Montlosier und Pelletier veröffentlichtes Journal; eigentlicher Titel: *Le Courrier oder Courrier de Londres.*

183 Titelgestalt des gleichnamigen Schelmenromans von Lesage.

184 Karl V. von Spanien zog sich 1556, zwei Jahre vor seinem Tod, nach vielen siegreichen Kämpfen in das Kloster San Yuste zurück und starb dort.

185 D.i. Eduard III. von England, der 1346 bei Crécy den französischen König Philippe VI. besiegte.
186 Richard III. von England ließ 1483 seine Neffen, Eduard V. und dessen Bruder Richard, töten und sich selbst zum König krönen.
187 Um 1820 Veranstaltungsort aristokratischer Bälle in London.
188 Anspielung auf Voltaires Erzählung *Der Vierzigtalermann*.
189 Der gegenrevolutionäre Aufstand, der dem weitaus größeren in der Vendée vorausging, begann 1791 und spielte sich auf dem Territorium von Le Maine und der Bretagne, also in Nordwestfrankreich, ab. Er konnte nicht völlig erstickt werden und flammte 1799 erneut auf. Erst Napoleon gelang es, die Chouannerie zum Erliegen zu bringen.
190 Der englische Historiker William Camden hat keine solche Manuskriptsammlung hinterlassen; wahrscheinlich handelte es sich um die für seine Enzyklopädie *Britannia* verwendeten Materialien.
191 D.i. der 27. Juli 1794, der Tag des Sturzes von Robespierre und seiner Anhänger.
192 *Divina Commedia* (1307-1321, Die göttliche Komödie): Hauptwerk Dantes; *Gerusalemme liberata* (1575, Das befreite Jerusalem): Hauptwerk Tassos.
193 Dante, *Divina Commedia*, Inferno, 1. Gesang, Vers 73 (übers. von O. Gildemeister).
194 In Rabelais' *Pantagruel*, 4. Buch, Kap. 56 wird von gefrorenen Worten erzählt, die sich durch Wärme auftauen lassen.
195 Anspielung auf Ninon (eigentl. Anne) de Lenclos, eine im 17. Jahrhundert für ihren Geist und ihre Liebesabenteuer berühmte Salondame.
196 *Le Journal de la Ville et des Provinces* oder *Modérateur*: monarchistische Zeitung, die ab Oktober 1789 erschien.
197 *Le Mémorial ou Recueil historique, politique et littéraire, feuille de tous les jours:* von Mai bis September 1797 von La Harpe, Fontanes und Vauxelles herausgegebene Zeitung, die für die Restauration der Monarchie warb.
198 Gemeint ist Andre Chénier, der ältere der beiden Brüder Chénier.
199 Von 1222 an im Nordosten von Paris errichteter umfassender Gebäudekomplex des Ritterordens der Templer, dessen Großer Turm 1792/93 als Gefängnis für Ludwig XVI. und seine Familie diente. 1811 wurden die Türme abgerissen, 1854 die gesamte Anlage.
200 Spottname des Feudaladels für die Bauern; *Jacqueries* wurden dementsprechend die Bauernrevolten während des Hundertjährigen Krieges und später jeder Bauernaufstand genannt.
201 Charette de la Contrie, einer der adligen Anführer des Vendée-Aufstandes, der im Februar 1795 Frieden mit der Republik schloß, im Juli aber wieder zu den Waffen griff und 1796 erschossen wurde.
202 Vergil, *Äneis*, 3. Gesang, Vers 395 (übers. v. D. Ebner)
203 *Alloquar? audiero nunquam tua verba loquentem?*
Nunquam ego te, vita frater amabilior,
Aspiciam posthac? at, certe, semper amabo!
Catull, Gedichte, An den toten Bruder, Vers 9-11 (übers. v. H. Sternbach),
204 Hauptwerk des englisch-irischen Schriftstellers Oliver Goldsmith (1730-1774); erschien 1766.
205 *Clarissa or the History od a young Lady* (1748) ist der bedeutendste Roman von Samuel Richardson, *The History of Tom Jones, a Foundling* (1749) das Hauptwerk Fieldings.
206 Berühmter Konzertgarten in Chelsea, einem Stadtteil Londons.
207 Romane von William Godwin (1794) und Matthew-Gregory Lewis (1795).
208 Michel de Montaigne, *Essais*, Buch III, Kap. 9 (übers. v. J.J. Bode).

209 Byron, *Lines Written Beneath an Elm, in the Churchyard of Harrow* (Zeilen, unter einer Ulme auf dem Kirchhof von Harrow geschrieben), aus: *Hours of Idlness* (Stunden der Muße) (übers. v. A. Böttger):

Spot of my youth! whose hoary branches sigh,
Swept by the breeze that fans thy cloudless sky,
Where now alone, I muse, who oft have trod,
With those I lov'd, thy soft and verdent sod;...
When Fate shall chill at lenght this fever'd breast,
And calm its cares and passions into rest;...
Here might I sleep, where all my hope arose,
Scene of my youth, and couch of my repose;
Forever stretch'd beneath this mantling shade,
Prest by the turf, where once my childhood play'd;...
Deplor'd by those, in early days allied,
And unremember'd by the world beside.

(Byrons Verse wurden von Chateaubriand französisch zitiert)

210 Titelgestalt von Byrons *Childe Harold's Pilgrimage*.

211 *Les Rêveries d'un promeneur solitaire* (1782): Alterswerk Rousseaus.

212 *Etudes de la nature* (1784): Werk von Bernardin de Saint-Pierre.

213 Gemeint ist Mme de Staël und ihr Werk *De la Littérature* (Über Literatur); da dieses Buch bereits 1800 erschien, als Chateaubriand in England weilte und in Frankreich noch ein literarisch Unbekannter war, ist sein Vorwurf ungerechtfertigt.

214 Byron hinkte auf dem rechten Bein.

215 Stadt an der Themse, südlich von London, mit einem botanischen und zoologischen Garten.

216 Dieses Schloß in Woodstock erhielt den Namen Bleinheim und wurde dem Herzog Marlborough vom Parlament übereignet, nachdem dieser 1704 bei dem bayerischen Ort Bleinheim die Franzosen besiegt hatte.

217 Chateaubriand verweist immer wieder darauf, daß der auf Korsika geborene Napoleon nicht eigentlich Franzose gewesen sei.

218 Fluß in Böotien.

219 Römische Villa im Renaissancestil, erbaut zu Beginn des 16. Jahrhunderts, berühmt durch Fresken Raffaels.

PERSONENREGISTER

Abélard od. Abailard, Pierre (1079-1142); Theologe, heimlicher Geliebter und Ehemann von Héloïse; wurde auf Geheiß von Héloïses Onkel entmannt.

Addison, Joseph (1672-1719); englischer Journalist und Schriftsteller, gründete die moralischen Wochenschriften *The Tatler* und *The Spectator*.

Aguesseau, Marie-Cathérine Lamoignon, Marquise d' (1759-1849); Schwester von Auguste und Christian de Lamoignon; emigrierte mit ihrem Ehemann nach England.

Aiguillon, Armand-Désiré, Duc d' (1731-1800); Vertreter des Adels bei den Generalständen, emigrierte 1792 und starb in Hamburg.

Aguillon, Jeanne-Victoire-Henriette de Navailles, Duchesse d' (gest. 1818); Ehefrau des Vorgenannten.

Aischylos (525-456 v.Chr.); ältester der drei großen griechischen Tragödiendichter.

Alain III. (11./12. Jhrh.); Comte de Bretagne, Schwiegersohn von Wilhelm dem Eroberer; daß er tatsächlich ein Vorfahre Chateaubriands war, ist nicht gesichert.

Albano (1578-1660); Maler aus Bologna, Schüler Carraccis.

Alemán, Mateo (1547-1614); spanischer Schriftsteller; Verfasser des Schelmenromans *Guzman d'Alfarache* (1599):

Alexander der Große (356-323 v.Chr.)

Alfred der Große (849-899); englischer König 871-899, trug zur Schaffung der nationalen Einheit Englands bei, förderte Wirtschaft, Bildungs- und Rechtswesen.

Alkaios (um 600 v.Chr.); griechischer Lyriker.

Andrezel, Christophe-François, Comte d' (geb. 1746); Major im Regiment von Navarra, emigrierte während der Revolution und diente in der Emigrantenarmee; in der Restaurationszeit wieder im Staatsdienst.

Angoulême, Louis-Antoine de Bourbon, Duc d' (1775-1844); ältester Sohn Karls X., durch dessen Thronbesteigung er 1824 Dauphin wurde; 1823 Oberbefehlshaber im Krieg gegen Spanien.

Angoulême, Marie-Thérèse, Duchesse d' (1778-1851); Tochter Ludwigs XVI., verheiratet mit ihrem Cousin, Louis-Antoine de Bourbon, Duc d' Angoulême.

Anne, (1477-1514); Herzogin der Bretagne, dann als Ehefrau Karls VIII., später Ludwigs XII. Königin von Frankreich.

Anne Stuart (1664-1714); englische Königin 1701-1714; vereinigte 1707 England und Schottland.

Aristophanes (um 445- nach 386 v.Chr.); griechischer Komödiendichter.

Artois, Comte d' - s. Karl X.

Asgill, Sir Charles (1763-1823); englischer General, der während des nordamerikanischen Unabhängigkeitskriegs gefangengenommen und zum Tode verurteilt wurde; Ludwig XVI. und Marie-Antoinette erlangten seine Begnadigung durch den Kongreß und durch Washington.

Athenaios (2./3. Jhrh.); griechischer Redner und Grammatiker.

Aubeterre, Bouchard d' Esparbès de Lussan, Vicomte, dann Marquis d' (1714-1788); Marschall und Gesandter von Frankreich, ab 1775 Kommandant der Bretagne.

August II., der Starke (1670-1733); als Friedrich August I. Kurfürst von Sachsen (ab 1694); König von Polen (1697-1706), ab 1709.

Aulnay, Comtesse Le Pelletier d' (18./19. Jhrh.); Tochter des Präsidenten de Rosambo und Enkelin von Malesherbes; Chateaubriand hielt sie fälschlicherweise für eine Tochter Malesherbes.

Bacon, Francis (1561-1626); englischer Philosoph und Staatsmann.

Bailly, Jean-Sylvain (1736-1793); Astronom; während der Revolution Präsident der Verfassunggebenden Versammlung und Bürgermeister von Paris.

Barbauld, Anna (1743-1823); englische Romanautorin.

Barentin, Charles-Louis-François de (1739-1819); Siegelbewahrer, eröffnete in dieser Eigenschaft die Versammlung der Generalstände; emigrierte nach der Eroberung der Bastille und ging nach London.

Barrère de Vieuzac, Bertrand (1755-1841); Mitglied des Konvents, stimmte für die Hinrichtung Robespierres.

Barthélemy, Jean-Jacques (1716-1795); Abbé, Gelehrter und Schriftsteller.

Bassompierre, François, Baron de (1579-1646); Maréchal de France und Verfasser der „Erinnerungen des Maréchal de Bassompierre von 1598 bis zu seinem Einzug in die Bastille 1631".

Baylis (od. Baylie); Buchdrucker in London, erster Verleger Chateaubriands.

Beattie, James (1735-1803); schottischer Dichter und Philosoph.

Beaumanoir, Jean de (gest. 1366 od. 1367); Marschall der Bretagne, Waffengefährte von Charles de Blois; kämpfte während der bretonischen Erbfolgekriege (1341-1364) gegen die Engländer; wurde mit Du Guesclin 1364 in der Schlacht von Auray gefangengenommen.

Beaumarchais, Pierre-Augustin Caron de (1732-1799); Dramatiker und Prosaautor; Verfasser von „Figaros Hochzeit".

Beaumont, Pauline de Saint-Hérem, Comtesse de Montmorin, Comtesse de (1768-1803); Tochter des Gesandten und Ministers Comte de Montmorin, der mit beinahe seiner gesamten Familie der Revolution zum Opfer fiel; sie konnte sich verbergen und kehrte 1798 nach Paris zurück; wurde die Geliebte Chateaubrinds und starb während dessen diplomatischer Mission in Rom.

Bedée, Bénigne-Jeanne-Marie de Ravenel de Boisteilleul, de (1698-1795); Chateaubriands Großmutter mütterlicherseits.

Bedée, Marie-Antoine-Bénigne, Comte de (1729-1807); Chateaubriands Onkel mütterlicherseits; emigrierte 1792 mit seiner zahlreichen Familie nach Jersey, wo er auch Chateaubriand Zuflucht bot.

Bedée, Marie-Angélique de (1729-1823); Ehefrau des Vorgenannten.

Bedée, Caroline de (1762-1849); älteste Tochter des Vorgenannten, Chateaubriands Cousine.

Belloy, Henriette, Vicomtesse de, dann Malouët (1769-1838); Geliebte Chateaubriands während des englischen Exils.

Bernardin de Saint-Pierre, Jacques-Henri (1737-1814); Schriftsteller; sein Hauptwerk, der empfindsame Roman „Paul et Virginie (1788) kann als Vorläufer von Chateaubriands Erzählungen „Atala" und „Rene" angesehen werden.

Berry, Charles-Ferdinand, Duc de (1778-1820); zweiter Sohn Karls X.; emigrierte 1789 nach England, kämpfte gegen die französische Republik; heiratete 1816 Prinzessin Marie-Caroline von Neapel, mit der er den Duc de Bordeaux zeugte; fiel 1820 einem Attentat zum Opfer.

Berthier od. Bertier de Sauvigny, Louis-Bénigne-François (1737-1789); bei Ausbruch der Revolution Stadtverwalter von Paris; wurde von den empörten Volksmassen getötet.

Bezenval, Pierre-Victor, Baron de (1722-1791)

Bezout, Etienne (1730-1783); Mathematiker

Billaud de Varennes statt: Billaud-Varennes (1756-1819); Mitglied des Konvents

Billing, Baron; 1822 Gesandschaftssekretär in London; Chateaubriand würdigte ihn besonderen Vertrauens.

Blois, Charles de (1319-1364); Herzog der Bretagne 1341-1364; kämpfte im Hundertjährigen Krieg gegen die Engländer, wurde in der Schlacht von Auray getötet.

Blücher, Gebhard Leberecht, Fürst v. (1742-1819); preußischer Generalleutnant, errang mit Wellington bei Waterloo den Sieg über Napoleon.

Boileau, eigentl. Boileau-Despreaux, Nicolas (1636-1711); Dichter und bedeutendster Dichtungstheoretiker der französischen Klassik.

Boisgelin, Louis-Bruno, Comte de (1734-1794); Feldmarschall, Vertreter des Adels in der bretonischen Ständeversammlung; wurde hingerichtet.

Boishue, Louis-Pierre de (1768-1789); Mitschüler Chateaubriands, wurde bei Ausbruch der Revolution in Rennes getötet.

Boisteilleul, Suzanne-Appoline du (1704-1794); Großtante Chateaubriands

Boisteilleul, Jean-Baptiste-Joseph-Eugène du (1738-1815); Onkel Chateaubriands, Schiffskapitän

Bonnay, Marquis de; als Gesandter in Berlin Vorgänger Chateaubriands.

Bordeaux, Henri-Charles-Ferdinand-Marie-Dieudonné de Bourbon, Comte de Chambord (1820-1883); Sohn des 1820 ermordeten Duc de Berry und der Prinzessin Marie-Caroline von Neapel; damit Enkel Karls X., der zu seinen Gunsten 1830 auf den Thron verzichtete; die Legitimisten betrachteten den Zehnjährigen als Kronprätendenten und König Heinrich V.; 1833 erfolgte in Prag die Majoritätserklärung.

Bourbon, Louis-Henri-Joseph, Duc de, auch Prince de Condé (1756-1830); Sohn von Louis-Joseph de Bourbon, Prince de Conde; Vater des 1804 standrechtlich erschossenen Duc d' Enghien; kämpfte in der Emigrantenarmee, lebte 1804-1814 in England; wurde 1830, nachdem er den Sohn Louis-Philippes als Erben eingesetzt hatte, erhängt aufgefunden.

Bourqueney, François-Adolphe, Baron, dann Comte de (1799-1869); Diplomat; 1822 dritter Gesandtschaftssekretär in London; nahm 1824, beim Sturz Chateaubriands, seinen Abschied, um an dessen *Journal des Debats* mitzuarbeiten.

Braunschweig, Karl-Wilhelm, Herog von (1735-1806); 1792 Oberbefehlshaber der österreichisch-preußischen Koalitionsarmee.

Breteul, Louise-Auguste Le Tonnelier, Baron de (1730-1807); unter Ludwig XVI. Gesandter und Minister; emigrierte während der Revolution.

Brougham, Henry, Baron (1778-1868); englischer Anwalt, Historiker und Politiker.

Broussais, François-Joseph-Victor (1772-1838); Physiologe und Arzt.

Brown, Charles Brockden (1771-1810); amerikanischer Romanautor; versuchte die Nachahmung europäischer Werke zurückzudrängen.

Buffon, Georges-Louis, Comte de (1707-1788); Naturwissenschaftler und Philosoph; Anhänger der Aufklärung und des Evolutionsgedankens.

Burke, Edmund (um 1729-1797); englischer Staatsmann und Schriftsteller; trat für liberale Reformen ein; in seinen „Betrachtungen zur Französischen Revolution" (1790) Gegner der Revolution.

Burney od. Burnet, Francesca (1752-1840); englische Romanautorin

Burns, Robert (1759-1796); schottischer Dichter

Byron, Lord George Gordon (1788-1824); englischer Dichter der Romantik

Cagliostro, Joseph Balsamo, Comte de (1743-1795); italienischer Abenteurer und Wunderheiler

Callot, Jacques (1592-1635); Maler und Graveur

Calonne, Charles-Alexandre de (1734-1802); hoher Beamter, vor der Revolution Generalkontrolleur der Finanzen, ging nach England und stellte sich in den Dienst des Comte d'Artois.

Camden, William (1551-1623); englischer Historiker, Verfasser der „Britannia" (1586).

Camões, Luis Vaz de (1524-1580); portugiesischer Dichter

Campbell, Thomas (1777-1844); englischer Dichter

Canning, George (1770-1827); englischer Staatsmann, Mitglied des Unterhauses, mehrmals Außenminister; als „linker Tory" Interessenvertreter der britischen Bourgeoisie; befürwortete Unabhängigkeitsbewegungen und löste die Bindung Großbritanniens an die Heilige Allianz.

Capet, Hugo (um 940-996); begründete als König ab 987 Königtum und Dynastie der Kapetinger.

Caraman, Georges, Comte de; ab 1817 Gesandter in London, ab 1821 als bevollmächtigter Minister in Stuttgart.

Cartier, Jacques (1491-1557); bretonischer Seefahrer; nahm 1534 im Namen Franz I. Kanada in französischen Besitz.

Cäsar, Gaius Julius (100-44 v.Chr.), römischer Kaiser und Feldherr

Catilina, Lucius Sergius (109-61 v.Chr.); römischer Patrizier, konspirierte gegen den Senat und wurde von Cicero überführt.

Cato, Marcus Porcius Censorius, „Cato der Ältere" (234-149 v.Chr.); trat gegen die Hellenisierung Roms, für die Rückkehr zu den strengen Bräuchen der Vergangenheit ein.

Catull, Gaius Valerius Catullus (um 84 -um 54 v.Chr.); römischer Dichter, erster Autor persönlich geprägter Liebeslyrik in der römischen Literatur.

Caud, Jacques-Louis-René, Chevalier de (1727-1797); Schwager Chateaubriands, heiratete ein Jahr vor seinem Tod als pensionierter Feldmarschall Chateaubriands jüngste Schwester Lucile.

Caud, Lucile-Angélique de Chateaubriand, Comtesse de (1774-1804); jüngste Schwester Chateaubriands; Stiftsfräulein, während der Revolution in Rennes inhaftiert, 1796 Ehe mit dem Chevalier de Caud, der kurz darauf starb; endete vermutlich durch Selbstmord.

Causans, Jacques de Mauléon, Marquis de (1751-1826); Militär, Vertreter des Adels bei den Generalständen, emigrierte und diente in der Emigrantenarmee.

Cazotte, Jacques (1720-1792); Schriftsteller; Mitglied des Illuminatenordens, Royalist; wurde guillloutiniert.

Cervantes, Miguel de (1547-1616); spanischer Schriftsteller, Autor des „Don Quijote"

Chamfort, Nicolas (1741-1794); Schriftsteller; als Freund Mirabeaus anfangs Anhänger der Revolution; als er sich von deren radikaler Entwicklung distanzierte und seine Verhaftung befürchten mußte, brachte er sich mehrmals schwere Verletzungen bei, an denen er starb; sein Hauptwerk: *Maximes et pensees, caracteres et anecdotes* (1795, Maximen und Reflexionen, Charaktere und Anekdoten).

Champcenetz, Chevalier de (1759-1794); Journalist, schrieb in monarchistischen satirischen Zeitschriften; wurde guillotiniert.

Chapelier, Isaac-René-Guy (1754-1794); Abgeordneter des Dritten Standes, einer der Gründer des „Bretonischen Clubs", emigrierte und wurde nach seiner Rückkehr guillotiniert.

Charette de la Contrie, François-Athanase (1763-1796); Anführer des Bauernaufstandes in der Vendée, schloß 1795 Frieden mit der Republik, nahm dann den Kampf wieder auf, wurde gefangengenommen und hingerichtet.

Charlevoix, François-Xavier (1682-1761); Jesuitenmissionar; verfaßte die „Histoire de la Nouvelle France" (Geschichte Neufrankreichs).

Chateaubourg, Paul-Marie-François, Comte de (1752-1816); Schwager Chateaubriands.

Chateaubourg, Bénigne-Jeanne de Chateaubriand, Comtesse de (1761-1848); zweite Schwester Chateaubriands, heiratete 1786 in zweiter Ehe den Comte de Chateaubourg.

Chateaubriand de la Guérande, Alexis de (17./18. Jhrh.); Sohn von Michel de Chateaubriand, dem Urgroßonkel des Autors.

Chateaubriand, Aline-Thérèse Le Pelletier de Rosambo, Comtesse de (gest. 1794); Schwägerin Chateaubriands, Enkelin Malesherbes'; heiratete 1787 Chateaubriands älteren Bruder Jean-Baptiste und wurde mit ihm, ihrem Großvater und ihrer Mutter guillotiniert.

Chateaubriand, Amaury, Seigneur de (17. Jhrh.); Urgroßvater Chateaubriands

Chateaubriand, Appoline-Jeanne-Suzanne de Bedée, Dame de (1726-1798); Mutter Chateaubriands

Chateaubriand du Plessis, Armand-Louis-Marie de (1768-1809); Vetter Chateaubriands; kämpfte mit ihm in der Emigrantenarmee; war an einer royalistischen Verschwörung beteiligt und wurde hingerichtet.

Chateaubriand, Bénigne de - s. Chateaubourg

Chateaubriand, Céleste Buisson de La Vigne, Vicomtesse de (1774-1847); Ehefrau Chateaubriands; war aus dem Leben ihres Mannes weitgehend ausgeschlossen; leitete ab 1819 ein von ihr gegründetes Pflegeheim; schrieb auf Bitten ihres Mannes ab 1830 ihre Erinnerungen nieder.

Chateaubriand, Christian-Antoine de (1791-1843); Neffe Chateaubriands, zweiter Sohn Jean-Baptiste de Chateaubriands; Militär, quittierte nach Teilnahme am Krieg in Spanien 1824 den Dienst und trat in den Jesuitenorden ein.

Chateaubriand de la Guérande, Christoph II. de (17. Jhrh.); Vorfahre Chateaubriands

Chateaubriand, François, Seigneur de (1683-1729); Großvater Chateaubriands

Chateaubriand, François-Henri, Abbé de (1707-1778); Onkel Chateaubriands

Chateaubriand, Geoffroy IV., Baron de (13. Jhrh.); Vorfahre Chateaubriands, nahm am Kreuzzug Louis' IX. teil

Chateaubriand, Geoffroy, Comte de (1828-1889); Großneffe Chateaubriands

Chateaubriand de Beaufort, Guillaume de (16. Jhrh.); Vorfahre Chateaubriands

Chateaubriand, Jean-Baptiste-Auguste de (1759-1794); älterer Bruder Chateaubriands; schlug die Laufbahn eines hohen Beamten ein, heiratete 1787 Aline-Thérèse Le Pelletier de Rosambo, eine Enkelin Malesherbes'; wurde mit ihr, ihrem Großvater und ihrer Mutter guillotiniert.

Chateaubriand du Parc, Joseph de (1728-1772); Onkel Chateaubriands; Seefahrer, später vermutlich Gelehrter.

Chateaubriand, Julie de - s. Farcy

Chateaubriand, Louis, Comte de (1790-1873); Neffe Chateaubriands, ältester Sohn Jean-Baptiste de Chateaubriands; nahm 1823 am Krieg in Spanien teil.

Chateaubriand, Lucile de - s. Caud

Chateaubriand, Marie-Anne de - s. Marigny

Chateaubriand de la Guérande, Michel de (17. Jhrh.); Urgroßonkel Chateaubriands

Chateaubriand, Pétronille-Claude Lamour de Lanjégu, Dame de (1692-1781); Großmutter Chateaubriands

Chateaubriand du Plessis, Pierre de (1727-1794); Onkel Chateaubriands; Seefahrer, arbeitete mit Chateaubriands Vater zusammen; starb während der Revolution im Gefängnis.

Chateaubriand, René-Auguste, Comte de Combourg (1718-1786); Vater Chateaubriands; Seefahrer, betrieb Überseehandel, auch mit Sklaven; erwarb mit dem Erlös das Schloß Combourg und zog sich von seinen Geschäften zurück.

Chateaubriand, Zélie d' Orglandes, Comtesse de; Ehefrau von Chateaubriands Neffen Louis de Ch.

Chatham, Lord, oder William Pitt d.Ä. (1708-1778); englischer Politiker, ging im Siebenjährigen Krieg erbittert gegen Frankreich vor.

Chaumette, Pierre-Gaspard (1763-1794); Sohn eines Handwerkers aus der Provinz, übte mehrere Beschäftigungen aus, bis er 1792 Anwalt der Commune von Paris wurde.

Chénier, André (1762-1794); Lyriker, Bruder von M.-J.Chénier; Gesandtschaftssekretär in London, dann Mitarbeiter des konterrevolutionären *Journal de Paris*; zu Lebzeiten nur wenige Veröffentlichungen, im 19. Jhrh. aber zunehmende Verbreitung seiner von antiker Poesie inspirierten Dichtung.

Chénier, Marie-Joseph (1764-1811); Dramatiker, Bruder der Vorgenannten; Konvents-abgeordneter, befürwortete die Hinrichtung Ludwigs XVI.; beabsichtigte, die klassi-sche Tragödienform mit neuen, nationalen Inhalten zu erfüllen.

Choiseul, Gabriel, Duc de (1762-1839); kämpfte in der Emigrantenarmee, von Ludwig XVIII. zum Pair von Frankreich ernannt, unter Louis-Philippe Adjutant und Gou-verneur des Louvre.

Cicero, Marcus Tullius (106-43 v.Chr.); römischer Politiker, Schriftsteller und Philosoph

Cimarosa, Domenico (1749-1801); italienischer Komponist

Cincinnatus (5. Jhrh. v.Chr.); römischer Staatsmann

Clairfayd od. Clerfayt, Karl Joseph, Graf von (1733-1798); österreichischer General in der Koalitionsarmee

Claude de France (1499-1524); Tochter Ludwigs XII., als Ehefrau Franz I. Königin von Frankreich.

Clément, Jacques (1567-1589); Dominikanermönch, ermordete Heinrich III.

Cléry, Jean-Baptiste (1759-1809); Kammerdiener Ludwigs XVI., der bis zur Hinrichtung des Königs dessen Gefangenschaft teilte; veröffentlichte 1799 seine Memoiren, „Journal de la captivité de Louis XVI." (Tagebuch der Gefangenschaft Ludwigs XVI.)

Clisson, Olivier II., Sire de (1336-1407); bretonischer Edelmann

Coigny, Marie-Henri-François Franquetot, Duc de (1737-1821); Erster Stallmeister Lud-wigs XVI., Vertreter des Adels bei den Generalständen, in der Restaurationszeit Pair von Frankreich und Gouverneur des *Hotel des Invalides*.

Colbert, Jean-Baptiste (1619-1683); Staatsmann und Ökonom, verschärfte das Steuer-system.

Colbert-Montboissier, Charlotte-Pauline, Comtesse de (1777-1837); Enkelin Males-herbes'.

Collinet; Vorsteher der Almackschen Salons, in denen in London um 1822 die aristokra-tischen Bälle stattfanden.

Condé, Louis II., Prince de Bourbon (1621-1686); errang im Dreißigjährigen Krieg den entscheidenden Sieg über die Spanier; Anführer der Fronde.

Condé, Louis-Joseph de Bourbon, Prince de (1736-1818); Vater des Duc de Bourbon und Großvater des Duc d'Enghien, mit denen er emigrierte und in Koblenz die Emigrantenarmee (daher auch Armee der Prinzen oder Condé-Armee genannt) aufstellte; 1814 Rückkehr nach Frankreich.

Condorcet, Marie-Jean-Antoine-Nicolas Caritat, Marquis de (1743-1794); Philosoph, Mathematiker, Politiker, letzter großer Vertreter der Aufklärung.

Contades, Louis-Georges-Erasme, Marquis de (1704-1794); Marschall von Frankreich

Contades de Plouër, Françoise-Marie-Gertrude, Comtesse de (gest.1776); Tochter des Vorgenannten, Patin Chateaubriands.

Contencin, Monsieur de (18./19.Jhrh.); Archivbeamter

Cook, James (1728-1779); englischer Seefahrer; unternahm drei Weltreisen, erforschte besonders die ozeanische Inselwelt.

Cooper, James Fenimore (1789-1851); amerikanischer Schriftsteller

Corneille, Pierre (1606-1684); mit Racine bedeutendster Tragödiendichter der französi-schen Klassik

Cortois de Pressigny, Gabriel, Comte de (1745-1823); Bischof von Saint-Malo; emigrier-te; legte sein Amt nieder, als Napoleon das Konkordat mit der Römischen Kirche schloß; 1816 zum Pair von Frankreich ernannt.

Cowper, William (1731-1800); englischer Dichter

Crabbe, George (1754-1832); englischer Dichter

Croker, John Wilson (1780-1857); englischer Staatsmann, Historiker und Dichter

Cromwell, Oliver (1599-1658); englischer Staatsmann und Heerführer

Csartoriska, Isabell Fortunée (1743-1835); polnische Fürstin

Dante Alighieri (1265-1321); italienischer Dichter, Autor der „Divina Commedia"

Danton, Georges-Jacques (1759-1794); Advokat, glänzender Redner, Mitbegründer des *Clubs der Cordeliers* und des Wohlfahrtsausschusses; wurde auf Beschluß des Revolutionstribunals hingerichtet.

Deane, Silas (18./19. Jhrh.); Mitglied des amerikanischen Kongresses, kam 1776 nach Paris, um Frankreichs Unterstützung im nordamerikanischen Unabhängigkeitskrieg zu erwirken.

Deboffe; Londoner Buchhändler, verbreitete besonders Schriften französischer Emigranten.

Decazes, Edouard, Baron de (19. Jhrh.); Neffe des Günstlings von Ludwig XVIII., Elie de Decazes; Botschaftssekretär in London ab 1818.

Delille, Jacques (1738-1813); Abbé; Dichter, verfaßte Lehrgedichte; Chateaubriand lernte ihn in der englischen Emigration kennen.

Delisle de Sales, Jean-Baptiste (1743-1816); Verfasser einer „Philosophie de la nature" (1769, Philosophie der Natur) und einer zweiundfünfzigbändigen „Histoire des hommes" (1781, Geschichte der Menschen).

Demosthenes (384-322 v.Chr); Staatsmann und Redner in Athen

Desmarets, Jean (gest. 1383); Justizbeamter; wurde infolge einer falschen Anschuldigung hingerichtet.

Desmoulins, Camille (1760-1794); Advokat; gründete mit Danton und Marat den *Club de Cordeliers*; wurde auf Betreiben Robespierres hingerichtet.

Diderot, Denis (1713-1784), einer der großen französischen Aufklärungsschriftsteller

Dillon, Edouard, Comte de (1751-1839); Militär; emigrierte, wurde 1815 zum Generalleutnant ernannt.

Dino, Dorothée, Herzogin von Kurland, Duchesse de Talleyrand-Périgord (1795-1862); mit dem Neffen Talleyrands verheiratet.

Doral, Claude-Joseph (1734-1780); antikisierender Dichter

Dryden, John (1631-1700); englischer Dichter

Dubarry, Jeanne, Comtesse (1743-1793); Mätresse Ludwigs XV., wurde hingerichtet.

Duchatelet statt: Rochechouart, Diane-Adelaïde de (gest. 1794); Witwe des 1793 hingerichteten Duc du Châtelet

Duguay-Trouin (1673-1736); bretonischer Seefahrer

Du Guesclin oder Duguesclin, Bertrand de la Motte-Broons, Sire (um 1320-1380) einer der größten volkstümlichen Kriegshelden Frankreichs; kämpfte im Hundertjährigen Krieg zusammen mit Charles de Blois, wurde 1364 in der Schlacht von Auray gefangengenommen; nach seiner Befreiung vertrieb er die Engländer fast vollständig; Karl V. ließ ihn in der Kirche Saint-Denis, der Grabstätte der französischen Könige, beisetzen.

Duhamel-Dumonceau, Henri-Louis (1700-1782); Botaniker

Dulau, A. (18./19.Jhrh.); Benediktinermönch, emigrierte und eröffnete in London eine Druckerei, avancierte zum Verleger der französischen Kolonie in London.

Dumouriez, Charles-François (1739-1823); Militär; schloß sich der Revolution an, erfocht als General der Revolutionsarmee entscheidende Siege, z.B. bei Valmy; geriet in Konflikt mit dem Konvent, unternahm 1793 einen Staatsstreich, nach dessen Mißlingen er zu den Österreichern überging.

Duport du Tertre: Dutertre (1754-1793); 1790-1792 Innenminister

Duquesne, Abraham (1610-1688); Seefahrer
Duras, Emmanuel-Félicité de Durfort, Duc de (1715-1789); Pair und Marschall von Frankreich
Du Touchet (18.Jhrh.); Erzieher des Dauphins

Edgeworth, Maria (1767-1849); englische Romanautorin
Eduard III. (1312-1377); König von England 1327-1377; begann 1337 den Hundertjährigen Krieg.
Eduard IV. (1442-1377); König von England 1461-1470 und 1471-1483
Eduard V. (1470-1483); 1483 König von England, von seinem Onkel Richard III. im Tower ermordet
Egault, Julien-Jean-Marie (1752-1821); Chateaubriands Lehrer in Dol; hielt sich während der Revolution verborgen.
Elisabeth de France (1764-1794); Schwester Ludwigs XVI.; wurde hingerichtet.
Enghien, Louis Antoine-Henri de Bourbon, Duc d' (1772-1804); Sohn von Louis-Henri-Joseph, Duc de Bourbon; wurde auf Befehl Napoleons 1804 standrechtlich erschossen.
Epinay, Louise-Florence d'Esclavelles, d' (1726-1783); führte einen bekannten literarischen Salon in Paris; Gönnerin Rousseaus, dem sie die Eremitage im Wald von Montmorency als Wohn- und Arbeitsstätte zur Verfügung stellte.
Erskine, Thomas, Lord (1750-1823); englischer Staatsmann
Esprémenil, d' statt: Duval d'Espremenil, Jean-Jacques (1745-1794); Vertreter des Adels bei den Generalständen, Gegner der Revolution, wurde hingerichtet.
Estaing, Charles Henri, Comte d' (1729-1794); Seefahrer; kämpfte im amerikanischen Unabhängigkeitskrieg, wurde guillotiniert.
Estrée, Gabrielle d' (1573-1599); Favoritin Heinrichs IV.
Etampes, Anne; Duchesse de (1508-1580); Favoritin Franz I.
Euripides (480-406 v.Chr.); griechischer Tragödiendichter

Fabre d'Eglantine, Philippe (1750-1794); Schriftsteller, Mitglied des Konvents, wurde guillotiniert.
Farcy de Montavallon, Annibal-Pierre-François (geb. 1749); Schwager Chateaubriands, heiratete 1782 dessen Schwester Julie.
Farcy de Montavallon, Julie-Marie-Agathe du Chateaubriand, Comtesse de (1763-1799); Schwester Chateaubriands, Ehefrau des Vorgenannten; vor der Revolution längere Aufenthalte in Paris, bei denen sie in literarischen Salons Aufmerksamkeit erregte; war während der Revolution mit ihrer Schwester Lucile und ihrer Schwägerin Céleste dreizehn Monate inhaftiert.
Farcy, Zoe (geb. 1784); Tochter der Vorgenannten, Chateaubriands Nichte
Favras, Thomas Mahy, Marquis de (1744-1790); wurde eines konterrevolutionären Komplotts angeklagt und hingerichtet.
Fénelon, François de Salignac de la Mothe (1651-1715); Theologe und Schriftsteller
Ferdinand VII. (1784-1833); König von Spanien 1808, dann 1814-1833
Ferron de la Sigonnière, François-Prudent-Malo (1768-1815); Schulkamerad Chateaubriands, emigrierte nach England, kämpfte in der Emigrantenarmee.
Feryd-Eddin (12. Jhrh.); religiöser persischer Dichter
Fielding, Henry (1707-1754); englischer Schriftsteller
Flesselles, Jacques de (1721-1789); wurde im April 1789 zum Vorsteher der Pariser Kaufmannschaft berufen und am 14. Juli 1789 von den Aufständischen getötet.
Fleury, André-Hercule de (1753-1843); Staatsmann und Kardinal, Minister Ludwigs XV.
Flins des Olivier, Carbon de (1757-1821); Journalist und Stückeschreiber

Fontanes, Louis, Marquis de (1757-1821); Schriftsteller; einer der besten und beständigsten Freunde Chateaubriands; emigrierte nach England und Deutschland, diente Napoleon, schloß sich 1814 den Bourbonen an.

Fouché, Joseph, Duc d'Otrante (1759-1820); hoher Beamter; während der Revolution Konventsmitglied, unter Napoleon Polizeiminister, trat nach Rückkehr Ludwigs XVIII. in dessen Dienst; 1816 als „Königsmörder" verbannt, starb im Exil.

Foulon, François-Joseph statt: Foullon (1715-1789); als Nachfolger Neckers zum Finanzminister ernannt, wurde er von den Aufständischen zusammen mit seinem Schwiegervater Berthier, die beide verhaßt waren, getötet.

Fouquier-Tinville, Antoine-Quentin (1746-1795); öffentlicher Ankläger beim Revolutionstribunal

Fox, Charles (1749-1806); englischer Staatsmann; opponierte gegen Pitts Kriegspolitik.

Franklin, Benjamin (1706-1790); amerikanischer Staatsmann und Schriftsteller

Franz I. (1494-1547); König von Frankreich 1515-1547

Franz II. (1768-1835); 1792-1806 deutscher Kaiser, 1804-1835 als Franz I. österreichischer Kaiser; schloß sich der Heiligen Allianz an.

Friedrich II. (1712-1786); König von Preußen 1740-1786

Friedrich-Wilhelm II. (1744-1794); Neffe und Nachfolger Friedrichs II., König von Preußen 1786-1797

Fulton, Robert (1765-1815); Ingenieur; entwarf und erbaute das erste Dampfschiff.

Galles, Caroline von Braunschweig-Wolfenbüttel, Prinzessin von (1768-1821)

Gama, Vasco da (1469-1524); portugiesischer Seefahrer

Geoffroy de Boves; Waffengefährte Jean de Beaumanoirs im Kampf der Dreißig

George III. (1738-1820); König von England 1760-1820; ab 1810 geisteskrank

George IV. (1762-1830); König von England 1820-1830; übernahm ab 1810 für seinen Vater, George III., die Regentschaft.

Gesril, Joseph-François-Anne (1767-1795); Kindheitsfreund Chateaubriands, kämpfte in der Emigrantenarmee.

Ginguené, Pierre-Louis (1748-1816); Historiker, Dichter und Kritiker; veröffentlichte die Werke seines Freundes Chamfort.

Godwin, William (1756-1836); englischer Romancier

Godwin statt: Goldwin; englischer Arzt

Goethe, Johann Wolfgang von (1749-1832); deutscher Dichter

Gouyon-Miniac, Pierre-Louis-Alexandre de (um 1754-1818); Hauptmann der 7. bretonischen Kompanie, bei der Chateaubriand in der Emigrantenarmee diente.

Gracchus, Tiberius und Gaius (162-133 bzw. 153-121 v.Chr.); römische Volkstribunen, die umfangreiche Agrarreformen durchsetzen wollten.

Grammont, Duchesse de; wurde 1794 mit den Familienangehörigen Chateaubriands hingerichtet.

Gray, Thomas (1716-1771); englischer Lyriker

Grenville, William (1759-1834); englischer Staatsmann; Feind der Liberalen

Grétry, André Modeste (1741-1813); französisch-belgischer Komponist

Grew, Nehemiah (1641-1711); englischer Botaniker, Mitbegründer der Pflanzenanatomie

Grey, Jane, Lady (1537-1554); Großnichte Heinrichs VIII. von England; wurde zur Königin gegen die legitime Thronerbin Mary I. ausgerufen; diese ließ Jane Grey enthaupten.

Guer, Julien-Hyacinthe de Marnière, Chevalier de (1748-1816); Mitglied der bretonischen Strändeversammlung, emigrierte und wirkte als aktiver Royalist.

Guiche, Duc de (18. Jhrh.)

Guise, François de Lorraine, Duc de (1519-1563); einer der heftigsten Gegner Karl V. in den Religionskriegen; wurde ermordet.

Gwidir, Lady; um 1822 große Dame der Londoner Aristokratie

Hearne, Samuel (1745-1792); englischer Seefahrer

Hébert, Jacques René (1757-1794); Journalist und Revolutionär; Vertreter des radikalsten Flügels des Nationalkonvents

Heinrich III. (1551-1589); König von Polen 1574, König von Frankreich ab 1574; bekämpfte die Hugenotten und verbündete sich dann mit ihnen.

Heinrich IV. (1553-1610); König von Frankreich 1589-1610

Heinrich VII. (1457-1509); König von England 1485-1509

Heinrich VIII. (1491-1547); König von England 1509-1547

Hell, François de (gest. 1794); Mitglied der verfassunggebenden Versammlung; wurde royalistischer Komplotte beschuldigt und guillotiniert.

Héloïse (1101-1164); Geliebte des Abélard; ging ins Kloster und wechselte mit ihrem früheren Geliebten Briefe von sublimierter Leidenschaftlichkeit.

Hercé, Urbain-René de (1726-1795); Bischof von Dol; ging nach Jersey, war an der Landung der Emigrationarmee bei Quiberon 1795 beteiligt, wurde gefangengenommen und hingerichtet.

Herodot (um 490-425 v.Chr.); erster altgriechischer Geschichtsschreiber

Hingant de La Tremblais, François (1761-1827); Rat beim bretonischen Gerichtshof; Leidensgefährte Chateaubriands im Londoner Exil, kehrte während des Konsulats nach Frankreich zurück, veröffentlichte wissenschaftliche Schriften und einen kleinen Roman.

Hippokrates (um 460-377 v.Chr.) griechischer Arzt

Hoche, Lazare Louis (1768-1797); General, kämpfte an der Spitze der Revolutionsarmee.

Holland, Henry Richard Vassall-Fox, Lord (1773-1840); englischer Politiker und Schriftsteller

Homer (etwa 8. Jhrh. v.Chr.); griechischer Dichter

Horatius Cocles; Held der römischen Antike, der 507 v.Chr. die Verteidigung der Tiberbrücke gegen das Heer des Etruskerkönigs Porsenna leitete und in diesem Kampf ein Auge verlor.

Horaz, Quintus Horatius Flaccus (65-8 v.Chr.); römischer Lyriker

Hunt, James Henry Leigh (1784-1859); englischer Dichter und Prosaschriftsteller

Irving, Washington (1783-1859); amerikanischer Schriftsteller und Diplomat

Ives, John (um 1744-1812); Geistlicher; wurde 1794 zum Vikar eines kleinen Kirchspiels in der Nähe von Bungay ernannt; Vater von Charlotte Ives.

Ives, Sarah (gest. 1822); Mutter von Charlotte Ives und Ehefrau des Vorgenannten

Ives, Charlotte, verehel. Sutton oder Sulton (1780-1852); Chateaubriands Schwarm im englischen Exil; verheiratete sich 1806 mit Captain Sutton und hatte mit ihm zwei Söhne.

Jacquin, Nikolaus Joseph, Freiherr von (1727-1817); holländischer Botaniker, unternahm Reisen nach Westindien und Südamerika, verfasste in Latein eine Geschichte der Pflanzen Amerikas.

Jean V.; Herzog der Bretagne 1354-1399

Jefferson, Thomas (1743-1826); amerikanischer Staatsmann, dritter Präsident der Vereinigten Staaten

Jersey, Sarah de Westmorland, Lady (1787-1867); große Dame der Londoner Gesellschaft

Jogues, Isaac (1607-1645); Angehöriger des Jesuitenordens, ging als Missionar nach Kanada und wurde von den Einheimischen ermordet.

Johann Ohneland (1167-1216); englischer König 1199-1216; Sohn Heinrichs II. und Bruder von Richard Löwenherz; stieß bei dem Versuch, die zentralstaatliche Organisation Englands zu festigen, auf heftigen Widerstand der Feudalherren.

Joubert, Joseph (1754-1824); philosophischer Schriftsteller; Freund Chateaubriands

Julian, Flavius Claudius Julianus (331-363); römischer Kaiser von 360-363

Jussieu, Bernard de (1699-1777); Naturwissenschaftler

Karl der Große (742-814); König der Franken 768-814 und der Langobarden (ab 774), 800 zum römischen Kaiser gekrönt

Karl V. (1338-1380); König von Frankreich 1364-1380

Karl VII. (1403-1461); König von Frankreich 1422-1461

Karl VIII. (1470-1498); König von Frankreich 1483-1498

Karl IX. (1550-1574); König von Frankreich 1560-1574

Karl X. (1757-1836); König von Frankreich 1824-1830; Enkel Ludwigs XV., Bruder Ludwigs XVI. und Ludwigs XVIII.; bis zum Tod Ludwigs XVIII. (1824) Comte d'Artois; gab im Juli 1789 das Zeichen zur Emigration, kämpfte erbittert in der Emigrantenarmee, 1815 Rückkehr nach Frankreich als Führer der Ultraroyalisten; verzichtete nach der Julirevolution zugunsten seines Enkels, des Duc de Bordeaux, auf den Thron; ging nach England und später nach Prag ins Exil.

Karl I. (1600-1649); König von England 1625-1649; wurde hingerichtet

Karl II. (1630-1685); König von England 1660-1685

Karl V. (1500-1558); König von Spanien 1516-1556 (als Karl I.); römisch-deutscher Kaiser 1519-1556

Kellermann, François-Victor, Duc de Valmy (1735-1820); 1792 Befehlshaber der konterrevolutionären Mosel-Armee

Knowles, James-Sheridan (1784-1862); englischer Dramenautor

Kolumbus, Christoph (1451-1506); spanischer Seefahrer

Konstantin I., der Große, Flavius Valerius (um 280-337); ab 306 römischer Kaiser; unter seiner Herrschaft wurde das Christentum anerkannt und gefördert.

La Bouëtardais, Marie-Annibal-Joseph, Comte de (1758-1809); Sohn des Comte de Bedée, Vetter Chateaubriands, mit dem dieser im Londoner Exil zusammentraf.

Labre, Joseph-Benoît (1748-1783); wurde 1859 kanonisiert und war einer der volkstümlichsten Heiligen in Rom.

Laclos, Pierre-Ambroise Choderlos de (1741-1803); Journalist und Schriftsteller, besonders bekannt durch seinen Roman „Gefährliche Liebschaften"; war Sekretär des Duc d'Orleans.

Lafayette, Marie-Joseph, Marquis de (1757-1834); General und Politiker; als Freiwilliger im amerikanischen Unabhängigkeitskrieg wurde er Generalmajor der amerikanischen Armee; 1789 Befehlshaber der Pariser Nationalgarde; ließ am 17. Juli 1791 das Feuer auf die republikanischen Demonstranten auf dem Marsfeld eröffnen; emigrierte 1792 nach erfolglosem Putschversuch gegen die Republik; 1800 Rückkehr nach Frankreich.

Lafontaine, Jean de (1621-1695); Fabeldichter und Erzähler

La France; Diener im Elternhaus Chateaubriands

La Harpe, Jean-François de (1739-1803); Dramatiker und Literaturkritiker; 1794 verhaftet, bekehrte er sich im Gefängnis zum christlichen Glauben und wurde zum Gegner der Aufklärung.

Lallemand, Jérôme (1593-1673); Jesuitenpater, Generalsuperior der französischen Mission in Quebec

Lally-Tollendal, Trophime-Gérard, Marquis de (1751-1830); Staatsmann; 1789 Mitglied der Nationalversammlung, dann Emigration; unter Ludwig XVIII. Minister und Pair von Frankreich.

La Luzerne, Anne-César, Chevalier de (1741-1791); Diplomat; wurde nach Amerika entsandt, ab 1787 Botschafter in London.

La Martinière; im Jahre 1787 Regimentskamerad von Chateaubriand

Lambesc, Charles-Eugène de Lorraine, Prince de (1751-1825); Oberst des Regiments Royal-Allemand; 1796 Feldmarschall in Österreich

Lamoignon, René-Chrétien-Auguste, Marquis de (1765-1845); hoher Beamter; emigrierte nach England, kehrte während des Konsulats nach Frankreich zurück und lebte dann auf seinen Gütern; stand in langjähriger Verbindung zu Anne Lindsay.

Lamoignon, Anne-Pierre-Christian, Vicomte de (1770-1827); Bruder des Vorgenannten; emigrierte nach England, wurde bei Quiberon verwundet; Chateaubriand traf ihn im Londoner Exil und wurde sein Freund.

La Morandais, François-Placide Maillard, Sieur de; in Chateaubriands Kindheit Verwalter des Gutes Combourg

La Noue, François de (1531-1591); kämpfte in den Religionskriegen auf protestantischer Seite, befehligte 1578 die niederländischen Armeen; wurde von Philippe II. gefangengenommen und gegen Graf Egmont ausgetauscht.

La Pérouse, Jean-François de Galaup, Comte de (1741-1788); Seefahrer; wurde auf einer Pazifik-Fahrt von Eingeborenen der Neuen Hebriden getötet.

La Placelière, Céleste Rapion de; Schwiegermutter Chateaubriands, Ehefrau von Alexis de La Vigne

La Queuille, Marquis de (1742-1810); Deputierter der Nationalversammlung, emigrierte und kämpfte in der Emigrantenarmee; wurde 1792 unter Anklage gestellt und kehrte erst zur Zeit des Konsulats nach Frankreich zurück.

La Rouërie, Charles-Armand Tuffin, Marquis de (1751-1793); kämpfte im amerikanischen Unabhängigkeitskrieg, wurde dort als „Colonel Armand" sehr populär; schrieb für Chateaubriand einen Empfehlungsbrief an Washington; führte die konterrevolutionäre Verschwörung in der Bretagne an.

Lauderdale, John Maitland, Graf von (1759-1839); englischer Staatsmann

Launay, Bernard-René Jourdan, Marquis de (1740-1789); im Jahre 1789 Gouverneur der Bastille

Launay de La Billardière, Gilles-Marie de; Zeitgenosse des Vaters von Chateaubriand, Einwohner von Combourg

Lautrec de Saint-Simon; Freund desjenigen Bruders von Mirabeau, der zum Unterschied von Mirabeau, dem großen Redner, „Mirabeau die Tonne" genannt wurde.

Lauzun, Armand-Louis de Gontaut-Biron, Duc de (1747-1793); Muster des eleganten Libertins; kämpfte im amerikanischen Unabhängigkeitskrieg; Kommandant der Revolutionsarmee, demissionierte und wurde guillotiniert; hinterließ Memoiren.

La Vallière, Louise de la Baume Le Blanc, Duchesse de (1644-1710)

La Vigne, Céleste Buisson de - s. Chateaubriand, Céleste

La Vigne, Jacques-Pierre-Guillaume Buisson de (1713-1793); Großvater der Ehefrau Chateaubriands; Schiffsoffizier

La Vigne, Alexis-Jacques Buisson de; Sohn des Vorgenannten, Schwiegervater Chateaubriands; Offizier, dann Direktor eines Seefahrtsunternehmens

Lebrun, Pierre-Denis Escouchard (1729-1807); lyrischer Dichter klassizistischen Einschlags, Nachfolger J.-B. Rousseaus und literarischer Ratgeber A. Cheniers; ließ sich Lebrun-Pindar nennen.

Lemière od. Lemierre, Auguste-Jacques (1762-1815); Neffe des Dichters Antoine-Marin Lemière; Buchhändler, Schriftsteller und Übersetzer

Leopold II. (1747-1792); deutscher Kaiser 1790-1792; schloß ein Bündnis mit Preußen zum Zweck der konterrevolutionären Intervention.

Leprince, René-Jacques-Joseph (gest. 1782); Abbé, Lehrer Chateaubriands in Dol und Combourg

Le Sage, Alain René (1668-1747); Dramatiker und Romancier; sein berühmtestes Werk ist der Schelmenroman Gil Blas.

L'Estoile, Pierre de (1540-1611); hoher Gerichtsbeamter und Verfasser von Memoiren

Leszczinski, Stanislas I. (1677-1766); König von Polen 1706-1709, 1733-1736; der polnische Thron wurde ihm von den Wettinern streitig gemacht.

Lewis, Matthew-Gregory (1775-1818); englischer Romancier

Ligne, Charles-Joseph, Prince de (1735-1814); belgischer General in österreichischem und russischem Militärdienst; auch Schriftsteller, hinterließ Memoiren.

Limoëlan de Clorivière, Joseph-Pierre Picot de (1768-1826); Schulkamerad Chateaubriands in Rennes und Dinan; emigrierte und kehrte zur Zeit des Konsulats nach Frankreich zurück, um seinen 1793 hingerichteten Vater zu rächen; zündete 1799 in Paris eine Höllenmaschine; konnte nach den Vereinigten Staaten entkommen und wurde dort unter dem Namen Abbé de Clorivière Geistlicher.

Lindsay, Anne-Suzanne O'Dwyer (1764-1826); Irländerin niederer Herkunft, wurde in Paris von einer Herzogin erzogen; war lange Zeit die Lebensgefährtin Auguste de Lamoignons, dem sie ins englische Exil folgte, dann die Geliebte Benjamin Constants, der diese Liebesbeziehung in dem Roman *Adolphe* verarbeitete.

Linné, Carl von (1707-1778); schwedischer Naturforscher

Liverpool, Robert Banks Jenkinson, Graf von (1770-1827); englischer Politiker, verhinderte durch konservative Politik liberale Reformen; 1822, als Chateaubriand als Gesandter in London weilte, war er Premierminister.

Livius, Titus (59 v.Chr. - 17); römischer Historiker

Livoret (geb. 1735); Verwalter des Landguts von Chateaubriands Schwester Bénigne, trat 1753 dem Jesuitenorden bei.

Lodin; zur Zeit der Revolution Bürgermeister von Combourg

Loménie de Brienne, Etienne-Charles de (1727-1794); Erzbischof von Sens, seit 1787 Premierminister

Londonderry, Robert Stewart, Viscount Chastlereagh (1769-1822); englischer Politiker; 1822 Staatssekretär für ausländische Angelegenheiten; endete durch Selbstmord.

Ludwig IX., der Heilige (1214-1270); König von Frankreich 1226-1270

Ludwig XI. (1423-1483); König von Frankreich 1461-1483

Ludwig XII. (1462-1515); König von Frankreich 1498-1515

Ludwig XIV. (1638-1715) König von Frankreich 1643-1715

Ludwig XV. (1710-1774); König von Frankreich 1715-1774

Ludwig XVI. (1754-1793); König von Frankreich 1774-1793

Ludwig XVII. (1785-1795); Dauphin, Sohn Ludwigs XVI. und Marie-Antoinettes

Ludwig XVIII. (1755-1824); König von Frankreich 1814-1824; nächstgeborener Bruder Ludwigs XVI., als Prinz Comte de Provence; emigrierte 1791-1814, bestieg dann den Thron, floh aber 1815 während der Hundert Tage vor Napoleon nach Gent; nach seiner Rückkehr begünstigte seine unentschiedene Politik den wachsenden Einfluß der Ultraroyalisten.

Lukrez, Titus Lucretius Carus (um 99-55 v.Chr.); römischer Dichter

Luther, Martin (1483-1546); deutscher Religionsreformator

Mackenzie, Alexander (1755-1820); schottischer Forschungsreisender, bereiste Amerika und Kanada, wo er den heute nach ihm benannten Fluß entdeckte.

Macpherson, James (1736-1796); schottischer Dichter; veröffentlichte Werke aus dem irisch-schottischen Sagenkreis um die Helden Fingal und Ossian, die er als Übersetzung gälischer Originale aus dem 3. Jhrh. ausgab; nach seinem Tod erwiesen sie sich als von ihm geschaffene kongeniale Fälschungen; die sog. Ossianische Dichtung beeinflußte besonders die englische Romantik.

Maintenon, Françoise d'Aubigné, Marquise de (1635-1719); Erzieherin der Kinder Ludwigs XIV., auch seine Favoritin; später Gründerin von Saint-Cyr, einer Schule für mittellose adlige Mädchen.

Malesherbes, Chrétien-Guillaume de Lamoignon de (1721-1794); unter Ludwig XVI. Staatssekretär, den Ideen der Enzyklopädisten aufgeschlossen; wurde wegen seiner Reformwilligkeit aus dem Staatsdienst verabschiedet; während des Prozesses gegen Ludwig XVI. einer der Verteidiger der Königs vor dem Konvent; wurde hingerichtet.

Malfilâtre, Alexandre-Henri de (1757-1803); hoher Beamter; emigrierte, wurde Geistlicher und starb in England.

Mallet-Dupan od. Mallet du Pan, Jacques (1742-1800); Journalist und Schriftsteller; Redakteur des *Mercure de France*; emigrierte und wirkte durch seine Schriften für die Konterrevolution.

Malouët, Victor, Baron (1740-1814); Abgeordneter des Dritten Standes bei den Generalständen; emigrierte nach England, wo er eine Verteidigungsschrift für Ludwig XVI. publizierte.

Marat, Jean-Paul (1744-1793); Arzt, Revolutionär, Herausgeber des *Ami du Peuple*; Präsident des Jakobinerklubs und radikaler Wortführer der Sansculotten; wurde von Charlotte Corday ermordet.

Marcellus, Marie-Louis-Jean-André Demartin du Tyrac, Comte de (1795-1865); Diplomat und Gelehrter; unter Chateaubriand Erster Botschaftssekretär in London, wurde zu dessen Vertrautem und Freund; veröffentlichte Schriften über Chateaubriand und dessen Werk.

Maret, Bernard-Hughes (1769-1839); Politiker; Begründer des *Moniteur*; bekleidete unter Konsulat und Kaiserreich hohe Ämter, 1809 zum Herzog erhoben; 1811-1813 Außenminister; unter Louis-Philippe Pair von Frankreich.

Marie-Antoinette (1755-1793); Ehefrau Ludwigs XVI.; Königin von Frankreich; konspirierte mit den Emigranten und drängte den König zu gegenrevolutionärer Haltung; wurde am 16. Oktober 1793 hingerichtet.

Marigny, François-Jean-Joseph, Comte de (gest. 1793); Schwager Chateaubriands, heiratete 1780 dessen älteste Schwester, Marie-Anne.

Marigny, Marie-Anne de Chateaubriand, Comtesse de (1760-1860); älteste Schwester Chateaubriand; erbitterte Royalistin, unterstützte die Chouans.

Marlborough, John Churchill, Earl of (1650-1722); englischer Politiker und Feldherr

Marmontel, Jean-François (1723-1799); Schriftsteller, Journalist, Mitarbeiter der *Enzyklopädie*; Mitglied de *Academie Française* und deren ständiger Sekretär

Massillon, Jean Baptiste (1663-1742); Kanzelredner, Prediger Ludwigs XVI., Bischof von Clermont; seine Predigten zeichneten sich durch psychologische Tiefe und unorthodoxe Ermahnungen zur Tugend aus.

Maunoir, Julien (1606-1683); Jesuitenpater, Philologe; betrieb die Evangelisierung der Bretagne.

Maupeou, René-Nicolas de (1714-1792); Kanzler von Frankreich; entmachtete 1771 durch einen Staatsstreich den Gerichtshof *(parlement)* von Paris und schaltete damit die antiabsolutistische Opposition aus; 1774 machte Ludwig XVI. diese Maßnahme rückgängig.

Maupertuis, Moreau de (1698-1759); Mathematiker, Astronom und Philosoph; Mitglied der *Academie Française*; wurde 1744 von Friedrich II. zum Präsidenten der Berliner Akademie der Wissenschaften berufen.

Mesmer, Franz Anton (1734-1815); deutscher Arzt; stellte die Theorie von der Heilwirkung des „animalischen Magnetismus" auf; nach Überprüfung seiner Theorie wurde er 1784 aus Frankreich ausgewiesen.

Mézeray, François Eude de (1610-1683); Bruder des Heiligen Jean Eudes de Mézeray; Historiker, Verfasser einer Geschichte Frankreichs

Mézeray, Jean Eudes (1601-1680); Heiliger, 1925 kanonisiert; gründete bei Caen einen Orden, der während der Französischen Revolution aufgelöst wurde.

Michelangelo (1475-1564); italienischer Maler, Bildhauer und Architekt

Milton, John (1608-1674); englischer Dichter

Mirabeau, Honoré Gabriel Riqueti, Comte de (1749-1791); Publizist, Schriftsteller, Politiker, Redner; in der Jugend wegen ausschweifenden Lebenswandels auf Veranlassung des Vaters gefangengesetzt; 1786/87 in geheimer Mission in Berlin; 1789 als Vertreter des Dritten Standes in den Generalständen Wortführer der Revolution; erstrebte Reformen im Rahmen der Verfassung unter Beibehaltung der Monarchie; wurde dafür von links angefeindet; wurde als erster Revolutionär im Pantheon beigesetzt, aber 1793 von den Jakobinern daraus entfernt.

Mirabeau d.J., André-Boniface-Louis Riqueti, Vicomte de, genannt „die Tonne" (1754-1795); Bruder des Vorgenannten, Vertreter des Adels bei den Generalständen, Mitherausgeber der *Actes des Apôtres*; emigrierte nach Deutschland, starb im Exil.

Mirabeau, Jean-Antoine-Joseph-Charles-Elzéar de Riqueti (1717-1794); Onkel Mirabeaus; Ritter des Malteserordens

Mirabeau, Victor Riqueti, Marquis de (1715-1789); Vater Mirabeaus

Molière statt: Jean Baptiste Poqueline (1622-1673); Theaterautor und Schauspieler

Monet, Antoine (1734-1817); Mineraloge

Montaigne, Michel Eyquem, Seigneur de (1533-1592); Philosoph und Schriftsteller

Montboissier, Charles-Philippe-Simon, Baron de (1750-1802); Schwiegersohn Malesherbes', damit entfernter Verwandter Chateaubriands.

Montboissier, Francine-Pauline de Lamoignon de Malesherbes, Baronne de (1758-1827); Ehefrau des Vorgenannten, Tochter von Malesherbes, entfernte Verwandte Chateaubriands

Montboucher statt: Montbourcher, René-François-Joseph, Comte de (1759-1835); bretonischer Politiker und Militär

Mortemart, Marquis de (1753-1823); Militär, emigrierte während der Revolution

Montespan, Françoise-Athénaïs de Rochechouart, Marquise de (1641-1701); Favoritin Ludwigs XIV., machte ihren Einfluß zur Förderung der Künste geltend.

Montfort, Jean IV., Comte de (14./15. Jhrh.); Gegner Charles de Blois und Du Guesclins in der Schlacht von Auray

Montfort, Jeanne de (14./15. Jhrh.)

Montlosier, François-Dominique Reynaud, Comte de (1755-1838); Schriftsteller und Journalist; Abgeordneter der Generalstände, kämpfte in der Emigrantenarmee, gab im englischen Exil den *Courrier de Londres* heraus.

Montmorency, Anne-Louise-Caroline de Gouyon-Matignon Baronne de (18./19. Jhrh,)

Montmorency, Charlotte-Marguerite de (1594-1650); Gemahlin Henri II. de Bourbon

Montmorency, Matthieu-Jean-Félicité, Vicomte, dann Duc de (1767-1826); kämpfte im amerikanischen Unabhängigkeitskrieg; Abgeordneter des Adels bei den Generalständen, plädierte für die Abschaffung des Adels und der Feudalrechte; emigrierte und kehrte nach dem Sturz Robespierres nach Frankreich zurück; in der Restaurationszeit Ultraroyalist.

Montmorin, Armand-Marc de Saint-Hérem, Comte de (1746-1792); Außenminister Ludwigs XVI.; starb bei den Septembermorden; Vater von Madame de Beaumont.

Moore, Thomas (1779-1852); irischer Dichter

Moreau, Annibal, Sieur de la Meltière (gest. 1808); Cousin Chateaubriands; emigrierte, kämpfte in der Armee der Prinzen.

Moreau, Jean-Victor (1763-1813); General; in ein antinapoleonisches Komplott verwikkelt, wurde er nach den Vereinigten Staaten verbannt.

Moreau de Saint-Méry, Médéric-Louis-Elie (1750-1819); Deputierter von Martinique in der Nationalversammlung; emigrierte 1792.

Morellet, André (1727-1819); Abbé, Publizist und Ökonom; schrieb theologische und philosophische Artikel für die Enzyklopädie.

Mousset, Louis-Pierre (18. Jhrh.); Schleusenwächter; wurde am gleichen Tag wie Malesherbes und dessen Familie verurteilt.

Murat, Joachim (1767-1815); hoher Militär; unter Napoleon General der Kavallerie; heiratete Caroline Bonaparte, die Schwester Napoleons; 1808-1814 König von Neapel.

Nagot, François-Charles (1734-1816); Abbé; wurde nach Baltimore entsandt, um das erste geistliche Seminar der Vereinigten Staaten zu gründen.

Napoleon I. Bonaparte (1769-1821); Kaiser der Franzosen 1804-1815

Narbonne, Louis, Comte de (1755-1813); 1791/92 Kriegsminister, dann unter Anklage gestellt, verband sich bei der Rückkehr nach Frankreich mit Napoleon.

Necker, Jacques (1732-1804); Vater von Madame de Staël; Genfer Bankier, 1777 Minister Ludwigs XVI., veranlaßte 1789 die Einberufung der Generalstände.

Newton, Sir Isaac (1643-1727); englischer Physiker und Mathematiker

Nikolaus I. Großfürst (1796-1855); Zar von Rußland 1825-1855; heiratete 1817 Prinzessin Charlotte von Preußen.

Nikolaus, Alexandra Fedorowna, Großfürstin (1792-1860); Prinzessin Charlotte von Preußen, Tochter Friedrich Wilhelms III.; seit 1817 mit Nikolaus I. verheiratet, wurde 1825 Zarin von Rußland.

Ninon für Ninon de Lenclos (1620-1705); galante Salondame des 17. Jhrh.

Noailles, Louis-Marie, Vicomte de (1756-1804); kämpfte im amerikanischen Unabhängigkeitskrieg; als Vertreter des Adels bei den Generalständen forderte er die Abschaffung der Privilegien; emigrierte und kehrte 1800 nach Frankreich zurück.

Orléans, Louis-Philippe-Joseph, Duc d' (1747-1793); ab 1792 *Philippe Egalité* genannt; stimmte im Konvent für die Hinrichtung des Königs; wurde später ebenfalls hingerichtet.

Ossian - s. Macpherson

Otho, Marcus Salvius (32-69); römischer Kaiser vom 15.01. - 16.04.69

Paësiello, Giovanni (1741-1815); italienischer Komponist

Palissot de Montenoy, Charles (1730-1814); Schriftsteller; schrieb ein satirisches Stück gegen die Enzyklopädisten.

Panat, Chevalier de (1762-1834); Marineoffizier, kämpfte im amerikanischen Unabhängigkeitskrieg; emigrierte, bekleidete unter Napoleon hohe Militärfunktionen.

Parmentier, Pierre (18. Jhrh.); Handlungsgehilfe; in den Prozeß von Malesherbes verwickelt, wurde er im Alter von 29 Jahren hingerichtet.

Parny, Evariste Désiré de Forges, Chevalier de (1753-1814); elegischer Dichter; sein irreligiöses Poem *La Guerre des dieux, anciens et modernes* von 1799 (Der Krieg der alten und modernen Götter) provozierte Chateaubriand, *Der Geist des Christentums* zu schreiben.

Pasquier, Etienne, Duc de (1767-1862); emigrierte als Sohn eines während der Revolution hingerichteten hohen Beamten; zählte nach seiner Rückkehr zu dem Kreis um Pauline de Beaumont, Fontanes und Joubert; 1810-1814 Polizeipräfekt; nach Rückkehr der Bourbonen in deren Dienst.

Pasta, Guiditta (1798-1865); italienische Sängerin und Schauspielerin, die um 1820 in Paris Triumphe feierte.

Pelletier, Jean-Gabriel statt: Dudoyer (1765-1825); monarchistischer Journalist; vom Ausbruch der Revolution bis zur Restaurationszeit konsequent und eindeutig in seiner antirevolutionären Haltung; kehrte erst während der Restauration nach Frankreich zurück.

Penn, William (1644-1718); Gründer von Pennsylvania.

Pétion de Villeneuve, Jérôme (1756-1794); Präsident des Konvents

Petrarca, Francesco (1304-1374); italienischer Dichter und Humanist

Pezay, Alexandre Masson, Marquis de (1741-1777); mondäner Dichter; machte seinen Einfluß für Necker geltend.

Philippe II. (1527-1598); König von Spanien 1555-1598; Sohn Karls V.

Pitt, William d.Ä. - s. Chatham

Philippe VI. (1293-1350); Begründer des französischen Königshauses der Valois; König seit 1328; wurde im Hundertjährigen Krieg mehrmals von den Engländern besiegt.

Philippe II. von Orléans (1674-1723); Angehöriger der wichtigsten Seitenlinie der französischen Dynastie; übte nach dem Tod Ludwigs XIV. (1715) bis zur Volljährigkeit Ludwigs XV. (1723) die uneingeschränkte Regentschaft aus.

Pitt, William d.J. (1759-1806); Sohn des Vorgenannten; 1783 Premierminister, unterdrückte demokratische Ideen, 1805 an der Spitze der Koalition gegen Frankreich.

Plélo, Louis-Robert-Hippolyte Bréhan, Comte de (1699-1734); Dichter; Botschafter in Kopenhagen; fiel bei den Kämpfen um Danzig.

Plessix-Parscau, Hervé-Louis-Joseph-Marie, Comte du (1772-1813); Schwager Chateaubriands; emigrierte, kämpfte in der Emigrantenarmee.

Plessix-Parscau, Anne Buisson de La Vigne, Comtesse du (1772-1813); Ehefrau des Vorgenannten, Schwester der Ehefrau Chateaubriands; starb im englischen Exil.

Plinius, Gaius P. Secundus d.Ä. (23 v.Chr. - 79); römischer Gelehrter und Schriftsteller

Polignac, Yolande-Martine-Gabrielle de Polastron, Princesse de (1749-1793); Freundin Marie-Antoinettes, Erzieherin der königlichen Kinder; emigrierte und starb in Österreich.

Pommereul, François-René-Jean, Baron de (1745-1823); Militär und Beamter

Pons de Verdun, Philippe-Laurent (1759-1844); Dichter und Konventsabgeordneter

Pope, Alexander (1688-1744); englischer Dichter und Essayist

Porcher, Joseph-François statt: Portier (1739-1791); Abbé; Oberstudiendirektor im Gymnasium von Dol

Potelet, Jean-Baptiste, Seigneur de la Durantis (18. Jhrh.); Marineoffizier, der sich 1767 in Combourg niederließ

Praxiteles (4. Jhrh. v.Chr.); griechischer Bildhauer

Pythagoras (6. Jhrh. v.Chr.); griechischer Philosoph und Mathematiker

Québriac, Jean-François-Xavier, Comte de (1742-1783); Schwager Chateaubriands, erster Ehemann von dessen Schwester Bénigne (s. Chateaubourg); Dragonerhauptmann

Queensbury; englischer Herzog

Rabelais, François (1494-1553); Schriftsteller und Humanist

Racine, Jean-Baptiste (1639-1699); neben Corneille bedeutendster Tragödiendichter der französischen Klassik

Radcliffe, Anne (1764-1823); englische Romanautorin

Raffael statt: Raffaelo Santi (1483-1520); italienischer Maler

Récamier, Jeanne-Françoise-Julie-Adélaïde Bernard, gen. Juliette (1777-1849); Tochter eines Notars aus Lyon; 1792 Heirat mit dem Bankier Récamier; unter dem Directoire tonangebende Salondame, enge Freundin Madame de Staëls, von Napoleon aus Paris verbannt; ab 1817 enge Beziehung zu Chateaubriand, die bis an beider Lebensende anhielt.

Regulus; römischer Konsul 267-256 v.Chr.

Retz, Jean-François, Paul de Gondi (1613-1679); Kardinal und Politiker, Führer der Fronde; Verfasser berühmter Memoiren

Richard III. (1452-1485); englischer König ab 1483 durch Ermordung seines Neffen, Edward V.; fiel im Kampf gegen den späteren Heinrich VII.

Richardson, Samuel (1689-1761); englischer Romanautor

Richelieu, Armand.Jean du Plessis, Duc de (1585-1642); Kardinal und Staatsmann, ab 1624 leitender Minister; suchte alle Gewalt bei der Krone zu vereinigen und schuf so die Grundlage für Frankreichs Vormachtstellung in Europa.

Riouffe, Honoré, Baron (1764-1813); Girondiste; wurde während der Revolution inhaftiert und nach dem Sturz Robespierres befreit; hinterließ Memoiren.

Rivarol, Antoine (1753-1801); monarchistischer Journalist, geistreicher Schriftsteller und Epigrammatiker

Robert III., Comte d'Artois (gest. 1324); von Philippe VI. enteignet und aus Frankreich verbannt, floh er nach England und bestärkte Edward III. darin, Frankreich den Krieg zu erklären.

Robert II. (1054-1134); Herzog der Normandie, Sohn Wilhelm des Eroberers; wurde 1100 von seinem Bruder Henri I. besiegt.

Robespierre, Maximilian de (1758-1794); Advokat; ab 1790 Haupt des Jakobinerclubs; MItglied des Konvents, als Präsident des Wohlfahrtsausschusses Initiator des revolutionären Terrors; am 9. Thermidor (27.7.) 1794 wurde er vom Konvent angeklagt und hingerichtet.

Rochambeau, Donatien de Vimeur, Comte de (1725-1807); General im amerikanischen Unabhängigkeitskrieg, führte ihm ein Korps französischer Freiwilliger zu.

Rochechouart - s. Duchatelet

Rogers, Samuel (1762-1855); englischer Dichter und Bankier

Rohan, Renée de (gest. 1616); Angehörige des hohen französischen Adels

Roland de la Platière, Jean-Marie (1734-1793); Girondist, 1792/93 Innenminister; starb durch Selbstmord.

Roland, Manon-Jeanne Philipon (1754-1793); Ehefrau des Vorgenannten; Anhängerin der Aufklärung, übte starken Einfluß auf die Girondistenführer aus, die sich ab 1791 in ihrem Salon versammelten; wurde hingerichtet; hinterließ Memoiren.

Rollin, Charles (1661-1741); Universitätsprofessor und Schriftsteller, Verfasser eines *Traité d'etudes* (Anleitung zum Studium)

Ronsard, Pierre de (1524-1585); Lyriker

Rosambo, Louis Le Pelletier, Sieur de; Präsident des obersten Gerichtshofs von Paris; Schwiegervater Jean-Baptiste Chateaubriands, des Bruders des Autors.

Rosambo, Marie-Thérèse de Lamoignon de Malesherbes (1756-1794); Ehefrau des Vorgenannten, wurde hingerichtet.

Rosambo, Louis Le Pelletier, Marquis de (1777-1858); Sohn des Vorgenannten, Schwager des Bruders von Chateaubriand

Rousseau, Jean-Baptiste (1671-1741); Lyriker und Dramatiker

Rousseau, Jean-Jacques (1712-1778); bedeutender Aufklärungsschriftsteller

Rulhière, Claude-Carloman de (1735-1791); Poet, Historiker und Diplomat

Sacchini, Antonio Gaspare (1730-1786); italienischer Komponist

Saint-Ange statt: Fariau, Ange-François (1747-1810); Dichter; Übersetzer der *Metamorphosen* von Ovid

Saint-Huberti, Marie-Antoinette Clavel (1756-1812); Erste Sängerin an der Pariser Oper

Saint-Riveul, André-François-Jean du Rocher de (1772-1789); Mitschüler Chateaubriands am Gymnasium von Rennes, eines der ersten Opfer der beginnenden Revolution

Saint-Simon, Claude-Anne, Vicomte, Marquis und Duc de (1743-1819); Militär; kämpfte in Amerika, Vertreter des Adels bei den Generalständen, emigrierte nach Spanien.

Salisbury, Alix von (14. Jhrh.); Favoritin Edwards III. von England

Salvianus (390-484); Priester, Gelehrter und Schriftsteller; lebte in Marseilles.

Sanson, Charles-Henri (1739-1806); der Henker aus der Scharfrichterdynastie der Sanson, der Ludwig XVI. und Marie-Antoinette hinrichtete.

Say, Thomas (1787-1834); englischer Gelehrter; Autor einer *Insektenkunde Amerikas*.

Scott, Walter (1771-1832); englischer Romancier

Scudéry, Madeleine de (1607-1701); Romanautorin und Mittelpunktsgestalt literarischer Salons

Sédaine, Michel Jean (1719-1797); Dramenautor

Sérilly, Anne-Louise Thomas de (18./19.Jhrh.);Cousine Pauline de Beaumonts, gewährte dieser während der Schreckensherrschaft Zuflucht in ihrem Schloß.

Sévigné, Marie de Rabutin-Chantal, Marquise de (1626-1696); Brief-Schriftstellerin

Shakespeare, William (1546-1616); englischer Dichter

Sheridan, Richard (1751-1816); englischer Dramatiker und Politiker; Mitglied des Unterhauses, Befürworter der Französischen Revolution

Simon, Antoine (hingerichtet um 1795); Schuster; Mitglied der Commune; ihm wurde der junge Ludwig XVII., der Sohn Ludwigs XVI. und Marie-Antoinettes, zur Erziehung übergeben.

Sixtus V. (1520-1590); Papst 1585-1590

Sombreuil, Charles Virot, Vicomte de (1769-1795); königlicher Offizier, emigrierte 1792, kämpfte in der preußischen Armee und nahm an der Landung bei Quiberon teil, wurde gefangengenommen und hingerichtet.

Somerset, Eduard-Adolph (1775-1855); englischer Herzog

Sophokles (5. Jhrh. v.Chr.); griechischer Tragödiendichter

Southey, Robert (1774-1849); englischer Dichter und Historiker

Staël-Holstein, Anne-Louise-Germaine Necker, Baronne de (1766-1817); Tochter des Finanzministers Necker; einflußreiche Schriftstellerin, in Opposition zu Napoleon, der sie aus Oaris verbannte.

Stanislaus I. s. Leszczynski

Sterne, Laurence (1713-1768); englischer Schriftsteller

Strozzo, Piero (1510-1558); Cousin Katharina von Medicis, Marschall von Frankreich

Suffren, Pierre André de (1726-1788); Mitglied des Malteserordens, kämpfte in Indien gegen die Engländer.

Sutton, Samuel (1760-1832); Admiral; Ehemann von Charlotte Ives

Swedenborg, Emmanuel (1688-1772); schwedischer Theosoph; fand besonders in England und in den Vereinigten Staaten viele Anhänger.

Taboureau-Desréaux, Louis-Gabriel (gest. 1782); 1776/77 Generalkontrolleur der Finanzen

Talleyrand-Périgord, Charles-Maurice, Prince de Bénévent, Duc de (1754-1838); 1788 Bischof von Autun, 1789 Mitglied der Generalstände, 1792 Gesandter in London, 1797-1807 Außenminister, dann in Opposition zu Napoleon; hatte führende Rolle auf dem Wiener Kongreß inne; unterstützte bei der Julirevolution 1830 Louis-Philippe.

Tasso, Torquato (1544-1595); italienischer Epiker, Lyriker und Dramatiker

Theil, Louis-François du (um 1760-1822); versuchte, der königlichen Familie zur Flucht aus ihrem Gefängnis, dem *Temple*, zu verhelfen; ab 1795 war er Finanzbeauftragter der Prinzen bei der englischen Regierung.

353

Thiard de Bissy, Henri-Charles de (1726-1794); ab 1787 königlicher Kommandant in der Bretagne; wurde am 10. August 1792 verwundet und 1794 hingerichtet.

Thouret, Jacques-Guillaume (gest 1795); Advokat in Rouen; Abgeordneter des Dritten Standes bei den Generalständen; wurde der Teilnahme an monarchistischen Komplotten beschuldigt und hingerichtet.

Tiberius, Claudius Nero (42 v.Chr. - 37); römischer Kaiser 14-37; seine Regierung war von Argwohn und Grausamkeit gezeichnet.

Tibull, Albius Tibullus (gest um 19 v.Chr.); römischer Dichter

Tinténiac, Johan de; Sieger im Kampf der Dreißig (1351) während des Hundertjährigen Krieges.

Titus Livius - s. Livius, Titus

Tocqueville, Louise-Madeleine Le Pelletier de Rosambo, Comtesse de (gest. 1836); Tochter des Präsidenten de Rosambo und Enkelin Malesherbes'.

Torrington, Lord; um 1822 in London

Tournefort, Joseph de (1656-1708); Botaniker und Reisender; durch seine Klassifikation der Pflanzen ein Vorläufer Linnés.

Tourville, Anne de (1642-1701); berühmter Seefahrer und Admiral

Townsend; amerikanischer Naturforscher

Trémargat, Louis-Anne-Pierre Geslin, Comte de (18. Jhrh.); Marineleutnant, Vertreter des Adels bei den bretonischen Landständen

Tronjoli statt: Tronjolif, Therese-Josephine de Moëlin, Comtesse de (1759-1793); an der Verschwörung von La Rouërie beteiligt, wurde hingerichtet.

Trublet, Nicolas-Charles.Joseph (1697-1770); Abbé; Verwandter von Maupertuis; Mitarbeiter verschiedener Journale; gilt als der „Eckermann Fontenelles"; wurde von Voltaire als untalentierter Gelehrter verspottet.

Tulloch, Francis (18./19. Jhrh); Engländer, Reisegefährte Chateaubriands auf der Amerikafahrt

Turenne, Henri de la Tour (1611-1675); Feldherr, Marschall von Frankreich

Turgot, Anne-Robert-Jacques, Baron de (1727-1781); Politiker und Ökonom, Vertreter der physiokratischen Theorie; strebte als Minister Ludwigs XVI. weitreichende Reformen an, stieß auf Widerstand und wurde 1776 gestürzt.

Vancouver, George (1757-1798); englischer Seefahrer

Vauban, Sébastien le Prestre, Sieur de (1633-1707); Generalinspektor der französischen Festungen, erfand ein neues System des Festungsbaus.

Vauvert, Michel Bassinot de (1724-1809); Onkel der Ehefrau Chateaubriands,

Vauxelles, Jean Bourlet de (1733-1802); Abbé, schrieb Artikel für den Mercure de France.

Vergil, Publius Vergilius Maro (70-19 v.Chr.); römischer Epiker und Lyriker

Villèle, Joseph, Comte de (1773-1854); Bürgermeister von Toulouse; Ultraroyalist; 1822-1828 Ministerpräsident; in seinem Kabinett war Chateaubriand Minister für auswärtige Angelegenheiten.

Villeneuve - Chateaubriands Amme, Claude-Modeste-Thérèse Leux; fälschlicherweise so genannt nach ihrem Herkunftsort

Vitellius, Aulus (15-69); römischer Kaiser im Jahre 69

Voltaire statt: François-Marie Arouet (1694-1778); großer Aufklärungsautor und Verfasser klassischer Dramen

Waldeck, Christian-August, Fürst von (1744-1798); Befehlshaber des österreichischen Korps bei der Condé-Armee

Washington, George (1732-1799); General, 1789-1797 erster Präsident der amerikanischen Republik

Wellington, Arthur Wellesley, Herzog von (1769-1852); englischer Staatsmann und Feldherr; siegte 1815 bei Waterloo, dann Befehlshaber der alliierten Truppen; vertrat England auf dem Kongreß von Verona (1822).
Whitbread, Samuel (1758-1815); englischer Staatsmann, Parlamentsredner
Wilberforce, William (1759-1833); englischer Staatsmann
Wilhelm I., der Bastard oder der Eroberer (1027-1087); Herzog der Normandie, nach der Schlacht von Hastings (1066) König von England
Wilson, Alexander (1766-1813); amerikanischer Naturforscher schottischer Herkunft; Verfasser einer *Amerikanischen Ornithologie* mit selbstgefertigten Zeichnungen
Wimpfen, Louis-Félix, Baron de (1744-1814); General der Emigrantenarmee, verteidigte 1792 Thionville; Verfasser von Memoiren.
Wordsworth, William (1770-1850); englischer Dichter

Xenophon (um 430 - um 354 v.Chr.); griechischer Geschichtsschreiber, Schriftsteller und Heerführer

York, Frederick, Herzog von (1763-1827); zweiter Sohn Georges III.; heiratete Prinzessin Friederike von Preußen.
Young, Arthur (1741-1820); englischer Agronom; Verfasser von *Reise durch Frankreich, Spanien und Italien in den Jahren 1787-1789*

DAS LEBEN CHATEAUBRIANDS (CHRONOLOGIE)

1768:   François-René de Chateaubriand wird am 4.September in Saint-Malo, an der Nordküste der bretonischen Halbinsel, geboren.

1777:   Die Familie, Eltern und sechs Geschwister, bezieht das vom Vater gekaufte Schloß von Combourg.

1777-1782: Chateaubriand besucht in Dol, später in Rennes das Gymnasium.

1783:   Chateaubriand wird vom Vater nach Brest geschickt, um in die königliche Marine einzutreten; er kehrt unverrichteterdinge nach Combourg zurück.

1786:   Chateaubriand verläßt Combourg, um im Regiment von Navarre zu dienen; am 6.September stirbt sein Vater in Combourg.

1787:   Vorstellung bei Hofe; letztes Zusammentreffen der Familie in Combourg anläßlich der Aufteilung des väterlichen Erbes.

1788:   Chateaubriand wohnt der Eröffnung der bretonischen Landstände in Rennes bei.

1789/90:   Aufenthalt in Paris; Chateaubriand ist verschuldet und versucht, durch Strumpfhandel mit den Offizieren seines Regimentes zu Geld zu kommen; im *Musenalmanach* des Jahres 1790 erscheint das erste Werk Chateaubriands, die Idylle *Die Liebe zum ländlichen Leben.*

1791:   Im April geht Chateaubriand von Saint-Malo aus auf die Reise nach Nordamerika; im Juli landet er in Baltimore, reist nach Philadelphia, New York, Albany, vermutlich an die Niagarafälle, den Ontario- und den Eriesee; im November macht er sich von Philadelphia aus auf die Heimreise.

1792:   Zu Beginn des Jahres landet Chateaubriand in Le Havre; auf Drängen seiner Familie Eheschließung mit Céleste Buisson de La Vigne; im Juli geht Chateaubriand mit seinem Bruder nach Belgien, um sich der Emigrantenarmee anzuschließen; er tritt in die Bretonische Kompanie ein, wird bei Thionville verwundet und gelangt mittellos und krank nach Jersey, wo er in der Familie seines Onkels Pflege findet.

1793:   Chateaubriand geht nach London und fristet dort ein Hungerdasein.

1794:   Chateaubriand ernährt sich mühsam von Übersetzungen und Sprachunterricht; er erfährt von der Hinrichtung seines Bruders, dessen Frau und deren Großvater, Malesherbes.

1797:   *Der Essay über die Revolutionen* erscheint mit mäßigem Erfolg.

1798:   Chateaubriand erfährt vom Tod seiner Mutter am 31.Mai.

1800:   Chateaubriand landet unter falschem Namen in Calais.

1801:   Die Erzählung *Atala* aus *Der Geist des Christentums* erscheint; Chateaubriand wird von der Liste der Emigranten gestrichen.

1802:   *Der Geist des Christentums* erscheint vollständig.

1803:	Chateaubriand wird zum Botschaftssekretär der Gesandtschaft in Rom ernannt.
1804:	Nach Paris zurückgekehrt, nimmt Chateaubriand das Zusammenleben mit seiner Frau auf; nach der Hinrichtung des Herzogs von Enghien reicht er bei Napoleon das Rücktrittsgesuch von seinem Staatsamt ein.
1805:	*René*, eine Erzählung aus *Der Geist des Christentums,* erscheint separat.
1806:	Reise nach Athen, Konstantinopel, Jerusalem, Kairo.
1807:	Rückkehr über Nordafrika und Spanien nach Paris; als Gegner Napoleons in Paris mißliebig, kauft Chateaubriand das Anwesen La Valée-aux-Loups bei Paris und zieht sich dahin zurück.
1809:	Publikation der Epopöe *Die Märtyrer* nach Schwierigkeiten mit der napoleonischen Zensur; Chateaubriands Vetter Armand, der an einem Komplott gegen Napoleon beteiligt war, wird hingerichtet.
1811:	Veröffentlichung der *Reise von Paris nach Jerusalem*; Chateaubriand wird in die *Académie Française* aufgenommen, hält aber nicht die gewünschte Lobrede auf Napoleon; er beginnt, kontinuierlich an den *Erinnerungen von jenseits des Grabes* zu arbeiten.
1814:	Chateaubriands pro-bourbonische und antinapoleonische Streitschrift *Über Buonaparte und die Bourbonen* erscheint.
1815:	Chateaubriand folgt Ludwig XVIII. auf dessen Flucht vor dem zurückgekehrten Napoleon nach Gent; er wird zum Staatsminister und Pair von Frankreich ernannt.
1816:	Nach Veröffentlichung der Streitschrift *Über die Monarchie gemäß der Charta* wird Chateaubriand seines Ministerpostens enthoben.
1817:	Chateaubriand muß seinen Landsitz und seine Bibliothek verkaufen; er lebt mit seiner Frau auf den Schlössern befreundeter Familien.
1818:	Chateaubriand gründet die Zeitschrift *Le Conservateur,* die bis 1820 erscheint.
1821:	Chateaubriand wird als Gesandter an den Preussischen Hof geschickt; ein halbes Jahr später demissioniert er.
1822:	Chateaubriand wird zum Botschafter in London ernannt; als französischer Bevollmächtiger nimmt er an dem Kongress von Verona teil und betreibt die militärische Intervention Frankreichs gegen die antiroyalistische Reformbewegung in Spanien; er wird zum Minister für Auswärtige Angelegenheiten ernannt.
1824:	Chateaubriand wird seines Ministerpostens enthoben.
1826:	*Der Letzte der Abencerragen* und *Die Natchez* erscheinen.
1828:	Chateaubriand wird zum Gesandten in Rom ernannt.
1829:	Chateaubriand legt den Gesandtenposten nieder.
1830:	Chateaubriand verweigert Louis-Philippe, der durch die Julirevolution auf den Thron gelangt war, die Gefolgschaft; er verzichtet

auf die Pension, die ihm als Pair von Frankreich zusteht.

1832: Als Vertrauter der Herzogin von Berry wird Chateaubriand, als diese in der Vendée einen Aufstand anzuzetteln versucht, für zwei Wochen arretiert.

1833: Mehrmalige Reisen nach Prag zu Karl X., um diesen mit dessen Schwiegertochter, der Herzogin von Berry, auszusöhnen.

1834: Die Uraufführung des Dramas *Moses* wird zum Mißerfolg.

1836: Gegen Zahlung einer Rente verkauft Chateaubriand die Rechte an den *Erinnerungen von jenseits des Grabes* an eine Gesellschaft.

1844: Veröffentlichung von *Das Leben des Abbé Rancé*; die Eigentümer von Chateaubriands Memoiren verkaufen die Werknutzungsrechte an einen Zeitungsinhaber.

1847: Am 8. Februar stirbt Chateaubriands Ehefrau.

1848: Am 4. Juli stirbt Chateaubriand in Paris; am 19. Juli wird er feierlich auf der Insel Grand-Bé in der Nähe seines Geburtsortes beigesetzt; im Oktober beginnt die Veröffentlichung der *Erinnerungen von jenseits des Grabes.* als Feuilleton.

NACHWORT

„Der beste Teil des Genies besteht aus Erinnerungen", hatte Chateaubriand schon als Dreißigjähriger geschrieben. Für ihn gilt dieser Satz vollauf. Seine äußeren Lebensumstände und eine innere Notwendigkeit machten das Erinnern zu seiner Domäne.

Chateaubriands Eintritt ins Leben fiel mit der Französischen Revolution zusammen, die er als Wende und Bruch zwischen zwei Welten begriff, als einen Bruch, der auch durch seine Existenz ging. Angesichts dessen sind Erinnerungen für ihn das Mittel, die Kohärenz seiner Person und seiner persönlichen Geschichte zu wahren: „...was wären wir ohne Erinnerungen? Wir würden unsere Freundschaften, unsere Liebe, unsere Vergnügungen, unsere Geschäfte vergessen; das Genie könnte seine Ideen nicht zusammenhalten, das liebevollste Herz würde seine Zärtlichkeit verlieren... Unser Dasein würde sich auf die aufeinanderfolgenden Augenblicke einer Gegenwart beschränken, die unaufhörlich verrinnt; es gäbe keine Vergangenheit mehr." So aber schreibt Chateaubriand im Bewußtsein der doppelten Ebene seines Denkens und Fühlens; einst und jetzt durchdringen sich in der Niederschrift: „Diese Memoiren sind zu verschiedenen Zeiten in verschiedenen Ländern niedergeschrieben worden... So sind auch die wechselnden Gestalten meines Lebens in sie eingetreten; es ist mir begegnet, daß ich in Augenblicken des Wohlstandes von Zeiten des Elends habe sprechen, in den Tagen des Kummers ein Bild von den Tagen des Glücks habe entwerfen müssen. Indem sich meine Jugendgefühle auf die Jahre des höheren Alters übertragen, der Ernst meiner reifen Jahre die Tage meiner Jugend getrübt hat,... ist in meine Erzählungen eine Art von Verwirrung oder auch, wenn man will, eine Art von unerklärbarer Einheit gekommen; meine Wiege hat etwas von meinem Grabe, mein Grab etwas von meiner Wiege angenommen...", schreibt Chateaubriand in dem zwei Jahre vor seinem Tode verfaßten *Testamentarischen Vorwort* zu den Memoiren (das, da es sich auf den Gesamttext bezieht, in die vorliegende Ausgabe nicht aufgenommen wurde).

Mit der erinnernden Selbstdarstellung und Selbsterkenntnis betritt Chateaubriand kein absolutes literarisches Neuland. Rousseau, zu dem er ein widersprüchliches, aus Bewunderung und Ablehnung gemischtes Verhältnis hat, ist ihm darin mit seinen „Bekenntnissen" vorausgegangen. Chateaubriand spricht freilich den Mechanismus des Erinnerns zuweilen direkt an, nennt die Sinneseindrücke, die unwillkürlich Erinnerungen wachrufen. Solche Assoziationen und synästhetischen Wahrnehmungen - wie übrigens auch Chateaubriands hochentwickelte Sprachkultur, sein Empfinden für die magische Qualität der Laute - machen ihn zu einem Ahnherrn Prousts und Baudelaires; letzterer hat Chateaubriand als den „großen René" in die erste Reihe seiner künstlerischen Vorbilder gestellt.

Der Erinnerungsprozeß wird aber auch von bewußter Absicht gelenkt:

Materialisiert er sich in einer Niederschrift, dann ist er ein Mittel gegen den Schmerz des Vergessenwerdens, ein Mittel, dem vergänglichen Leben Dauer, bleibenden Sinn zu verleihen. Dem dient Chateaubriands Wunsch, die Memoiren erst fünfzig Jahre nach seinem Tode veröffentlichen zu lassen und so einen „Tempel des Todes" zu errichten, Stimmen sprechen zu lassen, „welche einen fast heiligen Charakter tragen, weil sie dem Grabe entsteigen".

Geldnot zwang Chateaubriand jedoch im Alter, nahe der Siebzig, die Memoiren für eine beträchtliche Summe an eine Kommanditgesellschaft zu verkaufen - sowohl den gewaltigen Text in halbfertigem Zustand als auch die Änderungen und Vervollkommnungen, die er noch vorzunehmen gedachte. Widerstrebte es Chateaubriand schon, mit seinem Lebenswerk ein Geschäft zu machen, so schmerzte ihn die Zerstörung der Aura, die ein solches Geschäft gerade für dieses Werk bedeutete, besonders. Der erhabene Gestus war dahin; Chateaubriand hatte, wie er seufzend sagte, „eine Hypothek auf sein Grab aufgenommen". Der Fortgang des Geschäfts bestätigte sein Unbehagen: Die Gesellschaft verkaufte das Manuskript wieder an einen Zeitungsinhaber, der es sogleich nach Chateaubriands Tod als Feuilleton veröffentlichen wollte. - Sein Lebenswerk als Fortsetzungsgeschichte in einer Zeitung zu sehen, diese Vorstellung empörte und verletzte Chateaubriand in seiner persönlichen Würde wie in seiner Kunstauffassung. Doch wehren konnte er sich kaum dagegen, auf so drastische Weise in den Vermarktungsprozeß der Literatur einbezogen zu werden.

Gerichtliche Schritte waren aussichtslos; er konnte lediglich, da er ja noch Herr seines Werkes war, daran feilen, kürzen, für Nahestehende peinliche Stellen ausmerzen - was er bis zu seinem Tode unermüdlich tat. Daher rühren die Varianten und Zusätze, die unterschiedlichen Fassungen, die die Publikation eines gesicherten Textes so überaus erschwert haben.

Der hier vorliegende Teil der Memoiren, auch von Chateaubriand als der anziehendste bezeichnet, „welcher sich auf meine Jugend, auf den unbekanntesten Abschnitt meines Lebens bezieht", hebt mit der Vorgeschichte seiner Familie an und endet mit Chateaubriands Rückkehr nach Frankreich im Jahre 1800. - Wie wir wissen, kam Chateaubriand, wenn auch materiell völlig entblößt, nicht mit leeren Händen heim: Auf der Amerika-Reise hatte er Bilder und Skizzen gesammelt; im englischen Exil hatte er verzweifelt geschrieben und mit dem *Essai sur les Révolutions* (1797, Essay über die Revolutionen) größtenteils mißfällige Aufmerksamkeit in Emigrantenkreisen erregt. Dieser Essay ist der Versuch einer großangelegten vergleichenden Physiologie der Revolutionen - auch mit dem Ziel, den Verlauf der derzeit in seiner Heimat ablaufenden vorherzubestimmen. Als Revolution läßt Chateaubriand nur „eine totale Veränderung in der Regierungsform", d.h. für ihn den Wechsel zwischen Monarchie und Demokratie, gelten. Die Linie solcher Revolutionen ziehe sich vom antiken Griechenland bis zur Französischen Revolution; Chateaubriand versteht sie alle als ein untrennbar mit der Geschichte verbundenes Phänomen. Das Bewußtsein solch ewiger Wiederkehr führt ihn zu resignativen Äußerungen wie: „Eine Regierung wäre schlecht, eine Religion abergläubisch? Lassen wir die Zeit wirken, sie wird besser Abhilfe schaffen als wir." Dahinter steht das persönliche Krisenempfinden Chateaubriands; er fühlt sich - wörtlich - einer „verlorenen Generation" zugehörig und erklärt das Entstehen von Revolutionen im Individuellen mit einem Zustand der Unruhe, des Glaubensverlusts, der Sehnsucht nach einem anderen Leben. Sprunghaft in der Darstellungsweise, enthält der Essay viel Widersprüchliches; als durchgehende Motive, die im späteren Schaffen bestimmend werden sollen, klingen das Vergänglichkeitsempfinden, die Infragestellung des Wissens zugunsten des Glaubens, der Todeswunsch an.

Der vorerst nicht nutzbare literarische Ertrag der Amerika-Reise, *Les Natchez* (so der Name einer indianischen Bevölkerungsgruppe), sind eine Epopöe auf den Menschen der Wildnis, der dem Zivilisationskranken aus der Alten Welt gegenübergestellt wird - eine Konstellation, aus der der Einfluß Rousseaus spricht. Fürs erste griff Chateaubriand aus dem Werk, das erst 1829 als Ganzes erschien, zwei zugkräftige Episoden heraus, um sie in dem Sinne umzuformen, in dem sich sein Denken seit einigen Jahren bewegte: Wenn er in seiner Jugend die großen Aufklärer gelesen hatte und von ihnen beeindruckt war, so setzte er ihnen jetzt mit abrupter Glaubensentschlossenheit ein Nein entgegen. Diesen Gesinnungswandel begründete Chateaubriand mit dem rasch aufeinanderfolgenden Tod seiner frommen Mutter und einer Schwester; tatsächlich dürfte er aber vor allem von dem Entschluß verursacht worden sein, eine Apologie des Katholizismus zu schreiben - und dieser Entschluß wiederum von der Erkenntnis, daß wiedererwachende religiöse Bedürftigkeit einem solchen Werk Erfolg verhieß. Ein im Februar 1800 ausgesandter Hilferuf an Fontanes, Freund und Förderer Chateaubriands, zeigt, wie bitter nötig dieser Erfolg war: „Ich hoffe sehr, mein lieber Freund, daß Sie bei einem Verleger die Wege ebnen. Das ist meine einzige Hoffnung. Wenn ich falle, bin ich unwiederbringlich verloren. Geben Sie sich doch Mühe, die Besprechung mit einiger Bewegtheit zu schreiben..." Bald darauf hatte sich für Chateaubriand das Blatt gewendet, und dies dank einer geschickten Veröffentlichungs-Taktik: *Le Genie du Christianisme* (Der Geist des Christentums) war schon lange angekündigt, als 1801 ein Auszug erschien - eine der Episoden, die noch von der Amerika-Reise stammten und nun eine christliche Wendung erfahren hatten: *Atala.* Es ist dies die Erzählung eines alten Indianers von seiner qualvollen Bindung an die schöne Häuptlingstochter Atala, die ihn geliebt hat, ohne sich ihm je hinzugeben. Schließlich habe Atala ihm offenbart, daß ihre Mutter, eine Christin, bei ihrer Geburt gelobt habe, daß die Tochter ihre Jungfräulichkeit für Gott bewahren solle. Dann stirbt Atala unter Ermahnungen an den Geliebten, sich zum christlichen Glauben zu bekehren.

Starke, unerfüllte Liebe inmitten exotischen Dekors, Atalas Offenbarung und ihr Tod - daraus, weniger aus Atalas Gläubigkeit rührte die gewaltige Wirkung, die die Erzählung bei ihrem Erscheinen hatte. Sainte-Beuve, scharfsinniger und unbarmherziger Kritiker Chateaubriands, hält die Liebesgeschichte in einem religiösen Werk für „seltsam plaziert". Zu ihrer Wirkung aber sagt er: „ ... der Erfolg von *Atala* war ungeheuerlich. Von den einen verrissen, von den anderen verschlungen, nahm sie die Aufmerksamkeit eines Publikums gefangen, das seit zwölf Jahren zum ersten Mal wieder Muße fand, sich mit literarischen Dingen zu beschäftigen." Von Stund' an war Chateaubriand der Held der literarischen Salons. Wichtige Verbindungen erwuchsen ihm daraus, wie die zu der hocharistokratischen Pauline de Beaumont, unter deren Dach er, umgeben von ihrer Zuneigung und tätigen Mithilfe, *Der Geist des Christentums* (1802) vollenden konnte, oder zu Elisa Bacciocchi, der Schwester Napoleons, die die Streichung seines Namens von der Liste der als staatsfeindlich betrachteten Emigranten bewirkte.

Der Weg zur Annäherung an Bonaparte war damit frei. Chateaubriand wird später in den Memoiren nicht müde, auf das Gemeinsame ihrer beider Schicksale, ja auf Ebenbürtigkeit zu pochen: „ ... ich war damals (1790 - B.S.), wie Bonaparte, ein kleiner, völlig unbekannter Unterleutnant. Beide traten wir zur gleichen Zeit aus dem Dunkel hervor, ich, um mir in der Einsamkeit einen Namen zu machen, er, um seinen Ruhm unter den Menschen zu suchen."

Der Geist des Christentums sollte Bonaparte von dieser Ebenbürtigkeit überzeugen. Dabei aber hatte sich Chateaubriand in seinem „Partner" gründlich getäuscht: Zwar setzte dieser mit wachsender Machtfülle immer stärker auf die Religion als Ordnungsprinzip und Lenkungsinstrument, billigte ihr aber - wie schon gar dem Literaten, der sie propagierte - allenfalls eine Hilfsfunktion für seine Zwecke zu. 1801 hatte Bonaparte eine Übereinkunft mit der römisch-katholischen Kirche getroffen, die das enge Verhältnis zwischen Kirche und Staat wiederherstellte. Daß nun Chateaubriand im April 1802 fast gleichzeitig mit der Ratifizierung dieses Konkordats eine umfangreiche religiöse Lobschrift vorlegte, mußte Bonaparte hochwillkommen sein. Dennoch belohnte er Chateaubriand nicht mit dem erhofften hohen Staatsamt - dafür erschien ihm der ruhmvolle Literat zu unseriös.

In den wiedererstandenen Salons wurde der Essay allenthalben gerühmt, wenn auch - vermutlich - nicht allenthalben und vor allem nicht vollständig gelesen. Dafür war er zu umfangreich, mit einer zu großen Fülle historischer Beispiele beladen. Er postulierte die Notwendigkeit der Religion - als Moralbegründung, als Ordnungsprinzip; er gibt ihr allerdings ungewohnte Inhalte und Rechtfertigungen: Das Christentum sei der günstigste Nährboden für die Poesie, für die Künste schlechthin, für Freiheit und Menschlichkeit und beweise dadurch seine Überlegenheit über alle anderen Religionen und besonders über den Atheismus. - Es ist dies gewissermaßen eine Begründung, die von außen kommt: Aus den Werken der Christen wird auf die Notwendigkeit des Christentums und auf die Existenz Gottes geschlossen. Zwar ist das Vorgehen Chateaubriands, alles moralisch und ästhetisch Positive dem Christentum zuzuschlagen, fragwürdig; andererseits hebt diese forcierte Argumentation den Essay doch über den Status einer klerikalen Propagandaschrift heraus: Er ist

Ausdruck der Suche - die von Chateaubriand freilich als Sicherheit ausgegeben wird - nach einer übergeordneten Instanz, in der die menschlichen Lebenstätigkeiten, und besonders die Künste, sinnvoll und einander ergänzend aufgehen können.

1803 widmete Chateaubriand die zweite Auflage des Essays dem „Bürger Ersten Konsul", und dringlich ersuchte er dessen Schwester, für ihn eine Gesandtenstelle in Rom zu erwirken. Man belohnte ihn, aber nur halbherzig, mit dem Posten des Gesandtschaftssekretärs. Als solcher fühlte sich Chateaubriand unterbewertet; ständig verletzte er die Regeln der diplomatischen Hierarchie und rief so Verärgerung hervor. Bald bat er selbst seine Gönnerin um Versetzung. Wenn ihn in diesem Fall die subalterne Stellung besonders gekränkt haben mag - es ist erstaunlich, wie schnell er auch später der Posten und Ehren überdrüssig wird, um die er sich zuvor mit allen Mitteln bemüht hatte.

Diplomatische Verdienste hatte sich Chateaubriand in Rom nicht erworben, dafür aber war er zu dem fruchtbarsten literarischen Entschluß seines Lebens gelagt: dem, seine Memoiren zu schreiben. Ein erstaunlicher Entschluß für einen Fünfunddreißigjährigen, auch wenn er durch eine besondere Gemütsbewegung ausgelöst wurde: Chateaubriand erlebte das Sterben Pauline de Beaumonts mit, die schwerkrank nach Rom gekommen war - vermutlich, um dem geliebten Mann am Ende nahe zu sein. - Ein Tod hatte diesen Entschluß ausgelöst, und der Tod ist auch das Leitmotiv zumal des uns vorliegenden Teils der Memoiren. War doch gerade dieser Teil von Chateaubriands Leben, seine Kindheit und Jugend, besonders vom Tod belastet: Die Französische Revolution nahm er als einen „Blutstrom, der für immer die alte Welt ... von der neuen scheidet ... " wahr. In seine Familie brach, wie wir wissen, das Sterben ein: Drei seiner engsten Verwandten wurden hingerichtet, einige Frauen waren in Haft, ein Onkel starb im Gefängnis. Im englischen Exil war Chateaubriands Gesundheit so ruiniert, daß er mit seinem baldigen Ende rechnete; auch lebte er in ständiger Angst, durch seine Emigration in Frankreich verbliebene Familienangehörige zu gefährden.

Zuweilen wird das Beschwören des Todesmotivs aber auch zur erhabenen Floskel, gerinnt die demonstrierte Todesverachtung zur Pose - so, wenn Chateaubriand die Beschreibung turbulenter Aktionen, imposanter Wagestücke immer wieder auf diese Weise beschließt. Dann markiert dieses Motiv den Übergang von der Schilderung lebendigen Erlebens zum Aufbau eines vorgefertigten Bildes. Entsprechung zu einem vorgefertigten Bild sucht Chateaubriand auch, wenn er analoge Situationen aus großen Werken der alten Literatur anführt (wobei seine Zitate oft nicht exakt sind). Widerspruchsvoll greifen diese beiden Erzählhaltungen ineinander: Das Erinnern als aktiver, lebendiger Prozeß steht zwar in offenem Kontrast zu der starren Todes-Pose, ist ihr andererseits aber durch das Vergänglichkeitsbewußtsein, auf das es sich beruft, sinnhaft verbunden. Zu Beginn der Memoiren faßt Chateaubriand diese widersprüchliche Beziehung mit Bravour: „Diese Memoiren werden ein Tempel des Todes sein, errichtet im Lichte meiner Erinnerungen."

Die Pose, die absichtsvolle Einpassung in ein vorgefertigtes Bild, läßt sich in Chateaubriands Darstellung bei vielen Gelegenheiten erkennen. Einige kurze Beispiele dafür: Eingangs weist Chateaubriand mit großer Ausführlichkeit seine hochadelige Abkunft nach. Tatsächlich war der Glanz der ihm direkt vorausgehenden Generation jedoch gering - da Vater und Großvater jüngere Söhne waren, fiel ihnen nach bretonischem Erbrecht nur ein ganz geringes Erbteil zu, und sie mußten sich auf recht unedle Weise durchschlagen. Der Vater hatte sich als Matrose verdingt und war u.a. durch Sklavenhandel zu dem Geld gekommen, das ihn in den Stand setzte, mit dem Erwerb des Schlosses Combourg wieder ein adeliges Leben zu führen. Wieviel der Sohn davon wußte, bleibe dahingestellt.

Mit der Fahrt nach Amerika verband Chateaubriand - auch er ein jüngerer Sohn - vermutlich Hoffnungen, wie sie sich für den Vater erfüllt hatten. Auch hegte er hochfliegende Entdeckerprojekte, in denen ihn die Realität rasch herabstimmte; an seinen väterlichen Freund Malesherbes schrieb er: „ ... ich werde der Kolumbus des nördlichen Amerikas werden. Übrigens, ich bin zufrieden mit dem, was ich sehe, und wenn der Entdecker bekümmert ist, so kann der Dichter sich rühmen. Ich bemühe mich, Pflanzen zu sammeln, aber ich kenne mich kaum aus darin, und man wird über mich lachen." Wie weit Chateaubriand tatsächlich ins Innere Amerikas vorgedrungen ist - wir wissen es nicht genau; gesichert ist, daß er in Teilen seiner Reisebeschreibung auf die Darstellungen anderer Forschungsreisender zurückgegriffen hat und daß die Audienz bei Washington nicht stattfand. Offenkundig ist hingegen der schriftstellerische Ertrag der Reise: In der literarischen Entdeckung exotischen Dekors und des Menschen in der Wildnis nimmt Chateaubriand einen entscheidenden Platz ein, und mit der romantischen Behandlung des Motivs hat er ihm neue Töne verliehen. Dieser künstlerische Ertrag ließ sich aber nicht sogleich verwerten, und so zwang ihn wohl eher Mittellosigkeit als die Nachricht von der Verhaftung des Königs zur Heimkehr.

In der Kindheit und frühen Jugend war, wie wir wissen, Chateaubriands Schwester Lucile seine Trösterin und Inspiratorin gewesen. Während Chateaubriand Amerika durchzog, im Emigrantenheer kämpfte und im englischen Exil hungerte, litt Lucile auf ihre Weise: In der Revolutionszeit war sie inhaftiert, ihre ohnehin kärglichen Mittel wurden konfisziert, und sie mußte dann auf Kosten ihrer verheirateten Schwestern leben. Aus den Briefen Luciles, die Chateaubriand im zweiten Teil der Memoiren anführt, spricht verzweifeltes Leiden an der Einsamkeit; sie bettelt regelrecht um die Zuwendung des mittlerweile berühmten Bruders. Der hatte indes anderes im Sinn, und verhaltene Ungeduld schwingt mit, wenn er sie als „klagendes Gespenst" bezeichnet oder fragt: „Warum hat Gott ein Wesen geschaffen, einzig dazu bestimmt zu leiden?" Lucile starb vierzigjährig, einsam und unter ungeklärten Umständen, vermutlich durch Selbstmord. Chateaubriand sah sich außerstande, beim Begräbnis dabeizusein - angeblich wegen des schlechten Gesundheitszustandes seiner Frau. Das Kapitel Lucile beschließt Chateaubriand mit wehmütigen

Worten darüber, was sie ihm bedeutet hat...

Sainte-Beuve sagte zu dieser Geschwisterbeziehung: „Er hat für sie geschrieben, sie ist für ihn gestorben." Für sie - mehr aber noch zum eigenen Ruhme, denn keine Schrift Chateaubriand fand so enthusiastische Aufnahme wie *René*, die Erzählung, in der eine Geschwisterliebe den zugkräftigen Konflokt abgibt. In der Gestalt Renés hat Chateaubriand sein ideales Konterfei geliefert: Aus Gründen, die seiner Biographie entnommen sind - die Vorliebe des Vaters für den älteren Bruder, die eigene Labilität - fühlte René sich durch seine Umwelt bedrückt, angeekelt und suchte nach einem anderen Dasein; das fand er nach ruheloser Wanderung durch die Welt bei den Indianern, bleibt aber auch hier verschlossen, von vagem Schmerz beherrscht. Schließlich enthüllt er seinen Vertrauten, einem weisen Indianer und einem Missionar, im Rückblick den Grund seines Kummers: In der schmerzlichen Isolierung seiner Jugendzeit hatte er sich nur einem Wesen aufgeschlossen, das ihm glich: seiner Schwester Amélie. Nach einer Zeit des Glücks verließ diese René aber und erlaubte ihm nur noch, ihrer Einkleidung als Nonne beizuwohnen. Und da, vom Marmorfußboden der Kirche, auf dem Amélie unter einem Leichentuch lag, drang das Geständnis ihrer „verbrecherischen Leidenschaft" für den Bruder an dessen Ohr. - Der Missionar knüpft an diese Erzählung strenge Ermahnungen zum christlichen Lebenswandel, die René aber nicht mehr zu beherzigen vermag: Er kümmert dahin und stirbt. - Der Schluß war insofern nötig, als Chateaubriand auch diese Erzählung aus *Die Natchez* als poetische Illustration in *Der Geist des Christentums* übernommen hatte.

So wie etwa zwanzig Jahre früher der empfindsame Roman *Paul und Virginie* von Bernardin de Saint-Pierre löste *René* eine Werther-ähnliche Modewelle aus, eine „René-Krankheit", von der Sainte-Beuve sagte: „Die René-Krankheit hat etwa vierzig Jahre lang gewütet; wir alle haben sie in unterschiedlichem Maße gehabt." René entsprach - die unheimliche Identifikationsbereitschaft und Nachahmungslust besonders des jugendlichen Publikums zeigte es - einem allgemeinen Geistes- und Gemützszustand. „Eine ganze Familie von René-Dichtern ... schoß aus dem Boden ... es war nur noch von Gewitterstürmen, von unbekannten, den Wolken der Nacht anheimgegebenen Leiden die Rede; kein Gymnasiast mehr, der nicht der unglücklichste Mensch zu sein meinte, der nicht mit sechzehn Jahren das Leben bis zur Neige ausgekostet hatte, der sich nicht vom Genie besessen glaubte, der sich nicht den Wogen seiner Leidenschaften überließ", schreibt Chateaubriand im Rückblick.

Das Jahr 1804 brachte eine Wende in seinem Leben. Die diplomatischen Ämter, die ihm unter Bonaparte zugefallen waren - nach Rom ein Posten im schweizerischen Wallis, einem „scheußlichen Loch" - ließen ihm die Mühe, sich weiterhin bei dem Ersten Konsul anzudienen, bereits fragwürdig erscheinen. Da befahl Bonaparte, den Herzog von Enghien, einen im Ausland lebenden Bourbonensproß, aufzugreifen und nach Aburteilung durch ein französisches Schnellgericht standrechtlich zu erschießen. Durch diesen Rechtsbruch gab Bonaparte zu erkennen, daß er jedes Arrangement mit den Bourbonen ablehnte.

Chateaubriand war davon zutiefst betroffen; spätestens jetzt mußte er einsehen, daß die Rückkehr der Bourbonen - für ihn die Rückkehr zur Legitimität - unter Bonaparte nicht möglich sein würde. Er reicht seine Demission ein; obwohl er sie verbindlich abfaßte, mit dem Gesundheitszustand seiner Frau begründete - der Affront war offenkundig. Mögen dabei auch gekränkte Eitelkeit und ein Gespür dafür im Spiel gewesen sein, daß Gegnerschaft eine erhabenere Rolle sichere als Mitläufertum - Chateaubriand hat doch in einem heiklen Moment Mut bewiesen und sich dem Dienst Napoleons bleibend entzogen. Gefunden hatte er dafür eine Rolle, die seinen Fähigkeiten besser entsprach als die des Politikers und Diplomaten: die Rolle des politischen Publizisten und Polemikers. Eine gewisse Einheitlichkeit war durch diese Wende in Chateaubriands Leben gekommen.

Durch die Demission stand Chateaubriand materiell völlig ungesichert da - ein Zustand, der ihm immer wieder begegnen sollte. Andererseits war er frei für Unternehmungen nach seinem Sinn. 1806/07 unternahm er eine große Reise, fuhr über Italien, Griechenland, die Türkei nach Troja und Konstantinopel und schließlich - denn er erklärte diese Reise als Pilgerfahrt - nach Jerusalem. Dann ging es über Alexandria und Kairo die nordafrikanische Küste entlang nach Spanien, wo Chateaubriand eine Geliebte traf; das gemeinsame Erlebnis von Córdoba, Madrid, Granada geriet ihm zum romantischen Abenteuer.

Mit dieser Fahrt, so sagt Chateaubriand in der unter dem Titel *Itinéraire de Paris à Jerusalem* (1811, Reise von Paris nach Jerusalem) veröffentlichten Reisedarstellung, sei er auf die Suche nach Bildern ausgegangen; Bilder, Landschaftswiedergaben aus dem heimatlichen Raum, der Bretagne und vom Meer, später aus der Neuen Welt und nun aus dem Orient, sind die originelle, einzigartige künstlerische Leistung Chateaubriands. Er verfügt über eine ungeheuer sensible Wahrnehmung für Naturphänomene und persönliche Stimmungslagen und über einen reichen, nuancierten Wortschatz zu deren Bezeichnung. Für die Menschendarstellung taugt Chateaubriands Art, Außenwelt zu erfassen und wiederzugeben, weniger: Da es ihm auch hier - außer, wohlgemerkt, im eigenen Fall - mehr auf bildliche Anordnung als auf Tiefensicht ankommt, erscheinen die von ihm geschaffenen Gestalten flach, starr in ihrer hehren Pose. Besonders offenkundig wird das im Kontrast zwischen der Reisedarstellung und der später, 1826, erschienenen, von dem Spanien-Abenteuer inspirierten Liebesgeschichte *Les Aventures du dernier Abencérage* (Der Letzte der Abencerragen): Da entbrennen eine Christin und ein Muslim, beide letzte Abkommen edler Geschlechter, in Liebe zueinander; obwohl sie einander an Edelmut überbieten, kann doch keiner seinen Glauben verleugnen; so trennen sie sich unter Liebesbeteuerungen und sterben.

Die Liebe zwischen einem Christen und einer Heidin im antiken Rom ist Gegenstand der ambitionierten, Homers *Iliade* nachgestalteten Epopöe

Les Martyrs (Die Märtyrer), die Chateaubriand 1809 veröffentlichte und die heute zu Recht vergessen ist.

Durch seinen Affront Napoleons meinte Chateaubriand sich auf das erstrebte gleiche Niveau mit dem siegreichen Herrscher emporgeschwungen zu haben. „Wenn Napoleon mit Königen fertiggeworden war - mit mir wurde er es nicht", schreibt er später in seinen Memoiren; er brauchte ständige Feindschaftsbeweise, um von sich das Bild ungebrochener Gegnerschaft aufrechtzuerhalten. Ein Artikel im *Mercure de France* von 1807, in dem Chateaubriand noch einmal auf den Tod des Herzogs von Enghien anspielte, trug ihm die Verbannung aus Paris ein. Er kaufte den kleinen Landsitz *La Valée-aux-Loups* in der Nähe von Paris, ertrug aber die Zurückgezogenheit und die Aussichtslosigkeit seiner Lage schlecht und erkrankte.

Dort verfaßte er sein erst 1831 veröffentlichtes einziges Drama *Moïse* (Moses), Chateaubriands Absicht nach eine Tragödie von biblischer Wucht und Größe. Die Aufführung des Stückes, die 1834 durch eine zweitklassige Truppe zustande kam, wurde ein Mißerfolg. Das Publikum fühlte sich durch dem Pomp, die klassizistische Kälte und Strenge, die Racine-Imitation des Stückes - alles sehr unzeitgemäße Eigenschaften - abgestoßen.

Die antinapoleonische Haltung Chateaubriands wurde auf eine harte Probe gestellt, als 1811 der Schriftsteller Marie-Joseph de Chénier, der als Konventsmitglied für die Hinrichtung des Königs gestimmt hatte, starb und sein Sitz in der Académie Française frei wurde. Tatendurst und Ruhmverlangen sowie der Rat von Freunden, in den sich womöglich ein Fingerzeig von oben mischte, drängten Chateaubriand, diese Chance zur Reintegration zu nutzen; von widersprüchlichen Gefühlen erfüllt, stellte er sich zur Wahl und wurde mit großer Stimmenmehrheit akzeptiert. Nun mußte er eine Laudatio auf seinen Vorgänger halten, die üblicherweise im Ruhm auf den Herrscher ausklang. Chateaubriand legte eine Rede vor, in der Napoleon eigenhändig Streichungen vornahm - mit gutem Grund. Chateaubriand hatte erklärt, daß in solch veränderungsreicher Zeit Literatur und Kunst aufs engste mit politischen und menschlichen Belangen verbunden seien; also hatte er für den Schriftsteller Mitwirkung an den öffentlichen Angelegenheiten beansprucht. Über Chénier hatte er geflissentlich geschwiegen, die rasche Aufeinanderfolge derart unterschiedlicher Geister, wie Chénier und er es waren, allerdings als Bestätigung seines Vergänglichkeits- und Todesgedankens angeführt. Am Schluß hatte er sich aprupt von solch finsteren Betrachtungen losgerissen, um das Festliche, Zukunftsbetonte des „neuen Reiches" und seines Herrschers zu preisen. - Man legte Chateaubriand nahe, die Rede neu zu schreiben; er entzog sich dem mit dem Hinweis auf Arbeitsüberlastung und angegriffene Gesundheit. Er hat seine Antrittsrede in der Académie Française nie gehalten.

Das Jahr 1811 gibt Chateaubriand später in den Memoiren als das Ende seiner literarischen Laufbahn und den Übergang zu politischem Wirken, besonders als Publizist, an. Im gleichen Jahr aber begann er, nachdrücklich an den Memoiren zu arbeiten, befördert darin durch die Zurückgezogenheit auf seinem Landsitz und durch eine neue Gönnerin, die Herzogin von Duras, die sich seine Projekte energisch zu eigen machte. Den Memoiren, dieser gewaltigen und bleibenden literarischen Leistung, hat Chateaubriand also vorerst keinen künstlerischen Wert zuerkannt. Dabei wollte er nun, anders als 1803, da ihm eher die Darstellung seiner öffentlichen Existenz vorschwebte, über seinen persönlichen Werdegang, über die Entwicklung seiner Vorstellungen und Gefühle Rechenschaft ablegen und dabei die „volle Wahrheit" sagen. Allerdings kehrte er dabei unablässig seine politischen und diplomatischen Leistungen hervor - wohl in der Vermutung, darin nie ernstgenommen worden zu sein; so führte er beständig Beispiele dafür an, daß literarische Meisterschaft sehr wohl mit erfolgreichem politischen Wirken gekoppelt sein könne.

Fortan werden die Memoiren Chateaubriands Lebensweg begleiten, ja, immer mehr von einem Mittel zur Erfassung dieses Lebens zum Lebenszweck selbst werden. Eigentlich müßte sein Leben und das Darüber-Schreiben von nun an stets in gegenseitiger Verschränkung dargestellt werden, jedoch sei hier nur kurz der Inhalt der drei weiteren Teile der Memoiren umrissen: Im zweiten, wie schon mehrfach erwähnt, stellt Chateaubriand seine literarische Laufbahn dar; im dritten beschreibt und beurteilt er Aufstieg und Fall Napoleons und schildert er seine diplomatische Karriere bis zur Julirevolution; im vierten, in dem Erlebnis- und Schreibzeit zusammenfallen, in dem Chateaubriand also eine Art Tagebuch seiner Aktivitäten von 1830-1841 liefert, herrschen seine Bemühungen um die Wiedereinsetzung der Bourbonen und um Aussöhnung der zerstrittenen Mitglieder der Dynastie vor.

Den Hauptteil der Memoiren schreibt Chateaubriand aus der Erinnerung, die oft schon weit entlegen ist. Das Entfliehen der Zeit, die damit verbundenen Veränderungen an Menschen, Dingen, Situationen, der eigenen Sicht und Meinung auch, sind ein Motiv, das Chateaubriand dabei immer wieder voll Melancholie aufgreift - und dies um so nachdrücklicher, je größer der Abstand zwischen Erlebnis- und Schreibzeit ist. Zu Beginn des zweiten Teils, den Chateaubriand 1836 niederschrieb, mit mehr als dreißigjähriger Distanz also, heißt es: „Wie soll ich mit Glut die Erzählung von Dingen wieder aufnehmen, die früher voll Leidenschaft und Feuer für mich waren, wenn ich mich doch nicht mehr mit Lebenden unterhalten kann, wenn ich auf dem Grund der Ewigkeit erstarrte Bilder wiedererwecken, in Grabesgrüfte hinabsteigen muß, um dort das Spiel des Lebens zu spielen? Bin ich selbst nicht auch beinahe tot? Haben sich meine Meinungen nicht gewandelt? Sehe ich die Dinge in gleicher Sicht? ... Wer lange lebt, spürt, wie die Stunden erkalten; das Interesse vom Vortag ist tags darauf geschwunden. Wenn ich in meinen Erinnerungen grabe, stelle ich fest, daß Namen, auch Gestalten meinem Gedächtnis entfallen sind, die früher vielleicht mein Herz erzittern ließen: Nichtigkeit des Menschen, der vergißt und vergessen wird!" Im Bewußtsein dieser vom Fluß der Zeit bewirkten Nichtigkeit schreibt Chateaubriand und hebt sich so über die Nichtigkeit hinaus, ja mehr noch, besiegt die Zeit auf dem einzigen Wege, den er selbst am Ende der Memoiren als möglich dafür ansieht: „ ... über die Zeit triumphiert man nur, indem man unsterbliche Dinge schafft ..."

Die Kette militärischer Niederlagen, die Napoleon seit dem Rußland-Feldzug hinnehmen mußte, fand in der Kapitulation von Paris im März 1814 ihr vorläufiges Ende und zwang Napoleon zur Abdankung. Nun hielt Chateaubriand seine Stunde als politischer Publizist für gekommen. Er veröffentlichte im gleichen Jahr eine Broschüre, *Über Buonaparte und die Bourbonen*, von der Ludwig XVIII., so Chateaubriand, gesagt haben soll, sie habe ihm mehr genutzt als eine Armee von hunderttausend Mann. An eindeutiger Stellungnahme hat es Chateaubriand in der Broschüre wahrlich nicht fehlen lassen; Napoleon, dem Usurpator der Macht und despotischen Schreckensherrscher aus Korsika, stellt er in Ludwig XVIII. den weisen und sanften, durch Tradition geheiligten Monarchen gegenüber. „Wie süß wird es sein, sich endlich nach so viel Getümmel und Unglück unter der väterlichen Autorität unseres legitimen Souveräns auszuruhen!" ruft Chateaubriand aus und hofft vermutlich, den Monarchen durch solch dick aufgetragenes Lob seinen politischen Vorstellungen günstig zu stimmen - einer konstitutionellen Monarchie mit Garantien für individuelle Freiheiten, darunter besonders der Pressefreiheit. Der intrigante Hofstaat des Königs, der König selbst, den Chateaubriand später als „egoistisch" und „um jeden Preis auf seine Ruhe bedacht" bezeichnet, die kägliche Flucht des Monarchen während der Hundert Tage - all das enttäuschte Chateaubriand und drängte ihn wieder in die Außenseiterposition. „ ... es gab keinen subalternen Intriganten, der nicht in den Vorzimmern mehr Rechte und größere Gunst genossen hätte als ich; als zukünftiger Mann einer möglichen Restauration wartete ich unter den Fenstern, auf der Straße", schreibt er in den Memoiren. Er bleibt aber nicht bei persönlicher Verärgerung stehen; er erkennt, daß die zurückgekehrte Monarchie eine fundamentale Entwicklung nicht mitvollzogen hat: „ ... das rechtmäßige Königsgeschlecht, dreiundzwanzig Jahre lang der Nation entfremdet, war an dem Tag und auf dem Platz stehengeblieben, wo die Revolution es ereilt hatte, während die Nation in Zeit und Raum vorangeschritten war. Daher die Unfähigkeit, sich zu verständigen und sich miteinander zu verbinden; Religion, Gedanken, Interessen, Sprache, Himmel und Erde, alles war für das Volk und für den König verschieden, weil sie nicht die gleiche Wegstrecke zurückgelegt hatten, weil sie voneinander getrennt waren durch ein Vierteljahrhundert, das Jahrhunderten gleichkam".
Nichtsdestoweniger hatte Chateaubriand den König 1815 auf der Flucht vor Napoleon begleitet und war daraufhin zum Staatsminister und Pair von Frankreich ernannt worden. Als Napoleon dann endgültig geschlagen war und die aus der Emigration zurückgekehrten, ihrer Stärke wieder vertrauenden Reaktionäre mit Verfolgung und Feme gegen die Anhänger der Revolution und Napoleons vorgingen, veröffentlichte Chateaubriand 1816 mit ungeheurem Widerhall das Pamphlet *Über die Monarchie gemäß der Charta*. Er plädierte hier ganz entschieden für die konstitutionelle Monarchie als einzig mögliche

Form der Aufrechterhaltung des Legitimitätsprinzips, nachdem das *ancien régime* mit der Revolution und der Despotismus mit dem Sturz Napoleons ihre jeweilige Untauglichkeit bewiesen hätten. - Das Erbe der Revolution teilte Chateaubriand in ein materielles und ein moralisches; das materielle (Nationalgüter, politische Rechte) forderte er zu bewahren auf, während das moralische (Areligiosität, Abgehen vom Legitimationsprinzip) zu zerstören sei. - Als einzig taugliche Grundlage des Staatsaufbaus entwickelte er die Prinzipien des Parlamentarismus: Bei aller Huldigung an den König forderte er dessen Beschränkung auf repräsentative Funktionen, die Ausübung der Macht durch die Minister und deren Verantwortlichkeit vor den Kammern. - Diese Vorstellungen dienten im politischen Durcheinander der ersten Restaurationsjahre bedenklicherweise vor allem der Reaktion: Rang Chateaubriand doch, auch wenn er - nach englischen Vorbild - von zwei Kammern sprach, vor allem um die Aufwertung der Pairskammer; von ihr sollten die Minister eingesetzt, Gesetzesinitiativen eingebracht und die Kontrolle über die staatliche Administration ausgeübt werden. In der Pairskammer aber hatten die Reaktionäre die Oberhand, während sich die Liberalen auf die Minister und auf den König stützen zu können glaubten. Wie verquer und den eigentlichen politischen Interessen zuwiderlaufend diese Zweckbündnisse immer waren - den Angriff Chateaubriands auf die königliche Macht begriff Ludwig XVIII. sehr wohl: Er ließ das Pamphlet beschlagnahmen und enthob Chateaubriand seines Ministerpostens. Danach war Chateaubriands finanzielle Lage so prekär, daß er seine Bibliothek und, was ihn besonders schmerzte, den Landsitz *La Valée-aux-Loups* verkaufen mußte. Besserung zumindest in dieser Hinsicht zeichnete sich mit der Gesandtenstelle am Preußischen Hof ab, die Chateaubriand 1821 erhielt - in erster Linie wohl, um den Querulanten auf elegante Art zu entfernen. Chateaubriand trat die Reise lustlos und mit vielen Vorbehalten an, war er doch von der kulturellen Spitzenstellung Frankreichs bedingungslos überzeugt: „Frankreich ist das Herz Europas; je weiter man sich von Frankreich entfernt, desto schwächer wird das gesellschaftliche Leben; die Entfernung von Paris könnte man an der mehr oder minder großen Mattigkeit des Landes, in das man geraten ist, ermessen", heißt es in den Memoiren. Zudem war Chateaubriand so stark mit den politischen und privaten Querelen beschäftigt, die ihn an Paris banden, daß seine Wahrnehmungsfähigkeit an Ort und Stelle sehr eingeschränkt blieb. Der Hauptgegenstand seiner Korrespondenz, selbst der privaten, sind seine Erfolge bei Hofe; Madame Duras und Madame Récamier, seine beiden wichtigsten Adressatinnen, traktierte er damit in beinahe gleichlautenden Wendungen - auch, um sie zu größerer Schreibfreudigkeit anzuspornen. Madame Duras gegenüber, derer er müde zu werden scheint, fällt sein Tadel dabei schroff aus, während er Madame Récamier, seine attraktivste und bis zum Lebensende bewahrte Muse, nur sanft vermahnt.

Neugier auf die Repräsentanten des deutschen Geisteslebens zeigte Chateaubriand nicht; Goethe lehnte er als „Poeten der Materie" ab, in dem er den Autor des *Werther* nun schmerzlich vermißte; Schiller, dem er sich verbunden erklärte, war tot. Andererseits wurde auch ihm nicht die gebührende Aufmerksamkeit zuteil; wenige Tage nach seiner Ankunft in Berlin schreibt er an Madame Récamier: „Ohne Zweifel, man kennt mich hier, aber die Menschen sind von kalter Art, und das, was wir Enthusiasmus nennen, ist unbekannt. Man hat meine Werke gelesen; man achtet sie mehr oder weniger, man sieht mich einen kurzen Moment mit ruhiger Neugierde an, und man hat nicht die geringste Lust, mit mir zu sprechen und mich näher kennenzulernen." - Chateaubriands Begegnung mit Deutschland verlief unglücklich - infolge seiner Starrheit, seiner Vorbehalte, doch auch aus berechtigter Abwehr. Hier sein abschließendes Urteil: „In Österreich und Preußen lastet das militärische Joch auf euren Gedanken wie der lichtlose Himmel auf eurem Kopf; ich weiß nicht, was es ist, das einen daran mahnt, daß man weder unabhängig schreiben, noch sprechen oder denken kann; daß man sich des edlen Teils seiner Existenz begeben, die erste Fähigkeit des Menschen brachliegen lassen muß wie eine nutzlose göttliche Gabe. Da nicht Künste und die Schönheit der Natur euch die Stunden vertreiben, bleibt euch nur die Flucht in die gemeine Ausschweifung oder in diese spekulativen Wahrheiten, mit denen sich die Deutschen zufriedengeben." Chateaubriand hingegen nutzte seine Berliner Zeit anders - er hielt einige Jugenderlebnisse aus der unmittelbaren Vor-Revolutionszeit in den Memoiren fest. Dann, nach nur dreimonatigem Aufenthalt, kehrte er nach Paris zurück - wofür wieder einmal der Gesundheitszustand seiner Frau als Vorwand diente.

Ein Jahr darauf ist Chateaubriand Botschafter in London, an erinnerungsschwerem Ort und auf bedeutenderem Posten. Während der Londoner Gesandtschaft schrieb er einen großen und wichtigen Abschnitt der Memoiren nieder: die Passagen über die Amerika-Reise, die Französische Revolution und das englische Exil. Zu Chateaubriands Amtsausübung äußerte sich ein Botschaftssekretär so: „In der ganzen Botschaft herrscht totale Untätigkeit, außer zweimal wöchentlich. Monsieur de Chateaubriand verbringt seine ganze Zeit damit, Besuche zu machen und spazierenzugehen; wenn er seinem Minister nur über die eigentlichen Gesandtschaftsangelegenheiten berichten wollte, hätte er große Mühe, die Dienstags- und Freitagsdepesche aufzusetzen ... Aber ... es ist ihm unmöglich, die Unmenge von Gedanken, die beständig in seinem Kopfe rumoren, nicht rasch zum Ausdruck zu bringen." Solcherart motivierter Tatendrang veranlaßte Chateaubriand, hartnäckig und intrigant seine Teilnahme an dem Kongreß von Verona im Jahre 1822 durchzusetzen. Auf diesem Kongreß der Heiligen Allianz wurde Frankreich von Rußland, Österreich und Preußen mit der militärischen Intervention in Spanien beauftragt, wo eine bürgerliche Revolution über die absolutistische Monarchie des Bourbonenkönigs Ferdinand VII. den Sieg davongetragen hatte. Die französische Monarchie war bestrebt, die Unterdrückung dieser progressiven Entwicklung als ein Unternehmen von nationalem Gesamtinteresse hinzustellen. Und Chateaubriand erklärte die Teilnahme an dem Kongreß, seine Mitwirkung also an der Wiedereinsetzung eines diskreditierten Monarchen und an der Zerschlagung eines mehrheitlich getragenen Reformwerks, zur Vollendung und Krönung seiner diplomatischen Karriere. Hier haben ihn seine Eitelkeit und sein Starrsinn in schlimmer Weise verführt. Die Härte der bewaffneten Intervention Frankreichs in Spanien und die wütende, langanhaltende Vergeltung, die Ferdinand VII. an den Vertretern des Fortschritts übte, stehen in erschreckendem Kontrast zu der Eitelkeit und Leichtfertigkeit, mit der Chateaubriand seine Teilnahme an dem Kongreß betrieben hatte. Spätestens hier erscheint sein Anspruch auf Größe und Noblesse in schlimmem Zwielicht.

Nach dem Kongreß von Verona zum Außenminister ernannt, wurde Chateaubriand 1824 infolge ministerieller Zwistigkeiten aus dem Amt verjagt. Er nahm den Fehdehandschuh beinahe freudig auf, empfand er die Position des Unangepaßten doch seit je als die ihm gemäßere. Er wurde nun, unter dem reaktionären Regime Karls X., der unermüdliche Fürsprecher einer liberalen Monarchie und besonders der Pressefreiheit. Erfreut stellte er später fest, wie zuträglich die Oppositionshaltung seinem Größenanspruch war: „ ... nach meinem Sturz wurde ich im Innern der anerkannte Beherrscher der öffentlichen Meinung ... ich hatte mir ein anderes Reich errichtet, mächtiger als das erste."

1830, während der „drei glorreichen Tage" der Julirevolution, wurde Chateaubriand tatsächlich von Studenten im Triumphzug zur Pairskammer getragen. Dort hielt er einige Tage darauf die Rede, mit der er Louis-Philippe die Gefolgschaft verweigerte, die also das Ende seiner politischen Karriere bedeutete. - Louis-Philippe, der dem jüngeren Zweig der königlichen Familie, den Orléans, angehörte, fehlte Chateaubriands Meinung nach die historische Legitimation und überdies wohl auch das persönliche Format zum Herrschen; im älteren Zweig der Bourbonenfamilie, der nach der Abdankung Karls X. noch in dessen Enkel, dem Duc de Bordeaux, weiterlebte, sah Chateaubriand die durch Tradition geheiligte legitime Herrscherdynastie, die aufgrund eben dieser Legitimität der Nation größere Freiheitsräume verschaffen könne. Auch bot ihm die Anhängerschaft an die Bourbonen nun, da diese die Verlierer waren, die Chance, die Treue zum legitimen Königshaus mit der Oppositionshaltung zu verbinden.

Als eine Art Privatpolitiker versuchte Chateaubriand fortan, die zerstreuten und z.T. auch verfeindeten Mitglieder der Bourbonenfamilie zusammenzuführen, wobei seine Vorliebe der Herzogin von Berry, der Schwiegertochter Karls X. und Mutter des Thronfolgers, galt. Die Herzogin konspirierte, wollte 1832 in der Vendée einen Aufstand anzetteln und wurde arretiert - und mit ihr, wenn auch nur für einige Tage, ihr Fürsprecher. In den Memoiren beklagt Chateaubriand das unstete Reiseleben, zu dem ihn die selbstauferlegte Mission zwingt; sein Ziel ist es, dem jungen Heinrich V. zum Thron zu verhelfen - damit dieser nach einem gegenseitigen Erziehungsprozeß zwischen König und Nation einst in Größe und Würde seine Krone niederlegen möge. Diese Vision, wie auch die schlichteren politischen Absichten Chateaubriands haben sich nicht erfüllt; darüber aber wuchs sein Memoirenwerk, wurde auch, da ihn seine Demarchen zu vielen Reisen zwangen, um großartige Landschaftsbeschreibungen der Schweiz, Süddeutschlands, Italiens reicher.

Madame Récamier, nun einzige vertraute Freundin Chateaubriands, lud die Spitzen der Pariser literarischen Gesellschaft in ihr zurückgezogenes Domizil, um ihnen in Anwesenheit des Autors das Memoirenwerk zu Gehör zu bringen. Diese Versammlung verlief nach strengem Ritual, hatte etwas Statuarisches; in Chateaubriand und Madame Récamier präsidierten ihr zwei einstige Glanzlichter der Pariser Gesellschaft, jetzt schon fast Denkmäler ihres eigenen Ruhms. Chateaubriand spürt die Nähe des Todes, für sich selbst wie für die „alte Gesellschaft", die er beharrlich stützt; die Todesnähe versteht er als Verheißung von Wiedergeburt. 1839 schreibt er: „Ich bin endgültig für das Hospital bestimmt, in dem die alte Gesellschaft den Tod erwartet. Sie will den Anschein erwecken, als lebe sie, liegt aber nichtsdestoweniger in der Agonie. Ist sie erst verschieden, wird sie sich zersetzen, um in neuen Formen wiederzuerstehen, aber vorher muß sie untergehen. Die vordringliche Notwendigkeit für die Völker wie für die Menschen ist es, zu sterben ..."

Welches diese „neuen Formen" sein sollten, bestimmte Chateaubriand nicht; ein sicheres Gefühl für die Inhalte hatte er allerdings, ein Gefühl, das ihn zum frühen Warner und Mahner machte: „Wenn sich das moralische Empfinden im Verhältnis zur Entwicklung der Intelligenz entfaltet, ... wird die Menschheit ohne Gefahr anwachsen; aber genau das Gegenteil geschieht: die Wahrnehmung für Gut und Böse wird umso schwächer, je heller die Intelligenz erstrahlt..." Die Wertmaßstäbe für Gut und Böse könne der Mensch nur aus der Religion gewinnen: damit sei sie der fundamentale Halt des Individuums. Unwillkürlich stößt Chateaubriand bei diesen Betrachtungen jedoch auf die zwiespältige soziale Funktion der Religion: einerseits als - nicht angenommenes - moralisches Leitsystem und andererseits als sehr brauchbares Dämpfungsmittel für die Wahrnehmung sozialer Diskrepanzen. „Kann ein politischer Zustand, in dem einige ein Millioneneinkommen haben, während andere Hungers sterben, fortbestehen, wenn die Religion nicht mehr da ist mit ihren Hoffnungen auf das Jenseits, die das Opfer rechtfertigen? ... Wenn die Bildung in die unteren Klassen eindringt, werden diese die geheime Wunde entdecken, von der die irreligiöse Gesellschaftsordnung zerfressen wird." So, wie die Gesellschaft ist, nennt Chateaubriand sie irreligiös; seine Vision einer positiven Menschheitsentwicklung geht dahin, daß die fundamentalen Werte, die er in der Religion bewahrt sieht, sowohl vom einzelnen als auch von der gesamten Gesellschaft Besitz ergreifen.

Als letztes Werk veröffentlichte Chateaubriand 1844 *La Vie de Rancé* (Das Leben des Abbé Rancé), die Lebensbeschreibung eines Abbé, der nach ausschweifender Jugend durch den Tod der Geliebten dazu bewogen wird, ein geistliches Leben in Armut, Einsamkeit, Gebet und Schweigen aufzunehmen. Im Vorwort heißt es: „Das ist alles, was ich zu sagen hatte... Einst habe ich die Geschichte Amélies erfunden, jetzt muß ich mich darauf beschränken, die von Rancé aufzuzeichnen: mit den Jahren hat auch mein Engel gewechselt."

Obwohl Chateaubriand die Memoiren im November 1841 für beendet erklärt hatte, sah er sie in den folgenden Jahren, zumal unter dem Druck einer unerwünscht raschen Veröffentlichung, noch mehrmals durch, veränderte, kürzte, beriet sich mit Vertrauten und traf Vorkehrungen für die sorgfältige Aufbewahrung der endgültigen Fassung. Die Memoiren waren mit den Jahren immer mehr zu „diesem alter ego" geworden, als das er sie schon zwanzig Jahre früher bezeichnet hatte. Als Chateaubriand im Juli 1848 nach einer Revolution, die er kaum noch wahrzunehmen vermochte, als beinahe Achtzigjähriger starb, hatte er für sein Monument - im tatsächlichen und im übertragenen Sinne - gesorgt: In unmittelbarer Nähe seiner Geburtsstadt Saint-Malo, im Angesicht des Meeres, ragt sein Grabmal empor, und die *Memoiren von jenseits des Grabes* sind von der Nachwelt als grandioses Zeit- und Selbstzeugnis entdeckt und gewürdigt worden

Berlin, im April 1994   Brigitte Sändig